Forschungen zum Alten Testament

Herausgegeben von

Bernd Janowski (Tübingen) · Mark S. Smith (New York)
Hermann Spieckermann (Göttingen)

56

Peter Weimar

Studien zur Priesterschrift

Mohr Siebeck

PETER WEIMAR, geboren 1942; 1972 Promotion; 1975 Habilitation; 1976–2007 Professor für Altes Testament in Münster; seit 2007 emeritiert.

ISBN 978-3-16-149446-8
ISSN 0940-4155 (Forschungen zum Alten Testament)

Die Deutsche Nationalbibliothek verzeichnet diese Publikation in der Deutschen Nationalbibliographie; detaillierte bibliographische Daten sind im Internet über *http://dnb.d-nb.de* abrufbar.

© 2008 Mohr Siebeck Tübingen.

Das Werk einschließlich aller seiner Teile ist urheberrechtlich geschützt. Jede Verwertung außerhalb der engen Grenzen des Urheberrechtsgesetzes ist ohne Zustimmung des Verlags unzulässig und strafbar. Das gilt insbesondere für Vervielfältigungen, Übersetzungen, Mikroverfilmungen und die Einspeicherung und Verarbeitung in elektronischen Systemen.

Das Buch wurde von Gulde-Druck in Tübingen auf alterungsbeständiges Werkdruckpapier gedruckt und von der Großbuchbinderei Josef Spinner in Ottersweier gebunden.

Den Hörern

Vorwort

Die Sammlung der hier erneut vorgelegten Studien, die über einen längeren Zeitraum entstanden und wesentlich mitgeprägt sind aus ihrer jeweiligen Entstehungssituation heraus, ist nicht zuletzt erwachsen aus dem Bemühen um eine Neuorientierung der Forschung an der Priesterschrift. In insgesamt neun, im einzelnen umfangreichen Einzelstudien werden von verschiedenen Seiten her nicht nur Zugänge zu den jeweiligen Einzeltexten erschlossen, sondern angesichts des beziehungsreichen Wechselspiels zwischen Einzeltext und Gesamtwerk zugleich übergreifende Perspektiven entworfen, von denen her sich gleichermaßen das literarische wie theologische Profil des ganzen priesterschriftlichen Werkes erschließt. Was dabei immer deutlicher in Erscheinung tritt, ist die höchst eigenwillige Prägung dieses Werkes, das einen weiten Bogen spannt von der Schöpfung bis zum Tod des Mose und in der Errichtung des Heiligtums vom Sinai seinen Kulminationspunkt erreicht. Ganz entgegen dem eingebürgerten Namen handelt es sich bei der Priesterschrift um einen wesentlich prophetisch inspirierten, ganz und gar unkultischen, geradezu utopischen Geschichtsentwurf, der sich inspiriert zeigt von der zeitgenössischen Diskussion der frühnachexilischen Zeit (um 520 v.Chr.) um eine Standortbestimmung für einen Neubeginn nach dem Exil.

Gegenüber den Erstveröffentlichungen wurden die einzelnen Studien in formaler Hinsicht vereinheitlicht, Zwischenüberschriften eingefügt, wo ursprünglich nur Ziffern standen, und Druckfehler beseitigt, darüber hinausgehend im einzelnen aber auch entsprechend der jeweiligen Diskussionslage mehr oder minder stark bearbeitet. Nicht bloß einmal gewonnene Sichtweisen sind zu dokumentieren. Gleichermaßen will die weiterlaufende, keineswegs abgeschlossene Diskussion um ein Verständnis der priesterschriftlichen Literatur einbezogen werden. Doch auch die hier nochmals vorgelegte Sammlung von Studien zur Priesterschrift, die meine derzeitige Sichtweise der Dinge repräsentiert und mit der die früheren Fassungen der einzelnen Beiträge ihre Gültigkeit verlieren, kann und will nichts anderes sein als eine weitere Station in dem gegenwärtig wieder vehement aufgebrochenen Ringen um ein angemessenes Verständnis der Priesterschrift.

Für vielfältige Hilfe bei der Erstellung der Druckvorlage sowie dem mühevollen Kampf gegen die Druckfehler konnte ich dankbar auf die bewährte Hilfe meiner früheren Mitarbeiterinnen und Mitarbeiter Elfriede Brüning, Dr. Christoph Buysch, Christina Maier und vor allem Barbara Schlenke (jetzt Bochum) zurückgreifen. Daß die Studien zur Priesterschrift in der vorliegenden Form nochmals veröffentlicht werden können, verdankt sich letztlich der freundlichen Anregung von Prof. Dr. Bernd Janowski. Ihm und seinen beiden Mitherausgebern der FAT, Prof. Dr. Mark S. Smith und Prof. Dr. Hermann Spieckermann, danke ich für die bereitwillige Aufnahme der Studien zur Priesterschrift in ihre Reihe. Für vorzügliche verlegerische Betreuung bin ich dem Verlag Mohr Siebeck zu großem Dank verpflichtet.

Ich widme diesen Band den Hörerinnen und Hörern, mit denen ich mich immer wieder neu den literarischen wie theologischen Problemen des Priesterschrift genannten literarischen Werkes auseinandersetzen durfte.

Münster am 4. Dezember 2007   Peter Weimar

Inhaltsverzeichnis

Vorwort VII

1. Einführung 1
   I. Eine verkannte und umstrittene Größe 1
   II. Auf dem Wege zu einer Neuorientierung im Verständnis der
       Priesterschrift 5
   III. Eigenständigkeit und Umfang der Priesterschrift 10

2. Die Priesterschrift. Struktur und Komposition eines literarischen
   Werkes 19
   I. Die priesterschriftliche Geschichtsdarstellung als eigenständiges
      literarisches Werk 20
   II. Strukturbildende Elemente innerhalb der priesterschriftlichen
       Geschichtsdarstellung 26
   III. Beobachtungen zur Kompositionsstruktur der priesterschriftlichen
        Geschichtsdarstellung 68

3. Struktur und Gestalt der priesterschriftlichen Schöpfungserzählung
   (Gen 1,1–2,4a*) 91
   I. Literargeschichtliche Probleme im Zusammenhang der
      priesterschriftlichen Schöpfungserzählung 92
   II. Kompositorisch-strukturelle Gesetzmäßigkeiten der
       priesterschriftlichen Schöpfungserzählung 104
   III. Kompositionsstruktur der priesterschriftlichen
        Schöpfungserzählung 121

4. Chaos und Kosmos. Gen 1,2 als Schlüssel einer älteren Fassung der
   priesterschriftlichen Schöpfungserzählung 135
   I. Sonderstellung von Gen 1,2 im Rahmen der priesterschriftlichen
      Schöpfungserzählung 136
   II. Bedeutung von Gen 1,2 als Beginn einer Schöpfungserzählung 141
   III. Ein spannungsvoller Zusammenhang von Chaos und Kosmos 145

5. Die Toledotformel in der priesterschriftlichen Geschichts-
darstellung 151
   I. Die Verwendung der Toledotformel in der priesterschriftlichen
      Geschichtsdarstellung.. 153
   II. Die Form der Toledot-Einleitungen 171
   III. Die Toledotformel als Element eines der Priesterschrift
       vorgegebenen Geschichtsentwurfes 174
   IV. Funktion der Toledotformel im Rahmen der priesterschriftlichen
       Geschichtsdarstellung... 177

6. Genesis 17 und die priesterschriftliche Abrahamgeschichte............. 185
   I. Das Problem der literarischen Einheitlichkeit von Gen 17 188
   II. Gen 17 als redaktionelle Texteinheit 203
   III. Gen 17* als Zentrum der priesterschriftlichen Abraham-
        geschichte 216

7. „Vielmehr Israel sei dein Name" (Gen 35,10). Aufbau und
   Komposition der priesterschriftlichen Jakobgeschichte..................... 227
   I. Der Umfang der priesterschriftlichen Jakobgeschichte................... 229
   II. Die Toledot Ismaels (Gen 25,12–17*) 231
   III. Die Toledot Isaaks (Gen 25,19–28,5*)... 236
   IV. Die Gotteserscheinung in Bet-El 241
   V. Die Toledot Esaus (Gen 36,1–37,1*) 245
   VI. Die Toledot Jakobs (Gen 37,2–Ex 1,7*) 256
   VII. Gesamtkomposition der priesterschriftlichen Jakobgeschichte 264

8. Sinai und Schöpfung. Komposition und Theologie der priester-
   schriftlichen Sinaigeschichte 269
   I. Die Wohnung Jahwes als Ausdrucksgestalt des Gottseins Jahwes
      für Israel 271
   II. Die Errichtung der Wohnung Jahwes als Vollendung der
       Schöpfung.. 291
   III. Die „Herrlichkeit Jahwes" als Zeichen der rettend-richtenden
        Gegenwart Gottes 305

9. „... inmitten der Söhne Israels" (Ex 29,45). Aspekte eines
   Verständnisses Israels im Rahmen der priesterschriftlichen
   Geschichtserzählung 319
   I. Der zweite Teil der Priesterschrift als Geschichte der Söhne
      Israels... 320
   II. Israel als Gemeinde und Volk Jahwes – Strukturlinien innerhalb
       der priesterschriftlichen Exodus- und Sinaierzählung 327

III. Konturen des Israelbildes im Schlußteil der priesterschriftlichen
    Geschichtserzählung 336

10. Der Tod Aarons und das Schicksal Israels. Num 20,22–29* im
    Rahmen der Priesterschrift 347
    I.   Eine spannungsvolle Komposition 348
    II. Das Rätsel des Todes Aarons 351
    III. Die Einsetzung Eleasars als Nachfolger Aarons 355
    IV. Die Gemeinde als Zeuge des Geschehens auf dem Berge ... 357

Nachweis der Erstveröffentlichungen 361

Stellenregister 363
Autorenregister 369

1. Einführung

> Kunst gibt nicht das Sichtbare
> wieder, sondern macht sichtbar
> *Paul Klee*

I. Eine verkannte und umstrittene Größe

Die Mißverständnisse um jenes literarische Werk innerhalb des Pentateuch, das von der Forschung als „Priesterschrift" bzw. „Priesterkodex" bezeichnet wird, sind so alt wie seine Erkenntnis. Schon der Name ist verräterisch – Priesterschrift, handelt es sich hierbei doch nicht um eine neutrale Bezeichnung, sondern um ein Urteil über den Charakter dieses Werkes. Und das Urteil, das sich damit verbindet, ist alles andere als positiv. „Der Priester ist der Wächter des Absoluten, er dient dem Kultus des Endgültigen und der anerkannten Selbstverständlichkeiten, die in den Traditionen verwurzelt sind. Der Narr ist der Zweifler an allem, was selbstverständlich gilt, er verkehrt zwar in guter Gesellschaft, doch er gehört ihr nicht an und sagt ihr Impertinenzen."[1] Das Credo des Priesters ist die stabilisierte Welt, die Verewigung des Absoluten, die Kontinuität von Vergangenheit und Gegenwart. Seine Aufgabe ist der Kult und das Opfer, seine Freude das alles regelnde und bestimmende Gesetz, nicht das sich entfaltende, immer neu sich verändernde Leben. Und dementsprechend fallen die Wertungen des Priesterschrift genannten literarischen Werkes aus, wie unschwer ein nur flüchtiger Blick in eine beliebige „Einleitung" zu zeigen vermag:

„Als stilistischer Grundcharakter dieser Schicht ist grosse Gleichmässigkeit namhaft zu machen. Mannigfaltigkeit und lebendige Bewegung fehlen nicht bloss in den Gesetzen, wo das ja weniger auffallen kann, sondern in der Erzählung von P ... Mit der Gleichmässigkeit der Sprache in engem Zusammenhang steht ein ersichtliches Bemühen um äusserste Genauigkeit des Ausdrucks. P zeigt hierin eine juristische Art ... Aus diesem Bemühen um juristische Genauigkeit erklärt sich auch die Vorliebe für möglichst erschöpfende Formeln ... Nach alledem ist es nicht anders zu erwarten, als dass schriftstellerische Kraft, poetischer Geist und Schwung der Sprache dieser Quelle vollständig fehlen ... Gegenüber der frischen, ursprüng-

---

[1] L. KOLAKOWSKI, Priester und Narr. Das theologische Erbe der heutigen Philosophie, in: DERS., Der Mensch ohne Alternative, München ²1964, 250–280 (276 f.).

lichen und durchaus konkreten Ausdrucksweise in JE hat die Diktion von P etwas Abstraktes. Schon die Vorliebe für allgemeine Verba zeigt das ... Darin und in der ewigen Wiederholung derselben Worte und Ausdrücke verrät sich zugleich eine Armut der Sprache."[2]
„Der Stil ist monoton, umständlich, formelhaft. Er liebt Über- und Unterschriften und Wiederholungen. Die Erzählung droht durch die Aufzählung, die Poesie durch das Schema erdrückt zu werden ... Mag die Lektüre von P auch schwerfallen, sie lohnt sich doch um des Eindrucks willen, den sie auch bei dem in Fragen des Stils, und gar des at., nicht Geübten hinterlässt ... Auf der anderen Seite kann auch diese Art von Literatur ihr Pathos haben und gerade in ihrem Ineinander von Beschränkung und Weitschweifigkeit ‚auch in ästhetischer Hinsicht den Eindruck von verhaltener Kraft und lapidarer Größe' vermitteln ... Man pflegt die Sprache von P esoterisch zu finden und ihr allen Willen zur Popularität abzusprechen. Indessen dürfte sicher sein, daß P wie wenige sonst eine ‚Gemeinde' geprägt hat, und das wird kaum seinen Intentionen widersprochen haben."[3]

Sollte eine derartige Charakterisierung des Priesterschrift genannten literarischen Werkes zutreffend sein, dann stellt sich durchaus die Frage nach dem Anreiz einer Auseinandersetzung mit einem Stück Literatur, von dem weder aufgrund seiner sprachlichen Gestalt noch aufgrund der hierbei verhandelten Thematik eine besondere Faszination auszugehen vermag. Doch bleibt hinsichtlich einer solchen Qualifizierung der Priesterschrift als eines charakteristischen Produktes priesterlicher Denkweise eine gewisse Skepsis angebracht, insofern die darin zum Ausdruck kommende Reserve gegenüber dem priesterschriftlichen Werk nicht unerheblich aus dem mit seiner Benennung als Priesterschrift assoziierten Vor-Urteil inspiriert zu sein scheint.[4]

Hinsichtlich der Beurteilung des priesterschriftlichen Werkes wirkt bis heute das einflußreiche Urteil von J. Wellhausen nach, das seine klassische Ausformulierung in den „Prolegomena zur Geschichte Israels" gefunden hat.[5] Wie schon der Name Priesterkodex nahelegt, geht es in diesem Werk um das „Gesetz des legitimen Kultus von Jerusalem" (339), dem alles weitere unter-

---

[2] H. HOLZINGER, Einleitung in den Hexateuch, Freiburg/Brsg.-Leipzig 1893, 349–353; vgl. auch C. STEUERNAGEL, Lehrbuch über Einleitung in das Alte Testament. Mit einem Anhang über die Apokryphen und Pseudepigraphen, Tübingen 1912, 232 f.

[3] R. SMEND, Die Entstehung des Alten Testaments (ThW 1), Stuttgart u.a. ³1984, 49.

[4] Vgl. in diesem Zusammenhang nur die Bemerkung von M. NOTH, Überlieferungsgeschichte des Pentateuch, Stuttgart 1948 = ND Darmstadt ³1966, 260: „Die herkömmliche Benennung ‚Priesterschrift', die nicht nur in ihrem Eingebürgertsein, sondern auch sachlich schon ein gewisses Recht hat, darf doch nicht dazu verführen, in P ein ausgesprochenes Priesterwerk zu sehen, zumal es sich herausgestellt hat, daß die zahlreichen Kultgesetze nicht zum ursprünglichen Bestand der P-Erzählung gehören, sondern erst nachträglich eingeschaltet worden sind. Mag immerhin der Verfasser von P ein Priester gewesen sein ..., so ist doch der Geist seines Werkes nicht eben unbedingt priesterlich, wenn anders zu den charakteristischen Merkmalen priesterlichen Geistes gerechnet werden darf, daß ein bestehendes Ganzes kultischer Einrichtungen und Ordnungen als etwas schlechthin Legitimes, Geheiligtes und daher Unantastbares und Unveränderliches angesehen wird."

[5] J. WELLHAUSEN, Prolegomena zur Geschichte Israels, Berlin ⁶1927.

I. Eine verkannte und umstrittene Größe

geordnet ist. „Das Gesetz ist der Schlüssel auch zum Verständnis der Erzählung des Priesterkodex. Mit der Einwirkung des Gesetzes hängen alle unterscheidenden Eigentümlichkeiten zusammen; überall macht sich die Theorie, die Regel, das Urteil geltend" (359). Kurz. „Historisch ist nur die Form, sie dient dem gesetzlichen Stoff als Rahmen, um ihn anzuordnen, oder als Maske, um ihn zu verkleiden" (7). Hiermit sind die entscheidenden Stichworte gefallen – Gesetz und Kult. Danach befaßt sich der Priesterkodex „ausschließlich mit dem Kultus, und zwar nicht bloß mit dem kleinen Kultus der frommen Exerzitien des täglichen Lebens, den auch die Laien kennen und üben mußten, sondern sogar vorzugsweise mit dem großen Kultus am Altar; er macht die Praxis der Priester am Altar und das Ritual des Tempeldienstes, die etwa in einem Manuale sacerdotum hätte dargestellt werden können, zum Hauptinhalt des allgemeinen und jedermann zu wissen nötigen mosaischen Gesetzes."[6] Gesetz und Kult bilden als Kultgesetz geradezu eine Einheit. Hierin liegt der zentrale Inhalt des priesterschriftlichen Werkes.

Eng mit dem vorangehenden hängt ein zweiter Aspekt zusammen. Er betrifft die spezifische Darstellungsart des priesterschriftlichen Werkes:

„Gewöhnlich ist der Faden der Erzählung sehr dünn und häufig nur dazu da, der Zeitrechnung als Vehikel zu dienen, die von der Erschaffung der Welt an bis zum Auszug aus Ägypten lückenlos fortgeführt wird; nur wo die anderweitigen Interessen einspielen, schwillt sie an, wie in der Genesis bei den drei Vorstufen des mosaischen Bundes, die sich an die Namen Adam, Noah und Abraham knüpfen."[7]

Entsprechend hat H. Holzinger die Priesterschrift „als eine legislative Schrift in historischer Form und mit historischer Substruktion" bezeichnet.[8] Er gibt damit den Grundgedanken an, unter welchem Aspekt und zu welchem Zweck Geschichte erzählt wird. Die Priesterschrift ist zwar im strengen Sinne kein Gesetzesbuch, sie ist aber auch kein bloßes Geschichtenbuch, in dem in lebensvoll-anschaulicher Schilderung die Geschichte Israels von der Schöpfung bis zum Tod des Mose erzählt werde. Eigentlicher und zentraler Erzählgegenstand der Priesterschrift ist das „Herauswachsen bestimmter kultischer Institutionen aus der Geschichte".[9] Als ein Stück Priesterliteratur verfolge die Priesterschrift kein anderes Ziel als „die Frage nach dem Recht und der Legitimität der Israel konstituierenden Zustände und Ordnungen",[10] sei eigentlich

---

[6] J. WELLHAUSEN, Israelitisch-jüdische Religion, in: Die Kultur der Gegenwart I/4, hg. von P. Hinneberg, Berlin-Leipzig 1905, 1–38 = Grundrisse zum Alten Testament (TB 27), hg. von R. Smend, München 1965, 65–109 (99).
[7] WELLHAUSEN, Prolegomena, 7.
[8] HOLZINGER, Einleitung, 335.
[9] G. VON RAD, Theologie des Alten Testaments I. Die Theologie der geschichtlichen Überlieferungen Israels, München ⁴1962, 246.
[10] G. VON RAD, Die Priesterschrift im Hexateuch. Literarisch untersucht und theologisch gewertet (BWANT 65), Stuttgart 1934, 187 = DERS., Die Theologie der Priester-

nur zu dem Zweck verfasst, um das Gesetz als Ziel und Sinnmitte aller göttlichen Geschichtslenkung präsentieren zu können, weil dieses nur so adäquat legitimiert und verbindlich begründet werden könne.

Die umstrittene Bestimmung des Verhältnisses von Gesetz und Geschichte innerhalb des priesterschriftlichen Werkes ist – damit einen dritten Aspekt berührend – von weitreichender Bedeutung hinsichtlich des darin sich ausdrückenden Verständnisses von Geschichte. Nachdem im Gefolge eines J. Wellhausen bezüglich einer näheren Bestimmung des Verhältnisses von Gesetz und Geschichte „das ‚Gesetz' den Sieg davongetragen haben" dürfte,[11] konnte das nicht ohne Folgen bleiben für das der Priesterschrift eigene Verständnis von Geschichte. Mit Blick auf die „unübertreffliche Würdigung" (56), die das priesterschriftliche Werk durch J. Wellhausen erfahren hat, spricht H. Schmidt in bezug auf dessen Geschichtsverständnis von „Perspektivenlosigkeit":[12]

„Der wesentliche Inhalt dieses Buches sind Gesetze, aber es bringt diese, eingefasst in den Rahmen einer Weltgeschichte ... Hervorzuheben aber ist der Grundgedanke des von der Urgeschichte bis zur Einwanderung des Volkes in Palästina fortschreitenden Geschichtswerkes. Dieser Grundgedanke ist, daß Tempelkultus bereits in unvordenklicher Zeit, in der Urzeit Israels bestanden habe. Der Tempel nämlich hat, so weiß es der Priesterkodex, schon zur Zeit des Mose ein genaues Vorbild gehabt: die Stiftshütte. Ja eigentlich ist jenes Heiligtum überhaupt ohne Ursprung. Geht es doch auf ein Modell zurück, das im Himmel präexistiert (2 Mose 25,9). Damit wird der Begriff der Geschichte eigentlich aufgehoben."

In der Einteilung der Geschichte in vier Perioden, angezeigt durch den vierfachen Bundesschluß, wird greifbar, was deren Ablauf bestimmt – die Geburt des „Fatalismus und Determinismus ..., der kein wahrhaftes Leben, kein planvolles Handeln Gottes, keine Geschichte mit einem großen Ziele kennt, dem alles vorbestimmt erscheint – wie unter dem Zwange eines langsam ablaufenden Uhrwerkes" (54). „Weltfremdheit und Kirchenluft" (53) sind es, die die Priesterschrift auszeichnen, von der sich um so mehr „die echt prophetische Anschauung" (55) eines Deuterojesaja abhebt. In geradezu fataler Weise schafft sich auch hier wiederum der Gedanke vom Gesetz als dem eigentlichen Gegenstand und Ziel der Priesterschrift Geltung. Inwieweit dem priesterschriftlichen Werk „Perspektivenlosigkeit" attestiert werden kann, hängt nicht zuletzt mit der gerade in der neueren Diskussion in voller Schärfe wieder aufgebrochenen Frage nach dem Ende des priesterschriftlichen Werkes

---

schrift, in: Gesammelte Studien zum Alten Testament II (TB 48), hg. von R. Smend, München 1973, 165–188 (186).

[11] N. LOHFINK, Die Priesterschrift und die Geschichte, in: Congress Volume Göttingen 1977 (VT.S 29), hg. von W. Zimmerli, Leiden 1978, 189–225 = DERS., Studien zum Pentateuch (SBAB 4), Stuttgart 1988, 213–253 (216).

[12] H. SCHMIDT, Die Geschichtsschreibung im Alten Testament (RV II/16), Tübingen 1911, 53.

zusammen. Jedenfalls hat sich eine weitgehende Fixierung auf das Gesetz für ein Verständnis der Priesterschrift als verhängnisvoll erwiesen. Zu eng, ja irreführend sind die hierfür maßgebenden Voraussetzungen, mit der Folge auch eines weitgehenden Desinteresses der Forschung an der Priesterschrift.[13]

II. Auf dem Wege zu einer Neuorientierung im Verständnis der Priesterschrift

Mit einem wiedererwachenden Interesse an der Priesterschrift geht unübersehbar eine Verschiebung der Akzentsetzungen und Gewichte hinsichtlich eines Zugangs zum priesterschriftlichen Werk einher, aufgrund deren sich veränderte Blickweisen auf dieses hin eröffnen. So wenig spektakulär die hierbei zu nennenden Phänomene im einzelnen auch erscheinen mögen, so eröffnen sich doch von ihnen her neue, veränderte Zugangswege zu einem Verständnis der Priesterschrift. Mehrere Faktoren verdienen hierbei des Näheren Erwähnung.

Seit der für das 19. Jahrhundert weithin maßgebenden Ausgrenzung des priesterschriftlichen Werkes durch T. Nöldeke[14] hat dieses einen beachtlichen Schrumpfungsprozeß durchgemacht,[15] der sich nicht unwesentlich daher bestimmt, daß die legislativ-priesterlichen Materialien fortschreitend als jüngere Erweiterungen, die dem priesterschriftlichen Werk sekundär zugewachsen sind und sich diesem in einem vielschichtigen Prozeß angelagert, es teilweise nahezu vollständig überlagert haben, erkannt worden sind.[16] Die im Kern schon auf J. Wellhausen zurückgehende Unterscheidung, wonach „der Priestercodex aus zweierlei Elementen bestehe, erstens aus einem selbständigen Kern, dem Vierbundesbuche, zweitens aus zahllosen Nachträgen und Ergän-

---

[13] K. KOCH, Die Eigenart der priesterschriftlichen Sinaigesetzgebung, ZThK 55 (1958) 36–51: „Die priesterschriftliche Schicht der fünf Bücher Mose liegt seit Jahrzehnten abseits der großen Heerstraße alttestamentlicher Forschung" (36).

[14] T. NÖLDEKE, Die s.g. Grundschrift des Pentateuch, in: DERS., Untersuchungen zur Kritik des Alten Testaments, Kiel 1869, 1–144 (dort auch [143 f.] eine Übersicht jener Texte, die der Grundschrift des priesterschriftlichen Werkes zuzurechnen sind).

[15] „Die Forschungsgeschichte zu P vollzog sich als ein Prozeß fortwährender Reduktion des kultgesetzlichen Materials aus der Substanz von P" – so bilanziert M. KÖCKERT, Das Land in der priesterlichen Komposition des Pentateuch, in: Von Gott reden. Beiträge zur Theologie und Exegese des Alten Testaments (FS S. Wagner), hg. von D. Vieweger und E.-J. Waschke, Neukirchen-Vluyn 1995, 147–162 (148).

[16] Hinsichtlich der Unterscheidung zwischen einer priesterschriftlichen Grunderzählung und sekundären, zugewachsenen priesterlichen Materialien herrscht in der gegenwärtigen Forschung ein weitgehender Konsens, nicht dagegen in der Ausgestaltung im einzelnen; vgl. die entsprechende Feststellung bei E. ZENGER, Einleitung in das Alte Testament (KStTh I/1), Stuttgart ⁶2006, 159.

zungen",[17] ist bei ihm jedoch ohne weitergehende Auswirkung für ein differenzierteres Verstehen des priesterschriftlichen Werkes geblieben.[18] Zum Tragen gekommen ist diese durchaus wegweisende Unterscheidung zwischen einem priesterschriftlichen Erzählwerk und sekundären Erweiterungen im priesterlichen Stil, von H. Holzinger mit den Sigeln P^g und P^s belegt, im eigentlichen Sinne erst weitaus später bei M. Noth[19] und K. Elliger[20]. Diese haben erstmals unter Abhebung von den sekundär priesterlichen Materialien, „die zwar das ausgesprochen kultisch-rituelle Interesse und daher auch eine bestimmte, in jerusalemisch-priesterlichen Kreisen beheimatete Sprache und Terminologie mit der P-Erzählung teilen, aber literarisch mit dieser von Hause aus nichts zu tun haben",[21] nach den die so sichtbar werdende Grunderzählung bestimmenden theologischen Leitlinien gefragt. Daß diese Unterscheidung zwischen P^g und P^s keineswegs nur ein literargeschichtlich vielleicht interessantes, theologisch aber letztlich bedeutungsloses Glasperlenspiel darstellt, wird nicht zuletzt daran deutlich, daß der spannungsvolle Zusammenhang von Gesetz und Geschichte in diesem Erklärungsmodell insofern anders akzentuiert ist, als sich das Schwergewicht des priesterschriftlichen Werkes von der Größe „Gesetz", die hiermit eindeutig ihre dominierende Rolle verliert, entschieden zur Größe „Geschichte" hin verlagert und damit zugleich erkennbar wird, daß sie sich zu einem guten, wenn nicht unwesentlichen Teil prophetischer Inspiration verdankt und keineswegs bloß als ein priesterlich geprägtes Machwerk angesehen werden kann.

Nicht zuletzt aufgrund der konsequent gehandhabten Unterscheidung zwischen P^g und P^s eröffnet sich ein neuer Blick auf jene Priesterschrift genannte literarische Größe, insofern sie sich weiterhin nicht einfach mehr als „Maske" zur Verkleidung des Gesetzes (J. Wellhausen) verstehen läßt, sondern ihrer Gesamtanlage nach vielmehr als ein ausgesprochenes „Erzählungswerk" (M. Noth)[22] bzw. als eine „Geschichtserzählung" (K. Elliger). Dann aber stellt

---

[17] WELLHAUSEN, Prolegomena, 384; ähnlich auch DERS., Die Composition des Hexateuchs und der historischen Bücher des Alten Testaments, Berlin ⁴1963, 184.

[18] Grund hierfür ist die „formelle und materielle Gleichartigkeit, die völlige Übereinstimmung in Tendenzen und Vorstellungen, in Manieren und Ausdrücken", die dazu zwingen, „das Ganze, wenngleich es keine literarische Einheit ist, [es] dennoch als eine geschichtliche Einheit zu betrachten" (WELLHAUSEN, Prolegomena, 384).

[19] NOTH, Überlieferungsgeschichte, 7–19.259–267.

[20] K. ELLIGER, Sinn und Ursprung der priesterlichen Geschichtserzählung, ZThK 49 (1952) 121–143 = DERS., Kleine Schriften zum Alten Testament (TB 32), hg. von H. Gese und O. Kaiser, München 1966, 174–198.

[21] NOTH, Überlieferungsgeschichte, 7.

[22] NOTH, Überlieferungsgeschichte, 7: „Daß P seiner Gesamtanlage nach ein Erzählungswerk ist, wird nicht zu bestreiten sein. Dieses Urteil gilt aber noch ausschließlicher, als gemeinhin angenommen zu werden pflegt. Zu Unrecht oder jedenfalls mißverständlich wird nämlich P im allgemeinen als eine Art Sammelbegriff gebraucht, unter dem die

sich auf eine neue Weise, unbelastet von den lange bestimmenden forschungsgeschichtlichen Prämissen, die Frage nach der Sinnmitte des priesterschriftlichen Geschichtswerkes. Daß eine Antwort aber alles andere als leicht, geschweige denn eindeutig gegeben werden kann, zeigt sich gerade anhand der unterschiedlichen Entwürfe von M. Noth und K. Elliger. Bleibt für jenen – darin durchaus dem älteren Verständnis der Priesterschrift verpflichtet – die Sinaitheophanie Sinnmitte des priesterschriftlichen Werkes, insofern „P mit seiner ganzen auf die Sinaigeschichte hinzielenden Erzählung eine Ordnung der Dinge hat darstellen wollen, nicht in erster Linie, wie sie etwa einmal geschichtlich gewesen war, sondern wie nach seiner Meinung sein *sollte*. Damit ist sein Ziel gerade nicht einfach eine Ätiologie bestehender Einrichtungen gewesen, sondern eher ein Zukunftsprogramm",[23] so ist für diesen zentraler Gegenstand und damit Sinnmitte des priesterschriftlichen Werkes weder die Begründung des Kultes noch das Werden der Kultgemeinde, sondern vielmehr der Besitz des Landes. In der Priesterschrift „erscheint ... als das eigentliche Ziel, als Inbegriff der göttlichen Geschichtslenkung der Besitz des Landes Kanaan als der materiellen und ideellen Basis, auf der das Leben des Volkes und selbstverständlich des Kultus als wichtigste Funktion sich erst richtig entfalten kann."[24] Gegenüber der klassischen Sichtweise geht es in der Priesterschrift nicht um eine narrative Legitimation bestehender Verhältnisse, sondern um einen auf die Zukunft gerichteten Entwurf, ein hinsichtlich seiner Realisierung noch ausstehendes Zukunftsprogramm. Wie genauerhin das Verhältnis von Kult und Land und damit die Frage nach einer Sinnmitte des priesterschriftlichen Werkes zu bestimmen ist, bleibt eine offene Frage.[25]

Auch wenn derart zwischen P^g und P^s unterschieden wird, ist die so sich darbietende Geschichtserzählung von P^g[26] selbst alles andere als eine geschlossene literarische Größe. Vielmehr hat sie allem Anschein nach ihrerseits

---

eigentliche P-Erzählung ... mit jenen fast nur durch die Einleitungsformeln lose an die Sinai-Situation geknüpften gesetzlichen Partien zusammengefasst wird."

[23] NOTH, Überlieferungsgeschiche, 263.

[24] ELLIGER, Sinn, 182.

[25] Zur Diskussion vgl. zuletzt M. BAUKS, Les notions de „peuple" et de „terre" dans l'œuvre sacerdotale (P^g), Transeuphratène 30 (2000) 19–36. – Zur Frage nach der Sinnmitte der Priesterschrift vgl. die Überlegungen bei B. JANOWSKI, Sühne als Heilsgeschehen. Traditions- und religionsgeschichtliche Studien zur Sühnetheologie der Priesterschrift (WMANT 55), Neukirchen-Vluyn ²2000, 324 Anm. 278; P. WEIMAR, Gen 17 und die priesterschriftliche Abrahamgeschichte, ZAW 100 (1988) 22–60 (47 Anm. 114); W. GROSS, Zukunft für Israel. Alttestamentliche Bundeskonzepte und die aktuelle Debatte um den Neuen Bund (SBS 176), Stuttgart 1998, 58 f.

[26] Eine synoptische Übersicht hinsichtlich neuerer Vorschläge zur näheren Bestimmung des priesterschriftlichen Textbestandes (P^g) finden sich bei P.P. JENSON, Graded Holiness. A Key to the Priestly Conception of the World (JSOT.S 106), London 1992, 200-224.

eine eigene Vorgeschichte literarischer Art gehabt.[27] Bietet sich die Priesterschrift im ganzen als eine streng und straff durchgeführte literarische Komposition dar,[28] erscheint sie auf der anderen Seite aber zugleich auch als eine gewachsene Komposition, weniger aufgrund des breiten, zu Wiederholungen neigenden Stils, sondern insbesondere aufgrund ausgesprochen literarisch-stilistischer wie thematischer Spannungen.[29] Eine Aufteilung von P^g auf zwei Quellen, einer älteren P^A und einer jüngeren P^B, wie sie durch G. von Rad vorgenommen worden ist,[30] hat im ganzen ebenso wenig positive Resonanz gefunden[31] wie die Annahme eines P^g vorgegebenen, durch die priesterschriftliche Geschichtserzählung rezipierten Toledot-Buches.[32] Als ebenso fraglich gilt die Vermutung eines der Priesterschrift zugrundeliegenden und von ihr umgestalteten ersten Entwurfes der Darstellung einer Geschichte Israels, einsetzend mit Gen 5,1a („Dies ist das Buch der Toledot Adams") und endend mit dem Abschluß der Meerwundererzählung (Ex 14,29).[33] Mit einem höhe-

---

[27] Vgl. SMEND, Entstehung, 52 f.

[28] P. WEIMAR, Struktur und Komposition der priesterschriftlichen Geschichtsdarstellung I, BN 23 (1984) 81–134 und II, BN 24 (1984) 138–162.

[29] Vgl. nur die Feststellung von E. ZENGER, Gottes Bogen in den Wolken. Untersuchungen zu Komposition und Theologie der priesterschriftlichen Urgeschichte (SBS 112), Stuttgart ²1987, 28. – Entscheidend für die Annahme solcher Vorlagen ist nicht in erster Linie die zu Breite und Wiederholungen neigende Art des Stils, auch nicht die Überladenheit einzelner Formulierungen (STEUERNAGEL, Lehrbuch, 233), sondern vielmehr sind es unverkennbare Spannungen, die eine entsprechende Rückfrage geradezu herausfordern; vgl. auch die Feststellung von VON RAD, Priesterschrift, 161: „Das wird doch wohl nicht möglich sein, daß man wieder hinter die Linie zurückgeht, die hier wenigstens im Negativen erreicht ist, d.h. daß man sich die Überfülle von Unebenheiten, Spannungen, von Duplikaten und Sondertraditionen, auf die hier hingewiesen wurde, nicht zum Problem werden ließe."

[30] VON RAD, Priesterschrift; aufgenommen bei Galling in G. BEER-K. GALLING, Exodus (HAT I/3), Tübingen 1939.

[31] Vgl. nur die „Zeugenliste" bei T. POLA, Die ursprüngliche Priesterschrift. Beobachtungen zur Literarkritik und Traditionsgeschichte von P^g (WMANT 70), Neukirchen-Vluyn 20 Anm. 20.

[32] Zur Annahme eines P^g vorgegebenen „Toledotbuches" vgl. die Übersicht bei P. WEIMAR, Die Toledot-Formel in der priesterschriftlichen Geschichtsdarstellung, BZ NF 18 (1974) 65–93 (84–86).

[33] P. WEIMAR, Untersuchungen zur priesterschriftlichen Exodusgeschichte (fzb 9), Würzburg 1973; DERS., Toledot-Formel; DERS., Untersuchungen zur Redaktionsgeschichte des Pentateuch (BZAW 146), Berlin-NewYork 1976, 170; DERS., Die Meerwundererzählung. Eine redaktionskritische Analyse von Ex 13,17–14,31 (ÄAT 9), Wiesbaden 1985, 175–199 und 200 Anm. 103; DERS., Gen 17, 38–42. – Zur Kritik eines solchen Versuchs vgl. W. GROSS, Israels Hoffnung auf die Erneuerung des Staates, in: Unterwegs zur Kirche. Alttestamentliche Konzeptionen (QD 110), hg. von J. Schreiner, Freiburg/Brsg. u.a. 1987, 87–122 = DERS., Studien zur Priesterschrift und zu alttestamentlichen Gottesbildern (SBAB 30), Stuttgart 1999, 65–96 (72 Anm. 29) und DERS., Zukunft,

II. Neuorientierung im Verständnis der Priesterschrift

ren Maß an Zustimmung kann dagegen die Annahme von Vorlagen für die Schöpfungs- und Fluterzählung rechnen,[34] wobei aber die Möglichkeit einer Rekonstruierbarkeit solcher Vorlagen ihrem Wortlaut nach angefragt ist.[35] Die Erkenntnis, wonach P^g „nicht nur eine Nach-, sondern auch eine Vorgeschichte gehabt" hat,[36] schärft insofern den Blick hinsichtlich einer Erfassung ihres spezifischen Profils, als nicht zuletzt anhand der bearbeitenden Umgestaltung von Vorlagen durch den priesterschriftlichen Erzähler dieses näherhin greifbar wird, beispielhaft erfaßbar anhand der Bearbeitung der Schöpfungserzählung im Sinne eines Sieben-Tage-Werkes.[37] Ein bemerkenswertes und zum Nachdenken anregendes Phänomen ist ein Fehlen solcher Vorlagen, wie sie m.E. bis zum Ende der Exodusgeschichte zur Ausgestaltung des priesterschriftlichen Werkes genutzt worden sind, mit Beginn der Sinaigeschichte, aber ebenso auch für den ganzen Komplex der „Landgabegeschichte".[38] Ließe sich angesichts dessen nicht vermuten, daß sich der priesterschriftliche Erzähler hier nicht mehr gebunden weiß an schon ausgestaltete und nur zu bearbeitende Vorlagen, vielmehr frei seinen Stoff arrangieren und gestalten kann? Wenn irgendwo innerhalb des priesterschriftlichen Werkes kommt die besondere (auch theologische) Eigenart der Priesterschrift gerade hier, in ihrem abschließenden Teil zur Geltung, ein Phänomen, daß nicht zuletzt auch ange-

---

53 Anm. 16; außerdem etwa die Einleitungen von SMEND, Entstehung, 52 f. und W.H. SCHMIDT, Einführung in das Alte Testament, Berlin-NewYork ^{5}1995, 99.

[34] Vgl. hierzu etwa nur ZENGER, Gottes Bogen, 30 f. Anm. 13.

[35] Vgl. etwa LOHFINK, Priesterschrift, 233 Anm. 29: „Man kann ... mit Grund fragen, ob sich noch Vorstadien oder von P^g eingebaute Materialien erkennen lassen. An der Möglichkeit, Genaueres zu rekonstruieren, zweifle ich"; ähnlich auch ZENGER, Gottes Bogen, 29–32 sowie – wenn auch im ganzen zurückhaltender – GROSS, Israels Hoffnung, 72 Anm. 29.

[36] SMEND, Entstehung, 52.

[37] Zur Rekonstruktion einer Vorlage der priesterschriftlichen Schöpfungserzählung vgl. P. WEIMAR, Chaos und Kosmos. Gen 1,2 als Schlüssel einer älteren Fassung der priesterschriftlichen Schöpfungserzählung, in: Mythos im Alten Testament und seiner Umwelt (FS H.-P. Müller [BZAW 278]), hg. von A. Lange u.a., Berlin-New York 1999, 196–211; demgegenüber folgt die priesterschriftliche Erzählfassung selbst deutlich anderen Gesetzmäßigkeiten; hierzu P. WEIMAR, Struktur und Komposition der priesterschriftlichen Schöpfungserzählung (Gen 1,1–2,4a*), in: Ex Mesopotamia et Syria Lux (FS M. Dietrich [AOAT 281]), hg. von O. Loretz u.a., Münster 2002, 803–843.

[38] Vgl. schon WEIMAR, Meerwundererzählung, 200 Anm. 103; inwieweit innerhalb des Komplexes der Sinaigeschichte gesetzliche Materialien als Teil von P^g angesehen werden können (vgl. nur K. KOCH, Die Priesterschrift von Exodus 25 bis Leviticus 16. Eine überlieferungsgeschichtliche und literarkritische Untersuchung [FRLANT NF 53 = 71], Göttingen 1959), erscheint eher zweifelhaft (vgl. hierzu P. WEIMAR, Sinai und Schöpfung. Komposition und Theologie der priesterschriftlichen Sinaigeschichte, RB 95 [1988] 337–385 sowie POLA, Priesterschrift, 224–298).

sichts der neu aufgebrochenen Diskussion um den Schluß des priesterschriftlichen Werkes entschieden (mehr) Beachtung verdiente.

Der Prozeß fortschreitender Reduktion des priesterschriftlichen Werkes geht so nach zwei Seiten hin. Er betrifft zum einen die Nachgeschichte in der Ausgrenzung der legislativen Materialien als nachpriesterschriftliche Erweiterungen, zum andern aber auch die Vorgeschichte, insofern die Priesterschrift sich auf größere Strecken hin als redaktionelle Umgestaltung aufgenommener Vorlagen verstehen läßt. Daß sie dennoch als eine geschlossene literarische Größe erscheint, ist nicht zuletzt der Tatsache geschuldet, daß die von P^g rezipierten Vorlagen insofern einem grundlegenden Umgestaltungsprozeß unterzogen worden sind, als die priesterschriftliche Redaktion ihnen weitgehend ihren Prägestempel aufgedrückt und sie voll in das priesterschriftliche Werk integriert hat.[39] Insofern erscheint die Priesterschrift durchaus als eine geschlossene literarische Größe.

III. Eigenständigkeit und Umfang der Priesterschrift

In jüngerer Zeit ist in die Bestimmung der literarischen Eigenart der Priesterschrift dadurch Bewegung gekommen, daß sie im Gegensatz zur älteren Forschung weithin nicht mehr als ein eigenständiges literarisches Werk verstanden, vielmehr zunehmend damit gerechnet wird, daß es sich hierbei um eine unselbständige Größe handelt, die sich kommentierend und interpretierend, weiterführend und korrigierend an einen vorgegebenen Darstellungszusammenhang, näherhin das vermutlich schon deuteronomistisch bearbeitete jehowistische Erzählungswerk angeschlossen hat, was zugleich bedeutet, daß das priesterschriftliche Werk nur in Verbindung mit dem so kommentierten Text verstanden werden kann. Diese nicht zuletzt im Gefolge der vielbeschworenen Pentateuchkrise sich stark in den Vordergrund schiebende, im ganzen eine hohe Akzeptanz findende These von der Priesterschrift als einer Bearbeitungsschicht[40] gründet im wesentlichen auf einem doppelten Argument:

---

[39] Das gilt allein schon hinsichtlich der Tatsache, daß die verschiedenen wie verschiedenartigen Vorlagen, die P^g vorgegeben gewesen sind, durch die priesterschriftliche Redaktion nicht allein zu *einem* geschlossenen Erzählzusammenhang zusammengebunden, sondern überdies noch mittels eines alles ordnenden Kompositionsrasters vereinheitlicht worden sind (WEIMAR, Struktur). Im Laufe dieses Prozesses ist dann durchaus ein einheitliches Werk entstanden.

[40] Vgl. hierzu die lange „Zeugenliste" bei POLA, Priesterschrift, 29 Anm. 75; hinzufügen ließen sich – neben den zusätzlich bei A. DE PURY, Der priesterschriftliche Umgang mit der Jakobsgeschichte, in: Schriftauslegung in der Schrift (FS O.H. Steck [BZAW 3000]), hg. R.G. Kratz u.a., Berlin-New York 2000, 33–60 (34 Anm. 5) genannten Autoren – außerdem etwa noch G. FISCHER, Keine Priesterschrift in Ex 1–15?, ZThK 117

III. Eigenständigkeit und Umfang der Priesterschrift

1. Um als eigenständiges literarisches Werk gelten zu können, ist der als priesterschriftlich zu kennzeichnende Erzählfaden im allgemeinen viel zu dünn, fast stenographisch knapp, erzählerisch nicht weiter ausgestaltet und nur da, wo eigene Interessen hereinspielen (vgl. beispielshalber Gen 1,1–2,4a* und Gen 17*), „blasenartig" angeschwollen, ein auffälliges literarisch-stilistisches Phänomen, das die Diskrepanz zwischen den erzählerisch angelegten und den bloß reihenden Textelementen nur um so schärfer in Erscheinung treten läßt.[41] – 2. Angesichts der Tatsache, daß die „wichtigste und umfassendste Vorlage von P ... das jehowist. Erzählungswerk ... gewesen" ist,[42] erscheint es auffällig, wenn dort verhandelte wichtige Themen wie etwa „Ursünde" und „Sinaibund" im priesterschriftlichen Erzählzusammenhang keine Aufnahme finden, was den Eindruck erweckt, als sei dieser unvollständig und lückenhaft. – Die hier genannten Schwierigkeiten bestünden dann nicht, wenn die priesterschriftlichen Texte von vorneherein auf einen schon bestehenden literarischen Zusammenhang als dessen Ergänzung angelegt waren. Doch sind auf der anderen Seite die zugunsten einer Eigenständigkeit des priesterschriftlichen Werkes genannten Gründe keineswegs als überholt anzusehen, von denen hier nur drei genannt seien:[43] 1. Unter der Voraussetzung der Selbständigkeit des priesterschriftlichen Erzählzusammenhangs läßt sich eine redaktionell bedingte Verknüpfung zweier Erzählfäden, wie sie etwa für die Flut- (Gen 6–9*) und Meerwundererzählung (Ex 13,17–14,31) anzunehmen ist, am plausibelsten und leichtesten verständlich machen. – 2. Ein auszeichnendes Merkmal priesterschriftlicher Erzählweise ist das Vorkommen ausgestalteter und entsprechend hervorgehobener „theologischer" Texte wie Gen 9,1–17*, Gen 17,1–27* und Ex 6,2–12 + 7,1–7, die durch signifikante Stichwortverknüpfungen miteinander verbunden sind, deren Wirkung aber nur voll zur Geltung kommt

---

(1995) 203–211 und DERS., Wege zu einer neuen Sicht der Tora, ZAR 11 (2005) 93–106 (98).

[41] Die hier angezeigte Diskrepanz tritt vor allem im Rahmen der Vätergeschichte in Erscheinung; schon für die rekonstruierte priesterschriftliche Abrahamgeschichte ist auf deren „Künstlichkeit" hingewiesen worden (H. SPECHT, Von Gott enttäuscht – Die priesterschriftliche Abrahamgeschichte, EvTh 47 (1987) 395–411 (395), damit ein Phänomen berührend, das erst recht für die Jakobgeschichte als in besonderer Weise auffällig anzusehen ist (vgl. hierzu nur die diesbezüglichen Anmerkungen bei R. RENDTORFF, Das überlieferungsgeschichtliche Problem des Pentateuch [BZAW 147], Berlin-New York 1976, 130 und E. BLUM, Die Komposition der Vätergeschichte [WMANT 57], Neukirchen-Vluyn 1984, 440.451); als sorgsam durchgestaltete, im ganzen auch parallel angelegte Kompositionen werden Abraham- und Jakobgeschichte bei P^g verstanden von WEIMAR, Gen 17 und DERS., Aufbau und Struktur der priesterschriftlichen Jakobsgeschichte, ZAW 86 (1974) 174–203.

[42] SMEND, Entstehung, 53.

[43] Vgl. auch die entsprechenden Hinweise bei ZENGER, Gottes Bogen, 35 f.; DERS., Einleitung, 160 f.; DERS., Art. Priesterschrift, TRE 27 (1996) 435–446 (437 f.); außerdem SCHMITT, Arbeitsbuch, 193 f.

unter der Voraussetzung, daß es sich bei der Priesterschrift um ein eigenständige literarische Komposition handelt. – 3. Die einzelnen als priesterschriftlich zu kennzeichnenden Texte sind durch ein virtuos gehandhabtes Gefüge von Über- und Unterschriften zueinander in Beziehung gesetzt und in ein erzählerisches Gesamtgefüge eingeordnet, das nur unter der Voraussetzung einer Eigenständigkeit des priesterschriftlichen Werkes funktioniert.[44] – Da sich die gegen eine Eigenständigkeit des priesterschriftlichen Werkes vorgetragenen Gründe unschwer aufgrund der spezifischen Eigenart des priesterschriftlichen Erzählens verständlich machen lassen, umgekehrt jedoch die zugunsten einer literarischen Eigenständigkeit der Priesterschrift vorgetragenen Gründe gerade nicht innerhalb des Modells der Priesterschrift als einer Redaktionsschicht verständlich zu machen sind, neigen sich die Gewichte entschieden zugunsten der klassischen Annahme von der Priesterschrift als einem eigenständigen literarischen Werk, eine Annahme, die in der gegenwärtigen Diskussion wieder mehr und mehr an Boden gewinnt.[45] Und doch ist die Priesterschrift zugleich mehr. Gerade die vielfältigen, meist eher indirekten, wenn auch zuweilen bestrittenen Bezugnahmen auf die älteren Pentateucherzählungen lassen in der Priesterschrift so etwas sehen wie eine bewußt davon sich absetzende Neukonzeption,[46] die sich unverkennbar als ein Konkurrenzentwurf zur jehowistisch-deuteronomistischen Deutung versteht, dazu geradezu eine Alternative anbieten will.[47]

Gerade unter der Voraussetzung, daß es sich bei der Priesterschrift um ein eigenständiges literarisches Werk handelt, stellt sich um so drängender die Frage nach dessen Ende, eine Frage, über die schon längst die Akten ge-

---

[44] Hierzu näherhin WEIMAR, Struktur.

[45] Vgl. hier nur die Feststellung von POLA, Priesterschrift, 30: „Dennoch scheint sich als jüngste Entwicklung eine Rückkehr zur Auffassung von P als geschlossener Quellenschrift abzuzeichnen" (Belege für diesen Trend Anm. 77); ähnlich jetzt auch C. NIHAN, From the Priestly Torah to Pentateuch. A Study in the Composition of the Book of Leviticus (FAT II/25), Tübingen 2007, 20; vgl. im übrigen die Charakterisierung bei R.G. KRATZ, Die Komposition der erzählenden Bücher des Alten Testaments. Grundwissen der Bibelkritik (UTB 2157), Göttingen 2000, 247: „Wohl aber wird die Alternative [‚Quelle oder Redaktion'] dadurch entschärft, daß P den nicht priesterschriftlichen Text der Vätergeschichte und der Exoduserzählung einschließlich der Sinaiperikope kennt und als Vorlage für die eigene Disposition benutzt und die Kenntnis auch bei ihren Lesern voraussetzt."

[46] LOHFINK, Priesterschrift, 221 f.: „Auch eine ursprünglich selbständige priesterliche Geschichtserzählung darf vielleicht nicht als unabhängige Paralleltradition zu den anderen, älteren Pentateuchtraditionen betrachtet werden; vielmehr ist sie vielleicht als bewußt Bezug nehmende und bewußt sich absetzende Neukonzeption zu betrachten."

[47] SMEND, Entstehung, 53 macht in diesem Zusammenhang auf den folgenden Sachverhalt aufmerksam: „P verfuhr mit jenem großen Werk [jehowistisches Erzählungswerk] anders als mit seinen übrigen, kleineren Vorlagen. Er verleibte es seinem eigenen Werk wohlweislich nicht ein, sondern ließ es bestehen, wie es war, aber kaum um es unverletzt in Geltung zu halten, sondern um es durch eine Alternative außer Kurs zu bringen."

III. Eigenständigkeit und Umfang der Priesterschrift

schlossen schienen. Nachdem J. Wellhausen ein Ende des priesterschriftlichen Werkes mit dem Tod des Mose als augenscheinliche Möglichkeit angesehen hat,[48] ist in der Folge eine solche Annahme derart zur Gewißheit geworden, daß sie die geradezu unbefragte Voraussetzung einer jeden Auseinandersetzung mit dem priesterschriftlichen Werk geworden ist,[49] ohne aber hinreichend die Merkwürdigkeit eines solchen Schlusses zu bedenken, und zwar gerade bei einem literarischen Werk, das vollgewichtig und programmatisch mit der Schöpfungserzählung eröffnet wird.[50] Herausgefordert von einem Schluß des priesterschriftlichen Werkes, der als solcher schon Fragen aufwirft und der im eigentlichen Sinne auch gar kein Schluß ist, vielmehr das innerhalb der Priesterschrift dargestellte Geschehen im Blick auf den Leser nach vorne hin öffnet, ist darin auf der anderen Seite ein mächtiger Impuls dahingehend gegeben, der Frage nachzugehen, ob und inwieweit die Priesterschrift nicht doch eine Fortsetzung im Josuabuch gefunden hat, zumal zum einen – und das wird besonders zu bedenken sein – das für P^g wichtige Thema des Besitzes des Landes sowie das Hinkommen ins Land noch zu keinem definitiven Abschluß gekommen ist, zum andern aber gerade auch das Vorhandensein priesterschriftlich gefärbter Texte im Josuabuch eine solche Annahme zusätzlich provoziert.[51] Mit einer solchen „Maximaltheorie" rechnet in der neueren Diskussion insbesondere N. Lohfink, der den Abschluß des priesterschriftlichen Werkes in Jos 18,1 und 19,51 sieht, beide Aussagen insofern herausgehoben, als mit ihnen jeweils ein Rückverweis auf die Schöpfungserzählung (Gen 1,28 und 2,2) und auf diese Weise eine Art Klammer um das ganze priesterschriftliche Werk angebracht ist.[52]

In der neueren Diskussion um das Ende der Priesterschrift ist die Annahme eines Abschlusses mit dem Tod des Mose vor allem durch die Infragestellung

---

[48] WELLHAUSEN, Prolegomena, 355 f.
[49] Vgl. etwa NOTH, Überlieferungsgeschichte, 17–19 und ELLIGER, Sinn.
[50] Vgl. die entsprechenden Überlegungen bei POLA, Priesterschrift, 40 ff.
[51] Das Vorhandensein „priesterschriftlicher" Texte im Josuabuch ist jüngst wieder verstärkt diskutiert worden; vgl. hierzu nur den neuesten Diskussionsbeitrag von R. ALBERTZ, Die kanonische Anpassung des Josuabuches. Eine Neubewertung seiner sogenannten „priesterschriftlichen Texte", in: Les dernières rédactions du Pentateuque, de l'Hexateuque et de l'Ennéateuque (BEThL 203), hg. von T. Römer und K. Schmid, Leuven 2007, 199–216; im übrigen vgl. die zusammenfassende Charakterisierung der Forschungslage bei C. FREVEL, Mit Blick auf das Land die Schöpfung erinnern. Zum Ende der Priestergrundschrift (HBS 23), Freiburg/Brsg. u.a. 2000, 34–39.
[52] Hierzu LOHFINK, Priesterschrift, 223 f. mit Anm. 30 und DERS., Die Schichten des Pentateuch und der Krieg, in: Gewalt und Gewaltlosigkeit im Alten Testament (QD 96), hg. von N. Lohfink, Freiburg/Brsg. 1983, 51–110 = DERS., Studien zum Pentateuch (SBAB 4), Stuttgart 1988, 255–315 (284 ff.); zur Kritik vgl. ZENGER, Gottes Bogen, 36–41 und DERS., Einleitung, 165 f. sowie WEIMAR, Struktur I, 86 f. mit Anm. 23.

einer priesterschriftlichen Herkunft von Dtn 34,7–9 in die Kritik geraten,[53] was in der Folge dazu geführt hat, den Abschluß des priesterschriftlichen Werkes mehr und mehr zurückzuverlegen.[54] Ist das Ende der Priesterschrift schon am Sinai zu suchen, dann hat eine solche Annahme angesichts der nicht zu verkennenden Entsprechungen zwischen Sinai und Schöpfung[55] noch einmal einen ganz eigenen Reiz und ein besonderes Gewicht, insofern auf diese Weise Anfang und Ende des priesterschriftlichen Werkes auf eine geradezu programmatische Weise miteinander verwoben und aufeinander bezogen sind. Um so mehr geraten unter einer solchen Voraussetzung die gemeinhin als priesterschriftlich geltenden Texte im Levitikusbuch[56] sowie vor allem im Numeribuch[57] in die Kritik, werden in der Folge so auch der Priesterschrift abgesprochen und als postpriesterschriftliche Gebilde deklariert.[58] Daß die

---

[53] L. PERLITT, Priesterschrift im Deuteronomium?, ZAW 100 Suppl. (1988) 65–88 = DERS., Deuteronomium-Studien FAT 8), Tübingen 1994, 123–143. Nach E. OTTO, Das Gesetz des Mose, Darmstadt 2007, 179 ist die „Einsicht, dass das Deuteronomium keine priesterschriftlichen Anteile hat", „Ausgangspunkt jeder Literaturgeschichte der Priesterschrift"; in Dtn 34 sieht E. OTTO, Deuteronomium und Pentateuch. Aspekte der gegenwärtigen Debatte, ZAR 6 (2000) 222–284 (258–269) sowie DERS., Das Deuteronomium im Pentateuch und Hexateuch. Studien zur Literargeschichte von Pentateuch und Hexateuch im Lichte des Deuteronomiumrahmens (FAT 30), Tübingen 2000, 212–233 eine post-priesterschriftliche Bildung; ein Anteil von P^g sei hier jedenfalls zu bestreiten.

[54] In der neueren Forschung sind vor allem drei Vorschläge in der Diskussion: Lev 9,23+24 (ZENGER, Priesterschrift, 438 f. und DERS., Einleitung, 164) – Ex 40,16.17a.33b (POLA, Priesterschrift) – Ex 29,46 (E. OTTO, Forschungen zur Priesterschrift, ThR 62 [1997] 1–50 [35]); eine zusammenfassende Charakterisierung dieser drei Lösungsansätze vgl. die ausführliche Darstellung bei FREVEL, Blick, 82–181 sowie die knappe Skizze bei ZENGER, Einleitung, 163 ff.; zur Kritik vgl. hier insbesondere C. FREVEL, Kein Ende in Sicht? Zur Priestergrundschrift im Buch Levitikus, in: Levitikus als Buch (BBB 119), hg. von H.-J. Fabry und H.-W. Jüngling, Berlin-Bodenheim 1999, 85–123, wobei er zu dem Urteil kommt: „Weder in Ex 40,33b, noch in Ex 29,46, noch in Lev 9,24 liegt das Ende der Priestergrundschrift vor. Das Ende der P^g ist demnach nicht in der Sinaiperikope zu finden, m.E. sollte es aus inhaltlichen und konzeptionellen Gründen auch dort nicht gesucht werden" (118).

[55] Vgl. beispielshalber WEIMAR, Sinai, 358–372.

[56] Hierzu FREVEL, Ende, der nach einer Untersuchung von Anteilen von P^g im Levitikus zu folgendem Fazit kommt: „Es gibt keine Anteile der P^g im Buch Levitikus" (117).

[57] Vgl. schon die Beschreibung des Phänomens bei WELLHAUSEN, Prolegomena, 355 f.: „Mehr und mehr nehmen im Buch Numeri auch die erzählenden Partien, welche im übrigen die Art und Farbe des Priesterkodex tragen, den Charakter bloßer Ergänzungen und redaktioneller Nachträge zu einem bereits vorhandenen anderweitigen Zusammenhange an; die selbständige Grundschrift des Priesterkodex tritt immer stärker gegen die jüngeren Zusätze zurück..." – Zur Kennzeichnung der Forschungssituation vgl. im übrigen R. ACHENBACH, Die Vollendung der Tora. Studien zur Redaktionsgeschichte des Numeribuches im Kontext von Hexateuch und Pentateuch (BZAR 3), Wiesbaden 2003, 14–22.

[58] In einem solchen Sinne votieren beispielshalber ACHENBACH, Vollendung und NIHAN, Priestly Torah, 30.

III. Eigenständigkeit und Umfang der Priesterschrift

Suche nach einer Weiterführung des priesterschriftlichen Erzählfadens im Anschluß an die Darstellung der Sinaiereignisse keineswegs aufzugeben, sondern die Existenz eines solchen durchaus anzunehmen ist,[59] erklärt sich nicht nur aufgrund der „Sorge um einen sinnvollen oder wenigstens zu erwartenden P-Abschluß"[60], sondern legt sich durchaus auch aus inneren, in der vorangehenden Darstellung der Priesterschrift selbst liegenden Gründen nahe.[61] Jedenfalls wird es nicht möglich sein, Ex 6,8 bzw. auch Ex 6,6–8 insgesamt literarkritisch auszugrenzen und als post-priesterschriftlich einzuordnen.[62] Welche Bedeutung gerade Ex 6,8 im Blick auf eine Weiterführung des priesterschriftlichen Werkes nach dem Sinai zukommt, wird nicht zuletzt anhand der durch Stichwortentsprechungen („hinkommen lassen in das Land" und „zum Besitz geben") angezeigten Korrespondenz mit Num 20,12 faßbar, wodurch eine große Inklusion zwischen dem Beginn des Exodusgeschehens und

---

[59] Aus der neueren Diskussion vgl. etwa L. SCHMIDT, Studien zur Priesterschrift (BZAW 214), Berlin-New York 1993; DERS., Das vierte Buch Mose. Numeri 10,11–36,13 (ATD 7/2), Göttingen 2004; FREVEL, Blick; H. SEEBASS, Numeri. 2. Teilband: Num 10,11–22,1 (BK IV/2), Neukirchen-Vluyn 2003.

[60] PERLITT, Priesterschrift, 125 sowie – in Anspielung hierauf – FREVEL, Ende, 120.

[61] Hier wäre nur auf die große, ja zentrale Bedeutung hinzuweisen, die bei P^g gerade der Verheißung des Landes zukommt, eine Verheißung, die geradezu ins Leere liefe, wenn die Darstellung der Priesterschrift selbst nicht auf die Landgabe hinzielte; daß P^g eine „Landnahmeerzählung selbst ... nicht mehr gehabt [hat], da sie die Erfüllungshoffnungen, was die Verheißungen an die Väter angeht, im Kern schon in der Zusicherung der Treue Jahwes zum Vätereid für erfüllt ansieht" (R. ACHENBACH, Der Pentateuch, seine theokratischen Bearbeitungen und Josua–2 Könige, in: Les dernières rédactions du Pentateuque, de l'Hexateuque et de l'Ennéateuque [BEThL 203], hg. von T. Römer und K. Schmid, Leuven 2007, 225–253 [226 Anm. 4]), ist wohl als Erklärung für den Ausfall einer eigenen Landgabegeschichte bei P^g im ganzen nicht befriedigend; im übrigen ist die Annahme eines Ausfalls einer solchen Landgabegeschichte insofern nicht ganz zutreffend, als im Verständnis der Priesterschrift die sog. „Kundschaftergeschichte" in Num 13/14* durchaus als eine solche zu lesen ist, worauf nicht zuletzt der auffällige partizipiale Relativsatz in Num 13,2a hindeutet (hierzu WEIMAR, Untersuchungen, 110 sowie zur kompositorischen Gestalt DERS., Struktur I, 130 f.).

[62] Zur Ausgrenzung von Ex 6,8 als post-priesterschriftlichen Zusatz vgl. insbesondere F. KOHATA, Jahwist und Priesterschrift in Exodus 3–14 (BZAW 166), Berlin-New York 1986, 29–33; zur Ausgrenzung von Ex 6,6–8 insgesamt als post-priesterschriftliche Ergänzung vgl. OTTO, Forschungen, 10 Anm. 45; zur Kritik einer solchen Auffassung vgl. FREVEL, Ende, 118 Anm. 123 sowie vor allem J.C. GERTZ, Tradition und Redaktion in der Exoduserzählung. Untersuchungen zur Endredaktion des Pentateuch (FRLANT 186), Göttingen 2000, 244–250, der in detaillierter Auseinandersetzung zu dem Ergebnis kommt: „Der Durchgang durch die erkannten sprachlichen und inhaltlichen Auffälligkeiten hat für V.6–8 nicht bestätigen können, daß es sich um einen Nachtrag handelt, der an das Dtn und das Heiligkeitsgesetz anknüpft und daher einer nachpriesterschriftlichen Pentateuchredaktion zuzuweisen ist" (248).

dem Hineinkommen in das schon übereignete Land angezeigt ist.[63] Angesichts der Tatsache, dass Num 20,12 eng mit den nachfolgenden als priesterschriftlich anzusehenden Texteinheiten innerhalb des Numeribuches verwoben ist, liegt darin auf der anderen Seite keinesfalls das Ende des priesterschriftlichen Werkes, sondern der Auftakt zu einer komplex organisierten Erzählfolge, die angeregt ist von den beiden spannungsvoll zueinander gefügten Elementen der Gerichtsansage Num 20,12b.[64] In Anbetracht der dichten Verwobenheit der hier zueinander gefügten priesterschriftlichen Texteinheiten läßt sich die Frage nach dem Ende des priesterschriftlichen Werkes nicht punktuell auf eine einzige Aussage reduzieren. Vielmehr erweist sich dieses Ende als eine vielschichtig angelegte komplexe Erzählfolge, die *insgesamt* als Abschluß des priesterschriftlichen Werkes anzusehen ist. Erst dann gewinnt die Frage nach dem Ende der Priesterschrift ihre volle Brisanz. Gerade unter der Voraussetzung, daß sich das Ende der Priesterschrift als eine komplex organisierte Erzählfolge darbietet, stellt sich nochmals die Rückfrage nach dem Sinn eines solchen die erzählerische Spannung nicht auflösenden Schlusses des priesterschriftlichen Werkes.

Bei der Priesterschrift handelt es sich um eine höchst eigenwillige Darstellung der Geschichte Israels, eigenwillig gerade auch in ihrem Schluß, der in mehr als einer Beziehung gleichermaßen überraschend wie herausfordernd ist. Es ist eine eigentümliche Spannung, die gerade die Geschichte der Israelsöhne von der Ansage des Exodus bis zum bevorstehenden Hinkommen in das Land begleitet, wobei die entsprechenden Zusammenhänge durch den priesterschriftlichen Erzähler selbst angezeigt sind. Neben der großen Klammer, die durch Ex 6,8 und Num 20,12 gebildet ist, erscheint eine zweite, damit in Verbindung zu sehende Klammer bemerkenswert, in beiden Fällen nicht die Perspektive Jahwes in der Anrede an Mose bzw. an Mose und Aaron einnehmend, sondern aus der Erzählerperspektive im Blick auf das Verhalten der Israelsöhne formuliert (Ex 6,9b und Dtn 34,9b). Dabei treten eine negative und eine positive Feststellung einander gegenüber, beide, wenn auch aus unterschiedlichen Gründen, gleichermaßen überraschend. Verwunderlich ist die Reaktion der Israelsöhne auf die wortgetreue Weitergabe der Rettungsbotschaft durch Mose – „sie hörten nicht auf Mose vor der Kürze des Atems und wegen des schweren Dienstes" (Ex 6,9b). So unvermittelt diese Aussage vom Nicht-Hören der Israelsöhne den Leser trifft, so sind es nicht zuletzt die beigefügten Umstandsbestimmungen, die beim Leser Verständnis wecken, die der harten Feststellung eine geradezu menschliche Dimension verleihen, insofern

---

[63] Vgl. hierzu nur P. WEIMAR, „... inmitten der Söhne Israels" (Ex 29,45). Aspekte eines Verständnisses Israels im Rahmen der priesterschriftlichen Geschichtserzählung, in: Garten des Lebens (FS W. Cramer [MThA 60]), hg. von M.-B. von Stritzky und C. Uhrig, Altenberge 1999, 367–398 (371 f.).

[64] M.E. ist es nicht möglich, Num 20,12 als eine späte, post-priesterschriftliche Ergänzung zu deklarieren (anders dagegen FREVEL, Blick, 328–330.336).

sie darauf verweisen, daß den Israelsöhnen ob der Schwere der Arbeit kein Freiraum zu einem eigenen Gedanken bleibt.[65] Diese Bemerkung, die im Fortgang der priesterschriftlichen Erzählung leitmotivartig weitergetragen wird (Ex 6,12b und Num 20,12b), spannt einen weiten Bogen zu Dtn 34,9b und damit an den Schluß des priesterschriftlichen Werkes hin.[66] Damit kommt zugleich ein langer Weg an sein Ende, ein Weg vom Nicht-Hören zum Hören, ganze vierzig Jahre dauernd, vom Exodus bis zu dem Augenblick, da die Israelsöhne an der Grenze des verheißenen Landes stehen und Mose stirbt, entworfen nicht zuletzt zu dem Zweck, um daran deutlich werden zu lassen, was die tiefere Veranlassung des priesterschriftlichen Erzählers ist, die Geschichte Israels in dieser Weise Gestalt gewinnen zu lassen.

---

[65] Vgl. B. JACOB, Das Buch Exodus. Hg. von S. Mayer unter Mitwirkung von J. Hahn und A. Jürgensen, Stuttgart 1997, 158; dass eine solche „Stimmung, solcher Mangel an Kraft oder (Lebens-)Mut ... kaum ohne Verschulden, zumindest nicht ohne eigene Verantwortung Israels" ist (W.H. SCHMIDT, Exodus. 1. Teilband: Exodus 1–6 [BK II/1], Neukirchen-Vluyn 1988, 288), wird man gerade nicht sagen können.

[66] Vgl. schon WEIMAR, Untersuchungen, 182–186.

2. Die Priesterschrift.
Struktur und Komposition
eines literarischen Werkes

Künstlichkeit und Formelhaftigkeit sind seit je als literarische Markenzeichen priesterschriftlichen Erzählstils und zugleich als unterscheidendes Merkmal gegenüber der Erzählweise der nichtpriesterschriftlichen Überlieferungen innerhalb des Pentateuch hervorgehoben worden.[1] Diese literarisch-stilistische Eigenart des priesterschriftlichen Werkes hat ihren Grund nicht in einem Mangel an darstellerischer Kraft und Fähigkeit oder an poetischer Intuition.[2] Sie ist vielmehr Ausdruck „eines intensiven theologisch ordnenden Denkens".[3] Der Gedanke der Ordnung spielt im priesterschriftlichen Werk überhaupt eine bedeutsame Rolle.[4] Nach J. Wellhausen gehören „planvolle Gliederung und strenge Construction" zu den herausragenden literarischen Eigentümlichkeiten von P^g.[5] Die Einsicht in die Konstruktionsgesetze, wie sie anhand struktureller Merkmale erkennbar werden, ist um so gewichtiger, als sie Rückschlüsse auf die erzählerisch-theologische Absicht von P^g zuläßt. Angesichts der neu aufgebrochenen Diskussion um die Größe Priesterschrift sind zunächst in Kürze die literaturwissenschaftlichen Voraussetzungen zu skizzieren, die in der vorliegenden Untersuchung gemacht werden (I). Sodann ist die priesterschriftliche Geschichtsdarstellung auf in ihr erkennbar werdende strukturbildende Elemente hin zu untersuchen (II). Abschließend stellt sich sodann die Frage nach Struktur und Komposition des priesterschriftlichen Werkes (III).

---

[1] Vgl. nur die Übersicht bei S.E. McEvenue, The Narrative Style of the Priestly Writer (AnBib 50), Rom 1971, 1–8.
[2] Vgl. etwa H. Holzinger, Einleitung in den Hexateuch, Freiburg-Leipzig 1893, 352 f.
[3] G. von Rad, Das erste Buch Mose. Genesis (ATD 2/4), Göttingen ^{12}1972, 13.
[4] Vgl. auch die entsprechende Feststellung bei N. Lohfink, Die Priesterschrift und die Geschichte, in: Congress Volume Göttingen 1977 (VT.S 29), hg. von W. Zimmerli, Leiden 1978, 189–225 (207) = Ders., Studien zum Pentateuch (SBAB 4), Stuttgart 1988, 213–253 (233), aber auch R. Smend, Die Entstehung des Alten Testaments (Theologische Wissenschaft 1), Stuttgart ^{4}1989, 49.
[5] J. Wellhausen, Die Composition des Hexateuch und der historischen Bücher des Alten Testaments, Berlin ^{4}1963, 135.

I. Die priesterschriftliche Geschichtsdarstellung als eigenständiges literarisches Werk

Für das Verständnis des „Priesterschrift" genannten literarischen Werkes ist bis heute mehr oder minder stark das Urteil J. Wellhausens bestimmend geblieben,[6] auch wenn sich seither die literargeschichtlichen Voraussetzungen nicht unerheblich verändert haben.[7] Die schon bei J. Wellhausen[8] angelegte Differenzierung zwischen einer im wesentlichen erzählenden priesterschriftlichen Geschichtsdarstellung (P^g) und sekundären priesterlichen Materialien meist anordnenden Charakters ($P^{s/ss}$)[9] ist in der Folgezeit sowohl hinsichtlich der literarischen Analyse selbst als auch im Blick auf deren Verständnis weithin ohne Folgen geblieben. Erst M. Noth[10] und K. Elliger[11] haben konsequent mit einer derartigen Unterscheidung zwischen P^g und P^s gearbeitet, wobei immer deutlicher in Erscheinung getreten ist, daß die „Priesterschrift" nicht weiterhin als ein „ausgesprochenes Priesterwerk" angesehen werden kann, da „der Geist des Werkes nicht eben unbedingt priesterlich" ist.[12] Dieser Ansatz ist in der jüngeren Forschung von verschiedenen Seiten her aufgenommen und weitergeführt worden,[13]

---

[6] Vgl. J. WELLHAUSEN, Prolegomena zur Geschichte Israels, Berlin [6]1905 (vor allem 7.359), aber auch DERS., Israelitisch-jüdische Religion, in: Kultur der Gegenwart I/4, Berlin-Leipzig 1905, 1–38 = DERS., Grundrisse zum Alten Testament (TB 27), hg. R. Smend, München 1965, 65–109 (99 f.).

[7] Vgl. den instruktiven Überblick bei LOHFINK, Priesterschrift, 213–227. – Zweifelhaft ist, inwiefern die eingebürgerte Bezeichnung „Priesterschrift" heute überhaupt noch als sachgerecht angesehen werden kann. Wenn sie hier weiter verwendet wird, dann geschieht dies in erster Linie in Ermangelung einer schon eingebürgerten, unmißverständlichen Benennung.

[8] WELLHAUSEN, Prolegomena, 384 und DERS., Composition, 184.

[9] Vgl. die entsprechende Differenzierung bei H. HOLZINGER, Einleitung in den Hexateuch, Freiburg/Brsg.-Leipzig 1893, 332 ff.; dazu näherhin T. POLA, Die ursprüngliche Priesterschrift. Beobachtungen zur Literarkritik und Traditionsgeschichte von P^g (WMANT 70), Neukirchen-Vluyn 1995, 19 f.

[10] M. NOTH, Überlieferungsgeschichte des Pentateuch, Stuttgart 1948 = ND Darmstadt [3]1966, 7–19.259–267.

[11] K. ELLIGER, Sinn und Ursprung der priesterlichen Geschichtserzählung, ZThK 49 (1952) 121–143 = DERS., Kleine Schriften zum Alten Testament (TB 32), hg. von H. Gese und O. Kaiser, München 1966, 174–198.

[12] NOTH, Überlieferungsgeschichte, 260.

[13] Vgl. beispielsweise R. KILIAN, Die Priesterschrift. Hoffnung auf Heimkehr, in: Wort und Botschaft des Alten Testaments, hg. von J. Schreiner, Würzburg [3]1975, 243–260 und E. CORTESE, La Terra di Canaan nella storia sacerdotale del Pentateuco (SRivBib 5), Brescia 1972; DERS., Dimensioni letterarie e elementi strutturali di P^g: Per una teologia del documento sacerdotale, RivBib 25 (1977) 113–141 sowie DERS., La teologia del documento sacerdotale, RivBib 26 (1978) 113–137; DERS., Da Mosè a Esdra. I libri storici dell'antico Israele, Bologna 1985, 99–144.

auch wenn die Unterscheidung zwischen P^g und P^s im einzelnen nicht mit der Konsequenz gehandhabt wird, wie sie für ein differenzierteres Verständnis der Priesterschrift notwendig wäre.¹⁴

Entgegen neueren Versuchen, in den priesterschriftlichen Texten nicht ein in sich zusammenhängendes, eigenständiges literarisches Werk zu sehen, sondern eher eine kommentierende Bearbeitungsschicht, die einen bereits bestehenden Erzählzusammenhang in bestimmter Weise ergänzt und interpretiert,¹⁵ ist daran festzuhalten, daß P^g in der Tat einmal ur-

---

¹⁴ Die gegenüber M. Noth und K. Elliger anzunehmende Reduktion des genuin priesterschriftlichen Erzählwerkes muß m.E. vor allem in zwei Bereichen ansetzen. So ist zum einen der Umfang der Sinaigeschichte entschieden zu reduzieren, die in ihrem Kern auf die Anweisungen zum Bau der Wohnung Jahwes (Ex 26*) und die Feier des ersten Opfers (Lev 9*) beschränkt ist (hierzu näherhin P. WEIMAR, Sinai und Schöpfung. Komposition und Theologie der priesterschriftlichen Sinaigeschichte, RB 95 [1988] 22–60). Weitere Einschränkung verlangt aber auch der Anteil der anordnenden Elemente im Rahmen von Gen 1 bis Ex 16, worauf schon LOHFINK, Priesterschrift, 217 Anm. 16 hingewiesen hat. Über N. Lohfink hinaus wird m.e. der ganze Abschnitt Gen 17,12–14 (hierzu P. WEIMAR, Gen 17 und die priesterschriftliche Abrahamgeschichte, ZAW 100 [1988] 22–60), aber auch die an Ex 16,12 sich anschließende Weiterführung des Kapitels als jüngere Ergänzung auszugrenzen sein. Ob dagegen Ex 12,1–14* insgesamt als redaktioneller Einschub in das Werk von P^g angesehen werden kann (so J.-L. SKA, Les plaies d'Égypte dans le récit sacerdotal [P^g], Bib 60 [1979] 23–35 [30–34], dem sich LOHFINK, Priesterschrift, 193 Anm. 16, aber auch W. GROSS, Israels Hoffnung auf die Erneuerung des Staates, in: Unterwegs zur Kirche. Alttestamentliche Konzeptionen [QD 110], hg. von J. Schreiner, Freiburg/Brsg. u.a. 1987, 87–122 = DERS., Studien zur Priesterschrift und zu alttestamentlichen Gottesbildern (SBAB 30), Stuttgart 1999, 65–96 [76] anschließen), erscheint aus verschiedenen Gründen eher zweifelhaft (zur Analyse von Ex 12,1–14 selbst vgl. P. WEIMAR, Zum Problem der Entstehungsgeschichte von Ex 12,1–14, ZAW 107 [1995] 1–17 und DERS., Ex 12,1–14 und die priesterschriftliche Geschichtsdarstellung, ZAW 107 [1995] 196–214).

¹⁵ Die Existenz einer ursprünglich einmal selbständigen priesterschriftlichen Geschichtsdarstellung ist immer wieder bestritten worden (vgl. dazu die Übersicht bei LOHFINK, Priesterschrift, 197 Anm. 28, außerdem S. TENGSTRÖM, Die Toledotformel und die literarische Struktur der priesterlichen Erweiterungsschicht im Pentateuch [CB.OT 17], Gleerup 1981, 11–16, ebenso die weiterführende „Zeugenliste" bei POLA, Priesterschrift, 29 Anm. 75). Doch sind die gegen die Selbständigkeit von P^g vorgebrachten Gründe im ganzen nicht durchschlagend (zur Auseinandersetzung vgl. vor allem LOHFINK, Priesterschrift, 224 f. Anm. 31 sowie E. ZENGER, Gottes Bogen in den Wolken. Untersuchungen zu Komposition und Theologie der priesterschriftlichen Urgeschichte [SBS 112], Stuttgart ²1987, 32–36, weiterhin auch W.H.C. PROPP, The Priestly Source Recovered Intact?, VT 46 [1996] 458–478). Abgesehen einmal davon, daß häufig nicht streng genug zwischen P^g und sekundären priesterlichen Materialien (P^s/R^P) unterschieden wird, wird bei einer Gleichsetzung der priesterschriftlichen Texte mit einer Redaktionsschicht im Pentateuch (wobei es keinen grundlegenden Unterschied macht, ob diese mit der Pentateuchredaktion zu identifizieren ist oder nicht) vor allem die strenge Struktur priesterschriftlicher Texte nicht verständlich, die nur dann wirklich funktioniert, wenn die als priesterschriftlich zu qualifizierenden Texte Bestandteile eines ursprünglich selbständigen litera-

sprünglich eigenständig gewesen und erst sekundär mit der mehrfach deuteronomistisch bearbeiteten „jehowistischen" Geschichtsdarstellung zum Pentateuch zusammengefügt worden ist.[16] Nach Ausscheidung der sekundären (anordnenden) Materialien, die der noch selbständigen „Priesterschrift" teilweise in mehreren Schüben zugewachsen sind,[17] läßt sich ein in sich geschlossenes, straff organisiertes Erzählwerk rekonstruieren, das – mit nur geringen Textverlusten – nahezu vollständig erhalten ist.[18]

---

rischen Werkes gewesen sind; in der gegenwärtigen Forschung schlägt das Pendel wieder in die Gegenrichtung um (vgl. hierzu nur – mit Anführung von Vertretern einer eigenständigen Priesterschrift – POLA, Priesterschrift, 30 mit Anm. 77 oder A. DE PURY, Der priesterschriftliche Umgang mit der Jakobsgeschichte, in: Schriftauslegung in der Schrift [FS O.H. Steck; BZAW 300], hg. von R.G. Kratz u.a., Berlin-New York 2000, 33–60 [34 mit Anm. 5]).

[16] Das läßt deutlich eine Analyse der „Meerwundererzählung" in Ex 13,17–14,31 erkennen, wo zwei eigenständige, jeweils für sich bestehende Erzählzusammenhänge isoliert werden können, die ihrerseits wiederum redaktionelle Bearbeitungen erfahren haben. Die jüngere redaktionelle Bearbeitung des priesterschriftlichen Erzählfadens ist zugleich die den nicht-priesterschriftlichen Erzählfaden, deren jüngste Textschicht als „deuteronomistisch" zu qualifizieren ist, integrierende Redaktionsschicht und so mit der Pentateuchredaktion selbst zu identifizieren (hierzu P. WEIMAR, Die Meerwundererzählung. Eine redaktionskritische Analyse von Ex 13,17–14,31 [ÄAT 9], Wiesbaden 1985). Die Spuren „deuteronomistischer" Bearbeitung innerhalb der jehowistischen Erzählzusammenhänge sind dabei keineswegs als Produkt einer einzigen durchgehenden Redaktion anzusehen, sondern verteilen sich – analog zu der im „deuteronomistischen Geschichtswerk" zu beobachtenden Schichtung – auf mehrere Redaktionsschichten (vgl. nur die Schichtung in Gen 15; dazu P. WEIMAR, Genesis 15. Ein redaktionskritischer Versuch, in: Die Väter Israels. Beiträge zur Theologie der Patriarchenüberlieferungen im Alten Testament [FS J. Scharbert], hg. von M. Görg, Stuttgart 1989, 361–411).

[17] Vgl. beispielshalber Ex 16, wo die priesterschriftliche Grundschicht eine mehrfache redaktionelle Nachbearbeitung erfahren hat; in eine solche Richtung weist auch die – sonst sich in vielem hier vertretenen entstehungsgeschichtlichen Modell unterscheidende – Analyse von P. MAIBERGER, Das Manna. Eine literarische, etymologische und naturkundliche Untersuchung (ÄAT 6/1 und 2), Wiesbaden 1983 (vgl. die Zusammenfassung der diesbezüglichen Ergebnisse 423–428).

[18] Gen 1,1–10.11*.12*.13.14*.15.16*.17–19.20*.21*.22–25.26*.27.28*.29.30b.31; 2,2–4a; 5,1a.3*.4–27.28*.30–32; 6,9–11.12a.13*.14*.15.16*.17*.18.19a*.20.22; 7,6*.11. 13.14a.15a.16a*.17a.18–19.21a.24; 8,1.2a.3b.4.5.13a.14–16.17*.18.19*; 9,1–3*.7–9.10*. 11.12a.13-14.15*.28.29; 10,1–3.4a.5*.6–7.20*.22–23.31*.32*; 11,10–26.27a.31*.32; 12, 4b.5*; 13,6b*.12aba; 16,3*.15–16; 17,1–6.7*.8*.9aα.10–11.15.16*.17a.18.19a.20a*.22. 24–26; 21,1b.2a*.3*.4a.5; 23,1a.2*.19*; 25,7.8*.9*.10b.12*.13–15.16aα*.17.19.20* [...] 26b; 26,34*.35; 28,1–3.5; [...] 31,18aβb; 35,6a*.9–13.15.22b.23–26.27*.28–29; 36,1a. 2a.6*.8*.10–11.12b.13; 37,1.2aα*; 41.46a; 46,6*; 47,27b.28; 48,3.4*; 49,1a.28b*.29a. 30a.33*; 50,12.13*; Ex 1,1*.2–4.5b.7*.13.14aαb; 2,23aβb–25; 6,2–12; 7,1–13.19.20aα. 21b.22; 8,1–3[...].11aβb.12–15; 12,1aα*.3aα*.3b.6b*.7a.8*.12*.28.40–41; 14,1.2a.4.8*. 10abβ.15aα.15b–17a.18a.21aα.21b.22.23aαb.26aba.27aα.28a.29; 16,1aβ.2–3.6.7aba.8bβ. 9.10aαb.11–12; 19,1; 24,15b.16.18a; 25,1a.2aα.8.9; 26,1*.2a.6*.7.8a.11a*.15.16.18*. 20*.22*.23a.30; 29,45.46; 39,32b.43; 40,17.34; Lev 9,1a*.2.3*.4b.5b.7aba.8*.12a.15a.

I. Die Priesterschrift als eigenständiges literarisches Werk 23

Als Abschluß des priesterschriftlichen Werkes ist höchstwahrscheinlich Dtn 34,7–9* anzusehen.[19] Innerhalb dieses Abschnitts kommt dabei Dtn 34,9 eine – über den unmittelbaren Erzählzusammenhang hinausweisende – Sonderstellung zu,[20] die darin begründet liegt, daß mit Dtn 34,9 ein Ex

---

21b.23.24b; Num 10,11abα.12b; 13,1.2a.3aα; 17aβ.21.25.32a; 14,1a.2*.5–7.10.26.27b. 28aα.35b.37–38; 20,1aα*.2.3aβb.6.7.8a*.10.12.22b.23a*.25–29; 27,12.13.14a*.18*.20. 22a.23; Dtn 34,7–9*. Die hier vorgelegte Abgrenzung des Textbestandes von P^g beruht, soweit Abweichungen gegenüber ELLIGER, Sinn, 174 f. (vgl. auch E. ZENGER, Einleitung in das Alte Testament [Studienbücher Theologie I/1], Stuttgart ⁶2006, 163) und LOHFINK, Priesterschrift, 222 f. Anm. 29 (vgl. auch DE PURY, Jakobsgeschichte, 35 Anm. 9) bestehen (vgl. im übrigen die synoptische Übersicht bei P.P. JENSON, Graded Holiness. A Key to the Priestly Conception of the World [JSOT.S 106], London 1992, 200–224), auf eigenen, nur z.T. publizierten Analysen. Besteht die Rekonstruktion des priesterschriftlichen Textes (P^g) zu Recht, dann lassen sich nur wenige, dazu noch geringe Textverluste beobachten, die im ganzen nicht als entscheidend angesehen werden können (derartige Lücken im Text fordern R. RENDTORFF, Das überlieferungsgeschichtliche Problem des Pentateuch [BZAW 147], Berlin-New York 1976, 113 f. zu kritischem Bedenken heraus; darüber hinausgehende Textverluste sind bei Berücksichtigung der Erzähltechnik von P^g nicht zwingend zu postulieren. Unberücksichtigt bleiben kann in diesem Zusammenhang das Problem, inwieweit die priesterschriftliche Geschichtsdarstellung selbst wiederum auf unmittelbaren Vorlagen fußt, die von ihr nur bearbeitet worden sind und die sie in neue Ordnungszusammenhänge eingeordnet hat (zur Annahme solcher Vorlagen, deren Rekonstruktion in der Forschung allerdings stark umstritten ist, vgl. etwa P. WEIMAR, Untersuchungen zur priesterschriftlichen Exodusgeschichte [fzb 9], Würzburg 1973, 246–249, DERS., Die Toledot-Formel in der priesterschriftlichen Geschichtsdarstellung, BZ NF 18 [1974] 84–87; DERS., Meerwundererzählung, 175–199 und DERS., Ex 12,1–14, 197–208; kritisch mit derartigen Versuchen, insbesondere der Rekonstruierbarkeit von „Vorstufen" der priesterschriftlichen Erzählung dem genauen Wortlaut nach, setzten sich etwa ZENGER, Gottes Bogen, 28 ff. oder GROSS, Israels Hoffnung, 95 Anm. 29 und DERS., Zukunft für Israel. Alttestamentliche Bundeskonzepte und die aktuelle Debatte um den Neuen Bund [SBS 176], Stuttgart 1998, 53 Anm. 16 auseinander; zur Charakterisierung der Forschungssituation vgl. POLA, Priesterschrift, 22 f.).

[19] Die These, wonach Dtn 34,7–9 als Abschluß von P^g anzusehen sei, ist nach Vorgang von WELLHAUSEN, Prolegomena, 355 f. dezidiert vor allem von M. NOTH, Überlieferungsgeschichtliche Studien. I. Die sammelnden und bearbeitenden Geschichtswerke im Alten Testament, Halle/Saale 1943 = ND Darmstadt 1963, 182–190 und DERS., Überlieferungsgeschichte, 17–19 sowie ELLIGER, Sinn, 174–198 vertreten worden, eine These, die geradezu zum Allgemeingut geworden ist (vgl. die keineswegs vollständige „Zeugenliste" bei POLA, Priesterschrift, 21 f. mit Anm. 31), eine These jedoch auch, die in der jüngeren Forschung, angestoßen durch die provokative Anfrage von L. PERLITT, Priesterschrift im Deuteronomium?, ZAW 100 Suppl. [1988] 65–88 = DERS., Deuteronomium-Studien [FAT 8], Tübingen 1994, 123–143), mehr und mehr in die Krise gekommen ist (vgl. ZENGER, Einleitung, 163 ff. sowie die ausführliche Diskussion bei C. FREVEL, Mit Blick auf das Land die Schöpfung erinnern. Zum Ende der Priestergrundschicht [HBS 23], Freiburg/Brsg. 2000), ohne daß damit die „klassische" These vom Ende der Priesterschrift mit Dtn 34,9 aber schon obsolet geworden wäre.

[20] Auch wenn Dtn 34,7–9* (ohne *b^{ec}arbot mô'āb* in 34,8a) einen geschlossenen litera-

1,7 vergleichbarer Abschluß des zweiten Teils der priesterschriftlichen Geschichtsdarstellung gebildet werden soll.[21] Eine Weiterführung von P^g in Josua, wie sie in jüngerer Zeit wieder verstärkt vertreten wird,[22] ist auf-

---

rischen Zusammenhang bildet (vgl. nur die Korrespondenz von Dtn 34,9bβ zur abschließenden Aussage des unmittelbar vorangehenden Textabschnitts in Num 27,23b), so ist die Sonderstellung von Dtn 34,9 innerhalb von Dtn 34,7–9* (hierzu C. SCHÄFER-LICHTENBERGER, Josua und Salomo. Eine Studie zu Autorität und Legitimität des Nachfolgers im Alten Testament [VT.S 58], Leiden u.a. 1995, 187 ff.) auf eine doppelte Weise angezeigt, zum einen durch die inklusorische Verklammerung von Dtn 34,7+8* mit Hilfe der Nennung des Mose zu Beginn und Abschluß der beiden Verse sowie zum andern durch die Inversion in Dtn 34,9a, ohne daß hier aber der Inversion im strengen Sinne eine abschnittsgliedernde Funktion zukäme (vgl. nur den Num 27,23 aufnehmenden rekapitulierenden Charakter des Halbverses); auch wenn Dtn 34,9 gegenüber Dtn 34,8 abgehoben erscheint, rechtfertigt das aber noch keineswegs zwingend die Annahme, daß P^g „wahrscheinlich mit Dtn 34,8 geschlossen" hat (FREVEL, Blick, 341).

[21] Zu Ex 1,7 als Abschluß des ersten Teils von P^g vgl. WEIMAR, Untersuchungen, 25–36.41–43, weitergeführt bei ZENGER, Gottes Bogen, 38 f.137 ff., kritisch dazu O.H. STECK, Aufbauprobleme in der Priesterschrift, in: Ernten, was man sät. FS K. Koch, hg. von D.R. Daniels u.a., Neukirchen-Vluyn 1991, 287–308 (305 ff.) mit positiver Resonanz bei ZENGER, Einleitung, 167 ff. – Die Notiz in Ex 1,7 hat dabei eine doppelte Funktion. Sie will einerseits die Erfüllung der Segenszusage aus Gen 1,28 und 9,1+7 (und erst auf einer zweiten Ebene die Erfüllung der entsprechenden Segenszusagen an Abraham und Jakob) konstatieren (zum Zusammenhang von Ex 1,7 mit Gen 1,28* und 9,1+7 vgl. WEIMAR, Untersuchungen, 34) und damit zugleich den ersten Teil des priesterschriftlichen Werkes abschließen, andererseits aber durch die funktional zur Völkerliste in Gen 10* in Beziehung stehende Aussage *wattimmāleʾ hāʾārœṣ ʾotām* die Wiederaufnahme der Landgabethematik zu Beginn des zweiten Teils vorbereiten und damit einen neuen Spannungsbogen eröffnen. Die Parallelität von Dtn 34,9 zu Ex 1,7 liegt nicht nur in der verwandten Technik, einen den Leitgedanken des vorangehenden Teils zusammenfassenden Abschluß zu bilden (zur Verklammerungstechnik durch Ex 6,9b und Dtn 34,9bβ vgl. WEIMAR, Untersuchungen, 178–186), sondern auch darin, im Adressaten neue Spannung zu erzeugen, die im Fall von Dtn 34,9 sich nicht innerhalb des Rahmens des priesterschriftlichen Werkes selbst erfüllt, sondern als lebendiger Prozeß beim Adressaten weiterwirkt („offener Schluß").

[22] Die früher weit verbreitete Annahme einer Fortführung von P^g in Josua, die eine lange Tradition hat (vgl. die Übersicht bei POLA, Priesterschrift, 21), hat inzwischen wiederum eine Renaissance erlebt; vgl. etwa S. MOWINCKEL, Erwägungen zur Pentateuchquellenfrage, NTT 65 (1964) 1–138 (9–47) und DERS., Tetrateuch-Pentateuch-Hexateuch. Die Berichte über die Landnahme in den drei altisraelitischen Geschichtswerken (BZAW 90), Berlin 1964, 51–76, weiterhin J. BLENKINSOPP, The Structure of P, CBQ 38 (1976) 275–292 (277.290–292); LOHFINK, Priesterschrift, 223 f. mit Anm. 30 und DERS., Die Schichten des Pentateuch und der Krieg, in: Gewalt und Gewaltlosigkeit im Alten Testament (QD 96), hg. von N. Lohfink, Freiburg/Brsg. 1983, 51–110 = DERS., Studien zum Pentateuch (SBAB 4), Stuttgart 1988, 255–315 (284 ff.) (vgl. auch Orientierung 41 [1977] 146 Anm. 2 und 183 f. sowie DERS., Zukunft. Zur biblischen Bezeugung des Ideals der stabilen Welt, in: DERS., Unsere großen Wörter. Das Alte Testament zu Themen dieser Jahre, Freiburg/Brsg. 1977, 172–189 [184]); H. SEEBASS, Josua, BN 28

I. Die Priesterschrift als eigenständiges literarisches Werk   25

grund literar- wie sachkritischer Schwierigkeiten nicht anzunehmen.²³ Als

---

(1985) 53–65; E. CORTESE, Josua 13–21. Ein priesterschriftlicher Abschnitt im deuteronomistischen Geschichtswerk (OBO 94), Freiburg/Schweiz-Göttingen 1990; E.A. KNAUF, Die Priesterschrift und die Geschichten der Deuteronomisten, in: The Future of Deuteronomistic History (BEThL 147), hg. von T. Römer, Leuven 2000, 101–118 (113 ff.); DERS., Buchschlüsse in Josua, in: Les dernières rédactions du Pentateuque, de l'Hexateuque et de l'Ennéateuque (BEThL 203), hg. von T. Römer und K. Schmid, Leuven 2007, 217–224 (219 f.); zur Diskussion der „priesterschriftlichen Texte" im Josuabuch vgl. jetzt auch R. ALBERTZ, Die kanonische Anpassung des Josuabuches. Eine Neubewertung seiner sogenannten „priesterschriftlichen Texte", in: Dernières rédaction, 199–216; im übrigen vgl. die zusammenfassende Charakterisierung bei FREVEL, Blick, 34–39.

²³ Als Hauptindiz für die Fortführung von P^g in Josua wird vor allem die sprachliche Verwandtschaft von Jos 18,1b und 19,51 zu Gen 1,28 angesehen (vgl. vor allem BLENKINSOPP, Structure, 290 f. und LOHFINK, Priesterschrift, 245 ff.; zur Auseinandersetzung mit dieser Annahme vgl. jetzt G. AULD, Creation and Land. Sources and Exegesis, in: Proceedings of the Eight World Congress of Jewish Studies Jerusalem 1982, 7–13). Es gibt jedoch mehrere deutliche Hinweise, die dagegen sprechen, in Jos 18,1b (in Verbindung mit 19,51) eine auf die Hand von P^g zurückgehende Erfüllungsnotiz zu Gen 1,28 sehen zu wollen. Wenn in Jos 18,1b aus Gen 1,28 nur das Verbum $kbš$ mit dem gleichen Objekt $h\bar{a}{}^{\jmath}\bar{a}ræṣ$ aufgegriffen wird, so entspricht das keineswegs dem sonst bei P^g praktizierten Verfahren (vgl. nur die volle Wiederaufnahme der Segensverben aus Gen 1,28 in Ex 1,7). Läßt schon diese Beobachtung daran zweifeln, in Jos 18,1b eine genuin priesterschriftliche Erfüllungsnotiz zu sehen, so weisen weitere Beobachtungen in die gleiche Richtung, insofern die durch eine priesterschriftlich beeinflußte Sprache ausgezeichneten Texte bzw. Textstücke in Josua (Jos 4,19; 5,10–12; 9,15–21; 14,1; 18,1+2; 19,51) samt und sonders nicht als Bestandteile eines selbständigen priesterschriftlichen Werkes verstanden werden können, vielmehr den vorliegenden (deuteronomistisch geprägten) Textzusammenhang voraussetzen, so daß sie eher als redaktionelle Erweiterungen im priesterlichen Stil zu verstehen sind. In diese Richtung weist nicht zuletzt auch die Tatsache, daß sich die für P^g reklamierten Textelemente in Josua vor allem mit den sekundär priesterschriftlichen Texten (P^s) im Pentateuch berühren. Da überdies die in Jos 18,1b gebrauchte Wendung fest mit der Vorstellung einer kriegerischen Landnahme verbunden ist, steht sie als solche ganz im Gegensatz zur völlig unkriegerischen Landnahmekonzeption von P^g (vgl. dazu vor allem MCEVENUE, Narrative Style, 117–123). Liegt es damit näher, in Jos 18,1b und 19,51 – aber auch in den anderen „priesterlichen" Texten in Josua – ein Produkt einer nachpriesterschriftlichen Redaktion zu sehen, so läßt sich auch von Gen 1,28 her kein Argument für einen bis in Josua hineinreichenden Umfang von P^g gewinnen, zumal die Ursprünglichkeit von $w^ekibšuh\bar{a}$ in Gen 1,28 keineswegs als gesichert angesehen werden kann. Schon B. JACOB, Das erste Buch der Tora. Genesis, Berlin 1934 = ND New York o.J. [1974] = ND Stuttgart 2000, 61 hat darauf hingewiesen, daß $w^ekibšuh\bar{a}$ in Gen 1 „der einzige Fall eines Verbums mit suffigiertem Pronomen" sei. Diese Beobachtung ist als Indiz interessant, schlüssig aber nur in Verbindung mit weiteren Beobachtungen. Der Imperativ $w^ekibšuh\bar{a}$ wirkt im Zusammenhang von Gen 1,28 geradezu wie ein Fremdkörper. Durch das Suffix ist $w^ekibšuh\bar{a}$ eng an die vorangehenden drei Imperative angeschlossen, während thematisch ein Zusammenhang mit Gen 1,28b gegeben ist. Hinzu kommt eine stilistische Beobachtung. Der Schöpfungssegen in Gen 1,28 gliedert sich in zwei Aussagereihen, die jeweils mit dem Nomen $h\bar{a}{}^{\jmath}\bar{a}ræṣ$ enden, was

Entstehungshorizont erscheint das ausgehende 6. Jh. als plausible Annahme, insofern sich in dieser Umbruchszeit für die Exilsgemeinde die (im ganzen mit großer Reserve betrachtete) Möglichkeit einer erneuten Rückkehr nach Jerusalem und damit eine Perspektive für eine neue Zukunft im Land der Verheißung eröffnete.[24]

II. Strukturbildende Elemente
innerhalb der priesterschriftlichen Geschichtsdarstellung

Ist die priesterschriftliche Geschichtsdarstellung als ein eigenständiges literarisches Werk anzusehen, dann stellt sich aber angesichts ihres streng

---

aber nur funktioniert, wenn $w^e kib\check{s}uh\bar{a}$ als redaktionelles Element auszugrenzen ist. All diese Beobachtungen legen den Schluß nahe, in dem suffigierten Imperativ $w^e kib\check{s}uh\bar{a}$ in Gen 1,28 einen redaktionellen Zusatz zu sehen, der wohl in Zusammenhang mit Num 32,22.29 sowie Jos 18,1b an der vorliegenden Stelle eingefügt worden ist (ähnlich auch ZENGER, Gottes Bogen, 36–43).

[24] Die Entstehungszeit des priesterschriftlichen Werkes läßt sich nur aus einer Konvergenz verschiedener Beobachtungsreihen umgrenzen. Dabei sind die in den Texten sich niederschlagenden zeitgeschichtlichen Probleme ebenso zu beachten wie Berührungen mit prophetischen Texten der Exilszeit (zur Beziehung von P zu Ez vgl. LOHFINK, Priesterschrift, 237 ff. [mit Hinweisen auf die ältere Literatur]; R. SMEND, „Das Ende ist gekommen". Ein Amoswort in der Priesterschrift, in: Die Botschaft und die Boten. FS H.W. Wolff, hg. von J. Jeremias und L. Perlitt, Neukirchen-Vluyn 1981, 67–82 [70 f.]; A. HURVITZ, A Linguistic Study of the Relationship between the Priestly Source and the Book of Ezekiel. A New Approach to an old Problem [CRB 20], Paris 1982; zur Beziehung von P zu Dt-Jes vgl. A. EITZ, Studien zum Verhältnis von Priesterschrift und Deuterojesaja, Diss. Heidelberg 1969) sowie sprachgeschichtliche Beobachtungen (vgl. dazu beispielsweise A. HURVITZ, The Evidence of Language on Dating the Priestly Code. A Linguistic Study in Technical Idioms and Terminology, RB 81 [1974] 24–56; R. POLZIN, Late Biblical Hebrew. Toward an Historical Typology of Biblical Hebrew Prose [HSM 12] Missoula 1976; Z. ZEVIT, Converging Lines of Evidence Bearing on the Date of P, ZAW 94 [1982] 481–511; zur Möglichkeit einer Datierung von P in vorexilische Zeit aufgrund des sprachlichen Materials vgl. aus neuerer Zeit die Kontroverse zwischen J. BLENKINSOPP, An Assessment of the Alleged Pre-Exilic Date of the Priestly Material in the Pentateuch, ZAW 108 [1996] 495–518 auf der einen sowie J. MILGROM, The Antiquity of the Priestly Source: A Reply to Joseph Blenkinsopp, ZAW 111 [1999] 10–22 und A. HURVITZ, Once Again: The Linguistic Profile of the Priestly Material in the Pentateuch and its Historical Age. A Response to J. Blenkinsopp, ZAW 112 [2000] 180–191 auf der anderen Seite). Die Beobachtungen zur Entstehungszeit des priesterschriftlichen Werkes sind häufig dadurch belastet, daß nicht hinreichend zwischen P^g und P^s unterschieden wird (vgl. nur J.G. VINK, The date and origin of the Priestly Code in the Old Testament, in: The Priestly Code and Seven Other Studies [OTS 15], Leiden 1969, 1–144); zur Frage der Datierung von P vgl. aus jüngerer Zeit die gut dokumentierte Übersicht bei POLA, Priesterschrift, 31–40, außerdem DE PURY, Jakobsgeschichte, 39 f.

konstruktiven Charakters sogleich die Frage nach jenen Elementen innerhalb der Gesamtkomposition, die von strukturbildender Bedeutung sind. Um den ganzen Erzählstoff in einen genauen Ordnungszusammenhang zu bringen, setzt P^g nicht nur verschiedene Gliederungssysteme ein, sondern verwendet überdies auch eine Reihe anderer strukturbildender Mittel.[25]

1. Die Toledotformel

Mit Ausnahme von Num 3,1 (R^P) begegnet die Toledotformel[26] ausschließlich im Genesisbuch, wo von den elf Belegen der Formel allein Gen 36,9 nicht als eine genuin priesterschriftliche Bildung verstanden werden können.[27] Die Streuung der Formel ist keineswegs gleichmäßig (vgl. nur das Fehlen einer Toledotformel bei Abraham). Ausgenommen Gen 2,4a kommt der Toledotformel immer Überschriftcharakter zu, wodurch jeweils ein neuer Textabschnitt (kleineren oder größeren Umfangs) innerhalb des

---

[25] Im folgenden werden mehrere Einzelbeobachtungen von LOHFINK, Priesterschrift, 203–211 aufgenommen.

[26] In Weiterführung eigener früherer Versuche zur Toledotformel (vgl. neben Toledot-Formel, 65–93 auch Aufbau und Struktur der priesterschriftlichen Jakobsgeschichte, ZAW 86 (1974) 174–203, wo jeweils auch die ältere Literatur verarbeitet ist. Kritisch mit diesen Versuchen setzt sich die Untersuchung zur Toledotformel von TENGSTRÖM, Toledotformel, auseinander, die zu Recht die Berücksichtigung des jeweiligen Kontextes reklamiert, aber nicht überzeugend die der Abfolge der Toledotformel zugrundeliegende Systematik aufzuzeigen vermag, was nicht zuletzt damit zusammenhängt, daß die Priesterschrift nicht als selbständiges literarisches Werk, sondern nur als Überarbeitungsschicht verstanden wird. Unbeschadet der Tatsache, daß der über die Toledotformel geführte Nachweis des redaktionellen Charakters der Priesterschrift nicht zu überzeugen vermag, enthält diese Arbeit eine Reihe wichtiger Beobachtungen im einzelnen; zu neueren Untersuchungen zur Toledotformel ist näherhin auf die entsprechende Untersuchung in diesem Band zu verweisen.

[27] Im Gegensatz zu den hier genannten beiden Untersuchungen des Verf.s (Toledot-Formel, 69 und Jakobsgeschichte, 191–193) ist die Toledotformel in Gen 36,9 nicht P^g zuzurechnen (vgl. LOHFINK, Priesterschrift, 229 Anm. 38; aber auch H. SEEBASS, Genesis II. Vätergeschichte II [23,1–36,43], Neukirchen-Vluyn 1999, 470 f.); hinsichtlich der Frage, „welche Toledot-Formel ‚ursprünglicher' sei" – Gen 36,1 oder 9 – (T. HIEKE, Die Genealogien der Genesis, HBS 39, Freiburg/Brsg. u.a. 2003, 175 f. Anm. 496) läßt sich trefflich streiten. Abgesehen von der Tatsache, daß bei P^g sonst nie eine Figur mit zwei Toledot ausgestattet ist, kann die Verbindung von Esau und Edom erst als nachpriesterschriftliches Konstrukt angesehen werden (vgl. die nur noch Gen 36,43 begegnende Wortverbindung ^{c}ēsāw ^{a}bî ^{æ}dôm). Die Toledotformel in Gen 36,9 hängt durch die Ortsangabe b^{e}har śe^{c}îr (vgl. die Korrespondenz zur Ortsangabe b^e$æræṣ k^{e}nā^{c}an in Gen 36,5b) mit dem insgesamt als redaktionell zu bewertenden Abschnitt 36,2b-5 zusammen. Die umgekehrte Hypothese von TENGSTRÖM, Toledotformel, 32.34 u.a., wonach Gen 36,1 eine redaktionelle Bildung, Gen 36,9 dagegen ursprünglich sei (so etwa auch L. RUPPERT, Genesis. Ein kritischer und theologischer Kommentar. 3. Teilband: Gen 25,19–36,43 [fzb 106], Würzburg 2005, 528 ff.), ist demgegenüber nicht plausibel.

priesterschriftlichen Werkes eröffnetwird.²⁸ Strittig ist das Pro-blem eines den Toledotüberschriften zugrundeliegenden Plans,²⁹ was sich aber nicht aufgrund einer isolierten Betrachtung der Formel allein entscheiden läßt, vielmehr eine stärkere Berücksichtigung des jeweiligen Textzusammenhangs verlangt.³⁰

Innerhalb der Reihe der Toledotformeln kommt zunächst Gen 5,1a und

---

[28] Nur in Gen 2,4a ist – vom erzählerischen Zusammenhang her durchaus sachgemäß – die Toledotformel als Unterschrift gebraucht, wobei die Korrespondenz zwischen Gen 1,1 und 2,4a unverkennbar ist (vgl. nur die Wortverbindung „der Himmel und die Erde"). Der von TENGSTRÖM, Toledotformel, 54–59 postulierte genuine Zusammenhang von Gen 2,4a und 4b und die daraus resultierende Annahme des Überschriftcharakters der Toledotformel entsprechend ihrem sonstigen Gebrauch (zur Diskussion vgl. näherhin P. WEIMAR, Struktur und Komposition der priesterschriftlichen Schöpfungserzählung [Gen 1,1–2,4a], in: Ex Mesopotamia et Syria Lux [FS M. Dietrich; AOAT 281], hg. von O. Loretz u.a., Münster 2002, 803–843 [805 ff.]) scheitert allein schon an dem Schnitt zwischen beiden Vershälften (vgl. nur den Doppelausdruck ʾæræṣ wᵉšāmājim in Gen 2,4b gegenüber haššāmajim wᵉhāʾāræṣ in 2,4a, wobei nicht nur die Artikellosigkeit, sondern auch die umgekehrte Abfolge auffällt); näherhin hat es dabei den Eindruck, als seien beide Vershälften stilistisch zwar aufeinander bezogen (vgl. HIEKE, Genealogien, 52 Anm. 123), nicht ohne aber zu betonen, daß dieser stilistisch angezeigte Zusammenhang das Ergebnis einer redaktionell bedingten Angleichung ist (vgl. P. WEIMAR, Untersuchungen zur Redaktionsgeschichte des Pentateuch [BZAW 146], Berlin-New York 1977, 113 f.). Eine andere Frage ist es, ob mit Gen 2,4 auf einer nachpriesterschriftlichen Textebene, die dann wegen der Verbindung von priester- und nichtpriesterschriftlicher Schicht wohl mit Rᴾ zu verbinden ist, einmal ein neuer Textabschnitt begonnen hat, worauf einiges hindeutet.

[29] Die Frage nach dem den Toledotformeln zugrundeliegenden Plan hängt nicht unwesentlich davon ab, ob Num 3,1 zur ursprünglichen Toledotreihe gehört (so TENGSTRÖM, Toledotformel, 54 ff.) oder erst nachträglich angefügt worden ist (vgl. WEIMAR, Jakobsgeschichte, 177 f. und DERS., Toledot-Formel, 90 Anm. 110). Auch wenn Num 3,1 als literarisch einheitlich zu beurteilen ist (in diesem Punkt gebe ich meine frühere Auffassung auf), kann der Vers dennoch nicht als ursprünglicher Bestandteil von Pᵍ angesehen werden. Gerade die in Num 3,1 begegnende Abfolge von Aaron und Mose wie die Weiterführung der Toledotformel mit der Infinitivkonstruktion „zu der Zeit, da Jahwe mit Mose auf dem Berg Sinai redete" hat eine auffällige Entsprechung in Ex 6,26 und 28, womit in der Komposition des Exodusbuches der Abschluß des ersten (Ex 6,26+27) bzw. der Beginn des zweiten Hauptteils (Ex 6,28–30) durch Rᴾ markiert wird (dazu P. WEIMAR, Die Berufung des Mose. Literaturwissenschaftliche Analyse von Exodus 2,23–5,5 [OBO 32], Freiburg-Göttingen 1980, 16–23 [vor allem 16–18 Anm. 3]). Da hier an Zufall kaum zu denken ist, wird die Toledotformel in Num 3,1 als Abschluß der ganzen Toledotreihe erst auf Rᴾ zurückgehen, womit zugleich angezeigt ist, daß der mit der Befreiung aus Ägypten einsetzende Prozeß in der Installation der Priesterschaft kulminiert und darin zum Abschluß kommt (vgl. auch TENGSTRÖM, Toledotformel, 56, der jedoch nicht hinreichend zwischen Pᵍ und sekundären Erweiterungen zu Pᵍ unterscheidet).

[30] Beachtung verdienen in diesem Zusammenhang vor allem die unmittelbar auf die Toledotformel folgenden Aussagen, vgl. dazu vor allem WEIMAR, Toledot-Formel, 80–84 sowie entsprechende Beobachtungen bei TENGSTRÖM, Toledotformel.

11,10a, wo mit ihnen jeweils eine „Genealogie" eingeleitet wird,[31] eine Sonderstellung zu, die sich befriedigend nicht allein aus der erzählerischen Systematik verständlich machen läßt, sondern wohl auch damit zusammenhängt, daß P^g hier eine vorgegebene Tradition aufgenommen und ins eigene Werk integriert hat.[32] Erzähltechnisch kommt den beiden Toledotformeln nur eine untergeordnete Funktion zu,[33] was nicht minder für die formal gleichfalls eine Sonderstellung einnehmende Toledotformel in Gen 10,1 gilt.[34]

---

[31] TENGSTRÖM, Toledotformel, 20 f. spricht zu Recht von „erzählerischen Genealogien" in bezug auf Gen 5 und 11,10–26.

[32] Der Sondercharakter der Toledotformel in Gen 5,1a und 11,10aα wie die Abwandlung der Toledotformel in Gen 5,1a, insofern hier das sonst übliche einleitende ʾellæh durch zæh sepær ersetzt ist, erklärt sich m.E. noch immer am einfachsten, wenn die Toledotformel an beiden Stellen als Bestandteil einer P^g schon vorgegebenen Tradition verstanden wird (vgl. WEIMAR, Toledot-Formel, 84–87; aufgenommen bei A. ANGERSTORFER, Der Schöpfergott im Alten Testament. Herkunft und Bedeutung des hebräischen Terminus ברא [bara] „schaffen" (RStTh 20), Frankfurt 1979, 194–198). Der Einspruch von TENGSTRÖM, Toledotformel, 66–69 ist im Kern unzutreffend, weil er gerade den Sondercharakter der beiden „Genealogien" in Gen 5* und 11,10–26 nicht erklären kann, die in *dieser* Form im priesterschriftlichen Werk keine Parallele mehr haben (zu möglichen Korrekturen meiner früher vertretenen Auffassung vgl. jedoch Anm. 40).

[33] Auffälligerweise fehlt in Gen 5,1a und 11,10aα im Anschluß an die Toledotformel ein erzählerischer Rückblick auf das schon vorangehend Erzählte (zur Problematik von Gen 5,1b+2 vgl. Anm. 40). Hier kommt es allem Anschein nach nicht auf einen Neueinsatz des Erzählgeschehens an, sondern auf erzählerischen Progress. Die beiden „Genealogien" Gen 5 und 11,10–26, aber auch die „Völkerliste" Gen 10* (vgl. dazu Anm. 34) sind als „Erfüllungsberichte" der (imperativischen) Segenszusagen in Gen 1,28 und 9,1+7 zu verstehen, wodurch sie jeweils eng an die vorangehende Erzähleinheit (Schöpfung + Flut) angebunden sind.

[34] Trotz der nicht zu verkennenden Schwierigkeiten von Gen 10,1, vor allem durch die sprachlich auffällige Apposition „Sem, Ham und Jafet" nach „Söhne Noachs" hervorgerufen, erscheint mir die früher geäußerte Vermutung, daß die priesterschriftliche „Völkerliste" eine von P^g leicht retuschierte ältere Tradition sei (vgl. Jakobsgeschichte, 192 f. mit Anm. 77 und Toledot-Formel, 72), keineswegs mehr so sicher, zumal wenn bedacht wird, daß die Konstruktion der „Völkerliste" gerade in der Abfolge der einzelnen Teile (vgl. nur die umgekehrte Wiederaufnahme der Namen der Noach-Söhne!) im Blick auf den erzählerischen Zusammenhang, vor allem auf die Weiterführung durch die „Semitengenealogie" Gen 11,10–26, erfolgt ist (eine gewisse Schwierigkeit bietet nur die Position des Namens Arpachschad, der nach Gen 11,10 der älteste der Söhne Sems ist, nach 10,22 jedoch erst an dritter Stelle folgt, wobei die Differenz zunächst zweifelsohne damit erklärt werden kann, daß Gen 11,10 als Element einer P^g vorgegebenen Tradition anzusehen ist, wohingegen 10,22 als eine mit P verbundene Konstruktion angesehen werden kann; offen bleibt bei einer solchen Erklärung aber, warum P^g dann nicht im Blick auf Gen 11,10 Arpachschad in 10,22 gleichfalls an die erste Position gerückt hat; oder sollte eine solche Verbindung gerade vermieden werden?). Möglicherweise erklärt sich die vorliegende Gestalt von Gen 10,1 auch als Ergebnis einer nachpriesterschriftlichen Bearbeitung durch eine nachpriesterschriftliche Redaktion (R^P), so daß die ursprünglich prie-

Bei den übrigen Toledotformeln (Gen 6,9; 11,27; 25,12.19; 36,1; 37,2) folgt auf sie jeweils ein erzählerischer Rückgriff,[35] womit innerhalb des Erzählablaufs ein literarischer Neuansatz angezeigt ist, dem immer auch eine „Verengung" des Horizonts der Darstellung entspricht. Wird das innere Gefälle der Toledotformeln beachtet, dann zeigt sich darin eine Zuspitzung auf die am Abschluß der ganzen Reihe stehende Größe der Israel-Söhne (vgl. die Liste Ex 1,1*.2–4.5b in Verbindung mit Ex 1,7*).[36]

Zugleich wird der sachliche Zusammenhang des Einsatzes der Toledotformel mit der Segensthematik erkennbar, was nicht nur ihre Häufung im Zusammenhang von „Schöpfungs"- und Jakobgeschichte erklärt, sondern auch verständlich macht, warum sie nach Ex 1,7* nicht mehr begegnet.[37] Das alles deutet darauf hin, daß die Toledotformel kein schematisch gehandhabtes Gliederungsprinzip zur Strukturierung des priesterschriftlichen Werkes, sondern eng an den jeweiligen Erzählzusammenhang gebunden ist. Die strukturbildende Funktion der Toledotformel wie deren innere Systematik ist im einzelnen näher zu prüfen.

Innerhalb der „Schöpfungsgeschichte" (Schöpfung + Flut) steht die Toledotformel fünfmal, wobei sich im einzelnen die folgende Verteilung beobachten läßt. Einen unübersehbaren literarischen Neueinsatz markiert die Toledotformel nur in Gen 6,9, wo sie als Überschrift zur Fluterzählung (Gen 6,9–9,29*) fungiert. Ihr entspricht auf der anderen Seite die in der Funktion einer Unterschrift zur „Schöpfungserzählung" (Gen 1,1–2,4a*) verwendete Toledotformel in Gen 2,4a.[38] Den beiden so sich ergebenden erzählerischen

---

sterschriftliche Form der Toledotüberschrift dann nur „Und dies sind die Toledot der Söhne Noachs" gelautet hätte.

[35] Vgl. WEIMAR, Toledot-Formel, 80–84.

[36] Von daher ist es nur konsequent, wenn als Abschluß und Teil der Jakobgeschichte eine Liste der Israel-Söhne (Ex 1,1*.2–4.5b) steht, obgleich eine solche im Rahmen der Jakobgeschichte schon einmal in Gen 35, 22b–26 mitgeteilt ist. Hierin deutet sich der Zielpunkt der ganzen Geschehensfolge an. Von ihrer Position im Textzusammenhang her sind durchaus die „Völkerliste" in Gen 10* und die Liste der Israel-Söhne in Ex 1,1–5* vergleichbar, wobei die analoge Funktion beider Listen gerade anhand der Schlußnotizen Gen 10,32* („und von diesen haben sich abgezweigt die Völker auf der Erde nach der Flut") und Ex 1,7* („so daß das Land von ihnen voll ward") greifbar wird. Darin tritt nochmals der Zusammenhang von Völkern und Israel sowie die Perspektive, um derentwillen überhaupt von den Völkern erzählt worden ist, in Erscheinung. Das wird auch daran erkennbar, daß eine sich auch terminologisch an Gen 1,28* und 9,1+7 anlehnende Erfüllungsnotiz erst in Ex 1,7 vorliegt, obgleich sie sachlich im Kontext der „Völkerliste" durchaus angebracht gewesen wäre (vgl. dazu auch W.H. SCHMIDT, Exodus [BK II/1], Neukirchen-Vluyn 1974, 30).

[37] Nach Ex 1,7* spielt bei P^g die Segensthematik keine Rolle mehr. Eine weiterführende Toledotüberschrift wäre eher auffällig. Die versprengte Toledotformel in Num 3,1 steht so denn auch völlig abseits vom gewöhnlichen Rahmen der üblichen priesterschriftlichen Toledotformeln. Hier spielt eine andere Systematik eine Rolle (vgl. Anm. 29).

[38] Innerhalb des größeren Komplexes der priesterschriftlichen „Schöpfungsgeschichte" bilden Schöpfung (Gen 1,1–2,4a*) und Flut (Gen 6,9–9,29*) in sich geschlossene

II. Strukturbildende Elemente innerhalb der Priesterschrift 31

Zusammenhängen, die von Schöpfung und Flut handeln, sind jeweils durch die Toledotformel eingeleitete Genealogien (Gen 5,1a und 11,10) bzw. Listen (Gen 10,1*) zugeordnet, die erzählerisch wohl die Funktion haben, die Erfüllung des in Gen 1,28 bzw. 9,1+7 zugesagten Segens zu konstatieren.[39] Die Technik der Zuordnung ist dabei jeweils eine andere. Während der Zusammenhang zwischen Schöpfungserzählung (Gen 1,1–2,4a*) und „Setitengenealogie" (Gen 5*) durch die unmittelbar aufeinander stoßenden Toledotformeln in Gen 2,4a und 5,1a hergestellt ist,[40] dient als verknüpfendes Element zwischen

---

erzählerische Zusammenhänge (vgl. das stilistische Phänomen der Rahmung durch Über- und Unterschrift Gen 1,1 und 2,4a bzw. 6,9 und 9,28+29), die, wie die immer wieder notierten Stichwortentsprechungen und thematischen Querverbindungen schon nahelegen, bewußt aufeinander hin parallelisiert sind. – Zur weitgehenden strukturellen Parallelität beider Erzähleinheiten s.u.

[39] Die „Segenszusagen" in Gen 1,28 und 9,1+7 sind – wie in Gen 35,11 – jeweils imperativisch formuliert, wobei der Akzent auf dem sofortigen Wirksamwerden liegt. Von daher wird es sodann auch kein Zufall sein, daß die Erfüllung der entsprechenden Segenszusage jeweils in „Listenform" unmittelbar im Anschluß an sie mitgeteilt ist (Gen 5*; 10* + 11,10–26 und 35,22b–26; zum Zusammenhang vgl. schon WEIMAR, Jakobsgeschichte, 185 Anm. 48).

[40] Die unmittelbare Abfolge zweier formal wie thematisch sich entsprechenden Aussagen, wie sie durch Gen 2,4a und 5,1a angezeigt ist, stellt bei P^g keineswegs einen Einzelfall (vgl. nur 16,16 und 17,1 oder Ex 12,40 und 41) dar, kann dementsprechend auch nicht als eine in besonderer Weise herausgehobene Auffälligkeit notiert werden (HIEKE, Genealogien, 48 f.). Mit Hilfe dieser stilistischen Erscheinung soll zum einen eine Abschnittsgliederung (Abschluß und Beginn einer Texteinheit) markiert sowie zum anderen ein enger Zusammenhang zwischen den so gegeneinander abgegrenzten Texteinheiten angezeigt werden, ohne daß weitere Verknüpfungselemente expliziter Art erforderlich sind (vgl. auch die ganz analoge Verklammerungstechnik zwischen Gen 10,1* – sowie im Anschluß daran von Gen 11,10 in Rückbezug auf Gen 10,32* – und dem Schluß der Flutgeschichte in Gen 9,28 durch die Zeitangabe „nach der Flut"). Von daher bleibt sodann zu fragen, ob der in Gen 5,1b+2 vorliegende explizite Rückbezug auf Gen 1,26+27 ursprünglich ist oder nicht. Gegen die literarische Ursprünglichkeit von Gen 5,1b+2 sind durchaus Bedenken anzumelden. Hinzuweisen ist in diesem Zusammenhang vor allem auf die sprachliche Differenz zwischen Gen 5,1b+2 und Gen 1,26+27, wobei insbesondere zu beachten ist, daß gegenüber Gen 1,26 in 5,1b nur *bidmût* steht sowie in Gen 5,3 – entsprechend der Akzentuierung von 5,1b – die Abfolge der beiden Termini gegenüber 1,26 vertauscht ist, auch wenn die damit verbundenen Präpositionen in der gleichen Abfolge wie dort begegnen. Solchen Abweichungen, wie sie in Gen 5,1b gegenüber Gen 1,26+27 begegnen, kommt angesichts der Konsistenz in Ausdrucksweise und Terminologie bei P^g ein nicht zu unterschätzendes Gewicht zu. Da sich keine wirklich überzeugenden sachlichen Gründe für ein solches Abweichen anbieten, liegt im Blick auf Gen 5,1b durchaus die Annahme nahe, den Halbvers nicht auf die gleiche Hand wie Gen 1,26+27 zurückzuführen. Ob nun Gen 5,1b als Element einer von P^g rezipierten Tradition anzusehen ist (so WEIMAR, Toledot-Formel, 77–79; gegen eine solche Annahme votieren etwa R. OBERFORCHER, Die Flutprologe als Kompositionsschlüssel der biblischen Urgeschichte. Ein Beitrag zur Redaktionskritik [IThS 8], Innsbruck 1981, 605 Anm. 1; TENGSTRÖM, Toledotformel, 66–68 sowie HIEKE, Genealogien, 84 ff.) oder ob der Halbvers erst als ein Element einer nachpriesterschriftlichen Redaktion zu bestimmen ist, hängt u.a. auch davon ab, inwieweit Gen 5,1b+2 literarisch einheitlich ist. Ob Gen 5,1b+2 wirklich als

Fluterzählung (Gen 6,9–9,29*) und „Völkerliste" (Gen 10*) bzw. „Semitengenealogie" (Gen 11,10–26) der Ausdruck „nach der Flut" (Gen 9,28 ↔ 10,1* und 10,21 ↔ 11,10).[41] „Völkerliste" (Gen 10*) und „Semitengenealogie" (Gen 11,10–26) sind dabei nicht als disparat nebeneinanderstehende Texteinheiten zu verstehen, sondern bilden einen durchgehenden, sich fortschreitend konzentrierenden Erzählzusammenhang,[42] der als solcher den – in sich zweiteiligen – Erfüllungsbericht zur Segenzusage Gen 9,1+7 darstellt. Die

eine redaktionelle Einheit zu verstehen ist (vgl. WEIMAR, Toledot-Formel, 77–79; diese Position ist etwa – wenn auch im einzelnen mit unterschiedlichen Folgerungen – aufgenommen bei ANGERSTORFER, Schöpfergott, 196 f.; W. GROSS, Die Gottebenbildlichkeit des Menschen im Kontext der Priesterschrift, ThQ 161 [1981] 244–264 = DERS., Studien zur Priesterschrift und zu alttestamentlichen Gottesbildern (SBAB 30), Stuttgart 1999, 11–36 [22 mit Anm. 45] oder ZENGER, Gottes Bogen, 143.188), kann trotz der nicht zu verkennenden Differenzen zwischen Gen 5,1b und 2 keineswegs als sicher gelten (dazu etwa TENGSTRÖM, Toledotformel, 67 f. oder HIEKE, Genealogien, 84 f. mit Anm. 240). Als Hinweis auf die literarische Einheitlichkeit von Gen 5,1b+2 könnte die Rahmung durch $b^ejôm\ b^ero^\jmath$ (5,1b) und $b^ejôm\ hibbār^e\jmath ām$ (5,2b) verstanden werden, obschon eine solche Rahmung auch redaktionell hergestellt sein könnte. Läßt sich so auch das Problem der literarischen Einheitlichkeit von Gen 5,1b+2 in sich nicht mehr sicher entscheiden, so bleibt auf der anderen Seite doch zu fragen, ob sich nicht aufgrund anderer Beobachtungen ein Lösungsansatz bietet. Hier kann m.E. durchaus die Fortführung der Toledotformel mit $b^ejôm$ + Infinitiv, wozu Elohim als Subjekt fungiert, weiterhelfen. Da diese Verbindung nur noch Gen 2,4b und Num 3,1 begegnet, wo der so bestehende Zusammenhang in beiden Fällen erst als auf R^P zurückgehendes Produkt zu verstehen ist, liegt es nahe, darin auch in Gen 5,1b+2 eine auf R^P zurückgehende Bildung zu sehen; als Hinweis in eine solche Richtung können im übrigen auch die nicht zu verkennenden Berührungen von Gen 5,1b+2 gleichermaßen mit Gen 1,27–28 und 2,4 gelten (vgl. dazu HIEKE, Genealogien, 84 f.). Ein so von R^P redaktionell gestalteter Neueinsatz ist durchaus nicht ohne erzählerische Logik, insofern mit Gen 5,1 auch im Blick auf die Komposition des Genesisbuches ein deutlicher Einschnitt gegeben ist (vgl. dazu den Hinweis in Anm. 28).

[41] Dieses Verklammerungselement ist allem Anschein nach bewußt eingesetzt, um die auf die Fluterzählung folgende „Völkerliste" und auch die „Semitengenealogie" eng mit deren Schluß zu verbinden (zu dieser Verklammerungstechnik vgl. auch ZENGER, Gottes Bogen, 147.197). Die hierbei zum Einsatz kommende literarische Technik, die sich in der Verwendung der Zeitangabe „nach der Flut" zeigt, unterstreicht, daß die Zeitangabe „zwei Jahre nach der Flut" in Gen 11,10b – abgesehen von der Spannung zu Gen 11,10a – als ein redaktionelles Element im Rahmen der insgesamt als eine P^g vorgegebene Tradition zu beurteilenden „Semitengenealogie" zu sehen ist (anders dagegen TENGSTRÖM, Toledotformel, 78).

[42] Auf den Zusammenhang von Gen 10* und 11,10–26 hat zuletzt auch TENGSTRÖM, Toledotformel, 26 f. hingewiesen. Das Abstecken des Raumes der Völker – als Erfüllung des erneuerten Schöpfungssegens nach der Flut (Gen 9,1+7) – hat die Funktion, Israel im Kontext der Völkerwelt einzuordnen, auch wenn es hier selbst nicht explizit genannt ist (das geschieht erst in Ex 1,1–5* am Schluß des ersten Teils des priesterschriftlichen Werkes). Erst danach kann im Rahmen der Liste der „Söhne Sems" (Gen 10,22) ein unmittelbarer Zusammenhang mit den Vorfahren Israels hergestellt werden. Möglicherweise ist die besondere Herausstellung Arams durch die Nennung seiner Söhne in Gen 10,23 im Blick auf die Jakobgeschichte geschehen, was nochmals den schon angezeigten Zusammenhang unterstreichen würde.

beiden Kompositionsteile der priesterschriftlichen „Schöpfungsgeschichte" (Schöpfung + Flut) lassen dementsprechend eine streng parallele Kompositionsstruktur erkennen:[43]

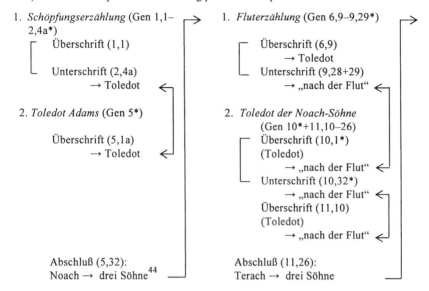

Deutlich anders als im Rahmen der „Schöpfungsgeschichte" ist die Verwendung der Toledotformel in der Patriarchengeschichte, wo sie zwar ebenfalls fünfmal begegnet, ohne aber die ganze Patriarchengeschichte in gleicher Weise zu strukturieren. Mit Ausnahme der Toledotformel Gen 11,27 (Terach), deren Horizont bis Gen 25,10b reicht

---

[43] Zu prüfen wäre durchaus, ob der Zweiteilung des „Erfüllungsberichtes" in Gen 10* und 11,10–26 im Anschluß an die Fluterzählung eine ebensolche Zweiteilung in der „Setitengenealogie" Gen 5* entspricht. Dies müßte dann, da Gen 5* und 11,10–26* auf eine P^g vorauf liegende Tradition zurückgehen, bewußt als Produkt einer priesterschriftlichen Redaktion zu verstehen sein. Nun kommt in Gen 5* gerade dem auch sonst stark herausgehobenen Abschnitt über Henoch Gen 5,21–24 eine Sonderstellung zu, wobei die nicht zu verkennenden Schwierigkeiten vermuten lassen, daß hier P^g selbst redaktionell in den überlieferten Text eingegriffen hat. Entsprechend der Herausstellung Sems im nachflutlichen Erfüllungsbericht könnte in Gen 5 die Bedeutung Henochs (vor allem im Blick auf Noach) unterstrichen werden. Die Vermutung geht dahin, daß die erste Hälfte der „Setitengenealogie" bis zur Geburt Henochs (Gen 5,18–20) reicht und daß mit Henoch auch wiederum die zweite Hälfte der Genealogie einsetzt (Gen 5,21–24).

[44] Der Schluß der beiden Hälften der zweiteiligen „Schöpfungsgeschichte" entspricht sich insofern, als sowohl in Gen 5,32 (Noach) als auch in Gen 11,26 (Terach) jeweils die Zeugung von drei Söhnen genannt ist, womit dann zugleich der Übergang zur jeweils nachfolgenden Kompositionseinheit (Toledot Noachs Gen 6,9 bzw. Terachs Gen 11,27a) angezeigt ist (vgl. auch das Schema bei OBERFORCHER, Flutprologe, 627). In der vorliegenden Form sind die entsprechenden Zusammenhänge erst von P^g hergestellt, wenn auch die miteinander korrespondierenden Schlußaussagen der beiden „Genealogien" in Gen 5,32 und 11,26 als solche schon als Produkte einer P^g vorgegebenen Tradition anzusehen sind.

(Abrahamgeschichte),⁴⁵ gehören die übrigen vier Belege der Toledotformel sämtlich in den Bereich der Jakobgeschichte (auch wenn die Jakob nennende Toledotüberschrift erst in Gen 37,2* steht).⁴⁶ Die Verwendung der Toledotüberschriften ist dabei als planvoll zu bezeichnen, insofern jeweils zwei Toledotüberschriften paarweise einander zugeordnet sind (Toledot Ismaels Gen 25,12*||Toledot Isaaks Gen 25,19 sowie Toledot Esaus Gen 36,1*||Toledot Jakobs Gen 37,2*). Die hierbei zugrundeliegende Systematik in der Zuordnung der beiden Abraham- bzw. Isaak-Söhne ist unverkennbar, wobei die innere Gewichtung durch die Abfolge wie die jeweilige Breite der Darstellung sichtbar gemacht ist.⁴⁷

Doch ist damit die Struktur der Jakobgeschichte noch nicht ganz erfaßt. Zu prüfen ist vor allem die Reichweite des mit Gen 25,19 (Toledot Isaaks) eingeleiteten Textabschnittes. Gegen die Annahme, den so eingeleiteten Textabschnitt bis Gen 35,29 laufen zu lassen,⁴⁸ sprechen verschiedene Beobachtungen, die auf einen Einschnitt im Erzählgefüge mit Gen 28,5 hindeuten, so daß die zwischen Gen 28,5 und 35,29 stehenden, P^g zuzuweisenden Aussagen als eigenständiges Kompositionselement anzusehen sind.⁴⁹ Damit ergibt

---

⁴⁵ Zur Abrahamgeschichte von P^g vgl. – unter Aufnahme einer Beobachtung von N. Lohfink – die Hinweise bei WEIMAR, Jakobsgeschichte, 175.190 f. und ausführlicher DERS., Genesis 17, aber auch DERS., Zwischen Verheißung und Verpflichtung. Der Abrahambund im Rahmen des priesterschriftlichen Werkes, in: Für immer verbündet. Studien zur Bundestheologie der Bibel (FS F.-L. Hossfeld [SBS 211]), hg. von C. Dohmen und C. Frevel, Stuttgart 2007, 261–269 (261 ff.).

⁴⁶ Zum Umfang der priesterschriftlichen Jakobgeschichte vgl. auch DE PURY, Jakobsgeschichte, 40–46. – Es ist zwar auffällig, daß die Toledot Jakobs erst gegen Ende der Jakobgeschichte steht. Auf der anderen Seite ist nicht zu verkennen, daß schon in dem mit „Toledot Isaaks" (Gen 25,19) überschriebenen Textabschnitt die Figur Jakobs erzählerisch stark in den Vordergrund tritt und ab Gen 31,18* auch beherrschend ist. Daß P^g ihre „Jakobgeschichte" mit einer Toledot Ismaels (Gen 25,12) eröffnet, hängt nicht zuletzt auch mit der erzählerischen Systematik des priesterschriftlichen Erzählens zusammen (dazu s.u.; der Einspruch von RENDTORFF, Problem, 115 f. trifft nicht ganz).

⁴⁷ Näherhin WEIMAR, Jakobsgeschichte, 201 f.

⁴⁸ So LOHFINK, Priesterschrift, 229 Anm. 38 und TENGSTRÖM, Toledotformel, 32–34 (vor allem 34 f.) und 70 Anm. 55 oder E. BLUM, Die Komposition der Vätergeschichte (WMANT 57), Neukirchen-Vluyn 1984, 441–446 (435). – Die Folgerung, jede Toledotformel als Überschrift über eine bis zum nächsten Vorkommen der Formel reichende Texteinheit zu verstehen, ist nur dann möglich, wenn weitere Struktursignale, aber auch die priesterschriftliche Kompositionstechnik im einzelnen unberücksichtigt bleiben (s.u.).

⁴⁹ In diesem Zusammenhang sind die folgenden Beobachtungen von Gewicht: 1. Mit der Entsendung Jakobs in Gen 28,5 entschwindet Isaak völlig aus dem Blickfeld. Er wird erst wieder in Gen 35,27–29* genannt, wobei er hier aber als Ziel der Rückkehr Jakobs erscheint. Der mit der Entsendung Jakobs eröffnete Kreis ist damit abgeschlossen. – 2. Nach Gen 28,5 spielt die Gestalt Isaaks keine Rolle mehr; auch der Zweck des Unternehmens, zu dem Jakob von Isaak ausgeschickt ist, wird nur indirekt erwähnt. Ihr eigenes Gewicht bekommen die Nachrichten über Jakob durch die Gotteserscheinung in Lus-Bet-El (Gen 35,9–13.15), wobei zwar die Segens- und Mehrungszusage durch Gen 28,3 vorbereitet ist, aber durch Transponierung in das Land Kanaan einen eigenen Charakter und ein eigenes Gewicht bekommt. – 3. Die Vermutung, daß nach Gen 28,5 kompositorisch ein neuer Abschnitt beginnt, ist natürlich insofern mit gewissen Schwierigkeiten behaftet, als der priesterschriftliche Erzählzusammenhang gerade im Bereich der Jakobgeschichte

II. Strukturbildende Elemente innerhalb der Priesterschrift 35

sich aber für die Jakobgeschichte eine im ganzen dreiteilige Kompositionsstruktur, wobei die strukturbildenden Toledotformeln – jeweils paarweise einander zugeordnet – nur in den Rahmenteilen der Jakobgeschichte begegnen. Zugleich tritt dabei auf andere Weise nochmals die Zuordnung von Segen und Toledot hervor.[50]

Die so in Erscheinung tretende Begrenzung in der Verwendung der Toledotformel, wobei auch die Aufgliederung auf je fünf Vorkommen im Bereich von „Schöpfungsgeschichte" und Patriarchengeschichte bei jeweils unterschiedlicher erzählerischer Systematik zu beachten ist, sowie der thematische Bezug zur Segensthematik lassen auch erkennen, warum sie von Ex 1,7* an nicht mehr verwendet wird. Mit der summierenden Aufnahme aller Segensverben in Ex 1,7* wird die Segensthematik in P^g definitiv abgeschlossen. Zusammen mit der Verteilung und Reichweite der Toledotüberschriften deutet dies darauf hin, daß Ex 1,7* den Abschluß des ersten Hauptteils der priesterschriftlichen Geschichtsdarstellung gebildet haben wird.[51] Eine solche Annahme ist auch sachlich angeraten, da in Ex 1,7* erstmals die „Söhne Israels" als jene Größe, die in der weiteren Darstellung des priesterschriftlichen Werkes das eigentliche Handlungssubjekt bilden, eingeführt sind.[52] Ex 1,7 ist somit Abschluß eines Erzählbogens

---

nicht immer ganz erhalten ist, was aber nicht unbedingt zu der Annahme verführen muß, daß P^g eine Bearbeitungsschicht und keine „Quelle" darstellt (so etwa RENDTROFF, Problem, 115–120), sondern wohl auch damit zusammenhängt, daß gerade die Jakobgeschichte bis in die jüngsten Phasen der Entstehung des Genesisbuches hinein eine intensive Bearbeitung erfahren hat.

[50] Zur Komposition der priesterschriftlichen Jakobgeschichte vgl. näherhin WEIMAR, Jakobsgeschichte, 174–203 (vor allem 200), wobei einzelnes aufgrund der etwas veränderten Textgrundlage zu modifizieren ist, ohne daß aber das Kompositionsschema als solches seine Gültigkeit verlöre. Wird vor allem die parallele Struktur von Abraham- und Jakobgeschichte beachtet (s.u.), dann bekommt das erhobene Kompositionsschema auch von daher eine weitere Bestätigung. Als „kaum bedeutungsvoll" wird das hier vorausgesetzte Kompositionsmuster der Jakobgeschichte durch TENGSTRÖM, Toledotformel, 65 f. Anm. 43 (vgl. auch 70 Anm. 55) qualifiziert; vgl. auch DE PURY, Jakobsgeschichte, 40 f. Anm. 39, der die hier vorgelegte Strukturanalyse einerseits „beeindruckend" nennt, andererseits aber anfragt, ob „es mit der Parallelität zwischen Isaak und Ismael, zwischen Jakob und Esau für das Verständnis der P^g wirklich keine weitere Bewandtnis als die einer formal-ästhetischen Genugtuung" habe.

[51] Vgl. dazu vor allem WEIMAR, Untersuchungen, 25–36.41–43.

[52] Zu beachten ist auch, daß in Ex 1,7* erstmals der Ausdruck „Söhne Israels" im vollgültigen Sinne gebraucht ist, während in Ex 1,1* – wie in Gen 35,22b–26 – der Ausdruck im Sinne von Söhne Jakobs steht (daran ist auch gegen den Einwand von J. BECKER, ThPh 50 [1975 279 f. festzuhalten). Der Sondercharakter von Ex 1,7* wird allein schon daran erkennbar, daß es im Kontext des priesterschriftlichen Werkes die erste Stelle überhaupt ist, in der die Israelsöhne als Subjekt einer Aussage erscheinen, was dem Sprachgebrauch im weiteren Verlauf des priesterschriftlichen Werkes nach Ex 1,7* entspricht. Angesichts dessen ist auch nochmals die Nivellierung der Bedeutung von Ex 1, 7*, wie sie bei STECK, Aufbauprobleme, 305 ff. geschieht, kritisch zu bedenken.

und darin zugleich ein neue erzählerische Spannung erzeugendes Element im Blick auf die Darstellung der im folgenden erzählten Geschichte der Israelsöhne.

2. Die Wanderungsnotizen

Neben dem aus der Toledotformel bestehenden Überschriftensystem findet sich bei P^g ein zweites umfassendes Gliederungssystem, das durch eine Folge von Wanderungsnotizen, die deren zweiten Teil überdecken, gebildet ist. Die Eigenständigkeit dieses Überschriftensystems wird darin erkennbar, daß zwischen dem Einsatz der Toledotformel und den Wanderungsnotizen weder Überschneidungen noch Querverbindungen zu konstatieren sind.[53] Als Wanderungsnotizen, die auf die Hand von P^g zurückge-

---

[53] Nach LOHFINK, Priesterschrift, 229 ff. sind die Wanderungsnotizen als ein gegenüber dem System der Toledot-Aufteilungen bei P^g untergeordnetes Gliederungssystem zu beurteilen, wodurch die Toledot Jakobs, die bis zum Ende der priesterschriftlichen Geschichtsdarstellung reicht, weiter gegliedert werden soll. Doch wird dabei zu wenig die einen markanten Erzählschluß anzeigende Funktion der Erfüllungsnotiz Ex 1,7* beachtet, deren Horizont unverkennbar über den Rahmen der Jakobgeschichte hinausgeht und den ganzen ersten Teil des priesterschriftlichen Werkes umfaßt. Dementsprechend sind die Wanderungsnotizen als ein gleichberechtigtes Gliederungssystem neben den Toledotformeln zu verstehen, wodurch der zweite Teil des priesterschriftlichen Werkes strukturiert werden soll (so auch – in Abwandlung der Position von N. Lohfink – GROSS, Gottebenbildlichkeit, 24 f.; ebenso B. JANOWSKI, Tempel und Schöpfung. Schöpfungstheologische Aspekte der priesterschriftlichen Heiligtumskonzeption, JBTh 5 [1990] 37–69 = DERS., Gottes Gegenwart in Israel. Beiträge zur Theologie des Alten Testaments, Neukirchen-Vluyn 1993, 214–235 [224 f.]). Die beiden Gliederungssysteme sind so jeweils streng auf den ersten bzw. zweiten Hauptteil von P^g beschränkt und unterstreichen damit die Zweiteiligkeit der Struktur der priesterschriftlichen Geschichtsdarstellung. Da beide Überschriftensysteme nicht nur eine abschnittsgliedernde Funktion haben, sondern in einem engen Bezug zum nachfolgend Erzählten stehen und von daher wohl auch theologische Akzente setzen wollen, signalisiert das Nebeneinander von Toledotüberschriften und Wanderungsnotizen zugleich eine Verschiedenheit der Interessenslage, die P^g in den beiden Teilen des Werkes verfolgt. Gegen diese Systematik spricht auch nicht die Tatsache, daß in der zweiteiligen Patriarchengeschichte ebenfalls eine Reihe von Wanderungsnotizen steht (Gen 11,31b; 12,5b; 31,18b; 35,6a*.27; 46,6aβb), ohne daß ihnen im eigentlichen Sinne eine abschnittsgliedernde Funktion zukäme; abschnittsgliedernd sind hier nur die „Wanderungsnotizen" in Gen 31,18aβb+35,6a* und 35,27, mit deren Hilfe der Mittelteil der Jakobgeschichte strukturiert wird. Daß gerade zwischen Funktion und Intention der Verwendung der Wanderungsnotizen innerhalb der Jakobgeschichte sowie innerhalb des zweiten Teils von P^g ein enger Zusammenhang besteht, dürfte nicht auf Zufall beruhen, sondern in der Parallelität der Vorgänge begründet liegen (vgl. nur die Eingliedrigkeit der Wanderungsnotizen in beiden Textbereichen, wobei jeweils *bw'* als Leitwort gebraucht ist). Diese Verwandtschaft ist um so mehr zu beachten, als die Verwendung des einfachen *bw'* sich deutlich von der Verbfolge in den Wanderungsnotizen innerhalb der Abrahamgeschichte (Gen 11,31 mit 12,4b+5) unterscheidet (dazu vgl. WEIMAR, Jakobsgeschichte, 184 Anm. 43).

II. Strukturbildende Elemente innerhalb der Priesterschrift 37

hen, sind dabei Ex 16,1aβb; 19,1; Num 20,1* und 22b zu verstehen, wozu noch Ex 12,41 und Num 10,11*+12b hinzuzurechnen sind.[54] Alle sechs auf

---

[54] Im allgemeinen wird der Anteil der priesterschriftlichen Wanderungsnotizen höher veranschlagt, als dies hier geschieht (vgl. nur R. BORCHERT, Stil und Aufbau der priesterschriftlichen Erzählung, Diss. Heidelberg 1957, 94–99 und LOHFINK, Priesterschrift, 229 ff.), wobei nicht immer hinreichend zwischen genuin priesterschriftlichen und im priesterschriftlichen Stil verfaßten jüngeren Wanderungsnotizen unterschieden wird (zum Problem der „Literarkritik der Itinerarangaben in den Büchern Exodus und Numeri" vgl. POLA, Priesterschrift, 112 ff.). Daß eine solche Unterscheidung notwendig ist, macht gerade auch die literarkritische Problematik der hier als priesterschriftlich rekonstruierten sechs Wanderungsnotizen deutlich: 1. Kaum als literarisch einheitlich kann die Wanderungsnotiz in Ex 16,1 angesehen werden. Auffällig ist hier vor allem die Tatsache, daß die explizite Nennung des Subjektes („die ganze Gemeinde der Söhne Israels") erst beim zweiten Satzglied erfolgt, obgleich eine solche nach Ex 15,27 eigentlich überflüssig wäre. Diese Auffälligkeit wird am einfachsten dann verständlich, wenn Ex 16,1aα als ein der priesterschriftlichen Wanderungsnotiz vorgeschaltetes redaktionelles Element zu verstehen ist, womit auch die Einfügung des mit Ex 16,1aα zusammenhängenden Relativsatzes in Ex 16,1aγ zusammenhängen wird; insgesamt als sekundär angesehen von POLA, Priesterschrift, 134 ff.268. – 2. Entgegen der häufig vertretenen Zuweisung von Ex 19,1+2a an P^g kann nur Ex 19,1 als genuin priesterschriftliche Notiz angesprochen werden, während der dazu in Spannung stehende Halbvers Ex 19,2a als ein im Blick auf Ex 17,1 (R^P; dazu WEIMAR, Berufung, 359 Anm. 81) geschehener redaktioneller Zusatz aus der Hand von R^P verstanden werden muß; zur neueren Diskussion vgl. nur POLA, Priesterschrift, 268 f.; FREVEL, Blick, 77 f. Anm. 33; R. ACHENBACH, Die Vollendung der Tora. Studien zur Redaktionsgeschichte des Numeribuches im Kontext von Hexateuch und Pentateuch (BZAR 3), Wiesbaden 2003, 197 f. – 3. Auch die priesterschriftliche „Wanderungsnotiz" Num 10,11+12 ist redaktionell bearbeitet worden, wobei als redaktionelle Bildung 10,11bβ (der hier begegnende Ausdruck miškan hāʿedut findet sich sonst bei P^g nicht mehr!) und 12a (der Halbvers unterbricht den Zusammenhang der Aussagen von 10,11bα und 12b, ist dabei zugleich von einer anderen thematischen Konzeption getragen; näherhin ist für 10,12a ein Zusammenhang mit den Wanderungsnotizen in 10,33 [?]; 11,35 und 12,16 anzunehmen) verstanden werden muß; zur Diskussionslage vgl. aus jüngerer Zeit nur H. SEEBASS, Numeri II. Num 10,11–22,1 (BK IV/2), Neukirchen-Vluyn 2003, 13; POLA, Priesterschrift, 90 ff.; FREVEL, Blick, 77 ff.; ACHENBACH, Vollendung, 196 ff.; L. SCMIDT, Das vierte Buch Mose. Numeri 10,11–36,13 (ATD 7/2), Göttingen 2004, 13. – 4. In Num 20,1 kann nur 20,1aα* (ohne „im ersten Monat") als priesterschriftlich angesehen werden (die Ortsbestimmung knüpft an Num 13,21 an); die dazu in Spannung stehende Aussage in 20,1aβb ist nicht als Element einer Parallelerzählung, sondern als jüngere redaktionelle Erweiterung aus der Hand von R^P zu verstehen. Auf die gleiche Hand wie Num 20,1aβb und 13 geht auch die damit zusammenhängende (Kadesch) Notiz in 20,22a zurück, so daß der davon abzutrennende zweite Halbvers 20,22b (vgl. die erst in der zweiten Satzhälfte erfolgende Nennung des Subjektes, was Ex 16,1* entspricht!) als priesterschriftliche Notiz angesehen werden kann; zur kontrovers geführten Diskussion vgl. POLA, Priesterschrift, 113; FREVEL, 346ff; SEEBASS, Numeri II, 272 ff.299 ff.; SCHMIDT, Numeri II, 89 ff.97 ff. – Diese Beobachtungen lassen erkennen, daß die als priesterschriftlich zu qualifizierenden Wanderungsnotizen durchgehend Nachbearbeitungen erfahren haben, die ihrerseits eine andere Systematik erkennen lassen (vgl. dazu Anm. 56). Das Problem der Itinerarnotizen im allgemeinen wie der quellenkri-

P^g zurückzuführenden Wanderungsnotizen haben eine erzähleröffnende Funktion.[55] Ihre Struktur ist ziemlich gleichförmig. Zu beachten ist vor allem die Eingliedrigkeit. Nicht der Vorgang der Wanderung mit den drei Elementen Aufbrechen (*ns^c*) – Hingelangen (*bw'*)– Lagern (*ḥnh*) steht im Vordergrund, sondern einzig das Hingelangen (*bw'*) zu einem neuen Ziel.[56] Vorherrschendes Subjekt ist die ganze Gemeinde der Söhne Israels.[57] Der

---

tischen Problematik im besonderen kann hier nicht weiter diskutiert werden, vgl. dazu vorläufig G.W. COATS, The Wilderness Itinerary, CBQ 34 (1972) 135–152; J.T. WALSH, From Egypt to Moab. A Source Critical Analysis of the Wilderness Itinerary, CBQ 39 (1977) 20–33; G.I. DAVIES, The Way of the Wilderness. A Geographical Study of the Wilderness Itineraries an the Old Testament (JSOT.S 5), Cambridge 1979; DERS., The Wilderness Itineraries and the Composition of the Pentateuch, VT 33 (1983) 1–13, der zu Recht darauf abhebt, daß ein Großteil der Wanderungsnotizen, die P^g zugeschrieben werden, erst jüngeren redaktionellen Ursprungs ist; D.T. OLSON, The Death of the Old and the Birth of the New. The Framework of the Book of Numbers and the Pentateuch (BJSt 71), Chico/Cal. 1985, 114 ff.

[55] Erzählerisch haben die Wanderungsnotizen bei P^g allesamt kein eigenständiges Gewicht. Vielmehr sind sie jeweils im Blick auf die nachfolgende Geschichte von Signalwert, wobei im einzelnen der Bezug zum dargestellten Geschehen mehr oder weniger eng ist. Neben expliziten Querverweisen zwischen Wanderungsnotizen und so eingeleiteter Geschichte (so bezieht sich Ex 14,2a auf 12,41 zurück, ebenso Ex 24,16 auf 19,1 [wobei die Differenz von „Berg Sinai" und „Wüste Sinai" zu beachten ist] sowie Num 20,25 auf 22b), haben sie in anderen Fällen nur allgemein die Funktion, mit der Vorstellung der Situation der Wüste die nachfolgend geschilderte Konfliktsituation wegen Mangel von Brot und Fleisch (Ex 16,1*) bzw. von Wasser (Num 20,1aα*) vorzubereiten. In Num 10,11abα+12b ist der Bezug der Wanderungsnotiz zur nachfolgenden Erzählung nur indirekt, insofern die Wüste Paran als Ausgangspunkt für die Aussendung der Männer zur Begutachtung des Landes dient (Num 13,1+2a) und zugleich als Ort des Todes erscheint (Num 14,35b+37), womit auf der anderen Seite aber zugleich auch ein formaler wie thematischer Zusammenhang zur „Meerwundererzählung" gegeben ist.

[56] Gerade die literarkritischen Beobachtungen zu den priesterschriftlichen Wanderungsnotizen lassen erkennen (vgl. Anm. 54), daß die Differenz zwischen der Eingliedrigkeit der priesterschriftlichen Notizen und der Mehrgliedrigkeit der nachpriesterschriftlichen Notizen nicht zufällig ist, sondern auf planvollen redaktionellen Eingriffen beruht (vgl. nur die Ausweitung von Ex 16,1aβb durch 15,27+16,1aγ sowie die Nachschaltung von Ex 19,2a nach 19,1), wobei die redaktionelle Bearbeitung (R^P) den Wanderungsnotizen ein größeres Eigengewicht gibt, insofern gerade der stationenweise Wüstenzug zum erzählerisch bestimmenden Element der Darstellung wird. Untereinander sind die auf R^P zurückgehenden Wanderungsnotizen eng verbunden und stellen ein geschlossenes System dar (im Blick auf die Wanderungsnotizen in Ex 12,1–16,35 vgl. hier näherhin WEIMAR, Meerwundererzählung, 9–16). Warum R^P ein so starkes Interesse an solchen erzählerisch verumständenden Notizen hat, wäre noch eigens zu fragen.

[57] Abgesehen von den auch sonst eigenen Gesetzen folgenden Itinerarnotizen Ex 12,41 und Num 10,11*+12b fehlt der Ausdruck „die ganze Gemeinde" nur in Ex 19,1, was wohl auf die erzählerische Systematik des priesterschriftlichen Erzählers hindeutet, der im ganzen Mittelteil der Sinaigeschichte diesen Ausdruck nicht gebraucht. Demgegenüber ist in den Fällen, wo er in den Wanderungsnotizen begegnet (Ex 16,1*; Num

Ausgangspunkt der Wanderungsnotizen liegt in Ex 12,41 (Exodus). Daß zwischen den Wanderungsnotizen und 12,41 ein Zusammenhang besteht, wird durch den expliziten Rückbezug von Ex 16,1* und 19,1 (vgl. auch Num 10,11*+12b) auf Ex 12,41 hervorgehoben. Den Ausgangspunkt einer neuen Erzählbewegung gibt dann Num 10,11*+12b an, wobei die Besonderheit dieser Wanderungsnotiz darin liegt, daß hier nicht von einem Hingelangen der Kultgemeinde der Israelsöhne zu einem neuen Ort gesprochen wird, sondern von einem Sich-Erheben (ʿlh) und Sich-Niederlassen (škn) der Wolke (über dem Zelt der Begegnung).[58]

Die sechs Wanderungsnotizen, die im zweiten Teil von P^g als strukturbildende Elemente begegnen, teilen sich näherhin so auf, daß drei von ihnen vor der Erscheinung der Herrlichkeit Jahwes am Sinai plaziert sind, während die übrigen Notizen, ausgehend von diesem Datum, der Sinaitheophanie folgen:

Ex 12,41	Und es geschah (*wajˁhî*) am Ende der 430 Jahre, und es geschah (*wajˁhî*) an eben diesem Tag, da zogen heraus alle Heere Jahwes aus dem Lande Ägypten.
Ex 16,1*	Und sie kamen hin (*wajjābo'û*), die ganze Gemeinde der Söhne Israels, in die Wüste Sin, am 15.Tag des zweiten Monats nach ihrem Auszug aus dem Lande Ägypten.
Ex 19,1	Im dritten Neumond seit dem Auszug der Söhne Israels aus dem Lande Ägypten, an eben diesem Tag, da kamen sie hin (*bā'û*) in die Wüste Sinai.
Num 10,11f*	Und es geschah (*wajˁhî*) im zweiten Jahr, im zweiten Monat, am Zwanzigsten des Monats, da erhob sich die Wolke, und es ließ sich nieder die Wolke in der Wüste Paran.

20,1*.22b), auch fest in der nachfolgenden Erzählung verhaftet. Zwischen Ex 16,1* einerseits und Num 20,1* und 22b andererseits besteht in der Verwendung des Ausdrucks insofern ein Unterschied, als in Ex 16,1* die Constructus-Verbindung „die ganze Gemeinde der Söhne Israels" in Num 20,1* und 22b dagegen die appositionelle Verbindung „die Söhne Israels, die ganze Gemeinde" steht, was mit der Position vor bzw. nach der Sinaigeschichte zusammenhängen dürfte.

[58] Num 10,11*+12b kann am ehesten als Imitation einer Wanderungsnotiz aus theologischem Interesse heraus verstanden werden. Obgleich in den beiden nachfolgenden Wanderungsnotizen in Num 20,1* und 22b darauf nicht explizit Bezug genommen wird, ist hierin aber das innere Strukturierungsprinzip des nachfolgenden Erzählzusammenhangs zu sehen.

40 2. Struktur und Komposition der Priesterschrift

⎡ Num 20,1* Und sie kamen hin (*wajjābo'û*), die Söhne Israels, die ganze Gemeinde, in die Wüste Zin.
⎣ Num 20,22b Und sie kamen hin (*wajjābo'û*), die Söhne Israels, die ganze Gemeinde, zum Berg Hor.

In dieser Aufteilung der priesterschriftlichen Wanderungsnotizen wird zugleich deren Systematik erkennbar. Der Zusammenhang der ersten drei Wanderungsnotizen wird durch den expliziten Rückbezug von Ex 16,1* und 19,1 auf das in Ex 12,41 berichtete Exodusgeschehen hergestellt. Dadurch heben sie sich auch von den hinteren drei Wanderungsnotizen ab, in denen ein solcher Rückbezug auf Ex 12,41 nicht angebracht ist.[59] Jede der beiden Reihen von priesterschriftlichen Wanderungsnotizen wird dabei in Ex 12,41 bzw. Num 10,11*+12b durch eine Notiz eröffnet, die von den jeweils folgenden beiden Wanderungsnotizen abgehoben ist, indem sie den dafür bestimmenden Ausgangspunkt (Ägypten / Erscheinung in der Wolke) angibt, um damit auch theologisch die eingetretenen Veränderungen sichtbar werden zu lassen.[60] Entsprechend der so angezeigten Systematik haben die Wanderungsnotizen bei P^g allem Anschein nach die Funktion, den doppelten Weg Israels von Ägypten bis zum Sinai (aus Ägypten – Wüste Sin – Wüste Sinai) und von hier bis hin an die Grenze des Landes (Wüste Paran – Wüste Zin – Berg Hor) nachzuzeichnen, so daß in den Wanderungsnotizen der ganze Weg von Ägypten zum Land abgebildet erscheint.[61] Jeder der zweimal drei Wanderungsnotizen folgt die Schilderung

---

[59] Der Zusammenhang der beiden Wanderungsnotizen Ex 16,1* und 19,1 mit Ex 12,41 aufgrund des durchgehenden Rückverweises auf den Auszug aus Ägypten, aber auch der Abschluß dieser Reihe mit Ex 19,1 ist stilistisch deutlich hervorgehoben. Gerade angesichts der Parallelität der beiden sich von Ex 12,41 abhebenden Notizen Ex 16,1* und 19,1 verdient um so mehr die chiastische Anordnung der Satzglieder Beachtung, wodurch nachdrücklich ihr wechselseitiger Bezug, aber auch der geschlossene Charakter der beiden Wanderungsnotizen Ex 16,1* und 19,1 unterstrichen wird.

[60] Die Besonderheit der Wanderungsnotiz in Num 10,11*+12b entspricht der von ihrer Funktion her verwandten Notiz in Ex 12,41, insofern beide Notizen vor allen anderen dadurch herausgehoben sind, daß sie einerseits jeweils mit *waj^{e}hî* eingeleitet sind, andererseits aus dem System der paarweisen Zuordnung der übrigen Wanderungsnotizen herausfallen (vgl. in diesem Zusammenhang auch das Fehlen des sonst immer in den Wanderungsnotizen vorkommenden Verbums *bw'*). Die die beiden Reihen eröffnenden Wanderungsnotizen in Ex 12,41 und Num 10,11*+12b geben dabei das Strukturierungsprinzip der im weiteren Verlauf erzählten Geschichte an. Nach Ex 12,41 ist es der Exodus (vgl. auch die Rückverweise darauf in Ex 16,1* und 19,1), nach Num 10,11*+12b die vom Sinai sich herleitende besondere Erscheinungsweise Jahwes. Zugleich wird anhand der so angezeigten erzählerischen Systematik erkennbar, daß das Exodusgeschehen entsprechend der Konzeption von P^g erst mit dem Sinaigeschehen wirklich abgeschlossen wird.

[61] Die geographischen Angaben in den Wanderungsnotizen von P^g sind allem Anschein nach im Sinne einer „theologischen Geographie" (WEIMAR, Redaktionsgeschichte, 57 Anm. 165) zu verstehen. Aufgrund des Systems der Wanderungsnotizen ist nachdrücklich die zentrale Position der Gotteserscheinung am Sinai hervorgehoben. Die bei-

einer paradigmatischen Situation, wobei die Auffächerung der Wanderungsnotizen in zwei Reihen der thematischen Akzentuierung der nachfolgenden Geschichten entspricht.[62]

---

den auf Ex 12,41 folgenden Wanderungsnotizen Ex 16,1* und 19,1 führen unmittelbar zum Sinai hin, nicht zuletzt gerade auch dadurch angezeigt, daß die Ortsangaben „Wüste Sin" und „Wüste Sinai" nur künstliche Varianten des gleichen Namens sind (vgl. schon M. NOTH, Der Wallfahrtsweg zum Sinai (Nu 33), PJ 36 [1940] 5–28 = DERS., Aufsätze zur biblischen Landes- und Altertumskunde I, Neukirchen-Vluyn 1972, 55–74 [56 f.]; zur weiterführenden Diskussion vgl. nur POLA, Priesterschrift, 114 f.136 und FREVEL, Blick, 163 f.). Aber auch die zweite Reihe der Wanderungsnotizen hat ihren Bezugspunkt in der Gotteserscheinung am Sinai, was sich vor allem dann zeigt, wenn die Wanderungsnotizen nicht isoliert, sondern im Zusammenhang mit den ihnen jeweils verbundenen Erzählungen betrachtet werden. Die Wanderungsnotizen selbst stellen durch die Ortsangaben Wüste Paran – Wüste Zin – Berg Hor ein vorwärtstreibendes Textelement dar, das seinen Zielpunkt im Lande Kanaan hat, wobei die Wanderungsnotizen selbst aber nur bis an den Rand des Landes führen (Wüste Zin und Berg Hor, vgl. auch noch die Ortsangabe Abarim-Gebirge Num 27,12 [dazu s.u.]); durch die Rückbindung der beiden Wanderungsnotizen Num 20,1* und 22b an Num 10,11*+12b wird indirekt zugleich ein Anschluß an die hierdurch eröffnete „Landgabeerzählung" Num 13/14* geschaffen. Daß ein solcher Anschluß von P^g in der Tat auch beabsichtigt ist, wird auch daran erkennbar, daß in Num 20,12 und 27,13 explizite Rückverweise auf die mit Num 13,2a als unmittelbar bevorstehend angesagte Landgabe angebracht werden (vgl. dazu WEIMAR, Untersuchungen, 110 f.). Angesichts der auch sonst noch mehrfach zu beobachtenden Technik des Rückbezuges auf die „Landgabeerzählung" Num 13/14* im weiteren Verlauf der priesterschriftlichen Erzählung kommt ihr ein entscheidendes Gewicht zu. Da sie über die „Wanderungsnotiz" Num 10,11*+12b zur Gotteserscheinung am Sinai in Beziehung gerückt erscheint, ist von daher eine Zentrierung auf das Sinaigeschehen herausgestellt, womit dieses zugleich als die eigentliche theologische Mitte des ganzen priesterschriftlichen Werkes vorgestellt ist (weitere Hinweise s.u.).

[62] Mit Ausnahme der durch Num 20,22b eingeleiteten Geschichte sind alle anderen durch eine *Wanderungsnotiz* eröffneten Erzählungen als „Erscheinungserzählungen" zu deuten, wobei die Erscheinungsweise vor und nach dem Sinai jeweils einen anderen Charakter trägt. Bis zum Sinai ist der Dreischritt Sich-Verherrlichen Jahwes als rettendes Eingreifen (Ex 14,4a und 17a+18a) – Ansage des Sich-Verherrlichen Jahwes als rettendes Eingreifen (Ex 16,7*) sowie Erscheinen der Herrlichkeit Jahwes (Ex 16,9–10*) – Erscheinen der Herrlichkeit Jahwes in der Wolke auf dem Berg (Ex 24,16) bzw. über der *Wohnung* Jahwes (40,34) zu beobachten, wobei der in Ex 16,1–12* überlieferten Erzählung wegen der in ihr begegnenden zweifachen Vorstellung von der „Herrlichkeit Jahwes" eine vermittelnde Funktion zukommt. Von einer Erscheinung der „Herrlichkeit Jahwes" berichten auch die durch Num 10,11*+12b und 20,1* eingeleiteten Erzählungen (Num 14,10b; 20,6), wobei es sich hier aber im Unterschied zu den Gotteserscheinungen vor bzw. am Sinai um Gerichtstheophanien handelt (zur Sache vgl. M. GÖRG, Das Zelt der Begegnung. Untersuchung zur Gestalt der sakramentalen Zelttraditionen Altisraels [BBB 27], Bonn 1967 [vor allem 59–74]; C. WESTERMANN, Die Herrlichkeit Gottes in der Priesterschrift, in: Wort – Gebot – Glaube. Beiträge zur Theologie des Alten Testaments [FS W. Eichrodt; AThANT 59], hg. von H.J. Stoebe u.a., Zürich-Stuttgart 1970, 227–249 = DERS., Forschung am Alten Testament. Gesammelte Studien II [TB 55], hg.

2. Struktur und Komposition der Priesterschrift

Wie bei den Toledotformeln zeigt sich auch bei den Wanderungsnotizen ein enger Zusammenhang mit der Leitthematik der damit verbundenen Erzählungen, so daß ihnen nicht nur eine abschnittsgliedernde, sondern darüber hinaus auch eine theologisch deutende Funktion zukommt. Gegenüber dem Einsatz der Toledotformel zeigen die sechs Wanderungsnotizen durchaus einen davon unterschiedenen Charakter. Anders als die Toledotformeln zeichnen die Wanderungsnotizen eine Erzählbewegung nach, die ihren Kulminations- und zugleich Wendepunkt in der im Zentrum stehenden Gotteserscheinung am Sinai hat. Damit sind durch die Wanderungsnotizen zwei Erzählbewegungen erkennbar, die einen – auch theologisch relevanten – Prozeß anzeigen, ohne daß sich aber mit Hilfe der Wanderungsnotizen allein schon die literarische Struktur des zweiten Teils des priesterschriftlichen Werkes festmachen ließe.[63] Das wird allein schon daran erkennbar, daß die Wanderungsnotizen nicht gleichmäßig über den ganzen zweiten Teil von P^g gestreut sind, sondern erst relativ spät – wenn auch sachgerecht – mit Ex 12,41 einsetzen.[64] Wird die erzählerische Systematik, wie sie in den Wanderungsnotizen selbst angezeigt ist, beachtet, dann legt sich für den zweiten Teil von P^g am ehesten eine Dreiteilung in die drei größeren Erzählkomplexe Exodus, Sinai und Landgabe nahe.[65]

---

von R. Albertz und E. Ruprecht, München 1974, 115–137; H. MÖLLE, Das „Erscheinen" Gottes im Pentateuch. Ein literaturwissenschaftlicher Beitrag zur alttestamentlichen Exegese [EH XXIII/18], Bern-Frankfurt/M. 1973 [vor allem 180–239]).

[63] In den Rahmen der strukturell relevanten Beobachtungen wäre zum Beispiel auch die in dem Jahwebefehl an Mose aufgetragene Ortsveränderung (Abarim-Gebirge) in Num 27,12 miteinzubeziehen, wobei das mit der Ortsangabe *ʾæl-har hāʿabārîm* verbundene Demonstrativum *hazzæh* möglicherweise als Indiz dafür verstanden werden darf, daß diese Angabe eine eigentlich zu erwartende Wanderungsnotiz vertritt (zu weiteren Hinweisen in diese Richtung vgl. Anm. 161). Aber auch innerhalb des mit Ex 19,1 eingeleiteten Textzusammenhangs ist weiter zu differenzieren. Würde die Wanderungsnotiz in Ex 19,1 den ganzen Textkomplex bis zur nächsten Wanderungsnotiz in Num 10,11*+12b überschreiben wollen, dann wäre hier von zwei im einzelnen unterschiedlich akzentuierten Erscheinungen der Herrlichkeit Jahwes erzählt (vgl. Ex 24,16 und 40,34 auf der einen und Lev 9,23 auf der anderen Seite), was aber mit dem sonst üblichen Verfahren bei P^g nicht konform geht. So ist in den Wanderungsnotizen das wichtigste, wenn auch keineswegs das einzige Strukturierungsmerkmal des zweiten Teils des priesterschriftlichen Werkes zu sehen.

[64] Eine weitergehende Analyse der kompositorischen Zusammenhänge (dazu s.u.) würde das Ungleichgewicht der Abfolge der Wanderungsnotizen noch deutlicher zum Vorschein bringen. Ihre Verwendung an den vorliegenden Stellen verrät eher theologische Systematik (vgl. nur die Aufteilung in zwei Dreierreihen paralleler Abfolge) als vordergründige Textstrukturierung (von der erzählerischen Abfolge her ist das Fehlen einer Wanderungsnotiz in Num 27,12 durchaus auffällig, wenn auch nicht unplausibel).

[65] Diese Dreiteilung des zweiten Teils des priesterschriftlichen Werkes, die unten weiter zu präzisieren ist, orientiert sich primär an den in den Wanderungsnotizen selbst gesetzten Daten. Gegenüber der durch Ex 12,41 signalisierten Darstellung des Exodusge-

3. Weitere strukturbildende Elemente

Toledotformel und Wanderungsnotizen stellen innerhalb der beiden Teile des priesterschriftlichen Werkes das Hauptgliederungssystem dar, sind keineswegs aber einziges Strukturierungsmerkmal. Vielmehr sind sie jeweils mit anderen strukturbildenden Elementen in Verbindung zu setzen, die im Blick auf die Hauptgliederung eine ergänzende Funktion haben.

3.1 Chronologische Notizen

Wie gerade auch die Wanderungsnotizen erkennen lassen, sind in bezug auf die ergänzenden strukturbildenden Elemente vor allem die chronologischen Angaben von Bedeutung.[66] Im Blick auf die Kompositionsstruktur des Textes kann den chronologischen Angaben sowohl eine partiell gliedernde Funktion im Blick auf einzelne Teilkompositionen (vgl. nur die auf die Hand von P^g selbst zurückgehende Tageszählung in Gen 1,5.8.13.19. 23.31 im Rahmen von Gen 1,1–2,4a*) als auch eine übergeordnete gliedernde Funktion im Blick auf größere Erzählzusammenhänge zukommen (vgl. nur die chronologischen Angaben im Rahmen der Wanderungsnotizen), ohne daß aber deren Funktion grundsätzlich voneinander verschieden wäre. Durch chronologische Notizen werden dabei gleichermaßen Anfang wie Schluß eines Erzählabschnitts markiert. Weitere Differenzierungen ergeben sich aufgrund ihrer formalen Struktur sowie aufgrund des jeweiligen literarischen Orts im Rahmen des priesterschriftlichen Werkes.[67]

Eine *erste Gruppe* chronologischer Notizen zeichnet sich dadurch aus, daß in ihnen das Alter einer Person bei Eintritt eines bestimmten Ereignisses angegeben ist. Die entsprechenden chronologischen Notizen (Gen 12,4b; 16,16; 17,24.25; 21,5; 25,26b; 41,46; Ex 7,7 [Dtn 34,7]) lassen eine feste Struktur erkennen. In allen Fällen handelt es sich um Nominalsatzaus-

---

schehens blicken die beiden Notizen in Ex 16,1* und 19,1 durch entsprechende Rückverweise schon auf das Exodusgeschehen zurück, wobei die an beiden Stellen gebrauchten Ortsangaben (Wüste Sin bzw. Sinai) einen Zusammenhang mit dem Sinaigeschehen anzeigen. Durch Num 10,11*+12b ist der Rahmen der Sinaigeschichte verlassen, wobei der thematische Akzent des Nach-Sinai-Komplexes durch die ihn eröffnende Erzählung von der „Landgabe" in Num 13/14* angegeben wird (weitere Beobachtungen s.u.).

[66] Im folgenden geht es nicht um das Problem der P^g zugrundeliegenden Chronologie (vgl. dazu die Übersicht bei MCEVENUE, Narrative Style, 57 Anm. 48), was einer eigenen Untersuchung bedürfte, sondern einzig um die strukturbildende Relevanz chronologischer Angaben (vgl. dazu vor allem BORCHERT, Stil, 99–111 und RENDTORFF, Problem, 131–136, aber auch die Tabelle der chronologischen Systeme in P^g bei MCEVENUE, Narrative Style, 191 [vgl. auch 55–58], wobei m.E. aber nicht hinreichend zwischen P^g und P^s unterschieden wird).

[67] Zur Systematisierung der chronologischen Angaben vgl. auch RENDTORFF, Problem, 131–136.

sagen der Struktur NN + bæn mit Altersangabe + ב mit Infinitiv.[68] Mitzuberücksichtigen ist in diesem Zusammenhang auch die chronologische Notiz Gen 7,6, die sich von den anderen chronologischen Angaben nur dadurch unterscheidet, daß an die Stelle des das Ereignis angebenden Infinitivs ein Umstandssatz in gleicher Funktion eingetreten ist.[69] Mit Ausnahme von Gen 12,4b markieren die chronologischen Notizen dabei jeweils das Ende eines Erzählabschnittes.[70]

Eine Variante dieser Form von chronologischen Notizen ist durch vorangestelltes waj^{e}hî gebildet, womit zugleich angezeigt ist, daß hierdurch ein neuer Textabschnitt eröffnet werden soll. Die Angabe des auf die Altersangabe folgenden Ereignisses ist nur in Gen 25,20 mit ב + Infinitiv gebildet,[71] während sie an den anderen Stellen jeweils mit Narrativ erfolgt (Gen 5,32; 17,1; 26,34).[72] Beachtung verdient in diesem Zusammenhang auch die Streubreite der vorliegenden Gruppe chronologischer Notizen. Auffällig ist die Konzentration im Bereich von Abraham- und Jakobgeschichte, wobei zwischen beiden aber auffällige Differenzen bestehen. Während die chronologischen Angaben innerhalb der Abrahamgeschichte als durchlaufendes Strukturprinzip eingesetzt sind (vgl. auch ihr gehäuftes Vorkommen in diesem Bereich),[73] dienen sie in der Jakobgeschichte – vor

---

[68] Vgl. dazu BORCHERT, Stil, 14 f.103 f. und RENDTORFF, Problem, 132 f. – Trotz der nicht zu verkennenden formalen Nähe zu dieser Gruppe chronologischer Notizen ist Dtn 34,7 sowohl aufgrund der Tatsache, daß das mitgeteilte Ereignis nicht mit ב + Infinitiv berichtet ist, als auch aufgrund der thematischen Differenz (Tod) eher der zweiten Gruppe von chronologischen Notizen zuzurechnen (s.u.).

[69] Zu Gen 7,6 vgl. BORCHERT, Stil, 106. – Die abschnittsgliedernde Funktion von Gen 7,6 ist im Text auf verschiedene Weise angezeigt, zum einen durch die Verbindung mit der unmittelbar vorangehenden dreigliedrigen „Ausführungsformel" Gen 6,22, die der Gottesrede Gen 6,13–20* als Erfüllungsnotiz korrespondiert, zum anderen durch die Wiederaufnahme der Zeitangabe „sechshundert Jahre" in der den Bericht vom Kommen der Flut einleitenden chronologischen Notiz Gen 7,11 (zur abschnittsgliedernden Funktion von Gen 7,6 vgl. auch ZENGER, Gottes Bogen, 110).

[70] Vgl. dazu WEIMAR, Jakobsgeschichte, 181 Anm. 36 in Auseinandersetzung mit BORCHERT, Stil, 15–17.103.

[71] Zur stilistischen Eigenart der Weiterführung mit ב + Infinitiv in Gen 25,20 vgl. schon WEIMAR, Jakobsgeschichte, 182 Anm. 38.

[72] Nur bedingt für P^g kann Gen 5,32 reklamiert werden, da es sich bei Gen 5* wahrscheinlich um ein Element einer von P^g rezipierten Tradition handelt. Das gleiche gilt möglicherweise auch für Gen 17,1 (hierzu näherhin P. WEIMAR, Gen 17 und die priesterschriftliche Abrahamgeschichte, ZAW 100 [1988] 22–60 [36 f.38 ff.]), wobei dann zu fragen bleibt, ob und inwieweit Gen 5,32 und 17,1 als Elemente ein und desselben literarischen Zusammenhangs angesehen werden können.

[73] Daß gerade innerhalb der Abrahamgeschichte die chronologischen Notizen derart gehäuft begegnen, hängt zweifellos auch damit zusammen, daß die Toledotformel (Terach) im Rahmen der Abrahamgeschichte nicht als durchgehendes Strukturierungsprinzip wie in der Jakobgeschichte vorkommt, sondern nur als einleitende Überschrift über die

allem im Zusammenhang der „Toledot Isaaks" (Gen 25,19–28,5*) – nur begrenzt als Markierung eines Unterabschnittes.⁷⁴ Die chronologischen Angaben erscheinen somit insgesamt gegenüber den Toledotüberschriften als untergeordnetes Gliederungssystem.⁷⁵

Eine *zweite Gruppe* chronologischer Notizen ist dadurch ausgezeichnet, daß hier die Angabe des Gesamtlebensalters einer Person mit der Feststellung ihres Todes verbunden ist, wobei im Unterschied zur ersten Gruppe chronologischer Notizen formal eine größere Variationsbreite zu konstatieren ist. Formal in engem Zusammenhang mit der ersten Gruppe steht die chronologische Notiz in Dtn 34,7, worin zugleich auch der Zusammenhang

---

ganze Abrahamgeschichte gesetzt ist (Gen 11,27a), so daß weitergehende Strukturierungselemente geradezu gefordert sind. Aufgrund der entsprechenden chronologischen Angaben sind strukturelle Einschnitte vor Gen 12,4b sowie nach Gen 16,16; 17,24–26 (die beiden chronologischen Notizen Gen 17,24 und 25 sind bewußt parallelisiert, was auch durch die mit *bᵉʿæṣæm hajjôm hazzæh* eingeleitete Aussage Gen 17,26 noch eigens hervorgehoben wird) und 21,5 anzunehmen. Stilistisch besonders herausgestellt ist die in Gen 17* erzählte Gotteserscheinung an Abraham. Das wird einerseits durch die unmittelbar auf Gen 16,16 folgende chronologische Angabe in Gen 17,1 (mit einleitendem *wajᵉhî*) und andererseits durch den in der Altersangabe („neunundneunzig Jahre") auf Gen 17,1 Bezug nehmenden Schlußabschnitt Gen 17,24–26 unterstrichen. Damit ist die Szene der Gotteserscheinung vor Abraham im Gesamtzusammenhang der Abrahamgeschichte nicht nur literarisch als ein eigenständiges Textstück, sondern zugleich aufgrund der inkludierenden Rahmung durch chronologische Notizen ebenfalls als herausragendes Textelement hervorgehoben, was auch der thematischen Sonderstellung von Gen 17* (Verheißungen) entspricht.

⁷⁴ Durch die parallelisierten chronologischen Notizen Gen 25,20* und 26,34* werden die beiden Hauptabschnitte der Toledot Isaaks eingeleitet, wobei die einen Neueinsatz markierende Funktion von Gen 26,34* zusätzlich noch durch die unmittelbar vorangehende chronologische Notiz Gen 25,26b unterstrichen wird (vgl. dazu WEIMAR, Jakobsgeschichte, 181 f.). Innerhalb des mit „Toledot Isaaks" (Gen 25,17) überschriebenen Teils der Jakobgeschichte (Gen 25,17–28,5*) bilden so die chronologischen Notizen das eigentliche Strukturierungsprinzip des Textes. Außerhalb dieses Rahmens findet sich eine entsprechende chronologische Angabe innerhalb der Jakobgeschichte nur noch Gen 41, 46a (Josef), die dabei näherhin die Funktion hat, den an die Toledotüberschrift Gen 37, 2aα sich anhängenden „Rückschritt" abzuschließen (dazu WEIMAR, Jakobsgeschichte, 195 f.).

⁷⁵ Da der Horizont der Toledotüberschriften jeweils weitreichender ist als der der chronologischen Notizen, können diese nur als ein untergeordnetes Gliederungssystem angesehen werden, wodurch die jeweiligen Toledotabschnitte weiter strukturiert werden sollen. Dem korrespondiert durchaus der auffällige Befund, daß diese Form chronologischer Notizen mit Ausnahme von Ex 7,7 (zur Erklärung dieses Phänomens s.u. Anm. 85) ausschließlich im ersten Teil des priesterschriftlichen Werkes begegnet, in dem die Toledotformel das Hauptüberschriftensystem bildet. Das läßt vermuten, daß zwischen dieser Form von chronologischen Notizen und dem Gebrauch der Toledotformel ein engerer Zusammenhang besteht.

beider Gruppen chronologischer Angaben erkennbar wird.[76] Gegenüber Dtn 34,7 zeichnen sich die übrigen Belege dieser Gruppe durch ein höheres Maß an Gemeinsamkeiten aus. In der Regel werden die chronologischen Notizen mit „Und es waren alle Tage von *NN*" (Gen 5,5.8.11.14.17. 20.27.31; 9,29) bzw. mit „Und es waren die Tage von *NN*" (Gen 11,32; 35, 28; 47,28b; vgl. auch 23,1a[77]) – jeweils mit nachfolgender Angabe des Lebensalters – eingeleitet. In Gen 25,7 und 17 begegnet demgegenüber die nominale Wendung „Und dies sind die [Tage der] Lebensjahre von *NN*".[78]

Gegenüber der weitgehenden Konstanz des ersten Gliedes, wobei bestehende Abweichungen primär wohl aus dem erzählerischen Zusammenhang heraus verständlich zu machen sind,[79] zeichnet sich das zweite Glied, das den Tod des zuvor Genannten konstatiert, durch eine größere Variationsbreite aus. Am knappsten ist das zweite Glied in den mit „Und es waren alle Tage von *NN*" eingeleiteten chronologischen Notizen ausgeführt, wo es jeweils konstant auf ein einfaches „und er starb" beschränkt bleibt (Gen 5,5.8.11.14.17.20.27.31; 9,29). In allen anderen Fällen hat die Todesnotiz eine mehr oder minder starke Ausweitung erfahren. Während in Gen 11,32 und 23,1a jeweils nur eine Ortsangabe (Haran bzw. Land Kanaan) hinzugefügt ist, findet sich an allen anderen Stellen die stereotype Wortfolge „Und

---

[76] Wegen der formalen wie thematischen Verschiedenheit (vgl. auch Anm. 68) ist Dtn 34,7 der zweiten Gruppe chronologischer Notizen zuzurechnen. Der andersartige Charakter von Dtn 34,7 gegenüber den übrigen chronologischen Notizen dieser Gruppe erklärt sich wohl aus stilistischen Gründen, insofern nämlich Dtn 34,7 stilistisch an Ex 7,7 angeglichen werden soll, um auf diese Weise die Bezogenheit beider Aussagen aufeinander deutlich zu machen (vgl. auch Anm. 85).

[77] Im Zusammenhang von P^g ist die in Gen 23,1a vorkommende Formulierung *wajjihjû ḥajjê* singulär. Doch ist auf der anderen Seite eine auffällige Nähe zu Gen 11,32 (Fortsetzung der chronologischen Angabe durch Narrativ von *mwt* + Ortsangabe) zu konstatieren, so daß diese beiden chronologischen Notizen geradezu paarweise einander zugeordnet erscheinen (vgl. dazu auch RENDTORFF, Problem, 134 f.).

[78] Auffälligerweise folgen die so herausgehobenen beiden chronologischen Notizen Gen 25,7 und 17 in unmittelbarer Abfolge aufeinander, wobei die hier angezeigte formale Kongruenz die Textgrenze von Abraham- und Jakobgeschichte überspringt, diese aber dadurch zugleich stilistisch aufeinander bezieht.

[79] Das zeigt allein schon die Verteilung der chronologischen Angaben innerhalb von P^g. So ist die Langform „Und es waren alle Tage von *NN*" auf die „Schöpfungsgeschichte" beschränkt; als genuin priesterschriftliche Bildung wird nur Gen 9,29 angesehen werden können, die sich stilistisch an die Formulierungsweise der aus der Tradition rezipierten „Setitengenealogie" anlehnt (zum Zusammenhang vgl. auch OBERFORCHER, Flutprologe, 622 ff.). Die übrigen chronologischen Angaben sind auf die Abraham- und Jakobgeschichte gleichmäßig verteilt (jeweils drei), wobei der Zusammenhang beider Reihen mittels Gen 25,7 und 17 hergestellt ist (vgl. Anm. 78). Die Parallelität beider Reihen ist wohl beabsichtigt (abgeschlossen jeweils mit der Notiz vom Tod Abrahams bzw. Jakobs), womit zugleich die beiden Teile der Patriarchengeschichte eng zusammengebunden erscheinen.

er verschied und starb und wurde versammelt zu seinem Volk".[80] Auch hier erklärt sich die Variation der Formulierung wohl im wesentlichen aus dem jeweiligen literarischen Zusammenhang.[81] In allen Fällen dienen die chronologischen Notizen dieser Gruppe dazu, einen Abschluß zu markieren, sei es, daß sie unmittelbar als Schlußnotiz zu verstehen sind (Gen 5,5.8.11.14.17.20.27.31; 9,29; 25,17; 35,28+29), sei es, daß sie einen Schlußabschnitt einleiten (Gen 23,1a.2*.19*; 25,7.8*.9*.10b; Dtn 34,7–9*).[82] In Gen 47,28b und 49,33* sind die zusammengehörigen Aussagen aufgesprengt, um die auf diese Weise gerahmte „Abschiedsrede" Jakobs einführen zu können, so daß dem ganzen Abschnitt eine abschließende

---

[80] In Gen 49,33* fehlt das zweite Glied der Wortfolge („und es starb"), ohne daß ein Grund dafür sicher auszumachen wäre. Möglicherweise ist es durch die vorangehende Jakobrede bedingt (vgl. vor allem Gen 49,29a!).

[81] Bezeichnenderweise ordnen sich die chronologischen Notizen im Rahmen der Patriarchengeschichte, wodurch sich ihre Verwendung von der „Schöpfungsgeschichte" deutlich unterscheidet, ebenfalls zu Paaren zusammen (Gen 11,32 ↔ 23,1a+2*; 25,7 ↔ 17; 35,28 ↔ 47,28+49,33*), ohne daß aber diese paarweise Zuordnung mit den sonstigen Textstrukturen übereinkäme. Das läßt vermuten, daß darin nicht nur ein Gliederungsprinzip zu sehen ist, sondern ein thematischer Grundzug der Patriarchengeschichte überhaupt angezeigt werden soll.

[82] Die jeweiligen Ausweitungen beziehen sich auf das Begräbnis der Verstorbenen. Gegenüber der knappen Notiz in Gen 35,28+29 ist dieses Motiv an den genannten Stellen breiter entfaltet. Daß es sich dabei um geschlossene Abschnitte handelt, die einen Textzusammenhang abschließen, ergibt sich aufgrund verschiedener Beobachtungen. Für Dtn 34,7-9* sind die entsprechenden Beobachtungen schon genannt (vgl. dazu Anm. 20). Aber auch Gen 23,1a.2*.19* und 25,7-9*.10b sind als in sich geschlossene Textabschnitte zu verstehen, die um Tod und Begräbnis Saras bzw. Abrahams kreisen. Ohne Probleme ist eine solche Annahme für Gen 25,7-9*+10b (vgl. die Inversion am Schluß in Gen 25,10b, aber auch am Schluß der vorangehenden Texteinheit in Gen 23,19*). Schwieriger erscheint eine solche Annahme zunächst für den dazu parallelen Bericht von Tod und Begräbnis Saras in Gen 23. Doch hängen solche Schwierigkeiten stark mit der Beurteilung der literarkritischen Problematik von Gen 23 zusammen. Wird das Kapitel nämlich als ein geschlossener, auf P^g zurückgehender Erzählzusammenhang verstanden, dann ist in Gen 23 eher eine eigenständige Erzählung mit eigener Thematik zu sehen. Doch gibt es auf der anderen Seite deutliche Hinweise darauf, die es zweifelhaft erscheinen lassen, das ganze Kapitel als eine genuin priesterschriftliche Erzählung zu verstehen (dazu vgl. vor allem RENDTORFF, Problem, 128 ff., aber auch BLUM, Komposition, 441–446). Unschwer lassen sich in Gen 23 literarische Bearbeitungsprozesse erkennen: Während der Großteil des Kapitels als zweigestufte nach-priesterschriftliche Erweiterung (P^s/R^P) zu begreifen ist, bilden die von Tod und Begräbnis handelnden Aussagen in Gen 23,1a.2a* (ohne „in Kirjat-Arba, das ist Hebron").2b.19a* (ohne „das ist Hebron").19b eine in sich geschlossene, literarisch isolierbare Aussagefolge, die als solche auf P^g zurückgeht (vgl. hierzu auch WEIMAR, Gen 17, 22–60 [56]; ebenso zuvor schon C. WESTERMANN, Genesis. 2.Teilband: Genesis 12–36 [BK I/2], Neukirchen-Vluyn 1981, 454 f.). Beginn und Schluß (Inversion) sind jeweils deutlich markiert; die Verwandtschaft mit dem parallelen Abschnitt von Tod und Begräbnis Abrahams unverkennbar.

Funktion zuzumessen ist.⁸³ Für diese Gruppe chronologischer Notizen darf ebenfalls ein Zusammenhang mit den Toledotüberschriften angenommen werden.⁸⁴

Auffällig ist die Verteilung der bisher analysierten chronologischen Angaben im Zusammenhang des priesterschriftlichen Werkes. Mit Ausnahme der beiden chronologischen Notizen Ex 7,7 und Dtn 34,7, die ihrerseits aufeinander bezogen sind und im Blick auf die Komposition des zweiten Teils von P^g eine verklammernde Funktion haben,⁸⁵ sind sie sonst ganz auf

---

⁸³ Die Zusammengehörigkeit beider Elemente ist unzweifelhaft (vgl. auch RENDTORFF, Problem, 135). Daß sie aufgesprengt sind, resultiert nicht aus literarischen Prozessen entstehungsgeschichtlicher Art, sondern hat kompositionelle Gründe, was bei Beachtung der Gesamtkomposition der Jakobgeschichte (vgl. nur die Korrespondenz von Gen 28,1–3 und 48,3+4* in ihrer Beziehung zu Gen 35,9–13.15) noch schärfer hervortritt.

⁸⁴ Die chronologischen Notizen dieser Gruppe sind bezeichnenderweise ganz auf jenen Teil des priesterschriftlichen Werkes beschränkt, in dem die Toledotformel als Struktursignal gebraucht ist. Der Zusammenhang dürfte dabei kein äußerlicher, sondern ein innerer sein. Die Stereotypie der Abfolge von Leben, Zeugung und Tod, der von der „Setitengenealogie" (Gen 5*) her P^g schon vorgegeben gewesen ist, bestimmt auch den Rhythmus der priesterschriftlichen „Schöpfungs"- und Vätergeschichte, auch wenn das Schema in theologisch entscheidenden Zusammenhängen immer wieder aufgebrochen ist.

⁸⁵ Es dürfte bewußte literarische Absicht von P^g sein, den ganzen zweiten Teil des priesterschriftlichen Werkes in den Rahmen der Lebensgeschichte des Mose einzuordnen, was in Anlehnung an den ersten Teil geschehen sein wird, wenn auch der Gebrauch der Toledotformel hier bewußt vermieden ist. Durch Ex 7,7 und Dtn 34,7 wird das ganze im zweiten Teil des priesterschriftlichen Werkes geschilderte Geschehen in einen Zeitraum von vierzig Jahren eingebunden, wodurch die Darstellung im Blick auf die Zeitperspektive eine starke Raffung erfahren hat, was zugleich erzählerische Akzente anzeigt. Kommt damit der zeitlichen Raffung des Geschehens auch eine erzählerische Funktion zu, dann ist innerhalb des durch Ex 7,7 und Dtn 34,7 abgesteckten Rahmens die weitergehende Raffung der Sinaiereignisse auf den Zeitraum eines Jahres zu beachten, wobei der Sondercharakter dieses chronologischen Systems zusätzlich dadurch herausgestellt ist, daß die Chronologie am Sinai – worin zugleich ein Unterschied zur Flutgeschichte liegt (s.u.) – nicht unmittelbar in die Lebensgeschichte des Mose eingebunden ist. Daß den chronologischen Notizen in Ex 7,7 und Dtn 34,7 wirklich eine verklammernde Funktion im Blick auf den zweiten Teil des priesterschriftlichen Werkes zukommt, wird auch daran erkennbar, daß die im gleichen literarischen Zusammenhang stehenden Aussagen von Ex 6,9 und Dtn 34,9 ebenfalls als verklammernde Elemente anzusehen sind (vgl. im einzelnen schon WEIMAR, Untersuchungen, 178-186). – In Frage gestellt wird ein solcher Zusammenhang nicht zuletzt durch die einflußreiche These von PERLITT, Priesterschrift, 133 f., wonach die chronologische Notiz Dtn 34,7 nicht als eine priesterschriftliche Bildung zu qualifizieren ist, eine These, die zumindest fragen läßt, inwieweit die „syntaktisch gleichförmige [...] Angabe in Ex 7,7 (PERLITT, Priesterschrift, 134) nicht ebenfalls P^g abzusprechen ist (zur Diskussion vgl. P. STOELLGER, Deuteronomium 34 ohne Priestergrundschrift, ZAW 105 [1993] 26–51 [36 ff.]). Angesichts der verklammernden Funktion der chronologischen Notizen Ex 7,7 und Dtn 34,7 erscheint m.E. eine Herleitung der beiden Aussagen von P^g die plausibelste Lösung (vgl. die eingehende Begrün-

den ersten Teil des priesterschriftlichen Werkes beschränkt, was ihren Zusammenhang mit dem System der Toledotüberschriften unterstreicht.[86] Für den zweiten Hauptteil des priesterschriftlichen Werkes ist eine andere Form chronologischer Angaben charakteristisch, die sich von den chronologischen Notizen des ersten Teils sowohl formal als auch von der Funktion her unterscheidet. Wichtig ist hierbei die wenigstens partielle Verknüpfung mit den Wanderungsnotizen, was deutlich macht, daß die chronologischen Angaben des zweiten Teils des priesterschriftlichen Werkes nicht eine untergeordnete Funktion haben, sondern als Bestandteil des Hauptgliederungssystems des Textes anzusehen sind. Eine Verbindung mit Wanderungsnotizen liegt bei den chronologischen Angaben in Ex 12,41; 16,1*; 19,1 und Num 10,11*+12b vor, wobei die chronologischen Angaben ab Ex 16,1 insofern von Ex 12,41 abgehoben sind, als anstelle der „Zeitraumangabe"[87] ein nach Tag und Monat unterscheidendes chronologisches System eintritt.

Ohne Verbindung mit Wanderungsnotizen finden sich ähnlich strukturierte chronologische Aussagen noch in Ex 40,17 und Lev 9,1*. Die Verteilung dieser chronologischen Angaben läßt ihre Beschränkung auf den Bereich des Sinaigeschehens erkennen. In Ex 16,1* setzen sie präzis mit Beginn der Sinaigeschichte ein und enden in Num 10,11*+12b, wo nach Abschluß des Sinaigeschehens ein neuer Spannungsbogen eröffnet ist.[88] Mit Ausnahme von Ex 40,17 haben dabei alle chronologischen Angaben der Sinaigeschichte eine abschnittsgliedernde Funktion[89], so daß sich an

---

dung bei L. SCHMIDT, Studien zur Priesterschrift [BZAW 214], Berlin-New York 1993, 241–251, aber auch FREVEL, Blick, 62 f.68 ff.).

[86] Auf diese Zusammenhänge hat auch TENGSTRÖM, Toledotformel, 43–50, wenn auch z.T. mit anderer Auswertung, hingewiesen.

[87] Zu diesem Begriff vgl. BORCHERT, Stil, 99.

[88] Daß mit Num 10,11*+12b ein neuer Erzählzusammenhang beginnt, wird auf mehrfache Weise herausgestellt. Zugleich ist aber auch die Verbindung mit der Sinaigeschichte hergestellt. Abgesehen von der Systematik der Wanderungsnotizen wird der Neubeginn vor allem durch die vom Sinai wegführende Ortsangabe wie die Herausstellung der Zeitangabe durch $waj^eh\hat{i}$ angezeigt, während die Verbindung mit der Sinaigeschichte zum einen durch das Weiterlaufen des Systems der Zeitangaben sowie zum anderen durch das Motiv der Wolke, das bei P^g – mit Ausnahme der Flutgeschichte (Gen 9,13+14) – nur innerhalb der Sinaigeschichte begegnet (Ex 16,10*; 24,16.18a; 40,34) und in Num 10,11*+12b ein letztes Mal aufgenommen ist, markiert wird. Dabei ist der Sprachgebrauch in Num 10,11*+12b deutlich ein anderer als in der Sinaigeschichte, insofern dort das Motiv der Wolke immer in Verbindung mit dem Erscheinen der Herrlichkeit Jahwes steht, hier aber einen fast eigengewichtigen Charakter hat.

[89] Zur Funktion von $waj^eh\hat{i}$ + Zeitbestimmung in Ex 40,17 vgl. schon WEIMAR, Untersuchungen, 224 mit Anm. 295; anders ZENGER, Gottes Bogen, 158–160, der in der chronologischen Notiz Ex 40,17 den Beginn eines neuen Textabschnitts innerhalb der Komposition der Sinaigeschichte sieht, was insofern nicht zutreffend ist, als die konstatierten

ihnen das die Sinaigeschichte auszeichnende und bestimmende Strukturgerippe ablesen läßt:

I.	Ex 16,1*	Wanderungsnotiz (Wüste Sin) → Herrlichkeit Jahwes	15.2.1
II.	Ex 19,1	Wanderungsnotiz (Wüste Sinai)	1.3.1
	⎡ Ex 24,16	sechs Tage – am siebten Tag → Herrlichkeit Jahwes (Wolke) auf dem Berg	
	⎣ Ex 40,17	*Errichtung der Wohnung* (*waj^{e}hî*) → Herrlichkeit Jahwes (Wolke) auf dem Heiligtum	1.1.2
III.	Lev 9,1*	Feier des Volkes → Herrlichkeit Jahwes	8.1.2

      Num 10,11–12* Wanderungsnotiz (Wüste Paran) (*waj^{e}hî*)   20.2.2

Dieses chronologische System, das sich deutlich von den chronologischen Angaben des ersten Teils von P^g unterscheidet, hat eine auffällige Entsprechung nur noch im Zusammenhang der Fluterzählung Gen 6,9–9,29*,[90]

---

strukturellen Entsprechungen zwischen Ex 19,1; 24,15.16.18a und Ex 40,17.34+35; Lev 9,1.23 zu wenig dem konkreten literarischen Zusammenhang Rechnung tragen bzw. auch nicht entsprechend den thematischen Neueinsatz in Lev 9 berücksichtigen. Eine genauere Beachtung der Erzählstrukturen wie der thematischen Entsprechungen legt vielmehr die Annahme nahe, daß Ex 39,43+40,17.34 einen geschlossenen und zu Ex 19,1+ 24,15b. 16.18a korrespondierenden literarischen Zusammenhang darstellen (dazu näherhin P. WEIMAR, Sinai und Schöpfung. Komposition und Theologie der priesterschriftlichen Sinaigeschichte, RB 95 [1988] 337–385; vgl. aber auch unten Anm. 116).

[90] Der durch das System der chronologischen Angaben angezeigte Zusammenhang zwischen Flut- und Sinaigeschichte ist zumeist unbeachtet geblieben (vgl. jedoch schon BORCHERT, Stil, 111). – Für die Flutgeschichte ergibt sich dabei das folgende System (zur Chronologie der Flut vgl. N.C. BAUMGART, Die Umkehr des Schöpfergottes. Zu Komposition und religionsgeschichtlichem Hintergrund von Gen 5–9 [HBS 22], Freiburg/Brsg. u.a. 1999, 64 ff.):

Gen 7,6	Lebensalter Noachs + konstatierende Notiz (Faktum der Flut)		600

7,11	*Beginn der Flut*	17. 2.	600
8,4	*Ruhe der Arche*	17. 7.	
8,5	Sichtbarwerden der Gipfel der Berge	1.10.	
8,13	WEGTROCKNEN DER WASSER VON DER ERDE (*waj^{e}hî*)	1.1.	601
8,14	*Trockensein der Erde*	27.2.	

Während die chronologische Notiz in Gen 7,6 das Bezugssystem für die weiteren chrono-

wobei aber als strukturbildend nur die chronologischen Angaben in Gen 7,11 und 8,14 (vgl. auch noch Gen 8,5b) angesehen werden können, während die anderen wohl eher eine *theologische* Signalfunktion haben.[91]

Das System der chronologischen Angaben der Sinaigeschichte steht nun aber nicht völlig disparat neben den übrigen chronologischen Notizen des zweiten Teils von P^g. Der innere Bezugspunkt für die hier aufgebaute Chronologie liegt in der chronologischen Notiz Ex 12,41, die als Eröffnung einer neuen Erzähleinheit ihrerseits durch die Zeitraumangabe „430 Jahre" in engem Zusammenhang zu der den Abschluß eines Erzählbogens markierenden Aussage Ex 12,40 steht.[92] Der Zeitraumangabe Ex 12,40 (Dauer des Aufenthaltes in Ägypten) entspricht unter kompositionskritischem Aspekt die Zeitangabe Ex 7,7 (Alter des Mose und Aaron), was

---

logischen Angaben mitteilt (vgl. damit Ex 12,41), dienen diese dazu, die Schilderung des eigentlichen Flutgeschehens innerlich wie äußerlich zu strukturieren.

[91] Die chronologischen Angaben in der Fluterzählung sind keineswegs gleichmäßig über sie verteilt. Gehäuft treten sie in der zweiten Hälfte der Darstellung des Flutgeschehens auf. Der Häufung am Schluß entspricht zu Beginn nur eine chronologische Notiz, die den Beginn des Flutgeschehens (Gen 7,11) konstatiert. Schon diese Verteilung läßt erkennen, daß die chronologischen Notizen in enger Beziehung zur Erzählung selbst stehen. Mit ihrer Hilfe erfährt der doppelphasige Vorgang des Abnehmens der Flut und des Abtrocknens der Erde eine besondere Hervorhebung. Indem hier jeder einzelne Geschehensvorgang mit einer chronologischen Notiz markiert ist, wird erkennbar, zu welchem Zweck P^g das chronologische System in die Fluterzählung eingetragen hat. Die als strukturbildend anzusehenden chronologischen Angaben Gen 7,11 (Beginn der Flut) und 8,14 (Trockensein der Erde) markieren präzise Anfang und Ende des eigentlichen Flutgeschehens. Die abschnittsgliedernde Funktion von Gen 8,5b (Sichtbarwerden der Gipfel der Berge) wird auch durch die vorangehende Aussage in Gen 8,5a angezeigt, die einen Erzählabschnitt abschließt (vgl. die Inversion sowie die chronologische Angabe „im zehnten Monat"). Die nicht als strukturbildend anzusehenden chronologischen Notizen innerhalb der Erzählung sind primär aus theologischem Interesse heraus eingeführt. Dies gilt vor allem für die herausgehobene Stellung der chronologischen Notiz in Gen 8,13, die sowohl durch das einleitende *waj^{e}hî* (ohne strukturbildende Funktion) als auch durch das Datum (Neujahrstag) angezeigt ist (vgl. dazu schon WEIMAR, Untersuchungen, 224 mit Anm. 295). Aber es gilt auch von der Feststellung des Ruhens der Arche auf dem Gebirge von Ararat in Gen 8,4, wobei vor allem die Korrespondenz von Arche und Gebirge von Ararat zur Sinaigeschichte (Wohnung Jahwes||Berg Sinai) zu beachten ist. Die strukturell von den genannten chronologischen Notizen abgehobenen allgemeinen chronologischen Angaben in Gen 7,24 („150 Tage") und 8,3b („nach Verlauf von 150 Tagen") sind aufgrund ihrer Spannung zu den anderen chronologischen Angaben als Elemente einer älteren Tradition innerhalb der priesterschriftlichen Flutgeschichte zu verstehen (zur Existenz einer von P^g rezipierten älteren Fassung der Flutgeschichte vgl. hier nur den Hinweis bei P. WEIMAR, Chaos und Kosmos. Gen 1,2 als Schlüssel einer älteren Fassung der priesterschriftlichen Schöpfungserzählung, in: Mythos im Alten Testament und seiner Umwelt [FS H.-P. Müller; BZAW 278], hg. von A. Lange u.a., Berlin-New York 1999, 196–211 [208 Anm. 47]).

[92] Vgl. dazu WEIMAR, Untersuchungen, 222.

durch die in Ex 7,6+7 und 12,28+40 vorkommende Kombination von dreiteiliger Ausführungsformel + Zeitangabe angezeigt ist.[93] Auf diese Weise erscheint sodann die Sinaichronologie in den durch Ex 7,7 und Dtn 34,7 gebildeten chronologischen Rahmen und damit in die Lebensgeschichte des Mose eingebunden.[94]

Von den chronologischen Notizen her bestätigt sich die Zweiteilung des priesterschriftlichen Werkes. Formal wird die Differenz in der Technik des Einsatzes der chronologischen Angaben erkennbar. Während sie im zweiten Teil – zusammen mit den Wanderungsnotizen – in Verbindung mit dem Hauptgliederungssystem stehen, sind sie im ersten Teil nur von einer untergeordneten Bedeutung, insofern sie die durch das System der Toledotüberschriften strukturierte Darstellung weiter zu strukturieren suchen. Von daher erklärt sich dann auch der verstärkte Einsatz chronologischer Notizen innerhalb der mit „Toledot Terachs" (Gen 11,27) eingeleiteten Abrahamgeschichte. Doch nicht nur formal, sondern auch thematisch läßt die Verwendung der chronologischen Angaben in beiden Teilen des priesterschriftlichen Werkes eine Verschiedenheit erkennen. Wird der thematische Zusammenhang der chronologischen Notizen im ersten Teil von P^g beachtet, dann zeigt sich ein auffälliges Übergewicht der Aussagen, die in den Bereich Fruchtbarkeit und Leben auf der einen sowie Tod auf der anderen Seite gehören.[95] Dieser Zusammenhang spielt im zweiten Teil von P^g nur eine untergeordnete Rolle (vgl. Dtn 34,7), im Vordergrund steht dagegen die innere (theologische) Strukturierung des Sinaigeschehens, was im ersten Teil eine Parallele nur im Kontext der Flutgeschichte hat.

3.2 Inversion und Nominalsatz

Wie schon die bisherigen Beobachtungen zu den strukturbildenden Merkmalen bei P^g erkennen lassen, sind die entsprechenden Aussagen zumeist auch syntaktisch deutlich gegenüber dem vorherrschenden Erzählstil herausgehoben, so daß ihnen innerhalb des priesterschriftlichen Werkes eine Sonderstellung zukommt. Dahinter wird das Bemühen erkennbar, den Text bewußt und reflex zu strukturieren und auf seine Kompositionsgesetzmäßigkeiten hin durchsichtig zu machen. Dieser Prozeß wird durch den kon-

---

[93] Vgl. dazu ausführlicher WEIMAR, Untersuchungen, 222 f.251.

[94] Auch die Einbindung der chronologischen Notizen der Sinaigeschichte in den Moserahmen hat ihre Entsprechung in der Flutgeschichte, insofern dort die chronologischen Angaben in die Lebensgeschichte Noachs eingebunden erscheinen.

[95] Aus dem Rahmen fallen nur die chronologischen Notizen in Gen 12,4b (Auszug Abrahams aus Haran) und 41,46a (Hintreten Josefs vor den Pharao) heraus, wohingegen für Gen 7,6 (Eintreten der Flut) ein Zusammenhang mit der Todesthematik gegeben zu sein scheint.

sequenten Einsatz von Inversion und Nominalsatz weitergeführt.[96] Abweichungen von der normalen Erzählfolge haben bei P^g weitgehend Signalfunktion im Blick auf die Struktur von Texteinheiten.[97] Die strukturbildende Bedeutung der stilistischen Mittel von Inversion und Nominalsatz ist dabei unter Berücksichtigung der jeweiligen Erzählzusammenhänge zu prüfen, womit zugleich die strukturellen Besonderheiten der analysierten Texteinheiten profilierter hervortreten.[98]

In strukturbildender Funktion sind Inversion und Nominalsatz innerhalb der Fluterzählung (Gen 6,9–9,29*) in Gen 7,17a* (Nominalsatz)[99] sowie in Gen 8,5a und 19* (Inversion) verwendet, so daß sich Einschnitte im Erzählzusammenhang vor Gen 7,17a* sowie jeweils nach Gen 8,5a und 19* ergeben.[100] Ergänzend tritt neben die anderen strukturbildenden Elemente das Stilmittel der Inversion auch innerhalb der Abrahamgeschichte ein (Gen 13,6bβ+12ab und 16,1a), wobei durch die unmittelbare Aufeinanderfolge der beiden invertierten Sätze Ende bzw. Anfang eines Textabschnitts angezeigt sind.[101] In der Jakobgeschichte dienen nominale Über- und Un-

---

[96] Schon bei den bisher als strukturbildend erkannten Textelementen war ein Vorherrschen nominaler Aussagen zu beobachten. Die allem Anschein nach bewußte Handhabung überschriftartiger Aussagen dient dem Bemühen, das priesterschriftliche Werk zu strukturieren und dessen Struktur auch transparent werden zu lassen. Dementsprechend ist es nur konsequent, wenn P^g auch darüber hinaus durch ein Abweichen von der normalen Erzählfolge (Narrativ), wie es durch den Einsatz des Stilmittels von Inversion und Nominalsatz bewirkt wird, Einschnitte im Erzählduktus signalisiert.

[97] Auf die Bedeutung der Syntax im Blick auf die Komposition der Abrahamgeschichte hat schon N. LOHFINK, Capita selecta historiae sacerdotalis, Rom 1961, 20 hingewiesen.

[98] Nicht berücksichtigt sind im folgenden jeweils jene hier ebenfalls zu nennenden Belege, die schon in anderem Zusammenhang als strukturbildende Aussagen genannt worden sind.

[99] Das einleitende *waj^{e}hî* in Gen 7,17a* (ohne „vierzig Tage") hat wohl keine eigentlich verbale Funktion (vgl. auch die mit Gen 7,17a* verwandte Aussage in Gen 7,6b), sondern dient als Kopula eines NS (vgl. dazu L. KÖHLER, Syntactica IV, VT 3 [1953] 299–305 [304] und N. KILWING, היה als Kopula im Nominalsatz, BN 7 [1978] 36–61).

[100] Die abschnittsgliedernde Funktion ist meist durch weitere Merkmale unterstrichen. So korrespondiert dem Nominalsatz (mit einleitendem *waj^{e}hî*) in Gen 7,17a* der einen Abschluß markierende Rückverweis „wie ihm Elohim geboten hatte" in Gen 7,16aβ; ebenso wird die einen Erzählabschluß anzeigende Funktion der Notiz in Gen 8,5a durch die darauf Bezug nehmende chronologische Notiz in Gen 8,5b (vgl. die Verknüpfung durch die Zeitbestimmung „zehnter [Monat]") unterstrichen. – Nicht als abschnittsgliedernd im strengen Sinne ist die Inversion in Gen 7,13 zu verstehen. Die einleitende Zeitbestimmung „an eben diesem Tage" entspricht Gen 7,11b, wodurch die jeweils nachfolgenden Aussagen miteinander parallelisiert werden. Beide stehen in unmittelbarem Zusammenhang mit der szeneneinleitenden Zeitangabe in Gen 7,11a.

[101] Die hier genannten Aussagen werden üblicherweise als priesterschriftlich angesehen (vgl. beispielshalber nur H. SPECHT, Von Gott enttäuscht – Die priesterschriftliche Abrahamgeschichte, EvTh 47 [1987] 395–411 [403 ff.]), eine literargeschichtliche Ein-

terschriften dazu, die sich vor allem aufgrund des Einsatzes der Toledotformel ergebenden Textabschnitte weiter zu strukturieren (Gen 25,13a und 16a* [Ismael-Söhne]; 35,22b und 26b [Jakob-Söhne]; 36,10a [11a.12b. 13aα.13bα; Esau-Söhne] und Ex 1,1a [Israel-Söhne]). Demgegenüber tritt das Stilmittel der Inversion hier entschieden zurück (Ex 1,5b stellvertretend für die nominale Unterschrift der Liste der Israel-Söhne sowie Ex 1,7* als Schlußsatz des ganzen ersten Teils des priesterschriftlichen Werkes).[102]

Wesentlich stärker als im ersten Teil dienen Inversion und Nominalsatz im zweiten Teil des priesterschriftlichen Werkes dazu, die Hauptstrukturen des Textes sichtbar zu machen.[103] Auffälligerweise verteilt sich das Vorkommen von Inversion und Nominalsatz als strukturbildendes Element keineswegs gleichbleibend über den ganzen zweiten Teil von P^g. Vor allem im Zusammenhang der Exodusgeschichte kommt diesem Stilmittel eine größere strukturelle Bedeutung zu, wobei hier wiederum Unterschiede im einzelnen zu beobachten sind.[104] Ganz stereotyp durch Inversion und anschließendem Rückverweis auf das vorangehende Wort Jahwes („und nicht hörte er auf sie, wie Jahwe geredet hatte") ist in der ersten Hälfte der Exodusgeschichte die Darstellung der einzelnen „Machttaten" vor dem Pharao abgeschlossen (Ex 7,13.22b; 8,11aβb.15; [9,12][105]). Der hier mit *loʾ* + *šmᶜ*

---

schätzung, die mir inzwischen zweifelhaft geworden ist. Zur Kompositionsstruktur der Abrahamgeschichte von P^g vgl. im übrigen WEIMAR, Gen 17, 52 ff.; beachtenswert ist die auffällige Parallelität der kompositorischen Anlage von Abraham- und Jakobgeschichte (zum literarischen Prinzip der paarweisen Zuordnung s.u. zu III/1).

[102] Durch eine Beachtung der invertierten bzw. nominalen Aussagen innerhalb der Jakobgeschichte verändert sich zwar das Gesamtbild der Kompositionsstruktur nicht (s.o.), doch erlaubt es – parallel zur Abrahamgeschichte – eine weitergehende Differenzierung der einzelnen Textabschnitte innerhalb der Jakobgeschichte (vgl. das differenziertere Kompositionsschema bei WEIMAR, Jakobsgeschichte, 200). Im Gegensatz zu den übrigen nominalen Aussagen erlauben Gen 35,22b (Überschrift) und 26b (Unterschrift) keine weitergehende strukturelle Differenzierung im Blick auf die Gesamtkomposition der Jakobgeschichte; beide Aussagen grenzen die so eingeschlossene Liste der Jakob-Söhne zwar gegenüber ihrer Umgebung ab, die ganze Liste Gen 35,22b-26 ist jedoch von ihrer Funktion her als Erfüllung der unmittelbar vorangehenden Segenszusage zu verstehen (dazu WEIMAR, Jakobsgeschichte, 185 mit Anm. 48), so daß die Gottesrede und die sich unmittelbar anschließende Liste nach dem literarischen Prinzip von Befehl – Ausführung bzw. verheißendes Wort – Erfüllung einander zugeordnet sind (vgl. auch die verwandte Erscheinung in dem parallelen Text Gen 17*).

[103] Diese Differenz hängt nicht zuletzt auch mit der unterschiedlichen Erzählweise in den beiden Teilen des priesterschriftlichen Werkes zusammen (vgl. in diesem Zusammenhang nur die auffällige Andersartigkeit in der Verwendung der „theologischen" Texte, dazu s.u. Anm.148).

[104] Diese Differenzen geben zusammen mit anderen Beobachtungen deutliche Hinweise auf die innere Struktur der Exodusgeschichte (s.u.).

[105] Zur Einordnung von Ex 9,8–12 vgl. WEIMAR, Meerwundererzählung, 209

gebildete invertierte Erzählabschluß hat eine Entsprechung in Ex 6,9b, womit innerhalb der größeren Texteinheit Ex 6,2–12+7,1–7 ein Einschnitt markiert ist. Entsprechend der durch Ex 7,6+7 und 12,28+40 angezeigten Zweiteilung des ersten Teils der Exodusgeschichte ist auch der zweite Teil („Meerwunder") durch die nominalen Feststellungen Ex 14,22b und 29b in zwei Erzählhälften gegliedert, wobei auch hier jeweils die unmittelbar vorangehende Aussage in Ex 14,22a und 29a (Inversion) mitzuberücksichtigen ist.[106] Gegenüber Ex 14,22 und 29 hat das in Ex 14,8b und 10aα vorkommende Stilmittel der Inversion im eigentlichen Sinne keine abschnittsgliedernde Funktion.[107]

Im Unterschied zur Exodusgeschichte sind Inversion und Nominalsatz in Sinai- und Landgabegeschichte wesentlich sparsamer gebraucht. Als strukturbildendes Element kann im Kontext der Sinaigeschichte allenfalls die Inversion in Ex 16,10* angesehen werden, wobei die abschnittsgliedernde Funktion der Inversion aber erst auf einer zweiten Ebene zum Tragen kommt.[108] Von Bedeutung im Blick auf die Struktur einer Texteinheit ist die Inversion sodann noch innerhalb von Num 13/14*, wo auf diese Weise in Num 14,6 und 10b der Beginn eines neuen Textabschnitts, in Num 14,38 dagegen der Abschluß der ganzen Kompositionseinheit angezeigt ist.[109] Ein letztes Mal begegnet das Stilmittel der Inversion in strukturbildender Funktion in Dtn 34,9, um auf diese Weise – parallel zu Ex 1,7* – die über den konkreten erzählerischen Zusammenhang hinausfüh-

---

[106] Dazu näherhin WEIMAR, Meerwundererzählung, 169 ff.

[107] Während die Inversion in Ex 14,8b sich als Element einer P^g vorgegebenen Tradition erklärt, dient sie in Ex 14,10aα der Einführung einer Begleithandlung (näherhin WEIMAR, Meerwundererzählung, 178 f.).

[108] Die literarische Einheitlichkeit von Ex 16,10 ist nicht unproblematisch. Möglicherweise ist Ex 16,10aβ als ein redaktionelles Element zu verstehen, das damit zusammenhängen könnte, der nachfolgend festgehaltenen Gotteserscheinung nicht den Charakter einer Sinaitheophanie zu geben (eine solche Interessenlage ist für R^P geltend zu machen!). Ist Ex 16,10aβ als redaktionelle Bildung aus der Hand von R^P auszugrenzen, dann stehen die Zeitbestimmung (mit waj^{e}hî) und die nachfolgende Feststellung der Gotteserscheinung (eingeleitet mit „und siehe") in einem unmittelbaren literarischen Zusammenhang, wodurch gerade das Moment der Überraschung hervorgehoben wird. Das die allgemeine Zeitbestimmung einleitende waj^{e}hî hat dabei nicht unbedingt die Funktion, einen neuen Erzählabschnitt einzuleiten, sondern die nachfolgende Aussage besonders herauszustellen (vgl. damit Gen 8,13 und Ex 40,17). Da überdies die Inversion in Ex 16,10b wesentlich durch die vorangestellte deiktische Partikel „und siehe" induziert ist, spricht einiges dafür, die abschnittsgliedernde Funktion der Aussage Ex 16,10* nur als ein sekundäres Phänomen zu verstehen. – Als stilistische Erscheinung ist die Inversion auch in Ex 39,43 zu deuten.

[109] Zur Komposition von Num 13/14* vgl. MCEVENUE, Narrative Style, 103–116. – Die invertierte Aussage Num 14,36 ist wegen der syntaktischen Spannung zu Num 14,37 wohl als ein nachträglicher redaktioneller Zusatz zu verstehen, der von dem Interesse bestimmt ist, die Männer, über die das Gericht Jahwes ergeht, eindeutig festzulegen.

rende Schlußaussage des ganzen priesterschriftlichen Werkes auch literarisch abzuheben. Die strukturbildende Funktion des Stilmittels von Inversion und Nominalsatz ist unverkennbar. Für eine Gesamtbeurteilung sind auch jene Belege zu berücksichtigen, die schon im Zusammenhang der Analyse der Toledotformel sowie der chronologischen Notizen bedeutsam gewesen sind. Dabei wird zugleich eine Hierarchie der strukturbildenden Elemente innerhalb des jeweiligen Erzählzusammenhangs erkennbar, insofern nämlich die Nominalsätze in der Regel im Blick auf die Struktur von größerem Gewicht sind gegenüber den durch Inversion ausgezeichneten Aussagen. Auch hinsichtlich der Streuung dieser Stilmittel sind wiederum deutliche Unterschiede zwischen dem ersten und dem zweiten Teil des priesterschriftlichen Werkes zu konstatieren, was nicht zuletzt auch damit zusammenhängen wird, daß die aufzählenden Elemente im zweiten Teil zugunsten „theologischer" Texte stark zurücktreten.

3.3 Wort und Erfüllung

Von strukturbildender Bedeutung im Blick auf die Komposition des priesterschriftlichen Werkes ist auch der für P^g als charakteristisch anzusehende Zusammenhang von (göttlichem) Wort (Befehl bzw. Ankündigung) und (unmittelbarer) Erfüllung (Ausführung bzw. Durchführung),[110] wobei das Element der Erfüllung auf eine zweifache Weise zum Ausdruck gebracht sein kann, zum einen durch die (in mehreren Varianten belegte) „Ausführungsformel"[111] sowie zum anderen durch einen sich im Wortlaut eng an das vorangehende Wort anschließenden Ausführungsbericht. Im allgemeinen ist zwar der Zusammenhang von Wort und Erfüllung als so eng anzusetzen, daß er innerhalb eines geschlossenen literarischen Zusammenhangs als bestimmendes Erzählschema begegnet,[112] doch kann dem Zusammen-

---

[110] Zu dieser stilistischen Erscheinung vgl. vor allem BORCHERT, Stil, 35–41 und S.E. MCEVENUE, Word and Fulfilment. A Stylistic Feature of the Priestly Writer, Semitics 1 (1970) 104–110, wobei im einzelnen jedoch schärfer zu differenzieren wäre zwischen dem Zusammenhang von Befehl||Ausführung sowie von Ankündigung||Verheißung und Durchführung||Geschehen (vgl. dazu schon K. VON RABENAU, Die beiden Erzählungen vom Schilfmeerwunder in Exod. 13,17–14,31, ThV I [1966], 7–29 [12 Anm. 37a]).

[111] Vgl. dazu vor allem R. PESCH, Eine alttestamentliche Ausführungsformel im Matthäus-Evangelium. Redaktionsgeschichtliche und exegetische Beobachtungen, BZ NF 10 (1966) 220–245 und 11 (1967) 79–95; P. WEIMAR, Hoffnung auf Zukunft. Studien zu Tradition und Redaktion im priesterschriftlichen Exodus-Bericht in Ex 1–12, Diss. Freiburg/Brsg. 1971, 247–251 sowie POLA, Priesterschrift, 116–144.

[112] Das wird vor allem anhand der Schöpfungs- (Gen 1,1–2,4a*) und „Plagen"-Erzählung (Ex 7,8–9,12*) greifbar, wo die Entsprechung von Wort und Erfüllung innerhalb in sich geschlossener literarischer Zusammenhänge begegnet, die Abschnittsgliederung selbst aber durch stereotyp gesetzte Schlußformeln angezeigt ist (vgl. die Schluß-

hang von Wort und Erfüllung darüber hinaus zugleich eine strukturbildende Funktion zukommen.

Als stilistisch eng verwandt erweisen sich zunächst die drei Belege Gen 8,15–17*||18–19*, 17,1–22*||24–26 und 35,9–13.15||22b–26. In allen drei Fällen bilden Wort und Erfüllung einen geschlossenen literarischen Zusammenhang, wobei durch zusätzliche „Struktursignale" angezeigt ist, daß mit dem „Ausführungsbericht" zugleich ein literarischer Einschnitt im Textzusammenhang gegeben ist.[113] In zwei Fällen (Gen 7,16a* und Lev

---

formel „Und es wurde Abend, und es wurde Morgen ..." in Gen 1,5.8.13.19.23.31 sowie die mit geringfügiger kontextbedingter Variation gebrauchte dreiteilige Schlußwendung in Ex 7,13.22b; 8,11*.15; [9,12]). Die verwandte Technik der „Strophenbildung" innerhalb der Schöpfungs- und „Plagen"-Erzählung läßt dabei an literarische Zusammenhänge zwischen beiden Textkomplexen innerhalb des priesterschriftlichen Werkes denken. Das wird auch durch die von der literarischen Technik her eng verwandte Handhabung des Schemas Wort – Erfüllung erkennbar. Innerhalb der „Plagenerzählung" (zu den Problemen der Analyse vgl. die Hinweise bei WEIMAR, Hoffnung, 329–362; außerdem auch DERS., Ex 12,1-14 und die priesterschriftliche Geschichtsdarstellung, ZAW 107 [1995] 196-214 [201 ff.]) begegnet es als durchgehendes literarisches Darstellungsprinzip, sei es mit (Ex 7,9 → 10a; 7,19 → 20aα+21aα; 8,12 → 13), sei es ohne „Ausführungsformel" (Ex 8,1 → 2), wobei die mit Narrativ von ʿśh + ken gebildete „Ausführungsformel" entsprechend jeweils auch in Bezug auf die „Magier" der Ägypter gebraucht ist (Ex 7,11b.22a; 8,3.14). In ähnlicher Weise ist der Zusammenhang von Wort und Erfüllung auch durchgehendes Darstellungsprinzip innerhalb der Schöpfungerzählung, wobei vor allem der Gebrauch der formal mit der „Ausführungsformel" durchaus verwandten „Geschehensformel" („Und es geschah so") zu beachten ist (zum Begriff vgl. W.H. SCHMIDT, Die Schöpfungsgeschichte der Priesterschrift. Zur Überlieferungsgeschichte von Genesis 1,1–2,4a und 2,4b–3,24 [WMANT 17)], Neukirchen-Vluyn ³1974, 56). Die von O.H. STECK, Der Schöpfungsbericht der Priesterschrift. Studien zur literarkritischen und überlieferungsgeschichtlichen Problematik von Genesis 1,1–2,4a (FRLANT 115), Göttingen ²1981, 32–72.274.278 f.282 f. vorgeschlagene Bezeichnung „Entsprechungsformel" erscheint – ungeachtet der weiterführenden und wegweisenden Beobachtungen zum Bedeutungsgehalt der Formel – im ganzen zu eng, berücksichtigt aber auch zu wenig, daß die von O.H. Steck davon stark abgehobene „Ausführungsformel" gerade das Entsprechungsverhältnis zum vorangehenden Jahwebefehl betonen will. Inwieweit die Formel „Und es geschah so" in Gen 1,1–2,4a* als eine genuin priesterschriftliche Bildung anzusehen ist oder als solche schon einer Vorlage der priesterschriftlichen Schöpfungserzählung entstammt, kann im vorliegenden Zusammenhang nicht weiter geprüft werden (zur weiterführenden Diskussion vgl. WEIMAR, Schöpfungserzählung und DERS., Chaos).

[113] In Gen 8,18+19* geschieht das durch die abschnittsgliedernde Inversion, in Gen 17,24–26 durch den planvollen Einsatz von Zeitbestimmungen und in Gen 35,22b–26 durch nominale Über- und Unterschrift, wobei in Gen 35,26b durch den angeschlossenen Relativsatz der Abschluß der Paddan-Aram-Exkursion zusätzlich angezeigt ist (vgl. auch die Nennung Paddan-Arams in Gen 35,9). – In diesem Zusammenhang ist auch Num 14,37+38 zu beachten, worin die Erfüllung des in Num 14,35b Angekündigten zu sehen ist. Wie in Gen 8,18+19* ist die strukturbildende Funktion durch abschnittsgliedernde Inversion markiert. Die von MCEVENUE, Word, 108.109 f. im Blick auf den Zusammenhang von Wort und Erfüllung in Num 14,28–29.35 und 36–37 diskutierten Probleme

9,21b) ist der mit dem „Ausführungsbericht" gegebene Einschnitt in den Erzählzusammenhang durch einen Rückverweis auf den vorangehenden Befehl mittels der Wendung „wie *NN* geboten hatte" kenntlich gemacht.[114] Die übrigen hier relevanten Belege des Zusammenhangs von Wort und Erfüllung sind unter Verwendung der „Ausführungsformel" gebildet. Am deutlichsten ist die abschnittsgliedernde Funktion in Gen 6,22+7,6; Ex 7, 6+7 und 12,28+40 zu greifen, insofern hier jeweils die dreigliedrige Ausführungsformel in Verbindung mit einer darauf folgenden chronologischen Notiz steht.[115] Eine dreiteilige Ausführungsformel begegnet bei P^g sodann noch in Ex 39,32b, womit die Durchführung der Anweisungen zum Bau des Heiligtums (Ex 25,1–29,46*) festgehalten wird. Eine rekapitulierende Wiederaufnahme findet die dreigliedrige Ausführungsformel sodann in Ex 39,42, hier eingebunden in eine rahmend darum gelegte Aussagefolge, zu der Mose als Subjekt fungiert (Ex 39,43aα und 43b). Mit Hilfe der „Wiederaufnahme" der Ausführungsnotiz Ex 39,32b in 43 wird nachhaltig die zwischen beiden Aussagen bestehende Textzäsur angezeigt. Ex 39,43 selbst ist nicht mehr Teil des Ausführungsberichtes, sondern steht kompositorisch in Verbindung mit Ex 40,17+34.[116]

Einen Schlußabschnitt leiten jeweils die mit der zweigliedrigen Ausführungsformel und nachfolgender detaillierter Darstellung des Aufgetragenen

---

gewinnen unter Voraussetzung einer differenzierteren literarkritischen Analyse einen anderen Stellenwert.

[114] Entsprechende Ausführungsberichte – jedoch ohne Rückverweis mit Hilfe der Formel „wie *NN* geboten hatte" – finden sich noch in Ex 14,21* und 27a, ohne daß im vorliegenden Zusammenhang das Problem der abschnittsgliedernden Funktion weiter diskutiert werden könnte (hierzu näherhin WEIMAR, Meerwundererzählung, 167–175). Mitzuberücksichtigen ist außerdem der Num 13,2a aufnehmende Ausführungsbericht Num 13,3aα+17aβ, womit noch Num 13,21 zu verbinden ist (vgl. den Stichwortzusammenhang mittels des Ausdrucks „das Land begutachten"), dessen abschnittsgliedernde Funktion sich nicht unmittelbar aus dem Ausführungsbericht selbst ergibt, sondern vor allem aus dem erzählerischen Neueinsatz in Num 13,25 (vgl. vor allem die Zeitraumangabe „nach Abschluß von vierzig Tagen"). Hiermit zu vergleichen ist sodann noch Gen 28,5 (zu beachten ist vor allem die Stichwortentsprechung durch das Verbum *šlḥ*), wodurch ebenfalls ein Erzähleinschnitt angezeigt ist.

[115] Daß die Kombination dreiteilige Ausführungsformel + chronologische Angabe nur an diesen Stellen begegnet, ist bei P^g sicher nicht zufällig, sondern deutet erzählerischthematische Zusammenhänge an. Das wird noch dadurch unterstrichen, daß jeweils eine Gottesrede vom Formtyp Gebot||Anordnung + Ankündigung vorangeht (Gen 6,13–21*; Ex 7,1–5; 12,1–12*; vgl. außerdem noch Ex 14,15–18* und Ex 25,1–29,46*). Doch nicht nur formal, auch thematisch deuten sich hier Zusammenhänge an.

[116] Im erzählerischen Gefüge der priesterschriftlichen Sinaigeschichte tritt der gegenüber der Ausführungsnotiz Ex 39,32b abgehobenen Textsequenz Ex 39,43+40,17.34 korrespondierend Ex 19,1+24,18a gegenüber; zu den entsprechenden kompositorischen Zusammenhängen vgl. WEIMAR, Sinai, 359–369.

gebildeten Ausführungsberichte ein (Num 20,27–28 und 27,22a+23; vgl. auch Gen 50,12+13).[117] Die eingliedrige Ausführungsformel markiert nur in Ex 14,4b den Schluß eines Erzählabschnitts.[118] Das Schema Wort – Erfüllung ist so auf verschiedene Weise von strukturbildender Bedeutung, ohne jedoch auf diese Funktion beschränkt zu sein. Vielmehr sollen damit zugleich erzählerische Zusammenhänge aufgezeigt werden.[119] Anders als bei den bislang analysierten strukturbildenden Elementen greift das Schema Wort – Erfüllung tief in die Erzählstruktur der einzelnen Textabschnitte des priesterschriftlichen Werkes ein.

3.4 Inklusion

Die Inklusion ist ein bei P^g auf verschiedenen Textebenen eingesetztes Stilmittel,[120] das aber nicht nur eine stilistische Funktion hat, sondern zugleich auch als ein strukturbildendes Element anzusehen ist. Die Technik solcher inklusorischen Verklammerungen wird schon anhand der „Schöpfungserzählung" (Gen 1,1–2,4a*) greifbar. Zwei Ebenen solcher Verklammerungen sind hier zu unterscheiden. Auf einer ersten Ebene ist die aufgrund formaler wie thematischer Entsprechungen bestehende Verklammerung durch Gen 1,1 und 2,4a als Über- und Unterschrift anzusetzen (vgl. nur die zwischen diesen beiden Aussagen bestehenden Stichwortentsprechungen von *bārāʾ* und *haššāmajim wᵉhāʾāræṣ*), wodurch die Schöpfungserzählung gegenüber anderen Texteinheiten als eine eigenständige literarische Größe abgegrenzt ist.[121] Innerhalb dieses Rahmens begegnet das

---

[117] In Num 20,22–29* wird nach der Jahwerede Num 20,23–26 mit der zweiteiligen Ausführungsformel der dazu korrespondierende Ausführungsbericht eingeleitet; davon abgehoben ist die aus anderer Perspektive heraus formulierte Aussage Num 20,29, die ihrerseits in Korrespondenz zu Num 20,22 steht. Von der Erzählstruktur her ist kompositorisch allem Anschein nach eine Zweiteiligkeit (Jahwerede + Ausführungsbericht) beabsichtigt, so daß der Ausführungsbericht als ein selbständiges, gegenüber dem Jahwewort auch strukturell abgehobenes Textelement zu verstehen ist. Dies wird von dem damit weithin parallelen Ausführungsbericht in Num 27,22a.23 her bestätigt, wobei dessen in sich geschlossener Charakter durch die jeweils mit *kaʾᵃšær* eingeleiteten Aussageelemente in Num 20,22a und 23b stilistisch angezeigt ist. – Zu den literarischen Problemen von Num 20,22–29* vgl. P. WEIMAR, Der Tod Aarons und das Schicksal Israels. Num 20,22–29* im Rahmen der Priesterschrift, in: Biblische Theologie und gesellschaftlicher Wandel (FS N. Lohfink), hg. von G. Braulik u.a., Freiburg/Brsg. u.a. 1993, 345–358.
[118] Zu den strukturellen Problemen der priesterschriftlichen Meerwundererzählung vgl. WEIMAR, Meerwundererzählung, 167–175.
[119] Unter diesem Aspekt wäre etwa der durch die Kombination von dreiteiliger Ausführungsformel und nachfolgender chronologischer Notiz angezeigte Zusammenhang von Gen 6,22+7,6; Ex 7,6+7 und 12,28+40 näherhin zu bedenken.
[120] Zum Stilmittel der Inklusion im Blick auf P^g vgl. vor allem die von MCEVENUE, Narrative Style gemachten Beobachtungen.
[121] Der Zusammenhang von Gen 1,1 und 2,4a als Über- und Unterschrift ist immer

Phänomen der inklusorischen Verklammerung nochmals in der Entsprechung von erstem und viertem Tag (Gen 1,3–5 und 14–19*), wobei die Korrespondenz beider Tage durch Stichwortentsprechungen herausgestellt ist.[122] Gerade anhand der Stichwortentsprechungen wird die Absicht des Erzählers erkennbar, Gen 1,3–5 und 14–19* derart aufeinander zu beziehen, daß diesen beiden Tagen im Zusammenhang von Gen 1,1–2,4a* eine Art rahmende Funktion zukommt.[123]

Entsprechende Beobachtungen wie zur Schöpfungserzählung (Gen 1,1–2,4a*) lassen sich auch zur Fluterzählung (Gen 6,9–9,29*) machen. Auch

---

wieder hervorgehoben worden (vgl. die entsprechenden Beobachtungen bei WEIMAR, Schöpfungserzählung, 805 f.). Doch ist die Annahme eines solchen Zusammenhangs nicht unstrittig. Das hängt zum einen mit der Funktion von Gen 2,4a als Unterschrift (zur Diskussion dieses Problems vgl. schon Anm. 40), zum anderen mit der gleichfalls stark diskutierten Problematik von Gen 1,1 als Überschrift zusammen. Daß Gen 1,1 im Blick auf die ganze Schöpfungsgeschichte und nicht bloß in bezug auf das erste Schöpfungswerk eine deutende Funktion zukommt, wird allein schon an dem Doppelausdruck *haššāmajim w^{e}hā$^\jmath$āræṣ* erkennbar, der im Rahmen von Gen 1,1–2,4a* nur noch in Gen 2,4a eine Entsprechung hat (zum redaktionellen Charakter von Gen 2,1 vgl. Anm. 27; näherhin WEIMAR, Schöpfungserzählung, 808 ff.). Entgegen andern Versuchen, Gen 1,1 entweder mit 1,2 oder aber mit 1,3 zu verbinden (vgl. die Übersicht der verschiedenen Lösungsversuche bei ZENGER, Gottes Bogen, 62–64), spricht die Strukturanalogie zum Schema der Toledot-Einleitung – abgesehen von anderen Gründen – eher dafür, Gen 1,1 als eine in sich geschlossene Überschrift anzusehen, woran sich in Gen 1,2 ein erzählerischer Rückschritt anschließt, so daß die eigentliche Erzählung erst mit Gen 1,3 einsetzt (dazu näherhin WEIMAR, Toledot-Formel, 73 f.). Auffällig ist im Vergleich zu den anderen Toledoteinleitungen (vgl. Gen 6,9; 11,10; 11,27; 25,19; 36,1.2a; 37,2*) nur der syndetische Anschluß von Gen 1,2 an 1,1, was aber möglicherweise damit zusammenhängt, daß Gen 1,2 als Eröffnung einer von P^g rezipierten älteren Fassung der Schöpfungserzählung zu verstehen ist (zu den syntaktischen Problemen vgl. vor allem W. GROSS, Syntaktische Erscheinungen am Anfang althebräischer Erzählungen: Hintergrund und Vordergrund, in: Congress Volume Vienna 1980 [VTS 32], hg. von J.A. Emerton, Leiden 1981, 131–145; zu einer älteren Fassung der priesterschriftlichen Schöpfungserzählung vgl. WEIMAR, Chaos).

[122] So wird die Ausführungsnotiz „und Elohim schied zwischen dem Licht und zwischen der Finsternis" aus Gen 1,4b wiederaufgenommen in den infinitischen Aussagen „um zu scheiden zwischen dem Licht und zwischen der Finsternis" in Gen 1,14aβ und 18aβ.

[123] Mit dem vierten Tag (Gen 1,14–19) ist zugleich ein deutlicher Einschnitt innerhalb der Komposition von Gen 1,1–2,4a* gegeben, insofern nämlich – angezeigt durch das Stilmittel der inkludierenden Verklammerung von erstem und viertem Tag – die ersten vier Tage einen eigenen Textblock bilden, von dem die drei übrigen Tage als ein zweiter Textblock abzusetzen sind (WEIMAR, Schöpfungserzählung, 822 f.835 ff.). Dies wird noch dadurch unterstrichen, daß auch zwischen dem zweiten und dritten Tag (Gen 1,6–8||9–13*) thematische wie formale Querverbindungen (vgl. vor allem die nur in Gen 1,7b und 8a bzw. 9 und 10a sich findende Aufeinanderfolge der Formel „und es geschah so" und der Wendung „und Gott rief [mit nachfolgender Objekt- angabe]" zu beobachten ist).

II. Strukturbildende Elemente innerhalb der Priesterschrift 61

sie ist durch eine Überschrift mit nachfolgendem Rückschritt (Gen 6,9–12) und eine ihr korrespondierende unterschriftartige Schlußaussage (Gen 9,28+29) gerahmt.[124] Innerhalb dieses Rahmens sind verschiedene kleinere inklusorische Verklammerungselemente angebracht, die im Blick auf die Gesamtkomposition der Fluterzählung als strukturbildend anzusehen sind. Ein erster Rahmen ist durch das literarische Gestaltungsmittel von Gottesrede + Ausführungsbericht gegeben (Gen 6,13–20*||22+7,6 und 8,15–17||18+ 19*), wobei die formale Korrespondenz durch entsprechende Stichwortverbindungen eine Stütze erfährt.[125] Innerhalb des so gebildeten Rahmens treten sich, wie nicht zuletzt durch die als inklusorisches Element dienenden, antithetisch aufeinander bezogenen Zeitangaben Gen 7,11 und 8,14 angezeigt[126], der Bericht vom Kommen (Gen 7,11–24*) und Abneh-

---

[124] Für ein Verständnis von Gen 6,9+10 und 9,28+29 als „genealogischem Rahmen" um die Fluterzählung plädieren etwa MCEVENUE, Narrative Style, 37–41 und ZENGER, Gottes Bogen, 107 f.201, wofür nicht zuletzt wohl die Technik der Nachgestaltung der „Rahmenaussagen" nach dem der „Genealogie" Gen 5* zugrundeliegenden Darstellungsmuster von Bedeutung gewesen ist (vgl. vor allem OBERFORCHER, Flutprologe, 621–630, aber auch HIEKE, Genealogien, 90 ff.). Im strengen Sinne können m.E. jedoch nur die Toledotüberschrift Gen 6,9aα und die abschließende Aussagefolge Gen 9,28+29 als Rahmung der Fluterzählung angesehen werden. Doch ist wohl als Teil der Erzähleröffnung der ganze Abschnitt Gen 6,9aβb–12a (aus verschiedenen Gründen ist Gen 6,12b wahrscheinlich als eine nachpriesterschriftliche redaktionelle Erweiterung zu verstehen!), der im Blick auf das nachfolgend Erzählte den Erzählerhintergrund abgibt, anzusprechen; in sich hat er eine zweiteilige Struktur (Gen 6,9aβb+10||11+12a), so daß bewußt Noach und die Erde einander gegenübergestellt erscheinen (vgl. nur das jeweils dreimalige Vorkommen von Noach und *hāʾāræṣ*). Beide Abschnitte erweisen sich als auf unterschiedliche Weise gerahmte Textstücke (zu Gen 6,11+12a vgl. OBERFORCHER, Flutprologe, 494 f. mit 495 Anm. 411), wodurch sich die jeweils im Zentrum stehenden Aussagen von Gen 6,9b und 11b antithetisch gegenübertreten; zu den Aufbauproblemen am Beginn der Fluterzählung vgl. auch STECK, Aufbauprobleme, 293 ff.

[125] Die Entsprechungen werden werden bei einer synoptischen Gegenüberstellung der beiden an Noach gerichteten Befehle zum Hineingehen in die Arche bzw. zum Herausgehen aus der Arche greifbar:

6,18 Geh in die Arche,	8,16 Geh heraus aus der Arche
du und deine Söhne, deine Frau und die Frauen deiner Söhne mit dir.	du und deine Frau, deine Söhne und die Frauen deiner Söhne mit dir.
19 Und von allem Lebendigen, zwei von allem, sollst du hineingehen lassen in die Arche, um sie mit dir am Leben zu erhalten.	17 Und alles Getier, das mit dir ist, laß mit dir herausgehen, daß sie wimmeln auf der Erde.

[126] Auf diese Form von Verklammerung hat auch ZENGER, Gottes Bogen, 110 f. hingewiesen. Ob die Aussage von Gen 8,1a strukturell ebenfalls als Mitte der Komposition der Fluterzählung angesehen werden kann, erscheint zweifelhaft, wenn auch nicht zu

men der Flut (Gen 8,1–14*) gegenüber. Aufgrund des konsequent eingesetzten Stilmittels der Inklusion bilden die vier ersten szenischen Einheiten der Fluterzählung (Gen 6,13–7,6* / 7,11–24*‖8,1–14* / 15–19*) einen in sich geschlossenen Erzählblock und sind als solche von den nachfolgenden drei Gottesreden abgesetzt.[127]

In ähnlicher Weise werden auch Abraham- und Jakobgeschichte mit Hilfe des Stilmittels der Inklusion weiter strukturiert. Wenn auch nicht ausschließlich, so begegnet dieses Stilmittel jedoch vor allem in den im Zentrum von Abraham- und Jakobgeschichte stehenden Erzählabschnitten, die jeweils eine Gotteserscheinung zum Gegenstand haben. So ist die für die Abrahamgeschichte zentrale Erscheinungsszene Gen 17* durch bewußten Einsatz inklusorischer Verklammerungstechnik auf verschiedene Weise herausgehoben. Ein äußerer inklusorischer Rahmen ist durch die Aussagen in Gen 17,1* („und es war Abram *neunundneunzig Jahre alt*, da erschien dem Abram Jahwe und sprach zu ihm") und 17,22+24a („Und als er aufgehört hatte, mit ihm zu reden, da stieg Elohim vor Abraham auf. Und Abraham war *neunundneunzig Jahre alt...*") gegeben.[128] Innerhalb dieses äuße-

---

bestreiten ist, daß mit Gen 8,1a deren Wendepunkt markiert ist (vgl. auch B. JANOWSKI, Das Zeichen des Bundes. Gen 9,8–17 als Schlussstein der priesterlichen Fluterzählung, in: Für immer verbündet. Studien zur Bundestheologie der Bibel [FS F.-L. Hossfeld; SBS 211], hg. von C. Dohmen und C. Frevel, Stuttgart 2007, 113–121 [119]).

[127] Zustimmend zur Annahme einer zweiteiligen kompositorischen Anlage der priesterschriftlichen Fluterzählung jetzt auch E. BOSSHARD-NEPUSTIL, Vor uns die Sintflut. Studien zu Text, Kontexten und Rezeption der Fluterzählung Genesis 6–9 (BWANT 165), Stuttgart 2005, 80. Demgegenüber hat nach ZENGER, Gottes Bogen, 108–113 die priesterschriftliche Fluterzählung eine dreiteilige Kompositionsstruktur (ähnlich auch R.G. KRATZ, Die Komposition der erzählenden Bücher des Alten Testaments. Grundwissen der Bibelkritik [UTB 2157], Göttingen 2000, 236 und JANOWSKI, Zeichen, 119), eine Auffassung, die letztlich jedoch daran scheitert, daß die Folge von vier Gottesreden Gen 8,15–9,15* – gerade auch aufgrund des Ausführungsberichtes Gen 8,18+19* – nicht als *eine* geschlossene Redefolge verstanden werden kann. Daß in Gen 8,15–9,15* kein geschlossener Redezusammenhang vorliegt, daß vielmehr eine Trennungslinie nach Gen 8,19* anzunehmen ist, läßt allein schon die Form der Redeeinleitungen innerhalb der Fluterzählung erkennen. Während die beiden Reden Gen 6,13–20* und 8,15–17* jeweils nur Noach als Adressaten haben, sind die nachfolgenden Reden an Noach und seine Söhne gerichtet (Gen 9,1 und 8, während die Redeeinleitung in Gen 9,12 explizit keinen Adressaten nennt). Für einen literarischen Neueinsatz mit Gen 9,1 spricht zudem die Breite der Redeeinleitung („und Elohim segnete ... und sprach"). Manche Unstimmigkeiten der Komposition werden näherhin wohl auf die literarische Vorgeschichte der Flutgeschichte zurückgehen (zur hier angesprochenen Problematik einer von P^g rezipierten Vorlage der Fluterzählung vgl. etwa C. WESTERMANN, Genesis I. Genesis 1–11 [BK I/1], Neukirchen-Vluyn 1974, 583–585; OBERFORCHER, Flutprologe. 511–518 oder ZENGER, Gottes Bogen, 30 f. Anm.13).

[128] Zur stilistischen Verklammerungstechnik von Gen 17 vgl. vor allem die Beobachtungen bei MCEVENUE, Narrative Style, 157 f.160 f. – Auch wenn in Gen 17,22+24a in

II. Strukturbildende Elemente innerhalb der Priesterschrift 63

ren Rahmens wird noch ein innerer Rahmen erkennbar, der durch die wörtlich gleichlautende Aussage „und Abra[ha]m fiel auf sein Angesicht" in Gen 17,3a und 17 angezeigt ist, wodurch die drei auf diese Weise umschlossenen Gottesreden (Gen 17,3b–8*||9–11*||15+16*) von den beiden äußeren Gottesreden (Gen 17,1b+2||19+20*) abgehoben und als zentrales Kompositionselement der Gotteserscheinung vor Abraham zugleich herausgehoben sind.[129]

In vergleichbarer Form ist auch die im Zentrum der Jakobgeschichte stehende Gotteserscheinung durch das Stilmittel der Inklusion hervorgehoben. Entsprechend dem relativ gleichgewichtigen Gegenüber von Gottesrede und „Erfüllungsbericht" [in Form einer Liste] (Gen 35,9–13.15 und 22b–26) kommt das Stilmittel der inklusorischen Verklammerung in einer etwas modifizierten Form zum Einsatz. Als äußeres Verklammerungselement ist die Ortsangabe Paddan-Aram eingesetzt (Gen 35,9 [„aus Paddan-Aram"] und 26b [„in Paddan-Aram"]), wodurch Erscheinungsrede und Erfüllungsbericht formal zusammengebunden erscheinen.[130] Die übrigen als inkludierende Elemente anzusehenden Aussagen sind entweder auf die Erscheinungsrede (Gen 35,9+10aα und 13) oder auf die Liste der Jakob- bzw. Israelsöhne bezogen (Gen 35,22b und 26b), wodurch eine weitergehende Rhythmisierung des Textes erkennbar wird.[131]

---

chiastischer Abfolge die einzelnen Satzelemente aus Gen 17,1abα aufgenommen werden, erscheint eine weitergehende strukturelle Aufteilung nicht angemessen. Dagegen spricht auch, daß der Ausführungsbericht in Gen 17,24–26 in sich wiederum eine geschlossene Texteinheit (vgl. die rahmende Funktion von Gen 17,24 und 26) darstellt, die über die Zeitangabe in Gen 17,24a zwar eng mit der vorangehenden Erscheinungsszene verzahnt ist, nichtsdestoweniger aber als ein eigenständiges Textelement davon abzusetzen ist.

[129] Hierzu vgl. das bei MCEVENUE, Narrative Style, 157 und in modifizierter Form bei WEIMAR, Untersuchungen, 238 f. mitgeteilte Kompositionsschema von Gen 17; die hierbei sich zeigende Sonderstellung der mittleren drei Reden könnte durch eine Reihe weiterer stilistischer Beobachtungen unterstrichen werden (dazu WEIMAR, Abrahamgeschichte).

[130] Die verklammernde Funktion der Ortsangabe Paddan-Aram ist um so auffälliger, als die in Gen 35,9–13.15 geschilderte Gotteserscheinung an Jakob sich selbst in Bet-El ereignet, während die zur Mehrungsverheißung Gen 35,11 literarisch wie theologisch als „Erfüllungsbericht" in Beziehung gesetzte Liste der Jakobsöhne Gen 35, 22b–26 durch die Schlußaussage in Gen 35,26b die Erfüllung der Verheißung nach Paddan-Aram vorverlegt. Aufgrund des hier angewandten Stilmittels der Inklusion hat die in Form einer Liste mitgeteilte Geburt der Söhne Jakobs literarisch den Charakter einer „Nachholung", theologisch ist sie aber als Erfüllung der göttlichen Segenszusage zu deuten (zum Phänomen vgl. schon WEIMAR, Jakobsgeschichte, 185 mit Anm. 48; dazu kritisch RENDTORFF, Problem, 117 und BLUM, Komposition, 446 Anm. 70).

[131] Durch das derart differenziert gehandhabte Stilmittel inklusorischer Verklammerung, wie es in Gen 35,9–13*.15.22b–26 eingesetzt ist, wird einerseits die Eigenständigkeit von Verheißungsszene und „Erfüllungsbericht" herausgestellt, andererseits aber ihre Eingebundenheit in einen geschlossenen literarischen Zusammenhang sichtbar gemacht.

Wie diese Beobachtungen erkennen lassen, wird das Stilmittel der Inklusion als ein die Erzählung gliederndes Textelement[132] vor allem in den „theologischen Texten"[133] eingesetzt, die damit eine besondere Herausstellung erfahren. Genau der gleiche Sachverhalt ist auch im zweiten Teil des priesterschriftlichen Werkes zu beobachten, wobei hier diesem Stilmittel angesichts des Übergewichts „theologischer" Texte eine erhöhte Bedeutung zukommt. Durch das Stilmittel inklusorischer Verklammerung ist schon der dreiteilige Prolog zum zweiten Teil des priesterschriftlichen Werkes in Ex 1,13–14*+2,23aβb–25 strukturiert (vgl. die Verklammerung von Ex 1,13+14* durch $b^ep\bar{a}ræk$ sowie von Ex 2,23aβb durch min-$h\bar{a}^{c}bod\bar{a}h$).[134] Sodann begegnet dieses Stilmittel in zweifacher Form sogleich wieder als Strukturierungsprinzip innerhalb der Texteinheit Ex 6,2–12+ 7, 1–7. Ein äußerer Rahmen wird durch die jeweils am Ende der einleitenden und abschließenden Jahwerede (Ex 6,2–8 bzw. 7,1–5) stehende Erkenntnisformel („erkennen, daß ich Jahwe bin") mit nachfolgender Ausweitung (Ex 6,7b+8 bzw. 7,5) angezeigt, womit nachdrücklich die Korrespondenz der beiden Jahwereden herausgestellt ist.[135] Innerhalb des so hergestellten äußeren Rahmens ist durch „und Mose redete" in Ex 6,9a und 12 ein innerer Rahmen gebildet, wodurch der dreiteilige Mittelteil (Ex 6,9–12) von den rahmenden Jahwereden abgehoben erscheint.[136]

In ähnlicher Weise ist auch die als Abschluß und Höhepunkt der Exodusgeschichte dienende Meerwundererzählung strukturiert. Jede ihrer beiden durch Ex 14,22 und 29* markierten Hälften ist in sich nach dem gleichen literarischen Muster gestaltet.[137] In der ersten Hälfte (Ex 14,1–22*) kommt den beiden Jahwereden Ex 14,1–2a+4a und 15aαb–17abα+18a, de-

---

[132] Unberücksichtigt bleibt im vorliegenden Zusammenhang die Verwendung des Stilmittels der Inklusion innerhalb der Reden, vgl. nur die Rahmung der Gottesrede Ex 6,2–8 durch $^{\jmath}n\hat{i}$ JHWH; zur neueren Diskussion der literarisch-stilistischen Eigentümlichkeiten von Ex 6,2–8 vgl. P. AUFFRET, The Literary Structure of Ex 6,2–8, JSOT 27 (1983) 46–54 und J. MAGONET, The Rhetoric of God: Exodus 6.2–8, JSOT 27 (1983) 56–67 sowie die daran sich anschließenden Diskussionsbeiträge von P. AUFFRET, Remarks on J. Magonet's Interpretation of Ex 6.2–8, JSOT 27 (1983) 69–71 und J. MAGONET, Response to 'The Literary Structure of Exodus 6.2–8' by Pierre Auffret, JSOT 27 (1983) 73–74.

[133] Zum Begriff „theologische" Texte vgl. LOHFINK, Priesterschrift, 230 und RENDTORFF, Problem, 136–139.

[134] Vgl. dazu WEIMAR, Untersuchungen, 44 f.51.56 f.

[135] Zu Einzelheiten vgl. WEIMAR, Untersuchungen, 139–152.166–168.228–230.

[136] Vgl. dazu wiederum WEIMAR, Untersuchungen, 173–175. – Die bei Beachtung dieses stilistischen Phänomens sich andeutende Gesamtstruktur der Texteinheit Ex 6,2–12+ 7,1–7 (vgl. dazu WEIMAR, Untersuchungen, 233–237) hat – bei allen Differenzen im einzelnen – eine deutliche strukturelle Entsprechung in Gen 17, womit sich indirekt auch theologisch bedeutsame Zusammenhänge andeuten.

[137] Näherhin hierzu WEIMAR, Meerwundererzählung, 167–175.

ren Schluß genau parallel gehalten ist (Ex 14,4a||17abα+18a), eine verklammernde Funktion zu; der dazwischen eingeschaltete Erzählerbericht Ex 14,8*+10abβ ist aus dem Erzählzusammenhang durch eine von Jahwe ausgehende und wieder auf Jahwe zulaufende Aussage herausgehoben; insofern stellt sich die erste Erzählhälfte der Meerwundererzählung als eine dreigliedrige symmetrische Komposition dar. Die gleichen kompositorischen Gesetzmäßigkeiten liegen auch der zweiten Hälfte der Meerwundererzählung (Ex 14,23–29*) zugrunde, wobei als verklammerndes Stilelement die antithetisch sich gegenüber tretenden erzählerischen Aussagen Ex 14,23* und 28a dienen, die überdies durch Stichwortrepetitionen („sie kamen hinter ihnen her mitten ins Meer" Ex 14,23*||„die hingekommen waren hinter ihnen ins Meer" Ex 14,28a) verbunden sind. Innerhalb des Rahmens der Exodusgeschichte sind so nicht zuletzt durch das Stilmittel der inklusorischen Verklammerung weitergehende strukturbildende Akzente angebracht, die im Blick auf die Komposition der Exodusgeschichte von Bedeutung sind.

Entsprechende stilistische Verklammerungstechniken sind auch im Bereich der Sinaigeschichte zu beobachten. Dies gilt zunächst im Blick auf die den Komplex der Sinaigeschichte eröffnende Texteinheit Ex 16,1–12*, für die eine doppelte inklusorische Verklammerung kennzeichnend ist, zum einen durch die paarweise einander zugeordneten Ausdrücke „Fleisch" und „Brot", „essen" und „sättigen" in Ex 16,3 und 12 sowie zum anderen durch die jeweils in Verbindung miteinander vorliegenden Aussagen vom „Hören des Murrens gegen Jahwe" und vom „Sehen||Erscheinen der Herrlichkeit Jahwes" in Ex 16,7a und 9b+10.[138] Ebenfalls ist die im Zentrum der Sinaigeschichte geschilderte Gotteserscheinung am Sinai strukturell miteinander verklammert, wobei das ausgedehnte und komplexe System der Entsprechungen das Gewicht der so umgrenzten Texteinheit nachhaltig herausstellt:[139]

---

[138] Nicht zuletzt die Ex 16,1–12* auszeichnende Verklammerungstechnik spricht dafür, daß die Erzählung von der Sättigung durch Fleisch und Brot nur bis Ex 16,12 reicht und somit nicht als eine „Mannawundergeschichte" zu verstehen ist; hinsichtlich der Diskussionslage der entstehungsgeschichtlichen Problematik von Ex 16 vgl. nur POLA, Priesterschrift, 134 ff. und FREVEL, Blick, 116–123; zur hier vorausgesetzten Analyse vgl. WEIMAR, Sinai, 372 ff.

[139] Auf solche Entsprechungen haben u.a. M. OLIVA, Interpretación teológica del culto en la perícopa del Sinaí de la Historia Sacerdotal, Bib 49 (1968) 345–364; N. NEGRETTI, Il settimo giorno. Indagine critico-theologica delle traditioni presacerdotali e sacerdotali circa il sabato biblico (AnBib 55), Rom 1973, 162–163.227–229; M. WEINFELD, Sabbath, Temple and the Enthronement of the Lord – The Problem of the Sitz im Leben of Gen 1:1–2:3, in: Mélanges Bibliques et orientaux en l'honneur de M. Henri Cazelles (AOAT 212), hg. von A. Caquot und M. Delcor, Neukirchen-Vluyn-Kevelaer 1981, 501–512 (504–507); B. JANOWSKI, Sühne als Heilsgeschehen. Traditions- und religionsgeschicht-

2. Struktur und Komposition der Priesterschrift

Ex 19,1+24,15b.16aα
(1) Im dritten Monat nach dem Auszug der Söhne Israels aus dem Lande Ägypten,
(2) an eben diesem Tag, da kamen sie in die Wüste Sinai.
(3) Und die Wolke bedeckte den Berg,
(4) und die Herrlichkeit Jahwes ließ sich nieder (*wajjiškon*) über dem Berge Sinai.

Ex 40,17+34
(1) Und es geschah im ersten Monat, im zweiten Jahr,
(2) am Ersten des Monats, da wurde die Wohnung errichtet.
(3) Und die Wolke bedeckte das Zelt der Begegnung,
(4) und die Herrlichkeit Jahwes erfüllte die Wohnung (*hammiškān*).

Mit dem Mittel inklusorischer Verklammerung ist vor allem auch die „Landgabeerzählung" in Num 13/14* strukturiert. Formale (Jahwerede [Befehl/Ankündigung] + Ausführung/Erfüllung) und stichwortartige Entsprechungen („Wüste" sowie „um zu begutachten [*twr*] das Land [Kanaan]") bestehen zwischen dem einleitenden und abschließenden Textabschnitt (Num 13,1.2a.3aα.17aβ.21 sowie 14,10b.26.27b.28aα*.35b.37+38), durch die beide miteinander verklammert sind.[140] In ähnlicher Weise sind aber auch die so gerahmten Textabschnitte (Num 13,25.32abα und 14,6.7.10a) untereinander verbunden, wobei als verklammerndes Element das am Eingang beider Textabschnitte stehende Motiv vom Begutachten des Landes (Num 13,25 und Num 14,6) sowie die sie jeweils abschließen-

---

liche Studien zur Sühnetheologie der Priesterschrift (WMANT 55) Neukirchen-Vluyn ²2000, 303–314.445 f.; ZENGER, Gottes Bogen, 158 f hingewiesen, wobei diese Entsprechungen im allgemeinen aber nicht im Sinne einer inkludierenden Rahmung der im Zentrum stehenden Jahwerede Ex 25,1–29,46*, sondern als parallelisierte Erzähleingänge von zwei aufeinander folgenden Texteinheiten verstanden werden.

[140] Wichtige Hinweise zur Komposition des priesterschriftlichen Erzählfadens in Num 13/14* wie zur inklusorischen Verklammerungstechnik finden sich bei McEVENUE, Narrative Style, 90–144, wenn sie auch im einzelnen zu modifizieren sind, was sowohl im Blick auf die literarische Ausgrenzung des priesterschriftlichen Textbestandes als auch im Blick auf die kompositorische Abgrenzung der einzelnen Textabschnitte gilt. Die schwierige literarkritische Problematik der beiden Kapitel kann nur im Zusammenhang einer Gesamtanalyse von Num 13+14 geklärt werden (zur Analyse von Num 13/14* vgl. die beiden umfänglichen Arbeiten von N. RABE, Vom Gerücht zum Gericht. Revidierte Text- und Literarkritik der Kundschaftererzählung Numeri 13.14 als Neuansatz in der Pentateuchforschung [THLI 8], Tübingen 1994 und B.R. KNIPPING, Die Kundschaftergeschichte Numeri 13–14. Synchrone Beschreibung – diachron orientierte Betrachtung – fortschreibungsgeschichtliche Verortung [THEOS 37], Hamburg 2000; außerdem FREVEL, Blick, 125–133; R. ACHENBACH, Die Erzählung von der gescheiterten Landnahme von Kadesch Barnea [Numeri 13–14] als Schlüsseltext der Redaktionsgeschichte des Pentateuch, ZAR 8 [2003] 56–123); ungeachtet der konkreten Probleme der Analyse ist dabei mit einer starken nachpriesterschriftlichen Bearbeitung zu rechnen. Unter kompositionskritischem Aspekt ist vor allem die Textgrenze zwischen Num 13,21 und 25 zu beachten (vgl. die Aufnahme von Num 13,21a in 25a sowie die Zeitraumangabe „nach Ablauf von vierzig Tagen" Num 13,25b).

de Beurteilung des Landes (Num 13,32abα bzw. 14,7) eingesetzt sind.[141] Aber auch der Mittelabschnitt der ganzen Texteinheit (Num 14,1a.2*.5*) ist seinerseits nochmals durch den Ausdruck „die ganze Gemeinde" Num 14,1a (vgl. auch 14,2*) bzw. „die ganze Versammlung der Gemeinde der Söhne Israels" Num 14,5b gerahmt, womit zugleich Ausgangs- und Zielpunkt des Geschehens markiert sind.[142] Damit wird mit dem auf unterschiedliche Weise gehandhabten Stilmittel der Inversion die ganze „Landgabeerzählung" in sich strukturiert:[143]

---

[141] In diesem Zusammenhang verdient vor allem die strenge Parallelität der in sich gegensätzlichen „Kundschafterberichte" Num 13,32abα bzw. 14,7b Beachtung:

Num 13,32	Num 14,7
Das Land, das wir durchzogen haben,	Das Land, das wir durchzogen haben,
es zu begutachten,	es zu begutachten,
ein Land, fressend seine Bewohner, ist es.	gut ist das Land, sehr, ja sehr.

Durch die wörtliche Übereinstimmung der ersten Satzhälfte wird die unterschiedliche Beurteilung des Landes nachdrücklich hervorgehoben (Num 13,32bβ ist als ein späterer redaktioneller Zusatz zu verstehen). Die gegensätzliche Profilierung des Landes in Num 13,32bα und 14,7b wird durch eine syntaktische Erscheinung zusätzlich unterstrichen. In Num 13,32bα steht im zweiten Satzglied das wiederaufgenommene Stichwort „Land" an der Tonstelle, während in Num 14,7b das Prädikativum „gut" die Tonstelle einnimmt und damit den Akzent trägt. Die Verbindung von „gut" und „sehr" erinnert dabei an Gen 1, 31, was innerpriesterschriftlich – auch interpretatorisch relevante – Zusammenhänge andeutet.

[142] Der geschlossene Charakter der Erzählfolge von Num 14,1a.2*.5* wird durch eine weitere Beobachtung unterstrichen. Die Aktion der Gemeinde richtet sich gegen Mose und Aaron (14,1a+2aα); sie sind es dann auch, die vor der Gemeinde niederfallen (14, 5*). Genau im Zentrum steht die Rede der Gemeinde (Num 14,2b). Diese ist – wie die beiden „Kundschafterberichte" Num 13,32bα und 14,7b – in sich zweiteilig strukturiert, bei chiastischer Anordnung der Einzelglieder. Das Murren der Gemeinde in Num 14,2 erinnert dabei in auffälliger Weise an Ex 16,2+3, wo damit grundlegend das Heilshandeln Jahwes in Frage gestellt ist. Von daher bekommt dann auch die Sünde der „Kundschafter", die die Gemeinde zum „Murren" verleitet haben, ein entsprechend grundsätzliches Gewicht.

[143] Bei Beachtung der kompositorischen Gesetzmäßigkeiten läßt die Erzählung eine konzentrische Baustruktur erkennen (MCEVENUE, Narrative Style, 114–115), wobei sich die kompositorische Anlage der priesterschriftlichen Erzählung in Num 13/14* in auffälliger Weise mit der Kompositionsstruktur von Gen 17* und Ex 6,2–12+7,1–7 (WEIMAR, Untersuchungen, 238–239) berührt, was sicher kein bloß zufälliges Phänomen ist. Dahinter deuten sich nicht nur literarische, sondern auch theologische Zusammenhänge an. In allen drei Texten kommt der Landgabethematik ein entscheidendes Gewicht zu, womit zugleich auch die beabsichtigten Zusammenhänge erkennbar werden: 1. Verheißung des Landes (Gen 17*) – 2. Beginn der Einlösung der Verheißung des Landes (Ex 6,2–12+7,1–7) – 3. Einlösung der Verheißung (Num 13/14*), wobei diese Zusammenhänge noch durch entsprechende Stichwortverbindungen unterstrichen werden.

```
   ┌── A.  Jahwerede (Aussendung von Männern zur Begutachtung des Landes)
   │       + Ausführung (Num 13,1.2a.3aα.17aβ.21)
   │      ----------------------------------------------------------------
   │   ┌── B.  Bericht der begutachtenden Männer über das Land (Num 13,25+32aα)
   │   │   C.  Murren der ganzen Gemeinde der Israelsöhne gegen Mose und
   │   │       Aaron [Todeswunsch] (Num 14,1a.2*.5*)
   │   └── B'. Gegenbericht des Josua und Kaleb über das Land (Num 14,6.7.10a)
   │      ----------------------------------------------------------------
   └── A'. Jahwerede (Ankündigung des Todes der Gutachter)
           + Durchführung (Num 14,10b.26.27b.28aα*.35b.37+38)
```

Die nachfolgenden Texteinheiten sind ebenfalls, wenn auch nicht so deutlich, durch entsprechende Stichwortverbindungen bzw. durch Einsatz entsprechender formaler Darstellungsschemata miteinander verklammert.[144] Das Stilmittel der Inklusion, das im einzelnen ganz verschieden gehandhabt werden kann, erweist sich damit als ein bedeutendes Gestaltungsmittel zur Strukturierung wie zur Kompositionsbildung der einzelnen Texteinheiten des priesterschriftlichen Werkes. Die Streuung des Stilmittels der Inklusion läßt zudem erkennen, daß damit vor allem die theologisch ein besonderes Gewicht tragenden Erzählungen herausgehoben sind. Die Inklusion ist so nicht allein ein stilistisches Phänomen, sondern darin zugleich ein Mittel, theologische Akzente innerhalb des priesterschriftlichen Werkes sichtbar zu machen. Stärker als den anderen strukturbildenden Elementen kommt der Inklusion eine Funktion im Blick auf die Kompositionsstruktur der priesterschriftlichen Geschichtsdarstellung zu.

III. Beobachtungen zur Kompositionsstruktur der priesterschriftlichen Geschichtsdarstellung

Schon die Analyse der strukturbildenden Elemente innerhalb des priesterschriftlichen Werkes hat Hinweise auf die kompositionellen Techniken ergeben, nach denen der Erzähler seinen Stoff organisiert. Im folgenden sind die entsprechenden Beobachtungen im Blick auf eine Darstellung der Kompositionsstruktur der priesterschriftlichen Geschichtsdarstellung auszuwerten, wobei vor allem nach den Prinzipien der Kompositionsbildung zu fragen ist.

---

[144] So ist die Texteinheit Num 20,1–12* zusammengehalten durch die Aussagen Num 20,2b („und die versammelten sich gegen Mose und Aaron") und 20,10 („und Mose und Aaron versammelten die Versammlung"), wobei das Objekt „die Versammlung" auf den Szeneneingang der mittleren Szene Num 20,6a („vom Angesicht der Versammlung") rekurriert. In Num 20,22–29* ist der Zusammenhang durch das Motiv des Hingelangens bzw. Heraufsteigens auf den Berg Hor (20,22b–25b) und Herabsteigens vom Berg (20,28b) angedeutet.

1. Das Prinzip der paarweisen Zuordnung

Der Sinn für Ordnung gehört zu den bestimmenden Erzählmerkmalen von P^g. Vor allem ist – wie schon die Analyse der strukturbildenden Elemente gezeigt hat – eine Vorliebe für eine Dopplung einzelner Erzählelemente zu konstatieren. So wird innerhalb der Abrahamgeschichte zweimal von einem Auszug (Terach||Abraham) sowie zweimal von Tod und Begräbnis (Sara||Abraham) erzählt, wobei das so Erzählte jeweils paarweise einander zugeordnet ist. Entsprechendes läßt sich auch innerhalb der Jakobgeschichte beobachten, wo die Toledot Ismaels und Isaaks sowie die Toledot Esaus und Jakobs sich paarweise zueinander fügen. Dieses im kleinen zu konstatierende Kompositionsprinzip, das auch sonst für P^g charakteristisch ist,[145] ist selbst im Blick auf die Großstruktur des priesterschriftlichen Werkes als bestimmend anzusehen, wobei die paarweise Zuordnung von zwei kompositorischen Einheiten gleichermaßen durch strukturelle wie thematische Querverbindungen angezeigt sein kann.

Unverkennbar wird dieser Zusammenhang zunächst innerhalb des ersten Teils des priesterschriftlichen Werkes greifbar. Zu beachten ist schon die Konzentration des dargestellten Geschehens auf Schöpfung und Flut einerseits sowie Abraham und Jakob andererseits.[146] Die diesen Themen bzw. Figuren zugeordneten Erzählungen sind von ihrer Struktur her jeweils parallel gestaltet, so daß sich die einander zugeordneten Kompositionseinheiten weitgehend entsprechen. Kompositorisch sind auf diese Weise Schöpfung und Flut als Darstellung der „Schöpfung" sowie Abraham und Jakob als Darstellung der Väterzeit zusammengebunden.[147] Dem Prinzip der ge-

---

[145] Vgl. dazu insbesondere LOHFINK, Priesterschrift, 233 mit Anm. 44.

[146] Dieser Konzentrationsprozeß bei P^g wird gerade bei einem Vergleich mit den vorpriesterschriftlichen Pentateucherzählungen greifbar. So sind innerhalb des Zusammenhangs der sog. „Urgeschichte" alle Sündengeschichten ausgeblendet. In der Abrahamgeschichte findet der ganze Erzählkomplex von Gen 18+19 keine Aufnahme. Isaak und vor allem Josef, dem im nichtpriesterschriftlichen Pentateuch eine nicht unbedeutende Rolle zukommt, werden zu nahezu bedeutungslosen Nebenfiguren zusammengestrichen. Daß hierin ein bewußter literarischer Akt zu sehen ist, um auf diese Weise Schöpfung und Flut bzw. Abraham und Jakob profiliert hervortreten zu lassen, ist allein schon deshalb zu vermuten, weil der priesterschriftliche Erzähler durchaus zu erkennen gibt, daß er die zurückgedrängten Traditionen (wie z.B. von Josef) durchaus kennt.

[147] Aufgrund der Parallelität der Kompositionsstrukturen in einzelnen Kompositionseinheiten werden auch größere Zusammenhänge faßbar. Auf der Ebene der Großkomposition setzt sich dann das Prinzip der paarweisen Zuordnung weiter fort, insofern „Schöpfungs"- und Vätergeschichte ihrerseits wiederum paarweise einander zugeordnet sind und so einen umgreifenden Erzählkomplex bilden (dazu s.u.), der als solcher mit dem ersten Teil des priesterschriftlichen Werkes identisch ist. Die literarische Technik der Konstruktion und Fügung der einzelnen Kompositionseinheiten, beginnend bei nach festen Prinzipien geformten Einzelelementen bis hin zu größeren Erzählkomplexen, wirkt stark konstruiert.

radezu hierarchisch aufgebauten paarweisen Zuordnung von Texteinheiten entspricht auf der anderen Seite eine entsprechende thematische Zuordnung, die vor allem anhand der auch kompositionell hervorgehobenen „theologischen" Texte erkennbar wird.[148]

Abraham und Jakob erhalten weithin die gleichen Verheißungszusagen (Gen 17* bzw. 35,9–13.15), nur daß sie bei Abraham unter die Kategorie der $b^e r\hat{\imath}t$ gerückt erscheinen, während bei Jakob der Segen die leitende Kategorie ist.[149] Ganz entsprechend sind die theologischen Deutekategorien auch innerhalb der „Schöpfungsgeschichte" verteilt. Bei verwandter Thematik ist im Zusammenhang der Schöpfung die Segensthematik dominant, wohingegen im Rahmen der Fluterzählung die Segensthematik von der Kategorie der $b^e r\hat{\imath}t$ überlagert erscheint.[150]

---

[148] Auf die Bedeutung „theologischer" Texte für P^g, womit solche Texte bezeichnet werden, in denen Gott als Redender auftritt, hat nachdrücklich LOHFINK, Priesterschrift, 230 ff. hingewiesen. Den „theologischen" Texten des ersten Teils des priesterschriftlichen Werkes kommt dabei – im Gegensatz zu denen im zweiten Teil von P^g, wo die einzelnen Kompositionseinheiten in der ganzen Breite als „theologisch" zu kennzeichnen sind – insofern eine herausgehobenere Stellung und damit ein größeres Gewicht zu, als sie in „nicht-theologische" Erzählzusammenhänge eingebunden erscheinen; in den „theologischen" Texten werden die grundlegenden thematischen Leitlinien entwickelt. Bei Abraham und Jakob sind die „theologischen" Texte präzis in der Mitte der von ihnen handelnden Geschichten eingeordnet, während sie im Rahmen der Schöpfungs- und Fluterzählung jeweils prononciert am Anfang der entsprechenden Erzählkomplexe stehen. Die unterschiedliche Position der „theologischen" Texte im Rahmen der „Schöpfungs"- und Vätergeschichte hängt mit der jeweils beabsichtigten erzählerischen Systematik zusammen.

[149] Zu den Verheißungen an die Patriarchen bei P^g allgemein vgl. vor allem M. OLIVA, Las revelaciones a los patriarcas en la historia sacerdotal, Bib 55 (1974) 1–14; zur Jakobgeschichte insbesondere vgl. W. GROSS, Jakob, der Mann des Segens. Zu Traditionsgeschichte und Theologie der priesterschriftlichen Jakobüberlieferungen, Bib 49 (1968) 321–344; zur Abrahamgeschichte vgl. DERS., Zukunft für Israel. Alttestamentliche Bundeskonzepte und die aktuelle Debatte um den Neuen Bund (SBS 176), Stuttgart 1998, 52–64 und P. WEIMAR, Zwischen Verheißung und Verpflichtung. Der Abrahambund im Rahmen des priesterschriftlichen Werkes, in: Für immer verbündet. Studien zur Bundestheologie der Bibel (FS F.-L. Hossfeld [SBS 211]), hg. von C. Dohmen und C. Frevel, Stuttgart 2007, 261–269.

[150] Im Blick auf die „Schöpfungsgeschichte" ist nicht zuletzt die weitgehende Parallelität der Aussagen von Gen 1,28–30 und 9,1–3+7 zu beachten:

Gen 1,28–30	*Gen 9,1–3+7*
(1) *Und es segnete sie Elohim,*	(1) *Und es segnete Elohim Noach und seine Söhne*
(2) *und es sprach zu ihnen* Elohim:	(2) *und sprach zu ihnen:*
(3) *Seid fruchtbar und zahlreich und füllet die Erde!*	(3) *Seid fruchtbar und zahlreich und füllet die Erde!*

III. Beobachtungen zur Kompositionsstruktur der Priesterschrift

Damit werden sodann aber auch übergreifende Organisationsstrukturen erkennbar. „Schöpfungs"- und Vätergeschichte sind gleichfalls nach dem Prinzip paarweiser Zuordnung zueinander gefügt. Durchgehende Themen beider Textbereiche sind Segen und Fruchtbarkeit.[151] Als literarisch-theologisches Ordnungsprinzip dient die chiastische Anordnung der „theologischen" Texte nach den Deutekategorien Segen – Bund + Segen || Bund + Segen – Segen.[152] „Schöpfungs"- und Vätergeschichte erscheinen so als eine untrennbare Einheit, ohne damit aber ganz auf einer Ebene zu liegen, was allein schon an der Verschiedenheit der kompositorischen Strukturen zwischen den beiden Textkomplexen sichtbar wird.[153]

Das Prinzip paarweiser Zuordnung bestimmt aber auch andere Teile des priesterschriftlichen Werkes. Deutlich sind solche kompositorischen Strukturen im Rahmen der Exodusgeschichte zu beobachten. Zuordnung wie Abgrenzung der Texteinheiten sind angezeigt durch die sich entsprechen-

---

(4) Und herrschet *über die Fische des Meeres und über die Vögel des Himmels!*

(5) Siehe, ich gebe euch alles *Kraut* ..., *euch soll es zur Nahrung sein* und allem, was sich auf der Erde regt.

(4) Furcht und Schrecken vor euch *sei auf allem Getier der Erde und auf allen Vögeln des Himmels* und auf allem, was *sich* auf dem Erdboden *regt, und auf* allen *Fischen des Meeres* – in eure Hand sind sie gegeben.

(5) Alles Kriechgetier *soll euch zur Nahrung sein,* wie das grüne *Kraut* gebe ich euch alles.

Die (abgeänderte) Wiederaufnahme des „Schöpfungssegens" aus Gen 1,28–30* in 9,1–3+7 zeigt die Verwandtschaft der Thematik zwischen „Schöpfungs"- und Fluterzählung an (vgl. auch die schematische Darstellung bei ZENGER, Gottes Bogen, 116 f.). Die theologische Neuakzentuierung wird daran erkennbar, daß der in Gen 1,1–2,4a* zentrale Schöpfungssegen im Rahmen von Gen 6,9–9,29* in einen untergeordneten Formzusammenhang transponiert erscheint, was allem Anschein nach damit zusammenhängt, daß der Schöpfungssegen durch die „Bundeskategorie" überlagert ist.

[151] Explizit gemacht ist bei P^g ein solcher Zusammenhang durch die reflex gehandhabte Segensterminologie, die ihren Abschluß in der Erfüllungsnotiz Ex 1,7* erreicht (dazu vgl. WEIMAR, Untersuchungen, 29–34).

[152] Zu diesem Konstruktionsprinzip des ersten Hauptteils vgl. schon WEIMAR, Untersuchungen, 105 Anm. 72 und DERS., Redaktionsgeschichte, 171.

[153] Wird bedacht, daß Kompositionsstrukturen bei P^g durchaus kein nebensächliches Element sind, sondern ihrerseits auch thematische Akzente anzeigen wollen, dann ist die Differenz zwischen der jeweils zweiteiligen Struktur von Schöpfungs- und Fluterzählung sowie der jeweils dreiteiligen Struktur der Abraham- und Jakobgeschichte nicht ohne Bedeutung. Da im Zusammenhang des priesterschriftlichen Werkes Kompositionseinheiten, die eine dreiteilige Struktur zeigen, gegenüber zweiteilig strukturierten kompositorischen Einheiten herausgehoben sind, kommt auch der Abraham- und Jakobgeschichte gegenüber der Schöpfungs- und Fluterzählung ein höherer Stellenwert zu. Überhaupt ist für P^g der Wechsel von Zweier- und Dreierstrukturen ein zu beachtendes, sich auf allen Textebenen wiederholendes Stilmittel, um Akzentsetzungen anzuzeigen.

den Schlußwendungen Ex 7,6+7 und 12,28+40 bzw. Ex 14,22 und 29. Aufgrund der Schlußwendungen ergibt sich so eine Folge von vier größeren kompositorischen Einheiten, von denen jeweils zwei nach diesem Prinzip einander zugeordnet sind (Ex 6,2–7,7* bzw. 7,8–12,40*||12,41–14,22* bzw. 14,23–29*), die ihrerseits ebenfalls in entsprechender Weise zueinander gefügt sind.[154] Unterstrichen wird die so sich ergebende kompositorische Abfolge und Zuordnung durch entsprechende strukturelle Gestaltungsmuster der einzelnen Kompositionseinheiten.[155] Verknüpft sind die beiden paarweise einander zugeordneten kompositorischen Zusammenhänge über die durch die Zeitraumangabe („vierhundertdreißig Jahre") miteinander verbundenen chronologischen Notizen Ex 12,40 und 41. Zuordnungen selbst werden dabei auf unterschiedliche Weise angezeigt. Unter mehr formalem Aspekt ordnen sich die kompositorischen Einheiten innerhalb der Exodusgeschichte nach dem Muster kurz – lang||lang –kurz,[156] wobei in den umfangreicheren kompositorischen Einheiten – im Unterschied zu den kürzeren – das Motiv des „Wettstreits" zwischen Jahwe und dem Pharao eine bedeutsame Rolle spielt.[157]

---

[154] Vgl. dazu WEIMAR, Untersuchungen, 222 f.250 f.

[155] Unschwer werden solche kompositorischen Entsprechungen in den durch Ex 14, 22* und 29 abgeschlossenen Texteinheiten erkennbar, die jeweils durch eine nach dem gleichen formalen Gestaltungsprinzip gekennzeichneten symmetrischen Aufbau ausgezeichnet sind, nur daß in der durch Ex 14,29 abgeschlossenen Einheit die Abfolge der kompositorischen Einzelelemente gegenüber der mit Ex 14,22 abgeschlossenen Einheit genau umgekehrt ist; sie sind von vornherein entsprechend auch für die mit Ex 7,6+7 sowie 12,28+40 abgeschlossenen Kompositionseinheiten zu erwarten, wobei näherhin jedoch zu fragen sein wird, inwieweit das für Ex 6,2–12+7,1–7 maßgebende Strukturmodell (WEIMAR, Untersuchungen, 233 ff.) auch für die durch Ex 12,28+40 abgeschlossene Erzählfolge zugrunde zu legen ist, eine Frage, deren Beantwortung zum einen von der keineswegs unbestrittenen Zugehörigkeit von Ex 12,1–14 zu P^g abhängig ist (zur Problemlage näherhin WEIMAR, Ex 12,1–14, 196–214), zum anderen aber auch davon abhängt, inwiefern Ex 9,8–12 als eine priesterschriftliche Bildung angesehen werden kann oder nicht (WEIMAR, Meerwundererzählung, 209 Anm. 126).

[156] Auf den Umfang einzelner Textstücke als kompositorisch bedeutsames Prinzip hat in anderem Zusammenhang N. LOHFINK, Der Bundesschluß im Lande Moab. Redaktionsgeschichtliches zu Dtn 28,69–32,47, BZ NF 6 (1963) 32–56 = DERS., Studien zum Deuteronomium und zur deuteronomistischen Literatur I (SBAB 8), Stuttgart 1990, 53–82 (74) aufmerksam gemacht. Daß auch innerhalb des priesterschriftlichen Werkes der Umfang von Kompositionsteilen ein keineswegs unbedeutsames Element der Strukturbildung ist, läßt sich jedenfalls nicht übersehen.

[157] Wenn auch die theologische Grunddimension der ganzen Exodusgeschichte in Ex 6,2–12+7,1–7 entworfen ist, so geschieht die erzählerische Entfaltung des Themas „Wettstreit" zwischen Jahwe und dem Pharao im kompositorischen Zusammenhang von Ex 7,8–12,40* und 12,41–14,22*, wobei literarische Verbindungslinien durch eine Reihe von Stichwortentsprechungen hervorgehoben sind. Der mit Ex 6,2–12+7,1–7 eröffnete programmatische Spannungsbogen findet seine Auflösung erst in Ex 14,23–29* mit der Darstellung der Vernichtung der Macht des Pharao. Die vom Pharao ausgehende tödliche

Analog zur Exodusgeschichte ist die als „Landgabegeschichte" zu kennzeichnende Textfolge gestaltet. Sind es in der Exodusgeschichte die Schlußwendungen, die die Struktur des Textes anzeigen, so sind es hier vor allem die Einleitungswendungen (Wanderungsnotizen), die entsprechende Hinweise auf die Kompositionsstruktur des Textes geben. Aufgrund der angezeigten Ortsveränderungen (Wüste Paran – Wüste Zin bzw. Berg Hor – Abarim-Gebirge) sind die auszugrenzenden kompositorischen Einheiten Num 10,11–14,38* und 20,1–12* sowie Num 20,22b–29* und 27,12–23* + Dtn 34,7–9* paarweise einander zugeordnet.[158] Auch hier wird die Korrespondenz der entsprechenden Texteinheiten durch Verwandtschaft von Struktur und Thematik (Sünde der Vertreter des Volkes bzw. Sünde des Mose und Aaron sowie Investitur Eleasars bzw. des Josuas und Tod des Aaron bzw. des Mose) herausgestellt.[159] Die so paarweise einander zuge-

---

Gefahr für Israel kehrt sich gegen ihn selbst, während die bedrohten, machtlosen Israelsöhne in diesem Prozeß zum Volk Jahwes heranwachsen.

[158] Gegen eine solche Annahme scheint zunächst das Fehlen einer entsprechenden Wanderungsnotiz in Num 27,12 zu sprechen, ein Fehlen, das als solches immer wieder festgehalten worden ist; hierbei gilt es aber zu bemerken, daß die häufig für P^g reklamierten Wanderungsnotizen in Num 21,4aα.10.11; 22,1b (vgl. nur LOHFINK, Priesterschrift, 231) aus unterschiedlichen Gründen erst als nachpriesterschriftliche Bildungen interpretiert werden können. Doch bleibt zu fragen, ob nicht dem Befehl an Mose zum Besteigen des Abarim-Gebirges eine entsprechende Funktion zukommt. Auffällig ist im Zusammenhang dieses Befehls an Mose, daß bei der Ortsangabe ʾæl-har hāʿabārîm die demonstrative Partikel hazzæh steht (vgl. damit den verwandten Befehl in Num 20,25b), was um so mehr zu beachten ist, als das Abarim-Gebirge hier das erste Mal genannt wird. Das Fehlen einer entsprechenden Wanderungsnotiz vor Num 27,12 hängt möglicherweise damit zusammen, daß der priesterschriftliche Erzähler zum einen die beiden unmittelbar aufeinander folgenden Texteinheiten Num 20,22b–29* und 27,12–23*+Dtn 34,7–9* möglichst eng zusammenbinden, zum anderen aber auch deutlich machen wollte, daß Mose allein das Abarim-Gebirge besteigen sollte. Dafür spricht möglicherweise auch, daß die Investitur Josuas als Nachfolger des Mose (Num 27,18*.20.22abα.23) – ganz im Gegensatz zur Investitur Eleasars als Nachfolger Aarons (Num 20,25b) – offensichtlich bewußt gegenüber der Bergszenerie abgesetzt erscheint. Die Auffassung, daß mit Num 27,12 auch unter kompositorischem Aspekt eine neue Texteinheit beginnt, findet eine Stütze darin, daß das Motiv des dreißigtägigen Trauerweinens („und sie beweinten Aaron / Mose dreißig Tage lang") sich sowohl im Abschluß des Berichtes vom Tod Aarons (Num 20,29b) als auch im Schlußteil des Berichtes vom Tod des Mose findet (Dtn 34,8a*), was Abgrenzung wie paarweise Zuordnung beider Texteinheiten zueinander unterstreicht.

[159] Die thematischen Korrespondenzen der zwei Sündenfallgeschichten (zur Interpretation vgl. nachdrücklich N. LOHFINK, Die Ursünden in der priesterlichen Geschichtserzählung, in: Die Zeit Jesu [FS H.Schlier], hg. von G. Bornkamm und K. Rahner, Freiburg/ Brsg. u.a. 1970, 38–57 = DERS., Studien zum Pentateuch [SBAB 4], Stuttgart 1988, 169–189 [184–189]) und der zwei Geschichten, die vom Tod Aarons und Moses sowie der Investitur ihrer Nachfolger handeln (zur priesterschriftlichen Deutung des Todes Aarons vgl. WEIMAR, Tod Aarons, 345–358), wobei diese beiden Geschichten als Erfül-

ordneten Texteinheiten sind ihrerseits wiederum nach diesem Prinzip miteinander verbunden, wobei die formale Verbindung über die jeweils gleich strukturierten „Wanderungsnotizen" in Num 20,1* und 22b hergestellt ist.[160] Aber auch sonst sind Beziehungen zwischen den beiden Doppelpaaren angezeigt. Formal ist zunächst eine chiastische Entsprechung der einzelnen Texteinheiten hinsichtlich ihres Umfangs (lang – kurz||kurz – lang) festzuhalten. Der formalen Anlage entspricht auf der anderen Seite auch die erzählerisch-thematische Anlage, wobei Stichwortentsprechungen eine stützende Funktion zukommt. So sind einander zugeordnet die Erzählungen von der Sünde der stellvertretenden „Gutachter" (Stellungnahme zum gegebenen Land) und von der Investitur Josuas angesichts des Todes des Mose sowie von der Sünde des Mose und Aaron (mangelndes Vertrauen auf die Wundermacht Jahwes) sowie von der Investitur Eleasars und dem Tod Aarons.[161]

---

lung des in Num 20,12 Angesagten zu verstehen sind, ist offenkundig. Aber auch strukturell sind die thematisch korrespondierenden Texteinheiten parallel gestaltet. Während die beiden „Sündenfallgeschichten" jeweils eine dreiteilige Struktur erkennen lassen, sind die beiden Geschichten vom Tod des Aaron und Mose in sich zweiteilig strukturiert, wobei im Bericht vom Tod des Mose und der Investitur Josuas die beiden im Zusammenhang des Berichtes vom Tod des Aaron miteinander verknüpften Elemente auseinandergezogen sind, so daß die einzelnen Strukturelemente (Jahwewort – Ausführung) gleichsam verdoppelt erscheinen. Zu beachten ist dabei auch, daß die Struktur der beiden „Sündenfall"- und Nachfolge-Tod-Geschichten, die zusammen den Gesamtkomplex einer Landgabegeschichte konstituieren, parallel zur „Schöpfungs"- und Vätergeschichte gebildet ist. Diese strukturelle Entsprechung zwischen dem ersten Teil des priesterschriftlichen Werkes und der Landgabegeschichte des zweiten Teils läßt sich in dieser Form sonst bei P^g nicht mehr finden; dahinter ist durchaus erzählerische Absicht zu vermuten, was durchaus den vielfältigen thematischen Bezügen entspricht, durch die gerade diese beiden Erzählkomplexe innerhalb des priesterschriftlichen Erzählzusammenhangs miteinander verbunden sind (vgl. nur die Verheißung der Landgabe Gen 17* und die Einlösung dieser Verheißung Num 13/14* sowie die Dominanz der Lebensthematik im ganzen ersten Teil von P^g gegenüber einem ausgesprochenen Übergewicht der Todesthematik innerhalb der „Landgabegeschichte"). Darin kommt gewiß eine bewußte erzählerische Systematik zum Ausdruck.

[160] Von daher erklärt sich dann auch die auffällige Parallelität der beiden Wanderungsnotizen in Num 20,1* und 22b. Daß sie nicht als Hinweis auf die Parallelität der so eingeleiteten Geschichten verstanden werden können, kann schon allein die gegenläufige Beobachtung zur Thematik wie zur Kompositionsstuktur deutlichen machen. Auf der anderen Seite soll dadurch, daß die Wanderungsnotiz in Num 20,22b genau parallel zu Num 20,1* gestaltet ist, möglicherweise gerade auch der sachliche Zusammenhang der Geschichten vom Tod des Aaron und des Mose und der Gerichtsansage in Num 20,12 angezeigt werden.

[161] Die bestehenden Verknüpfungen sind auf verschiedene Weise herausgestellt. Während der Zusammenhang der beiden Texteinheiten Num 20,1–12* und 22b–29* vor allem durch die Korrespondenz der Wanderungsnotizen Num 20,1* und 22b hervorgehoben ist (vgl. Anm. 160), ist das Bezugsystem zwischen den Texteinheiten Num 13/14* und

III. Beobachtungen zur Kompositionsstruktur der Priesterschrift 75

Nach dem Prinzip der paarweisen Zuordnung von zwei Texten sind somit – ausgenommen allein die anderen literarischen Gesetzmäßigkeiten folgende Sinaigeschichte – alle Textbereiche der priesterschriftlichen Geschichtsdarstellung gestaltet.[162] Darin spricht sich unverkennbar der konstruktive Charakter von P^g aus. Nicht unwichtig im Blick auf die Gesamtstruktur des priesterschriftlichen Werkes erscheint die Verteilung der paarweise einander zugeordneten kompositorischen Einheiten. Das den ersten Teil von P^g auszeichnende literarische Gestaltungsprinzip wiederholt sich noch zweimal im zweiten Teil. Doch begegnet es hier nur in den beiden Rahmenteilen (Exodus bzw. Landgabe), nicht aber in dem so gerahmten zentralen Mittelteil (Sinai), womit sich zugleich erzählerische Akzentsetzungen andeuten.

2. Strukturelle Entsprechungen zwischen Einzeltext und Gesamtwerk

Auch wenn das Prinzip der paarweisen Zuordnung von zwei Texteinheiten als das für die priesterschriftliche Geschichtsdarstellung bestimmende Kompositionsprinzip anzusehen ist, läßt sich doch mit seiner Hilfe nicht die ganze Kompositionsstruktur von P^g erklären. Vielmehr ist dieses Prinzip nicht zuletzt im Bereich der Sinaigeschichte durchbrochen, insofern hier drei Texteinheiten miteinander verbunden sind, von denen die beiden Texteinheiten Ex 16,1–12* und Lev 9* nicht nur thematisch aufeinander bezogen sind, sondern zugleich als Rahmen um die im Zentrum stehende Erscheinung der Herrlichkeit Jahwes mit den Anweisungen zum Bau der Wohnung Jahwes in Ex 19,1–40,34* dienen.[163] Die strukturelle Sonderstellung, die damit der Darstellung des Sinaigeschehens im Rahmen des zweiten Teils von P^g zukommt, ist im priesterschriftlichen Werk jedoch kei-

---

27,12–23* + Dtn 34,7–9* wesentlich enger. In diesem Zusammenhang verdient vor allem der einleitende Befehl in Num 27,12 Beachtung, der in doppelter Form auf Num 13/14* zurückverweist. Explizit bezieht sich Num 27,12b auf Num 13,2a zurück (dazu vgl. WEIMAR, Untersuchungen, 110 f.). Ein indirekter Bezug ist aber auch in Num 27,12a gegeben, insofern das Verbum ^{c}lh als Anspielung auf Num 13,21 (*wajja^calû*) und *har hā^{ca}bārîm* als Anspielung auf Num 13,32 (*^{c}ābarnû*) zu verstehen ist (vgl. auch ZENGER, Gottes Bogen, 42 Anm.36). Der Name des Gebirges (*har hā^{ca}bārîm*) ist dabei wohl ein Kunstname, um auf diese Weise anzudeuten, daß Mose sich genau an der Stelle befindet, wo sich das „Überschreiten" in das Land ereignet. Als Rückverweis auf Num 13/14* ist sodann auch die Tatsache anzusehen, daß gerade „Josua, der Sohn Nuns" (Num 27,18*.22a) zum Nachfolger Moses gemacht wird, insofern er in Num 14,6+7 zusammen mit Kaleb als der erscheint, der ein positives Gutachten über das Land abgegeben hat und deshalb auch nicht in der Wüste sterben mußte (Num 14,38).

[162] Nach LOHFINK, Priesterschrift, 229 f. sind alle „theologischen" Texte – auch im Rahmen der Sinaigeschichte – paarweise einander zugeordnet, wobei aber den sonst sich findenden Struktursignalen zu wenig Rechnung getragen wird.

[163] Dazu näherhin WEIMAR, Sinai, 359–385.

neswegs analogielos, sondern hat hier durchaus Entsprechungen, und zwar in der strukturellen Anlage von einzelnen Kompositionseinheiten.

Innerhalb des zweiten Teils des priesterschriftlichen Werkes finden sich zwar zweiteilig oder dreiteilig strukturierte Kompositionseinheiten.[164] Was hier aber fehlt, ist eine Kombination beider Kompositionsprinzipien innerhalb ein und derselben Texteinheit, wie sie gerade für die Großstruktur des zweiten Teils von P^g als charakteristisch anzusehen ist. Diese für die Komposition des zweiten Teils bestimmenden Gesetzmäßigkeiten haben innerhalb des priesterschriftlichen Werkes eine auffällige Entsprechung gerade in der kompositorischen Anlage der Abraham- und Jakobgeschichte. In beiden kompositorischen Einheiten ist der durch eine Gotteserscheinung herausgehobene Mittelteil in sich dreiteilig strukturiert, während die rahmenden Teile jeweils nach dem Prinzip paarweiser Zuordnung gestaltet sind. Durch die Dreiteiligkeit des Mittelteils soll dessen theologisches Gewicht (Gotteserscheinung) auch literarisch-stilistisch herausgestellt werden. Den zweiteilig strukturierten Rahmenteilen kommt demgegenüber nur eine untergeordnete, auf die Hauptaussage bezogene Funktion zu.[165]

Die Entsprechung hinsichtlich der Kompositionsstruktur von Abraham- und Jakobgeschichte einerseits sowie des zweiten Teils des priesterschriftlichen Werkes andererseits läßt sich durch die folgende schematische Darstellung der Struktur des zweiten Teils von P^g verdeutlichen:[166]

---

[164] Zweiteilige Textstrukturen lassen im zweiten Teil von P^g die beiden Nachfolge-Tod-Erzählungen Num 20,22–29* und Num 27,12–23*+Dtn 34,7–9*, aber auch Ex 16,1–12* erkennen. Alle übrigen Kompositionseinheiten innerhalb des zweiten Teils weisen dreiteilige Textstrukturen auf. Dieses Übergewicht zugunsten der dreiteilig strukturierten Einheiten ist gewiß keine zufällige Erscheinung, läßt vielmehr erzählerische Akzentsetzungen erkennen.

[165] Dies wird vor allem innerhalb der Jakobgeschichte erkennbar, wo gerade in den paarweise einander zugeordneten Rahmenteilen Vor- bzw. Rückverweise (Gen 28,3 bzw. 48,3+4*) auf die im Zentrum stehende Gotteserscheinung (Gen 35,9–13) angebracht sind.

[166] Das hier mitgeteilte Schema der Kompositionsstruktur des zweiten Teils von P^g faßt die bisherigen Beobachtungen zu Struktur und Komposition des priesterschriftlichen Werkes zusammen. Für den Vergleich mit der Struktur der Abraham- und Jakobgeschichte sind näherhin die entsprechenden Kompositionsschemata (WEIMAR, Gen 17 [in diesem Band] sowie DERS., Jakobsgeschichte, 200) heranzuziehen.

III. Beobachtungen zur Kompositionsstruktur der Priesterschrift   77

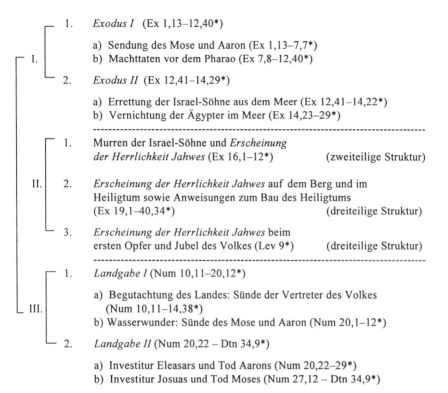

I.
1. *Exodus I* (Ex 1,13–12,40*)
   a) Sendung des Mose und Aaron (Ex 1,13–7,7*)
   b) Machttaten vor dem Pharao (Ex 7,8–12,40*)
2. *Exodus II* (Ex 12,41–14,29*)
   a) Errettung der Israel-Söhne aus dem Meer (Ex 12,41–14,22*)
   b) Vernichtung der Ägypter im Meer (Ex 14,23–29*)

II.
1. Murren der Israel-Söhne und *Erscheinung der Herrlichkeit Jahwes* (Ex 16,1–12*)   (zweiteilige Struktur)
2. *Erscheinung der Herrlichkeit Jahwes* auf dem Berg und im Heiligtum sowie Anweisungen zum Bau des Heiligtums (Ex 19,1–40,34*)   (dreiteilige Struktur)
3. *Erscheinung der Herrlichkeit Jahwes* beim ersten Opfer und Jubel des Volkes (Lev 9*)   (dreiteilige Struktur)

III.
1. *Landgabe I* (Num 10,11–20,12*)
   a) Begutachtung des Landes: Sünde der Vertreter des Volkes (Num 10,11–14,38*)
   b) Wasserwunder: Sünde des Mose und Aaron (Num 20,1–12*)
2. *Landgabe II* (Num 20,22 – Dtn 34,9*)
   a) Investitur Eleasars und Tod Aarons (Num 20,22–29*)
   b) Investitur Josuas und Tod Moses (Num 27,12 – Dtn 34,9*)

Der Abraham- und Jakobgeschichte kommt damit aufgrund der kompositorischen Entsprechungen geradezu eine Modellfunktion im Blick auf die literarische Gestaltung des ganzen zweiten Hauptteils des priesterschriftlichen Werkes zu. Der Wechsel von nach dem literarischen Prinzip der paarweisen Zuordnung arrangierten Textteilen hin zu einer dreiteiligen Kompositionsstruktur ist nach alledem als ein von P^g bewußt eingesetztes Stilmittel zu verstehen, um so innerhalb der Gesamtkomposition – im großen wie im kleinen – Akzente zu setzen. Daß die kompositionellen Entsprechungen des zweiten Hauptteils von P^g gerade in der Abraham- und Jakobgeschichte liegen, dürfte kein Zufall sein, sondern in der theologischen Aussageabsicht von P^g begründet liegen.[167]

---

[167] Die entsprechenden Zusammenhänge sind explizit in Ex 6,2–8 hergestellt, wo nicht nur im Rahmen des geschichtlichen Rückblicks Ex 6,3–5 die den „Vätern" (Abraham) gegebenen Zusagen als Grund der erneuten Ankündigung des Handelns Jahwes genannt sind (vgl. vor allem Ex 6,3+4), sondern in der damit verbundenen Ankündigung Ex 6,6–8 darüber hinaus auch das ganze zukünftige Handeln Jahwes (Exodus – Sinai – Landgabe), das im zweiten Teil des priesterschriftlichen Werkes thematisiert wird, vorentworfen ist (zur Analyse und Interpretation vgl. WEIMAR, Untersuchungen, 78–173 sowie in jüngerer Zeit J.-L. SKA, La place d'Ex 6,2–8 dans la narration de l'exode, ZAW 94 [1982] 530–

3. Die Kompositionsstruktur der priesterschriftlichen Geschichtsdarstellung

Kommt so der Abraham- und Jakobgeschichte eine Schlüsselfunktion für das Verständnis der Kompositionsstruktur des zweiten Teils des priesterschriftlichen Werkes zu, dann bleibt zu fragen, ob innerhalb des ersten Teils von P^g nicht auch der Schlüssel zur Gesamtstruktur der Priesterschrift gegeben ist, wofür dann näherhin nur die Schöpfungs- und Fluterzählung in Frage kommen können. Eine solche Vermutung ist um so näherliegender, als innerhalb des ersten Teils von P^g die Schöpfungs- und Fluterzählung zusammen mit der Abraham- und Jakobgeschichte einen geschlossenen Geschehensbogen bilden. Beachtung verdienen in diesem Zusammenhang vor allem die „theologischen" Texte Gen 1,1–2,4a* und 6,9–9,29*, die sich kompositorisch als eigenständige literarische Größen herausheben und strukturell eigenen Gesetzmäßigkeiten folgen. Da beide Kompositionseinheiten nach dem Prinzip paarweiser Zuordnung in Beziehung zueinander gesetzt sind, ist auch für sie – analog zur Abraham- und Jakobgeschichte – eine Parallelität des kompositorischen Aufbaus zu erwarten.[168]

Innerhalb der zweiteilig strukturierten Schöpfungserzählung Gen 1,1–2,4a* sind der fünfte bis siebte Tag, die deren zweiten Teil bilden, durch eine Reihe von Besonderheiten ausgezeichnet, sie sich innerhalb der vorliegenden Texteinheit nur hier finden und die so auch – neben anderem – *das* unterscheidende Merkmal gegenüber dem die vier ersten Tage umfassenden ersten Teil abgeben.[169] So begegnet die Basis *br'* – mit Ausnahme

---

548). Ex 6,2–8 kommt geradezu eine verknüpfende Funktion zwischen den beiden Teilen des priesterschriftlichen Werkes zu und ist somit im Blick auf die Gesamtkomposition von P^g von zentraler Bedeutung; zur Diskussion darüber, ob und inwieweit Ex 6,6–8 P^g abzusprechen und einem nachpriesterschriftlichen Redaktor zuzuweisen sei (so nicht zuletzt E. OTTO, Forschungen zur Priesterschrift, ThR 62 [1997] 1–50 [10 Anm. 45]), vgl. die weiterführende Diskussion bei J.C. GERTZ, Tradition und Redaktion in der Exoduserzählung. Untersuchungen zur Endredaktion des Pentateuch (FRLANT 186), Göttingen 2000, 237–254 (insbes. 244 ff.).

[168] Vgl. hierzu schon die entsprechenden Beobachtungen im Zusammenhang der Analyse des Stilmittels der Inklusion, wobei für Gen 1,1–2,4a* und 6,9–9,29* hinsichtlich des jeweils ersten Teils eine auffällig parallele Struktur – bestehend aus vier chiastisch arrangierten Textabschnitten – erkennbar geworden ist (für Einzelheiten vgl. vor allem Anm. 123 und 125). Die folgende Analyse der Kompositionsstruktur von Gen 1,1–2,4a* und 6,9–9,29* kann sich so auch auf den jeweils zweiten Teil beider Texteinheiten konzentrieren.

[169] Gerade solche Besonderheiten der Tage 5–7 sind im Blick auf die Kompositionsstruktur von Gen 1,1–2,4a* stärker auszuwerten, als dies in der bisherigen Forschung geschehen ist. Diese Besonderheiten lassen auch eine Zuordnung des siebten Tages zu den Tagen 1 und 4 aufgrund des in ihnen jeweils im Vordergrund stehenden Themas der Zeit als unwahrscheinlich erscheinen, so daß diese drei Tage auch kaum als

der Über- und Unterschrift (Gen 1,1 und 2,4a) – nur im Zusammenhang der letzten drei Tage, wobei das Wort über alle drei Tage – mit Heraushebung des sechsten Tages (dreimal) – verteilt ist (Gen 1,21||27 [dreimal]||2,3). Außerdem wird bei den drei letzten Tagen im Unterschied zu den vorangehenden vier Tagen jeweils von einem Segnen Elohims („und Elohim segnete") gesprochen (Gen 1,22/28/2,3).[170] Gerade solche Eigentümlichkeiten lassen den fünften bis siebten Tag auch unter kompositorischem Aspekt als eine eigenständige Größe innerhalb des Zusammenhangs der Schöpfungserzählung erscheinen.

Vom inneren Gewicht her ist der sechste Tag (Gen 1,24–31*) nicht allein aufgrund seines Umfangs, sondern auch aufgrund der Häufung der Gottesreden (Gen 1,24.26.28.29) hervorgehoben.[171] Dem sechsten Tag sind

---

struktureller Rahmen der ganzen Texteinheit Gen 1,1–2,4a* verstanden werden können (anders ZENGER, Gottes Bogen, 74–76).

[170] Wenn es in Bezug auf den siebten Tag auch zutreffend ist, daß „der Segen hier nicht durch eine direkte Gottesrede entfaltet, sondern durch das Verbum ‚heiligen' erläutert" ist (ZENGER, Gottes Bogen, 75), ist hier aber dennoch thematisch ein Zusammenhang mit dem fünften und sechsten Tag anzunehmen, insofern nämlich das Segnen des siebten Tages – ganz entsprechend dem sonstigen Verständnis vom Segen im Kontext von P^g – als Steigerung menschlicher Lebensmöglichkeiten zu verstehen ist. Damit wird dann auch deutlich, daß beim siebten Tag nicht der Zeitaspekt als solcher im Vordergrund steht, sondern die Funktion für den Menschen. Angesichts dessen kann der siebte Tag auch als „Symbol der Freiheit" bezeichnet werden (so JACOB, Genesis, 67).

[171] Die Sonderstellung des sechsten Tages (Gen 1,24–31*) ist von P^g auf verschiedene Weise herausgestellt worden (vgl. allein schon die herausgehobene Stellung der „Billigungsformel" in Gen 1,31a). Das Auffällige des sechsten Tages liegt nicht in der Kombination zweier Schöpfungswerke (was eine Entsprechung in Gen 1,9–13* hat), sondern in der nur bei diesem Tag innerhalb von Gen 1,1–2,4a* zu beobachtenden dreigliedrigen Struktur. Die kompositorischen Gesetzmäßigkeiten werden zunächst durch die zweimalige „Billigungsformel" in Gen 1,25b und 31a angezeigt, womit jeweils ein literarischer Einschnitt markiert ist. Läßt das auf den ersten Blick auf eine zweiteilige Textstruktur für Gen 1,24–31* schließen, so gibt es auf der anderen Seite doch Hinweise, die zu weiteren strukturellen Differenzierungen führen. Nach Gen 1,28 ist es auffällig, daß in der Redeeinleitung in Gen 1,29 – durchaus in Spannung zum Inhalt der Rede – eine Nennung der Adressaten fehlt. Mit dieser Beobachtung korrespondiert eine zweite. Stilistisch miteinander verklammert sind die beiden Gottesreden Gen 1,26 und 28* (vgl. „damit sie herrschen über die Fische des Meeres und über die Vögel des Himmels ... und über alles sich Regende, das sich regt über die Erde hin" 1,26b bzw. „und herrscht über die Fische des Meeres und über die Vögel des Himmels und über jedes Tier, das sich regt und über die Erde hin" 1,28b), so daß sich korrespondierend gegenübertreten der Beschluß zum Machen des Menschen nach dem „Bild" Elohims und die Segenszusage an den Menschen. Dazwischen eingeschaltet ist der erzählerische Bericht Gen 1,27+28aα, in dessen Zentrum die Aussage von Gen 1,27b steht. Dann aber zeigt der sechste Tag eine durchgefeilte dreiteilige kompositorische Anlage (Gen 1,24+25||26–28*||29–31*), wobei der Mittelteil in sich wiederum dreigliedrig ist (Gen 1,26||27+28aα||28aβb), die Rahmenteile dagegen jeweils zweigliedrig sind (Gen 1,24a||24b+25 bzw. 1,29+30a*||30b+31). Damit werden

die beiden anderen Tage des zweiten Teils der Schöpfungserzählung (Gen 1,20–23 und 2,3+3) zu- und untergeordnet. Die thematische Zuordnung ist dabei durch Stichwortverknüpfungen angezeigt. Von Anlage und Komposition her führt Gen 1,20–23* auf Gen 1,24–31* hin (vgl. nur die Einfügung der Segensterminologie in Gen 1,22!).[172] Doch auch für Gen 2,2+3 gilt eine solche Zuordnung, da der siebte Tag die Erschaffung des Menschen voraussetzt, insofern Gottes Ruhe erst im Blick auf den Menschen sinnvoll ist.[173] Die Ausgrenzung des siebten Tages durch Elohim als eines Tages, der ihm in besonderem Maße zugehört, ist als ein noch ausstehendes Programm zu verstehen, dessen Realisierung für den Menschen erst in Zukunft zu erwarten ist.[174] Über solche Bezüge zum im Zentrum stehenden

---

zugleich auch thematische Akzente gesetzt. Der Erschaffung der Tiere des Landes (Gen 1,24+25) tritt auf der anderen Seite die aktuelle „Übergabe" der Pflanzenwelt als Nahrung für den Menschen gegenüber (vgl. dazu schon JACOB, Genesis, 67), wobei durch den Kontrast beider Aussagen ein interpretatorischer Rahmen für den im Mittelteil stark akzentuierten Herrschaftsauftrag gegeben ist. Ist der Text von Gen 1,24–31* etwa in der vorliegenden Weise strukturiert, dann zeigt es sich auch, daß die Formel $waj^eh\hat{\imath}$ ken in Gen 1,30b sich nur auf die in Gen 1,29+30a* erfolgte Nahrungszuweisung bezieht und das genau entsprechende Wirksamwerden dieser Zuweisung konstatiert.

[172] In dem ganz auf die Hand von P^g zurückgehenden Abschnitt Gen 1,20–23 kommt der Segenszusage in Gen 1,22 insofern eine herausgehobene Stellung zu, als sie von der Erschaffung der Seetiere und Vögel in Gen 1,20+21 durch die Billigungsformel abgesetzt erscheint. Die Segenszusage in Gen 1,22 bereitet damit mit Nachdruck die entsprechende Segenszusage in Bezug auf den Menschen vor und führt zugleich präzis in das Zentrum des zweiten Kompositionsteils von Gen 1,1–2,4a*.

[173] Wenngleich das, was in Gen 2,2+3 gesagt wird, gewissermaßen im innergöttlichen Bereich verbleibt, so ist die hier vorliegende Aussage dennoch im Blick auf den Menschen gemacht, insofern hierin gewissermaßen das innere, auf den Menschen bezogene Programm der Schöpfung zum Ausdruck gebracht ist (vgl. auch Anm.174).

[174] Wenn im Blick auf Gen 1,1–2,4a* von einem „offenen Schluß" der Erzählung gesprochen werden darf, dann gilt das zweifelsohne für Gen 2,2+3 (vgl. dazu schon BORCHERT, Stil, 125 f.). Die Erfüllung dessen, was hier programmatisch vorentworfen ist, wird innerhalb des priesterschriftlichen Werkes erst im Kontext der Sinaigeschichte erzählt (vgl. nur die immer wieder konstatierten Entsprechungen zwischen Gen 2,2+3 und der Sinaigeschichte, so etwa bei JACOB, Genesis, 67; NEGRETTI, Settimo Giorno, 162–164; STECK, Schöpfungsbericht, 190 Anm. 837; BLENKINSOPP, Structure, 280–283; ZENGER, Gottes Bogen, 170 ff.; WEIMAR, Sinai, 358–372; B. JANOWSKI, Tempel und Schöpfung. Schöpfungstheologische Aspekte der priesterschriftlichen Heiligtumskonzeption, JBTh 5 [1990] 37–69 = DERS., Gottes Gegenwart in Israel. Beiträge zur Theologie des Alten Testaments, Neukirchen-Vluyn 1993, 214–246; DERS., Sühne, 309 ff.445 f. [Literaturnachträge]; BAUMGART, Umkehr, 497–506 [bes. 503 ff.]; FREVEL, Blick, 157 ff.). Hier erreicht auch das, was in Gen 2,2+3 in bezug auf Elohim gesagt worden ist, erst sein Ziel, insofern am Sinai das aus Ägypten befreite Jahwe-Volk das Fest der Befreiten feiern kann. Daß es P^g in Gen 2,2+3 nicht – auch nicht implizit – um die Einführung einer Sabbatordnung geht, wird nicht zuletzt daran erkennbar, daß selbst am Sinai dem Volk keine Sabbatordnung gegeben wird (die sabbattheologischen Aussagen in Ex 16 sind erst

III. Beobachtungen zur Kompositionsstruktur der Priesterschrift   81

sechsten Tag hinaus sind der fünfte und siebte Tag aber auch – vor allem aufgrund formal-struktureller Entsprechungen – zueinander in Beziehung gesetzt.[175]

Für die Schöpfungserzählung (Gen 1,1–2,4a*) legt sich somit etwa das folgende Strukturmuster nahe:[176]

ÜBERSCHRIFT + VORZEITGESCHEHEN (Gen 1,1+2)

A. ERSTER TEIL (Gen 1,3–19*)

1. *Erster Tag* (1,3–5): Licht und Scheidung zwischen Licht und Finsternis [ZEIT]
2. *Zweiter Tag* (1,6–8): Feste inmitten der Wasser [SCHÖPFUNGSWELT]

1. *Dritter Tag* (1,9-13*): Sammlung der Wasser + Hervorbringen von Pflanzen durch die Erde [SCHÖPFUNGSWELT]
2. *Vierter Tag* (1,14–19*): Leuchten zur Scheidung zwischen Licht und Finsternis [ZEIT]

B. ZWEITER TEIL (Gen 1,20–2,3*)

1. *Fünfter Tag* (1,20–23*): Wasser- und Fluggetier (Schöpfung + Segen) [LEBEWESEN]
2. *Sechster Tag* (1,24–31*): Landtiere und Menschen (Schöpfung + Segen) [LEBEWESEN]
3. *Siebter Tag* (2,2+3): Abschluß der Schöpfung + Ruhe Gottes (Schöpfung + Segen) [ZEIT]

UNTERSCHRIFT (Gen 2,4a)

---

als Produkt nachpriesterschriftlicher Redaktionen anzusehen!). Vielmehr wird der siebte Tag insofern betont herausgehoben (Ex 24,16b), als Jahwe an diesem Tag den Mose das Modell des Heiligtums sehen läßt. Erst vom Sinai her werden dann auch die tieferen Dimensionen der Aussage von Gen 2,2+3 greifbar. Für die literarisch-theologischen Implikationen ist außerdem wohl gleichfalls die Siebenteiligkeit der Großstruktur des priesterschriftlichen Werkes zu beachten, womit zugleich wohl angedeutet sein soll, daß sich das in Gen 2,2+3 entworfene Programm erst im Verlauf des ganzen priesterschriftlichen Werkes realisiert.

[175] In diesem Zusammenhang ist vor allem auf die Zweigliedrigkeit der Erzählfolge hinzuweisen, die sowohl für Gen 1,20–23 als auch für Gen 2,2+3 gilt. Während sie in Gen 1,20–23 durch die Billigungsformel Gen 1,21bβ angezeigt ist, wird sie im Blick auf Gen 2,2+3 an der Parallelfügung der Aussagen in Gen 2,2b („von all seiner Arbeit, die er gemacht hatte") und 2,3b („von all seiner Arbeit, die Elohim geschaffen hatte, [sie] zu machen") erkennbar. Sowohl beim fünften als auch beim siebten Tag begegnet das „Segnen" Gottes jeweils zu Beginn des zweiten Erzählabschnitts und hat in beiden Fällen eine exponierte Stellung.

[176] Vgl. auch WEIMAR, Schöpfungserzählung, 836; kritisch mit dem hier vorgelegten Versuch setzt sich v.a. STECK, Aufbauprobleme, 288 ff. auseinander.

Ganz ähnlichen Kompositionsprinzipien wie Gen 1,1–2,4a* folgt die Fluterzählung (Gen 6,9–9,29*), deren zweiter Teil durch eine Folge von drei Gottesreden (Gen 9,1–3+7||8–11*||12a.13–15*) gebildet ist.[177] Auch hier stellt sich wiederum die Frage nach der Struktur des zweiten Erzählteils.[178] Deutlich eine untergeordnete Funktion kommt der ersten Gottesrede (Gen 9,1–3+7) zu, nicht allein wegen des Fehlens der $b^e r\hat{\imath}t$-Kategorie, sondern auch wegen der Tatsache, daß hier in modifizierter Form der Schöpfungssegen aus Gen 1,28–30* aufgenommen ist.[179] Die gerahmte zweiteilige Struktur von Gen 9,1–3+7 verbindet die erste mit der dritten Gottesrede in Gen 9,12a+13–15*,[180] so daß zwischen diesen beiden unter

---

[177] Vgl. dazu schon die Beobachtungen Anm. 127.

[178] Für die Analyse der Komposition des zweiten Teils der priesterschriftlichen Fluterzählung ist zu beachten, daß der Textabschnitt Gen 9,1–17 eine Reihe von Dopplungen und Wiederholungen enthält, die jedoch nur zum Teil ihren Grund in der literarischen Kompositionstechnik von P^g haben (vgl. etwa die entsprechenden Beobachtungen bei MCEVENUE, Narrative Style, 67–78, aber auch W. GROSS, Bundeszeichen und Bundesschluß in der Priesterschrift, TrThZ 87 [1978] 98–115), zum anderen aber – in Verbindung mit anderen Spannungen – Indiz für die Entstehungsgeschichte des Textes sind. Als nachpriesterschriftliche redaktionelle Erweiterungen sind in Gen 9,1–17 etwa V.4–6 (dazu s.o.), V.10bβ (dazu WESTERMANN, Genesis I, 617), V.12b (hier ist der nachhinkende Charakter dieses Halbverses zu beachten), V.15aβ (nur $b^e k\bar{a}l$-$b\bar{a}\acute{s}\bar{a}r$; dazu C. WESTERMANN, Genesis I, 617), V.16+17 (nach dem zu Gen 9,11b parallelen Abschluß in 9,15b Neueinsatz in 9,16 unter Wiederaufnahme von Aussagen aus 9,12–15) anzusehen (vgl. auch ZENGER, Gottes Bogen, 105 ff.).

[179] Die Entsprechungen zwischen den Gottesreden Gen 8,15–17* und 9,1–3+7 (vgl. Gen 8,17b mit 9,1+7) reichen nicht hin, beide Reden auch unter kompositorischem Aspekt miteinander zu verbinden. Abgesehen davon, daß der Gottesrede Gen 9,1–3+7 wahrscheinlich schon eine von P^g rezipierte Tradition zugrundeliegt (Gen 9,1.3*.7a), wohingegen Gen 8,15–17 ganz von P^g selbst formuliert ist, haben diese Entsprechungen eher eine stilistisch verknüpfende Funktion, was nicht zuletzt daran erkennbar wird, daß die auf ein zukünftiges Geschehen bezogene Aussage von Gen 8,17b auf die imperativisch formulierten Zusagen in Gen 9,1 und 7 vorverweist. Diese Annahme erfährt auch dadurch eine Stütze, daß die beiden anderen Gottesreden des zweiten Teils der Fluterzählung (Gen 9,8–11* und 12–13*) gleichfalls durch Stichwortverknüpfungen mit dem ersten Teil der Fluterzählung verbunden sind, wie die folgende schematische Übersicht zu zeigen vermag (vgl. auch BOSSHARD-NEPUSTIL, Sintflut, 80 mit Anm. 178):

A. Gen 6,13   Das Ende allen Fleisches ist vor mich gekommen, denn voll ist die Erde von Gewalttat, und siehe, ich verderbe dieselben, die Erde.

B. Gen 6,17 f.   Und ich, siehe, ich lasse hinkommen die Flut, Wasser über die Erde, um zu verderben alles Fleisch [...] unter dem Himmel [...]. Und ich werde aufrichten meinen Bund mit dir.

C. Gen 8,17b   daß sie wimmeln auf der Erde und fruchtbar seien und zahlreich werden über die Erde hin.

C'. Gen 9,1.7   Seid fruchtbar und werdet zahlreich und füllet die Erde! [...] Ihr

kompositorischem Aspekt ein Zusammenhang anzunehmen ist. Aber auch thematisch ist zwischen den beiden Gottesreden 9,1–3+7 und 12a+13–15* ein Zusammenhang gegeben, insofern in Gen 9,1–3+7 die neue Schöpfungsordnung entworfen wird, diese in Gen 9,12a+13–15* aber durch die *aktuelle* Setzung der *b^{e}rît* sanktioniert wird.[181] Daß der dritten Gottesrede

		aber seid fruchtbar und werdet zahlreich und wimmelt auf der Erde und werdet zahlreich auf ihr!
B'.	Gen 9,9.11	Und ich, siehe, ich richte auf meinen Bund mit euch [...]. Und ich werde aufrichten meinen Bund mit euch: Und nicht mehr soll ausgerottet werden alles Fleisch von den Wassern der Flut, und nicht mehr soll eine Flut sein, um zu verderben die Erde.
A'.	Gen 9,15	Und nicht mehr sollen werden die Wasser zu einer Flut, um zu verderben alles Fleisch.

Dieses Schema, das bei den literarisch wie theologisch herausgehobenen Aussagen ansetzt, läßt erkennen, daß die Gottesreden des zweiten Teils chiastisch mit den beiden rahmenden Gottesreden des ersten Teils verbunden sind.

[180] Die literarische Struktur der Gottesrede Gen 9,1–3+7 ist unverkennbar zunächst schon durch die rahmenden Aussagen 9,1b und 7 angezeigt, die durch Stichwortbeziehungen eng aufeinander bezogen sind. Dazwischen sind zwei gerahmte Aussagen eingeblendet, die nicht nur asyndetisch nebeneinanderstehen, sondern jeweils aufgrund ihrer inneren chiastischen Struktur in sich geschlossen erscheinen (Gen 9,2a||2b bzw. 3a||3b; vgl. dazu auch MCEVENUE, Narrative Style, 68). Der strukturellen Differenzierung entspricht präzis eine thematische, insofern die Rahmenaussagen Gen 9,1 und 7 den Schöpfungssegen aus Gen 1,28 wieder aufnehmen, während die gerahmten Aussagen Gen 9,2 und 3 die Form des Herrschaftsauftrags modifizieren. Ganz entsprechend der stilistischen Gestalt der Gottesrede 9,1–3+7 ist auch die mit ihr korrespondierende Gottesrede Gen 9,12–15* gestaltet. Auch hier findet sich wiederum der Wechsel von Rahmen (Gen 9,12a und 15) und Zentrum (Gen 9,13+14). Die beiden Rahmenaussagen Gen 9,12a und 15 sind nicht nur durch Stichwortverbindungen („Zeichen des Bundes, den ich hiermit gebe zwischen mir und zwischen euch und zwischen allen Lebewesen, die mit euch sind" bzw. „meines Bundes, der zwischen mir und zwischen euch und zwischen allen Lebewesen allen Fleisches ist") aufeinander bezogen, sondern auch thematisch miteinander verwandt, wobei in Gen 9,12a der Akzent auf der aktuellen Setzung des Bundes liegt (zu diesem Verständnis vgl. GROSS, Bundeszeichen, 106 f.; ebenso DERS., Zukunft, 52), während in Gen 9,15 der Inhalt des Bundes (Gen 9,15b schließt sich eng Gen 9,11b an!) als Motiv des Handelns Gottes hervorgehoben ist. Zwischen die beiden Rahmenaussagen sind in Gen 9,13+14 zwei Aussagen über den Bogen in den Wolken eingeschaltet, die durch *w^{e}hājāh* + ב mit Infinitiv in Gen 9,14 gegeneinander abgegrenzt sind, auf der anderen Seite aber zugleich chiastisch miteinander verbunden sind („meinen Bogen ... in den Wolken" – „zwischen der Erde" || „auf der Erde" – „der Bogen in den Wolken").

[181] Wird die formale Entsprechung zwischen den beiden Gottesreden 9,1–3+7 und 12a+13–16* nicht nur als eine stilistische Erscheinung verstanden, sondern zugleich auch als ein Hinweis auf thematische Zusammenhänge, dann sind solche auch für eine Interpretation zu beachten. Wichtig ist auch hier die sich nahelegende Differenzierung zwischen Rahmen und Zentrum. Ein thematisches Entsprechungsverhältnis ist zwischen den Rahmenaussagen der ersten (Gen 9,1 und 7) und dritten Gottesrede (9,12a und 15*) an-

kompositorisch gleichfalls nur eine gegenüber der zweiten Gottesrede (Gen 9,8–11*) untergeordnete Funktion zukommt, wird durch die Rückverweise darauf unterstrichen.[182] Die mittlere Gottesrede, die thematisch die Ankündigung einer *b^{e}rît* mit Noach enthält, ist von den beiden als Rahmen dienenden Gottesreden Gen 9,1–3+7 und 12a+13–15* auch strukturell abgehoben, insofern die dort jeweils angewandte Technik der Rahmung nicht zum Einsatz kommt.[183] Auf verschiedene Weise wird nachhaltig die zentrale Bedeutung der zweiten Gottesrede (Gen 9,8–11*) herausgestellt. Demgegenüber haben die beiden flankierenden Gottesreden nur eine untergeordnete Funktion, auch wenn Gen 9,12a+13–15* aufgrund des hier entworfenen offenen Zukunftsprogramms, dessen Realisierung noch aussteht, einen besonderen Akzent trägt.[184]

---

zunehmen, insofern die Zusage des Schöpfungssegens durch die aktuelle Setzung der *b^{e}rît* eine Garantieerklärung erfährt. Demgegenüber deutet sich zwischen den jeweils im Zentrum stehenden Aussagen (Gen 9,2+3 und 13+14) insofern ein gewisses Spannungsverhältnis an, als in Gen 9,2+3 der „kriegerische" Zustand zwischen Mensch und Tierwelt hervorgehoben wird (vgl. dazu nur LOHFINK, Schichten, 292 Anm. 79 [mit weiteren Literaturhinweisen]), während in Gen 9,13+14 dieser „kriegerische" Zustand von Seiten Gottes im Blick auf seine Folgen (Flut) begrenzt wird (vgl. die Metapher vom „Bogen in den Wolken"). Im Spannungsverhältnis beider Aussagen wird zugleich ein kritisches Gegenüber erkennbar.

[182] Neben der sich eng an Gen 9,11b anlehnenden Aussage von Gen 9,15b sind hier vor allem die Aussagen zu beachten, die von einem Aufrichten bzw. Geben der *b^{e}rît* sprechen, wobei auch die Differenzen im Sprachgebrauch zwischen Gen 9,8–11* und 12–15* nicht ohne Bedeutung sind. In den beiden Rahmenaussagen in Gen 9,9a und 11aα findet sich jeweils die Wendung *heqîm ʾæt b^{e}rîtî ʾitt^{e}kæm*, wobei syntaktisch (*wa^{ʾ}nî hin^{e}nî* + Partizip bzw. *w-qatalti*) jeweils ein Zukunftsaspekt angezeigt ist. Dagegen ist die Struktur der Aussage in den beiden Rahmenversen in Gen 9,12a und 15a* eine andere. In beiden Fällen steht die entscheidende Aussage in einem an *habb^{e}rît* angeschlossenen Relativsatz, die beide eng verbunden sind (vgl. nur die Konstruktion mit *bên...ûbên*), worin zugleich ein Differenzpunkt zu Gen 9,9 und 11 liegt. Während mit Hilfe der partizipialen Konstruktion in Gen 9,12a die aktuelle Setzung der *b^{e}rît* zum Ausdruck gebracht ist (mit *ntn* als Verbum), wird durch die nominale Form des Relativsatzes in Gen 9,15a* der Aspekt des Bestehens der *b^{e}rît* hervorgehoben. Werden diese Differenzen beachtet, dann ist Gen 9,12–15* als Einlösung des in Gen 9,8–11* angesagten Bundes zu verstehen.

[183] Strukturell besteht die Gottesrede Gen 9,8–11* aus zwei Hälften, wobei jede der beiden Hälften in Gen 9,9a und 11aα mit einer parallel gefügten Aussage eröffnet wird. Während die erste Hälfte in langer Reihung die Adressaten der *b^{e}rît* nennt (Gen 9,9+10*), präsentiert die zweite Hälfte (Gen 9,11) deren Inhalt, wobei beides im Rückgriff auf die Fluterzählung geschieht.

[184] Bei Beachtung entstehungsgeschichtlicher Fragen in Gen 9,1–17* (vgl. dazu Anm. 178) kann die Gottesrede Gen 9,12–15* keineswegs als längste und damit zugleich auch „gewichtigste Rede" verstanden werden (anders GROSS, Bundeszeichen, 104 f.). Auf der anderen Seite besteht zwischen der im Zentrum plazierten Gottesrede Gen 9,9–11* und der abschließenden Gottesrede Gen 9,12–15* insofern ein gewisses Spannungsverhältnis,

Aufgrund der vorangehenden Beobachtungen legt sich für die Fluterzählung (Gen 6,9–9,29*) das folgende Strukturmuster nahe:[185]

ÜBERSCHRIFT + VORZEITGESCHEHEN (Gen 6,9–12)

A. ERSTER TEIL (Gen 6,13–8,19*)

   1. Gottesrede: Ankündigung der Flut und Auftrag zum Bau der Arche + Ausführungsnotiz (Gen 6,13–7,6*)
   2. Besteigen der Arche und Steigen der Flut [Erzählerbericht] (7,11–24*)
----
   1. Abnehmen der Flut und Abtrocknen der Erde [Erzählerbericht] (8,1–14*)
   2. Gottesrede: Auftrag zum Verlassen der Arche + Ausführungsbericht (8,15–19*)

B. ZWEITER TEIL (Gen 9,1–15*)

   1. Erste Gottesrede: Erneuerung und Modifizierung des Schöpfungssegens (9,1–7*)
   2. Zweite Gottesrede: Ankündigung eines Bundes (9,8–11*)
   3. Dritte Gottesrede: Setzung eines Bundes [Bogen in den Wolken] (9,12–15*)

UNTERSCHRIFT (Gen 9,28+29)

Die bei Berücksichtigung der strukturbildenden Elemente sich für das priesterschriftliche Werk insgesamt ergebenden kompositorischen Strukturen zeichnen sich durch eine nicht zu verkennende Nähe zur Struktur von Schöpfungs- und Fluterzählung aus. Formal wie thematisch besteht die Komposition der priesterschriftlichen Geschichtsdarstellung aus zwei deutlich voneinander abgehobenen Teilen. Die beiden Teile sind nicht nur durch jeweils eigene strukturelle Gesetzmäßigkeiten hervorgehoben, sondern zeichnen sich auch durch einen je verschiedenen Darstellungsstil

---

als diese – aufgrund der hier praktizierten Technik des „offenen Schlusses" – über sich hinausweist. Der Horizont von Gen 9,12–15* wird dabei in Gen 9,14b erkennbar. Die hier stehende Aussage hat nämlich innerhalb des priesterschriftlichen Werkes Entsprechungen nur noch in Ex 16,10 und Num 14,10, wo es jeweils die Herrlichkeit Jahwes ist, die in der Wolke erscheint, sei es zur Rettung (Ex 16,10), sei es zum Gericht (Num 14,10). Was mit der Gottesrede Gen 9,12–15* als Zukunftsprogramm entworfen wird, enthüllt sich vollgültig erst mit dem Sinaigeschehen, womit der Schluß der Fluterzählung auf die gleichen Zusammenhänge vorverweist wie die Schöpfungserzählung (vgl. auch ZENGER, Gottes Bogen, 131–176).

[185] Zur hier vorgeschlagenen Komposition der priesterschriftlichen Sintfluterzählung vgl. STECK, Aufbauprobleme, 293–305; zur neueren Diskussion vgl. BOSSHARD-NEPUSTIL, Sintflut, 78 ff. und JANOWSKI, Zeichen, 114 f.

aus.[186] Der Abschluß der beiden Teile von P^g ist dabei durch entsprechende, das dargestellte Geschehen jeweils nochmals zusammenfassende Notizen angezeigt (Ex 1,7* und Dtn 34,9). Der Beginn des zweiten Teils ist überdies dadurch herausgehoben, daß er mit einer kleinen, dreiteiligen Exposition eröffnet wird (Ex 1,13–14* + 2,23aβb–25), die zwar thematisch mit dem nachfolgend Erzählten verbunden ist, der strukturell aber unverkennbar eine Sonderstellung zukommt.[187]

Der erste Teil des priesterschriftlichen Werkes besteht aus zwei umfangreicheren Kompositionszusammenhängen, die durch eigene Thematik („Urzeit"||Väterzeit), aber auch strukturell voneinander abgehoben sind. Entsprechend dem Prinzip der paarweisen Zuordnung sind diese beiden Abschnitte in sich wiederum zweiteilig strukturiert (Schöpfung + Flut|| Abraham + Jakob), wobei in den jeweils einander zugeordneten Kompositionseinheiten die gleiche Thematik, wenn auch mit unterschiedlicher Akzentsetzung, behandelt wird. Das Kompositionsprinzip, das der Zuordnung der jeweils zwei Texteinheiten der „Schöpfungs"- und Vätergeschichte zugrundeliegt, wird anhand der Leitkategorien der „theologischen" Texte erkennbar, wobei hier vor allem auf eine chiastische Abfolge von Segen – Bund + Segen || Bund + Segen – Segen) abzuheben ist.

Für die literarische Gestaltung des zweiten Teils haben die parallel strukturierten Abraham- und Jakoberzählungen das Strukturmuster abgegeben. Die Hauptstruktur ist dabei durch den Dreischritt von Exodus – Sinai – Landgabe gekennzeichnet. Die beiden rahmenden Erzählteile (Exodus bzw. Landgabe) sind in sich jeweils zweiteilig strukturiert, womit entsprechend der auch sonst bei P^g praktizierten Verfahrensweise eine entsprechende Gewichtung vorgenommen ist. Demgegenüber ist die dreiteilig strukturierte Darstellung des Sinaigeschehens, die im Zentrum des zweiten Hauptteils steht, deutlich herausgestellt, so daß hierin gleichermaßen Höhe- und Wendepunkt der ganzen priesterschriftlichen Geschichtsdarstellung liegen. Schematisch läßt sich die Kompositionsstruktur der priesterschriftlichen Geschichtsdarstellung (in vereinfachter Form) etwa folgendermaßen darstellen:

---

[186] Im ersten Teil des priesterschriftlichen Werkes herrscht der aufzählende Stil vor, worin die „theologischen" Texte nur an herausgehobener Stelle eingebaut sind, wohingegen im zweiten Teil ein darstellend-erzählerischer Stil dominant ist.

[187] Vgl. dazu WEIMAR, Untersuchungen, 49–76.

ERSTER TEIL (Gen 1,1 – Ex 1,7*)

    1. Schöpfung der Welt (Gen 1,1–5,32*): Segen
    2. Flut + Neuschöpfung (Gen 6,9–11,26*): Segenszusage + Bund
    ----
    1. Abraham (Gen 11,27–25,10*): Segensverheißung + Bund
    2. Jakob (Gen 25,12 – Ex 1,7): Segenverheißung

Ex 1,7* als Abschluß des ersten Kompositionsteils

ZWEITER TEIL (Ex 1,13 – Dtn 34,9*)

    1. *Exodus* (Ex 1,13–14,29*)
        a) Ansage der Herausführung aus Ägypten + Wettstreit zwischen Jahwe und den Göttern Ägyptens (Ex 1,13–12,40*)
        b) Auszug aus dem Lande Ägypten: Erweis der Herrlichkeit Jahwes (Ex 12,41–14,29*)
    2. *Sinai* (Ex 16,1 – Lev 9,24*)
        a) Murren der Gemeinde und Erscheinen der Herrlichkeit Jahwes (Ex 16,1–12*)
        b) Anweisungen zum Bau des Heiligtums im Rahmen einer Gotteserscheinung + Errichtung des Heiligtums (Ex 19,1–40,34*)
        c) Jubel des Volkes angesichts des Erscheinens der Herrlichkeit Jahwes beim ersten Opfer (Lev 9,1–24*)
    3. *Landgabe* (Num 10,11 – Dtn 34,9*)
        a) Sünde der Führer des Volkes (Num 10,11–20,12*)
        b) Tod von Aaron und Mose und Bestallung ihrer Nachfolger (Num 20,22 – Dtn 34,9*)

Dtn 34,9 als Abschluß des zweiten Kompositionsteils

Hinter dem Schema der Komposition der priesterschriftlichen Geschichtsdarstellung werden unverkennbar auch zahlenmäßig bestimmte Ordnungsstrukturen erkennbar.[188] Die Kompositionsstruktur ist dabei nicht nur als ein konstruktives Element zur Formation der Fülle des darzustellenden Stoffes anzusehen, sie hat zugleich eine literarisch-theologische Aussageabsicht. Daß der zweite Teil des priesterschriftlichen Werkes sich hinsichtlich seiner kompositorischen Gestalt an der Abraham- und Jakobgeschichte orientiert, hat seinen theologischen Grund nicht zuletzt darin, daß hiermit die Erfüllung der dem Abraham bzw. Jakob gegebenen Verheißungen er-

---

[188] Zur Bedeutung solcher auch zahlenmäßig bestimmten Ordnungsstrukturen vgl. schon LOHFINK, Priesterschrift, 232 f. – Über die dort konstatierten Zahlenverhältnisse hinaus ist im Blick auf die Komposition des priesterschriftlichen Werkes vor allem auf die Kombination von Zweier-, Dreier-, Vierer- und Siebenerschemata zu achten, die jeweils aufeinander aufbauen.

zählt wird (vgl. vor allem Ex 6,2–8). Auf einer etwas anderen Ebene liegen die Entsprechungen der Großstruktur der priesterschriftlichen Geschichtsdarstellung einerseits sowie der Schöpfungs- und Fluterzählung andererseits, wofür näherhin die „theologischen" Texte Gen 1,1–2,4a* und 6,9–9,29* Beachtung verdienen.

Die dabei sich nahelegenden Entsprechungen kompositorischer Art zwischen Schöpfungs- und Fluterzählung einerseits und dem ganzen priesterschriftlichen Werk andererseits sind derart präzis und gehen so in Einzelheiten hinein, daß hierin nicht ein mehr oder weniger zufälliges Phänomen gesehen werden kann, sondern eine die Tiefenstruktur des Textes selbst berührende Erscheinung, so daß ihr eine nicht unwichtige Bedeutung im Blick auf ein Verständnis der ganzen priesterschriftlichen Geschichtsdarstellung zugemessen werden muß. Schöpfung und Flut sind bei P^g von grundlegender Bedeutung für die ganze Darstellung der Geschichte der Israelsöhne, der von daher eine geradezu urgeschichtliche Dimension zukommt.[189] Die Strukturanalogie zwischen Schöpfungs- und Fluterzählung (Gen 1,1–2,4a* bzw. 6,9–9,29*) einerseits sowie der Gesamtkomposition von P^g andererseits signalisiert ein tief greifendes Beziehungsverhältnis zwischen „Schöpfungsgeschichte" und Geschichte der Israelsöhne.[190]

Von der Strukturanalogie zwischen Schöpfungs- und Fluterzählung sowie der Gesamtkomposition von P^g her beantwortet sich sodann auch eher die nach wie vor umstrittene Frage nach Höhepunkt und Ziel der priesterschriftlichen Geschichtsdarstellung. Sowohl in der Schöpfungs- als auch in der Fluterzählung liegt der eigentliche Höhepunkt der Darstellung nicht am Schluß, sondern in dem jeweils im Zentrum ihres zweiten Teils stehenden Kompositionselement Gen 1,24–31* bzw. 9,8–11*, wonach der erzählbe-

---

[189] LOHFINK, Priesterschrift, 227 ff. hat in diesem Zusammenhang von einer „Rückverwandlung von Geschichte in Mythus" (227) gesprochen. Man könnte das ganze priesterschriftliche Werk – im Gegensatz zu den älteren, vorpriesterschriftlichen Geschichtsdarstellungen – geradezu als eine umfassende „Urgeschichte" verstehen. Die „Urgeschichte" ist von daher auch bei P^g nicht etwa der Darstellung der eigenen Geschichte bloß vorgeschaltet, sondern ein das Ganze bestimmendes Element.

[190] Der tiefgreifende Zusammenhang zwischen Schöpfung und Flut sowie dem Gesamtwerk von P^g beschränkt sich nun nicht allein auf strukturelle Entsprechungen, sondern wird durch eine ganze Reihe literarischer Querverbindungen zwischen der „Schöpfungsgeschichte" einerseits und dem zweiten Teil von P^g andererseits unterstrichen, wobei das Schwergewicht der wechselseitigen Bezugnahmen im Bereich von Exodus und Sinai liegt, was zweifelsohne damit zusammenhängen wird, daß nach der Konzeption von P^g sich im Exodus die „Schöpfung" der Israelsöhne zum „Volk Jahwes" ereignet (vgl. vor allem Ex 6,7a), die ihren Abschluß erst mit dem Sinaigeschehen erreicht (hierzu näherhin WEIMAR, Sinai). Erst nachdem Israel am Sinai definitiv zum „Volk Jahwes" geworden ist, wird nach priesterschriftlichem Verständnis „Sünde" möglich. Das Gericht Jahwes mündet nun aber nicht – wie bei der Flut – in eine universal-kosmische Katastrophe ein, sondern steht unter der begrenzenden Zusage der nachflutlichen *b^{e}rît*.

III. Beobachtungen zur Kompositionsstruktur der Priesterschrift 89

stimmende Spannungsbogen abfällt.[191] Entsprechendes gilt aber auch für die Gesamtkomposition des priesterschriftlichen Werkes, insofern dieses seinen Höhepunkt mit der Darstellung des Sinaigeschehens erreicht.[192] Hier liegt das eigentliche Zentrum der ganzen priesterschriftlichen Geschichtsdarstellung.[193] Demgegenüber kommt der Darstellung der Landgabe als abschließendes Element von P^g nur eine untergeordnete Funktion zu.[194] Mit diesem literarischen Mittel, daß nämlich der Höhepunkt der priesterschriftlichen Geschichtsdarstellung nicht am Schluß, sondern davor liegt, ist zugleich ein theologischer Sachverhalt angedeutet, der auch durch den „offenen Schluß" nachhaltig unterstrichen ist.[195] Das eigentliche Ziel (Landgabe), auf das die ganze Darstellung von P^g hinzielt, steht noch aus, muß erst in Zukunft noch Wirklichkeit werden.[196]

Das stark Konstruktive wie Künstliche der priesterschriftlichen Geschichtsdarstellung, wodurch zwar die äußere Form einer Geschichtsdar-

---

[191] Das Phänomen, daß der Höhepunkt der Erzählung in Gen 1,1–2,4* und 6,9–9,29* nicht am Schluß, sondern kurz vorher liegt, korrespondiert mit dem „offenen Schluß" beider Erzählungen, wobei das Abfallen der Erzählung zum Schluß hin durchaus mit der Programmatik des Erzählschlusses kontrastiert.

[192] Auf die entsprechende Besonderheit von P^g und die daraus entstehenden Probleme für eine Interpretation hat schon ELLIGER, Sinn, 182 hingewiesen: „Bei P^g liegt der Höhepunkt in der Mitte; dann erfolgt die Perpetie, und die Linie führt abwärts. Eines ist freilich merkwürdig, daß da von Anfang an ein Gipfel als Ziel bezeichnet wird, das dem Wanderer immer wieder in der Ferne erscheint, das er aber nie erreicht". Diese Spannung, die sich nicht einfach verrechnen läßt, ist näherhin für eine Interpretation von P^g auszuwerten.

[193] Wenn hier der Sinai als das eigentliche Zentrum von P^g bezeichnet wird, dann ist damit nicht eo ipso die These verbunden, daß es sich dabei um eine Legitimation von Kult und Tempel Jerusalems handele. Behauptet wird damit lediglich, daß innerhalb der Sinaigeschichte die theologische Mitte der ganzen priesterschriftlichen Geschichtsdarstellung liegt. Funktion und herausgehobene Stellung der Sinaigeschichte von P^g lassen sich nur durch eine Gesamtanalyse klären (dazu näherhin WEIMAR, Sinai).

[194] Wie innerhalb von Gen 1,1–2,4* und 6,9–9,29* ist auch hier die untergeordnete Funktion des Schlußteils nicht gleichbedeutend mit theologisch unbedeutend. Vielmehr wird gerade am Schluß das eigentliche Ziel, auf das hin die Darstellung sich zubewegt, erkennbar, so daß in der Gesamtkomposition eine Spannung besteht zwischen dem Sinai als Zentrum und dem Land als Ziel. Damit hängt sodann auch der für P^g charakteristische „offene Schluß" in Dtn 34,7–9* zusammen, womit das „Land" als ein noch ausstehendes Programm vorgestellt wird.

[195] Der „offene Schluß" will gerade beim Abschluß der priesterschriftlichen Geschichtsdarstellung beachtet sein, insofern mit Hilfe dieses Stilmittels angezeigt sein soll, daß der durch die priesterschriftliche Geschichtsdarstellung angestoßene und zur Sprache gebrachte Prozeß mit dem literarischen Schluß noch nicht zu Ende gekommen ist, sondern im Blick auf den Adressaten weitergeht. Dieser Charakter verweist das priesterschriftliche Werk eher in den Umkreis prophetischer denn priesterlicher Theologie.

[196] Zu den möglichen zeitgeschichtlichen Implikationen vgl. WEIMAR, Untersuchungen, 251 f.

stellung imitiert, eine solche aber nicht wirklich intendiert ist, ist Ausdruck eines bestimmten Geschichtsdenkens, dem es gerade nicht um kausale oder finale Zuordnung verschiedener Begebenheiten oder Ereignisse geht, sondern vielmehr um die Heraushebung paradigmatischer Grundsituationen, die als solche sich immer wieder ereignen können.[197] Die priesterschriftliche Geschichtsdarstellung kann so am ehesten als eine Sammlung paradigmatischer Grundsituationen verstanden werden, wie sie im Blick auf den Adressaten des Werkes von Bedeutung sind oder sein können. Damit hängt sodann auch die „Transparenz" der priesterschriftlichen Geschichtsdarstellung zusammen.[198] *Was* hier erzählt wird, bezieht sich zwar auf ein vergangenes Geschehen. *Wie* es erzählt wird, ist ganz von Fragestellungen und Problemen der eigenen Gegenwart her bestimmt.[199] Das Geschichtsbild, das der priesterschriftlichen Geschichtsdarstellung zugrundeliegt, läßt sich dabei – im Anschluß an E. Hornung – möglicherweise als „rituelles Geschichtsbild" kennzeichnen, wobei Geschichte als festliche Erneuerung von „Urgeschehen" zu verstehen ist.[200]

---

[197] Literarisch wird das dadurch zum Ausdruck gebracht, daß die einzelnen Kompositionseinheiten in sich relativ geschlossene „Sinninseln" darstellen, wobei sich die prinzipielle Wiederholbarkeit der darin dargestellten Situationen aus der „urgeschichtlichen" Färbung der Erzählungen ergibt. – Zu diesem Verständnis von P^g vgl. vor allem LOHFINK, Ursünden und DERS., Priesterschrift, 202–242.

[198] ELLIGER, Sinn, 189. – In diesem Zusammenhang wäre die Bezugnahme von P^g auf andere Texte zu prüfen und im Blick auf die Aussageabsicht von P^g wie deren zeitgeschichtliche Voraussetzungen auszuwerten.

[199] Für die Bestimmung der Intention von P^g kommt es darum vor allem auf das „*Wie*" der Darstellung an, weil sich von daher am ehesten die zeitgeschichtlichen Implikationen greifen lassen, die P^g mit der Darstellung der Geschichte Israels beabsichtigt.

[200] Zu einem solchen Verständnis von Geschichte sowie zum Begriff vgl. E. HORNUNG, Geschichte als Fest. Zwei Vorträge zum Geschichtsbild der frühen Menschheit (Libelli 246), Darmstadt 1966, 9–29.53–65 und DERS., Einführung in die Ägyptologie. Stand. Methoden. Aufgaben (Die Altertumswissenschaft), Darmstadt 1967, 123; zur weiterführenden Diskussion vgl. insbesondere JANOWSKI, Tempel, 240 ff.

3. Struktur und Gestalt der priesterschriftlichen Schöpfungserzählung (Gen 1,1–2,4a*)

Wenn zu den herausragenden Merkmalen des priesterschriftlichen Werkes seine „planvolle Gliederung und strenge Construktion" gehört,[1] dann gilt dies in besonderem Maße gerade für jenen Text, mit dem dieses Werk geradezu programmatisch eröffnet und auf vielfältige Weise verwoben ist – die in Gen 1,1–2,4a mitgeteilte Schöpfungserzählung. Aufgrund der stark von stereotypen, formelhaft geprägten Elementen bestimmten Strophigkeit, wie sie für den Darstellungsablauf der priesterschriftlichen Schöpfungserzählung kennzeichnend ist,[2] stellt sich nachdrücklich die Rückfrage nach der ihr zugrundeliegenden Kompositionsstruktur, womit zugleich ein Problem angesprochen ist, das – wie die nach wie vor kontroverse Diskussionslage zeigt[3] – nicht als erledigt angesehen werden kann, sondern weite-

---

[1] J. WELLHAUSEN, Die Composition des Hexateuchs und der historischen Bücher des Alten Testaments, Berlin ⁴1963, 135. – Zu den strukturellen und kompositorischen Besonderheiten des priesterschriftlichen Werkes insgesamt vgl. nur P. WEIMAR, Struktur und Komposition der priesterschriftlichen Geschichtsdarstellung I, BN 23 (1984) 81–134 und II, BN 24 (1984) 138–162.

[2] Zur Analyse der die einzelnen Schöpfungswerke auszeichnenden Gestaltungselemente vgl. insbesondere O.H. STECK, Der Schöpfungsbericht der Priesterschrift. Studien zur literarkritischen und überlieferungsgeschichtlichen Problematik von Gen 1,1–2,4a (FRLANT 115), Göttingen ²1981; eine ausführliche Diskussion des den Aufbau der priesterschriftlichen Schöpfungserzählung bestimmenden formularhaften Rahmenwerks findet sich v.a. bei W.H. SCHMIDT, Die Schöpfungsgeschichte der Priesterschrift. Zur Überlieferungsgeschichte von Genesis 1,1–2,4a und 2,4b–3,24 (WMANT 17), Neukirchen-Vluyn ³1974) 49 ff., P. BEAUCHAMP, Création et séparation. Étude exégétique du chapitre premier de la Genèse (Bibliothèque de Sciences religieuses), Paris 1969, 17 ff. sowie L. MONSENGWO PASINYA, Le cadre littéraire de Genèse 1, Bib 57 (1976) 225–241. – Nicht zuletzt aufgrund des die Darstellung von Gen 1,1–2,4a auszeichnenden Vorkommens der formelhaft geprägten Elemente wird beim Leser der Eindruck erzeugt „von äußerst exakt ablaufenden Vorgängen, die wie Zahnräder einer Maschine ineinandergreifen und eine große, streng koordinierte Bewegung erzielen" (R. OBERFORCHER, Die Flutprologe als Kompositionsschlüssel der biblischen Urgeschichte. Ein Beitrag zur Redaktionskritik (IThS 8), Innsbruck 1981, 577).

[3] Vgl. hierzu nur O.H. STECK, Aufbauprobleme in der Priesterschrift, in: Ernten, was man sät (FS K. Koch), hg. von D.R. Daniels u.a., Neukirchen-Vluyn 1991, 287–308 (288 ff.).

rer Klärung bedarf. Hierzu wollen die nachfolgenden Erwägungen, die einen schon früher gemachten Vorschlag aufnehmen und zu präzisieren suchen,[4] einen Beitrag leisten. Angesichts der Schwierigkeiten, die der Annahme einheitlicher Gestaltung der priesterschriftlichen Schöpfungserzählung entgegenstehen,[5] ist eine voraufgehende Klärung der literargeschichtlichen Problemlage für Gen 1,1–2,4a unabdingbar (I). Unter Voraussetzung und auf Grundlage dieses Klärungsprozesses verdienen sodann die für eine Gestaltung der priesterschriftlichen Schöpfungserzählung maßgebenden kompositorisch-strukturellen Gesetzmäßigkeiten nähere Beachtung (II). Diese sind abschließend zugunsten einer darauf basierenden Beschreibung der Kompositionsstruktur der priesterschriftlichen Schöpfungserzählung auszuwerten (III).

I. Literargeschichtliche Probleme im Zusammenhang der priesterschriftlichen Schöpfungserzählung

Auch wenn es in der gegenwärtigen Forschung als ausgemacht gilt, daß die priesterschriftliche Schöpfungserzählung in Gen 1,1–2,4a angesichts ihrer sorgsam bedachten Konstruktion des Ganzen wie ihrer einzelnen Teile als eine geschlossene literarische Komposition zu verstehen ist, die „auf einen einheitlichen Gestaltungswillen schließen läßt",[6] so gibt es auf der anderen Seite aber nicht zu übersehende Hinweise darauf, daß die in Gen 1,1–2,4a überlieferte, als priesterschriftlich bezeichnete Schöpfungserzählung erst das Ergebnis eines im einzelnen nicht immer leicht zu entschlüsselnden Werdeprozesses ist,[7] worauf neben der in diesem Sinne immer wieder aus-

---

[4] WEIMAR, Struktur II, 149. – Erste Überlegungen zu dem hier vorgelegten Versuch sind im Rahmen eines Seminars unter Mitbeteiligung von Prof. Dr. Manfried Dietrich vorgetragen worden. Ihm seien diese Ausführungen auch aus Anlaß seines 65. Geburtstages in Dankbarkeit gewidmet.

[5] STECK, Schöpfungsbericht, 200 f.

[6] STECK, Schöpfungsbericht, 11. – Mit Verweis hierauf kommt I. WILLI-PLEIN, Am Anfang einer Geschichte der Zeit, ThZ 53 (1997) 152–164 = DIES., Sprache als Schlüssel. Gesammelte Aufsätze zum Alten Testament, hg. von M. Pietsch und T. Präckel, Neukirchen-Vluyn 2002, 11–23 (11) gar zu dem Urteil: „Dass der priesterschriftliche Schöpfungsbericht eine literarische Einheit ist, braucht nicht mehr bewiesen zu werden"; vgl. auch J.P. FLOSS, Schöpfung als Geschehen? Von der Syntax zur Semantik in der priesterschriftlichen Schöpfungsdarstellung Gen 1,1–2,4a, in: Nachdenken über Israel, Bibel und Theologie (FS K.-D. Schunck [BEAT 37]), hg. von H.M. Niemann u.a., Frankfurt/M. u.a. 1994, 311–318 (316 Anm. 1): „Als unstrittig werden heute erachtet: literarische Einheitlichkeit des Textes und seine Zugehörigkeit zur Priesterschrift (P)".

[7] Eine Übersicht über die Ergebnisse der Forschung findet sich bei C. STREIBERT, Schöpfung bei Deuterojesaja und in der Priesterschrift. Eine vergleichende Untersuchung

gewerteten Spannung zwischen Schöpfungswerken und Schöpfungstagen insbesondere auch auf die zahlreichen literarischen, stilistischen wie strukturellen Unausgewogenheiten innerhalb von Gen 1,1–2,4a hinzuweisen ist.[8] Darf angesichts der hohen Komplexität der Schöpfungserzählung von Gen 1,1–2,4a durchaus damit gerechnet werden, daß es sich bei ihr um ein literarisch mehrschichtiges Gebilde handelt, so bedarf aber im einzelnen die nähere Beurteilung der hierbei in Anspruch zu nehmenden literargeschichtlichen Phänomene einer weitergehenden Klärung, vor allem auch hinsichtlich der bislang noch nicht so recht ins Blickfeld gerückten Frage, ob Spannungen innerhalb der Schöpfungserzählung von Gen 1,1–2,4a ausschließlich aus der Verarbeitung und ausgestaltenden Umformung einer älteren Vorlage durch den priesterschriftlichen Erzähler heraus verständlich zu machen sind oder ob dafür möglicherweise auch sekundäre Eingriffe in den als priesterschriftlich zu kennzeichnenden Textzusammenhang beansprucht werden können. Mit Blick auf eine Erhellung des literarisch-theologischen Profils der priesterschriftlichen Schöpfungserzählung sollen im folgenden beide Möglichkeiten bedacht und entsprechend in Erwägung gezogen werden.

1. Erste Weichenstellungen für eine Bestimmung des literarischen Profils der priesterschriftlichen Schöpfungserzählung ergeben sich allein schon hinsichtlich des Problems ihrer Abgrenzung aus dem literarischen Zusammenhang des Genesisbuches. Von entscheidender Bedeutung ist hierbei die nominale Aussage von Gen 2,4a, wobei es eine alte Streitfrage ist, „ob dieser Vers Unterschrift unter das vorhergegangene Kapitel sei, dessen Inhalt allein als toledot des Himmels und der Erde gelten könne ..., oder nach Analogie aller anderen toledot Überschrift zum Folgenden, das man in diesem Sinne verstehen müsse".[9] Ohne daß es im Rahmen des vor-

---

zu Inhalt und Funktion schöpfungstheologischer Aussagen in exilisch-nachexilischer Zeit (BEAT 8), Frankfurt/M. u.a. 1993, 49 ff.

[8] Vgl. hier nur die bei E. ZENGER, Gottes Bogen in den Wolken. Untersuchungen zu Komposition und Theologie der priesterschriftlichen Urgeschichte (SBS 112), Stuttgart ²1987, 30 f. Anm. 13 mitgeteilten, im einzelnen weiterzuführenden und auch zu differenzierenden Beobachtungen.

[9] B. JACOB, Das erste Buch der Tora. Genesis, Berlin 1934 = ND New York o.J. [1974] = ND Stuttgart 2000, 71. – Zur Diskussion vgl. jetzt ausführlich T. STORDALEN, Genesis 2,4. Restudying a *locus classicus*, ZAW 104 (1992) 163–177; zur Auseinandersetzung um Gen 2,4a aus jüngerer Zeit vgl. etwa D. CARR, Βίβλος γενέσεως Revisited: A Synchronic Analysis of Patterns in Genesis as Part of the Torah, ZAW 110 (1998) 159–172 (161 ff.) und 327–347 (328 ff.); M. WITTE, Die biblische Urgeschichte. Redaktions- und theologiegeschichtliche Beobachtungen zu Genesis 1,1–11,26 (BZAW 265), Berlin-New York 1998, 53 f.; N.C. BAUMGART, Die Umkehr des Schöpfergottes. Zu Komposition und religionsgeschichtlichem Hintergrund von Gen 5–9 (HBS 22), Freiburg/Brsg. 1999, 43 ff.; K. KOCH, Die Toledot-Formeln als Strukturprinzip des Buches Genesis, in: Recht und Ethos im Alten Testament – Gestalt und Wirkung (FS H. Seebass), hg. von S.

liegenden Beitrages möglich wäre, die anstehenden Probleme auch nur annähernd befriedigend zu klären, so ist dennoch an einige Grunddaten zu erinnern, die für eine weitergehende Beurteilung zu bedenken sein werden: [a] Gegenüber der eigentlichen Schöpfungserzählung kommt der asyndetisch angeschlossenen Nominalsatzaussage Gen 2,4a zweifellos eine Sonderstellung zu, ohne daß diese damit aber schon literargeschichtlich abgehoben werden müßte. Bemerkenswert sind die immer wieder festgehaltenen engen Berührungen von Gen 2,4a mit Gen 1,1, die angesichts der Entsprechung hinsichtlich des Verbums ברא, aber vor allem hinsichtlich des Merismus השמים והארץ (vgl. noch Gen 2,1 [dazu s.u.]) einen auch literargeschichtlichen Zusammenhang anzeigen. Zusammen mit der ebenfalls gegenüber der Darstellung des Schöpfungsgeschehens herausgehobenen Aussage Gen 1,1 bildet Gen 2,4a so etwas wie einen im Blick hierauf kritisch interpretierenden Rahmen, wobei Gen 2,4a als Unterschrift der als Überschrift zu verstehenden Aussage Gen 1,1 korrespondierend gegenübertritt.[10] – [b] Der hauptsächliche Einwand, der gegen ein Verständnis von Gen 2,4a als Unterschrift erhoben wird, liegt darin, daß die Toledotformel ansonsten immer als Überschrift dient und sich somit auch für Gen 2,4a ein solches Verständnis nahelegt.[11] Korrespondierend zu einer aufgrunddessen sich empfehlenden Isolierung von Gen 2,4a gegenüber Gen 1,1–2,3 kann auf das chiastische Arrangement, das die beiden Vershälften von Gen 2,4 miteinander verbindet und als eine geschlossene Aussage erscheinen läßt,[12] verwiesen werden, wobei hier näherhin offengelassen wer-

---

Beyerle u.a., Neukirchen-Vluyn 1999, 183–191 (185 f.) und T. HIEKE, Die Genealogien der Genesis (HBS 39), Freiburg/Brsg. 2003, 47–58.

[10] Vgl. hierzu nur P. WEIMAR, Die Toledot-Formel in der priesterschriftlichen Geschichtsdarstellung, BZ NF 18 (1974) 65–93 (72 ff.). – Hinsichtlich der hier nicht weiter zu verhandelnden Frage der Syntax von Gen 1,1–3 kann jetzt auf die kritische Darstellung bei M. BAUKS, Die Welt am Anfang. Zum Verhältnis von Vorwelt und Weltentstehung in Gen 1 und in der altorientalischen Literatur (WMANT 74), Neukirchen-Vluyn 1997, 65–92 verwiesen werden; gerade auch bei entsprechender Berücksichtigung kompositorisch-struktureller Besonderheiten nicht nur im Blick auf die priesterschriftliche Schöpfungserzählung, sondern auf das priesterschriftliche Werk allgemein empfiehlt sich für Gen 1,1–3 die Annahme einer dreigliedrigen parataktischen Struktur, womit sich im Blick auf Gen 1,1 eine Deutung als Überschrift nahelegt.

[11] Zur neueren Diskussion vgl. nur S. TENGSTRÖM, Die Toledotformel und die literarische Struktur der priesterlichen Erweiterungsschicht im Pentateuch (CB.OTS 17), Uppsala 1981, 54 ff. und STORDALEN, Genesis 2.4, 163 ff.

[12] Vgl. etwa U. CASSUTO, A Commentary on the Book of Genesis. I. From Adam to Noah. Genesis I–VI 8, Jerusalem 1961 (1972) 98 f.; R.A. Carlson, P-prologen i Gen. 1:1–2:3, SEÅ 41/42 (1976/77) 57–68 (59); G.J. WENHAM, Genesis 1–15 (WBC I), Waco 1987, 46, T.A. PERRY, A Poetics of Absence: The Structure and Meaning of Genesis 1.2, JSOT 58 (1993) 3–11 (3); E. OTTO, Die Paradieserzählung Genesis 2–3: Eine nachpriesterschriftliche Lehrerzählung in ihrem religionsgeschichtlichen Kontext, in: „Jedes Ding

den kann, ob Gen 2,4 insgesamt oder nur die Toledotformel Gen 2,4a als redaktionelles Bindeglied zwischen Gen 1,1–2,3 und 2,5–3,24 anzusehen ist.[13] – [c] Wenn sich Gen 2,4 auch auf synchroner Ebene als Element der Komposition des Genesisbuches als eine geschlossene, auf eine nachpriesterschriftliche Redaktion zurückgehende Aussage präsentiert,[14] so kann auf der anderen Seite nicht die Spannung übersehen werden, die zwischen den beiden Vershälften von Gen 2,4 besteht und innerhalb der Forschung dementsprechend zur Aufteilung des Verses auf zwei unterschiedliche literarische Zusammenhänge geführt hat. Ohne hier die klassisch dafür in Anspruch genommenen Beobachtungen wiederholen zu wollen,[15] darf zumindest auf die innerhalb von Gen 2,4b beachtenswerten beiden Wortverbindungen יהוה אלהים und ארץ ושמים hingewiesen werden, wobei vor allem im Blick auf die für den nachfolgenden Erzählzusammenhang auffällige und dort ohne Funktion bleibende Erwähnung des „Himmels" zu fragen bleibt, ob es sich hierbei nicht um eine um Ausgleich mit Gen 2,4a bzw. der ganzen priesterschriftlichen Schöpfungserzählung bemühte redaktionelle Erweiterung innerhalb einer als nicht-priesterschriftlich zu kennzeichnenden Aussage handelt.[16] Eine solche Annahme ist letztlich nicht

---

hat seine Zeit ..." Studien zur israelitischen und altorientalischen Weisheit (FS D. Michel [BZAW 241]), hg. von A.A. Diesel u.a., Berlin-New York 1996, 167–192 (187); J.B. DOUKHAN, The Genesis Creation. Its Literary Structure, AUS.DS 5 (1998) 252 f. spricht in diesem Zusammenhang von "assymetrical symmetry"; ausdrücklich verweist WITTE, Urgeschichte, 54 darauf, daß der chiastische Aufbau von Gen 2,4 nicht als Beweis für die ursprüngliche literarische Einheit des Verses zu werten ist, sondern auch redaktionell hergestellt sein kann.

[13] Im Sinne der Annahme, daß es sich bei Gen 2,4 um ein geschlossenes Brückenelement zwischen beiden kompositorischen Einheiten handle, votieren z.B. STORDALEN, Genesis 2,4, 173; OTTO, Paradieserzählung, 185 ff. und G.J. WENHAM, The Priority of P, VT 49 (1999) 240–258 (253 f.).

[14] Angesichts der Bedeutung von Gen 2,4 als Strukturierungsmerkmal für den vorliegenden Textzusammenhang des Genesisbuches (vgl. auch BAUMGART, Umkehr, 45 f. bzw. HIEKE, Genealogien, 56 ff.) liegt es nahe, darin eine in der jetzigen Form nachpriesterschriftliche, näherhin mit R^P zu identifizierende redaktionelle Bildung zu sehen (vgl. auch KOCH, Toledot-Formeln, 185 Anm. 8).

[15] Vgl. nur die Hinweise bei WITTE, Urgeschichte, 54 ff. sowie HIEKE, Genealogien, 47 ff.

[16] So P. WEIMAR, Untersuchungen zur Redaktionsgeschichte des Pentateuch (BZAW 146), Berlin-New York 1977, 113 f.; nicht unproblematisch erscheint die Annahme, wonach Gen 2,4b im ganzen eine redaktionell bedingte Überleitung darstelle (aus der jüngeren Diskussion vgl. etwa L.RUPPERT, Genesis. Ein kritischer und theologischer Kommentar, 1.Teilband: Gen 1,1–11,26 (fzb 70), Würzburg 1992, 113 und C. LEVIN, Der Jahwist (FRLANT 157), Göttingen 1993, 89; zu früheren Vertretern vgl. WEIMAR, Redaktionsgeschichte, 114 Anm. 10). Mit Verweis auf die Formelhaftigkeit des Wortpaares ארץ ושמים wird Gen 2,4b etwa von C. DOHMEN, Schöpfung und Tod. Die Entfaltung theologischer und anthropologischer Konzeptionen in Gen 2/3 (SBB 17), Stuttgart 1988, 44 ff. und

ohne Folge für eine Beurteilung der Toledotformel Gen 2,4a, die angesichts dessen nicht anders als eine gegenüber Gen 2,4b zu isolierende eigenständige Aussage angesehen werden kann. Unter einer solchen Voraussetzung wird die Toledotformel Gen 2,4a am ehesten eine in Korrespondenz zu Gen 1,1 als Überschrift zu verstehende Unterschrift zur vorausgehenden Schöpfungserzählung darstellen, wobei der Unterschriftcharakter von Gen 2,4a nicht zuletzt gerade durch den im Zusammenhang einer Toledotformel eher ungewöhnlichen temporalen Infinitiv בהבראם gestützt wird.[17] – [d] Eine neue Funktion hat Gen 2,4a durch die redaktionell bedingte Verknüpfung mit Gen 2,4b gewonnen. Indem infolge einer nachpriesterschriftlichen, näherhin mit R^P zu verbindenden redaktionellen Bearbeitung die beiden Vershälften von Gen 2,4 so aufeinander abgestimmt worden sind, daß sie zusammen eine geschlossene Aussage ergeben, ist die ursprüngliche Toledotunterschrift Gen 2,4a zu einer auf Gen 1,1 zurückweisenden und dazu eine Verbindung herstellenden Überschrift geworden, womit zugleich die schon mehrfach festgehaltene Parallelität der beiden Textpassagen Gen 1,1–3 und 2,4–7 ein neues Gewicht bekommt.[18] Durch die redaktionell bedingte Umfunktionierung von Gen 2,4a zur Überschrift ist die priesterschriftliche Schöpfungserzählung aus der für sie konstitutiven Beziehung zur Fluterzählung (Gen 6,9–9,29*) herausgenommen und in ein neues, mit der für die Gestaltung des Genesisbuches verantwortlichen Redaktionsschicht in Verbindung zu bringendes Bezugssystem eingebunden worden.[19] Die ursprüngliche Geschlossenheit der priesterschriftlichen

---

WITTE, Urgeschichte, 55 f. als ein geschlossenes überschriftartiges Gebilde zur nachfolgenden Texteinheit verstanden.

[17] Vgl. hierzu WEIMAR, Toledot-Formel, 73 f. – Daß Gen 2,4a ursprünglich vor Gen 1,1 gestanden habe und erst redaktionell an ihren jetzigen Ort versetzt worden sei (so zuletzt wieder WITTE, Urgeschichte, 55), erscheint angesichts der dann gegebenen unmittelbaren Aufeinanderfolge zweier überschriftartiger Aussagen wenig plausibel.

[18] Ohne Detaildiskussion der hierbei anstehenden Fragen und eine weiterführende Auseinandersetzung mit den innerhalb der Forschung vertretenen Positionen vgl. hier nur die diesbezüglichen Darstellungen bei DOUKHAN, Genesis Creation, 53 ff., W. GROSS, Die Pendenskonstruktion im Biblischen Hebräisch. Studien zum althebräischen Satz I (ATS 27), St. Ottilien 1987, 52 ff.; OTTO, Paradieserzählung, 185 ff. und BAUKS, Welt, 86 ff.

[19] Zur Parallelität von Schöpfungs- und Fluterzählung und ihrer wechselseitigen Zuordnung im Rahmen des priesterschriftlichen Werkes vgl. hier nur WEIMAR, Struktur I, 92 ff. und DERS., Struktur II, 138 ff.148 ff. Daß auf einer nachpriesterschriftlichen, näherhin mit R^P in Verbindung zu bringenden Redaktionsebene andere kompositorisch bedeutsame Ordnungsgesetzmäßigkeiten vorherrschen, ergibt sich unzweifelhaft aus der redaktionell bedingten Umfunktionierung von Gen 2,4a in Verbindung mit der ebenfalls erst redaktionell hergestellten Korrespondenz von Gen 2,4 und 5,1, worin großkompositorisch bedeutsame Struktursignale zu sehen sein werden (vgl. auch BAUMGART, Umkehr, 38 ff.); wie sich näherhin das für die Schöpfungserzählung Gen 1,1–2,3 auf der

I. Literargeschichtliche Probleme

Schöpfungserzählung, wie sie durch Gen 1,1 und 2,4a als Über- und Unterschrift angezeigt ist, hat sich aufgrund der redaktionell bedingten Funktionsveränderung von Gen 2,4a zu einer nach vorne hin geöffneten Erzählung gewandelt.

2. Sind anhand des Stellenwertes von Gen 2,4a (Unterschrift||Überschrift) im Blick auf die im Rahmen von Gen 1,1–2,3 überlieferte Schöpfungserzählung zwei Interpretationsebenen freigelegt worden, von denen die eine mit der Pentateuchredaktion zu verbinden, die andere aber als priesterschriftlich zu deklarieren ist, so gilt es im folgenden, den damit angestoßenen Fragehorizont durch weitere Beobachtungen zu vertiefen. Ausgehend von Gen 2,4a fällt der Blick zunächst auf Gen 2,1, der mit Gen 2,4a über den Doppelbegriff השמים והארץ, aber auch über die passivische Konstruktion verbunden ist. Schwieriger ist dagegen die Bedeutung der hier angezeigten Verbindungslinie zu interpretieren. Mehrere wechselseitig sich beleuchtende Phänomene sind miteinander ins Gespräch zu bringen: [a] Im Gesamtzusammenhang der priesterschriftlichen Schöpfungserzählung nimmt Gen 2,1 eine merkwürdig isolierte Stellung ein,[20] wobei der Vers genau in die Lücke zwischen Gen 1,31b (יום הששי) und 2,2+3 (ביום השביעי) eintritt und diese damit nochmals besonders akzentuiert. Der durch die keineswegs auf die Menschenschöpfung begrenzten, sondern alle Schöpfungswerke einbeziehenden Billigung (Gen 1,31a), aber auch durch den auffälligen Gebrauch des Artikels im Zusammenhang der Tageszählung hinreichend markierte Abschluß der Schöpfungswerke insgesamt[21] läßt dann näherhin nach Funktion und Bedeutung der Aussage von Gen 2,1 fragen. – [b] Angesichts der Konkurrenz, in der Gen 2,1 zu Gen 1,31ab steht, bleibt zu prüfen, ob und inwieweit Gen 2,1 überhaupt als Bestandteil der priesterschriftlichen Schöpfungserzählung angesehen werden kann. In der Tat spricht einiges für die Annahme, wonach der Vers als ein redaktionell bedingter Eintrag in den Zusammenhang der priesterschriftlichen Schöpfungserzählung zu verstehen ist.[22] Abgesehen von der immer festge-

---

Ebene der Komposition des Genesisbuches maßgebende Bezugssystem definiert, wird weitergehenden Überlegungen vorbehalten bleiben müssen (vgl. vorläufig nur die knappen Hinweise bei P. WEIMAR, Art. Genesisbuch, NBL I [1991] 783–790 [784]).

[20] STECK, Schöpfungsbericht, 181 f.

[21] Zum Verständnis von Gen 1,31 als Gesamtbewilligung vgl. insbesondere STECK, Schöpfungsbericht, 131 Anm. 521.183; zur besonderen Form der Tageszählung in Gen 1,31, die dadurch ausgezeichnet ist, daß das artikellose יום gefolgt ist von einer Ordinalzahl mit Artikel (vgl. auch die entsprechende Angabe in Gen 2,3aα), vgl. JACOB, Genesis, 63 und CASSUTO, Genesis I, 60.

[22] In diesem Sinne votieren etwa ZENGER, Gottes Bogen, 68 ff.; WEIMAR, Struktur I, 89 Anm. 29; B. JANOWSKI, Tempel und Schöpfung. Schöpfungstheologische Aspekte der priesterschriftlichen Heiligtumskonzeption, JbTh 5 (1990) 37–69 (55 ff.) = DERS., Gottes Gegenwart in Israel. Beiträge zur Theologie des Alten Testaments, Neukirchen-Vluyn

haltenen (im einzelnen aber unterschiedlich ausgewerteten) Spannung zwischen Gen 2,1 und 2a²³ unterbricht die Feststellung Gen 2,1 in markanter Weise die nicht allein durch die Korrespondenz der Zeitangaben („*der sechste Tag*" [Gen 1,31b]|||„*am* siebten Tag" [Gen 2,2ab]), sondern auch durch den gleichlautenden Relativsatz אשר עשה hergestellten Zusammenhang zwischen Gen 1,31 und 2,2+3.²⁴ Abgesehen von der passivischen Satzkonstruktion, die in Verbindung mit dem Infinitiv בהבראם in Gen 2,4a gesehen werden kann, stellt vor allem der Doppelbegriff השמים והארץ eine Verbindung sowohl zu Gen 1,1 als auch zu Gen 2,4a als Über- und Unterschrift der priesterschriftlichen Schöpfungserzählung her. Um so mehr muß aber in Gen 2,1 das überschüssige, schwierig zu deutende dritte Glied וכל צבאם beachtet werden, womit unter literargeschichtlichem Aspekt indirekt ein Hinweis darauf gegeben zu sein scheint, daß Gen 2,1 mit Gen 1,1 und 2,4a nicht auf ein und derselben Ebene anzusiedeln ist.²⁵ – [c] Wenn Gen 2,1 aber nicht als genuiner Bestandteil der priesterschriftlichen Schöpfungserzählung zu betrachten, sondern davon als ein späterer Nachtrag abzusetzen ist, dann bleibt zu prüfen, wodurch eine redaktionell bedingte Einfügung von Gen 2,1 veranlaßt sein könnte. Angesichts der formalen Konkurrenz von Gen 2,1 zur Unterschrift Gen 2,4a wird zu fragen sein, ob hiermit nicht insofern ein Zusammenhang gegeben ist, als die redaktionell bedingte Umfunktionierung der Unterschrift Gen 2,4a zu einer Überschrift durch R^P eine Ersatzunterschrift geradezu herausfordert.²⁶ Ist dementsprechend Gen 2,1 als eine solche Ersatzunterschrift zu verstehen, dann darf hierin – zusammen mit Gen 2,2+3 – der betont herausgestellte Abschluß der mit Gen 1,1 als Überschrift eröffneten Darstellung des Schöpfungsgeschehens gesehen werden.²⁷ Möglicherweise erhellt sich von

---

1993, 214–246 (232 ff.); RUPPERT, Genesis I, 59 f.99; WITTE, Urgeschichte, 120 f. – Einer Ausgrenzung von Gen 2,1 als redaktionellem Textelement hat ausdrücklich STECK, Aufbauprobleme, 289 Anm. 7 („ohne auch nur einigermaßen zureichende Gründe") widersprochen.

²³ Zur Diskussion der Problemlage vgl. insbesondere STECK, Schöpfungsbericht, 178 ff.

²⁴ Hierzu vgl. v.a. ZENGER, Gottes Bogen, 69.

²⁵ Wenn der in Gen 1,1 und 2,4a vorkommende Merismus השמים והארץ stehender Ausdruck für die gesamte geordnete Welt ist (vgl. zuletzt BAUKS, Welt, 107 f.), dann knüpft Gen 2,1 zwar einerseits daran an, verlagert aber andererseits durch Beifügung von וכל צבאם den Akzent und gewinnt dadurch insgesamt einen anderen Charakter.

²⁶ So wird Gen 2,1 als eine vollgültige Unterschrift und nicht bloß als eine „Teilunterschrift" (STECK, Schöpfungsbericht, 184) oder „Zwischenunterschrift" (vgl. ZENGER, Gottes Bogen, 70) zu verstehen sein.

²⁷ In einem solchen Sinne votieren etwa B.W. ANDERSON, A Stylistic Study of the Priestly Creation Story, in: Canon and Authority. Essays in Old Testament Religion und Theology (FS W. Zimmerli), hg. von G.C. Coats-B.O. Long, Philadelphia 1977, 148–162 (159 f.) ("*inclusio* which relates the end of the story to its beginning"); DOUKHAN, Gene-

daher nochmals der tiefere Sinn des den Doppelbegriff השמים והארץ ergänzenden und wohl auch in besonderer Weise herausgehobenen Elementes וכל צבאם. Ohne hier das mit der Wendung וכל צבאם angestoßene, kontrovers diskutierte Problem einer Deutung weiter verfolgen zu können, sei zumindest doch erwogen, ob die für Gen 2,1 verantwortliche nachpriesterschriftliche Redaktion nicht gerade mit Hilfe dieser Wendung eine Verbindung zur Erschaffung der Himmelsleuchten (Gen 1,14–19) und hierbei vor allem zu der wohl möglicherweise ebenfalls einer nachpriesterschriftlichen Bearbeitung sich verdankenden Aussage Gen 1,14b[28] herstellen will, um damit zugleich den Blick auf den außerhalb der Reihe der Schöpfungswerke stehenden und nicht zuletzt durch die redaktionell eingestellte Unterschrift Gen 2,1 in besonderer Weise herausgestellten siebten Tag als Ruhetag zu öffnen.[29] Damit zeigt sich aber, daß die von R^P zu verantwortende Umfunktionierung der ursprünglich als Unterschrift dienenden Toledotformel Gen 2,4a Auswirkungen bis in die voraufgehende Schöpfungserzählung hinein hat und hiervon selbst – wie anhand der Einfügung der von daher induzierten neuen Unterschrift Gen 2,1 erkennbar wird – deren strukturell-kompositorisches Gefüge nicht unberührt ist.

3. Deuten sich aufgrund der Umfunktionierung von Gen 2,4a wie der damit zusammenhängenden Einfügung von Gen 2,1 auch interpretatorisch bedeutsame Veränderungen nicht nur hinsichtlich des kompositorischen Gefüges der Schöpfungserzählung selbst, sondern auch hinsichtlich der Einordnung der Schöpfungserzählung in den literarischen Zusammenhang des Genesisbuches an, dann scheint sich ein Interpretationsrahmen zu er-

---

sis Creation, 162 f.; WENHAM, Genesis I, 5 ("2:1–3 echoes 1:1 by introducing the same phrases but in reverse order") und W.P. BROWN, Structure, Role, and Ideology in the Hebrew and Greek Texts of Genesis 1:1–2:3 (SBL.DS 132), Missoula, Mont. 1993) 69 ff.

[28] Die im kompositorischen Gefüge von Gen 1,14–19 ohne Äquivalent bleibende Aussage Gen 1,14b (H. SEEBASS, Genesis I. Urgeschichte [1,1–11,26], Neukirchen-Vluyn 1996, 73 f.), der innerhalb von Gen 1,14–15 als erstem Kompositionselement eine zentrale Position zukommt und damit im vorliegenden Textzusammenhang entsprechend hervorgehoben ist, bereitet auf der anderen Seite aber nicht allein wegen der Konkurrenz der beiden jeweils durch die Konstruktion mit ל... והיו gebildeten Aussagen Gen 1,14b und 15aα, sondern auch aufgrund der Begrifflichkeit (ולמועדים) Schwierigkeiten, was fragen läßt, ob in dem Halbvers nicht ein jüngerer Eintrag innerhalb von Gen 1,14–19 aus nachpriesterschriftlicher Hand zu sehen ist. Ist aber zwischen Gen 1,14b und 2,1 ein auch literargeschichtlich bestehender Zusammenhang anzunehmen, dann empfiehlt sich für das seit je Schwierigkeiten bereitende וכל צבאם (STECK, Schöpfungsbericht, 182 Anm. 772) – trotz des pluralischen Suffixes – durchaus eine Deutung im Sinne von „Heer des Himmels", womit dann gerade auf die besondere Bedeutung der Gestirne für die „kultischen Festzeiten (מועדים)" (vgl. K. KOCH, Art.מועד, ThWAT IV [1984] 744–750 [746 f.]) abgehoben wäre.

[29] Vgl. RUPPERT, Genesis I, 99: „Der Ergänzer (2,1) möchte dem Mißverständnis wehren, als ob Gott auch am 7. Tag noch etwas geschaffen hätte."

schließen, der möglicherweise auch für eine Beurteilung weiterer Aussagen innerhalb des Rahmens von Gen 1,1–2,4a bedeutsam ist. Der Blick richtet sich insbesondere auf die im Zusammenhang der Gottesrede Gen 1,29+30a nur locker eingebundene Aussage von Gen 1,30a, bei der mit durchaus guten Gründen eine priesterschriftliche Herkunft in Frage zu stellen ist: [a] Innerhalb der zweiteilig angelegten Gottesrede Gen 1,29+30a weist sich der erste Redeteil (Gen 1,29) als ein mittels Rahmung (הנה נחתי לכם ... לכם יהיה לאכלה) herausgehobenes geschlossenes Kompositionselement aus, mit der Wirkung, daß die parallel gefügten beiden Objektangaben „Kraut" und „Baum" inklusorisch umschlossen und dadurch nachdrücklich akzentuiert sind.[30] Davon abgehoben ist der zweite Redeteil (Gen 1,30a), der durch das an seinem Abschluß stehende Stichwort לאכלה das Schlußwort des ersten Redeteils wiederaufnimmt und damit offensichtlich eine Parallelisierung beider Redeteile anzuzeigen beabsichtigt.[31] Doch gegenüber der kunstvollen Anlage von Gen 1,29 fehlt Gen 1,30a unverkennbar poetische Kraft und literarisches Stilempfinden. Außerdem verdient das auffällige (nicht durch Emendation zu behebende) Fehlen eines Verbums Beachtung, womit literarisch allem Anschein nach das Moment der Überraschung angesichts der Verfügung für die Tierwelt augenscheinlich gemacht werden soll.[32] – [b] Legt sich aufgrund der literarisch-stilistischen Besonderheiten von Gen 1,30a gegenüber Gen 1,29 die Vermutung nahe, daß es sich bei Gen 1,30a um eine redaktionell bedingte Ergänzung zu Gen 1,29 handelt,[33] so gewinnt eine solche Annahme zusätzlich an Plausibilität, wenn einerseits die Eigenheit von Gen 1,30a berücksichtigt wird, wie sie insbesondere anhand der gegenüber Gen 1,26b und 28b signifikanten Besonderheiten der Tierreihe in Erscheinung tritt, andererseits aber beachtet wird, daß Gen 1,30a unverkennbar im Vorblick auf Gen 9,2+3 gestaltet ist.[34] Schwieriger gestaltet sich demgegenüber eine begründete Beurteilung des zwischen Gen 1,29+30a auf der einen und Gen 9,2+3 auf der anderen Seite bestehenden Zusammenhangs, und das um so mehr, als dies nicht

---

[30] Vgl. auch K. GRÜNWALDT, Wozu wir essen. Überlegungen zu Genesis 1,29–30a, BN 49 (1989) 25–38 (26).

[31] GRÜNWALDT, Überlegungen, 26: „Dadurch aber, daß jeweils am Ende von V.29.30a לאכלה steht, machen die Verse trotz ihrer betont invertierten Formulierung den Eindruck der Parallelität."

[32] Eine Ergänzung des Verbums נחתי aus Gen 1,29 in 30a, wie sie häufiger vorgenommen wird (BHS), ist nicht angezeigt (anders etwa STECK, Schöpfungsbericht, 158 Anm. 654); ob im Fehlen des Verbums eine stilistische Raffinesse oder auch nur ein literarisches Unvermögen zu sehen ist, kann im vorliegenden Zusammenhang offen bleiben.

[33] Vgl. auch die bei STECK, Schöpfungsbericht, 137 Anm. 557 angeführten Vertreter einer solchen Position.

[34] Vgl. dazu STECK, Schöpfungsbericht, 135 Anm. 549.138 Anm. 560.

I. Literargeschichtliche Probleme

ohne kritische Sichtung der mannigfachen Probleme von Gen 9,1–7 unter Einschluß der nach wie vor kontrovers beurteilten literargeschichtlichen Problemlage geschehen kann.[35] Ohne hier aber in eine Einzeldiskussion eintreten zu können, bleibt festzuhalten, daß Gen 9,2+3 wie eine auf Gen 1,29 reagierende Imitation dieser Gottesrede wirkt, während Gen 1,30a genau umgekehrt von Gen 9,2+3 beeinflußt zu sein scheint.[36] – [c] Sind die Beobachtungen zur literargeschichtlichen Einordnung von Gen 1,30a zutreffend, dann legt sich von daher eine doppelte Konsequenz nahe: Zum einen ist Gen 1,30a als eine erst nachpriesterschriftliche Bildung zu qualifizieren; zum anderen handelt es sich insbesondere bei Gen 1,30a um einen eschatologisch bestimmten Gegenentwurf zu Gen 9,2+3.[37] Wird auf diese Weise gerade durch den wahrscheinlich auf die Pentateuchredaktion zurückgehenden Halbvers Gen 1,30a mit Hilfe der Vorstellung, daß „ein allgemeiner Friede auf Erden sowohl zwischen Mensch und Tier als auch zwischen den Tieren untereinander" herrschen solle,[38] eine „utopische Komponente"[39] in die Schöpfungserzählung eingetragen, dann verbindet sich die damit angezeigte Neuinterpretation auf vorzügliche Weise mit der durch die Umfunktionierung von Gen 2,4a zur Überschrift und der damit in Verbindung zu setzenden Einfügung von Gen 2,1 als Ersatzunterschrift zu konstatierenden Tendenz.

4. Angesichts des immer wieder herausgestellten, im einzelnen unterschiedlich gedeuteten geringen Zusammenhalts von Gen 1,26–28 und 29[40] werden weitergehende Fragen hinsichtlich der Beurteilung der literargeschichtlichen Problemlage von Gen 1,1–2,4a angestoßen, die dann – im Gegensatz zu den bisherigen Beobachtungen – nicht die Nachgeschichte der priesterschriftlichen Schöpfungserzählung betreffen, sondern deren Vorgeschichte. Hierzu sollen im vorliegenden einige, eher allgemeine Erwägungen mitgeteilt werden:[41] [a] Anlaß zu kritischer Rückfrage nach den

---

[35] Eine gründliche Untersuchung von Gen 9,1–7 bietet jetzt R. MOSIS, Genesis 9,1–7: Funktion und Bedeutung innerhalb der priesterschriftlichen Urgeschichte, BZ NF 38 (1994) 195–228; weitere Hinweise jüngst bei BAUMGART, Umkehr, 302 ff.365 ff.399 ff. (hier auch eine Übersicht über verschiedene neuere entstehungsgeschichtliche Lösungsversuche).

[36] Die engen Bezüge zwischen Gen 1,28+29 (ohne 30a!) und Gen 9,2+3 dokumentieren eindrücklich die synoptischen Darstellungen bei ZENGER, Gottes Bogen, 116 f., WEIMAR, Struktur II, 140 f. Anm. 154 und BAUMGART, Umkehr, 366 f.

[37] MOSIS, Genesis 9,1–7, 228.

[38] JACOB, Genesis, 62.

[39] MOSIS, Genesis 9,1–7, 227 f.

[40] Vgl. hierzu nur MOSIS, Genesis 9,1–7, 220 f.

[41] Vgl. die vorläufigen Anmerkungen bei P. WEIMAR, Chaos und Kosmos. Gen 1,2 als Schlüssel zu einer älteren Fassung der priesterschriftlichen Schöpfungserzählung, in: Mythos im Alten Testament und seiner Umwelt (FS H.-P. Müller [BZAW 278]), hg. von A. Lange u.a., Berlin-New York 1999, 196–211; zur Problematik vgl. jüngst auch die

der priesterschriftlichen Schöpfungserzählung zugrundeliegenden entstehungsgeschichtlich bedingten Prozessen ist immer auch die Diskrepanz zwischen Schöpfungstagen und Schöpfungswerken gewesen, wobei für den dritten (Gen 1,9–13) und sechsten Schöpfungstag (Gen 1,24–31*) jeweils zwei Schöpfungswerke zu konstatieren sind. Wenn auch für die Zuordnung zweier Schöpfungswerke zu einem Schöpfungstag thematische Gründe in Anschlag zu bringen sind, so erweist sich eine solche aber eher als künstliche Konstruktion, die die Ursprünglichkeit einer solchen Verbindung in Frage stellt. Läßt sich aufgrund dieser Beobachtung zwar kein eindeutiges Kriterium für eine randscharfe Trennung zweier Fassungen der Schöpfungserzählung gewinnen, so darf darin aber nichtsdestoweniger ein untrüglicher Hinweis auf ein konkurrierendes Nebeneinander zweier Strukturierungssysteme gesehen werden, deren eines durch die regelmäßig gesetzte und sich damit als übergreifendes Strukturierungsmerkmal der Schöpfungserzählung ausweisende Tageszählung gekennzeichnet ist, während das andere Strukturierungsprinzip strophisch anhand einer Abfolge von Schöpfungswerken bestimmt ist. – [b] Ohne daß im vorliegenden Rahmen eine begründete Rekonstruktion einer der priesterschriftlichen Schöpfungserzählung zugrundeliegenden älteren Fassung unternommen werden kann, so ist dennoch ersichtlich, daß sich innerhalb der als priesterschriftlich anzusehenden Erzählung noch unverkennbar die Umrißlinien einer strophisch gegliederten Schöpfungserzählung mit eigenem literarisch-theologischem Profil abheben, die sich anhand der ihr zugrundeliegenden Ordnungsprinzipien wie stilistisch-struktureller Besonderheiten als eine aus fünf Strophen bestehende Komposition erschließt.[42] Gegenüber der priesterschriftlichen Textgestalt zeichnet sich die als vorpriesterschriftliche Tradition zu bestimmende Schöpfungserzählung zum einen durch eine rhythmisierte Form der Prosa, zum anderen aber durch eine sorgsam kalkulierte Anlage wie Zuordnung der einzelnen Strophen aus, was möglicherweise auch Rückschlüsse auf eine nähere Qualifizierung ihrer Funktion erlaubt.[43] – [c] Liegt der priesterschriftlichen Fassung der Schöpfungserzählung in der Tat eine aus fünf Strophen bestehende Schöpfungserzählung

---

Erwägungen bei M. GÖRG, Art. Schöpfung, Schöpfungslehren I, NBL III (2001) 498–504 (500 f.).

[42] Hierzu näherhin WEIMAR, Chaos, 202 ff. – Hinsichtlich der theologischen Programmatik dieser fünfstrophigen Schöpfungserzählung wird zweifellos zu beachten sein, daß sie geradezu programmatisch mit einer Beschreibung der ungeordneten „Erde [הארץ]" eröffnet wird (Gen 1,2) und ihren Höhepunkt erreicht mit der Übertragung der Herrschaft über eben diese Erde an den Menschen (Gen 1,29*).

[43] Zu beachten ist in diesem Zusammenhang auch die durchaus auffällige, da erzählerisch nicht weiter vermittelte unmittelbare Anrede an die Adressaten durch das zweimalige לכם in den „Rahmenaussagen" der die vorpriesterschriftliche Schöpfungserzählung abschließenden Gottesrede Gen 1,29*.

I. Literargeschichtliche Probleme

zugrunde, dann erweisen sich angesichts des in diesem Rahmen nicht weiter auflösbaren Zusammenhangs von Wort- und Tatbericht die immer wieder unternommenen Versuche, deren Nebeneinander für eine Rekonstruktion des Entstehungsprozesses der priesterschriftlichen Schöpfungserzählung auszuwerten, als nicht gangbar.[44] Vom priesterschriftlichen Erzähler ist diese in fünf Strophen organisierte Komposition einer Schöpfungserzählung, die ihre Aufgipfelung mit der auch kompositorisch besonders herausgestellten Erschaffung des Menschen erreicht und deren zentrales Anliegen die Aufdeckung grundlegender Ordnungsstrukturen als Mittel zur Bewahrung der Erde als Lebensraum vor dem Einbrechen der lebensbedrohenden Macht des Chaos ist, zum Ausgangspunkt eines grundlegenden Aus- und Umgestaltungsprozesses gemacht worden, der sich angesichts dessen zugleich als ein kritisches Gespräch mit der Tradition zu erkennen gibt. Das spezifische Profil und Interesse der priesterschriftlichen Deutung des Schöpfungsgeschehens läßt sich so nicht zuletzt anhand der Abänderungen gegenüber der von P^g rezipierten Tradition erkennen. Indirekt ergibt sich damit zugleich eine nicht unbedeutsame Vorentscheidung hinsichtlich der Eruierung der Kompositionsstruktur der priesterschriftlichen Schöpfungserzählung.

In der Spur der vorangehend mitgeteilten Beobachtungen kann die Schöpfungserzählung zu Beginn des Genesisbuches als ein mehrschichtiges literarisches Gebilde verstanden werden, bei dem die priesterschriftliche Erzählfassung gleichsam eine Mittellage einnimmt. Von dieser abzuheben ist eine als nachpriesterschriftlich zu kennzeichnende, angesichts der großkompositionell bedeutsamen Eingriffe wohl mit der Pentateuchredaktion zu verbindenden Redaktionsebene, die vom Umfang her zwar nicht ausgreifend ist, die es aber nichtsdestoweniger versteht, kompositorisch, aber auch interpretatorisch markante Akzente zu setzen. Die Hand dieser nachpriesterschriftlichen Redaktionsschicht ist – abgesehen von geringfügigeren, hier nicht weiter zu berücksichtigenden Einträgen präzisierenden Inhalts[45] – vor allem gegen Abschluß der Schöpfungserzählung faßbar. Mit ihr ist neben der Umfunktionierung der ursprünglich als Unterschrift zur priesterschriftlichen Schöpfungserzählung dienenden Toledotformel Gen 2,4a zur Überschrift der nachfolgenden Kompositionseinheit Gen 2,4–3,24 in erster Linie Gen 2,1 als Ersatzunterschrift (vgl. auch die wohl damit in Verbindung zu bringende Aussage Gen 1,14b) sowie die Anfügung von Gen 1,30a, worin in beiden Fällen genuine Bildungen aus der Hand von R^P zu sehen sind, zu verbinden. Hinsichtlich einer näheren Beurteilung der

---

[44] Zur Problematik einer Sonderung von Wort- und Tatbericht vgl. schon die grundsätzlichen Ausführungen bei STECK, Schöpfungsbericht, 16 ff.

[45] In der Mehrzahl der Fälle handelt es sich um nominale relativische Beifügungen (so etwa in Gen 1,11b.12aβ.21b.29a).

priesterschriftlichen Schöpfungserzählung selbst wird zu berücksichtigen sein, daß sie ihrerseits keine freie literarische Komposition darstellt, daß ihr vielmehr schon eine ältere Schöpfungserzählung mit eigenem literarischen wie theologischen Profil als Vorlage zugrundeliegt. Die sich dabei zwischen der priesterschriftlichen Erzählfassung und der ihr zugrunde liegenden Tradition auftuende Spannung wird gerade auch hinsichtlich der Frage nach der Kompositionsstruktur der priesterschriftlichen Schöpfungserzählung zu beachten sein.

II. Kompositorisch-strukturelle Gesetzmäßigkeiten der priesterschriftlichen Schöpfungserzählung

Angesichts der nicht zu verkennenden Schwierigkeiten, die dem Versuch, die kompositorisch-strukturellen Gesetzmäßigkeiten der priesterschriftlichen Schöpfungserzählung zu entschlüsseln, entgegenstehen, haben die vorangehend mitgeteilten Überlegungen zur entstehungsgeschichtlichen Problematik von Gen 1,1–2,4a insofern zu einem gewissen Klärungsprozeß hinsichtlich der Bestimmung der für die Konstruktion der priesterschriftlichen Schöpfungserzählung maßgebenden Bauprinzipien geführt, als hierdurch die Ansatzpunkte für eine Erfassung der für sie maßgebenden kompositorisch-strukturellen Bedingungen präziser faßbar geworden sind. Die in der Zuordnung von Schöpfungswerken und Schöpfungstagen bestehende Spannung, wie sie sich in dem Mißverhältnis von acht an sechs Tagen untergebrachten Schöpfungswerken dokumentiert, resultiert zu einem nicht unerheblichen Teil daher, daß sich die priesterschriftliche Schöpfungserzählung hierbei an eine festgeprägte, fünf Schöpfungswerke umfassende, strophisch organisierte Vorlage als Grundlage eines Aus- und Umgestaltungsprozesses gebunden weiß, der dabei ganz eigenen, zur aus der Tradition rezipierten Erzählfassung in Konkurrenz stehenden strukturellen Gestaltungsgesetzmäßigkeiten folgt.[46] Angesichts dessen werden für eine Erfassung der Kompositionsstruktur der priesterschriftlichen Erzählfassung in erster Linie die auf die Hand des priesterschriftlichen Erzählers selbst zurückgehenden Aussagen zu berücksichtigen sein. Die dabei als prägendes Kompositionsmerkmal in Erscheinung tretende Sieben-Tage-Struktur, die um so profilierter unter der Voraussetzung, daß es sich bei der Unterschrift Gen 2,1 um einen erst nachpriesterschriftlichen Einschub handelt, hervortritt, wird dabei den entscheidenden Beurteilungsmaßstab für eine Erfassung der Kompositionsstruktur der priesterschriftlichen Schöpfungserzählung abgeben.

---

[46] Vgl. auch ZENGER, Gottes Bogen, 73.

1. Entsprechend der durch die priesterschriftliche Bearbeitungsschicht besonders akzentuierten Sieben-Tage-Struktur kommt als Mittel der Strukturierung der priesterschriftlichen Schöpfungserzählung zunächst der Tageszählung (Gen 1,5b.8b.13.19.23.31b) eine herausragende und als solche auch nicht in Frage zu stellende Rolle zu, wobei hinsichtlich ihrer Bedeutung gleichermaßen der weitgehenden Konstanz der Formulierung wie dem dadurch erreichten refrainartigen Charakter als auch den anhand individueller Abweichungen in Erscheinung tretenden Besonderheiten Rechnung zu tragen ist.[47] Die Tageszählung gibt der priesterschriftlichen Schöpfungserzählung eine feste Form, rhythmisiert dadurch zugleich die Abfolge der einzelnen Schöpfungswerke in dem Sinne, daß sie eingebunden sind in einen Wochenrhythmus und von daher ihre innere Sinnstruktur gewinnen. Für die Erkenntnis der tieferen Bedeutung der Tageszählung werden vor allem die von der Normalform abweichenden Besonderheiten zu beachten sein, die wohl nicht zufällig beim ersten und letzten Vorkommen der Tageszählung in Erscheinung treten: [a] Entgegen dem im Zusammenhang der Tageszählung sonst üblichen Gebrauch der Ordinalzahl heißt es bei ihrem ersten Vorkommen (Gen 1,5b) nicht *„ein erster* Tag", sondern *„ein* Tag [יום אחד]"*,* wobei dieses Abweichen von der Normalform sich daher erklären wird, daß mit der Erschaffung des Lichtes und der durch Gott bewirkten Scheidung zwischen Licht und Finsternis der Tag als grundlegende Zeiteinheit für die Folge der nachfolgenden Schöpfungstage konstituiert wird.[48] Die Besonderheit der Tageszählung in Gen 1,5b hängt aufs engste mit der in Gen 1,3–5a dargestellten Erschaffung des Lichts und der dadurch ermöglichten Scheidung des Lichtes von der Finsternis zusammen, insofern Tageszählung wie Erschaffung des Lichtes gleichermaßen von dem Bemühen des priesterschriftlichen Erzählers bestimmt sind, „das Schöpfungswirken Gottes in einer Abfolge von sieben Tagen darzustellen".[49] Auch aus diesem Grunde kann der erste Schöpfungstag als ganzer nur als ein literarisches Produkt verstanden werden, das sich voll und ganz priesterschriftlichem Ausdruckswillen verdankt, wie nicht zuletzt anhand der streng aufeinander abgestimmten, durch die qualifizierenden Schlußaussagen (Gen 1,4a||5a) zusätzlich zueinander in Beziehung gesetzten beiden Kompositionselemente Gen 1,3+4a||4b+5a erkennbar wird.[50] – [b] Darf

---

[47] Vgl. etwa SCHMIDT, Schöpfungsgeschichte, 67 ff. und STECK, Schöpfungsbericht, 174 ff.

[48] Hierzu näherhin v.a. STECK, Schöpfungsbericht, 166 ff.; vgl. auch WILLI-PLEIN, Anfang, 15.

[49] STECK, Schöpfungsbericht, 174.

[50] Entgegen allen Versuchen, für Gen 1,3–5 eine überlieferungsgeschichtlich bedingte Schichtung in Erwägung zu ziehen (vgl. insbesondere SCHMIDT, Schöpfungsgeschichte, 95 ff.), hat v.a. STECK, Schöpfungsbericht, 158 ff. nachdrücklich die Geschlossenheit und Einheitlichkeit der Komposition von Gen 1,3–5 herausgestellt, eine Annahme, die sich

somit die Besonderheit der Tageszählung beim ersten Tag (Gen 1,5b) wie dessen Gestaltung insgesamt als im Blick auf die Gesamtanlage der priesterschriftlichen Schöpfungserzählung hin geschehen betrachtet werden, dann wird damit der Blick indirekt schon auf den Abschluß der Reihe der Tageszählungen eröffnet (Gen 1,31b), die wie Gen 1,5b ebenfalls von ihrer Normalform abweicht. Im Unterschied zu den vorangehenden Tageszählungen und entgegen der grammatischen Regel folgt in Gen 1,31b auf das artikellos gebrauchte Nomen יום eine Ordinalzahl mit bestimmtem Artikel (הששי), was über die grammatikalische Auffälligkeit hinweg eine Klärung des Phänomens herausfordert.[51] Anders als bei der Serie der vorangehenden Schöpfungstage ist gerade der sechste Tag gegenüber jenen in besonderer Weise ausgezeichnet und vermutlich zu der ebenfalls herausgehobenen Qualifizierung des ersten Tages (Gen 1,5b) in Beziehung gesetzt.[52] Die besondere Auszeichnung des sechsten Tages, wie sie durch die andere Gestalt der Tageszählung angezeigt ist (Gen 1,31b), hängt wohl nicht zuletzt gerade auch mit der in diesem Zusammenhang erzählten Erschaffung des Menschen (dazu s.u.) zusammen. – [c] Zugleich wird aber durch den Gebrauch des Artikels im Rahmen der Tageszählung Gen 1,31b (יום הששי) ein Bezug hergestellt zu der Segnung des siebten Tages (את יום השביעי) durch Elohim (Gen 2,3aα), wobei hier hinsichtlich der Verbindung des artikellosen Nomens יום mit der durch Artikel ausgezeichneten Ordinalzahl השביעי die gleiche stilistische Erscheinung wie in Gen 1,31b begegnet (vgl. demgegenüber Gen 2,1a und 1b).[53] Indem der priesterschriftliche Erzähler

---

um so mehr empfiehlt, als die für Gen 1,3–5 anzunehmenden beiden Kompositionsteile (Gen 1,3+4a∥4b+5a) genau aufeinander abgestimmt und zueinander in Beziehung gesetzt sind. Angesichts der Bedeutung, die Gen 1,3–5 insgesamt (inklusive der Tageszählung Gen 1,5b) für die Gesamtanlage wie -konzeption der priesterschriftlichen Schöpfungserzählung zukommt, kann an einer Herkunft des Textabschnitts von P^g nicht gezweifelt werden (vgl. schon C. WESTERMANN, Genesis. I.1–11 [BK I/1], Neukirchen-Vluyn 1974, 155 f.); in diesem Zusammenhang verdient auch die gegenüber Gen 1,6+7a als Element einer vorpriesterschriftlichen Tradition deutlich sich abhebende Vorstellung der „Scheidung", aber auch die andere Art der Bezugnahme auf Gen 1,2 in der als priesterschriftlich zu qualifizierenden Darstellung von Gen 1,3–5 Beachtung.

[51] Hierzu insbesondere JACOB, Genesis, 63 und CASSUTO, Genesis I, 60.

[52] CASSUTO, Genesis I, 60.

[53] Der immer wieder festgehaltene enge Zusammenhang zwischen Gen 1,31b und 2,2+3 tritt um so nachdrücklicher unter der Voraussetzung in Erscheinung, daß es sich – wie oben angenommen – bei Gen 2,1 um einen jüngeren, erst nachpriesterschriftlich einzuordnenden Zusatz handelt. Damit rücken die durch den Gebrauch des Artikels bei der Ordinalzahl in auffälliger Weise akzentuierten Tagesangaben „*der sechste* Tag" (Gen 1,31b) und „*der siebte* Tag" (Gen 2,3) enger zusammen, machen damit zugleich deutlich, daß es sich hierbei um ein ganz gezielt eingesetztes Stilmittel handelt, um so die besondere Bedeutung beider Tage in ihrer Beziehung zueinander herauszustellen (vgl. auch JACOB, Genesis, 63).

auf diese Weise mit Hilfe der Form der Tageszählung in Gen 1,31b einen Bezug herstellt zur Darstellung des siebten Tages (Gen 2,2+3), deckt er zugleich den Zielpunkt der für die Darstellung des Schöpfungsgeschehens maßgebenden Sieben-Tage-Struktur auf, was nicht zuletzt auch darin in Erscheinung tritt, daß innerhalb von Gen 2,2+3 der siebte Tag als solcher dreimal explizit Erwähnung findet und außerdem die drei ersten Teilsätze jeweils aus sieben Worten (5+2) bestehen.[54] – [d] Mit Hilfe der Tageszählung eröffnen sich so erste Einblicke in das der priesterschriftlichen Schöpfungserzählung zugrundeliegende Konstruktionsprinzip. Aufgrund der Abweichungen von der Normalform der Tageszählung beim ersten und letzten Vorkommen (Gen 1,5b und 31b) deuten sich Beziehungen zwischen dem ersten (Gen 1,3–5) und siebten Tag (Gen 2,2+3) an. Beide Tage heben sich aus dem Gesamtzusammenhang der Schöpfungstage durch eine ihnen eigene zweiteilige Anlage (Gen 1,3+4a||4b+5a bzw. 2,2||3) gegenüber den anderen Schöpfungstagen heraus,[55] eine Auffälligkeit, der ein um so höheres Gewicht zukommt, als einzig der erste und siebte Tag – ausgenommen der fünfte Tag (Gen 1,20–23*) – im ganzen als priesterschriftliche Konstruktionen anzusehen sind.[56] Überdies besteht zwischen diesen beiden Tagen, die schon durch ihre Eckposition ausgezeichnet sind, eine thematisch angelegte Beziehung. „Beide Male handelt es sich um Vorgänge, die außerhalb derjenigen göttlichen Schöpfungshandlungen stehen, die zur Erstellung der fortan bestehenden Schöpfungswelt führen – 1,3–5 ermöglicht vorweg die Zeitlichkeit dieser Handlungen, 2,2–3 ist nach deren Abschluß situiert, wie die Stellung nach der Gesamtbilligung 1,31 zeigt."[57] Indem der priesterschriftliche Erzähler am siebten Tag mit Hilfe eines dreifachen relativischen Rückverweises (Gen 2,2aβ.2bβ.3bβ) den Abschluß des göttlichen Schöpfungshandelns festhält, tritt der siebte Schöpfungstag ganz offensichtlich dem ersten Schöpfungstag gegenüber, der mit der Er-

---

[54] Auf dieses stilistische Phänomen, das auf seine Weise die Bedeutung des siebten Tages unterstreichen will, ist verschiedentlich hingewiesen worden (vgl. etwa CASSUTO, Genesis I, 61).

[55] Nachdrücklich herausgestellt von STECK, Schöpfungsbericht, 210. – Entgegen anders gerichteten Versuchen, Spannungen innerhalb des textlichen Gefüges von Gen 2,2+3 entdecken und damit die Einheitlichkeit der beiden Verse in Frage stellen zu wollen (vgl. hier nur WESTERMANN, Genesis I, 231 ff.), ist an dem geschlossenen Charakter der Darstellung des siebten Tages festzuhalten (wesentliche und weiterführende Einsichten zur Konstruktion von Gen 2,2+3 bei STECK, Schöpfungsbericht, 178 ff.; vgl. jüngst auch das Urteil von SEEBASS, Genesis I, 87 f.: „Für die Interpretation kommt alles darauf an, daß man kein Wort und keinen Satz entbehrt, sondern V 2 f als Einheit liest").

[56] Insofern, aber auch wegen des herausgehobenen Stellenwertes innerhalb des kompositorischen Gesamtgefüges der priesterschriftlichen Schöpfungserzählung kommt gerade Gen 1,3–5 und 2,2+3 eine Schlüsselfunktion im Blick auf ein Verständnis der als priesterschriftlich zu kennzeichnenden Kompositionsschicht zu.

[57] STECK, Aufbauprobleme, 289.

schaffung des Lichtes und der Scheidung des Lichtes von der Finsternis jenes Grundmaß für die weitere Entfaltung des Schöpfungsgeschehens als eines siebentägigen Prozesses legt. Insofern kommt dem ersten und siebten Tag nicht nur eine Sonderstellung im Gesamtzusammenhang der priesterschriftlichen Schöpfungserzählung zu, sondern in gewissem Sinne so etwas wie eine rahmende Funktion.[58] Doch ist auf der anderen Seite die Korrespondenz des ersten und siebten Schöpfungstages keine exklusive. Wie die Korrespondenz der Tageszählungen in Gen 1,5b und 31b nahelegt, wird aufgrund der letzteren gerade auch der sechste Tag (Gen 1,24–31*) als Höhepunkt und Abschluß des Schöpfungshandelns entsprechend hervorgehoben, womit indirekt zugleich eine Vielschichtigkeit angedeuteter literarischer Bezüge angezeigt ist.[59]

---

[58] Insoweit ist der entsprechenden Annahme von STECK, Schöpfungsbericht, 199 ff. und DERS., Aufbauprobleme, 288 f. zuzustimmen, ohne daß aber Gen 1,3–5 und Gen 2,2+3 im strengen Sinne – im Unterschied gerade zu Gen 1,1 und 2,4a – als Rahmen um die priesterschriftliche Schöpfungserzählung angesehen werden könnten. Beachtung verdient in diesem Zusammenhang nicht zuletzt auch das Fehlen signifikanter Stichwortbezüge. Den strukturell-kompositorischen Entsprechungen zwischen den beiden Schöpfungstagen Gen 1,3–5 und 2,2+3 kommt dagegen insofern ein anderes Gewicht zu, als mit ihrer Hilfe Anfang und Ende eines übergreifenden Prozesses angezeigt sind. In diesem Sinne jedenfalls ist möglicherweise auch ein stilistisches Phänomen zu deuten. Während in Gen 2,2+3 die ersten drei Aussagen (Gen 2,2a/2b/3a) jeweils sieben Worte umfassen (s.o. mit Anm. 54), kann für die Abfolge der ersten drei Aussagen in Gen 1,3–5a (3/4a/4b) ein ähnliches Phänomen konstatiert werden, nur daß hier jeweils sechs Worte ein zusammengehöriges Aussageelement umfassen.

[59] Wenn sich auch die besondere Form der Tageszählung in Gen 1,31b nicht zuletzt aus ihrem Bezug zur Darstellung des siebten Tages verständlich machen läßt, so darf auf der anderen Seite nicht übersehen werden, daß die Tageszählung innerhalb der priesterschriftlichen Fassung der Schöpfungserzählung den refrainartig eingesetzten Abschluß der einzelnen Schöpfungstage markiert, was zur Konsequenz hat, daß die dem sechsten Tag (Gen 1,24–31*) zugewiesene Erschaffung der Landtiere und Menschen im eigentlichen Sinne den Abschluß der Folge der Schöpfungswerke bildet, so daß Gen 1,5b und 31b im Blick hierauf so etwas wie eine verklammernde Funktion haben. Eine ähnliche stilistische Erscheinung, wie sie anhand der Korrespondenz des ersten und letzten Vorkommens der Tageszählung sichtbar wird, läßt sich auch anhand der Billigungsformel (vgl. hierzu SCHMIDT, Schöpfungsgeschichte, 59 ff. und ZENGER, Gottes Bogen, 59 ff.; nach M.A. KLOPFENSTEIN, „Und siehe, es war sehr gut!" [Genesis 1,31]. Worin besteht die Güte der Schöpfung nach dem ersten Kapitel der hebräischen Bibel?, in: Ebenbild Gottes – Herrscher der Welt, hg. von P. Mathys, Neukirchen-Vluyn 1998, 56–74 [60] sollte die Billigungsformel besser als „Aneignungsformel" bezeichnet werden) ablesen, insofern hier ebenfalls das erste und letzte Vorkommen der Formel (Gen 1,4a und 31a) durch Besonderheiten gegenüber der Normalform ausgezeichnet sind, wobei als das Verbindende die in diesem Zusammenhang jeweils geschehende Beifügung eines expliziten Objektes zu nennen ist („Licht" [Gen 1,4a] bzw. „alles, was er gemacht hatte" [Gen 1,31b]). Die auf diese Weise angestoßenen Querbezüge zwischen dem ersten und sechsten Tag lassen eine einfache Lösung der sich andeutenden Zusammenhänge mittels eines Schemas durchaus problematisch erscheinen.

II. Kompositorisch-strukturelle Gesetzmäßigkeiten

2. Schwieriger als die anhand der Beobachtungen zur Tageszählung gewonnenen Erkenntnisse zur Erfassung der strukturell-kompositorischen Gesetzmäßigkeiten innerhalb der priesterschriftlichen Schöpfungserzählung gestaltet sich eine weitergehende Entschlüsselung der für eine Ausdifferenzierung der Kompositionsstruktur von Gen 1,1–2,4a* maßgebenden Gestaltungsprinzipien. Entsprechend der Bedeutung der Sieben-Tage-Struktur für die kompositorische Anlage der priesterschriftlichen Schöpfungserzählung verdient in erster Linie die Abfolge der Schöpfungstage entsprechende Aufmerksamkeit,[60] auch wenn die Bedeutung der Schöpfungswerke als literarisches Gestaltungsprinzip nicht ganz vernachlässigt werden darf, sondern als unbestreitbarer Bestandteil des kompositorischen Gesamtgefüges der priesterschriftlichen Schöpfungserzählung durchaus Beachtung verdient.[61] Für eine Bewertung der kompositorisch bedeutsamen Bezüge wird sodann eine die entstehungsgeschichtliche Problematik mitbedenkende Betrachtungsweise weitergehende Hinweise geben können. Entscheidendes Gewicht scheint dabei – auch wenn er als solcher strukturell nicht eigens hervorgehoben ist – dem vierten Schöpfungstag (Gen 1,14–19*) zuzukommen. Für eine differenziertere Beurteilung kompositorischer Zusammenhänge eröffnen sich gerade von hierher gewichtige Zugangswege: [a] Wenn Gen 1,14–19* auch im Gesamtzusammenhang der priesterschriftlichen Schöpfungserzählung und vor allem bei Beachtung der Tageszählung keineswegs in besonderer Weise ausgezeichnet ist, so ist dennoch für die Darstellung des vierten Tages die außerordentlich komplexe kompositorische Gestaltung zu beachten, die dem vierten Schöpfungstag durchaus eine Sonderrolle im durchlaufenden Gefüge der Tagesfolge zuzumessen geeignet ist.[62] Hinsichtlich der kompositorischen Anlage von Gen 1,14–19* selbst lassen sich bei näherer Beachtung kompositorischer Gegebenheiten wohl nicht nur zwei (Gen 1,14+15*||16–19), sondern deren drei Abschnitte (Gen 1,14+ 15*||16||17+18) gegeneinander abgrenzen, wobei als strukturbestimmende Gliederungssignale das Stilmittel der (im einzelnen durchaus individuell gehandhabten) Inklusion anzusehen ist.[63] Mit

---

[60] Eine Übersicht der Vertreter, die eine Gliederung nach Tagen favorisieren, findet sich u.a. bei BAUMGART, Umkehr, 86 Anm. 572.

[61] Darauf weist nachdrücklich STECK, Schöpfungsbericht, 205 ff. und Aufbauprobleme, 292 hin.

[62] Dies ist vor allem gegenüber dem entsprechenden Einspruch von STECK, Aufbauprobleme, 288 f. zu betonen: „une place spéciale dans la série horizontale de la semaine" erkennt auch BEAUCHAMP, Création, 65 dem vierten Schöpfungstag zu.

[63] Zur Baustruktur von Gen 1,14–19* vgl. insbesondere STECK, Schöpfungsbericht, 104ff, aber auch die Hinweise bei BEAUCHAMP, Création, 92 ff., OBERFORCHER, Flutprologe, 575 ff., WENHAM, Genesis I., 21 f. und SEEBASS, Genesis I, 72 ff.; W. VOGELS, The cultic and civil calendars of the fourth day of creation (Gen 1,14b), SJOT 11 (1997) 163–180 (171 ff.). – Kennzeichnendes Strukturierungsmuster für Gen 1,14–19* ist nicht, wie

Blick auf die kompositorische Gesamtgestalt des vierten Schöpfungstages werden näherhin die vielfältig angebrachten Stichwortbezüge zu beachten sein, aufgrund deren sich in erster Linie ein komplex angelegtes Wechselspiel zwischen den beiden Rahmenelementen (Gen 1,14+15* und 17+18) nahelegt, wohingegen dem mittleren Kompositionselement (Gen 1,16), das die erstmalige Erschaffung der Gestirne berichtet, eine vermittelnde Rolle zukommt.[64] Die hier angenommene Dreiteiligkeit des kompositorischen Gefüges von Gen 1,14–19* korrespondiert dabei in bezeichnender Weise mit der die Darstellung bestimmenden Aspektdifferenz, insofern die beiden rahmenden Textelemente (Gen 1,14+15* und 17+18) im Gegensatz zu dem die Erschaffung der Gestirne selbst thematisierenden Mittelstück (Gen 1,16) den Blick auf die dauernde Daseinsgestalt gerichtet sein lassen.[65] – [b] Erscheint Gen 1,14–19* damit auch als eine im ganzen genau kalkulierte literarische Komposition, so wird sich auf der anderen Seite aber – nicht zuletzt hinsichtlich der für Gen 1,14–19* kompositorisch bedeutsamen Bezüge – ein Seitenblick auf die für die Ausgestaltung des vierten Schöpfungstages maßgebenden entstehungsgeschichtlichen Bedingungen nicht ganz vermeiden lassen. Bei der im ganzen umständlich breit, ja überladen formulierten Darstellung des vierten Tages (Gen 1,14–19*) erweist sich m.E. anhand einer Reihe von Auffälligkeiten, die immer wieder als anstößig empfunden worden sind,[66] die Annahme als durchaus tragfähig, daß die vorliegende Gestalt von Gen 1,14–19* als priesterschriftliche Aus- und Umgestaltung einer wohl auf Gen 1,14aα.15aβ.16abγ.17 einzugrenzenden älteren Darstellung der Erschaffung der Leuchten zu verstehen sein wird.[67] Beachtenswert ist die hier angezeigte literargeschichtliche Diffe-

---

es zunächst scheinen mag, der einfache Wechsel zwischen Gottesrede und Ausführungsbericht; vielmehr ist – bei hinreichender Würdigung gerade auch der der priesterschriftlichen Bearbeitung zuzurechnenden Aussagen – eher mit einer dreifach gestuften Aussagefolge zu rechnen, wobei jedes der drei kompositionskritisch sich abhebenden Strukturelemente (Gen 1,14+15*||16||17+18) nach einem analogen Muster gestaltet ist, das sich dadurch bestimmt, daß die jeweils in zentraler Position plazierten Funktionsaussagen von begleitenden Rahmenaussagen flankiert sind.

[64] Zu den kompositorischen Zusammenhängen vgl. nur die in Anm. 63 genannten Autoren. – Nachdrücklich wird hier v.a. der Chiasmus zu beachten sein, durch den die Infinitivaussagen von Gottesrede (Gen 1,14+15*) und „Vollzugsbericht" (Gen 1,17+18) aufeinander bezogen sind (Gen 1,14aβ||18aβ bzw. 1,15aβ||17b).

[65] Vgl. schon die diesbezügliche Feststellung von STECK, Schöpfungsbericht, 104, „daß die Funktionsbestimmungen an den entscheidenden Stellen, nämlich bei der auf Dauer gerichteten Anordnung und bei dem auf die Dauerwirksamkeit grundlegend und abschließend ermöglichenden zweiten Ausführungsakt, offensichtlich umfassender sind als bei der Darstellung des Durchgangsstadiums des ersten Ausführungsaktes."

[66] Vgl. hierzu nur die Übersicht bei STECK, Schöpfungsbericht, 96 ff.

[67] Zur entstehungsgeschichtlichen Problematik von Gen 1,14–19* vgl. vorläufig noch die wenigen und knappen Hinweise bei WEIMAR, Chaos, 199 f.

renzierung vor allem im Blick auf eine weitergehende Beurteilung der kompositorisch relevanten Verbindungslinien für Gen 1,14–19*. – [c] Literarische Querverbindungen lassen sich für den vierten Schöpfungstag einerseits zum zweiten, andererseits aber vor allem zum ersten Schöpfungstag festhalten. Bezeichnenderweise beschränken sich die zwischen dem zweiten und dem vierten Schöpfungstag bestehenden Querverweise (ברקיע השמים [Gen 1,14aα und 17a]||רקיע [Gen 1,6aβ.7aα.7aγ]) in erster Linie auf die als Bestandteile der vorpriesterschriftlichen Schöpfungserzählung anzusehenden Aussagen Gen 1,6+7a (*Feste* inmitten der Wasser) und Gen 1,14–17* (Leuchten an der *Feste* des Himmels).[68] Demgegenüber sind die nicht zu leugnenden Verbindungslinien zwischen dem ersten und vierten Schöpfungstag – wie unverkennbar anhand der literargeschichtlich angezeigten Sonderung zwischen vorpriesterschriftlicher Tradition und priesterschriftlicher Redaktion in Gen 1,14–19* ersichtlich wird – gezielt durch den priesterschriftlichen Erzähler selbst bewerkstelligt worden (vgl. in diesem Zusammenhang die Phrase „um zu scheiden zwischen dem Tag und zwischen der Nacht" [Gen 1,14aβ] bzw. „um zu scheiden zwischen dem Licht und zwischen der Finsternis" [Gen 1,18aβ]||„und Elohim schied zwischen dem Licht und zwischen der Finsternis" [Gen 1,4b], aber auch die Aussage „um zu herrschen über den Tag und über die Nacht" [Gen 1,18aα; vgl. auch Gen 1,16b]||„und Elohim rief dem Licht zu Tag, und der Finsternis rief er zu Nacht" [Gen 1,5a]). Die hier angezeigten Entsprechungen sind zu auffällig, als daß sie auf Zufall beruhen könnten, und sie werden so auch weitergehende Beachtung beanspruchen dürfen. – [d] Die soeben konstatierten Entsprechungen zwischen dem ersten und vierten Tag beziehen sich beim ersten Schöpfungstag ausschließlich auf dessen zweite Hälfte (1,4b+5a), dessen thematische Akzentsetzung dahingehend zu bestimmen sein wird, daß die durch Gott bewerkstelligte Scheidung des Lichtes von der Finsternis ihre definitive, auf Dauer berechnete Gestalt in der „Berufung" von Licht und Finsternis als Tag und Nacht erfährt.[69] Der

---

[68] Eine kompositionskritische Zuordnung des zweiten und fünften Schöpfungswerkes (Gen 1,6–8a und 14–18), wie sie nachdrücklich von STECK, Schöpfungsbericht, 207 ff. 213 f. und Aufbauprobleme, 290 herausgestellt wird, gilt bei entsprechender Berücksichtigung der entstehungsgeschichtlichen Problemlage von Gen 1,1–2,4a vornehmlich für die der priesterschriftlichen Erzählfassung zugrundeliegende und durch sie umgestaltete ältere Schöpfungserzählung (zu den kompositorisch bedeutsamen Entsprechungen vgl. WEIMAR, Chaos, 202 ff.), nicht aber für die dem priesterschriftlichen Erzähler selbst zu verdankende Bearbeitung, die unverkennbar andere literarische Querverbindungen für bedeutsam erachtet. Die Schwierigkeiten einer Beurteilung der kompositorisch bedeutsamen Bezüge beruhen nicht zuletzt auf einer Überlagerung mehrerer Textebenen, was für eine weiterführende Gesamtbewertung der kompositionskritischen Probleme entschieden Beachtung verdient.

[69] Vgl. etwa STECK, Schöpfungsbericht, 167.

am ersten Tag von Gott bewirkten Scheidung zwischen Licht und Finsternis entspricht am vierten Tag die den „Leuchten [מארת]" zugewiesene Aufgabe der Herrschaft über den Tag und über die Nacht, womit zugleich die auf diese Weise herausgehobenen Größen Tag und Nacht als grundlegendes, die weitere Geschichte bestimmendes Ordnungsprinzip gekennzeichnet sind. Die offensichtlich hergestellten Querbezüge zwischen dem ersten und vierten Tag zeigen so deutlich eine funktionale Entsprechung zwischen beiden an.[70]

3. Wenn auch – wie schon festgehalten – der vierte Schöpfungstag im Gesamtzusammenhang der siebentägigen Schöpfungserzählung strukturell keineswegs besonders hervorgehoben ist, so kommt ihm dennoch aufgrund nicht zu übersehender Querverbindungen zum ersten, wenn auch nicht zum siebten Schöpfungstag insofern eine herausragende Bedeutung zu, als damit der erste und vierte Schöpfungstag in ein Entsprechungsverhältnis zueinander gebracht erscheinen, womit sich dann aber auch kompositorische Bezüge auftun.[71] Sind die vorangehend genannten Beobachtungen hinsichtlich der Korrespondenz von Gen 1,3–5 und 14–19* zutreffend, dann eröffnen sich von daher möglicherweise auch Perspektiven für eine Beurteilung der kompositorischen Zusammenhänge bzw. Verbindungslinien im Blick auf den zweiten und dritten Schöpfungstag (Gen 1,6–8∥9–13): [a] Wichtige Vorentscheidungen hinsichtlich der für den zweiten und dritten Schöpfungstag maßgebenden strukturell-kompositorischen Zusammenhänge fallen allein schon aufgrund einer voraufgehenden Beurteilung der in diesem Zusammenhang bedeutsamen text- und literargeschichtlichen Probleme. Ohne den hierbei anstehenden Fragen im Detail nachgehen zu können, sei im Rahmen des vorliegenden Beitrags nur daran erinnert, daß sich der priesterschriftliche Erzähler bei der Gestaltung des zweiten und dritten Schöpfungstages mehr oder minder stark an eine vorgefundene Tradition gebunden sieht, die er aufgenommen und mit Hilfe des ihm eigenen „Formelwerkes" einer durchgehenden Neugestaltung unterzogen hat.[72] Auf-

---

[70] Vgl. hierzu nur STECK, Aufbauprobleme, 291.

[71] Angesichts der Tatsache, daß einerseits zwar der erste (Gen 1,3–5) und siebte Schöpfungstag (Gen 2,2+3) aufeinander bezogen sind sowie der vierte Schöpfungstag (Gen 1,14–19*) Rückbezüge zum ersten Schöpfungstag erkennen läßt, andererseits aber keinerlei Bezüge zwischen dem vierten und siebten Schöpfungstag zu konstatieren sind, erweist sich die von ZENGER, Gottes Bogen, 74 ff. favorisierte Annahme einer Sonderstellung des ersten, vierten und siebten Schöpfungstages und ihres Zusammenhangs als Rahmenstruktur für das Gesamtgefüge der priesterschriftlichen Schöpfungserzählung als wenig wahrscheinlich (vgl. auch STECK, Aufbauprobleme, 291 und WEIMAR, Struktur I, 125 Anm. 123 und DERS., Struktur II, 149 Anm. 174). Hinsichtlich der Binnenstrukturierung der priesterschriftlichen Schöpfungserzählung wird so nur die Parallelität des ersten und vierten Tages Beachtung finden können.

[72] Hierzu WEIMAR, Chaos, 199 ff.

grund der nicht zu verkennenden literarischen Querverbindungen, aber auch der stilistischen Zusammenhänge zu der Gen 1,14–19* zugrundeliegenden älteren Tradition kann zunächst Gen 1,6+7a als Element eines der priesterschriftlichen Schöpfungserzählung vorauffliegenden älteren Erzählzusammenhangs verstanden werden, was sich um so mehr empfiehlt, als die in Gen 1,6+7a thematisierte Scheidung der Wasser in Beziehung zur Zustandsangabe Gen 1,2b zu rücken ist. Als Ergebnis eines redaktionell hergestellten Zusammenhangs ist sodann das Nebeneinander zweier Schöpfungswerke am dritten Tag (Gen 1,9–13) zu beurteilen, wobei für Gen 1,9+10 wegen der beachtlichen literarisch-stilistischen Nähe zu Gen 1,3–5 eine Herkunft aus der Hand des priesterschriftlichen Erzählers angenommen werden kann; dagegen ist für Gen 1,11+12a ein Zusammenhang mit der für Gen 1,1–2,4a vorauszusetzenden älteren Gestalt einer Schöpfungserzählung naheliegend. Ist die literarische Gestalt des zweiten und dritten Schöpfungstages so wesentlich daher bestimmt, daß sich der priesterschriftliche Erzähler hier an eine ältere Darstellung gebunden sieht, dann werden die in der Fassung von MT sowohl hinsichtlich der Position der Formel ויהי כן in Gen 1,7b wie des Fehlens der Billigungsformel nach Gen 1,8a als auch hinsichtlich des Ausfalls eines sich an die Formel ויהי כן in Gen 1,9b anschließenden Ausführungsberichts zu konstatierenden Unregelmäßigkeiten nicht als ein textkritisches und entsprechend zu behebendes Problem zu deuten sein.[73] – [b] Ist die vorangehend geäußerte Erkenntnis zutreffend und ist dementsprechend die Textgestalt von MT als eine literarische Größe für sich zu werten,[74] dann ergeben sich zweifelsohne weitreichende Konsequenzen für eine Beurteilung der strukturell-kompositorischen Gesetzmäßigkeiten sowohl hinsichtlich der Gestaltung des zweiten und dritten Schöpfungstages in sich als auch hinsichtlich der Be-

---

[73] Das hier angesprochene Problem ist Gegenstand kontroverser Diskussion. Während die Mehrzahl der Ausleger MT nach LXX korrigiert (vgl. STECK, Schöpfungsbericht, 40 ff. und Aufbauprobleme, 290 Anm. 11 sowie RUPPERT, Genesis I, 57), findet auf der anderen Seite die Ursprünglichkeit von MT ebenso entschiedene Verteidiger (vgl. z.B. CASSUTO, Genesis I, 33 f.; ZENGER, Gottes Bogen, 54 f.62; WENHAM, Genesis I, 4). Zur neueren Diskussion um die textkritische Relevanz der LXX-Lesarten ist näherhin M. RÖSEL, Übersetzung als Vollendung der Auslegung. Studien zur Genesis-Septuaginta, (BZAW 223), Berlin-New York 1994, 37 ff. zu vergleichen, der dabei zu dem Urteil kommt: „Der Übersetzer der Genesis hat jedoch die Tendenz zur Harmonisierung ähnlicher Aussagen bzw. Strukturen. Dies tritt in Kap. 1 besonders deutlich zu Tage. Da LXX in der Textüberlieferung allein gegen MT, 4QGen^g, Samaritanus und Peschitta steht, scheint mir die Möglichkeit einer anderen Vorlage weniger wahrscheinlich als die der bewußten Harmonisierungsarbeit des Übersetzers" (37).
[74] Vgl. hierzu BROWN, Structure, 58 ff.

stimmung ihres wechselseitigen Bezuges aufeinander.⁷⁵ Hinweise auf die von P^g verfolgten Absichten bezüglich der kompositorischen Gestaltung sind vor allem anhand des dritten Schöpfungstages (Gen 1,9–13) zu erwarten, insofern der priesterschriftliche Erzähler sich hier vor die Notwendigkeit gesetzt sieht, zwei Schöpfungswerke in den Rahmen ein und desselben Schöpfungstages zu integrieren und damit einen geschlossenen literarischen Zusammenhang herzustellen.⁷⁶ Als Indikator für eine solche Absicht darf wohl das redaktionell bedingte Vorkommen der Billigungsformel in Gen 1,12b angesehen werden, durch die Gen 1,11+12a in das priesterschriftlich geprägte Textgefüge einbezogen wird. Dies ist möglicherweise auch nicht ohne Konsequenz für die gerade unter strukturell-kompositorischem Blick bedeutsame Neubewertung des formelhaften ויהי כן in Gen 1,11b (vgl. damit Gen 1,15b).⁷⁷ Wird auf diese Weise die Bedeutung der Organisation nach Schöpfungswerken zugunsten der für P^g vorrangigen Bedeutsamkeit nach Schöpfungstagen in Frage gestellt, dann ist damit zugleich auch eine Neubewertung der Kompositionsbedingungen für den zweiten Schöpfungstag (Gen 1,6–8) aufgrund der P^g zu verdankenden Hinzufügung von Gen 1,7b+8a angestoßen.⁷⁸ Ohne daß diese Frage im vorlie-

---

⁷⁵ Zum Problem der Zusammenordnung von Gen 1,6–8 und 9–13 vgl. näherhin ZENGER, Gottes Bogen, 77; kritisch demgegenüber STECK, Aufbauprobleme, 290 mit Anm. 11.

⁷⁶ Wenn in der Tat die Sieben-Tage-Struktur bestimmendes und als solches erst von P^g hergestelltes Kompositionsprinzip der priesterschriftlichen Schöpfungserzählung ist (vgl. das Urteil von JACOB, Genesis, 43: „ ... nach der Intention des Kapitels sind nur die Tage zu zählen, nicht die Werke"), dann sieht sich der priesterschriftliche Erzähler notgedrungen vor die Aufgabe gestellt, bei der Darstellung des dritten Tages (Gen 1,9–13) die beiden in diesem Zusammenhang mitgeteilten Schöpfungswerke (Gen 1,9+10∥11–13) nicht einfach parataktisch nebeneinander zu stellen, sondern sie als zwei Werke *eines* Tages miteinander zu verbinden, eine Aufgabe, die sich für den priesterschriftlichen Erzähler um so unabweisbarer ergibt, als die Zuordnung beider Werke durch P^g selbst aufgrund der redaktionell bedingten Hinzufügung von Gen 1,9+10 bewerkstelligt worden ist.

⁷⁷ Während die beiden Vorkommen des formelhaften ויהי כן, die der von P^g rezipierten älteren Schöpfungserzählung zuzurechnen sind (Gen 1,11b und 24b), im Sinne von STECK, Schöpfungsbericht, 32 ff. wohl als „Entsprechungsformeln" zu deuten sein werden (vgl. auch ZENGER, Gottes Bogen, 52 ff. und SEEBASS, Genesis I, 61), scheint die Formel an den P^g selbst zu verdankenden Belegstellen (Gen 1,7b.9b.15b.30b) sowohl ein eigenständigeres Gewicht als auch eine andere Bedeutung zu haben (vgl. in diesem Zusammenhang die Kennzeichnung von ויהי כן als „Geschehensformel" [SCHMIDT, Schöpfungsgeschichte, 56 ff.] oder als „formule d'accomplissement" [MONSENGWO-PASINYA, Cadre, 227]; zur Bedeutung der Formel vgl. v.a. CASSUTO, Genesis I, 34: "The meaning of the expression *and it was so* [כן *kēn*] throughout the section: *and it was* FIRM ..., like an established thing").

⁷⁸ Der immer wieder für Gen 1,6–8 konstatierte Mangel an Regelhaftigkeit ist nicht primär als ein durch textkritische Operationen zu behebendes (vgl. Anm. 73), sondern als ein literargeschichtlich bedeutsames Phänomen zu begreifen.

genden Zusammenhang auch nur annähernd angemessen bedacht werden könnte, so scheinen sich die auffälligen Inkonsistenzen hinsichtlich der formalen Struktur, wie sie für die Gestalt der priesterschriftlichen Schöpfungserzählung in der für MT überlieferten Fassung kennzeichnend sind,[79] dennoch von der Absicht bestimmt zu sein, die Gestaltung nach Schöpfungstagen als die für ein Verständnis ihrer Komposition entscheidende Strukturgesetzmäßigkeit herauszustellen. – [c] Aufgrund dieser Erkenntnis eröffnen sich neue Zugangsmöglichkeiten für eine Beurteilung des kompositorischen Zusammenhangs des zweiten und dritten Schöpfungstages zueinander. Daß beide Tage nicht bloß parataktisch nebeneinanderstehen, sondern aufeinander bezogen sind, dafür gibt die Anlage des zweiten und dritten Tages in der masoretischen Textfassung deutliche Hinweise. Abgesehen davon, daß beide Tage durch das Element Wasser miteinander verbunden sind, ist insbesondere auf die nur in Gen 1,7b+8a und 9b+10a begegnende Verbindung der Formel ויהי כן und angeschlossener Benennungsaussage hinzuweisen,[80] wobei diese Eigentümlichkeit insofern noch ein erhöhtes Maß an Aufmerksamkeit verdient, als es sich hierbei um der priesterschriftlichen Redaktion zu verdankende Aussagen handelt. Darf das Fehlen der Billigungsformel beim zweiten Tag[81] als bewußter literarischer Akt verstanden werden, dann wird damit das Schöpfungsgeschehen des zweiten Tages auf den dritten hin geöffnet und indirekt gleichfalls ein Beziehungszusammenhang beider Tage angedeutet.[82] Aber auch sachlich steht das Schöpfungsgeschehen des zweiten und dritten Tages zueinander in Beziehung. Indem durch die als „Feste [רקיע]" bezeichnete Größe die

---

[79] Vgl. auch die Feststellung von BROWN, Structure, 101: "The MT of Gen 1:1–2:3 exhibits both an inconsistent formal structure and an unclear thematic organization, unlike the LXX."
[80] ZENGER, Gottes Bogen, 77.
[81] Zur Bedeutung des Phänomens vgl. nur CASSUTO, Genesis I, 34.
[82] Vgl. ZENGER, Gottes Bogen, 77: „... ist der dritte Tag insofern geschehensmäßig sehr eng an den zweiten angebunden, als die am zweiten Tag begonnene Scheidung/ Trennung der Wasser erst am dritten Tag dadurch zum Abschluß gelangt, daß inmitten der Wasser die trockene Erdscheibe sichtbar wird. Auch das vierte Werk, das noch am gleichen dritten Tag folgt, ist so eng angeschlossen, daß eine geschehensmäßige Einheit besteht [...] Das in V.6 einsetzende Schöpfungsgeschehen kommt also in V.12 zu einem ersten Abschluß." – In diesem Zusammenhang darf noch eine stilistische Beobachtung hinzugefügt werden. Im Gegensatz zu den beiden zweigliedrigen, chiastisch arrangierten Benennungsaussagen in Gen 1,5a und 10a ist die entsprechende Benennung in Gen 1,8a auffälligerweise nur eingliedrig gestaltet, wohl um damit den unabgeschlossenen Charakter des zweiten Tages anzudeuten (zum Phänomen selbst, wenn auch mit anderer Deutung, vgl. F. BREUKELMAN, Die Schöpfungsgeschichte als Unterricht in „biblischer Hermeneutik", Texte und Kontexte 17 [1994] 29–52 [35]). Eine solche Annahme findet dahingehend eine Bekräftigung, daß auf diese Weise zugleich ein Parallelismus in der Benennung von Himmel (Gen 1,5a) und Erde (Gen 1,10aα) hergestellt wird.

Wasser getrennt und durch die Sammlung der Wasser an einem Ort ein Sichtbarwerden des Trockenen herbeigeführt wird, werden Himmel und Erde als die grundlegenden Ordnungsstrukturen der Schöpfung herausgebildet (vgl. in diesem Zusammenhang auch den Ausdruck „Himmel und Erde" in Gen 1,1 und 2,4a) und damit der spezifisch schöpfungstheologische Aspekt des erzählten Geschehens zum Ausdruck gebracht.[83] Die allein schon aufgrund des größeren Umfangs angezeigte Hervorhebung des dritten Tages (Gen 1,9–13) gerade auch im Verhältnis zum zweiten Tag (Gen 1,6–8) zeigt die Bedeutung des Lebensraumes Erde als Bühne für das ganze weitere Erzählgeschehen an.

4. Sind für die ersten vier Schöpfungstage, wie die vorangehenden Überlegungen nahelegen, Korrespondenzen zwischen dem ersten und vierten Tag bzw. zwischen dem zweiten und dritten Tag zu konstatieren, stellt sich sodann noch die Frage nach den strukturell-kompositorischen Gesetzmäßigkeiten, die für die abschließenden drei Schöpfungstage als maßgebend anzusehen sind, wobei gleichermaßen die kompositorische Fügung der einzelnen Schöpfungstage in sich als auch ihr wechselseitiges Verhältnis zueinander zu bedenken sind. Angesichts der Sonderrolle, die dem siebten Tag (Gen 2,2+3) zukommt, konzentriert sich die Aufmerksamkeit in erster Linie auf den fünften (Gen 1,20–23) und sechsten Schöpfungstag (Gen 1,24–31*), obgleich nicht übersehen werden darf, daß der siebte Tag (Gen 2,2+3) – darin dem gleichfalls herausgehobenen ersten Tag (Gen 1,3–5) vergleichbar – nicht aus dem kompositorischen Gefüge der Sieben-Tage-Struktur der priesterschriftlichen Schöpfungserzählung herausgenommen werden kann und für sich zu stellen ist (vgl. nur die besondere Funktion von Gen 1,31). Im einzelnen empfiehlt sich eine gestufte Vorgehensweise: [a] Allein schon aufgrund seines Umfangs ist der sechste Schöpfungstag (Gen 1,24–31*) unverkennbar herausgehoben, was nicht zuletzt auch durch die – darin Gen 1,9–13 entsprechend – Zusammenordnung zweier Schöpfungswerke an ein und demselben Tag bekräftigt wird. Wenn auch dieses Nebeneinander der beiden innerhalb des Rahmens von Gen 1,24–31* einander zugeordneten Schöpfungswerke wesentlich durch den prägenden Einfluß der von P^g rezipierten älteren Gestalt einer Schöpfungserzählung bestimmt ist,[84] so läßt sich auf der anderen Seite aber auch nicht übersehen, daß der priesterschriftliche Erzähler für die Gestaltung des sechsten Schöpfungstages einen durchgehenden Darstellungszusam-

---

[83] Die Bedeutung dieses Zusammenhangs (vgl. auch Anm. 82), der in dem Merismus „Himmel und Erde" in Gen 1,1 und 2,4a eine (angesichts der Herkunft der entsprechenden Aussagen aus der Hand der priesterschriftlichen Bearbeitung wohl gezielt angebrachte) Resonanz findet, übersieht m.E. STECK, Aufbauprobleme, 289 f., wenn er eine auch strukturell-kompositorisch bedeutsame Korrespondenz bestreitet.

[84] Hierzu WEIMAR, Chaos, 202 ff.

II. Kompositorisch-strukturelle Gesetzmäßigkeiten 117

menhang beabsichtigt, wie nachdrücklich anhand der auf den priesterschriftlichen Erzähler selbst zurückgehenden Ergänzungen erkennbar wird (Gen 1,25b.26*.27b+28*.30b+31).[85] Aufgrund der Korrespondenz der Billigungsformel Gen 1,25b und 31a, wobei letzterer nicht zuletzt wegen ihrer auffälligen Position, aber auch wegen des ungewöhnlichen Vorkommens des formelhaften ויהי כן in Gen 1,30b besondere Aufmerksamkeit zuzumessen ist,[86] sowie angesichts des den Zusammenhang zwischen Gen 1,27a und 29* aufbrechenden priesterschriftlichen Einschubs Gen 1,27b+28*[87] legt sich für die Gestaltung von Gen 1,24–31* eine den ganzen sechsten Tag übergreifende, dreiteilig organisierte Gesamtstruktur (Gen 1,24+25||26–28*||29–31*) nahe, eine Annahme, die sich in Anbetracht der damit in Erscheinung tretenden, ganz vom Gedanken der Symmetrie bestimmten kompositorischen wie thematischen Anordnung der einzelnen Textteile her empfiehlt.[88] Daß innerhalb des kompositorischen Gefüges des sechsten Tages der Erschaffung und Segnung des Menschen eine herausra-

---

[85] Ohne die hier vertretene entstehungsgeschichtliche Position für Gen 1,24–31* im einzelnen entfalten zu können, kann dennoch darauf hingewiesen werden, daß sich Ansatzpunkte für eine weitergehende Entschlüsselung der literargeschichtlichen Problemlage des sechsten Tages einerseits von Gen 1,24+25a her (dazu WEIMAR, Chaos, 200 f.) sowie andererseits aufgrund interner (m.E. nicht durch textkritische Operationen zu behebender) Probleme ergeben.

[86] Daß die Billigungsformel im Zusammenhang der Menschenschöpfung nicht, wie aufgrund von Gen 1,21bβ eigentlich zu erwarten wäre, schon nach Gen 1,27 plaziert ist, sondern erst – gleichsam als Abschlußmarkierung – in Gen 1,31a begegnet, hängt zweifellos mit der hierbei beabsichtigten Gesamtbilligung des Schöpfungsganzen zusammen (vgl. hierzu nur STECK, Schöpfungsbericht, 183 f. Anm. 776), soll andererseits aber auch nicht die damit angezeigte kompositionskritische Funktion von Gen 1,31a übersehen lassen, die aufgrund der Korrespondenz zu dem Vorkommen der ebenfalls der priesterschriftlichen Bearbeitung zu verdankenden Billigungsformel Gen 1,25b angezeigt ist. Aus übergreifenden kompositionskritischen Erwägungen heraus, die mit der Gesamtorganisation des sechsten Tages in Verbindung zu sehen sind, wird auch die immer wieder beachtete, kontrovers diskutierte Stellung der Formel ויהי כן Gen 1,30b zu erklären sein, die durchaus mit Gen 1,7b vergleichbar ist (SEEBASS, Genesis I, 86); inwieweit das Vorkommen der Formel in Gen 1,30b im Sinne von STECK, Schöpfungsbericht, 147 f. mit Anm. 593 oder ZENGER, Gottes Bogen, 56 zu deuten ist, bleibt aus verschiedenen Gründen fraglich (vgl. nur WEIMAR, Struktur II, 150 Anm. 176).

[87] Die Annahme eines Einschnitts zwischen Gen 1,28 und 29, auch wenn ein solcher nicht durch besondere syntaktische Erscheinungen angezeigt ist, ergibt sich – abgesehen von dem mit Gen 1,29 gegebenen thematischen Neueinsatz – einerseits aufgrund der in Gleichklang mit Gen 1,24aα und 26aα befindlichen Redeeröffnung ויאמר אלהים in Gen 1,29aα (ohne Markierung des Adressaten!) sowie andererseits aufgrund der durch Stichwortentsprechungen unterstrichenen Korrespondenz der beiden Gottesreden Gen 1,26 und 28, wodurch Gen 1,26–28 als eine sorgsam arrangierte, dreiteilig angelegte, in sich geschlossene kompositorische Einheit erscheint.

[88] Vgl. hierzu WEIMAR, Struktur II, 150 Anm. 176.

gende Position zukommt,[89] kann dabei ebensowenig bestritten werden wie die allein schon kompositorisch angezeigte Korrespondenz der Erschaffung der Landtiere (Gen 1,24+25) und der Übergabe von Grünendem als Nahrung für den Menschen (Gen 1,29*.30b+31).[90] In dieser kompositorisch wie thematisch bedingten Zuordnung von Gen 1,24+25 und 29–31* liegt wohl auch der tiefere Sinn für die Einbindung der Erschaffung der Landtiere in den Rahmen des Geschehens am sechsten Tag.[91] – [b] Dem sechsten Schöpfungstag (Gen 1,24–31*) zugeordnet ist der von P^g ohne Rückgriff auf eine Vorlage frei gestaltete fünfte Schöpfungstag (Gen 1,20–23*), was durch mehrere signifikante Querbezüge gerade zwischen diesen beiden Schöpfungstagen offengelegt wird.[92] Angezeigt ist ein Zusammenhang beider Tage vor allem durch das Verbum ברא (Gen 1,21a‖27 [3mal]) sowie durch die Satzaussage ויברך אתם אלהים, wobei der Inhalt des göttlichen Segens jeweils in wörtlicher Rede mit gleichlautender Redeeröffnung (פרו ורבו ומלאו) wiedergegeben ist (Gen 1,22‖28a).[93] Die auf diese Weise nachhaltig durch den priesterschriftlichen Erzähler selbst hergestellte Verbindung zwischen dem fünften und sechsten Schöpfungstag gilt es um so mehr zu beachten, als im Zusammenhang der Erschaffung der Landtiere weder das Schöpfungsverbum ברא begegnet noch von einem Segen für die Landtiere gesprochen wird, was – zumindest hinsichtlich des Fehlens eines Segens für die Landtiere – an eine gezielte Herstellung übergreifender kompositorischer Zusammenhänge durch P^g denken läßt.[94] – [c] Daß eine derartige Annahme durchaus zu Recht besteht, findet eine auffällige Bestätigung von der Darstellung des siebten Tages (Gen 2,2+3) her, der zwar

---

[89] Sind die hier benannten Beobachtungen zutreffend, dann zeichnet sich die Darstellung des sechsten Tages (Gen 1,24–31*) dadurch aus, daß dessen Arrangement vom Gedanken fortschreitender Zentrierung bestimmt ist. Gegenüber den beiden rahmenden Textsequenzen Gen 1,24+25 und 29–31*, die aufgrund weitgehender Parallelität hinsichtlich ihrer kompositorischen Eigenart miteinander verbunden sind, hebt sich unverkennbar die mittlere Textsequenz Gen 1,26–28* ab, die zusätzlich dadurch ausgezeichnet ist, daß sie ihrerseits ebenfalls zentrierend angelegt ist (Gen 1,26‖27‖28*) und damit die Erschaffung und Segnung des Menschen nachhaltig hervorhebt.

[90] Vgl. schon WEIMAR, Struktur II, 150 Anm. 176.

[91] In dieser durch den priesterschriftlichen Erzähler bewußt hergestellten Korrespondenz von Gen 1,24+25 und 29–31* darf im übrigen gerade auch der tiefere Grund für das im Gegensatz zu den Wasser- und Flugtieren auffällige Fehlen eines Segens bei den Landtieren (zum Phänomen selbst, das unterschiedliche Erklärungen erfahren hat, vgl. nur STECK, Schöpfungsbericht, 126 ff.) gesehen werden.

[92] ZENGER, Gottes Bogen, 78.

[93] Hierzu vgl. näherhin ZENGER, Gottes Bogen, 78; WEIMAR, Struktur II, 150 f. mit Anm. 177 und JANOWSKI, Tempel, 232 f.

[94] Dies wird v.a. auch gegenüber dem Einspruch von STECK, Aufbauprobleme, 289, wonach „keine Symmetrien zwischen den Darstellungen dieser Schöpfungstage [Tag 2+3 und Tag 5+6] vorliegen", zu betonen sein.

II. Kompositorisch-strukturelle Gesetzmäßigkeiten

außerhalb der Reihe der dezidiert mit Gen 1,31 abgeschlossenen Schöpfungswerke steht, nichtsdestoweniger aber dennoch darauf bezogen ist, wie nicht zuletzt auch – abgesehen von anderen Hinweisen – der dreimalige relativische Rückverweis in Gen 2,2a.2b.3b zu erkennen gibt. Übergreifende Verbindungslinien eröffnen sich dabei gerade vom abschließenden Aussageglied Gen 2,3 her, insofern hier einerseits von einem Segenshandeln Gottes in bezug auf den siebten Tag gesprochen wird (Gen 2,3a), dieses aber andererseits damit begründet wird, daß an eben diesem Tag Gott von all seiner Arbeit aufhörte, wobei ein besonderer Akzent auf dem eigentümlich komplex gestalteten Relativsatz אשר ברא אלהים לעשות (Gen 2,3b) liegt. Auch bei hinreichender Berücksichtigung der Sonderrolle des siebten Tages innerhalb des Gesamtzusammenhangs der priesterschriftlichen Schöpfungserzählung, selbst bei entsprechender Würdigung der spezifischen Eigenart des siebten Tages werden dennoch nachhaltig die Entsprechungen von ויברך אלהים Gen 2,3aα zu Gen 1,22a und 28aα sowie der eigentümlichen Konstruktion ברא אלהים לעשות Gen 2,3bβ zu Gen 1,21a und 27 zu beachten sein.[95] Obschon es sich bei dem in Gen 2,2+3 geschilderten Geschehen um ein im Bereich des Göttlichen selbst verbleibendes Geschehen handelt, erschließen sich aufgrund der angezeigten Stichwortverknüpfungen zugleich auch kompositorisch übergreifende Zusammenhänge.[96] Da der fünfte wie siebte Tag je auf seine Weise durch den priesterschriftlichen Erzähler zum sechsten Tag in Beziehung gesetzt und damit gleichsam als Rahmen um diesen gelegt erscheinen, setzt sich in dieser Rahmentechnik eigentlich nur die für das kompositorische Gefüge des sechsten Tages selbst festzuhaltende Tendenz der Zentrierung des erzählten Geschehens fort.[97] – [d] Sind die vorangehend gemachten Beobachtun-

---

[95] Hinsichtlich des Segensmotivs hält auch STECK, Schöpfungsbericht, 193 f. einen solchen Zusammenhang fest; er ist aber gleichermaßen auch für die Verwendung des Verbums ברא Gen 2,3b vorauszusetzen, was sich um so mehr nahelegt, als mittels der Wortfolge ברא אלהים einerseits ein Bezug zur Überschrift Gen 1,1 hergestellt (vgl. etwa JACOB, Genesis, 68; CASSUTO, Genesis I, 70; STECK, Schöpfungsbericht, 195 Anm. 826; ANDERSON, Stylistic Study, 160; WENHAM, Genesis I, 5; W. WIFALL, God's Accession Year According to P, Bib 62 [1981] 527–534 [529]; WITTE, Urgeschichte, 119), andererseits aber auch ein Rückverweis auf ויברא אלהים Gen 1,21aα und 27aα angebracht ist; durch die Verknüpfung der beiden Schöpfungsverben ברא und עשה in der Form ברא אלהים לעשות in Gen 2,3bβ, gleichwie dieser Satz im einzelnen zu deuten ist, wird möglicherweise ein Anschluß gerade an die Menschenschöpfung hergestellt, insofern hier beide Begriffe in gezieltem Bezug aufeinander Verwendung finden (Gen 1,26+27).
[96] Vgl. hierzu nur WEIMAR, Struktur II, 149 ff. und JANOWSKI, Tempel, 232 ff., außerdem U. RÜTERSWÖRDEN, Dominium terrae. Studien zur Genese einer alttestamentlichen Vorstellung (BZAW 215), Berlin-New York 1993, 106.
[97] Indirekt kann darin eine Bestätigung der Zuordnung der Tage 5–7 innerhalb der priesterschriftlichen Schöpfungserzählung gesehen werden, wobei die entsprechenden Zusammenhänge nicht zuletzt für den sechsten Tag auf eine höchst subtile Weise heraus-

gen zutreffend, dann erweisen sich die abschließenden drei Tage als ein eigenständiger, von der vorangehenden Gruppe der ersten vier Tage abgehobener Kompositionsteil innerhalb des Gesamtzusammenhangs der priesterschriftlichen Schöpfungserzählung.[98] Kennzeichnend für das kompositorische Gefüge des fünften bis siebten Tages ist ihre zentrierende Bezogenheit auf die präzis in der Mitte plazierte Erschaffung und Segnung des Menschen (Gen 1,24–31*), was sich nicht zuletzt auch daran zeigt, daß die in diesem Zusammenhang beanspruchten thematischen Leitworte hierin ihren Fluchtpunkt haben. Zueinander in Beziehung gesetzt ist die abschließende Dreiergruppe im Gefüge der priesterschriftlichen Schöpfungserzählung vor allem über das Motiv des Segens, von dem her sich gerade auch im Blick auf die prononcierte Segnung des siebten Tages Deuteperspektiven nach vorne in den Rahmen der priesterschriftlichen Geschichtserzählung hinein ergeben.[99]

Wenn auch der priesterschriftliche Erzähler für die Gestaltung der Schöpfungserzählung Gen 1,1–2,4a* sich an eine ältere, in fünf Strophen arrangierte Schöpfungserzählung gebunden weiß und sie zum Ausgang eines grundlegenden Umgestaltungsprozesses gemacht hat, so bleibt zwar einerseits das Erbe der rezipierten Tradition gegenwärtig und will entsprechend mitgehört werden, andererseits aber ist ein gänzlich neues Gebilde mit eigenem literarisch-theologischem Profil entstanden, wie nicht zuletzt anhand der für die priesterschriftliche Schöpfungserzählung prägenden Sieben-Tage-Struktur erkennbar wird. In dieser liegt das für die Gesamtkonzeption entscheidende und beherrschende Ordnungsprinzip und damit der Schlüssel zu deren Verständnis. Die mit dem Sieben-Tage-Prinzip konkurrierende Organisation nach Schöpfungswerken stellt sich keineswegs als ein eigenständiges Gestaltungsprinzip dar, sondern ist gezielt in den Rahmen der Sieben-Tage-Struktur integriert. Darf darin somit das die Gesamtkomposition der priesterschriftlichen Schöpfungserzählung bestimmende Kompositionsprinzip gesehen werden, dann eröffnen sich weitergehende Einsichten in die Gen 1,1–2,4a* zugrunde liegenden Komposi-

---

gestellt sind; die hierbei in Erscheinung tretende Akzentuierung des sechsten Tages und in ihm wiederum der Erschaffung und Segnung des Menschen kann auf der anderen Seite aber keineswegs die Sonderstellung des siebten Tages überdecken, womit sich eine Spannung innerhalb des kompositorischen Gefüges der priesterschriftlichen Schöpfungserzählung auftut, die gerade auch unter interpretatorischem Aspekt höchste Aufmerksamkeit verdient (dazu s.u.).

[98] Einer solchen Annahme hat dezidiert STECK, Aufbauprobleme, 292 widersprochen.

[99] In diesem Zusammenhang werden v.a. die intensiven Querbezüge zur priesterschriftlichen Sinaierzählung bedeutsam; vgl. hierzu nur P. WEIMAR, Sinai und Schöpfung. Komposition und Theologie der priesterschriftlichen Sinaigeschichte, RB 95 (1988) 337–385 (364 ff.) und JANOWSKI, Tempel, 232 ff.; jüngst auch das Referat bei BAUMGART, Umkehr, 503 ff.

tionsgesetzmäßigkeiten sowie in das komplexe Beziehungsgeflecht, das die einzelnen Tage als Teilkompositionseinheiten miteinander verbindet.

III. Kompositionsstruktur der priesterschriftlichen Schöpfungserzählung

Entgegen den auf den ersten Blick durchaus reizvollen Versuchen, hinter der Abfolge der ersten sechs Tage mit ihren acht Werken aufgrund thematischer Entsprechungen zwischen den Tagen 1–3 und 4–6 ein symmetrisch bestimmtes Anordnungsmuster entdecken zu wollen,[100] haben sich solche Versuche nicht zuletzt auch wegen der vordringlichen Orientierung an Schöpfungs*werken* und nicht an Schöpfungs*tagen* als derart mit Schwierigkeiten behaftet erwiesen, daß sie sich nicht gleichermaßen problemlos wie überzeugend in ein kompositorisches Gesamtkonzept einbinden lassen.[101] Maßgebend für eine Erfassung der Kompositionsstruktur der priesterschriftlichen Schöpfungserzählung kann nicht zuletzt auch angesichts der entstehungsgeschichtlichen Vorgaben nur eine Strukturierung nach dem Sieben-Tage-Prinzip sein, so daß unabdingbare Grundvoraussetzung einer Erhebung der Kompositionsstruktur der priesterschriftlichen Schöpfungserzählung ist, die Aufmerksamkeit nicht nur auf die ersten sechs Tage zu richten, sondern in die entsprechenden Überlegungen auch gerade den siebten Tag einzubeziehen.[102] Selbst unter dieser Voraussetzung bleibt

---

[100] Kritische Darstellungen solcher Gliederungsversuche finden sich etwa bei SCHMIDT, Schöpfungsgeschichte, 52 ff.; O. LORETZ, Schöpfung und Mythos. Mensch und Welt nach den Anfangskapiteln der Genesis (SBS 32), Stuttgart 1968, 50 ff.; ZENGER, Gottes Bogen, 71 ff.; BROWN, Structure, 92 ff.

[101] Zur Kritik entsprechender Versuche vgl. nur ZENGER, Gottes Bogen, 71 („problematisch, weil sie sich nicht hinreichend an den Struktursignalen orientieren, die P^g selbst ihrem Text gegeben hat. Statt dessen werden oft inhaltliche Erwägungen angestellt, die den Bauplan von Gen 1 enträtseln sollen") oder BROWN, Structure, 94 ("The variety of suggestions noted above reflects a difficulty in discerning a clear thematic structure in the MT. In fact, there is no precise thematic structure that corresponds to the formal division of labor").

[102] Nachdrücklich betont ZENGER, Gottes Bogen, 73: „Dabei ist es wichtig, alle *sieben* Tage in die Betrachtung einzubeziehen, da die Sieben-Tage-Struktur die den Gesamttext 1,3–2,3 prägende Komposition ist." Die Bedeutung der Tageszählung hebt in entsprechender Weise auch OBERFORCHER, Flutprologe, 583 hervor: „Durch die Tageszählung wird die grosse Systematik geschaffen, nach der die ungeheure Vielfalt der Bereiche und Phänomene der Welt angeordnet, gesichtet und zugleich auf klare Grundlinien reduziert wird. [...] Das Wochenschema stellt die eigentliche Darstellungsform des Schöpfungsgeschehens im Ganzen dar." Entgegen einer ausschließlichen Orientierung an Schöpfungstagen (vgl. die schon genannte Übersicht [Anm. 60] der Vertreter einer Gliederung nach Schöpfungstagen bei BAUMGART, Umkehr, 86 Anm. 572) will STECK, Schöpfungsbe-

das Problem der Kompositionsstruktur der priesterschriftlichen Schöpfungserzählung eine nach wie vor der näheren Klärung bedürftige offene Frage, vor allem was das Verhältnis und die Zuordnung der Tage betrifft.[103] Für eine weitergehende Auswertung der kompositorisch bedeutsamen Gesetzmäßigkeiten der priesterschriftlichen Fassung der Schöpfungserzählung werden nachdrücklich nochmals die die einzelnen Tage auszeichnenden Besonderheiten zu bedenken sein, aufgrund deren sich gleichermaßen literarische Verbindungslinien zwischen den einzelnen Tagen wie übergreifende kompositorische Zusammenhänge erschließen.

1. Unter Aufnahme der schon für die Erhebung der kompositorisch-strukturellen Gesetzmäßigkeiten und Zusammenhänge der priesterschriftlichen Schöpfungserzählung benannten Beobachtungen erweisen sich für eine Erfassung der Kompositionsstruktur von Gen 1,1–2,4a* die nachfolgend angeführten Phänomene als bedeutsam: [a] Außerhalb des eigentlichen Darstellungszusammenhangs stehen die nominalisierenden Aussagen von Gen 1,1 und 2,4a, die – wie der Merismus „Himmel und Erde" zeigt – auf den Schöpfungsvorgang als solchen schon zurückblicken und das Faktum der Erschaffung der ganzen Welt durch Gott konstatieren wollen. Aufgrund der auffälligen verbalen Entsprechungen zwischen Gen 1,1 und 2,4a (השמים והארץ und ברא) sind beide Aussagen gezielt aufeinander bezogen und erfüllen so die Funktion eines um die Erzählung gelegten Rahmens, wobei Gen 1,1 als eine eigenständige Überschrift zu deuten ist, der Gen 2,4a als Unterschrift korrespondierend gegenübertritt.[104] Für sich zu

---

richt, 205 ff. und DERS., Aufbauprobleme, 292 gerade auch die Bedeutung einer Gestaltung nach Schöpfungswerken in Erinnerung rufen.

[103] Vgl. z.B. die unterschiedlich ansetzenden Strukturierungsversuche von ANDERSON, Stylistic Study, 154 ff., der im Blick auf die Schöpfungserzählung eine zweigeteilte Erzählbewegung annimmt, von ZENGER, Gottes Bogen, 74 ff., der für eine Bestimmung der Kompositionsstruktur von Gen 1,1–2,4a auf die durch die Tage 1, 4 und 7 gebildete Rahmenstruktur abhebt (leicht modifiziert auch BAUMGART, Umkehr, 86 ff.) und von WENHAM, Genesis I, 6 f., der von einer Parallelität der Tage 1–3 und 4–6, mit Hervorhebung von Tag 3 und 6, ausgeht und für Tag 7 eine Sonderstellung im kompositorischen Gefüge von Gen 1,1–2,3 annimmt.

[104] Vgl. hierzu nur Anm. 17. – Den Anschluß der Unterschrift Gen 2,4a an die Überschrift Gen 1,1 hat der priesterschriftliche Erzähler allem Anschein nach mit Bedacht und gezielt durch den Relativsatz אשר ברא אלהים לעשות Gen 2,3bβ vorbereitet, insofern dieser mit Hilfe der Wortfolge ברא אלהים eine Korrespondenz zur Überschrift Gen 1,1 anzeigt (Anm. 95) und damit den Leser auf die einen Bezug zu Gen 1,1 herstellende Formulierung der Unterschrift einstimmt; trotz der zweifelsohne bestehenden Korrespondenz von Gen 2,3bβ zu Gen 1,1 kann darin aber keineswegs eine abschnittsbegründende (Gen 1,1–2,3||4a) Inklusion gesehen werden, wie etwa ANDERSON, Stylistic Study, 160 f. ("It is not accurate to say that the creation story extends from 1:1–2:4a. The proper conclusion is found in 2:3 which, as an *inclusio*, corresponds with 1:1a") und WITTE, Urgeschichte, 119 („1,1 und 2,3 bilden den *äußeren* Rahmen: 1,1 dient als Überschrift, 2,3 als

stellen ist sodann auch das sowohl gegenüber Gen 1,1 als auch gegenüber Gen 1,3 abzuhebende eigenständige Satzgebilde von Gen 1,2.[105] Sachlich bildet die „Vorzeitschilderung" von Gen 1,2 die negative Hintergrundfolie für die Entfaltung des eigentlichen Schöpfungsgeschehens, kompositorisch ist sie aber – analog zu den Toledot-Einleitungen im ersten Teil des priesterschriftlichen Werkes[106] – eher der Überschrift Gen 1,1 zuzuordnen und bildet mit ihr die Eröffnung der nachfolgenden Darstellung des Schöpfungsgeschehens. – [b] Dürfen so Gen 1,1+2 und 2,4a als äußerer Rahmen um die ganze priesterschriftliche Schöpfungserzählung verstanden werden, bleibt näherhin das Problem der Kompositionsstruktur des auf diese Weise herausgehobenen Textkorpus (Gen 1,3–2,3*) zu klären. Angesichts der Bedeutung, die im Blick auf die kompositorische Gestaltung der priesterschriftlichen Schöpfungserzählung der Sieben-Tage-Struktur zukommt, wird nachhaltig die verschiedentlich geäußerte Vermutung in Frage zu stellen sein, wonach Gen 2,2+3 als ein der Folge der vorangehenden sechs Schöpfungstage in ihrer Gesamtheit gegenübertretendes, eigenständiges Kompositionselement zu verstehen sei.[107] Trotz einer nicht zu bestreiten-

---

abschließendes Summarium. Mit dem Terminus ברא [2,3b] wird unmittelbar auf 1,1 zurückgeblickt") vermuten, es sei denn, daß die merkwürdige Konstruktion von Gen 2,3bβ in dieser Form erst einer nachpriesterschriftlichen Redaktion (R^P) – im Zusammenhang mit der Umfunktionierung von Gen 2,4a von einer Unter- zu einer Überschrift – zu verdanken ist.

[105] Zur syntaktischen Problematik von Gen 1,1–3 vgl. die ausführliche Diskussion bei BAUKS, Welt, 69 ff.; vgl. außerdem Anm. 10.

[106] Hierzu näherhin WEIMAR, Toledot-Formel, 80 ff.

[107] In einem solchen Sinne votieren etwa BROWN, Structure, 81 ff. und SEEBASS, Genesis I, 62 ff. – Nach COATS, Genesis, 43 und WENHAM, Genesis I, 5 f. u.a. ist Gen 2,1-3 als korrespondierendes Gegenstück zu Gen 1,1+2 zu verstehen, wofür neben anderem auch auf die mittels Zahlensymbolik angezeigten Querbezüge zwischen Anfang und Ende der priesterschriftlichen Schöpfungserzählung, v.a. auf die tragende Bedeutung der Siebenzahl, verwiesen wird (vgl. etwa WENHAM, Genesis I, 6 und BROWN, Structure, 100 f.; allgemeiner zur Bedeutung der Zahlensymmetrie im Blick auf die Gestaltung von Gen 1,1–2,4a* vgl. CASSUTO, Genesis I, 12 ff.; J. SCHILDENBERGER, Der Eingang zur Heilsgeschichte. Eine Erklärung des Schöpfungsberichts [Gn 1,1–2,4a], BenM 28 [1952] 193–204.371–388 [v.a. 383 ff.]; BEAUCHAMP, Création, 71 ff.). Daß gerade für die Gestaltung von Gen 2,2+3 die Siebenzahl eine bedeutsame Rolle spielt (vgl. Anm. 54), läßt sich mit guten Gründen nicht bestreiten. Als wichtiger Vorverweis auf die Bedeutung der Siebenzahl für die priesterschriftliche Schöpfungserzählung kann auch die Überschrift Gen 1,1 gewertet werden, womit sich zugleich eine Verbindungslinie zwischen Gen 1,1 und 2,2+3a eröffnet; der für Gen 2,3b bezeichnende Überschuß von zwei Wörtern könnte dabei in Verbindung mit Gen 2,4a zu sehen sein (vgl. auch Anm. 104). Demgegenüber erscheint die Bedeutsamkeit der Siebenzahl für Gen 1,2 eher künstlich und konstruiert; instruktiver erscheint dagegen – wie schon herausgestellt (vgl. Anm. 58) – der zahlensymmetrisch signifikante Zusammenhang zwischen Gen 1,3–5a und 2,2+3, wobei zum einen der Wechsel von 6/7 Wörtern, sodann aber auch die stilistische Korrespondenz

den Sonderrolle, die dem siebten Tag innerhalb des Gesamtgefüges der priesterschriftlichen Schöpfungserzählung durchaus sachbedingt zukommt, läßt sich auf der anderen Seite aber auch nicht verkennen, daß unter kompositionskritischem Aspekt Gen 2,2+3 fest in das kompositorische Gefüge der Sieben-Tage-Struktur einbezogen ist (vgl. nicht zuletzt die Korrespondenz von Gen 1,3–5 und 2,2+3). Ist es dementsprechend nicht angängig, Gen 2,2+3 einfachhin als einen dem Sechstagewerk gegenüberzustellenden Schluß zu bezeichnen, dann stellt sich erneut und um so dringender die Frage nach der den Zusammenhalt der Sieben-Tage-Struktur der priesterschriftlichen Schöpfungserzählung bestimmenden kompositorischen Leitlinien. – [c] Wie allein schon die verschiedenen Versuche einer Strukturierung der priesterschriftlichen Schöpfungserzählung zu erkennen geben, liegt der neuralgische Punkt für deren Bestimmung beim vierten Schöpfungstag, der – mit unterschiedlicher Akzentuierung im einzelnen – zumeist als Beginn einer zweiten „Phase" (U. Cassuto) bzw. zweiten „Erzählbewegung" (B.W. Anderson) gedeutet wird, womit sich eine Sequenzierung der sieben Schöpfungstage im Sinne einer Folge von 3+3+1 Tagen nahelegt.[108] Angesichts der immer wieder beobachteten Schwierigkeiten, die sowohl eine thematisch-inhaltliche als auch eine anhand der Erzählbewegung (Himmel-Wasser-Erde) orientierte Parallelität von Gen 1,3–13‖14–31 mit sich bringt,[109] wird die thematisch bestimmte Korrespondenz zwischen Gen 1,3–5 und 14–19 vermutlich gerade nicht im Sinne einer bewußten Parallelisierung zweier aufeinander bezogener bzw. aufeinander aufbauender Textsequenzen zu verstehen sein.[110] Da auf der anderen Seite eine explizit angezeigte Verweisbeziehung zwischen dem vierten und siebten Tag nicht gegeben ist,[111] kann die Kompositionsstruktur der priester-

---

(drei Aussagen zu 6/7 Wörtern + Schlußaussage zu 7/9 Wörtern) beachtenswert ist und durchaus als Indiz für einen gezielt angebrachten kompositorischen Bezug gerade zwischen dem ersten und siebten Tag gewertet werden darf.

[108] Vgl. etwa CASSUTO, Genesis I, 17; WENHAM, Genesis I, 6 f.; BAUMGART, Umkehr, 87 ff.

[109] Vgl. hierzu nur die entsprechende Feststellung von STECK, Schöpfungsbericht, 205 f.

[110] In einem solchen Sinne interpretiert zuletzt wohl wieder BAUMGART, Umkehr, 87 ff. die Korrespondenz von Gen 1,3–5 und 14–19. Nach STECK, Schöpfungsbericht, 199 ff. bestimmt sich die Anlage von Gen 1,1–2,4a dahingehend, daß zwischen einem den Schöpfungsvorgang in Blick nehmenden Rahmen (Gen 1,3–5 und 2,1–3) sowie einem auf die Darstellung der Schöpfungswelt bezogenen Mittelteil (Gen 1,6–31) zu differenzieren ist, wobei der Mittelteil in sich wiederum in zwei Hälften aufgefächert ist, deren erste (Gen 1,6–13) die Daseinsbereiche, deren zweite (Gen 1,14–31) die zugeordneten Wesenheiten präsentiert.

[111] So zu Recht STECK, Aufbauprobleme, 289: „Eine hervorgehobene Verweisbeziehung von Tag 4 zu Tag 7 ist nicht gegeben; nur ein weit gefaßter Zeitaspekt und das nicht exklusive Stichwort ‚Tag' verbinden die Darstellungen."

schriftlichen Schöpfungserzählung auch nicht dahingehend bestimmt werden, daß der vierte Tag die Mitte des Textes markiert und zusammen mit dem ersten und siebten Tag dessen Rahmenstruktur bildet.[112] In Anbetracht der chiastischen Entsprechung von 1,4b+5 und 18a ist es näherliegend, die zwischen dem ersten und vierten Tag zweifellos bestehenden Verbindungslinien im Sinne einer inklusorischen Verklammerung zu deuten.[113] – [d] Ist dementsprechend der für die Gesamtstruktur von Gen 1,1–2,4a* bedeutsame Schnitt innerhalb des Textgefüges nicht vor, sondern erst nach Gen 1,14–19* zu machen, dann hat dies insofern Auswirkungen auf eine nähere Fixierung der Kompositionsstruktur der priesterschriftlichen Schöpfungserzählung, als sich damit für Gen 1,1–2,4a* eine Auffächerung in die beiden Kompositionsteile Gen 1,3–19 und 1,20–2,3 nahelegt, die sich als solche relativ gleichgewichtig gegenübertreten, ihrer Binnenstruktur nach aber jeweils anders organisiert sind.[114] Beide Kompositionsteile sind ihrerseits auf verschiedenen Ebenen und auf mehrfache Weise aufeinander bezogen. So bilden der erste (Gen 1,3–5) und siebte Tag (Gen 2,2+3), die im Gefüge der sieben Schöpfungstage durch nur diesen beiden Tagen zukommende Eigentümlichkeiten ausgezeichnet sind (s.o.), so etwas wie eine Anfang und Abschluß der Darstellung des Schöpfungsgeschehens markierende übergreifende Klammer.[115] Unter Voraussetzung der hier angezeigten Zweiteilung der priesterschriftlichen Schöpfungserzählung mit Haupt-

---

[112] So ZENGER, Gottes Bogen, 74 ff.; vgl. auch schon BEAUCHAMP, Création, 66 f. und H.D. PREUSS, Verspottung fremder Religionen im Alten Testament (BWANT V/12), Stuttgart 1971, 181 f.; vgl. auch VOGELS, Calendars, 174 ff.

[113] Hierauf hat insbesondere ZENGER, Gottes Bogen, 75 aufmerksam gemacht.

[114] Liegt – entsprechend traditionellem Verständnis – die Hauptzäsur im kompositorischen Gesamtgefüge der priesterschriftlichen Schöpfungserzählung zwischen Gen 1,13 und 14, dann ergibt sich damit ein deutliches Übergewicht des zweiten gegenüber dem ersten Kompositionsteil; erst recht gilt dies unter Voraussetzung der von STECK, Schöpfungsbericht, 205 ff. angenommenen Gesamtanlage von Gen 1,1–2,4a. – Ist die hier vorgeschlagene Kompositionsstruktur von Gen 1,1–2,4a und damit die Rhythmisierung der Sieben-Tage-Struktur in der Abfolge von 4 und 3 Tagen zutreffend, dann zeigt sich aber auch, daß angesichts des Umfangs der einzelnen Schöpfungstage im Rahmen von Gen 1,1–2,4a* Akzentsetzungen vorgenommen, aber auch Querverbindungen zwischen einzelnen Tagen offengelegt werden. Wohl nicht zufällig nimmt die Darstellung des sechsten Tages (Gen 1,24–31*) den breitesten Raum ein, wodurch dieser Tag nachdrücklich in der Reihe der Schöpfungshandlungen als deren Höhepunkt hervorgehoben ist (s.u.); innerhalb der ersten Kompositionshälfte (Gen 1,3–19) zeichnen sich die beiden Tage 1 und 2 durch ein hohes Maß an Prägnanz aus, während die Tage 3 und 4 sich wesentlich ausladender und elaborierter präsentieren; wird dagegen die kompositionskritisch sich nahelegende Zuordnung von Tag 1 und 4 bzw. 2 und 3 beachtet, dann kann zwischen den so einander zugeordneten Tagen ein ausgewogenes Gewichtsverhältnis konstatiert werden.

[115] So nachdrücklich STECK, Schöpfungsbericht, 173 ff.197 f.205 ff.217 ff. und DERS., Aufbauprobleme, 289; vgl. auch ZENGER, Gottes Bogen, 74 ff.

zäsur nach dem vierten Tag (Gen 1,14–19) werden sodann auch die Rückbezüge des fünften (Gen 1,20–23) und sechsten Tages (Gen 1,24–31*), die ihrerseits in einem kompositorischen Bezug zueinander stehen, insbesondere – wenn auch nicht ausschließlich – auf den dritten Tag (Gen 1,9–13*) besser verständlich.[116] Wird weiterhin die kompositorisch angezeigte Zuordnung des zweiten und dritten Tages beachtet, so eröffnet sich auf diese Weise ein subtil hergestelltes Beziehungsgeflecht, aufgrund dessen sich auch tiefergreifende Bedeutungszusammenhänge erschließen.

2. Die Schwierigkeiten, die Kompositionsstruktur der priesterschriftlichen Schöpfungserzählung angemessen erfassen und auch darstellen zu können, haben nicht unwesentlich ihren Grund darin, daß der priesterschriftliche Erzähler sich hinsichtlich der Deutung des Schöpfungsgeschehens in nicht unerheblichem Maße an eine ihm vorgegebene ältere Darstellung gebunden weiß. Da diese sich gleichfalls durch ein festgeprägtes Profil hinsichtlich Kompositionsstruktur und Thematik auszeichnet, sind Überlappungen in bezug auf die Gestaltungsgesetzmäßigkeiten der sich in Gen 1,1–2,4a* überlagernden beiden Fassungen der Schöpfungserzählung wohl kaum vermeidbar, auch wenn der priesterschriftliche Erzähler sich durchaus um eine geschickte Integration der aus der Tradition rezipierten Schöpfungserzählung in seine eigene Komposition bemüht hat. Für eine Beurteilung der kompositorischen Gegebenheiten der priesterschriftlichen Fassung der Schöpfungserzählung werden in erster Linie jene Aussagen heranzuziehen sein, die auf die Hand des priesterschriftlichen Erzählers zurückzuführen sind. Auch wenn eine graphische Darstellung der Kompositionsstruktur der priesterschriftlichen Schöpfungserzählung deren komplexes literarisch-kompositorisches Profil wohl nur unzureichend erfassen und keineswegs den vollen Beziehungsreichtum des Textes adäquat wiedergeben kann, soll hier dennoch – selbst in Anbetracht der Grenzen eines solchen Unterfangens – der Versuch unternommen werden, das kompositorische Gesamtgefüge von Gen 1,1–2,4a* in einer schematischen Form darzubieten:

---

[116] So v.a. STECK, Schöpfungsbericht, 207 ff. und DERS., Aufbauprobleme, aber auch die Auflistung entsprechender Querbezüge bei BAUMGART, Umkehr, 89. – Inwieweit mit Hilfe der gleichermaßen auffälligen wie nicht leicht verständlichen (CASSUTO, Genesis I, 49: "The attempts to have been made to explain this phrase are not satisfactory") komplexen Fügung על פני רקיע השמים על הארץ in Gen 1,20b ein durch P^g hergestellter bzw. beabsichtigter Bezug nicht nur zum dritten, sondern auch zum zweiten Tag angezeigt werden soll (vgl. jüngst nur BAUMGART, Umkehr, 89.257), ließe sich nur nach einer näheren Beurteilung der entstehungsgeschichtlichen Probleme in Gen 1,20b selbst sagen; zu fragen bleibt hier vor allem, ob beide jeweils mit על eröffneten Ausdrücke, die als solche nebeneinander keinesfalls notwendig sind (JACOB, Genesis, 83), erst redaktionell (vermutlich durch R^P) zusammengefügt worden sind.

III. Kompositionsstruktur der priesterschriftlichen Schöpfungserzählung 127

ÜBERSCHRIFT + VORZEITGESCHEHEN [DREIGLIEDRIG] (GEN 1,1+2)

    A. ERSTER TEIL (GEN 1,3–19)

        1. *Erster Tag* (1,3–5): Licht + Scheidung zwischen Licht [Tag] und Finsternis [Nacht] ⇨ ZEIT

        2. *Zweiter Tag* (1,6–8): Feste inmitten der Wasser [Himmel] ⇨ SCHÖPFUNGSWELT

        3. *Dritter Tag* (1,9–13): Sammlung der Wasser [Erde + Meer] + Hervorbringen von Pflanzen durch die Erde ⇨ SCHÖPFUNGSWELT

        4. *Vierter Tag* (1,14–19): Leuchten zur Scheidung zwischen Licht [Tag] und Finsternis [Nacht] ⇨ ZEIT

    B. ZWEITER TEIL (GEN 1,20–2,3*)

        1. *Fünfter Tag* (1,20–23): Wasser- und Fluggetier [*Erschaffung* + Segnung] ⇨ LEBEWESEN

        2. *Sechster Tag* (1,24–31*): Landtiere und Menschen [*Erschaffung* + Segnung] ⇨ LEBEWESEN

        3. *Siebter Tag* (2,2+3): Abschluß der Schöpfung und Aufhören von der Arbeit [*Erschaffung* + Segnung] ⇨ ZEIT

UNTERSCHRIFT (GEN 2,4A)

Auch wenn die Sonderstellung des siebten Tages (Gen 2,2+3) sogleich anzuerkennen und darin ein dem ersten Tag (Gen 1,3–5) gegenübertretendes, die Darstellung des Schöpfungsgeschehens in den Rahmen der Sieben-Tage-Struktur einbindendes übergreifendes Kompositionselement zu sehen ist, so gilt es auf der anderen Seite aber auch zu bedenken, daß trotz seiner herausgehobenen Position der siebte Tag im Gesamtgefüge der priesterschriftlichen Schöpfungserzählung zusammen mit dem fünften (Gen 1,20-22) und sechsten Tag (Gen 1,24–31*) sich nicht zuletzt aufgrund der Stichwortkombination von ברא und ברך zu einer Dreiergruppe zusammenschließt.[117] Aber auch trotz der auf diese Weise angezeigten Zuordnung des siebten Tages zu den beiden vorangehenden Tagen bleibt seine Sonderrolle diesen gegenüber durchaus gewahrt, wie nicht allein anhand der anderen Darstellungsweise, sondern vor allem auch anhand der bezeichnenden Abweichungen in Verbindung mit den kennzeichnenden syn-

---

[117] Entschiedenen Einspruch gegenüber einem derartigen Versuch (Anm. 96) meldet in erster Linie STECK, Aufbauprobleme, 292 („Stichworte allein machen noch keine Struktur") an; doch deuten sich gerade aufgrund von Stichwortverbindungen übergreifende, kompositorisch bedeutsame Verbindungslinien an.

taktischen Eigenheiten im Gebrauch der hier reklamierten Stichworte ברא und ברך deutlich wird.[118] In der Heraushebung des siebten Tages werden dabei auf mehrfache Weise durch den priesterschriftlichen Erzähler Akzente gesetzt. Indem der siebte Tag zum einen zu den vorangehenden sechs Tagen insgesamt in Beziehung gesetzt ist, zum anderen aber insbesondere auf den sechsten Tag zugleich bezogen und davon abgesetzt erscheint, wird dem in Gen 2,2+3 nicht zufällig gerade dreimal genannten siebten Tag eine auch qualitativ herausgehobene Stellung im Gesamtzusammenhang der Darstellung der Schöpfung zugemessen, wobei nicht zuletzt auch durch die sorgfältige Konstruktion die betonte Feierlichkeit des Aussagegefüges von Gen 2,2+3 unterstrichen wird.[119] Aufgrund der durch den priesterschriftlichen Erzähler bewirkten Einbindung des Schöpfungsgeschehens in einen Sieben-Tage-Rhythmus erscheint die Woche mit dem als Abschluß dienenden siebten Tag als grundlegendes Ordnungsprinzip der Schöpfung und gibt damit jenen Grundrhythmus an, der sich im Blick auf die Darstellung des priesterschriftlichen Geschichtswerkes insgesamt als bestimmend erweisen wird.[120] Die Bedeutsamkeit der Woche mit besonderer Herausstellung des siebten Tages ist dabei schon mit der Scheidung von Licht (Tag) und Finsternis (Nacht) am ersten Tag (Gen 1,3–5) angelegt, wie die Querverweise zwischen dem ersten und siebten Tag unmißverständlich zum Ausdruck bringen. Der zwar nicht zum siebten Tag in Beziehung zu setzende, jedoch in einem Korrespondenzverhältnis zum ersten Tag zu sehende vierte Tag (Gen 1,14–19) unterbricht die gleichförmige Folge der Tage und markiert zugleich in bedeutsamer Weise einen Einschnitt im Rhythmus der Woche.[121]

---

[118] Abgesehen davon, daß das Verbum ברא in Gen 2,3bβ nicht wie in Gen 1,21a und 27aα in Berichtform (ויברא אלהים) begegnet, sondern in Form eines relativischen Rückverweises (אשר ברא אלהים) auf das schon abgeschlossene Schöpfungsgeschehen, darf hier insbesondere darauf hingewiesen werden, daß sich die Segensaussage in Gen 2,3aα (ויברך אלהים את...) in markanter Weise von der in Gen 1,22a wie 28a vorliegenden Form (ויברך אתם אלהים) unterscheidet, was angesichts der die Darstellung des siebten Tages auch sonst auszeichnenden Besonderheiten als Teil eines geschlossenen Vorgangs zu werten ist.

[119] Vgl. hierzu insbesondere STECK, Schöpfungsbericht, 178 f.; außerdem P. WEIMAR, Zur Freiheit geschaffen. Aspekte des alttestamentlichen Freiheitsverständnisses, BiKi 34 (1979) 86–90 (88) und DERS., Sinai 367 f. sowie JANOWSKI, Tempel, 235 ff.

[120] Wenn auch für Gen 2,2+3 die Institution des Sabbat im Hintergrund steht, so gilt es doch nachdrücklich zu beachten, daß P^g hier bezeichnenderweise das Nomen Sabbat vermeidet und stattdessen nur das Verbum שבת mit der Wortbedeutung „aufhören mit [der Arbeit]" bzw. „ruhen" gebraucht; zur Sache selbst vgl. v.a. ZENGER, Gottes Bogen, 98 ff.; JANOWSKI, Tempel, 235; K. GRÜNWALDT, Exil und Identität. Beschneidung, Passa und Sabbat in der Priesterschrift (BBB 85), Frankfurt/M. 1992, 158 ff.

[121] Vgl. dazu auch ZENGER, Gottes Bogen, 76. – Die herausgehobene Stellung, die neben dem siebten gerade auch dem vierten Tag im Rahmen der priesterschriftlichen

3. Innerhalb des den ersten Kompositionsteil der priesterschriftlichen Schöpfungserzählung ausgrenzenden Rahmens, der durch den ersten und vierten Tag gebildet ist, sind der zweite (Gen 1,6–8) und dritte Tag (Gen 1,9–13) eingestellt, deren thematischer Zusammenhang dahingehend zu bestimmen ist, daß an diesen beiden Tagen die grundlegenden Ordnungsstrukturen zur Sicherung der Schöpfungswelt herausgebildet werden. Wird weiterhin beachtet, daß die Darstellungsperspektive des zweiten Tages auf den dritten Tag mit der dort erzählten „Errichtung von Erde und Meer als Lebensraum"[122] hinzielt, dann wird auch die weitergehende Konstruktion der priesterschriftlichen Schöpfungserzählung verständlich, insofern die am fünften (Gen 1,20–23) und sechsten Tag (Gen 1,24–31*) erschaffenen Lebewesen (Wasser- und Fluggetier bzw. Landtiere und Menschen) gerade jene am dritten Schöpfungstag erschaffenen Lebensräume bevölkern.[123] Wie schon anhand der hier angezeigten Asymmetrien erkennbar wird, richtet sich das besondere Interesse des priesterschriftlichen Erzählers gerade auf die herausgehobene Rolle, die dem Menschen in bezug auf die Erde als seinem Lebensraum zukommt, nicht aber auf eine streng durchgehaltene Korrespondenz von Lebensräumen und ihrer Ausstattung mit Lebewesen.[124] In diesem Zusammenhang verdient sodann nochmals entschieden die spezifische Eigenart der Konstruktion des zweiten Kompositionsteils der priesterschriftlichen Schöpfungserzählung Beachtung: [a] Daß innerhalb des zweiten Kompositionsteils von Gen 1,1–2,4a* mit dem sechsten Tag (Gen 1,24–31*) der Endpunkt des eigentlichen Schöpfungsgeschehens erreicht ist, zeigt nicht allein die Gesamtbeurteilung Gen 1,31a, sondern legt sich auch aufgrund der signifikanten Bezüge des fünften und sechsten Tages zum dritten Tag nahe. Die herausgehobene Stellung des sechsten Tages vor den übrigen Schöpfungstagen wird allein schon durch die auffällige, alle anderen Tage (einschließlich des vierten Tages) überbietende Breite der Darstellung greifbar, die ihr spezifisches Gewicht und zugleich eigentümliches Profil aus der (literarisch nicht weiter auflösbaren) Kopp-

---

Schöpfungserzählung zuzumessen ist, verdient m.E. eingehendere Beachtung im Blick auf den Gesamtzusammenhang des priesterschriftlichen Werkes (vgl. hierzu näherhin die Datenangaben innerhalb der priesterschriftlichen Flut- und Sinaierzählung [hierzu die Übersicht bei WEIMAR, Struktur I, 112 f.]).

[122] ZENGER, Gottes Bogen, 77.

[123] Auf diese Beziehung zwischen Tag 3 und Tag 5+6 hat v.a. STECK, Aufbaupobleme, 290 ff. abgehoben.

[124] In diesem Zusammenhang sei nur darauf hingewiesen, daß das in Gen 1,20bα genannte Fluggetier der Erde, nicht aber dem Bereich des Himmels zugewiesen ist, falls – wie vermutet (Anm. 116) – Gen 1,20bβ nicht als nachpriesterschriftliche Ergänzung zu werten sein sollte.

lung der Erschaffung der Landtiere und des Menschen gewinnt.[125] Die schon auf diese Weise sichtbar gemachte herausragende Bedeutung des sechsten Tages wird zusätzlich noch dadurch unterstrichen, daß dieser innerhalb der triadisch organisierten zweiten Kompositionshälfte der priesterschriftlichen Schöpfungserzählung die zentrale Position einnimmt und dementsprechend besonders hervorgehoben ist. Wird innerhalb des kompositorischen Gefüges des sechsten Tages weiterhin dessen dreiteilige Anlage bedacht (s.o.), dann erfährt aufgrund des so für den sechsten Tag in Erscheinung tretenden kompositorischen Arrangements die Erschaffung des Menschen als Bild Gottes nachdrückliche Hervorhebung. Durch die beiden wechselseitig aufeinander bezogenen Gottesreden Gen 1,26 und 28, die den ins Zentrum gerückten Erzählerbericht Gen 1,27 flankieren, wird nachdrücklich die Rolle des Menschen gegenüber der Erde und in bezug auf die Erde akzentuiert, die ihrerseits wiederum durch die Gen 1,26–28 umstellenden beiden Kompositionselemente Gen 1,24+25 und 29+30b–31 eine spezifische Beleuchtung erfährt.[126] Aufgrund der überaus großen Sorgfalt, mit der der priesterschriftliche Erzähler – trotz Bindung an die ihm vorgegebene Tradition – den sechsten Tag mit der Menschenschöp-

---

[125] Die Kopplung der Erschaffung der Landtiere und Menschen am sechsten Tag (Gen 1,24–31*) ist zwar im wesentlichen schon ein der vorpriesterschriftlichen Tradition zu verdankendes Erbstück, insofern dort die Erschaffung der Landtiere (Gen 1,24+25a) und des Menschen (Gen 1,26*+27a.29*) zwei eigenständige Schöpfungswerke darstellen, wobei die Menschenschöpfung den Höhepunkt der von P^g rezipierten fünfstrophigen Schöpfungserzählung markiert (vgl. WEIMAR, Chaos, 202 ff.). Die besondere Leistung des priesterschriftlichen Erzählers liegt nun gerade darin, daß er beide Schöpfungswerke in einen Tageszusammenhang integriert und damit enger aufeinander bezogen hat. Dies hat er zunächst und v.a. mittels der Einfügung der Billigungsformel in Gen 1,25b und 31a bewirkt. Was auf den ersten Blick wie eine bloße Addition zweier Schöpfungswerke aussehen mag, erweist sich bei näherem Hinsehen aber als eine gezielte Neuorganisation der überlieferten Schöpfungserzählung, wie auch insbesondere anhand der durch die priesterschriftliche Bearbeitung sorgfältig aufeinander abgestimmten Objektangaben in Gen 1,26b* und 28b in Erscheinung tritt.

[126] Ohne daß es im Rahmen des vorliegenden Beitrages möglich wäre, näherhin auf das Problem der Gottebenbildlichkeit des Menschen (zur neueren Diskussion vgl. nur W. GROSS, Die Gottebenbildlichkeit des Menschen nach Gen 1,26.27 in der Diskussion des letzten Jahrzehnts, BN 68 [1993] 35–48 = DERS., Studien zur Priesterschrift und zu alttestamentlichen Gottesbildern [SBAB 30], Stuttgart 1999, 37–54) oder auch auf das Problem des dominium terrae (vgl. hierzu etwa B. JANOWSKI, Herrschaft über die Tiere. Gen 1,26–28 und die Semantik von רדה, in: Biblische Theologie und gesellschaftlicher Wandel [FS N. Lohfink], hg. von G.Braulik u.a., Freiburg-Basel-Wien 1993, 183–198 = DERS., Die rettende Gerechtigkeit. Beiträge zur Theologie des Alten Testaments 2, Neukirchen-Vluyn 1999, 33–48 und RÜTERSWÖRDEN, Dominium terrae, 81–130) einzugehen, sei hier zumindest darauf hingewiesen, daß für Gen 1,24–31* insgesamt eine um Gen 1,27 als Kern herum arrangierte ringförmige Komposition (Gen 1,24+25∥26 // 27 // 28∥29*.30b+31) anzunehmen ist (im einzelnen s.o.).

III. Kompositionsstruktur der priesterschriftlichen Schöpfungserzählung

fung im Zentrum gestaltet hat, darf hierin ein Hinweis darauf gesehen werden, daß die Menschenschöpfung als Höhepunkt der ganzen priesterschriftlichen Schöpfungserzählung zu verstehen ist, womit sich nicht zuletzt auch Konsequenzen im Blick auf ein Gesamtverständnis der Komposition der priesterschriftlichen Schöpfungserzählung ergeben.[127] – [b] Die so unverkennbar gegebene Zuspitzung des Schöpfungsgeschehens auf die Menschenschöpfung als Höhepunkt hin bekommt jedoch dadurch einen besonderen Akzent, daß mit ihr die Schöpfungserzählung bezeichnenderweise nicht abgeschlossen wird, sondern eine wie nachhinkend wirkende Weiterführung erfährt in der Darstellung des siebten Tages (Gen 2,2+3), der nicht allein aufgrund seiner Stellung im kompositorischen Gefüge der priesterschriftlichen Schöpfungserzählung, sondern gerade auch wegen der einzig ihn auszeichnenden literarisch-kompositorischen Gesetzmäßigkeiten besondere Aufmerksamkeit beanspruchen darf. Nach dem mit dem sechsten Tag erreichten Höhepunkt kann das Nachfolgen eines weiteren, des siebten Tages eigentlich nur als Absteigen der erzählerischen Spannungskurve verstanden werden.[128] Damit deutet sich aber zwischen dem sechsten und siebten Tage ein Spannungsverhältnis an, was näherhin nach dem Beziehungsverhältnis, in dem diese beiden Tage zueinander stehen, fragen läßt, womit aber zugleich ein Problem angestoßen ist, das von erheblichem Gewicht nicht nur für ein Verständnis der priesterschriftlichen Schöpfungserzählung ist. Nicht zuletzt anhand der Schlußbeurteilung Gen 1,31 wird durch den priesterschriftlichen Erzähler unmißverständlich sichergestellt, daß mit der Erschaffung des Menschen am sechsten Tag das Schöpfungsgeschehen selbst zu einem Abschluß und die Schöpfungserzählung an ih-

---

[127] Nach OBERFORCHER, Flutprologe, 584 f. jedoch „bildet die Erschaffung des Menschen am 6. Tag nicht den absoluten Höhepunkt des göttlichen Schöpfungshandelns, wohl aber einen relativen Höhepunkt in der Reihe der Lebewesen, denen Welträume zugewiesen sind. Der Höhepunkt der Gesamtdarstellung der Schöpfungsgeschichte wird in 2,1–3 gestaltet, wo erst das Ganze der bisherigen Schöpfungshandlungen so in den Blick genommen wird, daß es als Ganzes einer letzten Schöpfungsinitiative Gottes zugeordnet wird" (vgl. auch 585 Anm. 1 sowie 562 Anm. 4). GRÜNWALDT, Exil, 147 Anm. 31 wertet das Nebeneinander des sechsten und siebten Tages als Hinweis auf einen doppelten Höhepunkt, den auf literarkritischem Wege aufzulösen absurd wäre.

[128] Daß der Höhepunkt der priesterschriftlichen Schöpfungserzählung nicht erst am siebten Tag, sondern schon am sechsten Tag erreicht ist (vgl. etwa R. BORCHERT, Stil und Aufbau der priesterschriftlichen Erzählung, Diss. Heidelberg 1957, 119), mag angesichts der P^g zu verdankenden Sieben-Tage-Struktur von Gen 1,1–2,4a überraschend, ja befremdlich erscheinen; doch läßt sich die hier angezeigte kompositorische Besonderheit nun aber keineswegs als eine Art „Betriebsunfall" aufgrund Abhängigkeit von einer in festgeprägter Form vorliegenden Tradition deuten; vielmehr handelt es sich hierbei, wie nicht zuletzt anhand der ganz auf die Hand von P^g zurückgehenden Tage 1, 5 und 7 erkennbar wird, um eine dem priesterschriftlichen Erzähler selbst zu verdankende literarische Konstruktion.

ren Höhepunkt, nicht jedoch an ihr Ziel gekommen ist. Dies geschieht in einer geradezu programmatischen Weise erst am siebten Tag, der gegenüber den vorangehenden sechs Schöpfungstagen – abgesehen davon, daß es sich bei Gen 2,2+3 um einen reinen Erzählerbericht handelt – allein schon dadurch herausgehoben ist, daß das hier erzählte Geschehen ganz innerhalb der göttlichen Sphäre verbleibt. Für ein Verständnis des siebten Tages als Abschluß der priesterschriftlichen Schöpfungserzählung wird vor allem die Rede vom „Ruhen [שבת]" Gottes, die in Gen 2,2+3 gleich zweimal begegnet (Gen 2,2b und 3bα), nachdrücklich zu beachten sein, und das um so mehr, als sich mit der Rede vom „Ruhen" ein zweifacher Deuteaspekt verbindet. Geschieht nach Gen 2,2 „das *Zum-Abschluß-Bringen* der in sich bereits abgeschlossenen Schöpfungsarbeit der voraufgehenden sechs Tage"[129] nicht durch ein weiteres Schöpfungswerk, sondern gerade dadurch, daß Gott – entsprechend dem doppelten Bedeutungsgehalt des Verbums שבת – von seiner Arbeit aufhört und ruht, ändert sich mit Gen 2,3 insofern die Aussageperspektive, als das „Ruhen" Gottes hier zu der das Geschehen der Schöpfung nach vorn hin öffnenden Segnung und Heiligung des siebten Tages durch Gott in Beziehung gesetzt wird.[130] – [c] Im Gegensatz zu den vorangehenden sechs Schöpfungstagen präsentiert sich der siebte Schöpfungstag nicht als eine mittels Schlußformel abgegrenzte und damit als geschlossen vorgestellte Größe, sondern zeichnet sich literarisch durch einen „offenen Schluß" aus,[131] worin ein für das Verständnis der priesterschriftlichen Schöpfungserzählung weitreichender Vorgang zu sehen ist. Auch wenn die Aussage von Gen 2,3 aufgrund terminologischer Berührungen Assoziationen zum Sabbatgebot weckt,[132] so will dennoch beachten sein, daß der priesterschriftliche Erzähler ganz entschieden jeden Gedanken daran abzuwehren sucht, daß durch Gottes Ruhe am siebten Tag die Installierung einer Sabbatordnung grundgelegt werden soll. Indem Gott seine Schöpfung gerade dadurch zum Abschluß bringt, daß er am siebten Tag von all seiner Arbeit ruht, stiftet er seiner Schöpfung ein sie auszeichnendes und bestimmendes Prinzip ein, das in seiner Bedeutung vollgültig

---

[129] JANOWSKI, Tempel, 235.

[130] Vgl. hierzu nur JANOWSKI, Tempel, 235 f.

[131] Zu Gen 2,2+3 als „offener Schluß" vgl. nur die im Anschluß an BORCHERT, Stil, 125 f. vorgenommene Charakterisierung bei WEIMAR, Struktur II, 151 mit Anm. 179 und DERS., Sinai, 368 f.; kritisch beurteilt von OBERFORCHER, Flutprologe, 588 Anm. 2. – Bei dem Begriff „offener Schluß" handelt es sich um die Beschreibung eines literarischen Phänomens (vgl. auch JANOWSKI, Tempel, 234 Anm. 86), nicht aber um eine theologisch deutende Kategorie (vgl. E. BLUM, Studien zur Komposition des Pentateuch [BZAW 189], Berlin-New York 1990, 311), was notwendigerweise zu Mißverständnissen führen müßte.

[132] Zur Problemlage kann hier – ohne weitergehende Diskussion – auf die schon Anm. 119 genannten Autoren verwiesen werden.

erst in der Zukunft offengelegt wird. Wie sich das mit dem siebten Tag der Schöpfung als Zukunftsprogramm eingestiftete Prinzip näherhin realisiert und konkretisiert, entschlüsselt sich dem Leser erst im Fortgang des priesterschriftlichen Geschichtswerkes, wobei angesichts der gleichermaßen souverän wie virtuos gehandhabten Verweistechnik insbesondere die engen literarischen und thematischen Querverbindungen zwischen dem göttlichen Schöpfungshandeln und der Errichtung des Heiligtums am Sinai ins Blickfeld gerückt erscheinen.[133] „Am Sinai wird also Israel das schöpfungstheologische Geheimnis des siebten Tages aufgedeckt, weil in der kultischen Präsenz des im ‚Begegnungszelt' einwohnenden Sinaigottes (Ex 24,15b–18aα / 40,34f) und in der Feier des ersten Opfergottesdienstes (Lev 9,1–24* P^g) die Schöpfungsabsicht Gottes, Gemeinschaft mit den Menschen zu haben, für Israel konkret erfahrbare Wirklichkeit wird."[134]

Angesichts der mit dem siebten Tag angezeigten Öffnung der priesterschriftlichen Schöpfungserzählung nach vorne stellt sich diese nicht bloß als eine prologhafte Eröffnung des priesterschriftlichen Werkes dar, sondern ist im Blick hierauf von grundlegender Bedeutung. Unter dieser Voraussetzung wird sodann der tiefere Sinn der überaus planvollen und mit großem Bedacht angelegten Komposition der Schöpfungserzählung, wie sie im vorangehenden sichtbar geworden ist, für die Gesamtkomposition des priesterschriftlichen Werkes zu bedenken sein, womit zugleich ein Problem angesprochen ist, das zu thematisieren nicht nur die Bezugnahmen innerhalb der priesterschriftlichen Sinaierzählung auf die Schöp-

---

[133] Vgl. hierzu näherhin v.a. WEIMAR, Sinai, 364 ff. und JANOWSKI, Tempel, 223 ff. – Auf den Zusammenhang von Schöpfung und Errichtung des Heiligtums am Sinai im Rahmen des priesterschriftlichen Werkes ist in der jüngeren Diskussion mehrfach aufmerksam gemacht worden (vgl. jüngst die Übersicht bei BAUMGART, Umkehr, 503 Anm. 32). Inwieweit in diesem Rahmen auch die innerhalb der zweiten Hälfte von Ex 16 erzählte Entdeckung des Sabbat von Bedeutung ist, hängt in erster Linie von der Beurteilung der literargeschichtlichen Problematik des Kapitels ab. Kontrovers wird hierbei v.a. die Zugehörigkeit der sabbattheologischen Aussagen zum priesterschriftlichen Werk entschieden. Während etwa A. SCHART, Mose und Israel im Konflikt. Eine redaktionsgeschichtliche Studie zu den Wüstenerzählungen (OBO 98), Freiburg-Göttingen 1990, 122 ff.; GRÜNWALDT, Exil, 141 ff. oder auch M. KÖCKERT, Leben in Gottes Gegenwart. Zum Verständnis des Gesetzes in der priesterschriftlichen Literatur, JBTh 4 (1989) 29–61 = DERS., Leben in Gottes Gegenwart. Studien zum Verständnis des Gesetzes im Alten Testament (FAT 43), Tübingen 2004, 72–107 (96 ff.) die entsprechenden Aussagen als Teil der priesterschriftlichen Geschichtserzählung verstehen, wird ein solcher Zusammenhang mit Verweis darauf, daß es sich hierbei um spätere Erweiterungen zu P^g handelt, etwa von P. MAIBERGER, Das Manna. Eine literarische, etymologische und naturkundliche Untersuchung (ÄAT 6/1+2), Wiesbaden 1983, 134 ff.; U. STRUPPE, Die Herrlichkeit Jahwes in der Priesterschrift. Eine semantische Studie zu $k^e\bar{b}\hat{o}d$ YHWH (ÖBS 9), Klosterneuburg 1989, 107 ff.; WEIMAR, Sinai, 373 ff. oder auch L.SCHMIDT, Studien zur Priesterschrift (BZAW 214), Berlin-New York 1993, 36–45 bestritten.

[134] JANOWSKI, Tempel, 238 f.

fungserzählung herausfordert, sondern gerade auch die literargeschichtlich nicht weiter auflösbare eigentümliche Spannung zwischen dem sechsten und siebten Tag als Höhe- und Zielpunkt der Schöpfungserzählung, der im Gesamtzusammenhang des priesterschriftlichen Werkes die gleichermaßen beachtenswerte Spannung zwischen Sinai und Landgabe entspricht.[135] Angesichts der kontroversen Diskussionslage hinsichtlich Umfang und kompositorischer Gesamtanlage des priesterschriftlichen Werkes[136] kann dieses Problem hier nurmehr angesprochen werden. Wie auch immer im einzelnen die Frage einer strukturellen Entsprechung zwischen der priesterschriftlichen Schöpfungserzählung und der Gesamtkomposition der Priesterschrift entschieden werden mag, tiefgreifende Verbindungslinien und Zusammenhänge zwischen beiden werden sich jedenfalls nicht bestreiten lassen. Im Gegensatz zu der von P^g in Gen 1,1–2,4a* rezipierten Schöpfungserzählung, die sich mit einer ebenfalls aus- und umgestalteten älteren Fassung der Flutgeschichte zu einer diptychonartigen Komposition verbindet,[137] erweist sich bei P^g selbst die Darstellung des Schöpfungsgeschehens unablösbar auf die Israelgeschichte bezogen. Entsprechend kann die Schöpfungserzählung der Priesterschrift geradezu als tragende Grundlegung wie als hermeneutischer Schlüssel zum Verständnis des priesterschriftlichen Werkes insgesamt betrachtet werden.

---

[135] Zum Phänomen selbst vgl. WEIMAR, Struktur II, 160 f.

[136] Zur Diskussion um die Gesamtanlage des priesterschriftlichen Werkes vgl. v.a. STECK, Aufbauprobleme, 305 ff., der als Hauptgliederungsmerkmal eine Zweiteilung nach Welt- und Israelkreis vorschlägt, eine Auffassung, der sich jüngst auch E. ZENGER, Einleitung in das Alte Testament (Studienbücher Theologie 1,1), Stuttgart u.a. ^{6}2006, 167 ff. und DERS., Art. Priesterschrift, TRE 27 (1997 [2000]) 435–446 (440) angeschlossen hat und damit auch seine früher vertretene Auffassung aufgibt, wonach zwar ebenfalls von einer zweiteiligen Makrostruktur von P^g auszugehen, deren Hauptzäsur aber nach Ex 1,7 zu machen ist (ZENGER, Gottes Bogen, 137 ff.; weiterhin vertreten von WEIMAR, Struktur II, 138–162 und DERS., Art. Priesterschrift, NBL III [2001] 168–171 [169 f.]). Im Zusammenhang mit den Problemen der Komposition von P^g werden näherhin auch die Fragen nach dem Umfang des priesterschriftlichen Werkes Beachtung finden müssen, wobei in der neueren Diskussion – angestoßen v.a. durch L. PERLITT, Priesterschrift im Deuteronomium?, ZAW 110 Suppl. (1988) 65–88 = DERS., Deuteronomium-Studien (FAT 8), Tübingen 1994, 123–143 – insbesondere die These eines Endes von P^g in Dtn 34,9 in Frage gestellt worden ist und der Abschluß des priesterschriftlichen Werkes im Rahmen der Sinaigeschichte gesucht wird (vgl. hier nur T. POLA, Die ursprüngliche Priesterschrift. Beobachtungen zur Literarkritik und Traditionsgeschichte von P^g [WMANT 70], Neukirchen-Vluyn 1995, 40 ff.299 ff. [Ende von P^g mit Ex 40,33b] oder ZENGER, Einleitung, 161 ff. und DERS., Priesterschrift, 438 f. [Ende von P^g in Lev 9,24]; zur Diskussion vgl. auch E. OTTO, Forschungen zur Priesterschrift, ThR 62 [1997] 1–50 [24 ff.]), ohne daß eine solche Annahme bei Beachtung der für P^g maßgebenden komplexen literarischen Bezüge aber als zwingend oder notwendig zu betrachten ist (WEIMAR, Priesterschrift, 169).

[137] Vgl. hierzu WEIMAR, Chaos, 205 ff.

4. Chaos und Kosmos
Gen 1,2 als Schlüssel einer älteren Fassung der priesterschriftlichen Schöpfungserzählung

Erscheint angesichts der sorgsam bedachten Konstruktion des Ganzen wie der Gestaltung der einzelnen Teile die priesterschriftliche Schöpfungserzählung Gen 1,1–2,4a* auf den ersten Blick auch als eine geschlossene literarische Komposition, die „auf einen einheitlichen Gestaltungswillen schließen läßt",[1] so gibt es auf der anderen Seite unverkennbar Hinweise darauf, daß die Schöpfungserzählung der Priesterschrift erst das Ergebnis eines nicht immer leicht zu entschlüsselnden, in seiner rekonstruierenden Vergewisserung recht unterschiedlich beurteilten Werdeprozesses ist,[2] der sich dabei aber keinesfalls aus einer Verknüpfung zweier unabhängiger und eigenständiger Schöpfungsberichte,[3] sondern nur im Sinne einer ausgestaltenden Umformung einer älteren, als erster Entwurf einer Schöpfungserzählung sich darbietenden Vorlage verständlich machen läßt.[4] Neben der in diesem Sinne immer wieder ausgewerteten Spannung zwischen Schöpfungswerken und Schöpfungstagen sind weiterführende Aufschlüsse

---

[1] O.H. STECK, Der Schöpfungsbericht der Priesterschrift. Studien zur literarkritischen und überlieferungsgeschichtlichen Problematik von Genesis 1,1–2,4a (FRLANT 115], Göttingen ²1981, 11. – Mit Verweis auf O.H. Steck kommt I. WILLI-PLEIN, Am Anfang einer Geschichte der Zeit, ThZ 53 (1997) 152–164 = DIES., Sprache als Schlüssel. Gesammelte Aufsätze zum Alten Testament, hg. von M. Pietsch und T. Präckel, Neukirchen-Vluyn 2002, 11–23 (11), gar zu dem Urteil: „Dass der priesterschriftliche Schöpfungsbericht eine literarische Einheit ist, braucht nicht mehr bewiesen werden."

[2] Eine die Ergebnisse der Forschung charakterisierende Übersicht findet sich jüngst bei C. STREIBERT, Schöpfung bei Deuterojesaja und in der Priesterschrift. Eine vergleichende Untersuchung zu Inhalt und Funktion schöpfungstheologischer Aussagen in exilisch-nachexilischer Zeit (BEAT 8), Frankfurt/M. u.a. 1993, 49–52; dort auch 140 Anm. 299 Hinweise auf ältere Darstellungen zur Forschungsgeschichte.

[3] Vgl. nur G. VON RAD, Die Priesterschrift im Hexateuch. Literarisch untersucht und theologisch gewertet (BWANT 65), Stuttgart 1934, 11–18.190 ff.

[4] Vgl. jüngst das Urteil von H. SEEBASS, Genesis I. Urgeschichte (1,1–11,26), Neukirchen-Vluyn 1996, 92: „Umgekehrt ist die Darstellung von 1,1–2,3 von so hoher Komplexität, daß die Verarbeitung einer umfangreichen Vorlage wahrscheinlich ist." – Im übrigen kann hier auf den entsprechenden forschungsgeschichtlichen Überblick bei STECK, Schöpfungsbericht, 16 ff. verwiesen werden.

hinsichtlich des Profils einer für Gen 1,1–2,4a* vorauszusetzenden Vorlage gerade aufgrund bestehender literarischer, stilistischer und struktureller Unausgewogenheiten innerhalb der priesterschriftlichen Schöpfungserzählung zu gewinnen,[5] wohingegen das hierfür häufiger in Anspruch genommene Nebeneinander von Tatbericht und Wortbericht sich nicht in einem solchen Sinne auswerten läßt.[6] Im Blick auf die nähere Bestimmung einer Gen 1,1–2,4a* vorauffliegenden älteren Fassung einer Schöpfungserzählung findet auffälligerweise Gen 1,2 kaum hinreichende Beachtung.[7] Und doch kommt m.E. gerade diesem Vers eine entscheidende Rolle hinsichtlich der Herausarbeitung von Umfang und Konzeption der für die priesterschriftliche Schöpfungserzählung anzunehmenden Vorlage zu.

I. Sonderstellung von Gen 1,2 im Rahmen der priesterschriftlichen Schöpfungserzählung

Im Rahmen der zahlreiche syntaktische wie semantische Probleme aufgebenden Eingangsverse der priesterschriftlichen Schöpfungserzählung nimmt Gen 1,2 – parenthetisch zwischen Gen 1,1 und 3 eingeschaltet – unverkennbar eine Sonderstellung ein.[8] Der Vers präsentiert sich als eine Folge von drei Nominalsätzen, die hinsichtlich ihrer syntaktischen Eigenart jeweils ein eigenständiges Profil zeigen.[9] In 1,2aα wird die Nominalsatzaussage durch die nicht in eigentlich verbaler Funktion, sondern als Kopula gebrauchte finite Verbform von היתה als ein in der Vergangenheit anzusiedelnder Zustand gekennzeichnet; der gleichen Zeitstufe sind auch die beiden nachfolgenden, durch den Parallelismus eng aufeinander bezogenen

---

[5] Vgl. hier nur die bei E. ZENGER, Gottes Bogen in den Wolken. Untersuchungen zu Komposition und Theologie der priesterschriftlichen Urgeschichte (SBS 112), Stuttgart ²1987, 30 f. Anm. 13 mitgeteilten, im einzelnen weiterzuführenden und zu differenzierenden Beobachtungen.

[6] Darauf hat mit Nachdruck u.a. STECK, Schöpfungsbericht (weitgehend zustimmend SEEBASS, Genesis I, 91) hingewiesen; anders jüngst wiederum C. LEVIN, Tatbericht und Wortbericht in der priesterschriftlichen Schöpfungserzählung, ZThK 91 (1994) 115–133 = DERS., Fortschreibungen. Gesammelte Studien zum Alten Testament (BZAW 315), Berlin-New York 2003, 23–39.

[7] Hinzuweisen ist hier u.a. auf die verschiedenen von M. GÖRG, Das Menschenbild der Priesterschrift, BiKi 42 (1987), 21–29 = DERS., Studien zur biblisch-ägyptischen Religionsgeschichte (SBAB 14), Stuttgart 1992, 137–151 (143 f.) und DERS., „Chaos" und „Chaosmächte" im Alten Testament, BN 70 (1993) 48–61 (57 ff.) in diese Richtung unternommenen Versuche.

[8] Hierzu jetzt die ausführliche Darstellung und Erörterung der Probleme bei M. BAUKS, Die Welt am Anfang. Zum Verhältnis von Vorwelt und Weltentstehung in Gen 1 und in der altorientalischen Literatur (WMANT 74), Neukirchen-Vluyn 1997, 65–146.

[9] Vgl. die Beschreibung bei BAUKS, Welt, 84 f.

(und als solche nicht gegeneinander zu isolierenden[10]) Nominalsätze Gen 1,2aβ‖2b zuzuordnen, wobei der dritte Nominalsatz gegenüber den beiden vorangehenden durch das Partizip מרחפת herausgehoben ist und dadurch in die ganz und gar statische Beschreibung ein dynamisches Element einträgt. Zweifellos gehört so auch 1,2b in die Beschreibung eines Zustands vor der Schöpfung, leitet aber mit dem Bewegungspartizip hin zum Schöpfungshandeln Elohims (vgl. in diesem Zusammenhang die auffällige und vieldiskutierte Wortverbindung רוח אלהים).[11]

Die gegebene Sonderstellung der triadischen Nominalsatzfolge von Gen 1,2 gilt nicht nur auf einer synchronen Beschreibungsebene, sondern erst recht bei diachroner Betrachtungsweise. Ist im Blick auf Gen 1,1–3 „von einer dreigliedrigen parataktischen Struktur auszugehen"[12] und darf vor dem Hintergrund wie bei Berücksichtigung der strukturbildenden Ordnungsprinzipien innerhalb des ersten Teils des priesterschriftlichen Erzählwerkes Gen 1,1 als Überschrift bzw. Mottovers verstanden werden,[13] dann verdient das *waw*-copulativum zu Beginn von Gen 1,2aα besondere Beachtung, und das um so mehr, als es der von P^g im Zusammenhang von Toledotüberschriften praktizierten Verfahrensweise nicht entspricht.[14] Wird überdies zur Kenntnis genommen, daß in והארץ zu Beginn von Gen 1,2aα ein rekurrierender Anschluß an das Schlußwort von Gen 1,1 zwar

---

[10] Für eine Ausgrenzung von Gen 1,2b als jüngerem (nachpriesterschriftlichen) Zusatz plädieren ZENGER, Gottes Bogen, 81 Anm. 97 (jüngst nicht weiter aufrecht erhalten [K. LÖNING-E. ZENGER, Als Anfang schuf Gott. Biblische Schöpfungstheologie, Düsseldorf 1997, 30 Anm. 23]) und – im Anschluß daran – H. SCHÜNGEL-STRAUMANN, Rûaḥ bewegt die Welt. Gottes schöpferische Lebenskraft in der Krisenzeit des Exils (SBS 151), Stuttgart 1992, 79 f.; kritisch dazu BAUKS, Welt, 62.126 f.

[11] Zu רוח אלהים in Gen 1,2 vgl. die ausführliche Diskussion bei BAUKS, Welt, 132–141, die zu Recht darauf abhebt, daß „in Gen 1,2 eine gewisse Polyvalenz des Begriffs vorzuliegen" scheint (136), was nicht zuletzt mit der Überleitungsfunktion von Gen 1,2b „von der Beschreibung des vorgeschöpflichen Chaos (V.2a) zur Schöpfung (V. 3ff.)" (L. RUPPERT, Genesis. Ein kritischer und theologischer Kommentar. 1.Teilband: Gen 1,1–11,26 [fzb 70], Würzburg 1992, 67) insgesamt zusammenhängen wird.

[12] BAUKS, Welt, 92.

[13] Vgl. hierzu jüngst die detaillierte und ausführliche Auseinandergrenzung bei BAUKS, Welt, 76–91. – M.E. findet in der Diskussion um den Überschriftencharakter von Gen 1,1 die zumindest funktionale Analogie zum Gebrauch der Toledotformel als einem von P^g gezielt eingesetztem Überschriftensystem nicht hinreichend Beachtung; außerdem ist nachdrücklich auf die u.a. durch den Merismus השמים והארץ und das Verbum ברא hergestellte Korrespondenz zwischen Gen 1,1 und 2,4a als Über- und Unterschrift hinzuweisen.

[14] Auf das Phänomen, wonach für P^g in der Regel eine asyndetische Verknüpfung der Toledotüberschrift mit dem nachfolgenden Satz zu konstatieren ist, hat schon W. GROSS, Syntaktische Erscheinungen am Anfang althebräischer Erzählungen. Hintergrund und Vordergrund, in: Congress Volume Vienna 1980 (VT.S 32), hg. von J.A. Emerton, Leiden 1981, 131–145 (144) hingewiesen.

gegeben, zugleich aber hinsichtlich der Bedeutungsqualität eine gewisse Spannung zu Gen 1,1, wo das Wort הארץ innerhalb eines Merismus begegnet, zu konstatieren ist, dann stellt sich unabweisbar die Frage, ob und inwieweit die Überschrift Gen 1,1 und die einen Zustand der Vergangenheit beschreibende Hintergrundinformation Gen 1,2 literargeschichtlich überhaupt auf der gleichen Ebene angesiedelt werden können.[15] Darf für Gen 1,1 – korrespondierend zu Gen 2,4a – priesterschriftliche Herkunft als wahrscheinlich vorausgesetzt werden,[16] legt sich demgegenüber für Gen 1,2 die Annahme einer von P^g rezipierten und in die Darstellung der priesterschriftlichen Schöpfungserzählung integrierten Tradition nahe. In diese Richtung weist nicht zuletzt die syntaktische Eigenart von Gen 1,2aα, insofern das hier begegnende Satzmuster *w=x-qatal* eine gebräuchliche Form einer Erzähleinleitung darstellt.[17] Mit einigem Recht ist so Gen 1,2 als Eröffnung einer der priesterschriftlichen Schöpfungserzählung vorausliegenden älteren Erzählfassung zu verstehen. Mit einer solchen literargeschichtlichen Einschätzung von Gen 1,2 läßt sich unschwer auch die breit vertretene Erkenntnis verbinden, wonach es sich bei der vorliegenden „Chaosschilderung" um ein ganz und gar traditionelles, weitgehend auf vorgegebenen Vorstellungen der Umwelt beruhendes, zudem auch kaum Berührungen mit der Diktion der Priesterschrift erkennen lassendes Textelement handelt.[18]

Um Funktion und Bedeutung von Gen 1,2 im Rahmen einer durch den priesterschriftlichen Erzähler aus- und umgestalteten, Gen 1,1–2,4a als ursprünglicher Entwurf zugrundeliegenden Fassung einer Schöpfungserzählung entsprechend würdigen zu können, sind zumindest die Umrißlinien einer solchen Vorlage der priesterschriftlichen Schöpfungserzählung abzustecken:

(1) Als Ausgangspunkt für eine weitergehende entstehungsgeschichtliche Analyse von Gen 1,1–2,4a darf das – trotz nicht zu übersehender, wenn auch im einzelnen unterschiedlich beurteilter Entsprechung bestehende – Konkurrenzverhältnis des ersten (Gen

---

[15] Eine solche Möglichkeit wird von BAUKS, Welt, 84 Anm. 123 und 91 mit Anm. 159 zumindest erwogen, wenn auch aufgrund des primär auf die Endgestalt des Textes gerichteten Interesses nicht weiter verfolgt.

[16] Anders etwa LEVIN, Tatbericht, 32 f., der Gen 1,1 als ein gleichermaßen mit Gen 1,2aα wie mit Gen 2,1 zusammenhängendes Element einer vom priesterschriftlichen Erzähler verwendeten „schriftlichen Quelle" betrachtet.

[17] Vgl. hierzu nur BAUKS, Welt, 84.91; zum Phänomen selbst u.a. GROSS, Syntaktische Erscheinungen, 137.

[18] Zur Traditionsverhaftetheit von Gen 1,2 sei hier nur auf W.H. SCHMIDT, Die Schöpfungsgeschichte der Priesterschrift. Zur Überlieferung von Gen 1,1–2,4a und 2,4b–3,24 (WMANT 17), Neukirchen-Vluyn ³1974, 75–88 verwiesen; das einschlägige Material aus der Umwelt ist jetzt umfassend aufgearbeitet bei BAUKS, Welt, 145–310.

1,3–5) und vierten Schöpfungstages (Gen 1,14–19) zueinander gewertet werden.[19] Angesichts der grundlegenden Bedeutung der Erschaffung des Lichts sowie der damit einhergehenden Scheidung von Licht und Finsternis für die als Strukturierungsmerkmal der priesterschriftlichen Erzählfassung dienende Tageszählung erscheint für Gen 1,3–5 eine Herkunft aus der Hand des priesterschriftlichen Erzählers unabweisbar, wohingegen für Gen 1,14–19 manches dafür spricht, daß die Erschaffung der Leuchten im Gegensatz zum Werden des Lichts schon ein Element der Tradition darstellt.[20] Doch gilt eine solche Vermutung nicht uneingeschränkt für Gen 1,14–19 insgesamt. Bei dem im ganzen umständlich breit formulierten wie äußerst komplex gestalteten Textpassus[21] fällt insbesondere das Nebeneinander konkurrierender Funktionsaussagen auf (Gen 1,14aβ‖15aβ bzw. 1,17b‖18a). Daß darin nicht bloß ein stilistisches, sondern darüber hinaus zugleich ein entstehungsgeschichtlich relevantes Phänomen zu sehen ist, dokumentiert sich nicht zuletzt anhand der weitgehend wörtlichen, wenn auch entsprechend den Erfordernissen des vorliegenden Zusammenhangs (Gen 1,14b) variierten Wiederaufnahme von Gen 1,14aα in 15aα, die sich am einfachsten dahingehend erklärt, daß damit nach der redaktionell bedingten Einfügung Gen 1,14aβ ein Übergang zu Gen 1,15aβ als ursprüngliche Fortsetzung von 1,14aα geschaffen werden soll.[22] Die Tragfähigkeit der hiermit gewiesenen Spur und durch Einbeziehung von Gen 1,15b–18 entsprechend zu verbreiternde Befundlage bestätigt sich vor allem von daher, daß die als redaktionell anzusprechenden Aussagen bezeichnenderweise Verbindungslinien zu Gen 1,3–5 erkennen lassen, die als Bestandteile einer vorgegebenen Schöpfungserzählung ausgewiesenen Aussagen dagegen allem Anschein nach in Beziehung zu Gen 1,6–8 zu setzen sind (vgl. in diesem Zusammenhang u.a. das Stichwort רקיע).

(2) Damit ist eine erste Basis für eine Zuordnung weiterer Schöpfungswerke zu der als Vorlage von Gen 1,1–2,4a* vermuteten Fassung einer Schöpfungserzählung gewon-

---

[19] Wie auch immer die Entsprechung von Gen 1,3–5 und 14–19 zueinander zu beurteilen ist (zur neueren Diskussion vgl. O.H. STECK, Aufbauprobleme in der Priesterschrift, in: Ernten, was man sät [FS K. Koch], hg. von D.R. Daniels u.a., Neukirchen-Vluyn 1991, 287–398 [298–302] bedarf auf jeden Fall das Nebeneinander von erstem und viertem Tag einer Erklärung; daß dieses als solches nicht ursprünglich, sondern vermutlich einer redigierenden Umgestaltung einer Tradition zu verdanken ist, ist eine durchaus naheliegende wie plausible, wenn auch keineswegs unbestrittene Vermutung.

[20] In einem solchen Sinne votieren etwa GÖRG, „Chaos", 57 f. (außerdem DERS., Nilgans und Heiliger Geist. Bilder der Schöpfung in Israel und Ägypten, Düsseldorf 1997, 46 ff.) und SEEBASS, Genesis I, 91 ff.

[21] Vgl. hierzu ausführlich STECK, Schöpfungsbericht, 95–118 sowie SEEBASS, Genesis I, 72 f.

[22] Daß Gen 1,14–19 einen „überladenen" Eindruck macht, wird allgemein festgehalten; kontrovers gestaltet sich dagegen die Erklärung dieses Phänomens. Wenn hierfür überhaupt entstehungsgeschichtlich bedingte Vorgänge in Erwägung gezogen werden, geschieht dies meist nach dem Modell, daß P^g einen als Tradition zu kennzeichnenden „Tatbericht" durch einen vorgeschalteten „Wortbericht" bearbeitet habe (vgl. u.a. SCHMIDT, Schöpfungsgeschichte, 109–117; C. WESTERMANN, Genesis I. Genesis 1–11 [BK I/1], Neukirchen-Vluyn 1974, 177 ff.; RUPPERT, Genesis I, 75); ist auch dem Einspruch von STECK, Schöpfungsbericht, 95 ff. gegen eine Sonderung von Tat- und Wortbericht in Gen 1,14–19 Recht zu geben, so ist damit aber keineswegs jeder Versuch abgewehrt, die u.a. hinsichtlich der Funktionsbestimmung zu konstatierende Überladenheit aus der Entstehungsgeschichte heraus erklären zu wollen.

nen. Angesichts der unverkennbaren Querbezüge, wie sie sich für die ältere Tradition in Gen 1,14–19 nahelegen, ist ihr zunächst das in seiner ursprünglichen Form auf Gen 1,6+7a einzugrenzende Werk von der Errichtung einer Himmelsfeste zuzurechnen.[23] Als Ergebnis redaktionell bedingter Verknüpfung wird sodann die auffällige Positionierung zweier Schöpfungswerke am dritten Schöpfungstag (Gen 1,9–13) zu werten sein; darauf weist neben einer in der Abfolge beider Werke sich andeutenden (und dementsprechend zurückhaltend zu beurteilenden) Spannung nicht zuletzt die Andersartigkeit der literarisch-stilistischen Gestaltung hin; näherhin zeigt sich Gen 1,9+10 neben der Knappheit und Prägnanz der Formulierungsweise durch mehrere Gemeinsamkeiten mit Gen 1,3–5 verbunden und wird so als eine auf die Hand des priesterschriftlichen Erzählers zurückgehende Bildung zu qualifizieren sein, wohingegen Gen 1,11+12a sich hinsichtlich Anlage und Konzeption eng mit Gen 1,6+7a berührt. Wird demnach Gen 1,11+12a als ein der ursprünglichen Fassung der Schöpfungserzählung zuzurechnender Passus zu beurteilen sein, so eröffnen sich von daher unverkennbar Perspektiven für eine literargeschichtliche Beurteilung von Gen 1,24+25a, insofern die Erschaffung der Landtiere durch auffällige Gemeinsamkeiten in Aufbau und Rededuktus, aber auch der Diktion (יצא H-Stamm + הארץ als Subjekt Gen 1,24aα‖12aα) mit Gen 1,11+12a verbunden ist. Ist Gen 1,24+25a so ebenfalls einer Vorstufe der priesterschriftlichen Schöpfungserzählung zuzurechnen, finden m.E. einige der im Zusammenhang der Erschaffung der Landtiere immer wieder beobachteten Besonderheiten (vgl. etwa das gegenüber Gen 1,22 mehr als auffällige Fehlen des Segens, aber auch der Gebrauch von עשה gegenüber ברא) eine gleichermaßen unkomplizierte wie plausible Erklärung.[24]

(3) Daß die Erschaffung des Menschen schon in der dem priesterschriftlichen Erzähler vorgegebenen Tradition Abschluß und Höhepunkt des Schöpfungsgeschehens gewesen sein muß, ergibt sich indirekt einerseits aufgrund der im ganzen zwiespältigen Position des sechsten Schöpfungstages in der Kompositionsstruktur der priesterschriftlichen Schöpfungserzählung, die sich zumindest teilweise aus der Bindung an eine vorgegebene

---

[23] Die auffällige Stellung der Formel ויהי כן in Gen 1,7b dürfte m.E. mit Recht als Reflex der Textentstehungsgeschichte zu werten sein; angesichts dessen empfiehlt sich eine Transponierung nach Gen 1,6, obgleich gut begründbar (LXX; ausführlich dazu STECK, Schöpfungsbericht, 41 f.73 f.), und damit eine textkritische Lösung keineswegs; dementsprechend wird auch trotz bestehender Unregelmäßigkeiten MT beizubehalten sein (vgl. SEEBASS, Genesis I, 61; generell LEVIN, Tatbericht, 30).

[24] Das Phänomen selbst ist immer wieder notiert worden, hat aber im einzelnen recht unterschiedliche (und z.T. auch wenig befriedigende) Erklärungen gefunden (vgl. hier nur STECK, Schöpfungsbericht, 126 ff.); der Ausfall des Segens ebenso wie der Gebrauch des Verbums עשה in Gen 1,24+25a ist m.E. um so bezeichnender, als der fünfte bis siebte Tag (Gen 1,20–2,3) in einer geradezu systematischen Weise durch die Verben ברא und ברך zusammengehalten sind (vgl. dazu P. WEIMAR, Struktur und Komposition der priesterschriftlichen Geschichtsdarstellung I. BN 23 [1984] 81–134 und II, BN 24 [1984] 138–162 [hier: II, 149 ff.] sowie B. JANOWSKI, Tempel und Schöpfung. Schöpfungstheologische Aspekte der priesterschriftlichen Heiligtumskonzeption, JBTh 5 (1990), 37–69 = DERS., Gottes Gegenwart in Israel. Beiträge zur Theologie des Alten Testaments, Neukirchen-Vluyn 1993, 214–246 [232 f.] und U. RÜTERSWÖRDEN, Dominium terrae. Studien zur Genese einer alttestamentlichen Vorstellung [BZAW 215], Berlin-New York 1993, 106; zur Kritik STECK, Aufbauprobleme, 292), wodurch die „Abweichungen" in Gen 1,24+25 insgesamt ein Gewicht bekommen.

Tradition erklären wird,²⁵ andererseits aber daher, daß die anzunehmende Vorlage der priesterschriftlichen Schöpfungserzählung sonst ohne Höhepunkt und Ziel bliebe. Dennoch wird die Menschenschöpfung kaum in ihrem ganzen Umfang als Element der Tradition angesehen werden können. Abgesehen von dem als priesterschriftlich zu qualifizierenden „Rahmenwerk" Gen 1,30b+31 werden außerdem noch die nicht spannungsfrei in den Textzusammenhang eingebundenen, wahrscheinlich nicht auf eine Hand zurückgehenden Aussagen Gen 1,27b+28 sowie 30a nicht ursprüngliche Bestandteile der Darstellung der Menschenschöpfung gewesen sein.²⁶

Läßt sich so zumindest in Umrissen eine der priesterschriftlichen Erzählversion vorauﬂiegende ältere Fassung einer Darstellung des Schöpfungsgeschehens ansichtig machen, dann zeigt sich dabei aber auch in aller Deutlichkeit, daß in dieser ebenfalls schon Wort- und Tatbericht zu einer (nicht weiter auflösbaren, wenn auch gegenüber der priesterschriftlichen Erzählfassung anders bestimmten) Einheit zusammengebunden gewesen sind. Innerhalb des in dieser Weise abzusteckenden Rahmens einer als Vorlage der priesterschriftlichen Schöpfungserzählung in Gen 1,1–2,4a* anzusehenden Darstellung des Schöpfungsgeschehens wird sodann nach der Bedeutung von Gen 1,2 als deren ursprünglichem Erzählbeginn zu fragen sein.

II. Bedeutung von Gen 1,2 als Beginn einer Schöpfungserzählung

Ein Zugang soll zunächst auf einem mehr indirekten Wege über die Erfassung der literarisch-kompositorischen Eigenart gewonnen werden. Da die Vorlage kein strukturierendes Ordnungsprinzip, wie es mit der Tageszählung für die priesterschriftliche Erzählfassung gegeben ist, aufweist, müssen für sie andere literarische Ordnungsfaktoren als maßgebend anzusehen sein. Als strukturbedeutsam verdient dabei in erster Linie die in der Abfolge der Schöpfungswerke vorgegebene Fünfstrophigkeit der Komposition

---

[25] Das eigentümliche Spannungsverhältnis, das die Zuordnung des sechsten und siebten Tages auszeichnet (vgl. WEIMAR, Struktur II, 150 ff. und JANOWSKI, Tempel, 232 ff.), ist zwar als ein bewußt eingesetztes literarisches Mittel zu deuten, um auf diese Weise die Erschaffung des Menschen als Höhepunkt und das Ruhen Gottes als Ziel des Schöpfungsgeschehens zueinander in Beziehung setzen zu können, im ganzen aber von einer allzu großen Künstlichkeit, als daß man darin eine völlig freie Bildung des priesterschriftlichen Erzählers sehen könnte.
[26] Ältere Versuche, in Gen 1,26–31 entstehungsgeschichtliche Prozesse erkennen zu wollen, haben u.a. durch STECK, Schöpfungsbericht, 131–139 eine kritische Beurteilung erfahren; doch können sie im Lichte der vorangehenden Beobachtungen zur Annahme einer der priesterschriftlichen Erzählversion vorauﬂiegenden älteren Fassung einer Schöpfungserzählung nicht einfach als überholt angesehen werden, ohne daß jedoch im Rahmen der vorliegenden Untersuchung eine detaillierte Begründung möglich wäre.

einschließlich der eröffnend vorgeschalteten dreigliedrigen Schilderung des Zustandes der Erde vor der Schöpfung Gen 1,2 Beachtung. Doch sind zur näheren Aufschlüsselung des Anordnungsmusters, wie es der fünfstrophigen Komposition der Vorlage der priesterschriftlichen Schöpfungserzählung zugrundeliegt, weitergehende Beobachtungen notwendig. Diese setzen an den formalen Gesetzmäßigkeiten der einzelnen strophischen Einheiten an.

Unverkennbar zeigen jeweils zwei Strophen auffällige Gemeinsamkeiten hinsichtlich ihres kompositorischen Aufbaus. Während für die Strophen I (Gen 1,6+7a) und III (Gen 1,14–17*) der Wechsel von Gottesrede (ויאמר אלהים יהי) und Schöpfungswerk (ויעש אלהים) kennzeichnend ist, zeigen die Strophen II (Gen 1,11+12a) und IV (Gen 1,24+25a) ein zwar ähnliches, aber insofern variiertes Baumuster, als die Schilderung des Schöpfungswerkes selbst hier jeweils mit der Geschehensformel ויהי כן eröffnet ist (Gen 1,11bβ||24b).[27] Die allein schon dadurch in Erscheinung tretende Zuordnung der Strophen I und III bzw. II und IV läßt sich durch weitergehende signifikante Entsprechungen absichern. Für 1,6+7a und 14–17* ist neben der durch רקיע hergestellten Stichwortkorrespondenz auf den im durativen Sinne zu deutenden Jussiv יהי[28], aber auch auf die hinsichtlich der Feinstruktur sorgfältig aufeinander abgestimmten Querbezüge zu verweisen. In bezug auf Gen 1,11+12a und 24+25a ist ein entsprechender Zusammenhang dadurch gesichert, daß die durch Elohim ergehende Anordnung jeweils eine schöpfungsproduktive Tätigkeit der Erde (הארץ) akzentuiert (Gen 1,11aα||24aα), in beiden Fällen Anordnung und Schöpfungswerk different formuliert sind, die Anordnung הארץ תוצא (Gen 1,24aα) dem Ausführungsbericht ותוצא הארץ (Gen 1,12aα) korrespondiert und schließlich in beiden Zusammenhängen ein gehäuftes Vorkommen von מין zu konstatieren ist.

Angesichts der so bestehenden Entsprechungen sind die ersten vier Strophen der Schöpfungserzählung ganz offenkundig nach dem Prinzip zweier streng parallel gebauter Strophenpaare rhythmisiert. Während in der jeweils ersten Strophe beider Strophenpaare (Gen 1,6+7a||14–17*) die Erschaffung der רקיע genannten Größe und ihre Ausstattung im Blick ist, wendet sich die jeweils zweite Strophe (Gen 1,11+12a||24+25a) der Bele-

---

[27] Angesichts der so für die Vorlage von Gen 1,1–2,4a bestehenden Systematik in der Anordnung der einzelnen strophischen Einheiten wäre es sicher verfehlt, ein der Darstellung aller Schöpfungswerke zugrundeliegendes gemeinsames Baumuster postulierten zu wollen; „Unregelmäßigkeiten" (SEEBASS, Genesis I, 61) sind hierbei u.a. im Gebrauch der Formel ויהי כן zu konstatieren, wie nicht zuletzt anhand von Gen 1,6+7 erkennbar wird (s.o. Anm. 23); in Gen 1,14–19 verdankt sich das stilgerechte Vorkommen der Formel ויהי כן Gen 1,15b wahrscheinlich erst der in Verbindung mit der Einfügung der Billigungsformel Gen 1,18b zu sehenden redigierenden Hand von P^g.

[28] Vgl. hierzu u.a. STECK, Schöpfungsbericht, 76 f.99 f.

bung der Erde durch Pflanzen bzw. Landtiere zu. Von dem strophenpaarartigen Anordnungsmuster der vier ersten Strophen abgehoben und allein schon aufgrund der solistischen Position herausgehoben stellt sich die abschließende fünfte Strophe (Gen 1,26+27a.29) dar, die überdies durch ein von den vorangehenden Strophen abgehobenes Baumuster ausgezeichnet ist (1. Gottesrede: Erschaffung des Menschen [Kohortativ] zum Zweck der Herrschaft über die Erde [1,26*] – 2. Bericht: Erschaffung des Menschen durch Elohim [1,27a] – 3. Gottesrede: Übergabe der Pflanzenwelt zur Nahrung [1,29*]). Auf die Erschaffung des Menschen ist so die ganze Gen 1,1–2,4a zugrundeliegende ursprüngliche Fassung einer Schöpfungserzählung ausgerichtet. Sie kann dabei aber nicht isoliert betrachtet werden, sondern gewinnt ihr Profil nur im Zusammenspiel und vor dem Hintergrund der beiden voraufgehenden Strophenpaare.

Hinsichtlich ihrer Struktur folgt die Schöpfungserzählung der Vorlage von Gen 1,1–2,4a einem auch sonst bei Zyklenkompositionen bewährten Muster (vgl. den in der ursprünglichen Gestalt jeweils aus fünf Strophen bestehenden Völkerspruch- und Visionenzyklus bei Amos nach dem Schema 2+2∥1), wenn auch mit dem Unterschied, daß mit Gen 1,2 eine triadische Zustandsschilderung vorgeschaltet ist. Damit legt sich für die ursprüngliche Fassung der Gen 1,1–2,4a zugrundeliegenden Schöpfungserzählung das folgende Kompositionsmuster nahe:

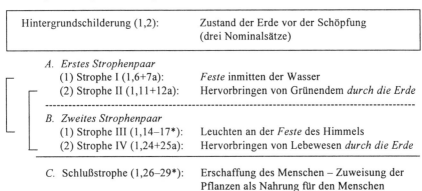

| Hintergrundschilderung (1,2): | Zustand der Erde vor der Schöpfung (drei Nominalsätze) |

A. *Erstes Strophenpaar*
  (1) Strophe I (1,6+7a):   *Feste* inmitten der Wasser
  (2) Strophe II (1,11+12a):   Hervorbringen von Grünendem *durch die Erde*

B. *Zweites Strophenpaar*
  (1) Strophe III (1,14–17*):   Leuchten an der *Feste* des Himmels
  (2) Strophe IV (1,24+25a):   Hervorbringen von Lebewesen *durch die Erde*

C. *Schlußstrophe* (1,26–29*):   Erschaffung des Menschen – Zuweisung der Pflanzen als Nahrung für den Menschen

Die Strophenform der Vorlage von Gen 1,1–2,4a, aber auch die gehobene, weithin durch Rhythmisierung ausgezeichnete Form der Prosa, lassen die Schöpfungserzählung der von der Priesterschrift aufgenommenen Tradition als eine bewußte Komposition sehen, wobei die gebundene Form möglicherweise Hinweise auf die ihr zukommende Funktion vermittelt.[29] Die

---

[29] Auf die Bedeutung der Unterscheidung von Poesie und Prosa als Möglichkeit zu einer präziseren Erfassung einer Vorlage in Gen 1,1–2,4a haben u.a. O. LORETZ, Wortbericht-Vorlage und Tatbericht-Interpretation im Schöpfungsbericht Gn 1,1–2,4a, UF 7

Perspektive, mit der diese Komposition gestaltet ist, erschließt sich dabei zunächst von ihrem Ende her, das sich insofern als überraschend darstellt, als in Gen 1,29 trotz der absoluten, dem üblichen Schema innerhalb der Schöpfungserzählung folgenden Form der Redeeinführung ויאמר אלהים die Angeredeten betont in 2.Pers. Plural (vgl. das zweimalige לכם) angesprochen werden.[30] Mit diesem Stilmittel soll allem Anschein nach das erzählte Geschehen der Schöpfung unmittelbar auf die Hörersituation hin geöffnet und der Hörer damit in das Erzählgeschehen selbst einbezogen werden. Die bei der Menschenschöpfung entschieden ins Blickfeld gerückte „Gottebenbildlichkeit" des Menschen (vgl. Gen 1,26aβ sowie 27a) erschließt sich in ihrem Bedeutungsgehalt von der final damit verknüpften Herrschaftsansage über die Erde (Gen 1,26b).[31] Dem Menschen wird damit eine „königliche" Aufgabe zugeschrieben, die darin besteht, „die Schöpfung im Gleichgewicht zu halten und vor dem Rückfall ins Chaos zu bewahren"[32].

Die Präsentation als „königlicher Mensch"[33], wie sie nicht erst durch die priesterschriftliche Schöpfungserzählung, sondern schon in deren Vorlage vorgenommen wird, erschließt sich in ihrem vollen Gehalt erst, wenn die Aussage von der Herrschaft (רדה) über die Erde (Gen 1,26bα) nicht isoliert, sondern im Horizont der vorangehenden vier Schöpfungswerke gesehen wird, worauf die Menschenschöpfung in durchaus gezielter Weise verweist. Nicht nur ist mit בכל הארץ als Angabe des Herrschaftsbereiches des Menschen das die Darstellung des Schöpfungsgeschehens insgesamt, insbesondere aber die Strophen II und IV auszeichnende Leitwort aufgenommen, sondern mit dem Gen 1,26* korrespondierend gegenübertretenden Übergabebefehl Gen 1,29 ein wohl absichtsvoller Bezug zu Gen 1,11+12a

---

(1975) 279–287 und J.S. KSELMAN, The Recovery of Poetic Fragments from the Pentateuchal Priestly Source, JBL 97 (1978) 162–167 hingewiesen, ohne aber hinsichtlich der Umgrenzung einer Vorlage zu übereinstimmenden Ergebnissen zu kommen; die hier umrißhaft vorgenommene Herausarbeitung einer der priesterschriftlichen Schöpfungserzählung zugrundeliegenden älteren Fassung kann zwar nicht im strengen Sinne als Poesie, aber dennoch als eine Art rhythmisierter Prosa gekennzeichnet werden.

[30] Auf der Ebene der priesterschriftlichen Redaktion verliert Gen 1,29 den Überraschungseffekt durch die Einschaltung von Gen 1,27b+28.

[31] Zum finalen Verständnis von וירדו vgl. u.a. W. GROSS, Gottebenbildlichkeit des Menschen im Kontext der Priesterschrift, ThQ 161 (1981) 244–264 = DERS., Studien zur Priesterschrift und zu alttestamentlichen Gottesbildern (SBAB 30), Stuttgart 1999, 11–36 (30 mit Anm. 61).

[32] GÖRG, Menschenbild, 145 f. – Zu רדה als Herrschaftsterminus vgl. B. JANOWSKI, Herrschaft über die Tiere. Gen 1,26–28 und die Semantik von רדה, in: Biblische Theologie und gesellschaftlicher Wandel. FS N. Lohfink, hg. von G. Braulik u.a., Freiburg/Brsg. u.a. 1993, 183–198 = DERS., Die rettende Gerechtigkeit. Beiträge zur Theologie des Alten Testaments 2, Neukirchen-Vluyn 1999, 33–48 sowie RÜTERSWÖRDEN, Dominium terrae, 32 ff.

[33] GÖRG, Menschenbild, 143 ff.

hergestellt.³⁴ Wenn dem Menschen die Herrschaft über die Erde übertragen wird, dann geht es dabei – vor dem Hintergrund der das Schöpfungsgeschehen im ganzen umreißenden vier Schöpfungswerke – um die „universale Ordnungsfunktion des Menschen" für die Schöpfung.³⁵ Diese Aussage läßt sich noch weiter präzisieren, wenn die durch die Abfolge der beiden Strophenpaare angezeigte literarische Konstruktion beachtet wird. Während in der jeweils zweiten Strophe (Gen 1,11+12a bzw. 24+25a) die selbstschöpferische Qualität der Erde eine entsprechende Akzentuierung erfährt, kommt in der vorangestellten ersten Strophe beider Strophenpaare (Gen 1,6+7a bzw. 14–17*) der רקיע genannten Größe eine bedeutsame Rolle zu, womit ein für die Schöpfung grundlegender Ordnungsfaktor benannt wird, der dazu dient, „die Lebenswelt gegen den Einbruch chaotischer Wasser" zu sichern³⁶ und die Erde damit als Lebensraum vor der lebensbedrohenden Macht des Chaos zu bewahren. Hiermit kommt sodann nochmals die Bedeutung der in Gen 1,2 vorgelegten Schilderung des ungeordneten Zustandes der Erde vor der Schöpfung für eine nähere Erfassung der Konzeption, wie sie für die Konstruktion der Gen 1,1–2,4a zugrundeliegenden ursprünglichen Fassung einer Schöpfungserzählung bestimmend ist, in den Blick.

III. Ein spannungsvoller Zusammenhang von Chaos und Kosmos

Wenn die Vorlage der priesterschriftlichen Schöpfungserzählung in Gen 1, 2 gewichtig mit einer dreigliedrigen, gestuften Nominalsatzfolge eröffnet wird, die einen der Vorvergangenheit zuzurechnenden und damit der Schöpfung vorausliegenden Zustand beschreiben will, dann ist darin nicht bloß ein besonderes Darstellungsmittel, sondern – wie allein schon die syntaktische Eigenständigkeit von Gen 1,2 wirkungsvoll zu veranschaulichen vermag – eine eigengewichtige Aussage zu sehen, der eine geradezu grundlegende Bedeutung im Blick auf die nachfolgende Darstellung des

---

³⁴ Angesichts der Tatsache, daß „in der Aufzählung der Tiergattungen ... die Erde höchst auffallend" erscheine (B. JACOB, Das erste Buch der Tora. Genesis, Berlin 1934 = ND New York o.J. [1974] = ND Stuttgart 2000, 59), ist der als „nicht einleuchtend" (SEEBASS, Genesis I, 61) qualifizierte, masoretische Text allgemein aus ובכל הארץ in ובכל חית הארץ korrigiert worden; sollte MT aber ursprünglich sein, ist m.E. der Gedanke nicht abzuweisen, in ובכל הארץ ein Relikt der Pᵍ vorgegebenen Tradition zu sehen, wohingegen die detaillierte Aufzählung der Lebewesen erst der priesterschriftlichen Redaktion zu verdanken ist.
³⁵ JANOWSKI, Herrschaft, 91.
³⁶ M. GÖRG, Art, רקיע rāqîaʿ, ThWAT VII (1993) 668–675 (671); vgl. auch DERS., Art. Firmament, NBL I (1991) 674 f.

Schöpfungsgeschehens zuzumessen ist. Als bedeutungsvoll erweisen sich dabei die vielfältigen thematischen und sachlichen Bezüge, durch die Gen 1,2 mit dem Fortgang des Schöpfungsgeschehens verwoben ist.[37]

Die Bezogenheit der Chaosschilderung von Gen 1,2 auf die nachfolgenden Schöpfungswerke tritt im Rahmen der Vorlage von Gen 1,1–2,4a auf verschiedene Weise und in mehrfacher Abstufung in Erscheinung:

(1) Die allein schon aufgrund des Parallelismus (על פני המים‖על פני תהום) eng miteinander verbundenen Nominalsätze Gen 1,2aβ und 2b zeigen Bezüge zum ersten und dritten Schöpfungswerk, wobei die Bezugnahme in chiastischer Weise erfolgt. Das erste Schöpfungswerk (Gen 1,6+7a) knüpft mit der hier herausgestellten Errichtung einer Himmelsfeste „inmitten der Wasser" (בתוך המים) zum Zweck der Scheidung der Wasser (fünfmaliges Vorkommen des Wortes מים an die unmittelbar voraufgehende Zustandsaussage Gen 1,2b an (vgl. die Korrespondenz von על פני המים und בתוך המים), um damit deutlich werden zu lassen, daß die „ungeschiedene Wassermasse des Urzustandes"[38] in der durch die Himmelsfeste bewirkten Scheidung eine das Chaos bändigende und ordnende Strukturierung erfährt; die so in Erscheinung tretende Bezogenheit von Chaos und Kosmos wird indirekt auch faßbar in dem (mehrere Bedeutungsebenen umfassenden) Ausdruck רוח אלהים, der als solcher zwar der Chaosschilderung zuzuordnen ist, angesichts der Eigenart des Nominalsatzes Gen 1,2b aber verhalten zugleich schon den Übergang zur Schöpfung ankündigt.[39] Im Unterschied dazu ist für das dritte Schöpfungswerk (Gen 1,14–17*), das im kompositorischen Gefüge der Vorlage der priesterschriftlichen Schöpfungserzählung Gen 1,6+7a entspricht, ein sachlicher Zusammenhang mit Gen 1,2aβ gegeben, der durch den wirkungsvollen Kontrast von חשך (Gen 1,2aβ) und אור (viermaliges Vorkommen des Wortstammes in Gen 1,14–17*) angezeigt ist.

(2) Eine derartige Entsprechung, wie sie in bezug auf Gen 1,2aβ‖2b zu den nachfolgenden Schöpfungswerken zu konstatieren ist, scheint für den gegenüber Gen 1,2aβ‖2b auch schon herausgehobenen (s.u.[3]) einleitenden Nominalsatz Gen 1,2aα nicht vorzuliegen. Doch verlangt eine solche Sichtweise insofern einer Korrektur, als sich ein auffälliger Zusammenhang auftut zwischen der den Zustand der Erde vor der Schöpfung ins Blickfeld rückenden Nominalsatzaussage Gen 1,2aα und jenen, die schöpferische Aktivität der Erde bezüglich der Hervorbringung der Pflanzen (Gen 1,11aα und 12aα) sowie der Landtiere (Gen 1,24aα) akzentuierenden Aussagen im Rahmen des zweiten (Gen 1,11+12a) und vierten Schöpfungswerkes (Gen 1,24+25a). Darf darin ein nicht zu verkennender Hinweis auf eine intendierte Bezugnahme des zweiten und vierten Schöpfungswerkes zu Gen 1,2aα gesehen werden,[40] so eröffnet sich damit über das Phänomen hinaus, daß הארץ hier jeweils als Satzsubjekt begegnet, zugleich eine tiefere Einsicht in den zwischen der Chaosschilderung und den Schöpfungswerken bestehenden thematischen Bezugsrahmen. Verfolgt Gen 1,2aα die Absicht, die Erde als „Ort der schlechthin-

---

[37] Diesen Aspekt hat nachdrücklich u.a. STECK, Schöpfungsbericht, 227 ff. herausgearbeitet; vgl. außerdem D.U. ROTZOLL, Die Vorbedingungen für Gottes große „Auseinander-Schöpfung". Eine vornehmlich syntaktische Untersuchung zum Prolog des priesterschriftlichen Schöpfungsberichtes (Gen 1,1 f.), BZ NF 35 (1991) 247–256 (254 f.); kritisch dazu M. BAUKS-G. BAUMANN, Im Anfang war …? Gen 1,11ff und Prov 8,22–31 im Vergleich, BN 71 (1994) 24–52 (35 f.).

[38] BAUKS, Welt, 125.

[39] Vgl. hierzu schon die in Anm. 11 gegebenen Hinweise.

[40] Vgl. hierzu nur STECK, Schöpfungsbericht, 232 f. und SEEBASS, Genesis I, 71 f.

nigen Lebensunmöglichkeit"⁴¹ zu kennzeichnen, so wird sie im Zusammenhang des zweiten und vierten Schöpfungswerkes aufgrund ihrer Ausgestaltung mit Pflanzen (Gen 1,11+12a) und Landtieren (Gen 1,24+25a) betont als ein dem Menschen bereitgestellter Raum der Lebensmöglichkeit vorgestellt.

(3) Daß die Chaosschilderung und Darstellung der Schöpfungswerke in signifikanter Weise aufeinander hin gestaltet sind, dokumentiert sich nicht zuletzt anhand bezeichnender Entsprechungen strukturell-kompositorischer Art zwischen Gen 1,2 einerseits und der für die Abfolge der Schöpfungswerke maßgebenden Kompositionsgesetzmäßigkeiten andererseits. Darf das Gen 1,2 zugrundeliegende Textgliederungsprinzip dahingehend beschrieben werden, daß Gen 1,2aα gegenüber den beiden nachfolgenden, durch ihre parallelistische Fügung einander zugeordneten Aussagen Gen 1,2aβ und 2b abzusetzen und dem einleitenden Nominalsatz Gen 1,2aα als vorangestelltem „Mottovers" eine Sonderrolle zuzumessen ist,⁴² dann entspricht die Darstellung des Schöpfungsgeschehens der Chaosschilderung von Gen 1,2 geradezu spiegelbildlich. Die generelle Kennzeichnung der Erde als „haltlos und gestaltlos",⁴³ wie sie in Gen 1,2aα begegnet, findet in den folgenden beiden Nominalsatzaussagen Gen 1,2aβ und 2b dahingehend eine konkretisierende Ausdeutung, daß der so beschriebene Zustand der Erde in Verbindung gebracht wird mit dem Fehlen grundlegender Ordnungsstrukturen. Genau die so vorgenommene Differenzierung in Gen 1,2 zwischen Themaaussage und nachgeordneter Explikation hat innerhalb der Abfolge der Schöpfungswerke eine strukturelle Entsprechung. In expliziter Rückbindung an Gen 1,2b und 2aβ (in dieser Reihenfolge!) geht es in der jeweils ersten Strophe beider Doppelstrophen um die Erstellung der das Chaos in seine Schranken weisenden grundlegenden Ordnungsstrukturen. Diese sind geradezu Voraussetzung für die Ausgestaltung der Erde als Lebensraum, was in der literarischen Realisierung durch Nachordnung zum Ausdruck gebracht wird. Die schon vom inneren Gefälle der strophischen Abfolge sich nahelegende thematische Akzentuierung erfährt eine nachdrückliche Stützung gerade daher, daß die zweite und vierte Strophe gleichermaßen zu der Themaangabe in Gen 1,2aα in Beziehung gesetzt und entsprechend herausgestellt sind.

Erweist sich die Beschreibung des Zustandes der Erde vor der Schöpfung in Gen 1,2 in solcher Weise auf das Geschehen der Schöpfung selbst bezogen, dann hat das tiefgreifende Auswirkungen für das Gesamtverständnis der ursprünglichen Fassung der Schöpfungserzählung in Gen 1,2–2,4a, die dem priesterschriftlichen Erzähler Ausgangspunkt eines grundlegenden Aus- und Umgestaltungsprozesses geworden ist. Die Charakterisierung jener der Schöpfung vorausliegenden chaotischen Wirklichkeit, wie sie in Gen 1,2 auf dem Hintergrund altorientalischer Schöpfungstraditionen vor-

---

⁴¹ O. KAISER, Die mythische Bedeutung des Meeres in Ägypten, Ugarit und Israel (BZAW 89), Berlin ²1962, 115; zustimmend zitiert auch bei STECK, Schöpfungsbericht, 232 Anm. 954.

⁴² Zur Sonderstellung von Gen 1,2aα vgl. hier nur M. GÖRG, Zur Struktur von Gen 1,2, BN 62 (1992) 11–15 (13), der im eröffnenden Nominalsatz der Chaosschilderung von Gen 1,2 – im Anschluß an J. ASSMANN, Ägyptische Hymnen und Gebete, Zürich-München 1975, 33 – eine „Status-Charakteristik" der Erde sieht; weitergehende Beachtung verdienen außerdem die entsprechenden Erwägungen zur Textgliederung bei BAUKS, Welt, 141ff.

⁴³ M. GÖRG, Tohû wabohû – ein Deutungsvorschlag, ZAW 82 (1980) 431–434 (434).

genommen wird, geschieht mit Blick auf das Schöpfungsgeschehen selbst. Es handelt sich hierbei um den Entwurf einer aus dem Gegenüber zur Schöpfungswirklichkeit heraus konzipierten Gegenwelt, vor deren Hintergrund die Schöpfung Kontur und Profil gewinnt. Entsprechend der in Gen 1,2 präsentierten Bildvorstellung vom chaotischen Zustand der Erde vor der Schöpfung erscheint die Schöpfung als ein Vorgang, bei dem durch Gottes Wort, das die Erstellung grundlegender Ordnungsstrukturen anordnet, und sein Tun die Chaoswelt zurückgedrängt und durch die Realisierung der Raum- und Zeitdimension (in dieser Abfolge!) in einen Leben ermöglichenden und bewahrenden Kosmos umgestaltet wird.[44] Als eine Art schützender Trennwand bewahrt die רקיע genannte Größe, die als grundlegender Ordnungsfaktor erscheint, „die Lebenszone vor dem Einbruch der lebensbedrohenden Sphäre".[45]

Die Spannung zwischen Chaos und Kosmos, wie sie für die ursprüngliche Fassung der Schöpfungserzählung in Gen 1,1–2,4a bestimmend ist, hat eine bleibende Qualität, insofern das Chaos als „der vorzeitliche Zustand der Welt vor der Einrichtung der Schöpfungsordnung"[46] auch weiterhin als den Bestand der Schöpfungsordnung bedrohend und gefährdend vorgestellt ist. Bewahrung des kosmischen Gleichgewichts der Schöpfung gegenüber dem Eindringen chaotischer Kräfte ist so denn auch die dem Menschen übertragene und ihn auszeichnende Aufgabe. Daß das Chaos auch nach Errichtung der Schöpfungsordnung weiterhin eine Bedrohung eben dieser Schöpfungsordnung darstellt, wird literarisch sodann vor allem innerhalb der Fluterzählung realisiert, wo der priesterschriftlichen Erzählfassung wie in Gen 1,1–2,4a ebenfalls eine ältere, durch P^g aus- und umgestaltete Darstellung des Flutgeschehens zugrundegelegen haben wird.[47] Diese zeichnet

---

[44] Auf den Zusammenhang der für die Vorlage von Gen 1,1–2,4a maßgebenden Konzeption der Erschaffung der Erde mit ägyptischen Kosmogonievorstellungen hat u.a. GÖRG, Menschenbild, 29.150 f.; DERS., Art. Chaos, NBL I (1991) 363 f.364; DERS., „Chaos", 59 f.; DERS., Art. רקיע rāqîaʿ, 670 f.; DERS., Genesis und Trinität. Religionsgeschichtliche Implikationen des Glaubens an den dreieinen Gott, MThZ 47 (1996) 295–313 (300 ff.); DERS., Nilgans, 49 f.61 ff. hingewiesen, der hierbei insbesondere auf das von J. ASSMANN, Primat und Transzendenz. Struktur und Genese der ägyptischen Vorstellung eines „Höchsten Wesens", in: Aspekte der spätägyptischen Religion (GOF.Ä 9), hg. von W. Westendorf, Wiesbaden 1979, 7–42 (30 f.) herausgearbeitete Transformationsschema Chaos – Raum – Zeit – Bezug nimmt.

[45] GÖRG, „Chaos", 59.

[46] BAUKS, Welt, 144.

[47] Wenn auch in bezug auf die Fluterzählung „die Diskussion um eine mögliche P-Vorlage … bisher nicht sehr ergebnisreich" war (SEEBASS, Genesis I, 239), so spricht m.E. dennoch eine Reihe von Indizien dafür, daß die priesterschriftliche Darstellung keineswegs ein freier Entwurf von P^g ist, sondern daß ihr vielmehr eine Vorlage zugrundeliegt; wie diese des näheren zu bestimmen sein wird, kann im Rahmen der vorliegenden Untersuchung offen bleiben; entsprechende Hinweise hierzu finden sich etwa bei G.

sich durch bemerkenswerte Rückbezüge vor allem auch zu Gen 1,2 (vgl. hier nur die betonte Herausstellung der „Erde" als Aussagesubjekt in Gen 6,11+12a, außerdem die Erwähnung der „Urflut" [תהום] und der „Wasser" [על פני המים] Gen 7,18] sowie schließlich die Aussage von Gen 8,1bα) aus, womit die Flut die ihr eigene Dimension als grundlegende Infragestellung der Schöpfungsordnung durch das Übermächtigwerden der Chaosmächte, das freilich in der göttlichen Macht selbst begründet liegt, gewinnt. Indem Anfang und Ende des Flutgeschehens dadurch gekennzeichnet sind, daß die „Brunnen der Urflut" und die „Feste des Himmels" sich auftun (Gen 7,11b*) und schließen (Gen 8,1b+2a), werden zugleich die Dimensionen des Flutgeschehens angezeigt.[48]

Sind innerhalb der priesterschriftlichen Darstellung Schöpfung und Flut – wenn auch eingebunden in einen größeren Darstellungsrahmen – bewußt als Gegenbilder angelegt, die im Grunde ein und dieselbe Sache verhandeln, so gilt das erst recht für die der priesterschriftlichen Schöpfungs- und Fluterzählung als Vorlage zugrundeliegenden Kompositionen, die dabei höchstwahrscheinlich nicht Teil eines umgreifenderen Erzählzusammenhangs gewesen sind, sondern – wie sich aufgrund detaillierter Beobachtungen zur kompositorischen Eigenart wie zum Stil nahelegt – für sich bestanden haben und als zwei Tafeln eines Diptychons anzusehen sind.[49] Angesichts einer solchen diptychonartigen Gegenüberstellung von Schöpfung und Flut, die sich in ähnlicher Weise im altbabylonischen Mythos von Atramḫasîs findet, wird der Fragehorizont, aus dem auch die Urfassung der Schöpfungserzählung in Gen 1,1–2,4a entstanden sein mag, näherhin faß-

---

MORAWE, Erwägungen zu Gen 7,1 und 8,2. Ein Beitrag zur Überlieferungsgeschichte des priesterschriftlichen Flutberichtes, ThV 3 (1971) 31–52; WESTERMANN, Genesis I, 583 ff.; ZENGER, Gottes Bogen, 30 f. Anm. 13; GÖRG, Menschenbild, 139 ff.; DERS., Abra[ha]m – Wende der Zukunft. Zum Beginn der priesterschriftlichen Abrahamsgeschichte, in: Die Väter Israels. Beiträge zur Theologie der Patriarchenüberlieferungen im Alten Testament, hg. von Ders., Stuttgart 1989, 61–71 = DERS., Studien, 152–163 (161); SEEBASS, Genesis I, 239 f.

[48] Vgl. hier die bei BAUKS, Welt, 61 getroffene Feststellung: „... der Schrecken des in Gen 1,2 dargestellten Mangelzustands kommt im Rahmen der Fluterzählung zum Zuge, wenn Gott die Wasser der תהום auf die Erde kommen läßt und somit ein ‚Weltende' in begrenztem Ausmaß zuläßt".

[49] Hier sei nur auf den schon längst erkannten (H. GUNKEL, Genesis [HK I/1] Göttingen [7]1966, 144 f. und U. CASSUTO, A Commentary on the Book of Genesis. II. From Noah to Abraham. Genesis VI 9–XI 43, Jerusalem 1964, 84 ff.101 f.) poetisch-epischen Charakter von Gen 7,11b* und 8,1b–2a hingewiesen (dazu u.a. M. WEINFELD, Gen 7:11, 8:1–2 Against the Background of Ancient Near Eastern Tradition, WO 9 [1977/78] 242–248), was auf Gemeinsamkeiten zur Vorlage von Gen 1,1–2,4a hindeutet (zum poetischen Charakter von Gen 1,1–2,4a vgl. jüngst F.H. POLAK, Poetic Style and Parallelism in the Creation Account [Genesis 1.1–2.3)], in: Creation in Jewish and Christian Tradition [JSOT.S 319], hg. von H. Graf Reventlow und Y. Hoffman, London 2002, 2–31).

bar – in einer Welt, die vom Chaos bedroht ist und aus den Fugen zu geraten droht, die von Gott mittels der Errichtung grundlegender Ordnungsstrukturen hergestellte und dem Menschen zur Bewahrung aufgegebene kosmische Ordnung rezitierend zu beschwören.[50]

---

[50] „Menschenschöpfung und Sintflut bilden schon im altbabylonischen Mythos von Atramḫasîs das Gerüst einer ‚Urgeschichte', die der Geschichte gegenübersteht – zwar nicht einer erzählten Heilsgeschichte wie bei J und P, wohl aber einer geschichtlichen Gegenwart, die von der Urgeschichte, wie sie der Mythos kennt, Begründung und Norm erfährt" – dieses Urteil von H.-P. MÜLLER, Babylonischer und biblischer Mythos von Menschenschöpfung und Sintflut. Ein Paradigma zur Frage nach dem Recht mythischer Rede, in: Vom alten zum neuen Adam. Urzeitmythos und Heilsgeschichte, hg. von W. Strolz, Freiburg u.a. 1986, 43–86 = DERS., Mythos – Kerygma – Wahrheit. Gesammelte Aufsätze zum Alten Testament in seiner Umwelt und zur Biblischen Theologie (BZAW 200), Berlin-New York 1991, 110–135 (110) gilt entsprechend auch für die diptychonartig einander zugeordneten Vorlagen von Schöpfungs- und Fluterzählung. Dem Kollegen H.-P.Müller sind die hier vorgetragenen Überlegungen, die sich dem Phänomen des Mythos auf einem mehr indirekten Weg zu nähern suchen, in Dankbarkeit gewidmet.

5. Die Toledotformel in der priesterschriftlichen Geschichtsdarstellung

Schon mehrfach ist man dem Problem der Toledotformel nachgegangen, ohne jedoch zu allseits befriedigenden Ergebnissen gelangt zu sein.[1] Bis ins erste Jahrzehnt des letzten Jahrhunderts war bei den Vertretern der sogenannten kritischen Forschung eine Zugehörigkeit zur priesterschriftlichen Geschichtsdarstellung (P^g) unbestritten.[2] Das sollte sich alsbald gründlich ändern. Allerlei Unstimmigkeiten in der Durchführung der Toledot-Reihe, starke formale Unterschiede der von der Toledotformel überschriebenen Abschnitte sowie die Mehrdeutigkeit des Wortes Toledot führten dazu, die Formel ganz oder doch zum Teil einer späteren Bearbeitung zuzuweisen[3] oder sie aus einem hauptsächlich aus Genealogien und Listen bestehenden, P^g schon vorgegebenen Toledot-Buch herzuleiten.[4] Demgegenüber setzt sich in der gegenwärtigen Forschung durchaus die Erkenntnis durch, daß die Toledot-Reihe sorgfältig konstruiert und planvoll angelegt ist, wobei die einzelnen Toledot-Überschriften jeweils an entschei-

---

[1] Kurze forschungsgeschichtliche Überblicke finden sich bei O. EISSFELDT, Biblos geneseōs, in: Gott und die Götter (FS E. Fascher), Berlin 1958, 31–40 = Kleine Schriften III, hg. von R. Sellheim und F. Maass, Tübingen 1966, 458–470 (459–461) und bei S.R. KÜLLING, Zur Datierung der „Genesis"-P-Stücke, namentlich des Kapitels Genesis XVII, Kampen 1964, 215–226.

[2] Vgl. J. WELLHAUSEN, Prolegomena zur Geschichte Israels, Berlin ⁶1905, 330; K. BUDDE, Ellä toledoth, ZAW 34 (1914) 241–253; DERS., Wortlaut und Werden der ersten Schöpfungsgeschichte, ZAW 35 (1915) 65–97; DERS., Noch einmal „Ellä toledoth", ZAW 36 (1916) 1–7.

[3] Vgl. vorab R. SMEND, Die Erzählung des Hexateuch auf ihre Quellen untersucht, Berlin 1912, 14–16; W. EICHRODT, Die Quellen der Genesis von neuem untersucht (BZAW 31), Gießen 1916, 20–23.52–54; M. LÖHR, Untersuchungen zum Hexateuchproblem. I. Der Priesterkodex in der Genesis (BZAW 38), Gießen 1924, 3–7.

[4] Vgl. vor allem B.D. EERDMANS, Alttestamentliche Studien I. Die Komposition der Genesis, Gießen 1908, 2–33.87; O. PROCKSCH, Die Genesis (KAT I), Leipzig-Erlangen ²·³1924, 458 f.; G. VON RAD, Die Priesterschrift im Hexateuch. Literarisch untersucht und theologisch gewertet (BWANT IV/13), Stuttgart 1934, 33–40; DERS., Das erste Buch Mose. Genesis (ATD 2-4), Göttingen ¹²1987, 47 f.; M. NOTH, Überlieferungsgeschichte des Pentateuch, Stuttgart 1948 = ND Darmstadt ³1966, 9 f.254 f.

den Punkten im Ablauf der priesterschriftlichen Geschichtskonstruktion Platz haben.⁵

Eine definitive Lösung des Toledot-Problems ist jedoch nach wie vor nicht in Sicht.⁶ Verschiedene der in der ersten Hälfte des letzten Jahrhunderts gegen die Zugehörigkeit der Toledotformel zu P^g vorgebrachten Einwände bleiben bestehen, auch wenn man sie heute anders wird bewerten müssen. In dem, was sie positiv sagen wollen, sind sie bislang noch kaum zum Tragen gekommen. Der Hauptmangel aller Untersuchungen dürfte jedoch darin zu suchen sein, daß die Toledotformel – wohl aufgrund ihrer Funktion als Überschrift – im allgemeinen zu isoliert gesehen wird, ihre Beziehung zum priesterschriftlichen Erzählzusammenhang nicht hinreichend bedacht wird.

Im folgenden soll die Toledotformel im literarischen Zusammenhang der priesterschriftlichen Geschichtsdarstellung untersucht werden. Zunächst ist ihre Verwendung bei P^g im einzelnen vorzuführen und zu besprechen (I). Sodann sollen die hierbei sichtbar gewordenen Muster der

---

⁵ Vgl. O. EISSFELDT, Biblos geneseōs, 458–470; DERS., Toledot, in: Studien zum Neuen Testament und zur Patristik (FS E. Klostermann [TU 77]), Berlin 1961, 1–8 = DERS., Kleine Schriften IV, hg. von R. Sellheim und F. Maass, Tübingen 1968, 1–7; J. SCHARBERT, Prolegomena eines Alttestamentlers zur Erbsündenlehre (QD 37), Freiburg/Brsg. 1968, 98 f.; DERS., Der Sinn der Toledotformel in der Priesterschrift, in: Wort – Gebot – Glaube. Beiträge zur Theologie des Alten Testaments (FS W. Eichrodt [AThANT 59]), hg. von H.J. Stoebe, Zürich 1970, 45–56 (eine ältere Fassung dieses Aufsatzes erschien unter dem Titel „Istae sunt generationes coeli et terrae", in: Atualidades Biblicas – Miscelânea em memória de Frei João Pedreira de Castro, hg. von J. Salvador, Petrópolis/Brasil 1971, 174–184, vgl. dazu ThRv 68 [1972] 188).

⁶ Das hat nicht zuletzt die an die Erstveröffentlichung des hier vorgelegten Versuchs sich anschließende, zuweilen vehement geführte Diskussion um die Toledotformel gezeigt, wobei nachhaltig deren erzählerische Funktion im Rahmen der zunehmend nicht mehr als eigenständiges literarisches Werk, sondern als Erweiterungsschicht verstandenen Priesterschrift bzw. gar im Rahmen der schlußredaktionellen Gestalt des Genesisbuches angefragt worden ist; im einzelnen vgl. etwa die folgenden Untersuchungen: S. TENGSTRÖM, Die Toledotformel und die literarische Struktur der priesterlichen Erweiterungsschicht im Pentateuch (CB.OT 17), Uppsala 1982; E. BLUM, Die Komposition der Vätergeschichte (WMANT 57), Neukirchen-Vluyn 1984, 432–446; B. RENAUD, Les généalogies et la structure de l'histoire sacerdotale dans le livre de la Genèse, RB 97 (1990) 5–30; H.N. WALLACE, The Toledot of Adam, in: Studies in the Pentateuch (VT.S 41), hg. von J.A. Emerton, Leiden u.a. 1990, 17–33; T. STORDALEN, Genesis 2,4: Restudying a *locus classicus*, ZAW 104 (1992) 163–177; D. CARR, Βίβλος γενέσεως Revisited: A Synchronic Analysis of the Patterns in Genesis as Part of the Torah I, ZAW 110 (1998) 159–172 und II, ZAW 110 (1998) 327–347; N.C. BAUMGART, Die Umkehr des Schöpfergottes. Zu Komposition und religionsgeschichtlichem Hintergrund von Gen 5–9 (HBS 22), Freiburg/Brsg. u.a. 1999; K. KOCH, Die Toledot-Formeln als Strukturprinzip des Buches Genesis, in: Recht und Ethos im Alten Testament – Gestalt und Wirkung (FS H. Seebass), hg. von S. Beyerle u.a., Neukirchen-Vluyn 1999, 183–191; T. HIEKE, Die Genealogien der Genesis (HBS 39), Freiburg/Brsg. u.a. 2003.

Toledot-Einleitungen erhoben werden (II). Anschließend ist der Frage nachzugehen, ob die Toledotformel eine genuin priesterschriftliche Bildung ist, oder ob P^g die Formel aus einer ihrer Vorlagen aufgenommen hat, wobei näherhin die Frage Beachtung verdient, ob diese als „Toledot-Buch" zu bestimmen sein wird (III). Erst dann kann sinnvollerweise nach Funktion und Bedeutung der Toledotformel innerhalb der priesterschriftlichen Geschichtsdarstellung gefragt werden (IV).

I. Die Verwendung der Toledotformel in der priesterschriftlichen Geschichtsdarstellung

Von den zwölf Vorkommen der Toledotformel im Pentateuch findet sie sich elfmal in Gen und nur einmal in Num:

Gen 2,4a	ʾellæh tôl^{e}dôt haššāmajim w^{e}hāʾāræṣ b^{e}hibbārʾ^{e}ʾām
Gen 5,1	zæh sepær tôl^{e}dot ʾādām
Gen 6,9	ʾellæh tôl^{e}dot no^{a}ḥ
Gen 10,1	w^{e}ʾellæh tôl^{e}dot b^{e}nê-no^{a}ḥ šem ḥām wājāpæt
Gen 11,10	ʾellæh tôl^{e}dot šem
Gen 11,27	w^{e}ʾellæh tôl^{e}dot tæraḥ
Gen 25,12	w^{e}ʾellæh tol^{e}dot jišmāʿeʾl bæn-ʾabrāhām
Gen 25,19	w^{e}ʾellæh tôl^{e}dot jiṣḥāq bæn ʾabrāhām
Gen 36,1	w^{e}ʾellæh tol^{e}dôt ʿeśāw [hûʾ ^{ʾe}dôm]
Gen 36,9	w^{e}ʾellæh tol^{e}dôt ʿeśāw ^{ʾa}bî ^{ʾe}dôm
Gen 37,2	ʾellæh tol^{e}dôt ja^{ʿa}qob
Num 3,1	w^{e}ʾellæh tôl^{e}dot ʾah^{a}ron ûmôśæh

Schon diese Übersicht erlaubt einige, wenn auch mehr vorläufige Beobachtungen. Die Verwendung der Toledotformel bricht auffälligerweise mit dem Ende der Genesis plötzlich ab, um dann, merkwürdig nachhinkend, in Num 3,1 nochmals aufgenommen zu werden. Aber auch innerhalb des Genesisbuches liegt die Formel nicht gleichmäßig gestreut vor. Mit Ausnahme von Gen 11,27 steht sie ausschließlich in den beiden Textkomplexen der „Schöpfungsgeschichte" (Schöpfung + Flut) einerseits und der Jakobgeschichte andererseits. Stammt ihre Verteilung im Genesisbuch in der vorliegenden Form im wesentlichen aus priesterschriftlicher Hand, dann ist damit im Sinne von P^g wohl auch eine Akzentsetzung beabsichtigt, die bei einer Untersuchung der ganzen Toledot-Reihe nicht ohne Schaden übergangen werden darf, will man nicht Gefahr laufen, in der Frage eines Planes, der der priesterschriftlichen Toledot-Reihe zugrundeliegt, vorschnell systematisieren.⁷ So folgt auch eine Untersuchung der Toledotformel am besten nicht der Reihenfolge ihres Vorkommens, sondern geht ihrer Verwendung in den aufgrund der Verteilung der Formel sich abzeichnenden Textbereichen nach, und zwar beginnend mit der Jakobgeschichte, weil von hier aus wegen ihres klar durchkonstruierten und sauber durchgeführten Aufbaus am ehesten Einblick in die Absichten zu erwarten ist, die P^g mit der Setzung der Toledotformel verfolgt.

1. In der priesterschriftlichen *Jakobgeschichte* kommt die Toledotformel insgesamt fünfmal vor.⁸ Erstmals steht sie gleich zu Beginn der Jakobgeschichte in *Gen 25,12*, womit deutlich ein Neueinsatz im Erzählablauf markiert ist. Die Toledotformel *w^eʾellæh tol^edot jišmāʿeʾl* (25,12aα) ist erweitert durch die appositionelle Beifügung *bæn-ʾabrāhām* (25,12aβ) und weitergeführt durch den Relativsatz Gen 25,12b, der die Notiz von der Geburt Ismaels in Gen 16,15 rekapituliert. Sowohl diese „erzählerische" Ausweitung der Toledotformel in Gen 25,12b als auch die Struktur der ganzen Einheit Gen 25,12–17 lassen erkennen, daß die Toledotformel Gen 25,12aα formale Eröffnungs- und Gliederungsformel wie Gesamtüberschrift der Familiengeschichte Ismaels ist, nicht aber eine zweite, mit der Schemot-Formel in Gen 25,13a konkurrierende Einleitung der Liste der Ismaelsöhne.⁹ An die Toledot Ismaels hat P^g unmittelbar die Toledot Isaaks angeschlossen, deren Beginn in *Gen 25,19a* wiederum durch eine Toledotformel bezeichnet ist und deren Horizont wohl bis Gen 28,5 reicht.¹⁰

---

⁷ Hierin vor allem liegt m.E. die Schwäche der Untersuchungen von O. Eissfeldt und J. Scharbert (Anm. 5).

⁸ Zur näheren Begründung der im folgenden mehr thetisch vorgetragenen Ergebnisse vgl. P. WEIMAR, Aufbau und Struktur der priesterschriftlichen Jakobsgeschichte, ZAW 86 (1974) 174–203. – Die Abgrenzung der priesterschriftlichen Geschichtsdarstellung (P^g) folgt, wenn nicht ausdrücklich anders angegeben, K. ELLIGER, Sinn und Ursprung der priesterlichen Geschichtserzählung, ZThK 49 (1952) 121–143 = DERS., Kleine Schriften zum Alten Testament (TB 32), hg. von H. Gese und O. Kaiser, München 1966, 174–198 (174 f.). – Zu Umfang und Rekonstruktion der priesterschriftlichen Jakobsgeschichte vgl. zuletzt A. DE PURY, Der priesterschriftliche Umgang mit der Jakobsgeschichte, in: Schriftauslegung in der Schrift (FS O.H. Steck [BZAW 300]), hg. von R.G. Kratz u.a.), Berlin-New York 2000, 33–60 (40–46), der ausdrücklich festhält: „Da sich die Jakobsgeschichte in der P^g in eine ausgedehntere Geschichte einbettet, ist es schwierig, sie in ihrem Anfang und Ende klar abzugrenzen. Wo fängt sie an, in Gen 25,19, in 25,12 oder bereits in 25,7? Wo hört sie auf? In Gen 50,13 oder erst in Ex 1,5?" (40).

⁹ Zum Nebeneinander von Toledot- und Schemotformel und den damit verbundenen literargeschichtlichen Perspektiven vgl. L. RUPPERT, Genesis. Ein kritischer und theologischer Kommentar. 2. Teilband: Gen 11,27–25,18 (fzb 98), Würzburg 2002, 633 ff.

¹⁰ In diesem Zusammenhang gilt es, insbesondere die auffällige Korrespondenz der beiden Aussagen Gen 25,20 („Rebekka, die Tochter Betuels, des Aramäers aus Paddan-Aram, die Schwester Labans, des Aramäers") und 28,5 („nach Paddan-Aram zu Laban, den Sohn Betuels, des Aramäers, den Bruder Rebekkas, der Mutter Jakobs und Esaus")

Die einleitende Formel $w^e{}^{\jmath}ell\mathit{æ}h\ t\hat{o}l^edot\ ji\d{s}\d{h}\bar{a}q$ (25,19aα) ist durch die Apposition *bæn-ʾabrāhām* (25,19aβ) und den rekapitulierenden Rückgriff Gen 25,19b (Geburt Isaaks) in der syntaktischen Gestalt eines Resultativ-Stativs[11] erweitert. Wie Gen 25,12 dient auch die Toledotformel Gen 25,19 als Struktursignal, die die Familiengeschichte Isaaks (25,19.20.26b; 26,34. 35; 28,1–5*) überschreibt.[12] Die strenge Parallelführung der Toledot Ismaels und Isaaks, die allein schon anhand der literarischen Form beider Toledot-Einleitungen sichtbar wird, will die Korrespondenz und enge Zusammengehörigkeit der entsprechenden Erzählabläufe unterstreichen, die zusammen den ersten Teil der Jakobgeschichte ausmachen.

Während deren Mittelteil (31,[...]18aβb; 35,6a.9–13*.15.22b–29) nicht mit einer Toledotformel eingeleitet ist, steht eine solche erneut zu Beginn des abschließenden dritten Teils der Jakobgeschichte. *Gen 36,1a* überschreibt die Formel $w^e{}^{\jmath}ell\mathit{æ}h\ tol^ed\hat{o}t\ ^{c}\bar{e}\acute{s}\bar{a}w$ die Familiengeschichte Esaus (36,1a.2a.6*.8a.10–11.12b.13.14aα*.43bβ*; 37,1). Ihr folgt in Gen 36,2a ein rekapitulierender Rückgriff auf die Heiraten Esaus mit kanaanäischen Frauen, woran sich ursprünglich einmal unmittelbar Gen 36,6+8a angeschlossen hat.[13] Aufgrund dieses Zusammenhangs können Funktion und Bedeutung der Toledotformel in 36,1a nicht zweifelhaft sein. Wie Gen 25,12 und 19 handelt es sich hierbei um eine formale Gliederungs- und Strukturformel. Auffallenderweise steht nun innerhalb dieses von der Toledotformel Gen 36,1a eingeleiteten Textabschnitts mit *Gen 36,9* eine zweite Toledot Esaus, die auf den ersten Blick mit Gen 36,1a zu konkurrieren scheint, bei näherer Beachtung ihrer unterschiedlichen Funktion aber durchaus als Element ein und desselben literarischen Zusammenhangs ne-

---

zu beachten, die angesichts dessen eine Art inklusorisches Verklammerungselement um den durch die Toledotformel Gen 25,19aα eröffneten Textabschnitt darstellen.

[11] Vgl. dazu W. RICHTER, Traditionsgeschichtliche Untersuchungen zum Richterbuch (BBB 18) Bonn ²1966, 188.362.

[12] Gemeinhin wird Gen 27,46–28,9 geschlossen mit P in Verbindung gebracht (vgl. beispielshalber J. TASCHNER, Verheißung und Erfüllung in der Jakoberzählung [Gen 25,19–33,17]. Eine Analyse ihres Spannungsbogens [HBS 27], Freiburg/Brsg. u.a. 2000, 223 ff.), eine Auffassung, die inzwischen in bezug auf Gen 27,46 und 28,6–9 zweifelhaft geworden ist (vgl. auch T. NAUERTH, Untersuchungen zur Komposition der Jakoberzählungen. Auf der Suche nach der Endgestalt des Genesisbuches [BEAT 27], Frankfurt/M. u.a. 1997, 29 f.).

[13] Ein unmittelbarer Anschluß von Gen 36,6*+8a an 2a, wie er ebenso auch von E.A. KNAUF, Genesis 36,1–43, in: Jacob. Ein mehrstimmiger Kommentar zu Gen 25–36 (FS A. de Pury [MoBi 44]), hg. von J.-D. Macchi und T. Römer, Genève 2001, 291–300 (294 f.) vorausgesetzt wird, wird m.E. zu Unrecht bestritten etwa von L. RUPPERT, Genesis. Ein kritischer und theologischer Kommentar. 3. Teilband: Gen 25,19–36,43 (fzb 106), Würzburg 2005, 529.

ben Gen 36,1 angesehen werden könnte,[14] ohne daß es notwendig erscheint, zwischen beiden Vorkommen der Toledotformel literargeschichtlich zu differenzieren.[15] Und doch gibt es durchaus Hinweise darauf, wonach das Nebeneinander der beiden Toledotformeln Gen 36,1a und 9 nicht in gleicher Weise für P^g reklamiert werden kann, vielmehr damit zu rechnen ist, daß nur eine der beiden Toledotformeln – entweder Gen 36,1a oder 9 – als priesterschriftlich anzusehen ist.[16] Die Diskussionslage ist dabei im einzelnen ziemlich offen. Reklamieren die einen für die Toledotformel Gen 36,1a eine priesterschriftliche Herkunft, so die anderen für Gen 36,9,[17] wenn nicht gar damit gerechnet wird, daß die hier mitgeteilte Toledotformel zusammen mit der sich anschließenden Liste Gen 36,10–14 aus einer vorgegebenen Toledot-Quelle aufgenommen und in die priesterschriftliche Darstellung eingefügt worden ist[18]. Wenn hier die Gewichte zugunsten der Annahme ausschlagen, daß nicht die Toledotformel in Gen 36,9, sondern diejenige in Gen 36,1a als die ursprüngliche anzusehen ist, dann hängt das nicht zuletzt – abgesehen einmal von weitergehenden, aus einer Gesamtanalyse von Gen 36 resultierenden Beobachtungen – damit zusammen, daß die Toledotformel in Gen 36,1a, anders als diejenige in Gen 36,9, „den

---

[14] In diesem Zusammenhang gilt es vor allem zu bedenken, daß der Horizont der Toledotformel in Gen 36,9 deutlich enger gespannt ist als bei Gen 36,1, wie unmißverständlich durch die in Gen 36,9b beigefügte Ortsangabe „auf dem Gebirge Seir" zum Ausdruck gebracht ist; im Gegensatz zu Gen 36,1 überschreibt die Toledotformel in Gen 36,9 bloß einen Abschnitt der Familiengeschichte Esaus, nämlich jene Phase, die sich auf die Zeit seines Aufenthalts im Lande Seir bezieht. Nach HIEKE, Genealogien, 175 ist die Wiederholung der Toledotformel aus Gen 36,1 in 9 „durch den vorausgehenden Exkurs über die Übersiedlung Esaus ins Bergland Seir erforderlich" geworden.

[15] Diese in der Erstfassung des vorliegenden Beitrags vertretene Position wird hiermit ausdrücklich aufgegeben; vgl. schon P. WEIMAR, Struktur und Komposition der priesterschriftlichen Geschichtsdarstellung I, BN 23 (1984) 81–134 (85.96 f.) und II, BN 24 (1984) 138–162 und DERS., Art. Toledot, NBL III (2001) 896.

[16] Die Alternative ist deutlich bei EICHRODT, Quellen, 53 formuliert: „Die Überschriften in 36,1 u. 9 können jedenfalls nicht beide von P herrühren"; vgl. auch TENGSTRÖM, Toledotformel, 65 f.: „eine der Toledot-Formeln Esaus, 36,1 oder 36,9, ist überflüssig", wobei es Gegenstand kontroverser Diskussion ist, welche der beiden Toledotformeln ursprünglich ist, eine keineswegs leicht zu treffende Entscheidung, wie allein schon das Vermeiden einer solchen bei EISSFELDT, Biblos geneseōs, 459 und DERS., Toledot, 3 zu erkennen gibt.

[17] Die Diskussionslage ist nach wie vor äußerst kontrovers; während sich beispielshalber KNAUF, Genesis 36,1–43, 294 für eine Verbindung von Gen 36,1a mit P^g ausspricht, plädieren andere ebenso vehement für eine priesterschriftliche Herkunft von Gen 36,9 (so etwa A. DILLMANN, Die Genesis [KeH 11], Leipzig ^{6}1892, 382, PROCKSCH, Genesis, 552, TENGSTRÖM, Toledotformel, 70 Anm. 54 oder RUPPERT, Genesis III, 528 ff.), wobei eine Entscheidung zugunsten der einen oder anderen Position zuweilen recht apodiktisch anmutet.

[18] Vgl. SCHARBERT, Toledot-Formel, 48.

entsprechenden Formeln der P^g" entspricht.[19] Von den beiden Toledot des Esau in Gen 36 kann dementsprechend als priesterschriftliche Bildung nur Gen 36,1a verstanden werden.

Ein letztes Mal innerhalb der priesterschriftlichen Jakobgeschichte begegnet die Toledotformel in *Gen 37,2*. Auch hier dient sie als Struktursignal, um den Anfang eines neuen Abschnitts innerhalb des kompositorischen Zusammenhangs der Jakobgeschichte zu markieren, die Familiengeschichte Jakobs nämlich, die deren Abschluß bildet. Im Unterschied jedoch zu den bislang untersuchten Toledotformeln, die einen neuen Abschnitt innerhalb des priesterschriftlichen Werkes eröffnen (25,12.19; 36,1), folgt der Formel *ʾellæh tol^{e}dôt ja^{ca}qob* in Gen 37,2aα nun kein rekapitulierender Rückgriff, der von Jakob schon Erzähltes in die vorliegende Darstellung einholt, sondern Nachrichten, die Josef betreffen und die als solche keinerlei erzählerisches Eigengewicht haben, vielmehr nur dazu da sind, die nachfolgende Familiengeschichte Jakobs einzuleiten (Gen 37,2aα + 41, 46a).[20] In der literarischen Form eines Rückschritts werden vergangene, bislang noch nicht berichtete Ereignisse mitgeteilt, die jedoch für die weitere Erzählung wichtig, ja notwendig sind (s.u.). Wie schon die Ismael- und Isaak-Toledot sind auch die Esau- und Jakob-Toledot durch bewußt parallele Gestaltung einander zugeordnet und aufeinander bezogen.

Mit Ausnahme von Gen 36,9, wo die vermutlich redaktionell eingefügte Toledotformel einen Abschnitt innerhalb der Familiengeschichte Esaus überschreibt, steht sie an den restlichen vier Stellen der Jakobgeschichte (Gen 25,12.19; 36,1; 37,2) als formale Gliederungs- und Strukturformel, um damit den Beginn eines neuen Kapitels innerhalb des umgreifenderen Zusammenhangs der priesterschriftlichen Jakobgeschichte anzuzeigen. Die vier Toledot hat der priesterschriftliche Erzähler dabei so arrangiert, daß

---

[19] KNAUF, Genesis 36,1–43, 294.
[20] In Gen 37,2 kann m.E. nur V.2aα als priesterschriftliche Bildung angesehen werden, während es sich bei V.2aβb um eine nachpriesterschriftliche Erweiterung handeln wird (vgl. P. WEIMAR, Gen 37 – Eine vielschichtige literarische Komposition, ZAW 118 [2006] 485–512 [488ff.]; mit Gen 37,2aα unmittelbar zu verbinden ist – ohne Annahme eines Textausfalls – Gen 41,46a, wie nicht zuletzt die auffällige Parallelität der Satzaussagen „Josef, ein Sohn von 17 Jahren, war hütend..." und „Und Josef, ein Sohn von 30 Jahren, bei seinem Hintreten..." zu erkennen gibt. Vermutlich sind diese beiden Aussagen zu dem Zweck in der vorliegenden Weise zueinander gefügt, um den wunderbaren „Karrieresprung" des Josef nachhaltig vor Augen zu führen. Daß auf die Toledotformel Gen 37,2aα ursprünglich einmal die sekundär versetzte Liste der Söhne Jakobs gefolgt sei (vgl. etwa J. SKINNER, A Critical and Exegetical Commentary on Genesis [ICC], Edinburgh ²1930 [ND 1969] 423.443; BUDDE, Ellä toledoth, 249 f.; PROCKSCH, Genesis, 549.554; C.A. SIMPSON, The Book of Genesis [IB I] New York 1952, 743; R. BORCHERT, Stil und Aufbau der priesterschriftlichen Erzählung, Diss. Heidelberg 1957, 64-66; SCHARBERT, Toledotformel, 48 f.), ist durch nichts angezeigt und läßt sich auch nicht wahrscheinlich machen.

zu Beginn die beiden Toledot der Abrahamsöhne Ismael und Isaak und abschließend die Toledot der Isaaksöhne Esau und Jakob einander zugeordnet sind, deren Korrespondenz auch stilistisch herausgestellt ist, insofern die Ismael- und Isaak-Toledot auf der einen und die Esau- und Jakob-Toledot auf der anderen Seite jeweils parallel geführt sind. In beiden Fällen wird zunächst die Geschichte der durch Ismael und Esau jeweils repräsentierten „Nebenlinie" erzählt, die damit aus der weiteren Darstellung ausscheidet, ehe mit der Geschichte Isaaks und Jakobs die „Hauptlinie", woran auch das eigentlich theologische Interesse der Priesterschrift hängt, weiterverfolgt wird, was allein schon deren weitaus größerer Umfang wirkungsvoll unterstreicht. Da die Toledotformel für die bis ins Detail hinein sorgsam durchgeführte literarische Konstruktion der Jakobgeschichte strukturbildend ist und ihren Aufbau wirkungsvoll heraushebt, wird sie an sämtlichen Stellen – ausgenommen Gen 36,9 – innerhalb der Jakobgeschichte die Hand des priesterschriftlichen Erzählers verraten.

2. Von der Verwendung der Toledotformel in der Jakobgeschichte fällt auch Licht auf mehrere, mit den dort vorkommenden strukturverwandte Toledot-Einleitungen. Zunächst ist die mittels der Toledotformel Gen 11,27aα eröffnete Toledot Terachs (11,27a.31*.32) zu nennen, die in ihrem ersten Teil (Gen 11,27a.31) mit dem ersten Teil der Esau-Toledot (36,1a. 2a.6*.8a) auffällig parallel geht (Auswanderung und Niederlassen).[21] Auf die einleitende Formel (11,27aα) folgt ein rekapitulierender Rückgriff im Resultativ-Stativ (11,27aβ), der das entscheidende Ereignis seines bisherigen Lebens, die Geburt seiner drei Söhne Abram, Nahor und Haran rekapituliert. Deutlich markiert die Toledotformel 11,27aα den Beginn eines neuen Kompositionsteils innerhalb der priesterschriftlichen Geschichtsdarstellung. Mit ihr wird die Terach- bzw. die ganze Abrahamsgeschichte eröffnet.[22]

Eine in Gestalt und Funktion mit dem Eingang der Toledot Jakobs in Gen 37,2aα + 41,46a verwandte Form der Toledot-Einleitung liegt in *Gen 6,9–12a* vor. Auch hier ist die Formel ᵓellæh tôl*ᵉ*dot noᵃḥ (6,9aα) nicht durch einen rekapitulierenden Rückgriff weitergeführt, sondern vielmehr durch einen Rückschritt, der das kommende „Ende alles Fleisches" (6,13) durch die Flut sowie die Rettung Noachs begründen will; zu diesem Zweck sind Noach und „Erde" kontrastierend einander gegenübergestellt

---

[21] Zur Parallelität der beiden „Aufbruchsnotizen" Gen 11,31* und 36,6* vgl. BLUM, Komposition, 332.441.

[22] Die Toledot Terachs gehört in der Geschichtskonstruktion von P^g nicht mehr der sog. „Urgeschichte" zu, sondern stellt die Eröffnung der Abrahamgeschichte dar (vgl. N. LOHFINK, Capita selecta Historiae Sacerdotalis. Summarium lectionum et tabulae. In usum privatum auditorum Pontificii Instituti Biblici, Rom 1967, 19).

I. Verwendung der Toledotformel

(6,9+10//11+12a).[23] Syntaktisch handelt es sich bei dem den Rückschritt eröffnenden Satz um einen Nominalsatz, dessen Subjekt Noach durch eine appositionelle Beifügung („ein gerechter Mann") erweitert ist; mittels des als Kopula gebrauchten *hājāh* ist die Satzaussage der Zeitstufe der Vergangenheit zuzuordnen, gibt damit eine zeitliche Perspektive vorgibt, die wohl für die ganze Exposition gilt; Gen 6,12a hat hierbei wohl die Funktion, den Übergang von der Vorvergangenheit in die Erzählgegenwart zu markieren.[24] Wie Gen 37,2aα hat P^g auch Gen 6,9aα die Toledotformel als Struktur- und Gliederungsformel eingesetzt, um mit ihrer Hilfe den Beginn eines neuen Kapitels zu überschreiben, hier genauerhin den zweiten Teil der Schöpfungsgeschichte (Flut).[25]

Von diesen beiden Toledotformeln unterscheidet sich die Formel in *Gen 10,1*, die eine gewisse Parallele in Gen 36,9, auch wenn dieser Vers nicht P^g zuzurechnen ist, hat.[26] Die Liste der Noach-Söhne Gen 10,1–7.20.22.23. 31.32 geht hinab bis auf die Enkel (10,7b bis auf die Urenkel). Überschrieben ist sie von der um die Apposition „Sem, Ham und Jafet" (10,1aβ) und der (zu einem Verbalsatz ausgeweiteten) Zeitbestimmung 10,1b erweiterten Toledotformel *w^{e}ʾellæh tôl^{e}dot b^{e}nê-no^{a}ḥ* (10,1aα), wobei die sprachlich auffällige Form der Apposition, aber auch die ungewöhnliche Fortfüh-

---

[23] Vgl. schon BUDDE, Noch einmal, 3, der richtig erkannt hat, daß Gen 6,9 den Eindruck erweckt, als wenn hier schon Berichtetes mitgeteilt würde, ohne daß sich jedoch seine Folgerung, es liege wirklich ein Rückblick auf schon Berichtetes vor, beweisen ließe.

[24] Ohne daß es hier möglich wäre, die komplexe kompositorische Struktur der Exposition der priesterschriftlichen Fluterzählung nachzuzeichnen, erscheint es nicht fraglich, daß im Blick hierauf von einer „doppelten initialen Konstellation" (E. BOSSHARD-NEPUSTIL, Vor uns die Sintflut. Studien zu Text, Kontexten und Rezeption der Fluterzählung Gen 6–9 [BWANT 165], Stuttgart 2005, 81.284) auszugehen ist, wobei die Hauptschnittlinie zwischen Gen 6,10 und 11 (Noach||„Erde") liegt. Jede der beiden so sich abzeichnenden Expositionshälften zeichnet sich durch eine eigene Struktur aus. Während Gen 6,11+12a durch eine „chiastische Inklusion" zusammengehalten ist und damit als ein in sich geschlossenes Gebilde erscheint (hierzu R. OBERFORCHER, Die Flutprologe als Kompositionsschlüssel der biblischen Urgeschichte. Ein Beitrag zur Redaktionskritik [IThS 8], Innsbruck u.a. 1981, 494 f.), ist Gen 6,9aβb+10 zwar durch die Figur des Noach zusammengehalten, wenn auf der anderen Seite auch nicht zu verkennen ist, daß Gen 6,9aβb und 10 nicht allein thematisch (Wandel mit Gott||Zeugung von drei Söhnen), sondern vor allem auch formal gegeneinander abgehoben sind (vgl. die inklusorische Verklammerung von Gen 6,9aβb durch die Nennung von Noach als erstem und letztem Wort). Diese Zweigliedrigkeit von Gen 6,9aβ+10 hat in 6,11+12a insofern eine Entsprechung, als Gen 6,12a im kompositorischen Gefüge von Gen 6,11+12a dadurch eine Sonderstellung zukommt, als Gen 6,12 mit 13 über die Wortfolge *wajjarʾ – wajjoʾmær* „in ein enges Folgeverhältnis" zusammengebunden sind (OBERFORCHER, Flutprologe, 495 f.).

[25] Zur Entsprechung der Toledot-Einleitungen Gen 6,9–12a und 11,27–32* vgl. TENGSTRÖM, Toledotformel, 40 ff.

[26] Hierzu näherhin TENGSTRÖM, Toledotformel, 21 ff.

rung der Überschrift durch Narrativ wohl aus der Vorgeschichte der Völkerliste resultieren.[27] Wie die allerdings sekundäre Toledotformel Gen 36,9 leitet auch 10,1 nicht ein neues Kapitel innerhalb der Geschichtsdarstellung der P^g ein, sondern überschreibt einen neuen Abschnitt von untergeordneter Bedeutung, dessen Aufgabe im Rahmen der priesterschriftlichen Darstellung wohl darin zu sehen ist, die Erfüllung der an Noach und seine Söhne ergangenen Segens- und Mehrungsverheißung (9,1–7) anzuzeigen, weshalb auch nachdrücklich herausgestellt ist, daß es sich um die Familiengeschichte der Söhne Noachs nach der Flut handelt (10,1b.32b).[28]

Damit sind noch keineswegs alle Toledotformeln innerhalb der priesterschriftlichen Geschichtsdarstellung erfaßt. Unbesprochen blieben bislang Gen 2,4a; 5,1 und 11,10,[29] die sich deutlich von den bisher behandelten Toledotformeln abheben. Diesen drei Stellen ist im folgenden nachzugehen.

3. *Gen 2,4a* bildet die Toledotformel die zur Überschrift Gen 1,1 korrespondierende Schlußformel der priesterschriftlichen Schöpfungserzählung (1,1–2,4a).[30] Dies ist gegenüber dem sonstigen Gebrauch der Formel als Überschrift ebenso singulär wie die Tatsache, daß anstelle des mit dem Nomen *tôl^{e}dôt* verbundenen Namens einer Person hier die Wortverbindung „der Himmel und die Erde" steht. Eine befriedigende Deutung von Gen 2,4a kann nur dann gegeben werden, wenn einerseits der Bezug von Gen 2,4a zu Gen 1,1 und die kritische Funktion beider Verse der ganzen Schöpfungserzählung Gen 1,2–2,3 gegenüber beachtet und andererseits Gen 2,4a auf dem Hintergrund der Verwendung der übrigen Toledotformeln gesehen wird. Während das eigentliche Schöpfungsgeschehen erst ab Gen 1,3 (Narrative) berichtet ist, hat P^g ihrer Schöpfungserzählung mit Gen 1,1 eine thesenartige, zugleich als Interpretationshilfe für das Folgende dienende Überschrift vorangestellt, die die Schöpfung der ganzen Welt („Himmel und Erde") durch Elohim als abgeschlossenes Faktum konstatiert. Das

---

[27] Nimmt man für die priesterschriftliche Liste der Noach-Söhne eine Vorlage an, dann erübrigen sich für Gen 10,1 Textkorrekturen wie die Einfügung von *b^{e}nê-no^{a}ḥ* (K. BUDDE, Die biblische Urgeschichte [Gen. 1-12,5], Gießen 1883, 413 Anm. 1; DERS., Eine übersehene Textherstellung, ZAW 30 [1910] 276–280 [279 f.]; DERS., Noch einmal, 4) oder *no^{a}ḥ* (PROCKSCH, Genesis, 484).

[28] Deutlich kommt Gen 10,1 und 32 eine rahmende Funktion um die „Völkerliste" zu (TENGSTRÖM, Toledotformel, 21 f.), wobei der Zusammenhang mit der voraufgehenden Fluterzählung nicht zuletzt durch die verklammernd eingesetzte Zeitangabe „nach der Flut" (Gen 10,1b und 32b) angezeigt ist (vgl. hierbei den Anschluß an Gen 9,28a; außerdem 11,10b).

[29] Zu Num 3,1 siehe unten Anm. 121.

[30] Zur weiterführenden Diskussion vgl jetzt P. WEIMAR, Struktur und Komposition der priesterschriftlichen Schöpfungserzählung (Gen 1,1–2,4a*), in: Ex Mesopotamia et Syria Lux (FS M. Dietrich [AOAT 281]), Münster 2002, 803–843 (805 ff.).

I. Verwendung der Toledotformel

Verhältnis der Eingangsverse und des eigentlichen Erzählkorpus zueinander muß dann als Überschrift (1,1), Einleitung in Form eines Rückschrittes (1,2) und Bericht von der Erschaffung der Welt (1,3–2,3) gefaßt werden.[31] Abgeschlossen wird die Schöpfungserzählung Gen 1,2–2,3 in Gen 2,4a mit einer der Überschrift Gen 1,1 entsprechenden und auf sie bezogenen Unterschrift.[32] Sie weist wegen ihrer sprachlichen und stilistischen Verwandtschaft zu Gen 1,1 auf den gleichen Verfasser für beide Verse und ist wohl ebenso programmatisch wie die Überschrift zu verstehen.[33] Wie diese hat auch Gen 2,4a die vollendete Schöpfung im Blick,[34] trägt aber Gen 1,1 gegenüber einen besonderen Aspekt ein, der durch das Nebeneinander von *tôl^edôt haššāmajim w^ehā^ɔāræṣ* und *hibb^ebār^{eɔ}ām* angezeigt wird.

---

[31] Zur näheren Begründung der hier vorgetragenen These siehe W. H. SCHMIDT, Die Schöpfungsgeschichte der Priesterschrift. Zur Überlieferungsgeschichte von Genesis 1,1–2,4a und 2,4b–3,24 (WMANT 17), Neukirchen-Vluyn ³1974, 73–95; C. WESTERMANN, Genesis (BK I/2), Neukirchen-Vluyn 1967, 130–152; O.H. STECK, Der Schöpfungsbericht der Priesterschrift. Studien zur literarkritischen und überlieferungsgeschichtlichen Problematik von Genesis 1,1–2,4a (FRLANT 115), Göttingen ²1981, 223–243, wo auch die bisherigen Lösungsversuche ausführlich dargestellt und diskutiert sind. – Die dort für Gen 1,1 als Überschrift und für die syntaktische Zuordnung der Eingangsverse vorgebrachten Gründe können durch zwei weitere Beobachtungen ergänzt werden: 1. Der Überschriftcharakter von Gen 1,1 kommt noch schärfer in den Blick, wenn Gen 1,1 nicht als Verbalsatz (vgl. bes. SCHMIDT, Schöpfungsgeschichte, 87 mit Anm. 3), sondern aufgrund des ursprünglich nominal-stativen Charakters der Afformativkonjugation (im Hinblick auf *br^ɔ* vgl. J. KÖRNER, Die Bedeutung der Wurzel bārā im Alten Testament, OLZ 64 [1969] 533–540 [537 f.]) als perfektischer Nominalsatz (Resultativ-Stativ) verstanden wird. – 2. Hinsichtlich der syntaktischen Zuordnung der Eingangsverse der Schöpfungserzählung muß die auffällige Übereinstimmung mit den übrigen Kapitel-Eingängen der Schöpfungs- und Patriarchengeschichte bei P^g (in der Volksgeschichte Israels ändert sich die Darstellungsweise) beachtet werden: Überschrift im Nominalsatz – Einleitung in der Form eines Rückgriffs bzw. Rückschritts (meist nominal) – Erzählung (Gen 1,1; 6,9; 11,27; 25,12.19; 36,1; 37,2). Dieser Zusammenhang wird nicht beachtet von K. BEYER, Althebräische Syntax in Prosa und Poesie, in: Tradition und Glaube. Das frühe Christentum in seiner Umwelt (FS K. G. Kuhn), hg. von G. Jeremias u.a., Göttingen 1971, 76–96 (80 f., bes. Anm. 5).

[32] Vgl. SCHMIDT, Schöpfungsgeschichte, 91; außerdem SCHARBERT, Toledotformel, 54 f. sowie STECK, Schöpfungsbericht, 241 ff.

[33] Deshalb kann die Toledot-Unterschrift Gen 2,4a auch nicht erst von R^P eingefügt sein (so H. HOLZINGER, Genesis [KHC I], Tübingen 1898, 15 f.; SKINNER, Genesis, 40 f.; SMEND, Erzählung, 15 f.; EICHRODT, Quellen, 20 f.; E. KÖNIG, Die Genesis, Gütersloh 1919, 190; PROCKSCH, Genesis, 440.451; P. HEINISCH, Das Buch Genesis [HSAT I/l], Bonn 1930, 103; VON RAD, Genesis, 42 f.; SIMPSON, Genesis, 490; EISSFELDT, Toledot, 1 f.; D. JOHNSON, The Purpose of the Biblical Genealogies. With special Reference to the setting of the Genealogies of Jesus [MSSNTS 8], Cambridge 1969, 21); zur neueren Diskussion vgl. etwa TENGSTRÖM, Toleotformel, 5 ff. und BAUMGART, Umkehr, 36 f. 43 ff.

[34] Vgl. SCHMIDT, Schöpfungsgeschichte, 91; SCHARBERT, Toledotformel, 54 f.

In dieser Verbindung liegt die Schwierigkeit von Gen 2,4a. Zwar ist eine Deutung der Toledotformel Gen 2,4a als Abschluß der Schöpfungserzählung im Sinne von „Dies ist die Entstehungsgeschichte des Himmels und der Erde bei ihrem Geschaffenwerden"[35] durchaus sinnvoll. Doch scheint eine solche Deutung im Blick auf die übrigen Toledotformeln wenig wahrscheinlich, weil dort mit *tôlᵉdôt* nie die Entstehungsgeschichte des im Genitiv Genannten, sondern immer dessen Familiengeschichte gemeint ist.[36] Zudem kann ein von der gewöhnlichen Bedeutung abweichendes Verständnis der Toledotformel für Gen 2,4a weder aus der singulären Verwendung der Formel als Unterschrift noch aufgrund des von *tôlᵉdôt* abhängigen Nomen rectum *haššāmajim wᵉhāʔāræṣ* hinreichend begründet werden. Deshalb ist für Gen 2,4a – wenigstens zunächst – das gewöhnliche Verständnis der Toledotformel vorauszusetzen.[37] Was ist dann aber ihre Bedeutung in Gen 2,4a? Aufgrund von *hibbᵉbārᵉʔām* kann *tôlᵉdôt haššāmajim wᵉhāʔāræṣ* nicht die *weitere* Geschichte der Welt meinen, sondern allein ihre Geschichte *bei* der Schöpfung selbst.[38] Da aber das Wort-

---

[35] Vgl. etwa PROCKSCH, Genesis, 438; VON RAD, Genesis, 28.42; J. DE FRAINE, Genesis (BOT I/1), Roermond 1963, 43; W. ZIMMERLI, 1. Mose 1-11. Die Urgeschichte (ZBK), Zürich ³1967, 33 f.; SCHMIDT, Schöpfungsgeschichte, 91.189; WESTERMANN, Genesis I, 21–23; auch STECK, Schöpfungsbericht, 242 f.

[36] Vgl. C.F. KEIL, Biblischer Commentar über die Bücher Mose. Erster Band: Genesis und Exodus (BC I/1), Leipzig ³1878 = ND Giessen-Basel ⁴1983, 46 f.; F. DELITZSCH, Neuer Commentar über die Genesis, Leipzig 1887, 72 f.; DILLMANN, Genesis, 38 f.; H. L. STRACK, Die Genesis (KK I/1), München ²1905, 16; F. VON HUMMELAUER, Commentarius in Genesim (CSS I/1), Paris 1895, 39 f.; HOLZINGER, Genesis, 16; SKINNER, Genesis, 40 f.; KÖNIG, Genesis, 189 f.; SCHARBERT, Toledotformel, 53.

[37] Stammen Gen 1,1 und 2,4a von einem Verfasser, dann ist ein Verständnis von *tôlᵉdot* als „Zeugungen, Hervorbringungen" (vgl. DELITZSCH, Genesis, 73) ausgeschlossen.

[38] Vgl. schon die hiermit verwandte Auffassung von SCHARBERT, Toledotformel, 53.56: „Dann schließen aber die *tolᵉdot* ‚den Himmel und die Erde' nicht in die ‚Entstehungsgeschichte' ein, die das Hexa- bzw. Heptaemeron beschreibt, sondern ‚der Himmel und die Erde' sind sozusagen als der Ahnvater anzusehen, und die *tolᵉdot* sind die Geschöpfe, die daraus während des Heptaemerons gebildet werden ... Die Erschaffung von Himmel und Erde erfolgt in der Sicht von P nicht innerhalb des Sieben-Tage-Schemas, sondern sie liegt noch vor dem ersten Tag. Das im Heptaemeron beschriebene Werden ist vielmehr erst die ‚Stammesgeschichte' des bereits vorher geschaffenen Urkosmos ‚Himmel und Erde'". – Verfehlt sind deshalb – abgesehen einmal von dem nahezu allgemein anerkannten Bruch zwischen Gen 2,4a und 2,4b (SCHMIDT, Schöpfungsgeschichte, 19 Anm. 3) – alle (zumeist älteren, in der jüngeren Forschung wieder vermehrt aufgenommenen) Versuche, Gen 2,4a trotz der Zeitbestimmung, aber aufgrund des sonstigen Gebrauchs der Toledotformel als (redaktionelle) Überschrift zum folgenden Abschnitt aufzufassen (vgl. etwa KEIL, Genesis, 46; VON HUMMELAUER, Genesis, 123; STRACK, Genesis, 13; KÖNIG, Genesis, 190; H. JUNKER, Das Buch Genesis [EB I], Würzburg ²·³1955, 14; U. CASSUTO, A Commentary on the Book of Genesis. Part I. From Adam to Noah. Genesis I-VI, 8, Jerusalem 1961, 96 ff.; ältere Vertreter dieser Auffassung bei B. JACOB, Das erste Buch der Tora. Genesis, Berlin 1934 = ND New York o.J. [1974] = ND

I. Verwendung der Toledotformel

paar „Himmel und Erde" nicht eine chaotische Urwelt, sondern die gegenwärtige, organisierte Welt bezeichnet,[39] ist für die Toledot-Unterschrift Gen 2,4a – soll sie nicht einen Widerspruch beinhalten – nur das Verständnis möglich: Die (im Sieben-Tage-Schema geschilderte) Erschaffung der Welt selbst ist als *Geschichte* dieser (als vollendet vorgestellten) Welt zu verstehen. Damit steht die Toledotformel zugleich dem Tagesschema in der Funktion kritischer Interpretation gegenüber. Ist diese Deutung zutreffend, dann steht Gen 2,4a genau an der passenden Stelle.[40] Durch die Über- (1,1) und Unterschrift (2,4a), die die Schöpfungsgeschichte rahmen und zugleich kritisch interpretieren, ist dann in ihrer Abfolge ausgesagt: 1. Diese ganze Welt ist von Gott geschaffen (1,1); 2. die Schöpfung selbst ist ein Moment der Geschichte dieser Welt (2,4a).[41] Außerdem hat P^g dadurch, daß sie die Unterschrift mit Hilfe der Toledotformel gestaltete, die Schöpfungserzählung Gen 1,1–2,4a* in das mit dieser Formel gebildete Gliederungswerk ihrer Schöpfungs-[42] und Patriarchengeschichte eingebunden.[43]

Stuttgart 2000, 71; vgl. auch die Parascheneinteilung und LXX; dazu J. BRINKTRINE, Gn 2,4a. Überschrift oder Unterschrift?, BZ NF 9 [1965] 277; zur neueren Diskussion vgl. WEIMAR, Schöpfungserzählung, 805 Anm.9).

[39] Vgl. GUNKEL, Genesis, 102; O. KAISER, Die mythische Bedeutung des Meeres in Ägypten, Ugarit und Israel (BZAW 78), Berlin ^{2}1962, 114; SCHMIDT, Schöpfungsgeschichte, 90; SCHARBERT, Toledotformel, 54 f.

[40] Wird nämlich die deutende Funktion von Gen 2,4a im Rahmen der Schöpfungserzählung beachtet, dann ist es nicht möglich, die jetzt bestehende und nach unserem Verständnis notwendige Abfolge von Gen 1,1 und 2,4a umzukehren und in Gen 2,4a die ursprüngliche, Gen 1,1 vorgeordnete und erst durch R^P an seine jetzige Stelle versetzte Überschrift zur Schöpfungserzählung zu sehen (Belege bei SCHMIDT, Schöpfungsgeschichte, 91 Anm. 1).

[41] Auf die Einbeziehung der Schöpfung in die Geschichte deuten schon das einleitende Wort $b^e r e^{\jmath} \hat{\imath} t$ (Gen 1,1) und das der Darstellung zugrundegelegte Sieben-Tage-Schema hin (vgl. G. VON RAD, Theologie des Alten Testaments. I. Die Theologie der geschichtlichen Überlieferungen Israels, München ^{4}1962, 152 f.; SCHMIDT, Schöpfungsgeschichte, 185–189; WESTERMANN, Genesis I, 123–126).

[42] Die Priesterschrift hat im Grunde zwei „Schöpfungsgeschichten", Gen 1,1–2,4a* und Gen 6,6–9,29*, weshalb hier wie im folgenden neben der traditionell als Schöpfungsgeschichte bezeichneten Erzählung Gen 1,1–2,4a* auch der ganze Komplex der gewöhnlicherweise als „Urgeschichte" bezeichneten Größe innerhalb der priesterschriftlichen Geschichtsdarstellung im weiteren Sinne als Schöpfungsgeschichte bezeichnet werden kann. Diese Benennung verdient schon deshalb gegenüber der üblichen Bezeichnung „Urgeschichte" den Vorzug, weil P^g eigentlich keine gegenüber der weiteren Darstellung der Geschichte abzugrenzende Urgeschichte kennt, wie gerade der enge Zusammenhang von „Schöpfungs"- und Vätergeschichte bei P^g zeigt (vgl. schon P. WEIMAR, Untersuchungen zur priesterschriftlichen Exodusgeschichte [fzb 9], Würzburg 1973, 105 Anm. 72). Im Sinne der Priesterschrift muß vielmehr ihre Geschichtsdarstellung als ganze als eine einzige Urgeschichte verstanden werden, wie m. E. zu Recht schon N. LOHFINK, Die Ursünden in der priesterlichen Geschichtserzählung, in: Die Zeit Jesu (FS H.

4. In Gen 5,1a und 11,10aα überschreibt die Toledotformel Genealogien.[44] Zudem ist Gen 5,1a das gewöhnliche *ellæh tôl*ᵉ*dot NN* zu *zæh sepær tôl*ᵉ*dot ʾādām* abgewandelt, was als Hinweis darauf gewertet werden darf, daß hierin der Beginn einer selbständigen Schrift zu sehen ist. Für eine sachgerechte Wertung müssen beide Momente beachtet werden.

(1) Die von den Toledotformeln Gen 5,1a und Gen 11,10aα eingeleiteten Genealogien umgreifen den Zeitraum von Adam bis zu Noach und seinen Söhnen Sem-Ham-Jafet (5,1–28.30–32) und von Sem bis zu Terach und seinen Söhnen Abram-Nahor-Haran (11,10–26). Formal nahezu gleicher Aufbau der Einzelglieder beider Genealogien und jeweils ihr Abschluß durch Nennung von drei Söhnen (5,32 und 11,26)[45] lassen auf den gleichen Verfasser für die Setiten- und die Semiten-Genealogie schließen. Da aber auf der einen Seite nur Gen 5,1a und 11,10aα die Toledotformel – im Unterschied zur üblichen Verwendung bei Pᵍ – Überschrift eines Geschlechtsregisters ist und *tôl*ᵉ*dôt* seine ursprüngliche Bedeutung „Zeugungen, Nachkommen" bewahrt hat, und da auf der anderen Seite beide Genealogien durch – wie die Bruchstellen erkennen lassen – wohl sekundär eingefügte erzählerische Notizen (5,1b.2.3aβbα.22aα.24 bzw. 11, 10b)[46] nur locker mit dem priesterschriftlichen Textzusammenhang ver-

---

Schlier), hg. von G. Bornkamm und K. Rahner, Freiburg/Brsg.1970, 38–57 = DERS., Studien zum Pentateuch (SBAB 4), Stuttgart 1988, 169–189 (178 f.) hervorgehoben hat. – Zum Verständnis der Fluterzählung als Schöpfungsgeschichte vgl. etwa W. STAERK, Zur alttestamentlichen Literarkritik. Grundsätzliches und Methodisches, ZAW 42 (1924) 34–74 (37), sowie aus jüngerer Zeit nicht zuletzt WESTERMANN, Genesis I, 69 f.529; DERS., Predigt des Urgeschehens, in: Ausgewählte alttestamentliche Texte (CPH 6), hg. von H. Breit und C. Westermann, Stuttgart 1971, 14 f.70.78; DERS., Schöpfung (ThTh 12), Stuttgart-Berlin 1971, 36–39; DERS., Genesis 1–11 (EdF 7), Darmstadt 1972, 81 f.84 f., der vor allem auf den allgemeinen Zusammenhang zwischen Flut und (Menschen-)Schöpfung aufmerksam macht.

[43] 1. Die Verwandtschaft von Gen 1 mit der Form der Genealogien (WESTERMANN, Genesis I, 10.21–23) erklärt nur unzulänglich die Verwendung der Toledotformel als Unterschrift von Gen 1,1–2,4a. – 2. Daß die unmittelbare Aufeinanderfolge zweier Toledotformeln nicht als unmöglich angesehen werden kann (2,4a||5,1a), zeigen etwa die beiden aufeinanderfolgenden Zeitangaben Gen 16,16 (Abschluß) und Gen 17,1 (Einleitung).

[44] TENGSTRÖM, Toledotformel, 19 ff. spricht im Blick auf die hier genannten beiden Texte von „erzählerischen Genealogien".

[45] Zum Schema der Einzelglieder in der Setiten- wie Semiten-Genealogie und zu Abweichungen hiervon vgl. vorab GUNKEL, Genesis, 134.155; DERS., Die Urgeschichte und die Patriarchen. Das erste Buch Mosis (SAT I/1), Göttingen ²1920, 119; BORCHERT, Stil, 47–49; WESTERMANN, Genesis I, 19 f.

[46] 1. Zu Gen 5,1b.2.3aβbα siehe unten unter (2). – 2. Gen 5,22aα.24 wird als Überarbeitung einer Vorlage durch den priesterschriftlichen Erzähler zu werten sein, indem dieser die vom Schema erwarteten Wendungen *waj*ᵉ*hî* ḥᵃ*nôk* im dritten Glied und *wajjāmot* als Schlußglied durch *wajjithallek* ḥᵃ*nôk ʾæt-hāʾᵉlohîm* (5,22aα und 5,24a) ersetzte

bunden sind, werden sie nicht als priesterschriftlich zu gelten haben, sondern aus einer der Vorlagen von P^g aufgenommen sein.

(2) Besondere Beachtung verdient der Eingang der Setiten-Genealogie: Nicht allein die Form der Toledot-Überschrift Gen 5,1a ist singulär. Auch die anschließende, den engen Rahmen eines Geschlechtsregisters sprengende erzählerische Notiz Gen 5,1b+2 ist auffällig. Doch scheint in Gen 5, 1b+2 – im Unterschied etwa zu Gen 5,22aα.24 – nicht einfach ein sekundärer Einschub aus der Hand von P^g vorzuliegen, der die Absicht verfolgt, die Setiten-Genealogie mit der Schöpfungserzählung zu verknüpfen.[47] Eine differenziertere Betrachtung dieser Verse scheint geboten. Zunächst ist die Frage der literarischen Einheitlichkeit und sodann der Funktion von Gen 5,1b+2 zu untersuchen, wobei dann auch die besondere Form der Überschrift Gen 5,1a verständlich werden dürfte.

(vgl. BORCHERT, Stil, 53); nach M. WITTE, Die biblische Urgeschichte. Redaktions- und theologiegeschichtliche Beobachtungen zu Genesis 1,1–11,26 (BZAW 265), Berlin-New York 1998, 127 f. unterscheidet sich Gen 5,22–24 „in vierfacher Hinsicht von den anderen genealogischen Angaben in 5,6–32" (127); inwieweit hierin aber ein auch entstehungsgeschichtlich bedeutsames Phänomen zu sehen ist, ist Gegenstand kritischer Debatte (ablehnend etwa TENGSTRÖM, Toledotformel, 68). Die Lesart einiger MSS von LXX, VL, Vulg *wajjithallek ḥ^{a}nôk ʾet-hāʾ^{æ}lohîm waj^{e}hî ḥ^{a}nôk* und im Anschluß daran zahlreicher Komm. (vgl. VON HUMMELAUER, Genesis, 209; GUNKEL, Genesis, 136; PROCKSCH, Genesis, 458; VON RAD, Priesterschrift, 193 f.; DERS., Genesis, 45; ZIMMERLI, Genesis, 249; E.A. SPEISER, Genesis [AB I], Garden City 1964, 40) stellt schon eine sekundäre Harmonisierung dar. – 3. Die das Schema durchbrechende und sich mit Gen 5,32; 7,6.11; 11,10a stoßende Zeitbestimmung Gen 11,10b dürfte kein späterer Zusatz bzw. Glosse zu P^g sein (vgl. K. BUDDE, Die biblische Urgeschichte [Gen. 1–12,5], Gießen 1883, 108 Anm. 1; HOLZINGER, Genesis, 114; SKINNER, Genesis, 231 f.; PROCKSCH, Genesis, 493; HEINISCH, Genesis, 203), sondern eine sekundär priesterschriftliche Ergänzung (vgl. auch ʾaḥar hammabûl 10,1bβ), die entgegen den Zeitangaben der Vorlage (5,32; 11,10a) an der Flut als Beginn einer neuen Zeitrechnung (8,13a; vgl. GUNKEL, Genesis, 146; DERS., Urgeschichte, 126; PROCKSCH, Genesis, 474; A. CLAMER, La Genèse [SB I/1], Paris 1953, 190) orientiert ist; eine Harmonisierung der verschiedenen Angaben (vgl. etwa STRACK, Genesis, 46; DELITZSCH, Genesis, 237 f.; DILLMANN, Genesis, 210 f.; JACOB, Genesis, 306–308; U. CASSUTO, A Commentary on the Book of Genesis. Part II. From Noah to Abraham. Genesis VI, 9–XI, 32. With an Appendix: A Fragment of Part III, Jerusalem 1964, 261) erübrigt sich damit.

[47] So etwa VON RAD, Priesterschrift, 39 f.; DERS., Genesis, 47 f.; NOTH, Überlieferungsgeschichte, 17 Anm. 42; SCHMIDT, Schöpfungsgeschichte, 131 Anm. 2; JOHNSON, Genealogies, 16 Anm. 5, 18; anders BORCHERT, Stil, 50 f., der Gen 5,1b.2 der ursprünglichen Liste zurechnet, aber Gen 5,3–5 von R herleitet; nach LÖHR, Untersuchungen, 5, ist Gen 5,1b+2 eine nachpriesterschriftliche redaktionelle Bildung; als einen jüngeren Zusatz im Rahmen der Setitengenealogie sieht WALLACE, Toledot, 19 ff. Gen 5,1b+2 und 3aβb an, wobei näherhin zu fragen bleibt, "whether v 1b–2 and 3aβ–b are the work of P writer or a later redactor" (20); im ganzen erscheint die letztere Alternative als die wahrscheinlichere.

Die inkludierende Klammer mittels der beiden Zeitangaben $b^ej\hat{o}m\ b^ero^{\ni}$ $^{æ}loh\hat{\imath}m\ {}^{\ni}\bar{a}d\bar{a}m$ (5,1bα) und $b^ej\hat{o}m\ b^ehibb\bar{a}r^{e\ni}\bar{a}m$ (5,2bβ)[48] läßt Gen 5,1b+2 auf den ersten Blick als eine in sich geschlossene, einheitliche Größe erscheinen. Und doch scheinen mehrere Anzeichen durchaus darauf hinzudeuten, daß Gen 5,1b.2 keine ursprüngliche, sondern erst eine redaktionelle Einheit ist: 1. Ein deutlicher Unterschied besteht zwischen den auf $^{\ni}\bar{a}d\bar{a}m$ bezogenen Suffixen, insofern Gen 5,1b ein Singularsuffix ($^{\ni}ot\hat{o}$), Gen 5,2 jedoch ausschließlich Pluralsuffixe ($b^er\bar{a}^{\ni}\bar{a}m - {}^{\ni}ot\bar{a}m - š^em\bar{a}m - b^ehibb\bar{a}r^{e\ni}\bar{a}m$) gebraucht. Während diese für Gen 5,2 sicher eine Deutung von $^{\ni}\bar{a}d\bar{a}m$ als Kollektivum fordern, dient dieses Wort Gen 5,1b als Bezeichnung eines Einzelmenschen (so auch in der Schöpfungserzählung des Jehowisten) bzw. ist wie Gen 5,1a.3–5 als Eigenname zu verstehen.[49] – 2. Die Bezeichnung für das Schaffen Gottes wechselt zwischen den Verben $^c\acute{s}h$ (nur in 5,1b) und $br^{\ni}$ (so in 5,2).[50] – 3. Der Sprachrhythmus in Gen 5,2 hebt sich klar von Gen 5,1b ab. In Gen 5,1b bestehen beide Stichen aus

---

[48] Vgl. CASSUTO, Genesis I, 274. – Das Urteil von HOLZINGER, Genesis, 59 zu Gen 5,2bβ („übelnachhinkend") ist gänzlich von der Nichtbeachtung des Stilmittels der Inklusion bestimmt.

[49] Diesem Verständnis von $^{\ni}\bar{a}d\bar{a}m$ in Gen 5,1b als Bezeichnung eines Einzelmenschen bzw. als Eigenname (vgl. STRACK, Genesis, 22; GUNKEL, Genesis, 134; PROCKSCH, Genesis, 460; KÖNIG, Genesis, 300; HEINISCH, Genesis, 150 f.; VON RAD, Priesterschrift, 5 f.16.34.39 f.; DERS., Genesis, 45; HIEKE, Genealogien, 85) anstelle einer kollektiven Deutung in Gen 5,1b+2 (vgl. DILLMANN, Genesis, 113; JACOB, Genesis, 161; P. HUMBERT, Die literarische Zweiheit des Priester-Codex in der Genesis. [Kritische Untersuchung der These von VON RAD], ZAW 58 [1940/41] 30–57 [36–38]; CLAMER, Genèse, 166; CASSUTO, Genesis I, 275; SCHMIDT, Schöpfungsgeschichte, 131 Anm. 2; nach E. LUSSIER, Adam in Genesis 1,1–4,24, CBQ 18 [1956] 137–139 [138 Anm. 7] ist die Bedeutung in Gen 5,1b nicht mehr sicher zu bestimmen) steht keineswegs Gen 1,27aβ entgegen, wo das Singularsuffix $^{\ni}ot\hat{o}$ auf das kollektiv zu verstehende $^{\ni}æt-h\bar{a}^{\ni}\bar{a}d\bar{a}m$ (HUMBERT, Zweiheit, 33 f. gegen VON RAD, Priesterschrift, 15 f.; SCHMIDT, Schöpfungsgeschichte, 145 Anm. 1) bezogen ist; denn Gen 1,27a – in gehobener Sprache gestaltet und einen chiastisch gebauten Parallelismus bildend (SCHMIDT, Schöpfungsgeschichte, 146 mit Anm. 3) – ist das Singularsuffix möglicherweise (abgesehen von weiteren theologischen Gründen) aufgrund seiner Assonanz mit $b^e\d{s}alm\hat{o}$ (1,27aα) gesetzt, wodurch der reimhafte Charakter beider Stichen Gen 1,27aα und 1,27aβ weiter unterstrichen wird. Nach TENGSTRÖM, Toledotformel, 67 ist der Wechsel im Gebrauch von Singular- und Pluralsuffixen zwischen Gen 5,1b und 2 nicht als entstehungsgeschichtlich relevantes Phänomen zu werten, vielmehr sachlich motiviert: „V 2 handelt von der Aufteilung des $^{\ni}dm$ in männliches und weibliches Geschlecht, weshalb das Personalsuffix notwendig ist. V 1 dagegen spricht vom Menschen, erschaffen zum Ebenbild Gottes ... Hier steht $^{\ni}dm$ also für eine – kollektive – Einheit, woraus sich das Singularsuffix erklärt."

[50] Ob aber, um die Funktion von Gen 5,1bα und Gen 5,2bβ als inkludierende Klammer zu Gen 5,1b.2 entsprechend hervorzuheben, bei der Einfügung von Gen 5,2 ein ursprüngliches $^{ca}\acute{s}\hat{o}t$ (vgl. 2,4b) in Gen 5,1bα durch $b^ero^{\ni}$ verdrängt wurde, erscheint mir inzwischen zweifelhaft (vgl. die diesbezügliche Kritik von HIEKE, Genealogien, 84 Anm. 240, aber auch schon von TENGSTRÖM, Toledotformel, 67).

jeweils vier Worten. In Gen 5,2 dagegen alterniert die Wortzahl zwischen drei und zwei Worten je Stichos (3 + 2∥3 + 2).[51] – 4. Ein Bezug zu Gen 1,26–28 liegt nur für Gen 5,2, nicht aber für Gen 5,1b vor,[52] was möglicherweise als Hinweis darauf verstanden werden kann, daß Gen 5,1b gegenüber 5,2 abzusetzen ist und eine ältere Überlieferungsstufe des Textes repräsentiert.[53] – Ob und inwieweit aufgrund der hier vorgestellten Phäno-

---

[51] Auf die rhythmische Durchgestaltung von Gen 5,2 hat schon CASSUTO, Genesis I, 275 hingewiesen; jedoch blieb der von Gen 5,2 unterschiedene Duktus von Gen 5,1b sowie die sorgfältige sprachlich-stilistische Komposition des Halbverses und die Parallelführung beider Stichen Gen 5,1bα und 5,1bβ unbeachtet; TENGSTRÖM, Toledotformel, 67 f. sieht hierin ein bewußtes Stilmittel.

[52] Während Gen 5,1b gegenüber Gen 1,26–28 eine „gewisse Selbständigkeit" beanspruchen beansprucht darf (VON RAD, Genesis, 48; dazu näherhin Anm. 53), schließt sich Gen 5,2 eng an Gen 1 an. Zwei Beobachtungen sind in diesem Zusammenhang zu nennen: 1. Gen 5,2a und 5,2bα sind Zitate von Gen 1,27b und 1,28aα, die wohl aus rhythmischen Gründen geringfügig abgewandelt sind (vgl. CASSUTO, Genesis I, 275). – 2. Gen 5,2bα liegt zwar kein direktes Zitat aus Gen 1 vor, schließt allem Anschein nach aber an entsprechende Wendungen innerhalb der Schöpfungserzählung an (vgl. SCHMIDT, Schöpfungsgeschichte, 131 Anm. 2; zur Wendung Gen 5,2bα selbst vgl. auch Gen 16,15; 17,15.19 P^g). – Zur Kritik der Annahme, wonach nur Gen 5,2, nicht aber Gen 5,1b an Gen 1,26–28 anknüpft, vgl. TENGSTRÖM, Toledotformel, 68.

[53] Wie die Verwendung von ^{c}šh in Gen 5,1b gegenüber dem Vorkommen des theologisch deutenden Begriffs br$^᾿$ in Gen 5,2 (hierzu J. BERGMAN u.a., Art. bārā$^᾿$, ThWAT I [1973] 769–777) als Hinweis dahingehend verstanden werden könnte, daß Gen 5,1b gegenüber Gen 5,2 einer älteren Überlieferungsstufe des Textes zuzurechnen ist, stellt sich im Blick auf das Vorkommen des Ausdrucks bidmût $^᾿e$lohîm in Gen 5,1bβ ebenfalls die Frage, ob Gen 5,1b nicht auch im Verhältnis zu Gen 1,26–28 als Element einer älteren Überlieferungsstufe zu verstehen ist, eine Frage, die sich gerade auch wegen des herausgehobenen Stellenwertes des Ausdrucks bidmût nahezulegen scheint. Doch ist die Befundlage hinsichtlich des Gebrauchs der beiden bei P in Verbindung miteinander begegnenden Begriffe bidmût und b^{e}ṣælæm alles andere als eindeutig. Wie auch immer im einzelnen das Verhältnis beider Begriffe zueinander zu deuten sein mag, so verdient zumindest Beachtung, daß in Gen 5,1b und 3aβb in besonderer Weise bidmût herausgestellt ist, an den anderen Stellen dagegen b^{e}ṣælæm den Akzent trägt, so in Gen 1,26 (Vorlage der priesterschriftlichen Schöpfungserzählung; zur Analyse vgl. P. WEIMAR, Chaos und Kosmos. Gen 1,2 als Schlüssel einer älteren Fassung der priesterschriftlichen Schöpfungserzählung, in: Mythos im Alten Testament und seiner Umwelt [FS H.-P. Müller; BZAW 278], Berlin-New York 1999, 196–211) und 9,6 (P^s bzw. R^P; vgl. hierzu HOLZINGER, Genesis, 74; SMEND, Erzählung, 9; LOHFINK, Ursünden, 178 Anm. 30; S. E. McEVENUE, The Narrative Style of the Priestly Writer [AnBb 50], Rom 1971, 68; E. ZENGER, Gottes Bogen in den Wolken. Untersuchungen zu Komposition und Theologie der priesterschriftlichen Urgeschichte [SBS 112], Stuttgart ²1987, 105). Angesichts der Befundlage erscheint die hier erwogene Möglichkeit, daß Gen 5,1b als eine nicht allein Gen 5,2, sondern auch Gen 1,26–28 gegenüber ältere und davon unabhängige Überlieferungsstufe anzusehen ist, – abgesehen von allgemeinen literargeschichtlichen Erwägungen – nicht zuletzt auch deshalb fraglich, als sich die Differenz des Sprachgebrauchs

mene eine weitergehende literarische Schichtung zwischen Gen 5,1b und 2 vorgenommen werden kann, ist angesichts gegenläufiger Beobachtungen jedoch durchaus in Zweifel zu ziehen. Hinzuweisen ist hierbei vor allem auf die auffällige Verklammerung von Gen 5,1b+2 durch die Zeitangaben $b^ejôm\ b^ero^{\jmath}\ ^{\jmath e}lohîm\ ^{\jmath}\bar{a}d\bar{a}m$ (Gen 5,1bα) und $b^ejôm\ b^ehibb\bar{a}r^{e\jmath}\bar{a}m$ (5,2bβ), wodurch Gen 5,1b+2 ein hohes Maß an Geschlossenheit bekommt,[54] überdies noch durch herausgestellt, daß die Eingangsverse der Setitengenealogie (Gen 5,1–3) allem Anschein nach bewußt und gezielt auf vorausliegende Texte, und zwar nicht nur auf Gen 1,26–28, sondern auch auf Gen 2,4 abgestimmt sind.[55]

Darf so für Gen 5,1b+2 eine literarisch einheitliche Konstrukion angenommen werden und ist dementsprechend die Annahme einer redaktionellen Einheit aufzugeben, dann bleibt näherhin jedoch das Problem der Weiterführung der Toledotformel Gen 5,1a zu bedenken. Wenn nämlich Gen 5,1b+2 insgesamt und nicht allein Gen 5,2 als ein redaktioneller Einschub verstanden werden muß, der zwischen die Toledotformel Gen 5,1a und der mit Gen 5,3 einsetzenden genealogischen Reihe eingestellt ist, literargeschichtlich dabei wahrscheinlich erst R^P und nicht schon P^g zu verdanken ist,[56], dann bleibt das Problem eines Anschlusses von Gen 5,3 an die einleitende Toledotformel Gen 5,1a.[57] Unter Voraussetzung literarischer Ursprünglichkeit der Toledot-Überschrift Gen 5,1a wäre eine Fortführung der

---

zwischen Gen 1,26–28 sowie 5,1b und 3 durchaus auch aus sachlogischen Erwägungen verständlich machen läßt (vgl. hierzu HIEKE, Genealogien, 71 Anm. 196).

[54] In einem solchen Sinne hat sich – in Auseinandersetzung mit der Erstfassung dieses Beitrags – nachdrücklich TENGSTRÖM, Toledotformel, 68 geäußert: „Im Gegenteil erscheinen 5,1 und 5,2 als eine klare inhaltliche und formale Einheit, die direkt auf den parallelen Text 1,26–28 zurückgreift. Was das Formale betrifft, weist Weimar selbst auf die umschließende Klammer hin, die aus den Zeitangeben zu Anfang und Ende besteht … Merkwürdigerweise zieht er aus dieser Beobachtung nicht den einzig konsequenten Schluss, nämlich, dass die beiden Verse zusammen eine *literarische*, und keine ,redationelle' Einheit darstellen."

[55] Zum hier angesprochenen Phänomen vgl. zum einen WITTE, Urgeschichte, 126 f., der auf die chiastische Entsprechung von Gen 1,26 und 5,3 sowie 1,27 und 5,1 hinweist, sowie zum andern HIEKE, Genealogien, 83 ff., der neben dem Bezug von Gen 5,2 auf 1,27 gerade auch auf die Verbindung von 5,1b und 2,4b abhebt.

[56] Vgl. etwa WALLACE, Toledot, 19 ff. (s.o. Anm. 47). – Für eine schlußredaktionelle Herkunft von Gen 5,1b+2 spricht nicht zuletzt die auffällige Parallelität von Gen 2,4 und 5,1 (dazu BAUMGART, Umkehr, 38), wobei näherhin zu beachten sein wird, daß die auffällige Konstruktion von Gen 2,4 in der vorliegenden Form erst das Ergebnis einer Kompilation von priesterschriftlicher und nicht-priesterschriftlicher Textschicht ist.

[57] Angesichts der Schwierigkeit eines Anschlusses von Gen 5,3 an 1a geht TENGSTRÖM, Toledotformel, 68 von der Annahme aus, „dass die Verse 1b und 2 als usrprüngliche wiederholende Einleitung zum Kapitel *twldt ʾdm* stehen."

Formel durch den Narrativ in Gen 5,3 nicht nur ungewöhnlich,[58] sondern, da die Toledotformeln in der Regel nominal weitergeführt sind, geradezu singulär.[59] Doch dies allein rechtfertigt noch keineswegs die Annahme, daß Gen 5,1b bzw. 5,1b+2 von Anfang an Bestandteil der vorliegenden Genealogie gewesen sein muß. Ob im Unterschied zur Toledotformel Gen 11,10aα nach der Toledot-Überschrift Gen 5,1a eine erzählerische Notiz bezüglich der Erschaffung des Menschen als Einleitung zur Genealogie geradezu gefordert zu sein scheint, kann m.E. jedoch keineswegs mit Gewißheit behauptet werden, auch nicht unter der Voraussetzung, daß *zæh sepær tôl^{e}dot...* in Gen 5,1a – das Wort *sepær* meint immer ein selbständiges Schriftstück gleich welcher Länge[60] – zum wenigsten den Beginn einer gesonderten Urkunde markieren[61] oder – was hier wahrscheinlicher ist – Buchüberschrift sein dürfte, genauerhin ursprünglicher Beginn eines P^g schon vorgegebenen Vorentwurfs der priesterschriftlichen Geschichtsdarstellung.[62] In diesem Vorentwurf bilden die beiden, jeweils mit einer Toledotformel überschriebenen Genealogien, die in zwei Anläufen bis zu Abraham hinführen und eine unmittelbare Fortführung mit diesem erwarten lassen,[63] die „Urgeschichte",[64] während die Schöpfungs- (1,1–2,4a) und

---

[58] Vgl. auch die Semiten-Genealogie, in der die ersten drei Glieder nach der Toledotformel Gen 11,10aα durch Nominalsatz (11,10aβ) bzw. durch konstatierendes Perfekt (11,12a.14a) und erst die weiteren Glieder wie in der Setiten-Genealogie durch Narrativ eingeleitet sind (vgl. DELITZSCH, Genesis, 238; DILLMANN, Genesis, 211; HOLZINGER, Genesis, 114). – Jüngst vgl. näherhin die Beschreibung von HIEKE, Genealogien, 117: „Die Genealogien in Gen 11,10–26.32 folgen einem Muster, das dem von Gen 5 sehr ähnlich ist ... Das Muster kommt jedoch nicht sofort ‚in Gang'. Bei Sem ist die Altersangabe nicht mit *waj^{e}hî* ‚und er lebte (n Jahre)', sondern mit einem Nominalsatz unter Verwendung von *bæn* (‚Sem [war] ein Sohn von hundert Jahren') gestaltet."

[59] Angesichts einer derartigen Befundlage stellt TENGSTRÖM, Toledotformel, 68 fest: „... andererseits kann dieser Überschrift [Toledotformel] kaum V. 3 als ursprüngliche, direkte Fortsetzung gefolgt sein"; vergleichbar ist aber Gen 10,1b im Anschluß an die Toledotformel Gen 10,1a; gewiß ist die „Anknüpfung mit consecutivem Impf. [...] auffällig" (DELITZSCH, Genesis, 203); auch wenn sich die eigentümliche Gestalt der Toledot-Einleitung in Gen 10,1 redaktioneller Berbeitung verdankt (WEIMAR, Jakobsgeschichte, 193 Anm. 77), so darf auf der anderen Seite aber auch nicht übersehen werden, daß auf redaktioneller Ebene (P^g) eine syntaktisch derart auffällige Fortsetzung der Toledotformel mit Narrativ gegeben ist, was zugleich als Indiz dahingehend gewertet werden kann, daß eine solche Weiterführung der Toledotformel mit Narrativ zwar ungewöhnlich, aber nicht unmöglich ist.

[60] Siehe bes. EERDMANS, Studien I, 5; VON RAD, Priesterschrift, 35.

[61] Vgl. HEINISCH, Genesis, 150; anders GUNKEL, Genesis, 134, der Gen 5,1 als Imitation einer Urkunde betrachtet.

[62] Zur Auseinandersetzung mit der Theorie eines eigenständigen Toledot-Buches s.u.; zum Bedeutungsspektrum von *sepær* vgl. hier nur HIEKE, Genealogien, 65 f.69.

[63] Analog zur Fortführung der mit den drei Noach-Söhnen Sem-Ham-Jafet auslaufenden Setiten-Genealogie durch Sem wird in der hier reklamierten Vorlage zu P^g auch die

Fluterzählung (6,9–9,29*), aber auch die Völkerliste (10*), die jeweils ihre eigene, unabhängig voneinander verlaufende Vorgeschichte gehabt haben, erst durch den priesterschriftlichen Erzähler in das durch die beiden Genealogien Gen 5* und 11,10–26 bestimmte Gerüst einmontiert und zu einem geschlossenen Erzählzusammenhang gemacht worden sind.[65] Ist eine solche Annahme im ganzen zutreffend, dann ist eine derartige Weiterführung der Toledot-Überschrift Gen 5,1a durch 5,1b bzw. 5,1b+2 zwar durchaus naheliegend und als solche auch plausibel, ohne jedoch mit Notwendigkeit gefordert zu sein.[66] Notwendig geworden ist Gen 5,1b+2 erst auf einer redaktionellen Textebene. Im Unterschied zur priesterschriftlichen Konstruktion einer „Urgeschichte", innerhalb derer sich Gen 5,1–3* einmal unmittelbar an die „Unterschrift" Gen 2,4a angeschlossen hat und allein schon dadurch – ohne daß dies noch explizit angezeigt sein müßte – eine unmittelbare Verbindung mit der Schöpfungserzählung im allgemeinen, mit Gen 1,26–28 im besonderen gegeben ist,[67] ist ein solcher rekapitulierender Rückgriff, wie er in Gen 5,1b+2 vorliegt, erst in dem Augenblick notwendig geworden, als sich die priesterschriftliche Schöpfungserzählung Gen 1,1–2,4a* redaktionell aus der unmittelbaren Verknüpfung mit der Semitengenealogie gelöst hat, wie dies im Zusammenhang der Einbindung der nicht-priesterschriftlichen Erzählfolge Gen 2,4b–4,26 geschehen ist.

---

mit den Terach-Söhnen Abram, Nahor und Haran endende Semiten-Genealogie unmittelbar mit Abraham weitergeführt gewesen sein; die Toledot des Terach (11,27) ist so erst der priesterschriftlichen Redaktion (P^g) zuzuschreiben.

[64] Für die Verwendung von Genealogien zur Darstellung der Urgeschichte siehe WESTERMANN, Genesis, 11 f.

[65] Zur These einer Urgeschichte ohne eigentliche Schöpfungs- und Fluterzählung vgl. schon HOLZINGER, Genesis, 58: „Man möchte fast fragen, ob damit nicht eine Fassung von P ohne Schöpfungsgeschichte vorausgesetzt ist, eine Frage, die in anderer Weise durch die Semitentafel nahegelegt wird" (vgl. auch 116); demgegenüber BUDDE, Wortlaut, 68, da u. a. nach Vorgang von J „eine Urgeschichte ohne Schöpfung und Sintflut ... kaum denkbar" ist.

[66] Vgl. nur die Feststellung von HOLZINGER, Genesis, 59: „dabei ist nicht auszuschliessen, dass an Stelle von V.1b.2 eine kürzere, in das übrige Schema der Genealogie leichter sich einfügende Notiz über die Erschaffung Adams stand."

[67] Zutreffend bemerkt WALLACE, Toledot, 20: "If Gen. V followed Gen. I 1–II 3 in the P source before inclusion in the final Pentateuch, it is hard to see why allusion to I 26–28 would required so soon after the creation story"; vgl. auch E. BLUM, Studien zur Komposition des Pentateuch (BZAW 189), Berlin-New York 1990, 280, der im Blick auf einen Anschluß von Gen 5 an 2,3 bzw. 4a festhält: Die „wohlbekannte Technik der ‚Wiederaufnahme' wird aber gerade sinnlos, wenn man die ‚überbrückten' Texte ausscheidet. So rekapitulierte Gen 5,1 f. dann bei einem direkten Anschluß von Gen 5 an 2,3(4a) noch einmal unbeholfen, was wenige Zeilen davor breit ausgeführt wurde; im vorliegenden Zusammenhang hingegen, als Wiederaufnahme über Gen 2–4 hinweg, ist dies bestens motiviert."

Hierdurch hat dann auch die Toledot-Überschrift Gen 5,1a, die als solche keine genuin priesterschriftliche Bildung ist, sondern der Priesterschrift schon vorgegeben gewesen ist und hierbei als „Buchüberschrift" gedient hat, eine neue, veränderte Funktion und Bedeutung gewonnen.[68]

II. Die Form der Toledot-Einleitungen

Schon die Untersuchung der Verwendung der Toledotformel in der priesterschriftlichen Geschichtsdarstellung läßt erkennen, daß auf diese in der Regel nicht unmittelbar die Schilderung jenes Geschehens folgt, das durch die Toledotformel als Überschrift eröffnet ist, sondern vielmehr im unmittelbaren Anschluß an diese eine kürzere oder auch ausgeführtere Rückblende eingeschaltet ist, die vom nachfolgend erzählten Hauptgeschehen abgesetzt ist und mit der Toledotformel zusammen die Toledot-Einleitung bildet. Ihre Form folgt dabei keineswegs einem einheitlichen Schema. Vielmehr variiert sie je nach Funktion und Stellung im Aufriß des priesterschriftlichen Werkes.

Wird die Toledot-Einleitung als solche überhaupt beachtet und nicht allein der von ihr abzusetzenden Toledotformel Aufmerksamkeit geschenkt, ist meist eine Festlegung bzw. Einschränkung auf einen Formtyp der Toledot-Einleitungen zu beobachten: „Die einzelnen Abschnitte tragen regelmässig die Überschrift ʾellæh tôlᵉdôt; darauf folgt regelmässig eine Rekapitulation desjenigen Punktes der vorhergehenden Stammtafel, an welchen die neue anknüpft."[69] So oder ähnlich wird noch mehrfach die gewöhnliche Form der Toledot-Einleitungen beschrieben.[70] Vorab Budde hat mit Nachdruck auf diesen Punkt abgehoben: „Es ist die Gewohnheit dieser Quelle [scil. P], das neue Hauptstück nach der Überschrift mit einer Wiederholung des in Betracht kommenden Ausschnitts, des passus concernens, wie die Juristen zu sagen pflegten, aus dem vorherigen Hauptstück einzuleiten."[71] Aber auch wenn „die fast gesetzmäßige Gleichförmigkeit in der Struktur aller Überschriften, die besonders in der kurzen Wiederholung des ‚passus concernens' sich zeigen soll", keine „absolute Regelmäßigkeit in den Überschriften P's" fordert, wie Eichrodt meint,[72] sondern abhängig von dem vorangehenden Abschnitt, der jeweils rekapituliert wird, durchaus verschieden sein kann,[73] so ist dennoch eine strenge Festlegung der Toledot-Einleitung auf nur einen Formtyp (Toledotformel + Rekapitulation) offensicht-

---

[68] Unter dieser Voraussetzung gilt die Beschreibung von Gen 5,1a als „Buchüberschrift" bei HIEKE, Genealogien, 85 f.

[69] H. HOLZINGER, Einleitung in den Hexateuch, Freiburg-Leipzig 1893, 353.

[70] Vgl. etwa schon J. WELLHAUSEN, Prolegomena, 330 sowie JACOB, Genesis, 73.161.183 und CASSUTO, Genesis I, 274 ("normally").

[71] K. BUDDE, Eine übersehene Textherstellung, ZAW 30 (1910) 272-280 (279); vgl. auch DERS., Ellä toledoth, 241-253.

[72] EICHRODT, Quellen, 52-54 (52.53).

[73] Vgl. die Entgegnung von BUDDE, Noch einmal, 1-7 auf die Einwände von EICHRODT, Quellen, 52-54.

lich zu eng und zwingt dementsprechend zu zahlreichen Konjekturen, soll das Schema durchgehalten werden.[74]

Deutlich heben sich in P^g *vier* verschiedene Formen von Toledot-Einleitungen ab, von denen die beiden ersten aber aufgrund gleicher Funktion trotz unterschiedlicher syntaktischer Struktur zusammengefaßt werden können:

1. Auf die Toledotformel als Überschrift folgt als Einleitung eines neuen Kapitels eine *Rückwendung,* die – abhängig davon, ob die Einleitung Neues berichtet oder schon Mitgeteiltes rekapituliert – in zwei Typen auftritt:

a) Die der Toledotformel folgende Einleitung gibt eine knappe Zusammenfassung dessen, was in der voraufgehenden Kompositionseinheit zwar schon berichtet wurde, zur näheren Charakterisierung der in der Toledotformel genannten Erzählfigur sowie als Einstieg für die nachfolgende Kompositionseinheit aber bedeutsam ist. Syntaktisch hat diese Art der Einleitung die Form eines Resultativ-Stativs, der das aus der einmaligen Handlung in der Vergangenheit resultierende Ergebnis festhalten will, bzw. eines plusquamperfektisch zu verstehenden Relativsatzes in gleicher Funktion. Demnach liegt folgendes Schema dieser Form der Toledot-Einleitung zugrunde:

(1) Toledotformel ($w^e{}^{\jmath}ell\alpha h\ \ t\hat{o}l^e d\hat{o}t$)
(2) Rückgriff im a) Resultativ-Stativ (Subj. + *qatal* + Obj.)
                   b) Relativsatz ($^{\jmath a}\check{s}\alpha r$- *qatal*).

Diese Form der Toledot-Einleitung findet sich mit Rekapitulation im Resultativ-Stativ Gen 11,27; 25,19 und 36.1a.2a sowie mit Rekapitulation im Relativsatz Gen 25,12. Der entsprechende literaturwissenschaftliche Begriff dafür ist „rekapitulierender Rückgriff".[75]

b) Die Einleitung, die auf die Toledotformel folgt, teilt vergangene, bislang noch nicht berichtete, für das nachfolgend Erzählte aber wichtige Ereignisse mit und nimmt so fast die Gestalt einer eigenen Geschichte an. Dem hier vorliegenden, von (a) unterschiedenen Typ einer Toledot-Einleitung entspricht auch eine ihm eigene syntaktische Struktur. Anstelle des Resultativ-Stativs bzw. des Relativsatzes tritt ein Nominalsatz, der durch das als Kopula gebrauchte *hājāh* der Zeitsphäre der Vergangenheit zugewiesen ist; ihr sind auch die daran sich anschließenden Narrative zuzurechnen. Als Schema der Toledot-Einleitung ergibt sich somit:

---

[74] Vgl. nur BUDDE, Ellä toledoth, 247–251.
[75] Zum „Rückgriff" vgl. E. LÄMMERT, Bauformen des Erzählens, Stuttgart ^{8}1968, 122–128.

II. Die Form der Toledot-Einleitungen 173

(1) Toledotformel (*ellæh tôl^{e}dôt)
(2) Nominalsatz (Subj. + Apposition + hājāh)
(3) Weiterführung durch Narrative

Dieser Formtyp einer Toledot-Einleitung findet sich als Eröffnung der Toledot Noachs Gen 6,9-11 und Jakobs Gen 37,2αα + 41,46a. In Abgrenzung vom „rekapitulierenden Rückgriff" soll diese Form der Toledot-Einleitung „Rückschritt" genannt werden.[76]

2. Während diese beiden Formtypen einer Toledot-Einleitung darin übereinkommen, daß sie jeweils (stärker formal) ein neues Kapitel in der Geschichtsdarstellung der Priesterschrift bzw. (stärker inhaltlich) die Familiengeschichte des in der Überschrift Genannten einleiten, bildet die Toledotformel Gen 10,1 (vgl. auch Gen 36,9 [P^s] und Num 3,1[R^P]) dagegen die Einleitung eines Abschnitts innerhalb eines Kapitels bzw. der Lebensgeschichte. Dementsprechend zeigt die Toledot-Einleitung ein den beiden bisher angeführten Formtypen gegenüber unterschiedenes Schema, das aus folgenden zwei Elementen besteht: der Toledotformel, die um eine Apposition erweitert ist, und einer daran sich anschließenden „Zeitangabe", gefolgt von einer Liste der bis auf die Enkel ausgezogenen Nachkommen.

Dasselbe Formschema (Toledotformel + Zeitbestimmung) liegt auch der Toledot-Unterschrift Gen 2,4a zugrunde, die deshalb ebenfalls diesem Formtyp zugeordnet werden kann.

3. Die Toledot-Einleitungen der Setiten- und Semiten-Genealogie (5,1a und 11,10a) stellen eine letzte, mit keinem der anderen Formtypen übereinstimmende Gruppe dar. Sie leiten jeweils eine Genealogie ein, die sich in der ursprünglichen Gestalt beider Genealogien unmittelbar – ohne dazwischentretende Rückwendung oder Zeitbestimmung – an die Toledotformel anschließt. Aufgrund dieser Besonderheiten ist für die beiden Toledotformeln Gen 5,1a und 11,10a eine sich von den genuin priesterschriftlichen Toledotformeln abhebende Herkunft naheliegend.

Wie diese Übersicht zeigt, ist die syntaktische Struktur der Toledot-Einleitungen genau auf ihre Funktion im Aufbau des priesterschriftlichen Werkes abgestimmt, was auf eine streng disponierende Hand für die einzelnen Überschriften schließen läßt. Unterstrichen wird die Sorgfalt der Syntax der Toledot-Einleitungen noch durch den ebenso differenzierten Gebrauch der Kopula *waw* in der Toledotformel.[77] Während die Toledotformel bei nachfolgendem Rückgriff (Formtyp 1a) und folgender Zeitbe-

---

[76] Zum „Rückschritt" vgl. LÄMMERT, Bauformen, 112–122.
[77] Der differenzierte Gebrauch der Kopula *waw* vermag nachträglich zugleich die oben gegebene Aufteilung der Toledot-Einleitungen in Formtypen zu bekräftigen.

stimmung (Formtyp 2)[78] immer durch die Kopula an das Vorangehende angeschlossen ist, fehlt eine solche syntaktische Verknüpfung bei folgendem Rückschritt (Formtyp 1b), da hier das den Rückschritt bestimmende Geschehen eine größere Distanz zum vorher Berichteten mit sich bringt, insofern inhaltlich Neues mitgeteilt ist, sowie bei den beiden Toledotformeln Gen 5,1 und Gen 11,10a, die die Setiten- und Semitengenealogie einleiten.

III. Die Toledotformel als Element eines der Priesterschrift vorgegebenen Geschichtsentwurfes

Ebensowenig wie das Vorkommen der Toldoteformel einer späteren systematisierenden Bearbeitung der Priesterschrift zugeschrieben werden kann,[79] wird es möglich sein, sie auf ein der priesterschriftlichen Geschichtsdarstellung vorgegebenes Toledot-Buch zurückzuführen. Mit Ausnahme der beiden eine Sonderstellung einnehmenden Formeln Gen 5,1a und 11,10a gehen die übrigen Toledotformeln auf die Hand des priesterschriftlichen Erzählers zurück, der sie als Struktur- und Gliederungsformel seiner Darstellung der Geschichte eingefügt hat. Allein die Toledotformeln Gen 5,1a und 11,10, die Genealogien überschreiben und in denen das Nomen *tôlᵉdôt* noch „Zeugungen" bzw. „Nachkommen" bedeutet, nicht dagegen wie in den genuin priesterschriftlichen Vorkommen die abgeblaßte und übertragene Bedeutung von „Familiengeschichte" hat,[80] hat die Priesterschrift einer ihr vorgegebenen älteren Überlieferung entnommen, die ihr als Vorentwurf gedient hat. Doch auch diese beiden Toledotformeln verlangen nicht ein eigenständiges Toledot-Buch, das der priesterschriftlichen Darstellung als Grundlage gedient hat, noch können sie es rechtfertigen.[81]

---

[78] Eine Ausnahme bildet Gen 2,4a, wo die Formel nicht eine Über-, sondern eine Unterschrift abgibt.

[79] NACH KÜLLING, Datierung, 216.226 dient die Toledotformel als Gliederungsprinzip des ganzen Genesisbuches, ebenso auch M.H. WOUDSTRA, The Toledot of the Book of Genesis and their Redemptive-Historical Significance, CTJ 5 (1970) 184–189, außerdem F.H. BREUKELMAN, Das Buch Genesis als das Buch der *twldwt* Adams, des Menschen. Eine Analyse der Komposition des Buches, in: Störenfriedels Zeddelkasten (FS F.W. Marquardt), hg. von U. Gniewoss u.a., Berlin 1991, 72–97 (81); weiterhin vgl. Anm. 6.

[80] Zur Bedeutung von *tôlᵉdôt* vgl. beispielsweise SCHARBERT, Toledotformel, 50–52 oder SCHREINER, Art. *tôlᵉdôt*, 572; zur Bedeutungsverschiebung im Gebrauch des Wortes vgl. im übrigen auch KOCH, Toledot-Formeln, 186.

[81] Ein solches Toledot-Buch setzt etwa JOHNSON, Purpose, 27 voraus; dieses spannt einen großen Bogen „von der Erschaffung der Welt bis zur Einrichtung des Kultes, von Adam bis Aaron" (HIEKE, Genealogien, 5).

III. Die Toledotformel als Element eines P vorgegebenen Geschichtsentwurfes

Angelpunkt für die Annahme eines ursprünglich selbständigen Toledot-Buches ist die eigentümliche Form der Formel in Gen 5,1a, die sich von allen übrigen Toledotformeln abhebt. Wenn auch die Bezeichnung *sepær* nicht unbedingt „Buch" bedeuten muß, sondern durchaus im Sinne von „Brief" bzw. „Urkunde" verstanden werden kann,[82] meint das Wort jedoch immer ein „selbständiges Schriftstück" größeren oder geringeren Umfangs (s.o.). So liegt es nahe, in Gen 5,1a den Beginn einer *eigenständigen Schrift* zu sehen. Über ihren Umfang und deren Aussehen ist damit aber noch nichts ausgesagt.[83]

Daß Gen 5,1 nicht die Fortsetzung einer Schrift, sondern nur Anfang einer ursprünglich selbständigen Schrift sein kann, haben schon Holzinger[84] und Eerdmans[85] klar erkannt. Schon bei ihnen ist damit aber die These eines hauptsächlich aus Genealogien bestehenden Buches verbunden. Während Holzinger es für möglich hält, „dass der Plan einer wesentlich aus Genealogien bestehenden Einleitung zu einem Gesetzkorpus infolge nachträglicher Änderung der ersten Absicht gesprengt worden ist",[86] rechnet Eerdmans mit der Existenz eines dem Buch Genesis als ganzem zugrundeliegenden „Adamsbuches", wobei er als Grundstock dieser Toledotsammlung folgende Teile annimmt: „die Liste der Urväter 5,1–32; die Toledoth Noahs 6,9–22; 7,6–9.17–22.24; 8,1–19; 9,8–29; die Toledoth Sems 11,10–26; die Toledoth Terahs 11,27–32. Die Toledoth Abrahams 12; 13,1–13.18; 15,7–12.17–21; 23 und 25,7–11. Zu den Toledoth Isaaks gehören 25,19–34; 27; 28,11–22; 32,4–23; 33,1–17; 35,1–8.16–20.23–29. Die Toledoth Esaus 36,1–14. Auf die Toledoth Jakobs kommen 37,2.25–27.28b.34.35; 40; 41; 42; 45,1–27; 46,2b–7; 47,6–12.28; 49,1a.29–33; 50,12.13".[87] Die These eines selbständigen, vorab aus Genealogien bestehenden „Toledot-Buches" wurde in der Folgezeit eher zögernd aufgenommen und fand zunächst nur wenige Nachfolger.[88]

Erneuert und eigentlich begründet wurde sie durch G. von Rad.[89] Nach ihm ist das Toledot-Buch, dessen Anfang uns noch in Gen 5,1 erhalten ist, ein Werk, das aus lauter Genealogien, Listen und allenfalls kurzen theologischen Bemerkungen bestand, aber Erzählstoff im strengen Sinn nicht enthalten hat. Gegliedert sei dieses genealogische Werk durch die immer wieder aufgenommene Toledotformel, ohne daß aber im Aufbau des Buches ein absolutes Gleichmaß zu erwarten wäre. Soweit sich heute noch feststellen lasse, habe das Toledot-Buch etwa folgenden Umfang gehabt: Gen 5,1a.3–23.25–28.30–32; 6,9.10; 9,28.29; 10,1–7.20.22.23.31.32; 11,10–27; 25,12–17.19.20; 36,9–14.40–43 (36,1–8.15–19; Num 3,1).[90] Erst durch von Rad fand die Annahme eines der Priester-

---

[82] Vgl. GUNKEL, Genesis, 134; EISSFELDT, Biblos geneseōs, 464; WESTERMANN, Genesis I, 481 f.

[83] Diese Frage läßt sich von Gen 5,1a her allein nicht entscheiden; andere Kriterien müssen hinzutreten; dazu siehe weiter unten.

[84] Genesis, 58: „... eigentlich Überschrift eines Buchs, nicht Einleitung eines Abschnitts. Man möchte fast fragen, ob damit nicht eine Fassung von P ohne Schöpfungsgeschichte vorausgesetzt ist, eine Frage, die in anderer Weise durch die Semitentafel nahegelegt wird."

[85] Studien I, 4 f.: „Gen. 5,1 ‚Dies ist das Buch der Toledoth Adams' kann nicht Fortsetzung einer Schrift sein. Die Worte können nur den Anfang einer selbständigen Schrift bilden."

[86] Genesis, 116.

[87] Studien I, 87.

[88] Vgl. PROCKSCH, Genesis, 458 f. und SKINNER, Genesis, 130.

[89] Priesterschrift, 33–40; vgl. auch DERS., Genesis, 47 f.

[90] Vgl. die synoptische Übersicht bei VON RAD, Priesterschrift, 190–246.

schrift vorgegebenen Toledot-Buches, wenn auch zum Teil in modifizierter Form, breitere Aufnahme und Zustimmung und wurde nahezu Allgemeingut.[91]

Umstritten ist jedoch das Verhältnis, in dem das angenommene Toledot-Buch zur priesterschriftlichen Geschichtsdarstellung steht. Nach von Rad bildet das Toledot-Buch „wohl den ältesten Grundstock der Priesterschrift, die aus ihm durch planmäßigen Ausbau durch verschiedenartigste sakrale Traditionen langsam erwachsen ist."[92] Das Toledot-Buch ist also nicht in viele Einzelheiten zerschlagen und nachträglich mit dem schon abgeschlossenen Erzählungswerk der Priesterschrift verbunden worden, sondern umgekehrt ist diese aus jenem rein genealogischen Werk durch langsame Anreicherung und Ausgestaltung mit Erzählmaterial gewachsen, wobei man aber damit zu rechnen hat, „daß ein schon einigermaßen abgeschlossenes Erzählungswerk in einem einmaligen Vorgang mit dem Toledotbuch, das seinerseits schon Erzählungselemente angezogen hatte, eingearbeitet wurde."[93] Anders als von Rad – und im ganzen wahrscheinlicher – gibt M. Noth das Verhältnis von Toledot-Buch und P^g an, indem er im Toledot-Buch „eine der von P benutzten und seinem Gesamtwerk dienstbar gemachten Vorlagen" sieht.[94]

Aber läßt sich ein P^g vorgegebenes Toledot-Buch überhaupt wahrscheinlich machen? Abgelehnt wurde die Existenz eines solchen aus lauter Genealogien bestehenden Buches, dessen Anfang in Gen 5,1a liege, schon von H. Gunkel,[95] in neuerer Zeit besonders von O. Eißfeldt[96] und vor allem von C. Westermann,[97] wobei sich deren Argumentation weitgehend auf die Interpretation von Gen 5,1 stützt. Die von den übrigen Toledotformeln abweichende Form in Gen 5,1 lasse es weder zu, in ihr den Beginn einer selbständigen Schrift zu sehen, noch könne sie als Gesamtüberschrift eines Toledot-Buches verstanden werden. Jedoch ist ein solcher Nachweis keineswegs überzeugend gelungen.

Auch wenn die Toledotformel Gen 5,1a, was wohl nicht zweifelhaft sein kann (s.o.), der Anfang einer eigenen Schrift gewesen ist, läßt sich die damit verbundene These eines Toledot-Buches nicht aufrechterhalten. Ihm könnten allenfalls die von den schon vorpriesterschriftlichen Toledotformeln Gen 5,1a und 11,10 überschriebene Setiten- und Semitengenealogie angehört haben. Doch diese allein können unmöglich den ganzen Bestand eines Buches ausgemacht haben. Bei Beachtung des Gesamtbefundes legt sich eine andere Deutung nahe, die zugleich dem Charakter von Gen 5,1a als Buchanfang voll und ganz gerecht wird.

Mit der Toledotformel Gen 5,1a in der Doppelfunktion als Buch- und Kapitelüberschrift[98] ist ein der priesterschriftlichen Geschichtsdarstellung

---

[91] Vgl. etwa NOTH, Überlieferungsgeschichte, 9f. 254 f.; ZIMMERLI, Genesis, 248; BORCHERT, Stil, 50 f.53 f.; SCHMIDT, Schöpfungsgeschichte, 131 Anm. 2; SPEISER, Genesis, 79; JOHNSON, Purpose, 14–28; SCHARBERT, Toledotformel, 46; außerdem RENAUD, Généalogies, 17 f.

[92] Genesis, 47.

[93] Priesterschrift, 39.

[94] Überlieferungsgeschichte, 10 Anm. 20; vgl. auch BORCHERT, Stil, 83 f.

[95] Genesis, 134.

[96] Biblos geneseōs, 463–465.

[97] Genesis I, 481 f.

[98] Aufgrund der Doppelfunktion der Toledot-Überschrift Gen 5,1 muß ʾādām an dieser Stelle keineswegs kollektiv verstanden werden, um Buchüberschrift sein zu können (so BORCHERT, Stil, 50 f.; WESTERMANN, Genesis I, 481). Dem vom Kontext her geforderten Verständnis von ʾādām als Eigenname steht nichts im Wege.

schon vorgegebener Gesamtentwurf der Priesterschrift eröffnet. In diesem bilden die jeweils mit einer Toledotformel überschriebene Setiten- und Semitengenealogie die sogenannte „Urgeschichte", die deutlich als ein Vorspann zur Patriarchen- und Exodusgeschichte konzipiert ist. Mit dem Ende der Urgeschichte wechselt sodann auch die Form der Darstellung. An die Stelle der Genealogie tritt jetzt die Erzählung als grundlegende Darstellungsform. Die Patriarchengeschichte schließt sich unmittelbar an das Ende der Semitengenealogie mit der Geschichte Abrahams an und ist mit dieser auch stilistisch verbunden. Im Unterschied zu P^g liegt in dem der Priesterschrift vorgegebenen Geschichtsentwurf der Akzent nicht auf der Figur Abrahams, sondern auf der Jakobs.[99] Seinen Abschluß und Höhepunkt erreicht dieser Vorentwurf des priesterschriftlichen Geschichtswerkes mit der Exodusgeschichte.[100] Sinai- und Landgabegeschichte fehlen in dem Entwurf, den P^g für ihre Darstellung der Geschichte aufgenommen und bearbeitet hat. Somit sind die Toledot Adams und Sems in Gen 5 und 11 die eine Urgeschichte vertretende Einleitung eines Geschichtswerkes in erzählerischer Form, nicht jedoch Bestandteil des so häufig postulierten, nur oder hauptsächlich aus Genealogien bestehenden Toledot-Buches. Ein solches hat es nie gegeben.

IV. Funktion der Toledotformel im Rahmen der priesterschriftlichen Geschichtsdarstellung

Die Erkenntnis, wonach die Toledotformeln in der Erzählung der Priesterschrift neue Abschnitte oder Kapitel überschreiben und einleiten, erscheint seit langem als Selbstverständlichkeit.[101] Nicht so selbstverständlich ist dagegen die weitere Frage, ob der Reihe der zehn Toledotformeln in der

---

[99] Zum Entwurf einer P^g vorgegebenen Patriarchengeschichte vgl. nur N. LOHFINK, Die Landverheißung als Eid. Eine Studie zu Gen 15 (SBS 28), Stuttgart 1967, 14, aber auch W. GROSS, Jakob, der Mann des Segens. Zu Traditionsgeschichte und Theologie der priesterschriftlichen Jakobsüberlieferungen, Bib 49 (1968) 321–344. – Zur Kritik derartiger Rekonstruktionsversuche vgl. ZENGER, Gottes Bogen, 28 ff.; im einzelnen zurückhaltender W. GROSS, Hoffnung Israels auf Erneuerung des Staates, in: Unterwegs zur Kirche. Alttestamentliche Konzeptionen (QD 110), hg. von J. Schreiner, Freiburg/Brsg. 1987, 87–122 = DERS., Studien zur Priesterschrift und zu alttestamentlichen Gottesbildern (SBAB 30), Stuttgart 1999, 65–96 (72 Anm. 29), der zwar die Annahme derartiger Vorlagen wohl teilt, deren Rekonstruierbarkeit jedoch in Frage stellt.
[100] Zum Entwurf einer P^g vorgegebenen Exodusgeschichte vgl. P. WEIMAR, Untersuchungen zur priesterschriftlichen Exodusgeschichte (fzb 9), Würzburg 1973, 246 ff., aber auch DERS., Die Meerwundererzählung. Eine redaktionskritische Analyse von Ex 13,17–14,31 (ÄAT 9), Wiesbaden 1985, 175–199.
[101] Vgl. nur J. WELLHAUSEN, Prolegomena, 330.

priesterschriftlichen Geschichtsdarstellung (ohne Gen 36,9 und Num 3,1) ein genau ausgedachter und sorgfältig durchgeführter Plan zugrundeliegt, oder ob darin ein mehr oder weniger zufällig entstandenes Toledot-Gerippe zu sehen ist. Erinnert sei nur daran, daß immer wieder auf Unstimmigkeiten und mangelhafte Durchführung der Toledot-Reihe aufmerksam gemacht wurde, was u.a. dazu geführt hat, die Toledotformeln ganz oder zum Teil P^g abzusprechen und sie einer späteren Bearbeitung zuzuweisen. Vor allem wird in diesem Zusammenhang das Fehlen einer eigenen Toledot Abrahams vermerkt,[102] aber auch das abrupte Abbrechen der Toledot-Reihe am Ende der Patriarchengeschichte mit Jakob.[103] Auf der anderen Seite sieht man in der Toledot-Reihe auch ein planvoll angelegtes Ganzes. Vor allem O. Eißfeldt hat die planvolle Abfolge der Toledotformeln herausgearbeitet.[104] Danach steht die Toledotformel „immer an solchen Stellen der Darstellung, die eine Einengung des bisher berücksichtigten weiteren Schauplatzes kenntlich machen, und hört gerade da auf, wo die Erzählung bis zu dem eigentlich maßgebenden, das Ziel der bisherigen Entwicklung bedeutenden Bereich, dem Volk Israel oder seinen kultischen Repräsentanten, den Priestern und Leviten, vorgedrungen ist."[105] In modifizierter Form wird diese Sicht von J. Scharbert erneuert.[106] Mit der Toledotformel

---

[102] Vgl. WELLHAUSEN, Composition, 15; J.J.P. VALETON, Bedeutung und Stellung des Wortes b^{e}rît im Priestercodex, ZAW 12 (1892) 1–22 (7 f.); HOLZINGER, Genesis, 124; SMEND, Erzählung, 15 f.; EICHRODT, Quellen, 21; BORCHERT, Stil, 45. SCHARBERT, Toledotformel, 47 (ebenso DERS., Prolegomena, 99 Anm. 8) rechnet mit der Möglichkeit, daß eine Toledot Abrahams bei der Schlußredaktion wegfiel; im übrigen hat das Fehlen einer Abraham-Toledot eine Reihe von Hypothesen hervorgerufen (zur Diskussion vgl. nur BLUM, Komposition, 439–441); neuere Erklärungsversuche ebd., aber auch KOCH, Toledot-Formeln, 188 und HIEKE, Genealogien, 124 ff., die im einzelnen nicht unerheblich voneinander abweichen, aber miteinander allein schon dadurch verbunden sind, daß sie insgesamt nicht von der Annahme einer für sich bestehenden Priesterschrift ausgehen, sondern darin eine im Blick auf das Gesamt der Abrahamgeschichte angelegte Bearbeitungsschicht sehen.

[103] Hierauf hat vor allem EICHRODT, Quellen, 2 f. aufmerksam gemacht; vgl. auch VON RAD, Priesterschrift, 39.

[104] Neben den Anm. 5 genannten Belegen vgl. außerdem DERS., Einleitung in das Alte Testament, Tübingen ^{3}1964, 272 f.; DERS., Die Genesis der Genesis. Vom Werdegang des ersten Buches der Bibel, Tübingen 1958, 13 f. sowie im Anschluß daran etwa E. SELLIN-G. FOHRER, Einleitung in das Alte Testament, Heidelberg ^{10}1965, 199; O. KAISER, Einleitung in das Alte Testament. Eine Einführung in ihre Ergebnisse und Probleme, Gütersloh 1969, 93.

[105] Biblos geneseōs, 461.

[106] Zu den Nachweisen vgl. Anm. 5. – Nach KÜLLING, Datierung, 223–236 kennzeichnen die Toledotformeln – nicht als Teil der sog. P-Urkunde, sondern als ursprünglicher Bestandteil des ganzen Genesisbuches – Knotenpunkte, bei denen es sich jedoch „nicht bloß um eine ‚Einengung' des bisherigen Schauplatzes" handelt; vielmehr gehen

markiert danach „der Geschichtstheologe von P entscheidende Wendepunkte in der Heilsgeschichte. Jedesmal, wenn die Formel auftaucht, erfolgt eine Einengung des Gesichtskreises in der Weise, daß ein Teil der Menschheitsfamilie, deren Geschichte bisher umrissen wurde, ausscheidet und neuer Segen oder neue Verheißung auf einen engeren Kreis eingeschränkt wird. Bei dieser Gelegenheit werden die von einem Stammvater ausgehenden Generationenfolgen aufgezählt. Dabei werden zuerst die ausscheidenden Nachkommen, von denen nicht mehr weiter gesprochen wird (,Ausscheidungstoledot'), aufgezählt; daran schließen sich dann die Generationsfolgen an, deren Geschichte weiter verfolgt wird (,Verheißungstoledot'). In dieses Schema ist auch der Kosmos eingeordnet."[107] Jedoch sind auch diese beiden miteinander verwandten Lösungsversuche noch zu pauschal, als daß sie befriedigen könnten. Auf der einen Seite sehen sie die Toledotformel stark isoliert und beachten kaum den weiteren, auch erzählerisch bestimmten Kontext, auf der anderen Seite berücksichtigen sie nicht hinreichend die sorgfältige syntaktische Struktur der Toledot-Einleitungen. Erst wenn diese beiden Momente bedacht werden, wird eine sachgerechtere Wertung des der Anordnung und Reihung der Toledotformeln zugrundeliegenden Planes möglich sein.

1. Im Rahmen der priesterschriftlichen Geschichtsdarstellung sind die Toledot-Überschriften auf die Schöpfungs- und Patriarchengeschichte beschränkt.[108] Aber auch hier liegen sie keineswegs gleichmäßig gestreut vor. Dem jeweils fünf- bzw. viermaligen Vorkommen in der Schöpfungs- (2,4a; 5,1; 6,9; 10,1; 11,10) und Jakobgeschichte (25,12.19; 36,1[9]; 37,2) steht in der Abrahamgeschichte allein – und hier zur Markierung ihres Einsatzes – die Toledot Terachs (11,27) gegenüber. Die massierte Verwendung der Formel in der Schöpfungs- und Jakobgeschichte will offensichtlich Akzente setzen. Diese zunächst auffällige Verteilung der Formel, einschließlich des Fehlens einer Toledot Abrahams, erweist sich jedoch sogleich als sinnvoll, wenn hierbei die theologischen Leitlinien beachtet werden. Schöpfungs- wie Jakobgeschichte bei P^g sind theologisch durch das Thema Segen bestimmt.[109] Da aber der Segen, wie die stereotype Reihung der Se-

---

sie jeweils „von einem Beginnpunkt (der Toledoth beigefügte Genetiv) zu einem Endpunkt, durch die neue Toledothformel angegeben" (224).

[107] SCHARBERT, Toledotformel, 45 f.

[108] Merkwürdigerweise wird im Zusammenhang der Frage nach dem der ganzen priesterschriftlichen Toledot-Reihe zugrundeliegenden Plan der Eingrenzung der Toledot-Überschriften auf die Schöpfungs- und Patriarchengeschichte meist keine Aufmerksamkeit geschenkt. Kaum wird auch nach dem Grund dieser Beschränkung der Formel gefragt (vgl. schon die Kritik von EICHRODT, Quellen, 21–23, mit anderen Schlußfolgerungen als hier).

[109] Für die priesterschriftliche Schöpfungsgeschichte vgl. etwa WESTERMANN, Genesis I, 23 f., für die Jakobgeschichte vorab GROSS, Jakob, 321–344.

gensverben *brk, prh* und *rbh* zu erkennen gibt,[110] in der priesterschriftlichen Schöpfungs- und Patriarchengeschichte[111] – entsprechend der Grundbedeutung von Segen – nichts anderes meint als die sich in Fruchtbarkeit und Mehrung auswirkende Kraft,[112] so ist gerade die Einfügung der Toledotformel durch P^g als formale Gliederungs- und Strukturformel der Schöpfungs- und Jakobgeschichte in besonderer Weise dazu geeignet, deren theologischen Leitgedanken, den Segen, wirkungsvoll bis in die Überschriften der Einzelabschnitte hinein zur Geltung zu bringen und zu unterstreichen.[113] Werden demnach die zahlreichen Toledot-Überschriften in der Schöpfungs- und Jakobgeschichte durch ihr bestimmendes Thema „Segen" mitbedingt sein, verwundert es nicht mehr, wenn in der Abrahamgeschichte die Toledotformel nur ein einziges Mal verwendet ist: die Toledot Terachs Gen 11,27 als Überschrift und Markierung eines neuen Kapitels innerhalb der dargestellten Geschichte. Das Fehlen einer Abraham-Toledot liegt nun keineswegs darin begründet, daß eine solche Toledot redaktionell gestrichen[114] oder ein ursprüngliches „Abraham" in „Terach" abgewandelt wurde.[115] Vielmehr werden dafür eher theologische Gründe maßgebend gewesen sein.[116] Im Gegensatz zur Schöpfungs- und Jakobgeschichte steht

---

[110] Vgl. zu dieser Reihung der Segensverben LOHFINK, Landverheißung, 13, WEIMAR, Untersuchungen, 26 ff., außerdem W. BRUEGGEMANN, The Kerygma of the Priestly Writer, ZAW 87 (1972) 397–414.

[111] Anders dagegen in der Sinaigeschichte der P^g (Ex 39, 43; Lev 9, 22. 23), aber auch Gen 2,3.

[112] Vgl. vorab WESTERMANN, Genesis I, 23 f.192–194. – Einen kritischen Überblick über ältere Arbeiten zum Segen im AT geben W. SCHENK, Der Segen im Neuen Testament. Eine begriffsanalytische Studie (ThA 25), Berlin 1967, 13–32, und C. WESTERMANN, Der Segen in der Bibel und im Handeln der Kirche, München 1968, 23–28. – Zum Segen im AT vgl. auch die umfassende Untersuchung von G. WEHMEIER, Der Segen im Alten Testament. Eine semasiologische Untersuchung der Wurzel *brk* (ThDiss 6), Basel 1970 (mit ausführlichen Literaturangaben).

[113] Auch wenn *tôl^{e}dôt* bei P^g die weitere Bedeutung „Familiengeschichte" angenommen hat, so sollte – im Sinne von P^g – doch immer die ursprüngliche Bedeutung des Wortes „Zeugungen" mitgehört werden.

[114] Vgl. Anm.102. – Nach SKINNER, Genesis, 235 f.358 liegt möglicherweise in Gen 25,19 die ursprüngliche Toledot Abrahams vor, die erst sekundär zu ihrer jetzigen Form umgestaltet wurde.

[115] So EERDMANS, Studien I, 22; BUDDE, Ellä toledoth, 248 f.; abgeschwächt oder ganz aufgegeben DERS., Noch einmal, 6.

[116] Nach L. RUPPERT, Die Josephserzählung der Genesis. Ein Beitrag zur Theologie der Pentateuchquellen (StANT 11), München 1965, 180 ist bei Abraham wohl der Bund (Gen 17) Ersatz für eine eigene Toledot. Nach SCHARBERT, Toledotformel, 47 liegt das Fehlen einer Toledot Abrahams wohl darin begründet, daß „der Verfasser von P in 16,1 feststellen muß, daß Abrahams Frau unfruchtbar ist." – Daß für das Fehlen einer Abraham-Toledot auch theologische Gründe maßgebend gewesen sein könnten, wird etwa bestritten von BLUM, Komposition, 440 Anm.34, I. FISCHER, Die Erzeltern Israels. Feme-

IV. Funktion der Toledotformel

die Abrahamgeschichte vorrangig nicht unter dem Stichwort Segen, sondern ist von P^g unter den Leitgedanken Bund gerückt worden.[117] Abraham erscheint nicht wie Jakob als „Mann des Segens", sondern als „Mann des Bundes".[118] Ist der Gebrauch der Toledot-Überschriften eng an die Segensthematik gebunden, wird ihre Eingrenzung auf die Schöpfungs- und Jakobgeschichte durchaus verständlich. Mit dem Ende der Jakobgeschichte ist die Mehrungsverheißung erfüllt und Israel zum Volk geworden.[119] Die Toledotformel, die diesen Leitgedanken des ersten Teiles des priesterschriftlichen Werkes[120] unterstreichen will und so als Gliederungsprinzip eingesetzt ist, hat demnach im weiteren Verlauf der Darstellung ihre Funktion verloren.[121]

---

nistisch-theologische Studien zu Gen 12–36 (BZAW 222), Berlin-New York 1994, 42 Anm. 20 und HIEKE, Genealogien, 126 Anm. 370; im Unterschied zur Schöpfungs- und Jakobgeschichte, in denen jeweils die Toledotformel eine wohl nicht zuletzt an die Segensthematik gebundene strukturbestimmende Rolle spielt, erscheint es zumindest auffällig, daß sich im Zusammenhang der Abrahamgeschichte das Vorkommen einer Toledotformel nur auf Gen 11,27 beschränkt, wo sie als Struktursignal eingesetzt ist, um damit die *ganze* Abrahamgeschichte zu überschreiben.

[117] Zur zentralen Stellung des Bundes Gen 17 im Aufriß der priesterschriftlichen Abrahamsgeschichte siehe vor allem LOHFINK, Capita selecta, 19 f.; vgl. außerdem GROSS, Jakob, 333 f.; P. WEIMAR, Zwischen Verheißung und Verpflichtung. Der Abrahambund im Rahmen des priesterschriftlichen Werkes, in: Für immer verbündet. Studien zur Bundestheologie der Bibel (SBS 211 [FS F.-L. Hossfeld]), hg. von C. Dohmen und C. Frevel, Stuttgart 2007, 261–269 (261 ff.).

[118] GROSS, Jakob, 333.344.

[119] Vgl. Ex 1,7; dazu P. WEIMAR, Untersuchungen, 25–36.

[120] Hierzu näherhin P. WEIMAR, Struktur I, 88–98.

[121] Aufgrund solcher Überlegungen zeigt sich auch, daß Num 3,1 nur eine sekundäre Erweiterung der Toledot-Reihe sein kann (hierzu zuletzt POLA, Priesterschrift, 82 mit Anm. 135), nicht aber deren ursprünglicher Abschluß, wie häufig angenommen wird (Belege für diese Auffassung bei WEIMAR, Jakobsgeschichte, 178 Anm. 20). Absicht und Tendenz der ursprünglichen Reihe und der Anfügung Num 3,1 sind durchaus verschieden: Während in der Schöpfungs- und Patriarchengeschichte die Einfügung der Formel mit dem Segensmotiv zusammenhängen wird und die Volkwerdung Israels der hinter der Abfolge ihrer Glieder stehende Leitgedanke ist, hat Num 3,1 nur eine, wenn auch qualifizierte Gruppe dieses Volkes im Blick. Diese unterschiedliche Tendenz vermag auch die Behauptung von EISSFELDT, Biblos geneseōs, 462, nicht zu verdecken, daß der Priesterstamm eben das ganze Volk Israel repräsentiere. Jedenfalls ist mit der um eine Zeitbestimmung erweiterten Toledotformel Num 3,1, die neben Aaron noch Mose nennt, nicht „der letzte Meilenstein für die priesterschriftliche Heilsgeschichte gesetzt", wie SCHARBERT, Toledotformel, 49f. mit anderen meint. Das gilt erst für die Stufe der Redaktion, die die Toledotformel Num 3,1 der ursprünglichen Reihe anfügte, um auf diese Weise, wie auch sonst häufiger in den späten Bearbeitungen des Pentateuch, die Priesterschaft, nicht das Volk als das letzte Ziel der Geschichte erscheinen zu lassen. Nicht möglich ist es auch, die Toledotformel durch Versetzung für P^g zu retten, indem man annimmt, daß diese ursprünglich ihren Platz vor Ex 6,14–25 gehabt habe (so H.

2. Wie die hier gemachten Beobachtungen zu zeigen vermochten, verrät die Verteilung der Toledot-Überschriften planvolle Gestaltung. Diese dürfte sich aber keineswegs allein auf die Verteilung der Formel beschränken, sondern auch auf die Abfolge der Einzelglieder erstrecken. Die ersten Versuche in dieser Richtung von O. Eißfeldt und J. Scharbert sind in der Lösung von bestechender Einfachheit, hierin aber liegt zugleich ihre Schwäche, indem sie nämlich nicht hinreichend genug zwischen den verschiedenen Formen der Toledot-Einleitungen differenzieren. Wird nämlich deren sorgfältige Syntax beachtet, dann legt sich ein anderer, wenn auch ähnlicher Plan nahe, nach dem die ganze Toledot-Reihe aufgebaut und gestaltet ist. Das Hauptgliederungssystem bilden die ein neues Kapitel einleitenden Toledot-Überschriften mit angeschlossener Rückblende in der syntaktischen Form des rekapitulierenden Rückgriffs bzw. des Rückschritts. Diese markieren jeweils einen Wendepunkt im Erzählablauf, an denen sich auch der Horizont der Darstellung immer stärker verengt und sich auf die Volkwerdung Israels hin konzentriert. Als untergeordnete Gliederungsformeln stehen ihnen einerseits die Toledot-Überschriften gegenüber, die um Apposition und Zeitbestimmung erweitert sind, woran sich unmittelbar eine bis auf die Enkel ausgezogene Liste anschließt, sowie andererseits die Toledot-Überschriften, die P^g aus ihrer Vorlage übernommen hat und die for-

---

HOLZINGER, Numeri [KHC IV], Tübingen 1903, 9; EISSFELDT, Biblos geneseōs, 468 f.; DERS., Toledot, 3–7; vgl. auch SCHARBERT, Toledotformel, 49 f.). Dagegen spricht, daß der ganze Abschnitt Ex 6,13-30 als redaktioneller Einschub auf R^P zurückgeht, wie heute zu Recht weithin angenommen wird. Aber auch die andere Möglichkeit, mit der die ältere Literarkritik durchaus rechnete, daß nämlich in Ex 6,13-30 älteres Material erhalten geblieben ist, das sehr wohl dem ursprünglichen Bestand der P^g zugehört haben kann, dort aber an anderer Stelle seinen ursprünglichen Platz gehabt haben muß und erst aufgrund der redaktionellen Verbindung von JE mit P durch R^P an ihre jetzige Stelle hinter Ex 6, 12 versetzt worden ist (vgl. etwa WELLHAUSEN, Composition, 62; A. KNOBEL, Die Bücher Exodus und Leviticus [KeH 12], Leipzig 1857, 46; A. JÜLICHER, Die Quellen von Exodus I–VII,7. Ein Beitrag zur Hexateuchfrage, Diss. Halle 1880, 31–34; A. DILLMANN, Die Bücher Numeri, Deuteronomium und Josua [KeH 13], Leipzig ²1886, 634; H. HOLZINGER, Exodus [KHC II], Tübingen 1900, XV.18; DERS., Das zweite Buch Mose oder Exodus [HSAT I], Tübingen ⁴1922 = Darmstadt 1971, 106; B. BAENTSCH, Exodus-Leviticus-Numeri [HK I/2], Göttingen 1903, 43 f.), ist ebenfalls auszuschließen. Genealogien und Listen sind bei P^g – ebenso wie die Toledot-Einleitungen – ganz auf den ersten Teil der priesterschriftlichen Geschichtsdarstellung beschränkt, die mit Ex 1,7 endet. In diesem Zusammenhang verdient auch Beachtung, daß im zweiten Teil des priesterschriftlichen Geschichtswerkes an die Stelle der Toledotformel (Kategorie der zeitlichen Erstreckung) die Itinerarnotizen (Kategorie der Ausdehnung im Raum) als Hauptgliederungselemente getreten sind. Außerdem läßt die präzise literarische Konstruktion von Ex 1,1–5.7* als Abschluß des ersten Teils der P^g sowie von Ex 1,13.14 + 2,23aβb–25 als Eröffnungskomposition des zweiten Teiles eine derartige Ausweitung durch Einfügung einer Toledot Aarons und Moses nicht zu, ohne daß damit das sorgsame Gefüge der Komposition selbst zerstört würde.

mal Genealogien, nicht aber Erzählungen einleiten. Diese bringen nämlich keine weitere Einengung des dargestellten Raumes, sondern verbleiben in dem Umkreis, der durch die Kapitel-Überschriften der Form „rekapitulierender Rückgriff" und „Rückschritt" umgrenzt und abgesteckt wird. Das ist für die sekundär eingeschaltete Toledotformel Gen 36,9 offenkundig, gilt aber in gleicher Weise auch für die Toledotformeln Gen 5,1; 10,1; 11,10, die nur scheinbar eine den Kapitel-Überschriften gegenüber weitere Eingrenzung anzeigen. Ihre Zugehörigkeit zur größeren Einheit ist nicht zuletzt durch die Zuordnung von Segen und Genealogie angezeigt. Die von den Toledot-Überschriften Gen 5,1; 10,1; 11,10 eingeleiteten Abschnitte sollen die Erfüllung und das Wirksamwerden des göttlichen Segens und Mehrungsbefehls (1,28; 9,1.7) darstellen.[122] Die noch weiterhin verbleibenden Unstimmigkeiten im Toledot-System liegen dann darin begründet, daß Setiten- und Semitengenealogie der Priesterschrift in ihrer Tradition schon festgefügt vorgelegen haben; ein bruchloser Einbau in die eigene Konzeption wäre hier nur unter starken Eingriffen in die Tradition zu bewerkstelligen gewesen.

Als Ergebnis kann festgehalten werden: Die zehngliedrige Toledot-Reihe, zu der Num 3,1, aber auch Gen 36,9 einen späteren Nachtrag darstellen, ist von der Priesterschrift als planvolles Ganzes angelegt. Der Segen als Leitthema der priesterschriftlichen Schöpfungs- und Jakobgeschichte hat die Einführung der Toledotformeln als abschnittsgliedernde Überschriften bedingt. Von daher wird zugleich auch ihre Beschränkung auf den ersten Teil der priesterschriftlichen Geschichtsdarstellung wie ihre auffällige Häufung in der Schöpfungs- und Jakobgeschichte verständlich und einsichtig. Wie schon bei der Verteilung der Toledotformeln ein schriftstellerischer Plan erkennbar wird, so auch bei der Anordnung und Abfolge der einzelnen Formeln. An entscheidenden Stellen im Aufriß der Priesterschrift, an denen sich der Horizont verengt und die Handlungslinie sich verdichtet, sind die Toledotformeln in der syntaktischen Form des

---

[122] Die Zuordnung von Segen und Genealogie ist bei der Toledot der Noach-Söhne deutlich greifbar; diese will nichts anderes als das Wirksamwerden des Noach und seinen Söhnen gegebenen Segens (Gen 9,1) aufzeigen (vgl. JACOB, Genesis, 241; außerdem WEIMAR, Jakobsgeschichte, 183 ff.). Bei der Setiten-Genealogie ist die Verbindung von Segen und Genealogie ausdrücklich erst sekundär durch Komposition hergestellt, und zwar auf der Ebene der Priesterschrift selbst, auf schlußredaktioneller Ebene (R^P) durch sekundäre Einfügung von Gen 5,1b+2 (vgl. WESTERMANN, Genesis I, 20). Eine solche direkte Zuordnung von Segen und Genealogie fehlt zwar bei der Semiten-Genealogie, jedoch ist hier das gleiche Ziel einerseits dadurch erreicht, daß P^g die Toledot Sems unmittelbar an die Toledot der Noach-Söhne angeschlossen hat, und zum andern dadurch, daß P^g durch Einfügung von „zwei Jahre nach der Flut" in Gen 11,10 einen ausdrücklichen Bezug zur Fluterzählung und damit auch zu Gen 9,1–7* hergestellt hat. – Zur Zuordnung von Segen und Genealogie siehe vorab WESTERMANN, Genesis I, 23f.

rekapitulierenden Rückgriffs bzw. des Rückschritts eingesetzt. Diese stellen das Hauptgliederungssystem dar, dem die Toledot-Überschriften, die um Apposition und Zeitbestimmung erweitert sind, und die Toledot-Überschriften, die unmittelbar eine Genealogie einleiten, untergeordnet sind. Dabei erscheinen die Toledotformeln, die Genealogien überschreiben und einem P^g vorgegebenen Entwurf ihres Geschichtswerkes entnommen sind, nur locker in die Toledot-Reihe eingebunden.

6. Genesis 17
und die priesterschriftliche Abrahamgeschichte

Die herausragende Stellung des Bundes mit Abraham, in Gen 17 breit und prominent entfaltet, steht außer Frage, überschattet dessen Darstellung doch die ganze priesterschriftliche Abrahamgeschichte. Nicht nur, daß in ihr Gen 17 den breitesten Raum einnimmt, es zeigen sich auch tiefgreifende Unterschiede in der Art der Gestaltung, insofern dem ausgeführten Erzählstil in den übrigen Teilen der priesterschriftlichen Abrahamgeschichte ein mehr skizzenhafter gegenübertritt. Die Andersartigkeit der Darstellungsweise läßt nur um so markanter den Bund mit Abraham aus dem Gesamt der als priesterschriftlich zu kennzeichnenden Abrahamgeschichte heraustreten, dergestalt, daß im Bund mit Abraham die Leitlinien der priesterschriftlichen Abrahamgeschichte geradezu gebündelt erscheinen.[1] Bei näherer Betrachtung ihres kompositorischen Gefüges ist Gen 17 deren Zentrum und Wendepunkt und so entsprechend mehrfach schon Gegenstand eingehender Untersuchung gewesen.[2] Die Einzigartigkeit dieses Kapitels wird dabei ebenso herausgestellt[3] wie seine innere kompositorisch-

---

[1] So jüngst P. WEIMAR, Zwischen Verheißung und Verpflichtung. Der Abrahambund im Rahmen des priesterschriftlichen Werkes, in: Für immer verbündet. Studien zur Bundestheologie der Bibel (FS F.-L. Hossfeld [SBS 211]), hg. von C. Dohmen und C. Frevel, Stuttgart 2007, 243–251 (243 f.).

[2] Zur zentralen Stellung von Gen 17 im Rahmen der priesterschriftlichen Abrahamgeschichte vgl. vor allem N. LOHFINK, Capita selecta historiae Sacerdotalis, Rom 1967, 19 f. und – im Anschluß daran – P. WEIMAR, Struktur und Komposition der priesterschriftlichen Geschichtsdarstellung I, BN 23 (1984) 81–134 (117 Anm. 102) und II, BN 24 (1984) 138–162. – Aber auch unabhängig von der Annahme einer eigenständigen priesterschriftlichen Abrahamgeschichte ist die zentrale Bedeutung von Gen 17 im Rahmen der durch den Gebrauch der Gottesbezeichnung El-Schaddai gekennzeichneten Textgruppe innerhalb der Vätergeschichte vorausgesetzt, vgl. nur J. HOFTIJZER, Die Verheißungen an die drei Erzväter, Leiden 1956, 27 und E. BLUM, Die Komposition der Vätergeschichte (WMANT 57), Neukirchen-Vluyn 1984, 420. – Zum Gesamtzusammenhang der priesterschriftlichen Abrahamgeschichte vgl. H. SPECHT, Von Gott enttäuscht – Die priesterschriftliche Abrahamgeschichte, EvTh 47 (1987) 395–411.

[3] Vgl. etwa R. RENDTORFF, Das überlieferungsgeschichtliche Problem des Pentateuch (BZAW 147), Berlin-New York 1977, 121.

thematische Geschlossenheit.⁴ Hierin wird zugleich der entscheidende Hinweis auf die literarische Einheitlichkeit von Gen 17 gesehen,⁵ die jedoch insbesondere von der älteren Forschung unter Verweis auf Wiederholungen, Spannungen und Widersprüche immer wieder in Frage gestellt worden ist,⁶ wobei die Spannungen im Text sowohl als Reflex der Vorge-

---

⁴ Vgl. in diesem Zusammenhang nur das Urteil von C. WESTERMANN, Genesis II (BK I/2), Neukirchen-Vluyn 1981, 306: „Die Gliederung dieses Kapitels ist bis ins kleinste durchdacht, ein Kunstwerk der Komposition"; ähnlich auch W. WARNING, Terminological Patterns and Genesis 17, HUCA 70/71 (1999/2000) 93–107 (107): "The author of the *Endgestalt* has seemingly been successful in the carefully composing the present text and hence his work can rightfully be called a masterpiece of ancient Hebrew literary craftmanship". – Zur kompositorischen Gestaltung von Gen 17 selbst sind vor allem S.E. MCEVENUE, The Narrative Style of the Priestly Writer (AnBib 50), Rom 1971, 157 f.; E. CORTESE, La terra di Canaan nella storia sacerdotale del Pentateuco, (RivBib 5), Brescia 1972, 96–98; P. WEIMAR, Untersuchungen zur priesterschriftlichen Exodusgeschichte (fzb 9), Würzburg 1973, 238 f.; J. VAN SETERS, Abraham in History and Tradition, New Haven-London 1975, 285–287 und A. ABELA, Abramo cammina davanti al Signore (Esegesi di Gen 17), in: Atti della Settimana Sangue e antropologia biblica nella patristica (Centro Studi Sanguinis Christi 2), hg. von F. Vattioni, Rom 1981, 23–58 (34–37) zu vergleichen. Als unzureichend im Blick auf die Struktur des Textes sind die Versuche von S.R. KÜLLING, Zur Datierung der „Genesis-P-Stücke", namentlich des Kapitels Genesis XVII, Kampen 1964, 242–249 und C. WESTERMANN, Genesis 17 und die Bedeutung von berit, ThLZ 101 (1976) 161–170 = DERS., Erträge der Forschung am Alten Testament. Gesammelte Studien III (TB 73), hg. von R. Albertz, München 1984, 66–78 anzusehen; zur weiterführenden Diskussion vgl. hier nur W. GROSS, Zukunft für Israel. Alttestamentliche Bundeskonzepte und die aktuelle Debatte um den Neuen Bund (SBS 176), Stuttgart 1998, 52–64 und L. RUPPERT, Genesis. Ein kritischer und theologischer Kommentar. II. Gen 11,27–25,18 (fzb 98), Würzburg 2002, 336 ff.

⁵ Vgl. nur HOFTIJZER, Verheißungen, 25–47; MCEVENUE, Narrative Style, 147; VAN SETERS, Abraham, 279 f.; außerdem das Urteil von B. JACOB, Das erste Buch der Tora. Genesis, Berlin 1934 = ND New York o.J. [1974] = ND Stuttgart 2000, 978: „Es ist unmöglich und von der Kritik auch nicht versucht worden, irgendwo eine Fuge zu entdekken und etwas auszuscheiden. Wenn irgendein Kapitel von einheitlicher Geschlossenheit ist, so ist es dieses"; für literarische Einheitlichkeit von Gen 17 plädieren in der jüngeren Diskussion etwa M. KÖCKERT, Leben in Gottes Gegenwart. Wandlungen des Gesetzesverständnisses in der priesterlichen Komposition des Pentateuch, JBTh 4 (1989) 29–61 = DERS., Leben in Gottes Gegenwart. Studien zum Verständnis des Gesetzes im Alten Testament (FAT 43), Tübingen 2004, 73–107 (80 f.), jedenfalls mit Blick auf V.1-8 („…nötigen Formulierungsdifferenzen und andere Besonderheiten in V.1-8 an keinem Punkte zu größeren literarkritischen Amputationen, wohl aber zu einer differenzierenden Interpretation") und GROSS, Zukunft, 53 mit Anm. 16 („als einheitlicher Text ausgelegt") oder auch RUPPERT, Genesis II, 339 f.

⁶ Einen Überblick über frühere Versuche, die in Gen 17 eine sekundäre Komposition sehen, geben etwa KÜLLING, Datierung, 251–262 und MCEVENUE, Narrative Style, 147 f. Anm. 4. 192. – An neueren Untersuchungen, die Gen 17 für literarisch nicht einheitlich halten, sind u.a. A. JEPSEN, Berith. Ein Beitrag zur Theologie der Exilszeit, in: Verbannung und Heimkehr. Beiträge zur Geschichte und Theologie Israels im 6. und 5. Jahrhundert v. Chr (FS W. Rudolph), hg. von A. Kuschke, Tübingen 1961, 161–179 (167.

schichte als auch der Nachgeschichte des priesterschriftlichen Textes begriffen werden.⁷ Da aufgrund von Beobachtungen auf synchroner Ebene zu Fragen von Komposition und Struktur von Gen 17 die älteren literarkritischen Beobachtungen nicht einfach als überholt angesehen werden können,⁸ soll im folgenden zunächst die Frage der literarischen Einheitlichkeit von Gen 17 erneut aufgenommen werden (I). Sodann sind die aus der Analyse der Entstehungsgeschichte sich ergebenden Perspektiven im Blick auf ein redaktionskritisches Verständnis von Gen 17 zu prüfen (II). Abschließend ist nach der Funktion von Gen 17 im Rahmen der priesterschriftlichen Abrahamgeschichte zu fragen, wobei sich von hierher zugleich Rückschlüsse im Blick auf das umstrittene Problem der literarischen Selbständigkeit des priesterschriftlichen Werkes ergeben (III).

---

176); R.W. NEFF, The Announcement in Old Testament Birth Stories, Diss. Yale 1969, 111 und DERS., The Birth and Election of Isaac in the Priestly Tradition, BR 15 (1970) 5–18 (5 f.) sowie E. KUTSCH, Verheißung und Gesetz. Untersuchungen zum sogenannten „Bund" im Alten Testament (BZAW 131), Berlin-New York 1973, 108–113 und DERS., „Ich will euer Gott sein". $b^e r\hat{\imath}t$ in der Priesterschrift, ZThK 71 (1974) 361–388 (370–383) zu nennen; aus der jüngeren Diskussion vgl. etwa KÖCKERT, Leben, 83–88 (zu Gen 17,9–14) oder K. GRÜNWALDT, Exil und Identität. Beschneidung, Passa und Sabbat in der Priesterschrift (BBB 85), Frankfurt/M. 1992, 27–36.42 ff., dem sich H. SEEBASS, Genesis II. Vätergeschichte I (11,27–22,24), Neukirchen-Vluyn 1997, 111 f. anschließt, doch kritisch beleuchtet von E. OTTO, Forschungen zur Priesterschrift, ThR 62 (1997) 1–50 (36 ff.).

⁷ Für R. SMEND, Die Erzählung des Hexateuch auf ihre Quellen untersucht, Berlin 1912, 9.37; W. EICHRODT, Die Quellen der Genesis von neuem untersucht (BZAW 31), Giessen 1916, 27 oder P. HUMBERT, Die literarische Zweiheit des Priester-Codex in der Genesis, ZAW 58 (1940/41) 30–57 (46–50) sind die Spannungen im Text Reflex der Nachgeschichte des priesterschriftlichen Erzählzusammenhangs in Gen 17, während sie für C. STEUERNAGEL, Bemerkungen zu Genesis 17, in: Beiträge zur alttestamentlichen Wissenschaft (FS K. Budde [BZAW 34]), hg. von K. Budde und K. Marti, Giessen 1920, 172–179 und G. VON RAD, Die Priesterschrift im Hexateuch. Literarisch untersucht und theologisch gewertet (BWANT IV/13), Stuttgart 1934, 20–25 (vgl. auch DERS., Das erste Buch Mose. Genesis [ATD 2/4], Göttingen-Zürich ¹²1972, 154) aus der Vor- wie Nachgeschichte des priesterschriftlichen Erzählfadens resultieren.

⁸ Entsprechende Beobachtungen zur literarischen Gestaltung von Gen 17 auf der Ebene der Endgestalt des Textes können zwar als Korrektiv eines literarkritischen Analyseverfahrens dienen, ohne daß sie geeignet wären, ein solches für verfehlt zu erklären, zumal übergreifende Textstrukturen durchaus als Produkte redaktioneller Bearbeitungsvorgänge interpretiert werden können. – Zum methodischen Verfahren selbst vgl. P. WEIMAR, Literarische Kritik und Literarkritik. Unzeitgemäße Beobachtungen zu Jona 1,4–16, in: Künder des Wortes. Beiträge zur Theologie der Propheten (FS J. Schreiner), hg. von L. Ruppert u.a., Würzburg 1982, 217–235.

I. Das Problem der literarischen Einheitlichkeit von Gen 17

1. Literarkritische Beobachtungen

Innerhalb von Gen 17 gibt es eine Reihe von Hinweisen, die geeignet sind, die literarische Einheitlichkeit des Kapitels in Frage zu stellen.

(1) Die zweite Gottesrede (V.3b–8) gliedert sich unter kompositorischem Aspekt in drei Teile (V.4+5/V.6/V.7+8),[9] wodurch die Mehrungs- wie Völker-Könige-Verheißung nicht nur eine zentrale Position einnehmen, sondern zugleich gegenüber den $b^e r\hat{\imath}t$-Aussagen abgesetzt erscheinen.[10] Die als Rahmen fungierenden $b^e r\hat{\imath}t$-Aussagen sind dabei insofern gegeneinander abgehoben, als in V.4+5 von der aktuellen Setzung einer ersten $b^e r\hat{\imath}t$, in V.7+8 dagegen von der Verheißung einer zweiten $b^e r\hat{\imath}t$ gesprochen wird.[11] Damit sind aber zugleich auch die unter literargeschichtlichem Aspekt kritischen Punkte der Gottesrede V.3b–8 angezeigt. Das an sich schon auffällige Phänomen, daß innerhalb ein und derselben Redeeinheit sowohl von der aktuellen Setzung einer $b^e r\hat{\imath}t$ als auch von der Verheißung einer weiteren $b^e r\hat{\imath}t$ gesprochen wird, gewinnt durch eine Reihe von Beobachtungen zusätzlich an Gewicht, die vermuten lassen, daß beide Aussagen nicht auf die gleiche Hand zurückgehen. Als Indiz in diese Richtung ist schon der sich vom Vorangehenden abhebende Stil in V.7+8 zu verstehen (gelängte Aussagen gegenüber Kurzsatzformulierungen), der sich nicht hinreichend mit dem Inhalt erklären läßt.[12] Sodann ist in V.7+8 gegenüber V.4a der Adressatenkreis der $b^e r\hat{\imath}t$ ausgeweitet (Abraham und sein Same gegenüber Abraham allein).[13] Schließlich verdient auch eine terminologische Diffe-

---

[9] Vgl. auch MCEVENUE, Narrative Style, 166, wobei die Annahme eines Einschnitts nach V.5 vor allem durch die hinsichtlich ihrer Funktion sich entsprechenden Aussagen von V.4a und 5bβ nahegelegt wird (vgl. Anm. 20).

[10] Im Gegensatz zu der – literargeschichtlich auf einer anderen Ebene liegenden Gottesrede V.1b+2 (dazu s.u.) – kann innerhalb der Gottesrede V.3b–8 die Verheißung zahlreicher Nachkommenschaft nicht als eigentlicher Inhalt der $b^e r\hat{\imath}t$-Zusage angesehen werden, was durchaus der auch sonst bei P^g praktizierten Verfahrensweise entspricht, wonach die Segenszusage zwar der $b^e r\hat{\imath}t$-Thematik zugeordnet, davon aber zugleich deutlich abgehoben erscheint (vgl. vor allem die Technik der Zuordnung wie Abgrenzung beider Aussagekomplexe in Gen 9,1–15* [dazu WEIMAR, Struktur II, 152–156], aber auch die Kompositionsstruktur des ersten Teils des priesterschriftlichen Werkes [ebd. 157 f.]).

[11] Vgl. dazu W. GROSS, Bundeszeichen und Bundesschluß in der Priesterschrift, TrThZ 87 (1978) 98–115 (111) und DERS., Zukunft, 56 ff.

[12] Der stilistische Wechsel zwischen V.4–6 und 7+8 wird meist nicht hinreichend beachtet. Dieser ist um so gravierender zu werten, als aufgrund der Breite des Aussagestils V.7+8 hervorgehoben scheint, womit aber zugleich ein Spannungsverhältnis zu der durch die Kompositionsstruktur bewirkten Akzentsetzung angezeigt ist.

[13] Die in V.7+8 geschehende Ausweitung des Adressatenkreises auch auf den „Samen Abrahams" („deinem Samen nach dir") ist angesichts der inneren Dynamik der Aussageentwicklung durchaus sinnvoll (vgl. dazu BLUM, Komposition, 421 f.), auch wenn nicht zu verkennen ist, daß aufgrund des Inhalts von V.7+8 ein vom unmittelbar Vorangehenden her sich nahelegendes Verständnis des „Samens Abrahams" im Sinne der dort genannten Völker gänzlich ausgeschlossen ist, was aber zugleich die Annahme unterschiedlicher literarischer Herkunft wahrscheinlich macht (vgl. dazu vor allem STEUERNAGEL, Bemerkungen, 172 f.).

I. Das Problem der literarischen Einheitlichkeit von Gen 17

renz Beachtung, insofern in V.7 vom „Aufrichten" (*heqîm*) und nicht – wie in der mit V.4a eng zusammenhängenden Aussage V.2 – von der „Gabe" (*ntn*) einer *b^{e}rît* gesprochen wird.[14]

(2) Wird V.7+8 gegenüber V.3b–6 abzusetzen und dementsprechend anderer Herkunft sein, so ist im weiteren das Problem der literarischen Einheitlichkeit dieser Verse zu prüfen.[15] Als ein erster Hinweis auf literargeschichtliche Probleme kann schon die kompositionskritisch bedingte Abgrenzung von V.4+5 und V.6 gegeneinander verstanden werden, insofern auf diese Weise die in V.2 vorgegebene Verbindung von *b^{e}rît*- und Mehrungsaussage aufgelöst erscheint, was um so mehr zu beachten ist, als V.6aα streng parallel zu V.2b formuliert ist.[16] Mit dieser Beobachtung korrespondiert das Nebeneinander zweier Aussagereihen in V.4–6 (Namensänderung bzw. Verheißung zahlreicher Nachkommenschaft), die zwar thematisch zusammenhängen, ohne aber völlig deckungsgleich zu sein.[17] So ist auch im Rahmen von V.4–6 schon immer die Aussagereihe V.4b+5 (Namensänderung) als problematisch empfunden worden.[18] Stilistisch macht

---

[14] Diese terminologische Differenz ist um so gewichtiger, als aufgrund der Parallelisierung der Aussagen von V.7a und 8a (vgl. Anm. 24) durchaus der Gebrauch des Verbums *ntn* nahegelegen hätte (s. die vergleichbare Technik in Gen 9,12a+13 [P^g]). Die Verbindung *ntn* + *b^{e}rît* ist neben Gen 17,2a (zur literargeschichtlichen Einordnung s.u.) und 9,12a nur noch Num 25,12 (P^s) belegt. Im Unterschied zu Gen 17,2a dient die Wortverbindung an den beiden anderen Stellen jeweils dazu, die aktuelle „Gabe" der *b^{e}rît* zum Ausdruck zu bringen (vgl. nur die partizipiale Konstruktion; zu Gen 9,12a insbesondere GROSS, Bundeszeichen, 106–108).

[15] Gegen eine globale Ausgrenzung von V.2–5 (so VON RAD, Priesterschrift, 24 f.) bzw. von V.3–5 (so KUTSCH, Verheißung, 110 f. und DERS., Priesterschrift, 371–373) als redaktionell haben zu Recht HUMBERT, Zweiheit, 47 f. bzw. GROSS, Bundeszeichen, 111 Anm. 28 Bedenken angemeldet.

[16] Die Parallelität der Aussagen von V.2b und 6aα kann nicht literarkritisch im Sinne einer unmittelbaren Verbindung von V.2b und 6aα ausgewertet werden (so E. KUTSCH [vgl. Anm. 15]), sondern kann einzig als Hinweis auf die enge Zusammengehörigkeit der *b^{e}rît*- und Mehrungsthematik angesehen werden, womit sich im Blick auf V.6aα durchaus eine unmittelbare Verbindung mit der Aussage von V.4a nahelegt (vgl. auch MCEVENUE, Narrative Style, 163).

[17] Vgl. nur die drei verwandten Aussagen in V.4b, 5β und 6aβ; dazu JACOB, Genesis, 416.

[18] Die literarische Problematik von V. 4b+5 läßt sich nicht unabhängig von Gen 35,10 (Umnamung Jakobs), aber auch von Gen 17,15 (Umnamung Saras) bewerten. Während für die Entsprechung der Aussagen von V.4b+5 und 15 vor allem kompositorisch-thematische Gründe maßgebend gewesen sein werden (vgl. nur das in der Verwendung der Partikel ʾæt in V.5a hergestellte Entsprechungsverhältnis zu V.15aβ, wobei das Fehlen von ʾæt in Sam nicht unbedingt als Hinweis auf eine ältere Textform verstanden werden muß, sondern durchaus im Blick auf Gen 35,10 geschehen sein kann; zur textkritischen Problematik vgl. im übrigen N. LOHFINK, Textkritisches zu Gn 17,5.13.16.17, Bib 48 [1967] 439–442 [441 f.]), deutet im Blick auf die zwischen Gen 17,4b+5 und 35,10 bestehende Korrespondenz der Aussagen einiges darauf hin, daß die ursprünglich mit Jakob verbundene Umnamung sekundär auf Abraham übertragen worden ist, ohne daß deshalb aber Gen 17,4b+5 P^g abgesprochen werden müßte (zur Kritik an den gegen die Ursprünglichkeit von Gen 35,10 vorgebrachten Gründen vgl. W. GROSS, Jakob, der Mann des Se-

V.4b+5 einen geschlossenen Eindruck, insofern den einander entsprechenden Aussagen V.4b und 5bβ („Vater einer Menge von Völkern") die Funktion eines Rahmens um die doppelgliedrige Aussage V.5abα in bezug auf die Umnamung Abrahams zukommt.[19] Da aber V.5bβ von seiner Funktion her V.4a entspricht[20] und außerdem V.4b und 5bβ als konkurrierende Parallelaussagen zu V.6aβ erscheinen,[21] ist die Annahme durchaus naheliegend, daß es sich bei V.4b+5 um einen Einschub handelt. Diese Vermutung wird zudem dadurch unterstrichen, daß sich V.6a syntaktisch besser an V.4a als an V.5bβ anschließt.[22] Eine Weiterführung von V.4a durch V.6aα ist zudem durch die analoge Abfolge der damit zusammenhängenden Aussage von V. 2 nahegelegt.[23]

(3) Für V.7+8 ist die strenge Parallelität der Aussagen der jeweiligen Vershälften zueinander charakteristisch (V.7a||8a bzw. V.7b||8b).[24] Als literarisch sekundär sind dabei aber die nachhinkend wirkende Wortfolge „gemäß ihren Geschlechtern als ewige $b^e r\hat{\imath}t$" in V.7a verdächtig, zumal sich der Infinitivsatz V.7b ohne diese Wortfolge wesentlich besser an den übergeordneten Hauptsatz anschließen würde.[25] Die trotz der Parallelität zu

---

gens. Zu Traditionsgeschichte und Theologie der priesterschriftlichen Jakobüberlieferungen, Bib 49 [1968] 321–344 [329–332]).

[19] Trotz der stilistischen Verklammerung der Aussagen von V.4b+5 wird die Technik der Rahmung als eine uneigentliche zu verstehen sein, insofern der auf V.4b Bezug nehmende Begründungssatz V.5bβ gleichermaßen als Begründung von V.4b und 5 dient (vgl. JACOB, Genesis, 416 f., aber auch die folgende Anm.).

[20] Aufgrund der Tatsache, daß die Funktion von V.5bβ genau der der nominalen Aussage in V.4a entspricht (Koinzidenz; dazu GROSS, Bundeszeichen, 111 f. und DERS., Zukunft, 56), greift V.5bβ über die ihr thematisch korrespondierende Aussage V.4b hinweg auf V.4a zurück, womit zugleich angezeigt ist, daß es sich bei V.4b+5 zwar um eine literarisch in sich geschlossene, hinsichtlich der Funktion aber auf V.4a bezogene Aussage handelt.

[21] Vgl. auch KUTSCH, Verheißung, 111 und DERS., Priesterschrift, 373.

[22] Auffällig ist vor allem die nach dem abschließenden Begründungssatz V.5bβ geschehende Wiederaufnahme des Stils der Ansage mit Jahwe als Subjekt, die über V.4b+5 hinaus unmittelbar an V.4a anschließt. Demgegenüber hat das sowohl zu V.4a als auch zu V.6aα in Bezug stehende $n^e tatt\hat{\imath}k\bar{a}$ in V.5bβ eher den Charakter einer redaktionellen Überleitung.

[23] Neben der strengen Parallelität der Aussagen von V.2b und 6aα (vgl. Anm. 16) ist in diesem Zusammenhang vor allem auch die Entsprechung von V.2 und 4a+6aα zu beachten, die zudem noch durch die rhythmische Struktur beider Aussagen unterstrichen wird. Dies spricht – neben anderen Gründen – dagegen, in V. 2a und 4a bzw. 2b und 6aα Dubletten zu sehen (vgl. E. SIEVERS, Metrische Studien. II. Die hebräische Genesis. Zweiter Teil: Zur Quellenscheidung und Textkritik, ASGW.PH XXIII/2, Leipzig 1905, 201.284; nach KÖCKERT, Leben, 80 muß V.6 „als eine Konkretion jener überaus großen Mehrung von V 2b gelesen werden").

[24] Vgl. dazu etwa P. WEIMAR, Die Meerwundererzählung. Eine redaktionskritische Analyse von Ex 13,17–14,31 (ÄAT 9), Wiesbaden 1985, 233 Anm. 199 und ABELA, Abramo, 37 f. mit Diagramm 1; nach GROSS, Zukunft, 59 Anm. 29 gilt die hier behauptete strenge Parallelität „nur semantisch, nicht syntaktisch".

[25] Für den redaktionellen Charakter von der Wortfolge „gemäß ihren Geschlechtern als ewige $b^e r\hat{\imath}t$" in V.7a lassen sich weitere – sprachstatistische – Gründe anführen. So begegnet die Wortverbindung $b^e r\hat{\imath}t$ $^c\hat{o}l\bar{a}m$ nur in nachpriesterschriftlichen redaktionellen Erweiterungen (Gen 9,16 [dazu WEIMAR, Struktur II, 152 Anm. 182]; 17,13b und 19b

I. Das Problem der literarischen Einheitlichkeit von Gen 17

V.7a* nicht als weitere Verheißung, sondern als Inhalt der $b^e r\hat{\imath}t$-Zusage zu verstehende Aussage von V.8a[26] wird durch die parallel zu $libr\hat{\imath}t$ $^c\hat{o}l\bar{a}m$ stehende Redewendung $la^{\jmath^{\prime}}huzzat$ $^c\hat{o}l\bar{a}m$ abgeschlossen, weshalb wohl auch diese als ein redaktionelles Aussageelement zu verstehen sein wird, obwohl unmittelbar literarkritisch relevante Spannungen nicht zu konstatieren sind.[27]

(4) Für eine theologische Wertung der Sammlung der Gottesreden in Gen 17 ist zweifellos die Beurteilung der literarischen Probleme der im Zentrum der Gesamtkomposition stehenden Gottesrede V.9–14 von entscheidender Bedeutung.[28] Als auffällig ist schon das

---

[dazu s. die weitere Analyse]; Ex 31,16; Lev 24,8). Ebenso sind auch die mit $l^e dorot$ gebildeten Aussagen allesamt jünger als P^g (vgl. nur Gen 9,12b [dazu WEIMAR, Struktur II, 152 Anm. 182] und 17,9b.12a). Da der Grundbestand in V.7a angesichts der bestehenden literarischen Querverbindungen nur als priesterschriftliche Bildung qualifiziert werden kann (dazu s. u.), ist der angeführte sprachstatistische Befund durchaus nicht ohne Gewicht.

[26] Vgl. etwa BLUM, Komposition, 421 und WEIMAR, Meerwundererzählung, 233 Anm. 199; anders jedoch MCEVENUE, Narrative Style, 166.

[27] Die Wortverbindung $^{\jmath^{\prime}}huzzat$ $^c\hat{o}l\bar{a}m$ findet sich neben Gen 17,8 nur noch in einem wohl als nachpriesterschriftlich zu wertenden Zusatz in Gen 48,4b sowie in Lev 25,34 (H). Zu beachten ist sodann auch die Wortverbindung $^{\jmath^{\prime}}huzzat$ $qœb{\ae}r$ in Gen 23,4.9.20; 49,30; 50,13, die in allen Fällen gleichfalls nicht auf P^g selbst zurückgeführt werden kann (zur literargeschichtlichen Problematik von Gen 23 vgl. vorläufig die knappen Hinweise Anm. 150). Dabei ist nicht auszuschließen, daß zwischen der Verheißung des Landes zu „ewigem Erbbesitz" (Gen 17,8) und dem Kauf eines „Erbbegräbnisses" durch Abraham (Gen 23) durchaus ein Zusammenhang in dem Sinne hergestellt werden soll, daß darin eine zumindest anfanghafte Einlösung der Landverheißung zu sehen ist, wobei dieser Zusammenhang aber nicht als eine priesterschriftliche Konstruktion zu bestimmen wäre, sondern wahrscheinlich erst mit der Pentateuchredaktion in Verbindung zu bringen ist. – Zum Verständnis des Landes als $^{\jmath^{\prime}}huzzah$ bei P vgl. insbesondere M. KÖCKERT, Das Land in der priesterlichen Komposition des Pentateuch, in: Von Gott reden. Beiträge zur Theologie und Exegese des Alten Testaments (FS S. Wagner), hg. von D. Vieweger und E.J. Waschke, Neukirchen-Vluyn 1995, 147–162 (154 ff.); vgl. außerdem M. BAUKS, Die Begriffe $m\hat{o}r\bar{a}\check{s}\bar{a}h$ und $^{\jmath^{\prime}}huzzah$ in P^g. Überlegungen zur Landkonzeption der Priestergrundschrift, ZAW 116 (2004) 171–188 und DIES., Les notion de «peuple» et de «terre» dans l'œuvre sacerdotale (P^g), Trans 30 (2005) 19–36 (30–35); zum spannungsvollen Zusammenhang der Verheißung des Landes als $^{\jmath^{\prime}}huzzat$ $^c\hat{o}l\bar{a}m$ zur Kennzeichnung des verheißenen Landes und dem Gewinnen von $^{\jmath^{\prime}}huzzah$ in Ägypten vgl. die entsprechenden Überlegungen bei R. LUX, Geschichte als Erfahrung, Erinnerung und Erzählung in der priesterschriftlichen Rezeption der Josefsnovelle, in: DERS. (Hg.), Erzählte Geschichte. Beiträge zur narrativen Kultur im alten Israel (BThSt 40), Neukirchen-Vluyn 2000, 147–180 (165–171).

[28] Von Interesse ist in diesem Zusammenhang vor allem das in V.9–14 vorausgesetzte Verständnis von $b^e r\hat{\imath}t$, wobei vor allem diskutiert wird, ob sich dieses gegenüber dem übrigen Kapitel unterscheidet oder nicht (im Rahmen der neueren Diskussion seien als Vertreter der einen wie der anderen Position nur KUTSCH, Priesterschrift, 376–379 bzw. GROSS, Bundeszeichen, 113 f. oder DERS., Zukunft, 59 ff. genannt). In dem einen Fall sind literargeschichtliche Folgerungen unausweichlich, in dem anderen Fall lassen sich Spannungen hinsichtlich der Bestimmung von $b^e r\hat{\imath}t$ wohl nicht ganz vermeiden. Eine Lösung des angezeigten Problems ist m. E. nur bei einer differenzierteren Betrachtungs-

6. Genesis 17 und die priesterschriftliche Abrahamgeschichte

Nebeneinander der beiden die Rede eröffnenden Aussagen V.9aβb und 10a anzusehen, die in ihrer einleitenden Funktion in Konkurrenz miteinander stehen und so wohl literarisch nicht als gleichermaßen ursprünglich anzusetzen sind.[29] Aufgrund der in beiden Aussagen begegnenden Wendung vom „Bewahren meines Bundes" (šmr ʾæt-bᵉrîtî) sowie der Floskel „dein Same nach dir" werden V.9aβb und 10a nicht völlig unabhängig voneinander entstanden sein, so daß eine von beiden Aussagen nur als Nachahmung der anderen verstanden werden kann. Da es sich bei V.10a um eine überschriftartige Aussage handelt, die gleichermaßen im Rahmen verwandter Anweisungen begegnet,[30] liegt durchaus die Annahme literarischer Priorität von V.10a gegenüber der konkurrierenden Aussage V.9aβb nahe.[31] Als weiteres Indiz in diese Richtung kann sodann die pluralische Anredeform (tišmᵉrû) in V.10a angesehen werden, womit – über die Redeeinleitung V.9aα

---

weise der entstehungsgeschichtlichen Problematik von V.9–14 möglich. Von daher stellt sich dann auch die Frage nach dem Zusammenhang mit den anderen Teilen von Gen 17 neu.

[29] Neben der Funktionsverwandtschaft von V.9aβ und 10a ist vor allem auch der Numeruswechsel zwischen beiden Aussagen zu beachten (vgl. dazu vor allem KUTSCH, Priesterschrift, 376 f.), der als solcher nicht einfach mit Verweis auf den mit V.10 einsetzenden „Gesetzesstil" (H. GUNKEL, Genesis [HK I/1], Göttingen ³1910 = ⁷1966, 270) bzw. auf die in V.9b erfolgte Nennung des „Samens" Abrahams (GROSS, Bundeszeichen, 113 Anm. 34) überspielt werden kann; nach GROSS, Zukunft, 59 Anm. 33 ist die Fortführung von Gen 17,10 „semantisch wohlbegründet und syntaktisch unauffällig, kann somit nicht als literarkritisches Kriterium dienen"; gegen eine derartige Trennung spricht, wie von KÖCKERT, Leben, 82 herausgestellt, der abrupte Personenwechsel, weshalb sich V.10 „schwerlich je unmittelbar an V.9a angeschlossen haben [kann]. V.9b verbindet zwanglos zwischen dem Abraham geltenden ‚du' und den in V 10 angesprochenen Israeliten aller Zeiten."

[30] Die überschriftartige Aussage von V.10a lehnt sich zwar an entsprechende Gesetzeseinleitungen an (vgl. nur die Hinweise bei KUTSCH, Priesterschrift, 377 f.), adaptiert sie jedoch im Blick auf den vorliegenden Zusammenhang der Gottesrede, womit sich aber zugleich ihr Charakter verändert. Zu beachten ist in diesem Zusammenhang auch, daß das Stichwort bᵉrît in Gesetzeseinleitungen sonst nicht begegnet und so als auf den vorliegenden Textzusammenhang bezogen angesehen werden kann (vgl. auch die folgende Anm.).

[31] Vgl. auch KUTSCH, Priesterschrift, 378 ff., der in V.10a jedoch den Beginn einer eigenständigen, von Pᵍ bearbeiteten „Beschneidungsordnung" sieht; ähnlich schon M. LÖHR, Untersuchungen zum Hexateuchproblem. I. Der Priesterkodex in der Genesis (BZAW 38), Giessen 1924, 12 f., der als Grundlage von V.10–14 eine „alte Beschneidungsthora" annimmt. Mit einer von Pᵍ rezipierten „Gesetzesbestimmung über die Beschneidung" rechnet auch WESTERMANN, Genesis II, 317 f., wobei er jedoch die überschriftartige Aussage V.10a – zusammen mit V.9aβb – wegen des Vorkommens des Stichwortes bᵉrît der priesterschriftlichen Bearbeitung zurechnet; kritisch wird die Annahme einer ursprünglich einmal eigenständigen „Beschneidungsordnung" von F.R. VANDEVELDER, The Form and History of the Abrahamic Covenant Traditions, Diss. Drew University, 1967, 308 beurteilt; demgegenüber könnte sich nach RUPPERT, Genesis II, 337 „die P vorgegebene Tradition eher auf das Gebot V.10b beschränken, das P um die Ausführungsbestimmung und Deutung V.11 ergänzt hätte".

I. Das Problem der literarischen Einheitlichkeit von Gen 17 193

hinweg – eine Verbindung zu V.8b („ihnen") hergestellt wird.[32] Außerdem verdient in diesem Zusammenhang auch die aufgrund ihres nachhinkenden Charakters sowie der zu „und zwischen euch" bestehenden Spannung (Pl./Sg.) als redaktionelle Ergänzung zu verstehende Wendung „und zwischen deinem Samen nach dir" Beachtung,[33] was für die damit sich berührende Aussage von V.9aβb („und dein Same nach dir gemäß ihren Geschlechtern") eine Herkunft auf die gleiche literarische Hand nahelegt.[34] Damit ist schließlich die zwischen V.9aβb und V.10a zu beobachtende Akzentverlagerung in Zusammenhang zu sehen. Während nämlich in V.10aα der Ton auf dem vorangestellten „Dies ist meine $b^e r\hat{\imath} t$" liegt und damit vor allem eine Aussage über den „Bund" Jahwes beabsichtigt ist, liegt in V.9aβb aufgrund der Voranstellung des Personalpronomens „und du" sowie der nachfolgenden Wendung „meinen Bund sollst du bewahren" der Akzent auf dem Moment des Bewahrens des „Bundes".[35]

(5) Literarisch mehrschichtig sind insbesondere die durch V.9aβb+10 eingeführten Anweisungen zur Beschneidung in V.11–14.[36] Eine erste Reihe von Anweisungen, die sich auf das *Faktum* der Beschneidung bezieht, liegt in V.10b+11a vor und wird in V.11b mit einer den Sinn des Geschehens deutenden Aussage abgeschlossen, die unverkennbar der Aussage von V.10aα korrespondiert (vgl. nur die Stichwortentsprechungen von $b^e r\hat{\imath} t$

---

[32] Auch wenn in V.9aα nur Abraham als Gesprächspartner Elohims genannt ist, zwingt die pluralische Anrede in V.10aα keineswegs zur Annahme, hierin den Beginn einer von P^g rezipierten Tradition zu sehen (vgl. Anm. 31). Vielmehr erklärt sich die pluralische Anredeform in V.10aα durchaus hinreichend, wenn darin – über die unmittelbare Anredesituation hinausweisend – ein Anschluß an das Ende der vorangehenden Gottesrede in V.8b zu sehen ist, was um so näher liegt, als auch hier der Wechsel von der Wendung „dir und deinem Samen nach dir" (V.7b und 8aα) zu „ihnen" (V.8b) auffällig erscheint (vgl. vor allem im Blick auf die Aufspaltung der Wendung in V.7b; zum Sachverhalt selbst vgl. KUTSCH, Priesterschrift, 378 Anm. 78) und möglicherweise gerade im Vorblick auf V.10aα geschehen ist; zum Problem eines unmittelbaren Anschlusses von V.10aα an V.9aα vgl. auch Anm. 29.

[33] Häufig wird V.10aβ als Glosse verstanden; vgl. nur H. HOLZINGER, Genesis (KHC I), Freiburg/Brsg. 1898, 127; GUNKEL, Genesis, 270; J. SKINNER, A Critical and Exegetical Commentary on Genesis (ICC), Edinburgh ²1930, 244 u. a.; nach KÖCKERT, Leben, 83 Anm. 42 fällt V.10aβ „hinter die mit V 9b erreichte Vermittlung zurück und dürfte als Produkt mechanischer Ergänzung aus V 9b. also als sekundär zu erklären sein.

[34] Vgl. auch KUTSCH, Priesterschrift, 378 mit Anm. 78.

[35] Neben der durch die betonte Voranstellung von *weʾattāh* in V.9aβ angezeigten kontrastierenden Gegenüberstellung zu *ʾªnî* in V.4a, auf die meist abgehoben wird (vgl. nur F. DELITZSCH, Neuer Commentar über die Genesis, Leipzig 1887, 292 f.), ist innerhalb von V.9aβ selbst das aufgrund der Wortfolge bewirkte harte Aufeinanderstoßen von *weʾattāh* und *ʾæt-b^e rîtî* zu beachten, worin jeweils Hinweise auf die von V.9aβb angezeigte Aussageabsicht zu sehen sein werden (dazu vgl. hier nur WESTERMANN, Genesis 17, 1970, 166 f.).

[36] Im allgemeinen wird nur V.12b+13a als redaktioneller Zusatz im Rahmen von V.9–14 ausgegrenzt (vgl. Anm. 44). Nicht überzeugend ist demgegenüber der Versuch von ABELA, Abramo, 38–40 (mit Diagramm 2) (vgl. auch MCEVENUE, Narrative Style, 170 f.), die konzentrische Struktur der Gottesrede V.9–14 (zur Kompositionsstruktur selbst s.u.) als Argument für deren literarische Einheitlichkeit zu werten.

und „zwischen mir und euch")³⁷ und mit dieser zusammen als Verklammerungselement um die doppelgliedrige Beschneidungsanweisung V.10b und 11a dient.³⁸ Aufgrund des in sich geschlossenen Charakters von V.10* und 11 dürfte die Weiterführung der Anweisungen in V.12–14 insgesamt als redaktionell zu werten sein, zumal Spannungen zwischen V.10+11* und 12–14 bekräftigend hinzukommen (vgl. nur die von der Funktion her verwandten Aussagen V.11b und 13b).³⁹ In sich sind V.12–14 jedoch nicht einheitlich. Innerhalb der kompositionskritisch zusammengehörigen Verse V.12+13⁴⁰ heben sich aus formalen (Pl./Sg.) wie inhaltlichen Gründen (Beschneidung der Sklaven) die beiden zusammengehörigen Aussagen V.12b+13a⁴¹ gegenüber V.12a und 13b ab.⁴² Angesichts der bestehenden nur lockeren Einfügung in den Textzusammenhang (vgl. die Asyndese!)⁴³ wird V.12b+13a als ein redaktioneller Einschub zu verstehen sein.⁴⁴ Innerhalb von

---

³⁷ Die in V.10aα zuweilen – in Korrespondenz zu V.11b – als ursprünglich vermutete Lesart „Dies ist das Zeichen meiner $b^e rît$" (vgl. A. DILLMANN, Die Genesis, KeH 11, Leipzig ⁶1892, 262 und HOLZINGER, Genesis, 127) bzw. $w^{e\gimel}\hat{o}t\ b^e rîtî$ (O. PROCKSCH, Genesis, KAT I, Leipzig-Erlangen ²·³1924, 519) verkennt die hinter dem Wechsel von $b^e rîtî$ (V.10aα) und $\gimel\hat{o}t\ b^e rît$ (V.11b) stehende literarische Absicht (zur Interpretation s.u.).

³⁸ Die Aussage von V.11b entspricht Gen 9,13b, wobei der so angezeigte Zusammenhang bei Berücksichtigung der überschriftartigen Aussage V.10aα (||Gen 9,12a) zusätzlich unterstrichen wird, wenn auch die literarische Funktion von Gen 9,13b und 17,11b jeweils eine andere ist (zur Konstruktion der Gottesrede Gen 9,12–15* vgl. die Beobachtungen bei WEIMAR, Struktur II, 154 Anm. 184). Die Art jedoch, wie in V.12–14 die Gottesrede nach der abschließenden Wendung V.11b redaktionell weitergeführt ist, hat durchaus Entsprechungen in dem insgesamt als nachpriesterschriftlich zu beurteilenden Textabschnitt Ex 31,12–7 (vgl. hierzu nur BLUM, Komposition, 431 oder auch GROSS, Zukunft, 71–84), was im Blick auf die redaktionell ausgeweitete Gestalt von Gen 17,9–4 auch an einen thematischen Zusammenhang mit Ex 31,12–7 denken läßt.

³⁹ In diesem Zusammenhang wird meist die Akzentverschiebung zwischen den beiden die Bedeutung der Beschneidung angebenden Aussagen V.11b und 13b nicht beachtet (vgl. auch die Spannung zwischen „mein Bund an eurem Fleisch" und „Fleisch eurer Vorhaut"; dazu näherhin JACOB, Genesis, 424).

⁴⁰ Nicht nur hinsichtlich seiner Funktion als deutendes Element, sondern auch formal ($w^e h\bar{a}j\bar{a}h$ bzw. $w^e h\bar{a}j^e t\bar{a}h$) entspricht V.13b der Aussage von V.11b (bei Sam ist dieser Prozeß möglicherweise durch die Lesung von $w^e h\bar{a}j^e t\bar{a}h$ anstelle von $w^e h\bar{a}j\bar{a}h$ in V.11b weitergeführt, falls diese nicht von Gen 9,13b her beeinflußt ist), wobei die redaktionell bewußt hergestellte Entsprechung zwischen V.11b und 13b nicht zuletzt auch als kompositionskritisch relevantes Strukturmerkmal verstanden werden kann.

⁴¹ Vgl. nur das Urteil von JACOB, Genesis, 424 f. „Vers 12b und 13a bilden Einen (!) Satz". – Ob die von LOHFINK, Textkritisches, 439 (vgl. auch MCEVENUE, Narrative Style, 168 Anm. 38. 176 f.) bevorzugte pluralische Lesart $j^e lîdê$ des Sam in V.13a den ursprünglichen Text repräsentiert, erscheint bei näherer Berücksichtigung des jeweiligen Satzzusammenhangs in V.12b+13a sowie in V.23 und 27 – trotz des so bestehenden chiastischen Systems – keineswegs ausgemacht.

⁴² Zu den Gründen für eine Ausgrenzung von V.12b+13a vgl. vor allem STEUERNAGEL, Bemerkungen, 175; nach HUMBERT, Zweiheit, 49 sind die Differenzen von V.12b +13a gegenüber dem Textzusammenhang jedoch sachlich motiviert.

⁴³ Die asyndetische Konstruktion von V.12b+13a steht nicht auf der gleichen Ebene wie die anders zu wertenden asyndetischen Verbindungen in V.10b und 14b.

V.14, der kompositorisch auf V.9aβb bezogen ist,[45] ist V.14aβ möglicherweise ein redaktionell eingefügtes Textelement, auch wenn sich völlige Gewißheit in diesem Punkt nicht gewinnen läßt.[46]

(6) Innerhalb der sich an V.9–14 unmittelbar anschließenden weiteren Gottesrede V. 15+16, die sich bis in die Einzelelemente hinein eng mit V.4–6 berührt, ist vor allem das zweimalige Vorkommen der Zusage *ûberaktî ᵓôtāh* (V.16aα) und *ûberaktîhā* (V.16bα) auffällig. Das damit entstehende Problem läßt sich dabei weder auf dem Wege der Textkorrektur[47] noch aufgrund der Annahme literarisch-stilistischer Notwendigkeit lösen.[48] Angesichts der Tatsache, daß die Dopplung der Segenszusage auch als „Wiederaufnahme" interpretiert werden kann,[49] worauf möglicherweise auch der etwas schwerfällige Anschluß mit *wᵉgam* in V.16aβ hindeutet,[50] kann darin ein Hinweis auf einen literargeschichtlichen Entstehungsprozeß gesehen werden,[51] so daß als ursprüngliche Fortsetzung der Segenszusage *ûberaktî ᵓôtāh* (V.16aα) die davon abgesetzte Angabe der Folge *wᵉhājᵉtāh* (V.16ba*) anzunehmen ist. Nicht ohne Schwierigkeiten ist aufgrund des asyn-

---

[44] So etwa SMEND, Erzählung, 1912, 9; EICHRODT, Quellen, 26 f.; STEUERNAGEL, Bemerkungen, 175; LÖHR, Untersuchungen, 12 f.; VON RAD, Priesterschrift, 22; KUTSCH, Priesterschrift, 378; vgl. jüngst etwa wiederum KÖCKERT, Leben, 85 ff. und RUPPERT, Genesis II, 339.

[45] MCEVENUE, Narrative Style, 169; ähnlich auch ABELA, Abramo, 38 f. – Sind die Aussagen von V.9aβb und 14 nicht nur in der Funktion eines deutenden Rahmens einander zugeordnet, sondern darüber hinaus noch chiastisch aufeinander bezogen, wobei sich die Aussagen von V.9aβ und 14b bzw. V.9b und 14aα entsprechen, dann kann darin zugleich ein weiterer Hinweis auf den möglichen redaktionellen Charakter von V.14aβ gesehen werden (dazu vgl. Anm. 46).

[46] Für den redaktionellen Charakter von V.14aβ votiert vor allem P. GRELOT, La dernière étape de la rédaction sacerdotale, VT 6 (1956) 174–189 (176 f.); ebenso GRÜNWALDT, Exil, 43 Anm. 8; erwogen wird eine solche Möglichkeit auch von MCEVENUE, Narrative Style, 169 f. Anm. 40, negativ dagegen J.G. VINK, The date and origin of the Priestly Code in the Old Testament, in: The Priestly Code and seven other Studies (OTS 15), Leiden 1969, 1–144 (90 f.).

[47] Vgl. dazu nur LOHFINK, Textkritisches, 439 f. und KUTSCH, Priesterschrift, 381 f.; kritisch äußern sich etwa E.A. SPEISER, Genesis (AB 1), Garden City, New York 1964, 125 und NEFF, Announcement, 110; nach RUPPERT, Genesis II, 335 ist MT als lectio difficilior beizubehalten.

[48] Vgl. etwa HOLZINGER, Genesis, 128 („Keine unnötige Wiederholung ..., sondern leitet die nähere Darlegung des Segens ein"); A.B. EHRLICH, Randglossen zur hebräischen Bibel. I. Genesis und Exodus, Leipzig 1908 = ND Hildesheim 1968, 68 f. („das Verbum ... jedesmal in einem anderen Sinne gebraucht"); ähnlich JACOB, Genesis, 427 und WESTERMANN, Genesis II, 322.

[49] Zur Sache vgl. C. KUHL, Die „Wiederaufnahme" – ein literarkritisches Prinzip?, ZAW 64 (1952) 1–11.

[50] Die mit *wᵉgam* eingeleitete Aussage von V.16aβ wäre nur im Zusammenhang mit der ausgeführten Ismael-Isaak-Problematik sinnvoll (dazu s.u.); zudem stößt sich V.16aβ mit V.19aα.

[51] Vgl. in diesem Zusammenhang nur die suffigierte Form in V.16bα (*ûberaktîhā*) anstelle des Gebrauchs des selbständigen Personalpronomens in V.16aα – SIEVERS, Metrische Studien, 201.284–286 und STEUERNAGEL, Bemerkungen, 174 verstehen V.16a und 16b als Dubletten.

detischen Anschlusses wie des Wechsels von *l^{e}gôjim* zu *malkê ʿammîm* sodann noch V.16bβ, was angesichts des abschließenden Charakters der Aussage *w^{e}hāj^{e}tāh l^{e}gôjim* in V.16bα* für V.16bβ durchaus die Annahme redaktioneller Herkunft wahrscheinlich werden läßt.[52]

(7) In V.17+18 ist die an die erzählerische Notiz V.17a sich anschließende Aufeinanderfolge zweier Reden Abrahams (V.17b/18) auffällig, ohne daß dies notwendigerweise jedoch entstehungsgeschichtlich relevant sein müßte.[53] Dennoch gibt es Hinweise auf den redaktionell bedingten Charakter der Verbindung der beiden Abrahamreden in V.17b und 18. Vor allem die tendenzielle Verschiedenheit der Interventionen Abrahams (V.17b zweifelnde Frage in bezug auf die Geburt eines Sohnes bzw. V.18 Wunsch für Ismael) läßt für beide durchaus eine unterschiedliche literarische Herkunft vermuten, ohne daß damit aber schon die Frage der literarischen Priorität einer der beiden Aussagen entschieden wäre. Unter Berücksichtigung der zwischen V.17a und 18 bestehenden Stichwortverbindung (*ʿal-pānâw∥l^{e}pānækā*) wie der das Folgende vorbereitenden Kontrastierung von Isaak (*wajjṣḥāq*) und Ismael wird V.18 – in Verbindung mit V.17a – sodann als literarisch ursprünglich anzusehen sein.[54] Die doppelgliedrige zweifelnde Frage in der als Selbstgespräch stilisierten Abrahamrede V.17b[55] setzt dagegen nicht nur allgemein eine Segensverheißung, sondern die Verheißung eines Sohnes voraus, womit ein Zusammenhang mit der als redaktionell vermuteten Aussage V.16aβ anzunehmen ist.[56] Außerdem steht die Aussage von V.17b nicht nur in Spannung zu V.17a, sondern ebenso zu V.3a.[57]

---

[52] Der auffällige asyndetische Anschluß von V.16bβ an V.16bα ist wohl nicht mit Verweis auf die Textüberlieferung zu korrigieren (BHS), sondern dürfte – gerade im Zusammenhang mit dem Wechsel von *l^{e}gôjim* zu *malkê ʿammîm* – am ehesten als ein textgeschichtlich relevantes Phänomen zu interpretieren sein.

[53] Vgl. allein innerhalb von Gen 17 die unmittelbare Aufeinanderfolge dreier Gottesreden (V.4–8/9–14/15+16), ebenso in Gen 9,1–15 (V.1–7*/8–11*/12–15*), ohne daß sie entstehungsgeschichtlich gegeneinander abgegrenzt werden könnten.

[54] Ein indirekter Hinweis in diese Richtung ergibt sich auch aufgrund der Beobachtung, daß sowohl V.17a als auch V.18b auf den Beginn des Kapitels rückverweisen. Während V.17a – auch aufgrund der kompositorischen Anlage – zu V.3a in Korrespondenz steht (vgl. dagegen ABELA, Abramo, 40 f.), wird durch *l^{e}pānækā* in V.18b eine Verbindung zu *l^{e}pānaj* in V.1b hergestellt.

[55] Zur textkritischen Problematik von V.17b vgl. LOHFINK, Textkritisches, 440 f.; MCEVENUE, Narrative Style, 172 Anm. 44 und 45; J.S. KSELMAN, The Recovery of Poetic Fragments from the Pentateuchal Priestly Source, JBL 97 (1978) 161–173 (168 f.).

[56] Nach der allgemeinen Segensverheißung der Grundschicht in V.16 käme die zweifelnde Frage in V.17b eher überraschend. Das gilt gleichfalls auch für die Angabe des Alters Saras, das im Gegensatz zum Alter Abrahams erzählerisch nicht vorbereitet ist (möglicherweise künstlich errechnet aufgrund von Gen 16,3*).

[57] Ist V.17b gegenüber V.17a und 18 als ein jüngerer Zusatz zu verstehen, dann besteht keinerlei Notwendigkeit, das Verbum *wajjṣḥāq* in V.17a im Sinne eines zweifelnden Lachens zu interpretieren (so Gen 18,12–15). Einen solchen Bedeutungsgehalt hat das Verbum wahrscheinlich erst sekundär aufgrund der Einfügung von V.17b bekommen (zu den verschiedenen Interpretationsmöglichkeiten von *ṣḥq* vgl. nur NEFF, Announcement, 114–117 und DERS., Birth, 7–9; jedenfalls nötigt eine solche Annahme nicht zu einigermaßen gewundenen Konstruktionen hinsichtlich einer Verknüpfung der beiden Motive eines ehrerbietigen Niederfallens vor Gott und eines zweifelnden Lachens (vgl. etwa WESTERMANN, Genesis II, 322 f. [„Die Geste der Ehrerbietung ist Abrahams erste

I. Das Problem der literarischen Einheitlichkeit von Gen 17

(8) Für die Gottesrede V.19–21 ist die kontrastierende Gegenüberstellung von Isaak und Ismael mit den sie jeweils auszeichnenden Aussagen ($b^e r\hat{\imath} t$ bzw. Segen) als bestimmend anzusehen, was zusätzlich durch die kompositorische Gestaltung der Gottesrede (konzentrische Struktur) unterstrichen wird.[58] Die dabei bestehende Spannung zwischen der betont im Zentrum stehenden Segenszusage für Ismael (V.20) und der in den Rahmenaussagen akzentuierten $b^e r\hat{\imath} t$-Zusage für Isaak (V.19 und 21) läßt jedoch fragen, ob die Gegenüberstellung beider Aussagereihen in der vorliegenden Form als ursprünglich anzusehen ist.[59] Weitere Beobachtungen machen die Annahme einer erst redaktionell hergestellten Komposition für V.19–21 wahrscheinlich.[60] Aus stilistischen Gründen kommt den Aussagen in V.19b und 21 eine Sonderstellung zu (Kurz- bzw. Langsatz). Im Blick auf V.19b ist neben dem abrupten, unvermittelten Wechsel zur Ansage eines Handelns Jahwes (Aufrichtung der $b^e r\hat{\imath} t$ mit Isaak) vor allem auch die an Aussagen, die in der bisherigen Analyse als redaktionell erkannt worden sind (vgl. vor allem V.13b, aber auch V.7aβ), erinnernde Ausdrucksweise (*librît ʿōlām* sowie die Angabe des Geltungsbereiches der $b^e r\hat{\imath} t$ nach l^e) zu beachten, was für V.19b ebenfalls die Vermutung, eine redaktionelle Bildung zu sein, nahelegt.[61] Ist aber V.19b als späterer Zusatz auszugrenzen, dann hat das Konsequenzen für die nur im Gegenüber zu V.19b sinnvolle Aussage *ûl^e jišmāʿeʾl*

---

und auf jeden Fall erforderliche Reaktion. Aber dann lacht er. Dieses Lachen ist sehr auffällig...Das Lachen Abrahams hier in Gn 17,17a aber hat etwas Bizarres im unmittelbaren Gegenüber zu dem ihm Wunderbares verheißende Gott"], SEEBASS, Genesis II, 109 [„psychologische Unmöglichkeit dieses Verses...Der Vf. spricht hier ganz als Denker, nicht als Mitfühlender"] oder RUPPERT, Genesis II, 356 [„ ..., kann Abraham nicht umhin, als seinen Zweifel daran in einem *ungläubigen Lachen* auszudrücken, freilich aus Ehrfurcht nicht im Angesicht Gottes, sondern kaschiert durch einen...*Gestus der Unterwerfung*"]); gerade bei Annahme einer redaktionellen Verknüpfung beider Motive bekommt das Lachen Abrahams erst recht seine theologische Tiefendimension (vgl. VON RAD, Genesis, 158 f.: „Dieses Lachen Abrahams führt uns jedenfalls an den äußersten Rand des psychologisch Möglichen. Verbunden mit dem pathetischen Gestus der Anbetung ist es ein geradezu schauerliches Lachen, todernst und jenseits jeden Spaßes, Glaube und Unglaube hart aneinanderstellend").

[58] Vgl. dazu MCEVENUE, Narrative Style, 175 und ABELA, Abramo, 41 (mit Diagramm 3).

[59] Das Gestaltungsmuster von V.19–21 hat unverkennbar eine Entsprechung in V.3b–8, wobei aber die bei aller Verwandtschaft bestehenden Differenzen es als zweifelhaft erscheinen lassen, die Kompositionsstruktur beider Gottesreden auf der gleichen literarischen Ebene anzusiedeln; zur Erklärung der unter kompositorischem Aspekt durchaus relevanten Korrespondenz von V.3b–8 und 19–21 s.u.

[60] Selbst bei denen, die in Gen 17 mit literargeschichtlichen Entstehungsprozessen rechnen, werden V.19–21 allgemein für einheitlich gehalten (vgl. nur STEUERNAGEL, Bemerkungen, 174).

[61] Die Ungewöhnlichkeit der Konstruktion sowie der schlechte Anschluß von *l^e zarʿô ʾaḥᵃrāw* an das Vorangehende hat in V.19b in Anlehnung an V.7b häufig zur Einfügung von *lihjôt lô leʾlohîm* im Anschluß an *librît ʿōlām* geführt (zur Problematik vgl. KUTSCH, Verheißung, Anm. 91), was aber sachlich weder notwendig (vgl. auch JACOB, Genesis, 429) noch bei Berücksichtigung der literargeschichtlichen Problematik von V.19b berechtigt ist. Die in V.19b gegenüber der mit ihr eng verwandten Aussage V.7 zu beobachtenden Abwandlungen sind m. E. ein deutlicher Hinweis darauf, daß V.19b und V.7* literarisch wohl nicht auf der gleichen Ebene anzusiedeln sind.

šᵉmaʿtîkā in V.20aα, die so ebenfalls als redaktionell anzusehen ist. Die nur in lockerer Verbindung hiermit stehende Segenszusage in V.20a* (Asyndese) läßt sich unschwer gegenüber dem Versanfang isolieren und könnte sich ursprünglich einmal unmittelbar an V.19a angeschlossen haben.[62] Von der Segenszusage V.20a* literarisch abzugrenzen ist sodann auch V.20b, wofür – abgesehen von dem asyndetischen Anschluß – vor allem der Wechsel der Konstruktion (vgl. demgegenüber V.6!) als auch die Eingrenzung der Perspektive gegenüber V.20a* spricht.[63] Auf der gleichen redaktionellen Ebene wie V.20aα* (ûlᵉjišmāʿeʾl šᵉmaʿtîkā) ist die kontrastierende V.20 gegenübertretende und sich eng an V.19b anschließende Aussage von V.21 anzusiedeln.[64] Sind diese Beobachtungen zutreffend, dann schränkt sich der literarische Grundbestand von V.19–21 auf V.19a+20a* (ab hinneh) ein, während alle anderen Aussagen später anzusiedeln sind.

---

[62] In diesem Fall ist die Segenszusage V.20a* (ab hinneh), die sich betont an V.2b und 6aα anlehnt, als eine Übertragung von Abraham auf Isaak zu verstehen, so daß Isaak hinsichtlich des Segens mit Abraham auf einer Ebene steht, wohingegen die bᵉrît-Kategorie ausschließlich Abraham vorbehalten ist. Die redaktionell durch Einfügung von V.19b und 20aα* (nur ûlᵉjišmāʿeʾl šemaʿtîkā) bewirkte Übertragung der Mehrungsverheißung von Isaak auf Ismael setzt m. E. durchaus ein erzählerisch größeres Gewicht der Gestalt Ismaels voraus, als sie im Rahmen von Pᵍ selbst vorauszusetzen ist.

[63] In die gleiche Richtung weist innerhalb von Gen 25,12–17 die sich auf Gen 17,20b rückbeziehende Aussage Gen 25,16b, die nicht Pᵍ zugeschrieben werden kann, sondern erst nachpriesterschriftlichen Ursprungs ist (vgl. die Belege für diese Annahme bei P. WEIMAR, Aufbau und Struktur der priesterschriftlichen Jakobsgeschichte, ZAW 86, 1974, 174–203 [177 Anm. 15]; anders jedoch BLUM, Komposition, 447; in der Schwebe gelassen wird eine Entscheidung hinsichtlich einer Zugehörigkeit von Gen 25,16b zu P von W. GROSS, Israels Hoffnung auf die Erneuerung des Staates, in: Unterwegs zur Kirche. Alttestamentliche Konzeptionen [QD 110], hg. von J. Schreiner, Freiburg/Brsg. u.a. 1987, 87–122 = DERS., Studien zur Priesterschrift und zu alttestamentlichen Gottesbildern [SBAB 30], Stuttgart 1999, 65–96 [71 Anm. 27]), wohingegen im priesterschriftlichen Textzusammenhang selbst (Gen 25,12*.13–15.16a*.17) nur von „Söhnen Ismaels", deren Zahl sich aufgrund der in Gen 25,13–15 überlieferten Liste auf 12 beläuft, gesprochen wird. Die so für Gen 17,20bα sich nahelegende nachpriesterschriftliche Herkunft ist aber auch für die damit verbundene Aussage von Gen 17,20bβ als wahrscheinlich anzusehen, insofern die Verheißung des Werdens zu einem „großen Volk" (lᵉgôj gādôl) eine Entsprechung gerade nicht innerhalb von Pᵍ, sondern innerhalb des nichtpriesterschriftlichen Erzählzusammenhangs hat (Gen 21,[13]18). Aufgrund der hier gemachten Beobachtungen wird Gen 17,20b am ehesten mit der Pentateuchredaktion in Verbindung zu bringen sein.

[64] Als Hinweis auf die nachpriesterschriftliche Herkunft von V.21 kann auch die Angabe des Zeitpunkts der Geburt Isaaks („zu dieser Zeit im nächsten Jahr") verstanden werden, was vor allem dann gilt, wenn die ihr entsprechende Aussage in Gen 18,(10)14 (vgl. dazu nur NEFF, Announcement, 118 und DERS., Birth, 10) nicht schon auf eine der älteren Pentateuchquellen, sondern erst auf die Pentateuchredaktion zurückgeht (in Richtung auf eine „späte Redaktion" votiert jetzt auch F.-L. HOSSFELD, Einheit und Einzigkeit Gottes im frühen Jahwismus, in: Im Gespräch mit dem Dreieinen Gott. Elemente einer trinitarischen Theologie [FS W. Breuning], hg. von M. Böhnke und H. Heinz, Düsseldorf 1985, 57–74 [65 Anm. 28]; zu Gen 21,2 vgl. Anm. 138). – Nicht plausibel erscheint dagegen die Annahme von PROCKSCH, Genesis, 522, der in lammôʿed hazzæh aus metrischen Gründen einen Zusatz sieht.

I. Das Problem der literarischen Einheitlichkeit von Gen 17

(9) Innerhalb von V.22–27 ist zunächst – nicht nur unter kompositionskritischem Aspekt – zu unterscheiden zwischen der Abschlußnotiz V.22 und dem Ausführungsbericht V.23–27. Während für V.22 ein (auch literargeschichtlicher) Zusammenhang mit V.1bα anzunehmen ist,[65] kann die literarische Problematik von V.23–27 nur vor dem Hintergrund des thematisch damit zusammenhängenden Textabschnitts V.9–14 beurteilt werden.[66] Unverkennbar ist der zwischen dem jüngeren redaktionellen Einschub V.12b +13a und den beiden „rahmenden" Aussagen in V.23 und 27 bestehende Zusammenhang, der zumindest diese beiden Verse der gleichen literarischen Schicht wie V.12b+13a zuordnet.[67] Der damit erkennbar werdenden Sonderstellung von V.23 und 27 entspricht durchaus der literarische Befund innerhalb des Textabschnitts V.23–27.[68] Neben der Tatsache, daß nicht nur die Wendung „an eben diesem Tag" zweimal begegnet (V.23bα bzw. 26a),[69] sondern auch das Faktum der Beschneidung Ismaels zweimal berichtet ist (V.23 bzw. 25), verdienen in diesem Zusammenhang vor allen die Spannungen zwischen V.23 und 27 einerseits sowie V.24–26 andererseits Beachtung. Nach V.23 und 27 werden alle männlichen Hausbewohner Abrahams beschnitten, nach V.24–26 dagegen nur Abraham und Ismael. In V.23b terminiert die Wendung „an eben diesem Tag" in Verbindung mit dem nachfolgenden Rückverweis „wie Gott mit ihm geredet hatte" das Geschehen der Beschneidung auf den Tag der Gottesrede (vgl. den Anschluß an V.22a),[70] während sie in V.26 der Fixierung des Zeitpunkts der Beschneidung auf das in V.24 und 25 jeweils angegebene Lebensalter Abrahams bzw. Ismaels dient.[71] Der zusammenfassende Charakter der durch „an eben diesem Tag" eingeleiteten Notiz V.26 unterstreicht noch-

---

[65] Die Notiz V.22 ist auf verschiedene Weise mit dem wohl auf V.1–4a+6 einzugrenzenden Grundbestand des Kapitels (dazu s.u.) verbunden (vgl. V.22a||V.3b sowie V.22b|| V.1b), wobei charakteristische Unterschiede gegenüber den anderen erzählerischen Aussagen in Gen 17 zu konstatieren sind (vgl. nur die Wortverbindung *dibbær ʾittô* in V.3b und 22a [redaktionell aufgenommen in V.23bβ] gegenüber dem durchgängigen Gebrauch von *ʾmr* [+ *ʾæl*]; dazu vgl. auch ABELA, Abramo, 35–37). Die von MCEVENUE, Narrative Style, 153 Anm. 16 notierte Entsprechung von *wajᵉkal* in V.22a zu Gen 2,2 (Pᵍ) und Ex 31,18 (Rᴾ) ist erst auf der redaktionellen Ebene des Textes von Interesse und dort auch – auf jeweils andere Weise – interpretatorisch bedeutsam.

[66] Nach dem Urteil von KUTSCH, Priesterschrift, 381 Anm. 89 ist „der Bericht über die erste Durchführung der Beschneidung in V.23–27 ... einheitlicher Text, der V.9–14 in der jetzigen Gestalt voraussetzt."

[67] Während im allgemeinen der ganze Textabschnitt V.23–27 als ein im Zusammenhang mit V.12b+13a stehender Zusatz gesehen wird (vgl. nur SMEND, Erzählung, 9; EICHRODT, Quellen, 26 f.; LÖHR, Untersuchungen, 14), sind nach STEUERNAGEL, Bemerkungen, 177 (ebenso RUPPERT, Genesis II, 359 f.) nur V.23aβ und 27 als entsprechende Hinzufügungen auszugrenzen.

[68] Eine gewisse Sonderstellung von V.23 erkennt auch MCEVENUE, Narrative Style, 176 an.

[69] Nach PROCKSCH, Genesis, 523 handelt es sich bei der Wendung *bᵉʿæṣæm hajjôm hazzæh* in V.23bα um einen metrisch störenden, aus V.26 eingedrungenen Zusatz.

[70] Vgl. EHRLICH, Randglossen I, 70.

[71] Die Fixierung des Zeitpunkts eines Vorgangs mit Hilfe der Wendung *bᵉʿæṣæm hajjôm hazzæh* begegnet im Bereich der priesterschriftlich beeinflußten Literatur noch häufiger, bei Pᵍ selbst jedoch nur noch Gen 7,13 und Ex 12,41, wobei im Blick auf Gen 17, 26 (in Anschluß an 17,24+25) vor allem ein Zusammenhang mit Ex 12,41 (Einleitung der Darstellung des Meerwundergeschehens; anschließend an 12,40) anzunehmen ist.

mals Eigenständigkeit und Geschlossenheit des in sich sorgfältig konstruierten Abschnitts V.24–26, wovon V.23 und 27 deutlich abgesetzt erscheinen.[72]

Die Reihe der hier genannten literarkritischen Beobachtungen, die auch bei näherer Beachtung kompositorischer Aspekte nicht aufzulösen ist,[73] läßt für Gen 17 eine verwickelte Entstehungsgeschichte als wahrscheinlich ansehen, wobei im einzelnen mit mehreren entstehungsgeschichtlichen Phasen zu rechnen sein wird.

2. Entstehungsgeschichtliche Hypothese

Als Ausgangspunkt für eine Rekonstruktion der Entstehungsgeschichte von Gen 17 ist am ehesten V.7+8* geeignet, insofern die in diesen beiden Versen miteinander verbundenen und einander zugeordneten Zusagen in bezug auf die Gabe des Landes sowie das neue Gottesverhältnis als Inhalt der dem Abraham verheißenen $b^e rît$ im Rahmen des priesterschriftlichen Werkes (P^g) noch mehrfach Resonanz finden. Entsprechend wird in V.7+ 8* eine genuin priesterschriftliche Aussage zu sehen sein.[74] Damit ist dann

---

[72] Auf der durch Einfügung von V.23 und 27 repräsentierten redaktionellen Textebene in V.23–27 ist die Wendung „an eben diesem Tag" aus ihrer Bindung an die genau parallel gefügten Aussagen V.24 und 25 herausgenommen und entsprechend ihrem Gebrauch in V.23b auf die folgende Aussage in V.27 bezogen worden, womit sich für V.23–27 eine zu dem sonstigen literarischen Befund in diesem Textabschnitt durchaus in Spannung stehende Dreigliedrigkeit ergibt (V.23/24+25/26+27), wobei die einzelnen Textelemente in sich jeweils zweigliedrig strukturiert sind. Die „Rahmenaussagen" (V.23 und 26+27) ihrerseits sind chiastisch aufeinander bezogen und erscheinen auf diese Weise abgehoben von der im Zentrum stehenden (jedoch nicht unbedingt das Gewicht tragenden) Aussage V. 24+25 (vgl. das analoge Gestaltungsmuster in V.19.21).

[73] Dies wäre nur dann möglich, wenn einerseits die literarische Konstruktion als in sich völlig geschlossen und stimmig anzusehen wäre und andererseits die im Text zweifellos bestehenden Spannungen als Reflex vorgegebener Traditionen verstanden werden müßten, was jedoch im Blick auf Gen 17 beides nicht der Fall ist (zur Frage der Abhängigkeit von älteren Traditionen s. u.; im Blick auf die innere Geschlossenheit der Kompositionsstruktur von Gen 17 [dazu Anm. 3] vgl. nur die allein schon hinsichtlich des jeweiligen Umfangs sich zeigende Unausgeglichenheit zwischen den kompositionskritisch einander entsprechenden Gottesreden).

[74] Sofern überhaupt mit der Existenz eines eigenständigen priesterschriftlichen Werkes gerechnet und dieses nicht nur als eine Bearbeitungsschicht verstanden wird (vgl. in diesem Zusammenhang die entsprechenden Übersichten bei O. KAISER, Einleitung in das Alte Testament. Eine Einführung in ihre Ergebnisse und Probleme, Gütersloh ^{5}1984, 114 f.; BLUM, Komposition, 425 f.; G. LARSSON, The Documentary Hypothesis and the Chronological Structure of the Old Testament, ZAW 97 [1985] 316–333 [317–322] oder T. POLA, Die ursprüngliche Priesterschrift. Beobachtungen zur Literarkritik und Traditionsgeschichte von P [WMANT 70], Neukirchen-Vluyn 1995, 29 Anm. 75; jüngst ergänzt durch A. DE PURY, Der priesterschriftliche Umgang mit der Jakobsgeschichte, in: Schriftauslegung in der Schrift [FS O.H. Steck; BZAW 300], hg. von R.G. Kratz u.a., Berlin-New York 2000, 33–60 [34 Anm. 5]; zur Auseinandersetzung mit dieser Position vgl.

aber zugleich ein Maßstab für die literargeschichtliche Ein- und Zuordnung der übrigen Aussagen innerhalb von Gen 17 gewonnen. Da nämlich V.7+ 8* einerseits nicht dem literarischen Grundbestand des Kapitels zugerechnet werden kann, sondern selbst schon als Bearbeitung eines vorgegebenen Textzusammenhangs zu verstehen ist, die beiden Verse andererseits aber (geringfügige) Spuren redaktioneller Bearbeitung erkennen lassen, ist im Rahmen des insgesamt als „priesterschriftlich" zu qualifizierenden Textes Gen 17 sowohl mit einer von P^g rezipierten älteren Tradition als auch mit sich an den genuin priesterschriftlichen Textbestand (P^g) anlehnenden und ihn bearbeitenden nach-priesterschriftlichen Redaktionen zu rechnen.

Als Elemente der in Gen 17 von P^g rezipierten Tradition, die sich als solche nicht mit einer der älteren Pentateuchtraditionen identifizieren läßt, sind unschwer die in sich zusammenhängenden Aussagen in V.1–4a+6[75] sowie die auf V.1bα bezugnehmende Abschlußnotiz V.22 zu isolieren, die sich vor den übrigen Aussagen in Gen 17 auch durch ein eigenes Ziel auszeichnen.[76] Als zusammengehörig sind sodann V.12b+13a einerseits sowie V.23 und 27 andererseits anzusehen. Da V.12b+13a einen jüngeren Einschub innerhalb des insgesamt als redaktionell gegenüber V.10aαb+11 zu charakterisierenden Textabschnitts V.12–14 darstellen, repräsentieren V.12b+13a sowie V.23 und 27 die jüngste Textschicht innerhalb von Gen 17. Mit der älteren Redaktionsschicht in V.12–14 hängt als überschriftartige Einführung möglicherweise V.9aβb zusammen (vgl. nur die Korrespondenz der Aussagen von V.9aβ und 14).[77] Auf die gleiche Hand wie V.9aβb geht schließlich auch die literarisch damit zusammenhängende redaktionelle Ergänzung V.10aß zurück.

Als thematisch geschlossene Aussagefolge, die um das Problem der Sohnesverheißung (Isaak) sowie der kontrastierenden Gegenüberstellung von Isaak (Bund) und Ismael (Segen) kreist, sind die Aussagen in V.16aβ, 16bα* (nur *ûberaktîhā*), 16bβ, 17b, 19b, 20aα* (nur *ûl^{e}jišmā^{c}e>l šema^{c}tîkā*), 20b und 21 zu verstehen. Doch wird darin nicht eine eigene, von den

---

schon die Literaturhinweise bei WEIMAR, Struktur II, 84 Anm. 15), gilt eine Herkunft von V.7+8* von P^g als unbestritten (vgl. insbesondere STEUERNAGEL, Bemerkungen, 177 f.).

[75] Ob innerhalb von V.1 die einleitende Altersangabe in V.1a als eine redaktionelle Hinzufügung zu verstehen ist (so RENDTORFF, Problem, 1977, 133), läßt sich auf der vorliegenden Beobachtungsebene keinesfalls schlüssig entscheiden, sondern verlangt die Berücksichtigung des größeren erzählerischen Zusammenhangs.

[76] Nach M.V. FOX, The Sign of the Covenant. Circumcision in the Light of the Priestly ɔôt Etiologies, RB 81 (1974) 557–596 (589 f.) hat P^g in V.1–6 eine alte Abrahamtradition aufgenommen.

[77] Innerhalb von V.14 ist möglicherweise nochmals V.14aβ als spätere Hinzufügung auszugrenzen (vgl. Anm. 45 und 46; zur literargeschichtlichen Einordnung von V.9aβb jedoch auch Anm. 29).

bisher festgestellten redaktionellen Bearbeitungen abzuhebende, sondern wahrscheinlicher eine mit einer der beiden in V.9–14 zu beobachtenden Bearbeitungen in Verbindung stehende Textschicht zu sehen sein, wofür nicht zuletzt aufgrund von V.23 (Beschneidung Ismaels und der übrigen Hausbewohner, vgl. auch V.27), aber auch aufgrund der anderen Interessenlage der älteren Bearbeitungsschicht in V.9–14 am ehesten die durch V.12b+13a repräsentierte, jüngere Bearbeitungsschicht in Frage kommt.[78] Gegenüber der älteren (nachpriesterschriftlichen) Bearbeitungsschicht, deren Spuren sich ausschließlich im Rahmen von V.9–14 beobachten lassen (V.9aβb.10aβ.12a.13b+14), greift die jüngere (nachpriesterschriftliche) Bearbeitungsschicht auch auf die übrigen Teile des Kapitels aus, wobei das Schwergewicht zwar auf dessen zweiter Hälfte liegt (V.12b.13a.16aβ. 6bα* [nur *ûberaktîhā*].16bβ.17b.19b.20aα* [nur *ûl^{e}jišmā^{c}e$^{\,$l}$ šema^{c}tîkā*]. 20b.21.23.27), nicht ohne aber auch in der ersten Hälfte – zumindest punktuell – einzugreifen (V.7aβ* [*l^{e}dorotām librît ^{c}ôlām*] und 8aβ).[79]

Der nach Ausgrenzung der von P^g rezipierten Tradition (V.1–4a+6 und 22) sowie der beiden als nachpriesterschriftlich zu qualifizierenden Bearbeitungsschichten noch verbleibende Textbestand wird die eigentlich priesterschriftliche Erzählschicht (P^g) repräsentieren. Ihr dürften so wohl die Aussagen in V.4b+5.7+8*.9aα.10aαb.11.15.16aα.16bα* (ohne *ûberaktîhā*).17a.18+19a.20a* (ohne *ûl^{e}jišmā^{c}e$^{\,$l}$ š^{e}ma^{c}tîkā*).24–26 zugerechnet werden. Die genuin priesterschriftlichen Aussagen innerhalb von Gen 17 erscheinen damit nicht als eine freie Komposition von P^g,[80] sondern sind ihrerseits schon als Bearbeitung eines vorgegebenen, keineswegs mit den älteren Schichten innerhalb des Pentateuch identischen Erzählzusammen-

---

[78] Die bei der hier vorgenommenen Rekonstruktion der Entstehungsgeschichte von Gen 17 auf den ersten Blick im Text enthaltene Spannung, wonach Ismael zwar einerseits von der *b^{e}rît* ausgeschlossen ist (V.19b und 21), andererseits aber gleichfalls beschnitten wird, wird auf der vorliegenden Textebene (anders in der vorgegebenen Aussage V.25 und 26) dadurch aufgelöst, daß Ismael im Sinne von V.12b+13a als einer, der zu Abrahams Haus gehört, beschnitten wird (vgl. auch BLUM, Komposition, 422), so daß auch einer Rückführung der vorliegenden Aussagen auf ein und dieselbe Redaktionsschicht nichts entgegensteht.

[79] Im Blick auf die punktuellen Hinzufügungen in V.7aβ* und 8aβ wäre an sich auch ein Zusammenhang mit der älteren Redaktionsschicht in V.9–14 denkbar (zu *l^{e}dorotām* vgl. V.9b [12a] und zu *librît ^{c}ôlām* vgl. V.13b), doch ist im Blick auf den betont herausgestellten Zusammenhang von V.19b und 21 mit V.7+8, aber auch in Anbetracht der kompositorischen Entsprechung der Gottesreden V.3b–8 und 19–21 auf der abschließenden Textebene (dazu s.u.) eine Herleitung der redaktionellen Zusätze in V.7 und 8 auf die gleiche Hand wie V.19b und 21 näherliegend.

[80] Dementsprechend wäre die Qualifizierung von Gen 17 als „freest composition" unter allen P^g-Erzählungen durch MCEVENUE, Narrative Style, 145 zu modifizieren.

hangs zu verstehen.[81] Von der rezipierten Tradition (Mehrungsverheißung) ist die P^g zu verdankende Bearbeitung auch durch eine Verlagerung der Aussageintention (Verheißung des Landes und eines neuen Gottesverhältnisses) abgehoben. Erst auf dieser Textebene ist es zu der für Gen 17 charakteristischen Vervielfachung der Gottesreden sowie ihrer komplexen kompositorischen Zuordnung gekommen.

II. Gen 17 als redaktionelle Texteinheit

1. Die der priesterschriftlichen Darstellung vorgegebene Grundschicht in Gen 17

Der P^g vorgegebene Erzählzusammenhang V.1–4a.6.22 ist aufgrund der erzählerischen Rahmennotizen in V.1bα und 22b als eine Erscheinungsszene stilisiert.[82] Innerhalb dieses Rahmens sind zwei Gottesreden (V.1b+ 2 und 3b.4a.6) mitgeteilt, die durch eine Notiz der Reaktion Abrahams (V.3a) gegeneinander abgegrenzt sind. Formal wie thematisch sind beide Gottesreden eng aufeinander bezogen.

Die erste Gottesrede (V.1b+2) besteht aus zwei auch stilistisch gegeneinander abgehobenen Teilen (vgl. nur die rhythmische Gestaltung), deren erster (V.1b) durch die Abfolge von göttlicher Selbstprädikation (^{a}nî-$^{\,}$el šaddaj) und daran sich anschließender doppelgliedriger Aufforderung an Abraham bestimmt ist,[83] während der zweite (V.2) eine gleichfalls doppel-

---

[81] Von daher stellt sich dann aber auch die Alternative, inwieweit die Priesterschrift als ein selbständiges Werk oder als eine Bearbeitungsschicht anzusehen ist (vgl. auch Anm. 74), in einer anderen Form. Zu berücksichtigen ist dabei vor allem, daß die von P^g rezipierte Tradition sowohl thematisch als auch literarisch gegenüber dem ganzen nichtpriesterschriftlichen Pentateuch als eine eigenständige Größe anzusehen ist.

[82] Die erzählerischen Rahmennotizen in V.1bα und 22 haben eine enge Entsprechung in Gen 35,9aα und 13 (zu den Entsprechungen vgl. nur M. OLIVA, Las revelaciones a los patriarcas en la historia sacerdotal, Bib 55 [1974] 1–14), wobei sich die Erscheinungsterminologie in beiden Texten deutlich von ihrem sonstigen Vorkommen bei P^g abhebt (dazu, aber auch zur erzählerischen Systematik vgl. N. LOHFINK, Die priesterschriftliche Abwertung der Tradition von der Offenbarung des Jahwenamens an Mose, Bib 49 [1968] 1–8 [3–5]). – Entgegen der Mehrzahl der Kommentatoren ist m.E. zumindest im Blick auf P^g selbst (vgl. dazu WEIMAR, Untersuchungen, Anm. 85 ff.), aber wohl auch schon im Blick auf die von P^g rezipierte Tradition, für die allem Anschein nach ein literargeschichtlicher Zusammenhang nicht nur mit Gen 35,9–15*, sondern vor allem auch mit Ex 6,2–7* anzunehmen ist (vgl. dazu WEIMAR, Meerwundererzählung, 187 Anm. 60), an der Ursprünglichkeit des Vorkommens des Gottesnamens Jahwe in Gen 17,1bα nicht zu zweifeln (vgl. zuletzt auch BLUM, Komposition, 421 Anm. 10).

[83] Die Kombination Selbstpräsentation (^{a}nî-$^{\,}$el šaddaj) + Imperativ (doppelgliedrig) hat bei P^g eine Entsprechung nur noch in Gen 35,11, wobei die Einführung des Gottesnamens El-Schaddai jeweils in Verbindung zur Mehrungsthematik steht, was vermuten

gliedrige Verheißungszusage (Bund/Mehrung) enthält. Aufgrund des für V.2 sich nahelegenden finalen Verständnisses,[84] womit zugleich die Verwirklichung des Verheißenen zur Erfüllung des aufgetragenen Gebotes in Beziehung gesetzt wird, hat das in V.3a konstatierte Niederfallen Abrahams[85] die Funktion, die Erfüllung des göttlichen Gebotes durch Abraham auszudrücken, und stellt so die notwendige Voraussetzung für die zweite Gottesrede (V.3b+4a.6) dar. Im Gegensatz zur ersten Gottesrede wird die $b^e rît$ hier nicht verheißen, sondern aktuell gegeben.[86] Auch die zweite Gottesrede zeigt eine zweiteilige Struktur (V.4a+6aα/6aβb), wobei der bestimmende erste Redeteil präzis dem zweiten Redeteil der ersten Gottesrede entspricht.[87]

Im Zentrum der von P[g] rezipierten Texteinheit steht die Mehrungsverheißung, die allein schon dadurch eine besondere Akzentuierung erfahren hat, daß sie jeweils als (einziger) Inhalt der $b^e rît$ mit Abraham erscheint.[88]

---

läßt, daß der Gebrauch von El-Schaddai als Gottesname nicht unabhängig vom Inhalt der nachfolgenden Zusage ist (vom Bedeutungsgehalt des Gottesnamens El-Schaddai im Textzusammenhang wäre seine nach wie vor umstrittene etymologische Erklärung zu unterscheiden; vgl. hierzu nur RUPPERT, Genesis II, 342 ff.). Vergleichbar mit der Selbstpräsentation Jahwes als El-Schaddai in Gen 17,1bα bzw. 35,11a ist sodann allenfalls noch der Gebrauch von $^{a}nî JHWH$ in Ex 6,6 und 7b, wo die Selbstpräsentation Jahwes in einem unlösbaren Zusammenhang mit der Ansage des Exodusgeschehens steht (dazu WEIMAR, Meerwundererzählung, 187 Anm. 59).

[84] Vgl. MCEVENUE, Narrative Style, 162 und GROSS, Bundeszeichen, 111 Anm. 27; zum bedingten Charakter der $b^e rît$-Zusage in V.2 vgl. DILLMANN, Genesis, 260.

[85] Zur Wendung npl $^c al$-$pānîm$ bei P[g] vgl. OLIVA, Revelaciones, 6, wobei sich ihr Gebrauch an den genuin priesterschriftlichen Stellen in charakteristischer Weise von dem in Gen 17,3a unterscheidet.

[86] Dazu vor allem GROSS, Bundeszeichen, 111 f. und DERS., Zukunft, 56 f.; vgl. aber auch schon GUNKEL, Genesis, 264 und JACOB, Genesis, 421.

[87] Vgl. auch MCEVENUE, Narrative Style, 162.

[88] Dadurch, daß in Gen 17,1–4a+6.22 die Mehrungsverheißung einziger Inhalt der $b^e rît$ mit Abraham ist, erscheint die P[g] vorgegebene Tradition nicht nur unverkennbar von den genuin priesterschriftlichen Aussagen abgehoben, wo die Mehrungsverheißung gerade nicht Inhalt einer $b^e rît$ ist (vgl. Anm. 10); vielmehr kommt ihr auch innerhalb des größeren Zusammenhangs dieser Tradition eine Sonderstellung zu, insofern hier nicht nur allgemein die Rede von einer $b^e rît$ nicht mehr aufgenommen ist (die wohl ebenfalls schon als von P[g] rezipierte Tradition zu qualifizierenden Aussagen Gen 9,9a und 11 dürften jedoch mit der hier in Frage stehenden, durch P[g] aufgenommenen Tradition in keinem literarisch ursprünglichen Zusammenhang gestanden haben), sondern gerade auch in der zu Gen 17,1–4a+6.22 weitgehend parallelen, mit ihr auch literarisch in Verbindung stehenden Erscheinungsszene Gen 35,9aα*.9b.10+11.13 die Rede von einer $b^e rît$ mit Jakob fehlt, was zweifellos damit zusammenhängt, daß die Mehrung nicht als von Jahwe zu verwirklichende Verheißung, sondern als unmittelbar wirksam werdender Befehl zu verstehen ist (vgl. dazu GROSS, Jakob, 328 f. und WEIMAR, Jakobsgeschichte, 185 Anm. 48). Auf diese Weise sind Abraham und Jakob einerseits unverkennbar aufeinander bezogen, andererseits aber zugleich deutlich gegeneinander abgehoben.

Die Art und Weise, wie dabei in V.2a und 4a die $b^e rît$-Thematik eingeführt ist („Ich will geben meinen Bund zwischen mir und dir" bzw. „Und ich – siehe, mein Bund mit dir"), verrät Originalität wie literarische Absicht.[89] Gleiches gilt auch für die Mehrungsverheißung, die sich gegenüber P^g durch eine Reihe von Besonderheiten auszeichnet. Die bei P^g sonst immer in Verbindung miteinander begegnenden Mehrungsverben *prh* und *rbh* sind hier nicht nur auf zwei Gottesreden verteilt, sondern begegnen zugleich auch noch in umgekehrter Abfolge.[90] Außerdem verdient neben dem Fehlen des sonst mit den Mehrungsverben eng verbundenen Terminus *brk* die Ersetzung des Mehrungsbefehls durch die Mehrungsverheißung (H-Stamm mit Jahwe als Subjekt) Beachtung.[91] Eine zusätzliche Hervorhebung hat die Mehrungsverheißung in V.2b und 6aα durch Anfügung von $bim^{e\mathfrak{o}}od\ m^{e\mathfrak{o}}od$ erfahren, was im Rahmen von P^g eine Entsprechung nur noch in V.20a* sowie in der Erfüllungsnotiz Ex 1,7* hat.[92] Die Exklusivi-

---

[89] Mit Bezug auf V.2 betont JACOB, Genesis, 419: „In diesem Verse ist fast jedes Wort singulär." – Der in mancher Beziehung gegenüber P^g sich abhebende Sprachgebrauch in V.2a und 4a bestätigt nur die Sonderstellung, die diesen beiden Aussagen gegenüber genuin priesterschriftlichen Bildungen zukommt; eingeebnet wird sie von J. HAHN, Textkritisches zu Gen 17,4a, ZAW 94 (1982) 642–644, durch eine im Stile verwandter P-Aussagen vorgenommene Textkorrektur zu V. 4a ($^{a}nî\ hinneh\ meqîm\ ^{\mathfrak{o}}æt-b^e rîtî\ ^{\mathfrak{o}}ittāk$).

[90] Bei P^g wurde die in umgekehrter Abfolge begegnende ungewöhnliche Einführung der beiden Verben *prh* und *rbh* in V.2b und 6aα zu einem bewußt eingesetzten Stilmittel ausgebaut, indem in V.16aα schließlich das Verbum *brk* aufgenommen ist, um erst in V. 20a* die für P^g typische Segensterminologie in der üblichen Reihung folgen zu lassen (vgl. dazu schon N. LOHFINK, Die Landverheißung als Eid. Eine Studie zu Gn 15 [SBS 28], Stuttgart 1967, 14 mit Anm. 13).

[91] Die Mehrungsverheißung hat bei P^g nur in den wechselseitig aufeinander bezogenen Aussagen Gen 28,3 und 48,4* eine Entsprechung, die ihrerseits aber dem Mehrungsbefehl in Gen 35,11 zugeordnet sind und damit dessen Bedeutung nachdrücklich herausstellen (zur Komposition der priesterschriftlichen Jakobgeschichte vgl. WEIMAR, Jakobsgeschichte, 174–203 [vor allem 200–202]).

[92] Während es sich bei Gen 17,20a* unverkennbar um eine nachahmende Wiederaufnahme von Gen 17,2b und 6aα durch P^g handeln wird, legt sich für $bim^{e\mathfrak{o}}od\ m^{e\mathfrak{o}}od$ in Ex 1,7 durchaus die Vermutung eines auch literarischen Zusammenhangs mit Gen 17,2b und 6aα nahe, wobei jedoch nicht der ganze Vers für die von P^g rezipierte Tradition reklamiert werden kann. Als Hinweis auf die literarische Entstehungsgeschichte des Verses ist vor allem das zweimalige Aufbrechen der für P^g stereotypen Abfolge der Mehrungsverben *wajjišr^eṣû* und *wajja^caṣmû* bedeutsam, wobei die Technik der Einfügung für beide Verben an verschiedene Hände denken läßt: 1. Gleiche literarische Herkunft ist für *wajjišr^eṣû* und Ex 1,7b anzunehmen, insofern jeweils ein Zusammenhang mit Aussagen der priesterschriftlichen „Schöpfungsgeschichte" gegeben ist (für Einzelheiten vgl. WEIMAR, Untersuchungen, 29 f.34). Von daher werden *wajjišr^eṣû* und Ex 1,7b am ehesten als priesterschriftliche Bildungen im Zusammenhang mit der Vorschaltung der „Schöpfungsgeschichte" zu verstehen sein. – 2. Anderer Herkunft dürfte demgegenüber *wajja^caṣmû* sein, wofür als Parallele nur *wajja^caṣmû m^eʾod* in Ex 1,20b in Frage kommt (zur

tät, mit der so die Mehrungsverheißung herausgestellt ist, hängt zweifellos mit der Aktualität gerade dieser Verheißung für das dezimierte Israel im Exil zusammen.[93] Das der Mehrungsverheißung innewohnende Gefälle wird durch die in V.6aβb daran sich anschließende und sie konkretisierende Völker-Könige-Verheißung weiter verdeutlicht,[94] wobei vor allem die Dimension einer eschatologisch bestimmten Erwartung neuen Heils für Israel akzentuiert ist.[95]

Diskussion des Materials vgl. WEIMAR, Untersuchungen, 30–33). Da es sich bei Ex 1,20b allem Anschein nach um einen auf R^P zurückgehenden redaktionellen Zusatz handelt (dazu P. WEIMAR, Die Berufung des Mose. Literaturwissenschaftliche Analyse von Ex 2,23–5,5, OBO 32, 1980, 122 Anm. 91), dürfte auch für *wajja^{c}aṣmû* in Ex 1,7a die gleiche literarische Herkunft zu vermuten sein (damit wird die früher [Untersuchungen, 23–36] vertretene Auffassung aufgegeben; zur Kritik schon W.H. SCHMIDT, Exodus [BK II/1], Neukirchen-Vluyn 1974, 11 f.19). – So wird in Ex 1,7 als Element einer von P^g rezipierten Tradition nur *ûb^{e}nê jiśrā^{ɔ}el pārû wajjirbû bim^{eɔ}od m^{eɔ}od* angesehen werden können, womit genau die für Gen 17,2b und 6aα charakteristische Phraseologie aufgenommen ist.

[93] Vgl. auch GROSS, Bundeszeichen, 111. – In diesem Zusammenhang verdienen gerade auch die Berührungen der Mehrungsverheißung innerhalb der von P^g rezipierten Tradition mit entsprechenden prophetischen Heilserwartungen der späteren Exilszeit Beachtung, wobei im Blick auf das Vorkommen der Wortfolge *prh* und *rbh* nicht in jedem Fall „priesterschriftlicher" Einfluß reklamiert werden kann (Ez 36,11), sondern durchaus mit voneinander unabhängigen Traditionen zu rechnen ist (vgl. vor allem Jer 23,3, aber auch 3,16; zur literargeschichtlichen Einordnung vgl. W. THIEL, Die deuteronomistische Redaktion von Jeremia 1–25 [WMANT 41], Neukirchen-Vluyn 1973, 91 f. 247 f.); zur Interpretation vgl. etwa G. FISCHER, Jeremia 1–25 [HThK.AT], Freiburg/Brsg. 2005, 194.678).

[94] Die Abfolge von Mehrungs- und Völker-Könige-Verheißung in V.6 hat eine Entsprechung noch in Gen 35,11, wobei hier jedoch der asyndetische Anschluß der Völker-Könige-Verheißung zu beachten ist, ohne daß aufgrunddessen Schlüsse literargeschichtlicher Art gezogen werden könnten (vgl. nur die Verwandtschaft der poetischen Struktur von Gen 17,6aβb und 35,11aβb; dazu KSELMAN, Recovery, 167 f.). Ebenso wie Gen 17,6 dürfte auch Gen 35,11 als Element der P^g vorgegebenen Tradition zu bestimmen sein (als Indiz in diese Richtung kann durchaus die Ersetzung von *q^{e}hal gôjim* durch *q^{e}hal ^{c}ammîm* in den genuin priesterschriftlichen Aussagen Gen 28,3 und 48,4* verstanden werden; dazu s. auch Anm. 112).

[95] Zur hier vorausgesetzten Interpretation der Völker-Könige-Verheißung vgl. nur die Hinweise bei H. HOLZINGER, Nachprüfung von B.D. Eerdmans, Die Komposition der Genesis, ZAW 30 (1910) 245–258 (248 f.); HOFTIJZER, Verheißungen, 9–11 und WESTERMANN, Genesis II, 315. – Eine knappe Übersicht über andere Deutungsmöglichkeiten findet sich bei HOFTIJZER, Verheißungen, 9 f.; aus der neueren Diskussion vgl. insbesonders GROSS, Hoffnung, 88 ff.

2. Die priesterschriftliche Bearbeitung in Gen 17

Die knappe Erscheinungsszene der vorpriesterschriftlichen Tradition ist durch P^g zu einer groß angelegten literarischen Komposition ausgestaltet worden, womit zugleich auch thematisch neue Akzente gesetzt worden sind.

(1) Das die priesterschriftliche Fassung von Gen 17 bestimmende innere Spannungsverhältnis wird schon anhand der literarischen Struktur erkennbar, wobei im einzelnen verschiedene Gestaltungsprinzipien miteinander konkurrieren. Im Blick auf die Gesamtstruktur des Textes ist vor allem die konzentrische Anordnung der einzelnen Textelemente innerhalb von V.1–22* zu beachten, woran sich in V.24–26 ein kurzer Abschnitt anschließt, der das Faktum der Beschneidung Abrahams und Ismaels unter Angabe ihres jeweiligen Lebensalters festhält.[96] Auf diese Weise wird damit betont die Beschneidung als Zeichen der b^{e}rît als Zentrum der priesterschriftlichen Darstellung der Abraham-b^{e}rît herausgestellt. In einer gewissen Konkurrenz zu der durch die Konzentrik bewirkten Zentrierung der Aussage auf die Beschneidung steht jedoch die durch ihre den Rahmen der priesterschriftlichen Komposition sprengende Breite angezeigte Verschiebung des Aussagegewichtes hin auf die zweite Gottesrede V.3b–8*, wodurch gerade die (durch P^g neu hinzugefügte) Verheißung einer b^{e}rît für Abraham und seine Nachkommen in V.7+8* eine Hervorhebung erfahren hat.[97] Das so mit Hilfe der Kompositionsstruktur zum Ausdruck gebrachte Spannungsverhältnis im Blick auf die zu b^{e}rît gemachten Aussagen, worin zweifelsohne das Hauptproblem der priesterschriftlichen Erzählschicht in Gen 17 liegt,[98] ist als solches von P^g wohl beabsichtigt, wie gerade der in der

---

[96] Zur Kompositionsstruktur von Gen 17 vgl. schon die einschlägigen Beobachtungen in der Anm. 4 angeführten Literatur, die jedoch entsprechend der hier vorausgesetzten Ausgrenzung des priesterschriftlichen Textbestandes zu modifizieren sind. – Im Zusammenhang mit der beabsichtigten Aussage dürfte das Fehlen eines eigentlichen Ausführungsberichtes (vgl. demgegenüber die redaktionellen Aussagen in V.23 und 27) zu sehen sein.

[97] Gerade angesichts der im ganzen ausbalancierten Kompositionsstruktur von Gen 17* ist die Dominanz der zweiten Gottesrede V.3b–8* ein auffälliges Phänomen, zumal diese nicht einfach aus der Bindung an die vorgegebene Tradition resultiert, sondern als solche erst von P^g selbst bewirkt worden ist. Dem auf diese Weise V.3b–8* im Rahmen der Komposition von Gen 17* zukommenden Gewicht entspricht auf der anderen Seite der das ganze priesterschriftliche Werk im Blick habende Aussagehorizont von V.7+8*, der in wirkungsvollem Kontrast zu dem auf den Rahmen der Abrahamgeschichte beschränkten Horizont der auf die Geburt Isaaks bezogenen Aussagen in der hinteren Texthälfte (V.15–21*) steht.

[98] Die nähere Bestimmung dieses Spannungsverhältnisses ist grundlegend für das Gesamtverständnis der priesterschriftlichen Erzählschicht in Gen 17; vgl. in diesem Zusammenhang die sich grundsätzlich unterscheidenden Positionen von J.J.P. VALETON, Bedeutung und Stellung des Wortes b^{e}rît im Priestercodex, ZAW 12 (1892) 1–22 (4–9)

Abfolge der Gottesreden mehrfach begegnende, wenn auch damit nicht unbedingt kongruente Mechanismus, daß eine Zusage nicht nur verheißen, sondern zugleich aktuell gesetzt wird, nahezulegen scheint.[99]

(2) Vor dem Hintergrund der $b^e r\hat{\imath}t$-Aussagen in V.1–8*, wo damit immer eine einseitige und definitive Zusage Gottes gemeint ist, erscheint die Redeweise vom „Bewahren meiner $b^e r\hat{\imath}t$" in V.10aα fremdartig, ohne daß damit aber für V.10aα notwendigerweise ein anderes $b^e r\hat{\imath}t$-Verständnis als in den voraufgehenden Versen vorausgesetzt werden müßte.[100] Ist schon aufgrund der priesterschriftlichen Herkunft von V.9aα.(9aβ).10aαb.11 ein vom sonstigen Vorkommen bei P^g sich unterscheidender Bedeutungsgehalt von $b^e r\hat{\imath}t$ hier nur wenig wahrscheinlich, so deutet nicht zuletzt die enge Beziehung zwischen V.7a* und 10aα („mein Bund zwischen mir und dir und deinem Samen nach dir" bzw. „... und euch und deinem Samen nach dir"; vgl. auch V. 9aβ) darauf hin, daß mit der in V.10aα (vgl. auch V.9aβ) genannten $b^e r\hat{\imath}t$ nichts anderes als die Verheißungs$b^e r\hat{\imath}t$ von V.7a* gemeint sein kann.[101] Inhalt der von Abraham und seinen Nachkommen zu bewahrenden $b^e r\hat{\imath}t$ ist die V.10b+11a angeordnete Beschneidung, die in der zu V.10aα korrespondierenden abschließenden Aussage V.11b als ʾôt $b^e r\hat{\imath}t$ bezeichnet wird.[102] Es liegt in V.10aα (vgl. V.9aβ) jedoch weder Begriffsverwirrung noch verkürzte Ausdrucksweise vor. Vielmehr dürfte das absolut gebrauchte Nomen $b^e r\hat{\imath}t\hat{\imath}$ hier gegenüber der Wortverbindung ʾôt $b^e r\hat{\imath}t$ in V.11b ganz bewußt gewählt sein. Wird die Entsprechung der die Beschneidungsanordnung rahmenden Aussagen V.10aα und 11b zu Gen 9,12a und 13b beachtet, dann geht es V.10aαb+11 – analog zur Noach$b^e r\hat{\imath}t$ – um das Problem des Wirksamwerdens der in V.7+8* verheißenen $b^e r\hat{\imath}t$.[103] Da

---

und R. KRAETZSCHMAR, Die Bundesvorstellung im Alten Testament in ihrer geschichtlichen Entwicklung, Marburg 1896, 189–192, die ihrerseits jeweils Nachfolger gefunden haben.

[99] Vgl. dazu vor allem die wichtigen Beobachtungen von GROSS, Bundeszeichen, 111–115 und DERS., Zukunft, 57ff; ebenso wie V.4a dürfte auch die Funktion (Koinzidenz) der gleichfalls mit *hinneh* eingeleiteten Aussage in V.20a* zu bestimmen sein (zur präsentischen Bedeutung der Perfekta in V.20a* vgl. nur JACOB, Genesis, 429).

[100] Dies wäre nur dann der Fall, wenn der Ausdruck šmr ʾæt-$b^e r\hat{\imath}t\hat{\imath}$ in V.10aα im deuteronomistischen Verständnis als Halten der Bundesverpflichtungen zu interpretieren wäre (vgl. Ex 19,5; 1 Kön 11,11; Ps 132,12; vgl. auch Ps 78,10), was jedoch angesichts der Eliminierung der Kategorie des Sinaibundes, worauf der Ausdruck bei Dtr allem Anschein nach bezogen ist (vgl. nur Ex 19,5), im Rahmen des priesterschriftlichen Werkes wenig wahrscheinlich ist.

[101] Vgl. insbesondere GROSS, Bundeszeichen, 113 und DERS., Zukunft, 59 ff.; außerdem WEIMAR, Verheißung, 246 ff.

[102] Bei Berücksichtigung des literarischen Zusammenhangs erscheint der von KUTSCH, Priesterschrift, 380 f. festgestellte Widerspruch im Sinngehalt von $b^e r\hat{\imath}t$ zwischen V. 10aα und 11b nicht zwingend.

[103] Vgl. dazu vor allem GROSS, Bundeszeichen, 113 f. und DERS., Zukunft, 59 ff.

dieses durch den Vollzug der Beschneidung geschieht, kann in V.10aα (ebenso V.9aβ) durchaus vom „Bewahren meiner $b^e r\hat{\imath}t$" gesprochen werden.[104] Ist die Beschneidung vollzogen, kann sie zugleich auch als „Zeichen der $b^e r\hat{\imath}t$" (V.11b) bezeichnet werden, insofern sie – wie auch der Bogen in den Wolken – Gott an seine dem Abraham gegebenen Zusagen erinnert.[105] Das „Bewahren meiner $b^e r\hat{\imath}t$" meint so im Rahmen des priesterschriftlichen Erzählzusammenhangs nicht die Beobachtung irgendwelcher Vorschriften und Gebote, sondern einzig den Vollzug der Beschneidung, wodurch die in V.7+8* dem Abraham und seinen Nachkommen verheißene $b^e r\hat{\imath}t$ aktuell und wirksam wird.[106] Der Primat der göttlichen Gnade bleibt damit gewahrt. Die Gültigkeit der „Bundeszusagen" ist nicht von menschlicher Gebotserfüllung abhängig, sondern einzig und allein von der Treue Gottes zu seinen einmal gegebenen Zusagen.[107]

(3) Ein gegenüber der vorpriesterschriftlichen Tradition veränderter Stellenwert kommt auf der Ebene der priesterschriftlichen Redaktion der Mehrungsverheißung zu. Das durch V.2b und 6aα schon angelegte System der rückläufigen Zitation der Segensverben erfährt bei P^g eine planvolle Weiterführung (V.16aα* und 20a*),[108] wodurch nicht nur die Folge der Gottesreden in Gen 17* kunstvoll miteinander verklammert erscheint, son-

---

[104] Im Unterschied zur Noach$b^e r\hat{\imath}t$, wo der Bogen in den Wolken das von Gott einmal gesetzte und für immer gültige „Zeichen der $b^e r\hat{\imath}t$" ist (Gen 9,12–15*), ist die Beschneidung ein vom Empfänger der $b^e r\hat{\imath}t$ zu setzender Akt. Von daher erklärt sich dann auch die Differenz zwischen den (schon formal) verwandten Aussagen Gen 9,12a und 17,10aα („Dies ist das Zeichen der $b^e r\hat{\imath}t$, die ..."||„Dies ist meine $b^e r\hat{\imath}t$, die ...").

[105] Zur Beschneidung als Erinnerungszeichen für Gott vgl. FOX, Sign, 594–596; ähnlich auch E. ZENGER, Gottes Bogen in den Wolken. Untersuchungen zur Komposition und Theologie der priesterschriftlichen Urgeschichte (SBS 112), Stuttgart 1983, 44 f.150. – Daß die Beschneidung als ein Erinnerungszeichen für Gott zu interpretieren ist, auch wenn im Gegensatz zu Gen 9,12–15* ein Zweck des Zeichens selbst nicht angegeben ist, ergibt sich nicht zuletzt aufgrund des größeren priesterschriftlichen Erzählzusammenhangs (vgl. die auf Gen 17* rückverweisenden Aussagen von Ex 2,24b und 6,5b). In dieser Funktion unterscheidet sich die „Zeichenhaftigkeit" der Beschneidung deutlich von der des Bewahrens des Sabbats (Ex 31,13), was nochmals die literargeschichtlich andere Herkunft dieser Aussage unterstreicht (vgl. auch Anm. 38).

[106] Anders etwa WESTERMANN, Genesis 17, 76 f. und DERS., Genesis II, 316.318 f. – Dementsprechend ist auch die zuweilen vertretene Annahme, daß Gen 17 ein Vertragscharakter zugrundeliege (vgl. vor allem KÜLLING, Datierung, 240–249 und M.G. KLINE, By Oath Consigned. A Reinterpretation of the Covenant Signs of Circumcision and Baptism, 1968, 39–43), als verfehlt zu betrachten (zur Kritik vgl. nur CORTESE, Terra, 95 f. und VANDEVELDER, Form, 297 f. Anm. 2). Unverkennbar andere Akzente setzen demgegenüber die nachpriesterschriftlich anzusetzenden redaktionellen Bearbeitungen in Gen 17.

[107] Darin wird zugleich auch eine Akzentverlagerung gegenüber der von P^g rezipierten Tradition V.1–4a.6.22 erkennbar.

[108] Vgl. dazu schon Anm. 90.

dern im Übergang von Abraham zu Isaak zugleich auch die Kontinuität der Segensverheißung angezeigt ist.[109] Bedeutsam für das Verständnis der Mehrungsverheißung im Rahmen des priesterschriftlichen Erzählzusammenhangs in Gen 17* ist jedoch, daß sie – im Gegensatz zur vorpriesterschriftlichen Tradition – durch ihre Isolierung gegenüber den $b^e rît$-Aussagen aus ihrer beherrschenden Position verdrängt worden ist,[110] wobei die Eigenständigkeit der Segensverheißung gegenüber der Zusage einer $b^e rît$ mit Abraham in Zusammenhang stehen wird mit der umgreifenderen erzählerischen Systematik des priesterschriftlichen Werkes.[111] Bewirkt worden ist die Ablösung der Mehrungsverheißung aus ihrer Bindung an die $b^e rît$-Zusage, als deren zentraler Inhalt sie in der vorpriesterschriftlichen Tradition genannt ist, durch Einfügung von V.4b+5, womit zugleich auch thematisch neue Akzente gesetzt werden.[112] Bedeutsam erscheint dabei vor allem der von P^g hergestellte Zusammenhang zwischen der aktuell geschehenden $b^e rît$-Setzung (V.4a) und der „Amtseinsetzung" Abrahams zum

---

[109] Im Gegensatz zur Verheißung einer $b^e rît$, die im Rahmen der priesterschriftlichen Vätergeschichte nur Abraham zukommt, ist die Segensverheißung bzw. Segenszusage ein alle drei Väter gleichermaßen auszeichnendes Element, worin wohl eine – in einer gewissen Spannung zur zweiteiligen Komposition der Vätergeschichte (vgl. dazu WEIMAR, Struktur II, 157 f.) – systematisierende Tendenz erkennbar wird, wie sie in anderer Form – unter der Leitkategorie der $b^e rît$ – in Ex 6,3+4 explizit angesprochen ist (zum Prozeß der Systematisierung vgl. auch WEIMAR, Untersuchungen, 96–103).

[110] Ein „Vorrang der Mehrungsverheißung" (WESTERMANN, Genesis 17, 169 f. und DERS., Genesis II, 316) ist bei Berücksichtigung der entstehungsgeschichtlichen Problematik von Gen 17 wie bei Beachtung der kompositorischen Technik innerhalb des priesterschriftlichen Werkes nicht anzunehmen (vgl. auch schon die kritischen Anmerkungen bei BLUM, Komposition, 421).

[111] Näherhin wäre in diesem Zusammenhang die tragende Bedeutung der Segensverheißung innerhalb des *ganzen* ersten Teils des priesterschriftlichen Werkes (vgl. nur die „Schöpfungs"- wie Vätergeschichte im Blick habende Schlußnotiz Ex 1,7*) zu beachten, wohingegen die bei Noach und Abraham eingeführte Kategorie der $b^e rît$ erzählerisch im eigentlichen Sinne erst zum Tragen kommt innerhalb des zweiten Teils des priesterschriftlichen Werkes (vgl. vor allem Ex 6,2–8 als Scharnierstelle).

[112] Vgl. nur die Ausblendung der Königserwartung in V.4b+5 gegenüber V.6, was eine Verbindung von V.4b+5 mit den genuin priesterschriftlichen Aussagen Gen 28,3 und 48,4* (vgl. die Ersetzung von $q^e hal\ gôjim$ Gen 35,11 durch $q^e hal\ ^c ammîm$) nahelegt (angesichts der Annahme einer literargeschichtlichen Differenzierung zwischen Gen 35,11 einerseits sowie Gen 28,3 sowie 48,4* andererseits wird man den Bedeutungsgehalt von $^c ammîm$ nicht einfach mit $gôjim$ gleichsetzen dürfen, anders BLUM, Komposition, 456 Anm. 46; zur Völker-Könige Verheißung bei P vgl. GROSS, Hoffnung, 89–98). Daß in V.4b+5 trotz des Fehlens einer ausdrücklichen Königserwartung dennoch $gôj$ und nicht $^c am$ verwendet ist, könnte zum einen durch den vorgegebenen literarischen Zusammenhang in Gen 17, zum anderen aber auch aufgrund der Korrespondenz von Gen 17* zu Gen 35,9–13+15 bedingt sein.

II. Gen 17 als redaktionelle Texteinheit

„Vater einer Menge von Völkern" (V.5bβ).[113] Angesichts der funktionalen Entsprechung von V.4+5 („Vater einer Menge von Völkern") und V.10+11 (Beschneidung) erscheint die Annahme eines auch thematischen Bezuges zwischen der Einsetzung Abrahams zum „Vater einer Menge von Völkern" und dem Vollzug der Beschneidung naheliegend.[114]

(4) Auf der Ebene der priesterschriftlichen Redaktion ist die Mehrungsverheißung insbesondere durch die Verheißung einer weiteren $b^e r\hat{\imath}t$ in V.7+8* überlagert worden, als deren Inhalt die beiden Verheißungen der Gabe des Landes sowie eines neuen Gottesverhältnisses genannt sind. Die von P^g dabei beabsichtigte Akzentuierung der in beiden Versen gemachten Verheißungszusagen wird schon anhand der sorgfältigen literarischen Konstruktion mit streng paralleler Zuordnung der einzelnen Glieder erkennbar. Als Hauptinhalt der dem Abraham und seiner Nachkommenschaft verheißenen $b^e r\hat{\imath}t$ erscheint so die Gabe des Landes, deren inneres Ziel jedoch in der Ansage des neuen Gottesverhältnisses zu sehen ist.[115] Die Bedeutung beider Aussagen im Blick auf die priesterschriftliche Geschichtsdarstellung wird nicht allein durch die Technik expliziter Querverweise auf V.7+8* angezeigt,[116] sondern darüber hinaus auch durch die am Modell

---

[113] Die in V.5bβ begegnende Form der Aussage *(ntn + doppeltes Objekt)*, mit der die Einsetzung in ein Amt ausgedrückt ist (vgl. JACOB, Genesis, 416 f. und McEVENUE, Narrative Style, 166), hat im Rahmen von P^g eine Entsprechung in Ex 7,1 (vgl. dazu WEIMAR, Untersuchungen, 199), wodurch die „Amtseinsetzungen" von Abraham und Mose parallelisiert erscheinen. Die Korrespondenz der Aussagen Gen 17,5bβ und Ex 7,1aβ kann als weiteres Indiz für die literarische Entsprechung von Gen 17* und Ex 6,2–12+7,1–7* gewertet werden.

[114] Auf einen Zusammenhang zwischen V.4+5 und 9+10*.11 deuten mehrere Einzelheiten (vgl. nur die Verheißung des Namens Abraham V.5abα und seine erstmalige Verwendung V.9aα). Daß die Vaterschaft Abrahams angesichts der ungewöhnlichen und nur in V.4b und 5bβ begegnenden Konstruktusform $\rhoab$ statt $\rhobî$ „in übertragenem, geistig-leiblichem" Sinne zu verstehen sei, darauf hat m.E. zu Recht JACOB, Genesis, 417 f. hingewiesen.

[115] Zwischen den als Inhalt der $b^e r\hat{\imath}t$ in V.7+8* angegebenen beiden Verheißungszusagen besteht ein genau ausbalanciertes Verhältnis, dessen Nichtbeachtung zwangsläufig zu einer einseitigen Verschiebung der Gewichte führen muß (vgl. G.C. MACHOLZ, Israel und das Land. Vorarbeiten zu einem Vergleich zwischen Priesterschrift und deuteronomistischem Geschichtswerk, Diss. habil. Heidelberg 1969, 57 f.; WESTERMANN, Genesis 17, 70 f.; DERS., Genesis II, 307.316; VAN SETERS, Abraham, 289, für die der Landverheißung ein geringeres Gewicht gegenüber der Verheißung eines neuen Gottesverhältnisses zukommt). Zum sachlichen Zusammenhang beider – auch für die Bestimmung der Intention der priesterschriftlichen Geschichtsdarstellung grundlegenden – Aussagen vgl. B. JANOWSKI, Sühne als Heilsgeschehen. Traditions- und religionsgeschichtliche Studien zur priesterschriftlichen Sühnetheologie (WMANT 55), Neukirchen-Vluyn ²2000, 324 Anm. 278.

[116] Eine Übersicht über die entsprechenden Belege findet sich bei WEIMAR, Untersuchungen, 106–111 (Landgabe) und 131–137 (neues Gottesverhältnis).

von Abraham- und Jakobgeschichte sich orientierende Kompositionsstruktur des zweiten Teils des priesterschriftlichen Werkes,[117] wodurch die Geschehensfolge des ganzen zweiten Teils (Exodus – Sinai – Landgabe) an die dem Abraham verheißene $b^e r\hat{\imath}t$ als deren Einlösung rückgebunden ist.[118]

Die damit auf der Ebene der priesterschriftlichen Redaktion gegenüber der von P^g rezipierten Tradition in Gen 17 zu beobachtenden Verschiebungen im Aussagegefälle sind unverkennbar, wohinter allem Anschein nach Veränderungen der zeitgeschichtlichen Problemlage erkennbar werden.[119]

3. Erste nachpriesterschriftliche Redaktion (P^s)

Für die Interessenlage der ersten nachpriesterschriftlichen Redaktion (V. 9b*.[10aβ].12a.13b.14aαb) ist allein schon ihre Beschränkung auf den Zusammenhang der Gottesrede V.9–14 (Beschneidung) kennzeichnend. Die auf dieser Textebene geschehende Neuinterpretation wird sowohl anhand der neu eingetragenen bzw. entsprechend adaptierten Rahmenaussagen V. 9aβb und 14aαb als auch anhand der näheren Ausführungsbestimmung in V.12a und 13b greifbar.[120] Neben der Tendenz, den Ritus der Beschneidung selbst genauer festzulegen, ist für die vorliegende Bearbeitung allem Anschein nach ein etwas anderes $b^e r\hat{\imath}t$-Verständnis gegenüber den (vor-)priesterschriftlichen Aussagen kennzeichnend, wie es insbesondere durch die in deutender Funktion stehenden Rahmenaussagen V.9aβb (ʾæt-$b^e r\hat{\imath}t\hat{\imath}$ tišmor) und V.14aαb (ʾæt-$b^e r\hat{\imath}t\hat{\imath}$ hepar) angezeigt ist.[121] Hierdurch verschieben sich die Gewichte mehr auf die menschliche Gehorsamstat

---

[117] Dazu vgl. WEIMAR, Struktur II, 146–148.

[118] In diesem Zusammenhang ist auch die Eliminierung der Sinai$b^e r\hat{\imath}t$ bei P^g bedeutsam; dazu vgl. vor allem die grundlegenden Beobachtungen von W. ZIMMERLI, Sinaibund und Abrahambund. Ein Beitrag zum Verständnis der Priesterschrift, ThZ 16 (1960) 268–280 = DERS., Gottes Offenbarung. Gesammelte Aufsätze zum Alten Testament (TB 19), München 1963, 205–216.

[119] Vgl. dazu die entsprechenden Hinweise bei WEIMAR, Meerwundererzählung, 232–237.

[120] Hinsichtlich ihrer Struktur stellt sich die „Beschneidungsordnung" V.9–14* als ein vierteiliges literarisches Gebilde dar (V.9aβb – 10+11||12a+13b – 14aαb), wobei die durch die funktional wie thematisch verwandten Aussagen V.11b und 13b (vgl. dazu Anm. 40) jeweils abgeschlossenen Einzelanweisungen (V.10+11||12a+13b) in den einander zugeordneten Aussagen V.9aβb und 14aαb eine Rahmung erfahren haben (vgl. dazu Anm. 45).

[121] Im Blick auf das für P^g charakteristische $b^e r\hat{\imath}t$-Verständnis verdienen nicht nur die kompositorisch zueinander in Beziehung gesetzten Wendungen šmr bzw. heper $b^e r\hat{\imath}t$ in V.9aβb und 14aαb Beachtung (zu heper $b^e r\hat{\imath}t$ vgl. vor allem W. THIEL, HEPER BERIT. Zum Bundbrechen im Alten Testament, VT 20 [1970] 214–229), sondern auch die literarisch auf der gleichen Ebene liegende Aussage V.13b.

hin[122]. Entsprechend wird $b^e rît$ eher im Sinne einer auferlegten Verpflichtung zu verstehen sein.[123] Insofern macht sich in der älteren nachpriesterschriftlichen Bearbeitung von Gen 17 zumindest eine Verschiebung des Aussagegewichts gegenüber der genuin priesterschriftlichen Interpretation bemerkbar[124]. Die gnadentheologische Dimension der priesterschriftlichen Abraham$b^e rît$ wird durch die sekundär priesterliche Bearbeitung (P^s) im Sinne eines stärker gesetzlichen Verständnisses der Beschneidungsordnung (Bundesverpflichtung) zurückgenommen.

4. Zweite nachpriesterschriftliche Redaktion (R^P)

Eine nochmalige Verschiebung der Aussageintention ist auf der Ebene der abschließenden redaktionellen Bearbeitung von Gen 17 eingetreten, bezeichnenderweise ohne daß hier aber die Tendenz einer „Ritualisierung" weitergeführt wäre.

(1) Kennzeichnend für das innere Gefälle der zweiten nachpriesterschriftlichen Bearbeitung ist schon die Verteilung der auf sie zurückgehenden redaktionellen Zusätze, die im wesentlichen gerade nicht – und damit im Gegensatz zur ersten nachpriesterschriftlichen Bearbeitung – bei der „Beschneidungsordnung" (V.9–14), sondern bei den Verheißungszusagen ansetzen. Aber auch den beiden die „Beschneidungsordnung" betreffenden redaktionellen Zusätzen V.12b+13a und 14aβ kommt primär nicht eine den Ritus der Beschneidung selbst weiter festlegende, sondern vor allem eine theologisch deutende Funktion zu.[125] Infolge der redaktionellen Bearbeitung ist zudem eine entschiedene Gewichtsverlagerung auf die zweite Kapitelhälfte hin eingetreten (vgl. die Zusätze in V.16aβ.16ba* [nur *uberaktîhā*].16bβ.17b.19b.20aα* [nur *ûl^{e}jišma^{c}e$^{\circ}$l š^{e}ma^{c}îkā*].20b.21.23. 27), wohingegen die erste Kapitelhälfte von redaktionellen Hinzufügungen nur am Rande betroffen ist (nur V.7aβ [*l^{e}dorotām librît ^{c}ôlām*] und 8aβ).

---

[122] Vgl. KÖCKERT, Leben, 85 f.
[123] Vgl. auch KUTSCH, Priesterschrift, 379.
[124] Vgl. KÖCKERT, Leben, 86: „Zwar bleibt die Vorordnung der unverbrüchlichen Verheißung Gottes gewahrt, doch bietet die starke Gewichtung der Unverbrüchlichkeit menschlicher Gehorsamstat (ברים עולם) genug Anlaß, gesetzlich verstanden werden zu können."
[125] Im Blick auf eine Wertung der Aussagen in V.12b+13a ist eine unverkennbare Konzentration der darin vorkommenden Ausdrücke auf Gen 17 sowie Ex 12,43+44 im Rahmen der Pesachbestimmungen zu beachten (*j^{e}lid bājit* Gen 14,14; 17,12b.13a.23.27; Lev 22,11; *miqnat-kæsæp* Gen 17,12b.13a.23.27; Ex 12,44; *bæn-nekār* Gen 17,12b.27; Ex 12,43; Lev 22,25), was zweifelsohne theologische Akzentsetzung verrät (vgl. zudem auch die analoge Position innerhalb der Komposition von Genesis- bzw. Exodusbuch). Eine theologisch deutende Funktion wird auch der Wendung *w^{e}nikr^{e}tāh hannæpæš hahî$^{\circ}$ me^{c}ammæhā* in V.14aβ, mit der eine göttliche Strafe gemeint sein wird, zukommen (zu Vorkommen und Deutung der Wendung vgl. nur JACOB, Genesis, 425 f.).

Damit zusammenhängend hat sodann auch die Komposition von Gen 17 eine Umstrukturierung im Sinne der Parallelisierung zweier Handlungsabläufe (V.1–14||15–27) erfahren.[126] Die Umschichtung der literarischen Struktur des Textes gegenüber dem priesterschriftlichen Erzählzusammenhang ist vor allem durch die infolge der redaktionellen Zusätze V.12b+13a sowie V.23 und 27 bewirkte Zuordnung der Textabschnitte V.9–14 und 23–27 nach dem Schema Befehl – Ausführung angezeigt.[127] Thematisch wird diese Umschichtung mit der auf der vorliegenden Redaktionsstufe ab V.15 entscheidend in den Vordergrund tretenden Sohnesverheißung zusammenhängen.

(2) Nicht unabhängig von der erzählerischen Neustrukturierung von Gen 17 ist auch das gerade auf der Ebene der zweiten nachpriesterschriftlichen Redaktion erkennbar werdende Bemühen um einen Ausgleich bzw. um eine Verklammerung der priesterschriftlichen Erzähltradition in Gen 17 mit dem der nicht-priesterschriftlichen Tradition entstammenden Textzusammenhang zu werten (vgl. nur die auf Gen 18,13+14 vorblickenden Aussagen in V.17b und 21), was durchaus eine Identifizierung der jüngsten Redaktionsschicht in Gen 17 mit R^P wahrscheinlich macht.[128] In Übereinstimmung mit der Aufgliederung des Kapitels in zwei parallele Handlungsabläufe bestehen Entsprechungen zwischen V.1–8 und Gen 15 einerseits sowie V.15–22 und Gen 18 andererseits.[129] Von anderer Art sind dagegen die gleichfalls zwischen Gen 16 und 17 bestehenden Entsprechungen, durch die nach dem Muster Problemanzeige – Problemlösung die beiden Textabschnitte Gen 16,1–16 und 17,15–27 einander zugeordnet

---

[126] Vgl. dazu vor allem MCEVENUE, Narrative Style, 158 f. – Die Parallelisierung zweier Handlungsabläufe in Gen 17 wird jedoch nicht als ein zum konzentrischen Aufbau komplementäres Gliederungssystem zu verstehen sein, sondern als ein konkurrierendes, da es nicht auf der gleichen Textebene anzusiedeln ist.

[127] Die Umschichtung der literarischen Struktur innerhalb von Gen 17 ließe sich noch durch eine Reihe weiterer Beobachtungen sichtbar machen (vgl. nur die kompositorische Entsprechung der Verheißungsreden V.3b–8 und 19–21, in denen jeweils die Mehrungsverheißung gegenüber der $b^e r\hat{\imath}t$-Verheißung bzw. Zusage eine zentrale Stellung einnimmt [4+5/6/7+8 bzw. 19/20/21], aber auch die Schaffung eines zugleich thematischen Neueinsatzes in V.15+16), wobei die in diesem Zusammenhang relevanten Erscheinungen als solche erst auf die Hand der vorliegenden redaktionellen Bearbeitung zurückgehen.

[128] Sind die Berührungspunkte bzw. Entsprechungen zwischen Gen 17 und den Nachbartexten als auch literargeschichtlich zusammenhängend zu beurteilen (zu Gen 18,13+ 14 vgl. schon Anm. 64), dann kann darin nicht in erster Linie ein Hinweis auf eigenständige Weiterführung vorgegebener Erzähltraditionen durch eine priester(schrift)lich bestimmte Überlieferungsschicht, sondern eher der Versuch gesehen werden, neben einem Ausgleich von Traditionen unterschiedlicher Herkunft auch thematische Zusammenhänge sichtbar zu machen.

[129] Vgl. die entsprechenden Beobachtungen bei MCEVENUE, Narrative Style, 149–155; OLIVA, Revelaciones, 3–5; VAN SETERS, Abraham, 281–285.

II. Gen 17 als redaktionelle Texteinheit 215

sind, womit die beiden Kapitel Gen 16 und 17 als eine literarisch wie thematisch geschlossene Erzählfolge gegenüber dem Textzusammenhang zu bestimmen sind.[130] Demgegenüber zeigen die zwischen Gen 17 sowie Gen 15 und 18 bestehenden Entsprechungen eher kompositorische Zusammenhänge übergreifender Art an, wobei die jeweiligen Erzählkomplexe thematisch jedoch ihre Eigenständigkeit behalten.[131] Die innerhalb von Gen 17 zu konstatierenden literarisch-strukturellen Querverbindungen verweisen somit gerade auf die beiden zu Gen 16,1–17,27 benachbarten Texteinheiten Gen 15 und 18, so daß darin eine thematisch geschlossene dreistufige Erzählfolge gesehen werden kann.[132]

(3) Durch die auf die weit jüngere nachpriesterschriftliche Bearbeitung zurückgehenden Zusätze bekommt der überlieferte Text zugleich eine neue Aussageperspektive. Eine Aufwertung erfährt die Sohnesverheißung aufgrund ihrer Einfügung in V.16aβ zu Beginn eines neuen Textabschnitts, wobei der thematische Akzent, um derentwillen sie geschehen ist, in der zweifelnden Frage V.17b greifbar wird, die angesichts der Unfruchtbarkeit Saras (Gen 11,30 und 16,1a) das Problem der Allmacht Gottes artikuliert

---

[130] Abgesehen von Entsprechungen allgemein thematischer Art (Unfruchtbarkeit Saras und Verheißung der Geburt Ismaels), die schon für den Grundbestand der Erzählung in Gen 16 als bestimmend anzusehen sind (zur Analyse von Gen 16 vgl. etwa E.A. KNAUF, Ismael. Untersuchungen zur Geschichte Palästinas und Nordarabiens im 1. Jahrtausend v.Chr. [ADPV], Wiesbaden 1985, 25–35), ist der Gesamterzählzusammenhang von Gen 16 von R^P bewußt auf Gen 17,15–27 hin ausgerichtet worden (vgl. nur die wohl auf R^P zurückgehende Einfügung der Mehrungsverheißung in Gen 16,10), wodurch Gen 16 und 17 ganz bewußt zu einer dreiteiligen Erzählfolge zusammengeschlossen sind (Gen 16,1–16 Unfruchtbarkeit Saras + Geburt Ismaels / 17,1–14 Verheißung einer $b^e r \hat{\imath} t$ an Abraham + Gebot der Beschneidung / 17,15–27 Sohnesverheißung an Sara + Beschneidung). Das kompositorische Gestaltungsmuster, das der aus dem Rahmen des Genesisbuches auszugrenzenden Texteinheit Gen 16,1–17,27 zugrundeliegt, unterstreicht die zentrale Bedeutung der Abraham$b^e r \hat{\imath} t$.

[131] Deutliche Spuren einer auf R^P zurückgehenden redaktionellen Bearbeitung lassen sich nicht nur in Gen 16,1–17,27, sondern auch in Gen 15 und 18 beobachten, wobei der Anteil von R^P in beiden Fällen höher zu veranschlagen ist, als gemeinhin angenommen wird (zu Gen 15 vgl. vorläufig noch WEIMAR, Meerwundererzählung, 140 f. Anm. 83; zur Analyse selbst näherhin DERS., Genesis 15. Ein redaktionskritischer Versuch, in: Die Väter Israels. Beiträge zur Theologie der Patriarchenüberlieferungen im Alten Testament [FS J. Scharbert], hg. von M. Görg, Stuttgart 1989, 361–411; Beobachtungen zur Entstehungsgeschichte von Gen 18 sollen in anderem Zusammenhang vorgelegt werden).

[132] Die entsprechenden Zusammenhänge müßten durch eine umgreifendere Analyse der Komposition des Genesisbuches erschlossen werden, wozu einschlägige Untersuchungen bislang noch weithin fehlen (vgl. nur die diesbezüglichen Beobachtungen bei BLUM, Komposition); die der Komposition des Genesisbuches zugrundeliegenden Gesetzmäßigkeiten entsprechen m. E. weitgehend den für die Komposition des Exodusbuches bestimmenden Strukturen (vgl. dazu P. WEIMAR-E. ZENGER, Exodus. Geschichten und Geschichte der Befreiung Israels [SBS 75], Stuttgart ²1979, 11–15 sowie zuletzt – mit weiteren Differenzierungen – WEIMAR, Meerwundererzählung, 5–20).

(vgl. die mit V.17b literargeschichtlich auf einer Ebene liegende Aussage Gen 18,14). Eine Aufwertung bzw. Neuakzentuierung erfährt auch die Völker-Könige-Verheißung durch die Einfügung von V.16bβ (vgl. nur die Wortverbindung *malkê ʿammîm* mit V.16aβb), die in Zusammenhang mit der auf die gleiche Hand zurückgehenden Einfügung des Ausdrucks *bᵉrît ʿôlām* (V.7aβ und 19b [13b]) zu sehen sein wird, was vor allem dann gilt, wenn die Einführung des Ausdrucks *bᵉrît ʿôlām* in Gen 17 als von der Davidbundtradition beeinflußt zu verstehen ist.[133] Angesichts bestehender Zusammenhänge mit prophetischen Heilserwartungen der exilisch-nachexilischen Zeit von der Wiederaufrichtung des davidischen Königtums (vgl. vor allem Ez 37,24–28)[134] kommt sowohl der Verheißung eines „ewigen Bundes" als auch der Königserwartung in Gen 17 eine eschatologische Dimension zu. Vor dem Hintergrund einer derartigen Erwartung bekommt auch die in der Einbeziehung nichtisraelitischer Sklaven „eine gewisse Offenheit" verratende Bestimmung V.12b+13a (vgl. auch die damit zusammenhängenden Ausführungsnotizen V.23 und 27) ihr Gewicht.[135] In Verbindung damit dürfte sodann auch die durch redaktionelle Zusätze in V.19b, 20aα*, 20b und 21 bewirkte Zuordnung wie Abgrenzung von Ismael und Isaak zu sehen sein, wobei die durch die Übertragung der ursprünglich auf Isaak bezogenen Segensverheißung angezeigte Aufwertung Ismaels (V.20aα* und 20b)[136] und die durch die bewußt kontrastierend zur Segensverheißung eingeführte Verheißung einer *bᵉrît* geschehende Hervorhebung Isaaks (V. 19b und 21) als ein korrespondierender Vorgang zu verstehen ist.

III. Gen 17* als Zentrum der priesterschriftlichen Abrahamgeschichte

1. Stellung von Gen 17 im Rahmen der priesterschriftlichen Abrahamgeschichte

Die schon aufgrund der redaktionskritischen Analyse von Gen 17 sich nahelegende Vermutung, daß die priesterschriftliche Textschicht (P^g) – im

---

[133] Vgl. dazu R.E. CLEMENTS, Abraham und David. Genesis XV and its Meaning for Israelite Tradition (SBT II/5), London 1967, 71 f.; W.P. WOOD, The Congregation of Yahweh: A Study of the Theology and Purpose of the Priestly Document, Diss. Union Theological Seminary Richmond, Virginia 1974, 71 f. sowie H. CAZELLES, Les structures successives de la »berit« dans l'Ancien Testament, BCPE 36 (1984) 33–46 (41).

[134] Vgl. nur PROCKSCH, Genesis, 518 und BLUM, Komposition, 458.

[135] Zu V.12b+13a vgl. WESTERMANN, Genesis II, 321.

[136] Vgl. die wohl im Anschluß an V.6aβ (*ûnᵉtattîkā*) und Gen 12,2a (*lᵉgôj gādôl*) formulierte Aussage von V.20bβ.

III. Gen 17* als Zentrum der priesterschriftlichen Abrahamgeschichte 217

Gegensatz zur jüngeren nachpriesterschriftlichen Redaktion (R^P) – nicht unmittelbar im Blick auf den vorgegebenen Rahmen der Abrahamgeschichte hin komponiert, sondern vielmehr als eine eigenständige Erzähltradition zu verstehen ist,[137] kann jedoch nur dann als gesichert gelten, wenn zumindest auch die priesterschriftliche Abrahamgeschichte literarische Eigenständigkeit für sich beanspruchen darf.[138]

(1) Über den Rahmen von Gen 17* hinaus führt einerseits die Bitte für Ismael in V.18 sowie andererseits die Ankündigung der Geburt Isaaks in V.19a, so daß im Blick auf die Konstruktion der priesterschriftlichen Abrahamgeschichte sowohl eine Mitteilung der Geburt Ismaels (Gen 16) als auch der Geburt Isaaks (Gen 21,1-7) zu erwarten ist. Innerhalb von Gen 16 lassen sich als priesterschriftlich nur die gegenüber dem Textzusammenhang auszugrenzenden und untereinander zusammenhängenden Aussagen Gen 16,3* und 15+16,[139] nicht dagegen Gen 16,1(a) bestimmen.[140] Ähnlich knapp wie der Bericht über die Geburt Ismaels ist auch der über die Geburt Isaaks gehalten, der auf Gen 21,1b.2a* (ohne *lizqunâw*).3* (ohne *hannôlad-lô*).4a.5 einzugrenzen ist.[141] Beide P^g zuzurech-

---

[137] Die Engführung in der gegenwärtigen Diskussion, ob nämlich die Priesterschrift als eine „Quellenschrift" oder als eine Bearbeitung zu verstehen sei (vgl. Anm. 74), hängt z.T. wenigstens damit zusammen, daß nicht hinreichend zwischen der genuin priesterschriftlichen Erzählschicht (P^g) und den nachpriesterschriftlichen redaktionellen Erweiterungen im Stile von P (vor allem R^P) unterschieden wird.

[138] Zu den üblicherweise als priesterschriftlich angesehenen Aussagen innerhalb der Abrahamgeschichte vgl. hier nur K. ELLIGER, Sinn und Ursprung der priesterlichen Geschichtserzählung, ZThK 49 (1952) 121-143 = Kleine Schriften zum Alten Testament (TB 32), München 1966, 174-198 (174).

[139] Aufgrund der Spannungen zum Erzählzusammenhang ist eine Ausgrenzung von Gen 16,3* und 15+16 noch immer die wahrscheinlichste Annahme, wobei der unmittelbare Anschluß von Gen 16,15+16 an 3* am ehesten dahingehend zu interpretieren ist, daß es sich bei den so ausgegrenzten Aussagen um eine eigenständige Erzähltradition und nicht bloß um eine Bearbeitungsschicht handelt. Möglicherweise ist jedoch innerhalb von Gen 16,3 nicht nur *hammiṣrît* als redaktioneller Zusatz aufgrund von Gen 16,1b zu bestimmen, sondern möglicherweise auch die nur locker in den Aussagezusammenhang von Gen 16,3 eingefügte Zeitangabe Gen 16,3aβγ, wobei beide Zusätze wahrscheinlich mit R^P in Verbindung zu bringen sind.

[140] Daß die für eine Zuweisung von Gen 16,1(a) zu P^g angeführten Kriterien unzureichend sind, ist in der jüngeren Diskussion zu Recht mehrfach herausgestellt worden; vgl. nur RENDTORFF, Problem, 124; BLUM, Komposition, 315 f.; KNAUF, Ismael, 25 Anm. 108; SPECHT, Abrahamgeschichte, 404 f.

[141] Angesichts der kontrovers geführten Diskussion hinsichtlich der Ausgrenzung des priesterschriftlichen Anteils in Gen 21,1-7 sind hier zumindest die Grundzüge einer Analyse des vorliegenden Textabschnitts kurz zu begründen: 1. Gen 21,1-7 stellt sich als eine durch V.1 und 6+7 gerahmte Texteinheit dar, in deren Zentrum die Mitteilung von der Namengebung und Beschneidung Isaaks steht (V.3+4a). – 2. Kein ursprünglicher Zusammenhang ist zwischen V.5 und 6+7 anzunehmen; in der Herausstellung Saras deutet sich jedoch eine Verbindung zu V.1 und 2 an. – 3. Auf unterschiedliche Herkunft

nenden Textabschnitte – thematisch wie formal aufeinander bezogen[142] – sind literarisch eigenständig und können im Rahmen des jeweiligen Textzusammenhangs nicht als bloße Bearbeitung einer vorgegebenen älteren Erzählschicht verstanden werden.[143] Die im Blick auf die Anlage der Gottesreden in Gen 17,1–22* zu beobachtende Konzentrik setzt sich damit auch in den beiden darauf bezogenen erzählerischen Rahmenabschnitten fort.

(2) Der Gesamtrahmen der priesterschriftlichen Abrahamgeschichte läßt sich jedoch nicht auf die ausgegrenzten Textabschnitte einschränken, sondern verlangt zu ihrem erzählerischen Funktionieren die Einbeziehung weiterer Textelemente, wobei aber gegenüber den traditionell für P^g in Anspruch genommenen Aussagen Modifikationen angebracht erscheinen. Angesichts der weitgehenden Funktionslosigkeit Lots innerhalb des priesterschriftlichen Erzählzusammenhangs richten sich die Bedenken vor allem gegen die in bezug auf Lot gemachten Aussagen, die sich ungezwungener durchaus als im Blick auf den größeren Textzusammenhang gemachte redaktionelle Zusätze verstehen lassen.[144] Eine solche Interpretation der

---

deutet die Abfolge zweier Sarareden in V.6 und 7, zumal jede der beiden Reden nicht nur einen anderen Akzent trägt, sondern auch der literarische Bezug für beide Reden jeweils ein anderer ist (V.6||1 und V.7||2). – 4. Eine Spannung besteht zwischen den beiden Vershälften von V.6, insofern in ihnen jeweils – mit unterschiedlicher Akzentsetzung – der Name Isaak erklärt wird. Angesichts des thematisch zu V.7 überleitenden Charakters von V.6b wird dieser literarisch damit zu verbinden sein; eine Umstellung von V.6b nach V.7 erübrigt sich auf diese Weise. – 5. Als Dubletten gegeneinander abzugrenzen sind die beiden Vershälften von V.1. – 6. Innerhalb von V.3 ist das Nebeneinander von *hannôladlô* und des nachfolgenden Relativsatzes auffällig, wobei dieser aufgrund seiner Entsprechung zu V.2a damit literarisch auf einer Ebene liegen wird. – 7. Gegeneinander abzugrenzen sind die beiden Vershälften in V.2, wobei V.2b als ein mit Gen 17,21.23bβ sowie 18,14 zusammenhängender redaktioneller Zusatz (R^P) zu verstehen ist. In Verbindung damit wird in V.2a auch *lizqunâw* eingetragen sein (vgl. V.7b, aber auch Gen 18,11–13). – 8. Auf die gleiche Hand wie V.2b dürfte auch kompositionskritisch damit in Verbindung stehende Aussage V.4b zurückgehen, wohingegen für V.4a – trotz der Entsprechung zu Gen 17,12a (P^s) – ein Zusammenhang mit V.2a durchaus naheliegend ist. – 9. Als zusammengehörig sind die näherhin als priesterschriftlich zu qualifizierenden Aussagen V.2a*, 3*, 4a und 5 anzusehen, womit wahrscheinlich auch V.1b zu verbinden ist (der Gebrauch von Jahwe könnte hier aufgrund von Gen 17,1b geschehen sein). Eine eigenständige Tradition repräsentieren demgegenüber V.1a und 6a, wohingegen alle übrigen Aussagen in Gen 21,1–7 als redaktionelle Bildungen zu verstehen sind, die beide Traditionslinien in einen fortlaufenden Erzählzusammenhang integrieren wollen (V.2a* [nur *lizqunâw*].2b.3* [nur *hannôlad-lô*]. 4b.6b.7).

[142] Vgl. dazu nur KNAUF, Ismael, 56 f.

[143] So aufgrund unzureichender Analysen etwa RENDTORFF, Problem, 124–127 und BLUM, Komposition, 315–320.

[144] Eine erzählerisch bedeutsame Rolle spielt die Gestalt Lots – im Gegensatz zu P^g – im Rahmen der vorpriesterschriftlichen Abrahamtradition, so daß die Vermutung nahe-

Lotaussagen legt sich nicht allein aufgrund von Gen 13 nahe,[145] sondern auch in Anbetracht von Gen 11,27+31–32, wobei als Ansatzpunkte für eine entsprechende Analyse die mit dem generell als nicht-priesterschriftlich gewerteten Textabschnitt Gen 11,28–30 zusammenhängenden Aussagen Gen 11,27b sowie in Gen 11,31 gelten können.[146] Sind innerhalb von Gen

---

liegt, auf diese Weise solle ein Ausgleich zwischen der priesterschriftlichen und nichtpriesterschriftlichen Erzähltradition im Zusammenhang ihrer redaktionellen Verbindung geschaffen werden. In diese Richtung weist vor allem auch die allgemein als priesterschriftlich angesehene, dabei üblicherweise unmittelbar hinter Gen 13,12 transponierte Notiz Gen 19,29, die jedoch – wie eine Gesamtanalyse von Gen 18/19 wahrscheinlich machen könnte – als eine im Blick auf Gen 19,30–38 gestaltete Einleitung eher R^P zugeschrieben werden dürfte (zu den Bedenken gegen eine Zuordnung von Gen 19,29 zu P^g vgl. RENDTORFF, Problem, 125 f.).

[145] Innerhalb von Gen 13 werden meist V.6.11b und 12aα als priesterschriftlich ausgegrenzt, wobei die für eine Zuweisung an P^g angeführten Gründe (vgl. vor allem den Hinweis auf die Verwendung von $r^ek\hat{u}š$ und b^eʾæræṣ kenaʿan) keineswegs überzeugend sind. Im Blick auf eine Wertung der so ausgegrenzten Aussagen als Elemente eines fortlaufenden Erzählzusammenhangs (vgl. WESTERMANN, Genesis II, 201 f.) bleibt fast allgemein die vorherrschende Verwendung der Inversion unbeachtet, was ebenso wie die Tatsache, daß die für P^g in Anspruch genommenen Aussagen jeweils an den für die kompositorische Gestalt von Gen 13 entscheidenden Scharnierstellen begegnen (vgl. nur die Wiederaufnahme von prd aus V.11b in V.14aα, womit innerhalb des Erzählzusammenhangs von Gen 13 ein wohl auf R^P zurückgehender Neueinsatz angezeigt ist [zur literargeschichtlichen Einordnung vgl. P. WEIMAR, Untersuchungen zur Redaktionsgeschichte des Pentateuch [BZAW 146], Berlin-New York 1977, 49 f. Anm. 145]), eher dafür spricht, daß es sich bei den als priesterschriftlich angesehenen Aussagen in Gen 13 wahrscheinlich um in Hinsicht auf die vorliegenden Erzählzusammenhang gebildete redaktionelle Zusätze aus der Hand von R^P handelt (vgl. auch die mit V.6 verwandte Aussage von Gen 36,7, bei der es sich ebenfalls erst um eine nachpriesterschriftliche Bildung handeln wird).

[146] Innerhalb von Gen 11,27–32 stellt der Abschnitt V.28–30 einen auch thematisch andere Akzente setzenden exkursartigen Einschub dar (anders BLUM, Komposition, 440 f.), der jedoch nicht völlig unabhängig von dem „Erzählrahmen" in V.27 und 31+32 ist, sondern diesen vielmehr schon voraussetzt (vgl. nur die insofern zutreffenden Beobachtungen von VAN SETERS, Abraham, 225). Der „Exkurs" V.28–30 steht nun aber nicht völlig isoliert im Zusammenhang von V. 27–32, sondern ist mit den „Rahmenaussagen" V.27 und 31+32 durchaus verzahnt, wobei die als Verknüpfung dienenden Textelemente als redaktionelle Bildungen anzusehen sind. Das gilt nicht nur für die nach V.27a als auch im Blick auf V.31 überraschende Aussage von V.27b, sondern auch für die damit wie mit V.28–30 zusammenhängende Aufzählung in V.31aβ. Mit der redaktionellen Einfügung V.31aβ dürften sodann auch die innerhalb von V.31b zu konstatierenden Probleme ($wajjeṣ^eʾû$ ʾittām) zusammenhängen, die sich nicht auf dem Wege der Textkorrektur beheben lassen (zur Kritik vgl. schon JACOB, Genesis, 328 f.), sondern wohl eher eine entstehungsgeschichtliche Lösung empfehlen (vgl. auch die auf V.28b rekurrierende Ortsangabe meʾ$ûr$ $kaśdîm$). Von daher dürfte sich der ursprüngliche Text in V.31 auf die Aussagefolge „Und Terach nahm Abram, seinen Sohn, und sie zogen heraus, um ins Land Kanaan zu gehen, und sie kamen hin nach Haran und ließen sich dort nieder" be-

11,27+31–32 die auf Lot bezogenen Aussagen als nachpriesterschriftliche redaktionelle Zusätze zu bestimmen, dann empfiehlt sich eine solche Annahme auch für den dazu bewußt parallelisierten „Auszugsbericht" Gen 12,4b+5,[147] wobei die Einfügung der auf Lot bezogenen Aussagen aufgrund von Gen 12,4aβ induziert sein wird.[148] Unter Voraussetzung des redaktionellen Charakters der Lotaussagen beschränkt sich der Gen 16,3* voraufgehende genuin priesterschriftliche Erzählzusammenhang auf die wenigen Aussagen in Gen 11,27a.31*.32 und 12,4b+5aα*b.

(3) Unverkennbar ist die Darstellung der mit Gen 11,27a einsetzenden priesterschriftlichen Abrahamgeschichte[149] auf die für die weitere Erzählentwicklung bestimmenden Figuren Abraham und Sara konzentriert. Dem Eingang entspricht ihr Abschluß mit dem Bericht ihrer beider Tod und Begräbnis in der Höhle von Machpela, wobei das aus der epischen Breite von Gen 23 resultierende und angesichts der sonst für P^g charakteristischen Knappheit der Diktion auffällige Ungleichgewicht zwischen beiden Berichten nicht auf P^g selbst zurückgeht, sondern vielmehr der Arbeit nachpriesterschriftlicher Redaktoren zu verdanken ist.[150] Demgegenüber dürfte

---

schränken, die dabei zusammen mit den damit in Verbindung stehenden Aussagen in V.27a und 32 einen geschlossenen, als priesterschriftlich zu qualifizierenden Textzusammenhang ergeben.

[147] Vgl. hierzu nur die tabellarische Darstellung bei BLUM, Komposition, 332.

[148] Angesichts bestehender Spannungen zum Textzusammenhang ist eine Ausgrenzung von Gen 12,4b+5 unausweichlich, wobei eine solche Annahme auch nicht durch die angebliche, m.E. jedoch keineswegs zwingende „Unentbehrlichkeit" im Blick auf den älteren Erzählzusammenhang in Frage gestellt werden kann (zum Problem vgl. etwa B. D. EERDMANS, Alttestamentliche Studien I. Die Komposition der Genesis, Giessen 1908, 9f und HOLZINGER, Nachprüfung, 246). Gen 12,4b+5 läßt sich so durchaus als ein literarisch eigenständiges, nicht allein aufgrund des Sprachgebrauchs als priesterschriftlich zu qualifizierendes Textelement verstehen. Ebenso wie in Gen 11,31 lassen sich auch in Gen 12,5 die Lotaussagen, die unverkennbar ein erzählerisches Eigengewicht tragen, aus dem Rahmen des Verses ausgrenzen (Gen 12,5a ab w^eʾæt-lôṭ), auch wenn hier ein direktes literarkritisches Argument nicht vorliegt. Der unmittelbare (obschon keineswegs alleinige, ja nicht einmal entscheidende) Grund für die Einfügung der auf Lot bezogenen Aussagen in Gen 12,5 ist dabei in der dem von P^g rezipierten Erzählzusammenhang entstammenden Notiz Gen 12,4aβ zu sehen, was für die redaktionelle Erweiterung in Gen 12,5 eine Herleitung von R^P wahrscheinlich macht.

[149] Vgl. dazu P. WEIMAR, Die Toledot-Formel in der priesterschriftlichen Geschichtsdarstellung, BZ 18 (1974) 65–93 (90); ebenso SPECHT, Abrahamgeschichte, 397 f.

[150] Der Gen 23 zukommende „Sondercharakter" innerhalb des priesterschriftlichen Werkes ist immer wieder konstatiert worden (zur Diskussion vgl. J.A. EMERTON, The Priestly Writer in Genesis, JThS 39 [1988] 381–400 [388 f.]), was häufiger zu einer Bestreitung einer Zugehörigkeit des Kapitels zu P^g geführt hat (vgl. nur BLUM, Komposition, 441–446), und zwar selbst bei denen, die sonst mit der Existenz einer eigenständigen priesterschriftlichen Geschichtsdarstellung rechnen (vgl. etwa SMEND, Erzählung, 10 f.); doch andererseits findet eine Zugehörigkeit von Gen 23 zu P nach wie vor ihre

der ursprüngliche priesterschriftliche Erzählzusammenhang auf die wenigen Aussagen in Gen 23,1a.2* (ohne $b^eqirjat$ ᵓ$arba^c$ hiᵓ $hæbrôn$).19* (ohne s^edeh und hiᵓ $hæbrôn$) und 25,7–9*+10b einzugrenzen sein.[151] Hinter dem als priesterschriftlich auszugrenzenden Textbestand innerhalb der Abrahamgeschichte wird eine streng ausbalancierte kompositorische Struktur mit Gen 17* als Zentrum erkennbar, die sich schematisch etwa folgendermaßen darstellen läßt:[152]

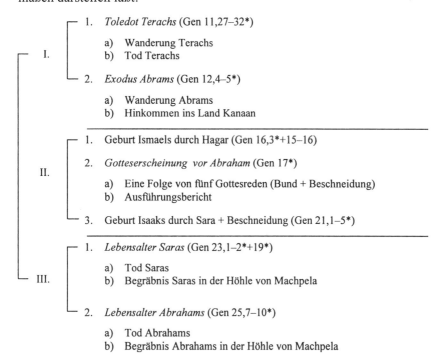

I.
  1. *Toledot Terachs* (Gen 11,27–32*)
     a) Wanderung Terachs
     b) Tod Terachs
  2. *Exodus Abrams* (Gen 12,4–5*)
     a) Wanderung Abrams
     b) Hinkommen ins Land Kanaan

II.
  1. Geburt Ismaels durch Hagar (Gen 16,3*+15–16)
  2. *Gotteserscheinung vor Abraham* (Gen 17*)
     a) Eine Folge von fünf Gottesreden (Bund + Beschneidung)
     b) Ausführungsbericht
  3. Geburt Isaaks durch Sara + Beschneidung (Gen 21,1–5*)

III.
  1. *Lebensalter Saras* (Gen 23,1–2*+19*)
     a) Tod Saras
     b) Begräbnis Saras in der Höhle von Machpela
  2. *Lebensalter Abrahams* (Gen 25,7–10*)
     a) Tod Abrahams
     b) Begräbnis Abrahams in der Höhle von Machpela

Das so der priesterschriftlichen Abrahamgeschichte zugrundeliegende literarische Gestaltungsmuster funktioniert dabei nur unter der Voraussetzung der Eigenständigkeit des für P reklamierten Erzählzusammenhangs.[153] Als

---

Verteidiger (vgl. aus der neueren Diskussion etwa POLA, Priesterschrift, 308 f. und RUPPERT, Genesis II, 358); daß innerhalb von Gen 23 nur die Rahmenaussagen mit P zu verbinden sind, hat zutreffend schon WESTERMANN, Genesis II, 454 f. erkannt (vgl. auch WEIMAR, Struktur I, 85 Anm. 18).

[151] Hierzu vorläufig WEIMAR, Struktur I, 110 Anm. 83.
[152] Vgl. WEIMAR, Struktur I, 117 Anm. 102; jüngst DERS., Verheißung, 243–246.
[153] Weitere Hinweise ließen sich von einer Analyse der Kompositionsstruktur der Abrahamgeschichten auf der Ebene der Pentateuchredaktion gewinnen, die m.E. gegenüber der priesterschriftlichen Erzählschicht eigenen Gesetzmäßigkeiten folgt, ohne daß diesen

Hinweis in diese Richtung kann ebenfalls die in sich stimmig entwickelte und aus sich heraus verständliche Abfolge der Erzählung gewertet werden, deren z.T. skizzenhafte Knappheit nicht zuletzt durch die theologisch zugespitzte Form der Darstellung bestimmt ist.[154]

2. Funktion der Abrahamgeschichte im Rahmen des priesterschriftlichen Werkes

Angesichts der Zentrierung der priesterschriftlichen Abrahamgeschichte auf die $b^e rît$ mit Abraham richtet sich die Frage nach ihrer Einordnung in einen größeren Erzählzusammenhang in erster Linie an Gen 17* selbst. Die im Horizont der priesterschriftlichen Textschicht (P^g) von Gen 17* stehenden Texte sind dabei durch stichwortartige bzw. strukturelle Entsprechungen angezeigt.[155]

(1) Unverkennbar und als solche unbestritten bestehen Entsprechungen zwischen Gen 17* und 9,1–17*, die nicht nur als Zeichen für einen literarischen Zusammenhang, sondern darüber hinaus einer bewußten, erst auf die Hand von P^g selbst zurückgehenden Parallelisierung von Noach- und Abraham$b^e rît$ zu werten sind.[156] Das auf diese Weise zwischen beiden $b^e rît$-Setzungen angezeigte Beziehungsverhältnis ist näherhin als ein sachliches (nicht heilsgeschichtlich begründetes) zu qualifizieren (vgl. nur die Kor-

---

jedoch im vorliegenden Zusammenhang weiter nachgegangen werden könnte (vgl. hierzu die Hinweise Anm. 132).

[154] Das Urteil von BLUM, Komposition, 427, wonach es sich hierbei eher um die „Karikatur einer Erzählung" handele (vgl. auch den Hinweis bei SPECHT, Abrahamgeschichte, 395: „... wird man nicht selten ungläubiges Kopfschütteln ernten. Zumindest auf den ersten Blick erscheint die Zusammenstellung einzelner Versteile einigermaßen künstlich"), verkennt nicht nur die literarische Eigenart des priesterschriftlichen Werkes, sondern darüber hinaus auch die darin sich ausdrückende theologische Absicht.

[155] Es kann im vorliegenden Zusammenhang nicht darum gehen, das diffizile Geflecht der literarischen Querverbindungen von Gen 17* in all seinen Verästelungen aufzudecken (vgl. nur die im Laufe der Untersuchung schon genannten Beobachtungen); vielmehr sollen hier nur die Hauptstrukturlinien, die für eine Einordnung von Gen 17* in den größeren Erzählzusammenhang von Bedeutung sind, sichtbar gemacht werden.

[156] Ebenso wie für Gen 17* ist auch für Gen 9,1–17* (zur Abgrenzung des priesterschriftlichen Anteils vgl. die Hinweise bei WEIMAR, Struktur II, 152–155) die Annahme einer P^g schon vorgegebenen älteren Tradition wahrscheinlich (zur Möglichkeit der Rekonstruktion solcher von P^g rezipierten Traditionen vgl. WEIMAR, Meerwundererzählung, 185 Anm. 55), wobei beide jedoch wohl für sich bestanden und somit in keinem ursprünglichen literarischen Zusammenhang miteinander gestanden haben. Wie gerade die auf die Hand von P^g selbst zurückgehenden Aussagen in beiden Textkomplexen zu erkennen geben, kann die Herstellung des wechselseitigen Beziehungsverhältnisses zwischen Noach- und Abraham-$b^e rît$ erst als das Werk von P^g gewertet werden (vgl. nur die P^g zu verdankenden Aussagen in bezug auf das „Zeichen der $b^e rît$" in Gen 9,12–15* und 17,9aα.10+11*).

respondenz der Segensverheißungen), so daß im Blick auf die Abraham-$b^e r\hat{\imath}t$ die Noach$b^e r\hat{\imath}t$ nicht einfach überholt ist, sondern bleibende Bedeutung hat.[157] Über die kompositorisch hergestellte Verbindung und Zuordnung von Noach- und Abraham$b^e r\hat{\imath}t$ sind dabei die ganze priesterschriftliche „Schöpfungs"- und Vätergeschichte, für deren literarische Konstruktion jeweils das Prinzip der paarweisen Zuordnung kennzeichnend ist,[158] zueinander in Beziehung gesetzt. Literarisch funktioniert die Korrelation der „priesterlichen" Texte in „Schöpfungs"- und Vätergeschichte nur unter der Voraussetzung ihrer literarischen Eigenständigkeit.[159]

(2) Als besonders eng stellen sich die literarischen Zusammenhänge zwischen der Abraham$b^e r\hat{\imath}t$ (vgl. hier vor allem die auf P^g selbst zurückgehenden Aussagen in Gen 17,7+8*) und Ex 6,2-8 (vgl. auch Ex 2,24) dar. Angesichts ihrer nach hinten wie vorne vermittelnden literarischen Eigenart kommt der Jahwerede Ex 6,2-8 im Blick auf die Konstruktion eines priesterschriftlichen Werkes geradezu eine Scharnierfunktion zu, insofern einerseits vor allem auf die dem Abraham gegebenen Zusagen zurückgegriffen wird, diese aber andererseits so eingeführt sind, daß sie zum Ausgangspunkt einer neuen Erzählbewegung werden.[160] Gerade durch Vermittlung von Ex 6,2-8 erscheint die $b^e r\hat{\imath}t$ mit Abraham als die im Blick auf das ganze priesterschriftliche Werk bestimmende Kategorie, was nicht zuletzt auch dadurch unterstrichen wird, daß die entscheidenden Inhalte der Abraham$b^e r\hat{\imath}t$ in Gen 17,7+8* (Landgabe und neues Gottesverhältnis) auch im weiteren Verlauf der auf Ex 6,2-8 folgenden „priesterlichen" Texte als

---

[157] Vgl. in diesem Zusammenhang nur das durch die Kompositionsstruktur des ersten Teils des priesterschriftlichen Werkes angezeigte Korrespondenzsystem (vgl. dazu WEIMAR, Untersuchungen, 105 Anm. 72 und DERS., Struktur II, 157 f.), aber auch das Vorkommen der Wendung zkr $b^e r\hat{\imath}t$ in Ex 2,24 und 6,5, durch die thematisch zwar die Abraham$b^e r\hat{\imath}t$ ins Spiel gebracht wird, in der Wendung selbst aber zugleich auf die Noach-$b^e r\hat{\imath}t$ (Gen 9,15) verwiesen wird.

[158] Vgl. dazu N. LOHFINK, Die Priesterschrift und die Geschichte, in: Congress Volume Göttingen 1977 (VTS 29), hg. von W. Zimmerli, Leiden 1978, 189–225 = DERS., Studien zum Pentateuch (SBAB 4), Stuttgart 1988, 213–253 (230f) und WEIMAR, Struktur II, 138–146.

[159] Die zweifellos bestehenden Unterschiede hinsichtlich der literarischen Eigenart zwischen den „priesterlichen" Texten in der „Schöpfungs"- und Vätergeschichte lassen als solche noch keineswegs den Schluß auf unterschiedliche Herkunft beider Textgruppen zu (vgl. E. BLUM, Komposition, 427.429); sie resultieren vielmehr m.E. nicht unwesentlich aus der literarischen Vorgeschichte der jeweiligen Textkomplexe, aber auch aus den ihnen jeweils zugrundeliegenden kompositorischen Gesetzmäßigkeiten.

[160] Vgl. dazu insgesamt die Beobachtungen bei WEIMAR, Untersuchungen, 78–173. – Angesichts der so für Ex 6,2-8 als charakteristisch anzusehenden Verknüpfungstechnik kann die These, daß der Horizont der priesterschriftlichen Verheißungstexte nicht über Ex 6,2-8 hinausführe, als nicht zutreffend bezeichnet werden (anders jedoch RENDTORFF, Problem, 140 f.160 f. und – wenn auch demgegenüber deutlich abgemildert – BLUM, Komposition, 430–432).

strukturbildend anzusehen sind.[161] Als Indizien in diese Richtung können die Strukturanalogie zwischen der Abrahamgeschichte und dem zweiten Teil des priesterschriftlichen Werkes,[162] ebenso aber auch die hinsichtlich der Kompositionsstruktur bestehenden Entsprechungen zwischen Gen 17*, Ex 6,2–12 + 7,1–7 und Num 13/14* (P^g) gewertet werden.[163]

(3) Angesichts der Rückbindung der den zweiten Teil des priesterschriftlichen Werkes einnehmenden Darstellung der Geschichte des Werdens des Jahwevolkes an die Abrahamb^erît kann in den im Zentrum der priesterschriftlichen Abrahamgeschichte stehenden b^erît-Zusagen in Gen 17* der Schlüssel zum Gesamtverständnis der priesterschriftlichen Deutung der Geschichte Israels gesehen werden. Bekommt schon von daher die priesterschriftliche Darstellung ein unverkennbares Gefälle, so erhält diese eine zusätzliche Akzentuierung durch die wechselseitige Bezogenheit von Noach- und Abrahamb^erît aufeinander (urgeschichtliche Dimension).[164] Der Exklusivität der Bindung der Geschichte des Jahwevolkes an die Zusage Jahwes korrespondiert auf der anderen Seite das Fehlen eines Verpflichtungscharakters hinsichtlich der dem Abraham gegebenen b^erît-Zusagen.[165] Damit ist aber für die näherhin als priesterschriftlich einzustufenden Texte innerhalb des Pentateuch[166] ein geschlossenes System von Aussagen anzunehmen, das als solches nur unter der Voraussetzung der literarischen Selbständigkeit des priesterschriftlichen Werkes als in sich stimmig angesehen werden kann, zumal sich in den als nachpriesterschriftlich zu wertenden redaktionellen Erweiterungen im „priesterlichen" Stil (P^s/R^P) eine deutliche Verschiebung der Akzentsetzung erkennbar macht.

Der literarische Befund zu Gen 17 entspricht so durchaus den in anderen als priesterschriftlich zu qualifizierenden Texten zu beobachtenden Gegebenheiten.[167] Obgleich das priesterschriftliche Werk (P^g) in seiner Gesamtheit als eine literarisch eigenständige wie geschlossene Komposition zu verstehen ist, kann es dennoch nicht in allen seinen Teilen als ein genu-

---

[161] Aufgrund der literarischen Querverbindungen ist die Geschehensfolge des ganzen zweiten Teils des priesterschriftlichen Werkes als Einlösung der Zusagen der Abrahamb^erît in Gen 17* zu verstehen, vgl. auch WEIMAR, Struktur II, 158 f.

[162] Vgl. dazu WEIMAR, Struktur II, 146–148.

[163] Vgl. WEIMAR, Struktur I, 133 Anm. 145.

[164] Vgl. dazu vor allem LOHFINK, Priesterschrift, 226–242, aber auch WEIMAR, Struktur II, 148–162.

[165] Zum Verständnis der Wortverbindung šmr ʾæt b^erîtî in Gen 17,10aα vgl. II/2. – In diesem Zusammenhang ist auch die Eliminierung der Bundeskategorie aus dem Sinaigeschehen zu werten; vgl. dazu grundlegend ZIMMERLI, Sinaibund, 205–216; zum Problemkreis vgl. jüngst die Beobachtungen bei JANOWSKI, Sühne, 320–324.

[166] Zur hier vorausgesetzten Abgrenzung des genuin priesterschriftlichen Textbestandes (P^g) vgl. WEIMAR, Struktur I, 85 Anm. 18.

[167] Vgl. hier nur die entsprechenden Beobachtungen zur priesterschriftlichen Fassung der Meerwundererzählung bei WEIMAR, Meerwundererzählung, 175–199.

ines literarisches Gebilde, sondern vielfach nur als interpretierende Neugestaltung bestehender Vorlagen verstanden werden, wobei diese jedoch nicht mit einer der älteren vorpriesterschriftlichen Pentateuchschichten zu identifizieren sind, sondern literarisch unabhängige Traditionen repräsentieren.[168] Auch angesichts eines für die Priesterschrift bis zum Ende der Exodusgeschichte gehandhabten Verfahrens interpretierender Nachbearbeitung[169] kann sie jedoch insgesamt *nicht* als eine Bearbeitungsschicht verstanden werden. Dies wird indirekt von der *älteren nach*priesterschriftlichen Bearbeitungsschicht (P^s) bestätigt, die allem Anschein nach den selbständig überlieferten priesterschriftlichen Erzählzusammenhang voraussetzt. Als Bearbeitungsschicht ist die (schon sekundär erweiterte) priester(schrift)liche Textschicht erst auf der Ebene der *jüngeren nach*priesterschriftlichen Redaktion (R^P) zu verstehen, deren Interesse gerade daran liegt, wie anhand der literarischen Querverbindungen deutlich erkennbar, die *nicht*priesterschriftliche und die priesterschriftliche Textschicht in einen geschlossenen Erzählzusammenhang zu integrieren.

---

[168] Im einzelnen ist wohl mit mehreren, nicht als Bestandteil ein und desselben literarischen Zusammenhangs anzusehenden Vorlagen, die von P^g bearbeitet worden sind, zu rechnen; vgl. die knappen Hinweise bei WEIMAR, Meerwundererzählung, 200 Anm. 103.

[169] Allem Anschein nach hat sich P^g in den auf die Meerwundererzählung folgenden Teilen des priesterschriftlichen Werkes jedenfalls nicht an von ihr zu bearbeitende Vorlagen gebunden gewußt (vgl. auch WEIMAR, Meerwundererzählung, 199 Anm. 102), womit nicht zuletzt auch eine Abänderung der eingesetzten literarischen Technik im Rahmen der Darstellung von Sinai und „Landgabe" zusammenhängt. Dafür setzt jedoch in diesen Bereichen (vor allem innerhalb des Sinaikomplexes) eine starke Nachbearbeitung des (noch selbständigen) priesterschriftlichen Erzählfadens durch sekundäre „priesterliche" Materialien (P^s/P^{ss}) ein.

7. „Vielmehr Israel sei dein Name" (Gen 35,10) Aufbau und Komposition der priesterschriftlichen Jakobgeschichte

Die Verheißungszusagen, die der priesterschriftliche Erzähler bei Abraham ins Zentrum der Aufmerksamkeit gerückt hat, sind weithin die gleichen, auf die auch bei Jakob der Blick gerichtet ist. Was bei Jakob fehlt, ist die Verheißung eines neuen Gottesverhältnisses. Was außerdem fehlt, ist die Subsumierung der Verheißungsinhalte unter die Leitkategorie des Bundes. Gegenüber Abraham steht bei Jakob der Segen als Leitkategorie entschieden im Vordergrund. Bei aller Gemeinsamkeit, die die priesterschriftliche Abraham- und Jakobgeschichte entsprechend dem Prinzip der paarweisen Zuordnung miteinander verbindet,[1] sind die zwischen ihnen bestehenden Differenzen aber dennoch unübersehbar, zugleich ein Hinweis darauf, daß die Jakobgeschichte im Vergleich zur Abrahamgeschichte ein eigenes, unverwechselbares Profil hat. Richtet jene die Aufmerksamkeit vor allem darauf, das Vertrauen in Jahwes Verheißungen zu stärken, mehr noch, diese Verheißungen in ihrer Unbedingtheit und Definitivität herauszustellen, um damit deutlich werden zu lassen, daß Israels Geschichte zu verstehen ist als Einlösung der dem Abraham gegebenen Verheißungen, dann wird im Blick auf die Jakobgeschichte nach dem besonderen theologischen Profil zu fragen sein, das sie auszeichnet, eine Frage, für deren Beantwortung insbesondere auf die Besonderheiten ihrer literarischen Gestaltung im Gegenüber zur Abrahamgeschichte zu achten sein wird. Auf eine entsprechende Spur vermag allein schon die mehr als auffällige und so auch angefragte Korrespondenz der beiden Brüderpaare Ismael und Isaak, Esau und Jakob zu Beginn und zum Abschluß der Jakobgeschichte der Priesterschrift führen.[2] Damit ist dann zugleich die Frage nach deren Aufbau und Kompo-

---

[1] Hierzu vgl. P. WEIMAR, Struktur und Komposition der priesterschriftlichen Geschichtsdarstellung I, BN 23 (1984) 81–134 und II, BN 24 (1984) 138–162 (138–146).

[2] Vgl. in diesem Zusammenhang nur die durchaus kritisch gemeinte Bemerkung von A. DE PURY, Der priesterschriftliche Umgang mit der Jakobgeschichte, in: Schriftauslegung in der Schrift (FS O.H. Steck [BZAW 300]), hg. von R.G. Kratz u.a., Berlin-New York 2000, 33–60: „Meine Frage bleibt aber: Hat es mit der Parallelität zwischen Isaak und Ismael, zwischen Jakob und Esau für das Verständnis der P^g wirklich keine weitere Bewandtnis als die einer formal-ästhetischen Genugtuung?" (40 f. Anm. 38). Keines-

sition berührt, eine im ganzen delikate Frage, nicht zuletzt auch wegen des Eindrucks, den die priesterschriftliche Jakobgeschichte erweckt, insofern sie nur aus einzelnen Bruchstücken, scheinbar willkürlich aus einem größeren Erzählzusammenhang herausgeklaubt und künstlich in Verbindung miteinander gebracht, zu bestehen scheint, ohne daß es auch nur entfernt gelänge, eine lebensvolle Erzählung zu gewinnen.³ Angesichts dessen kommt W. Groß zu dem Urteil:

„Bei den Jakobgeschichten fällt es schwer, einen Aufbau nachzuweisen, da innerhalb der Quelle P offensichtlich Lücken klaffen ... und da die P-Überlieferung zum Teil sehr knapp gewesen sein muß, so daß sie stark unter die anderen Quellen zerstreut wurde."⁴

Angesichts einer derartigen Befundlage bleiben die Strukturlinien weitgehend unausgeführt, die Komposition wird nur mit wenigen Strichen angedeutet:

„Tod und Begräbnis Abrahams bilden die obere Grenze der Jakobserzählung, Tod und Begräbnis Jakobs scheinen sie zunächst nach unten abzugrenzen, Tod und Begräbnis Isaaks teilen sie in zwei Hälften, die beide durch eine Toledot-Reihe eingeleitet werden: die erste durch die Toledot Ismaels, der damit aus der Erzählung ausscheidet, und die Toledot Isaaks; die zweite durch die doppelte Toledot Esaus, der danach nicht mehr erwähnt wird, und die Toledot Jakobs."⁵

Doch vermittelt allein schon diese knappe Skizze den Eindruck, daß die priesterschriftliche Jakobgeschichte alles andere als ein zufällig zustandegekommenes Gebilde ist, daß sich darin vielmehr ein höchst konstruktiver Geist äußert. So hat sich im folgenden die Aufmerksamkeit nachdrücklich

---

wegs. Formal-ästhetische Aspekte sind die eine Seite, die Bedeutungsqualität dagegen die andere Seite. Jene sind keineswegs um ihrer selbst willen von Gewicht, ihnen kommt vielmehr eine bedeutsame Rolle bei der Entschlüsselung sowie Offenlegung gerade auch der theologischen Struktur der priesterschriftlichen Jakobgeschichte zu. In diesem Zusammenhang wäre durchaus ein Vergleich mit der Abrahamgeschichte instruktiv, die im strukturellen Aufbau weithin zur Jakobgeschichte parallel geht, hinsichtlich der thematisch-theologischen Ausrichtung jedoch gänzlich andere Akzente setzt.

³ Was H. SPECHT, Von Gott enttäuscht – Die priesterschriftliche Abrahamgeschichte, EvTh 47 (1987) 395–411 festhält: „Wenn man die übliche literarkritische Ausgrenzung der priesterschriftlichen Abrahamgeschichte ... vor Studenten vorträgt ..., wird man nicht selten ungläubiges Kopfschütteln ernten. Zumindest auf den ersten Blick erscheint die Zusammenstellung einzelner Versteile einigermaßen künstlich" (395), gilt nicht minder, wenn nicht gar verstärkt, im Blick auf die priesterschriftliche Jakobgeschichte, letztlich mit der Konsequenz, daß die Existenz eines zusammenhängenden priesterschriftlichen Erzählzusammenhangs in Frage gestellt wird (vgl. hier nur die entsprechende Feststellung bei R. RENDTORFF, Das überlieferungsgeschichtliche Problem des Pentateuch [BZAW 147], Berlin-New York 1976, 130, ebenso auch E. BLUM, Die Komposition der Vätergeschichte [WMANT 57], Neukirchen-Vluyn 1984, 440.451).

⁴ W. GROSS, Jakob, der Mann des Segens. Zu Traditionsgeschichte und Theologie der priesterschriftlichen Jakobsüberlieferungen, Bib 49 (1968) 321–344 (321 Anm. 3).

⁵ GROSS, Jakob, 323.

auf die für eine Gestaltung der Jakobgeschichte innerhalb der priesterschriftlichen Geschichtsdarstellung maßgebenden Baustrukturen zu richten, deren genaue Beachtung – wie es scheint – ein gutes Stück über eine allgemeine Aufbauskizze, wie sie im vorangehenden skizziert worden ist, hinauszuführen vermag. Im Fortgang der Untersuchung wird sich zeigen, daß für die priesterschriftliche Jakobgeschichte ein im ganzen sorgsam konstruierter, ausgewogener, deutlich zur Abrahamgeschichte[6] parallel gefügter Aufbau zutage tritt, der selbst durch die wenigen, keinesfalls umfangreichen Lücken im Rahmen des priesterschriftlichen Erzählzusammenhangs nicht verdeckt wird.[7]

I. Der Umfang der priesterschriftlichen Jakobgeschichte

Wie schon bemerkt, erweist sich der Umgang mit der priesterschriftlichen Jakobgeschichte keineswegs als einfach und unproblematisch. Was ihr zu fehlen scheint, ist eine Geschlossenheit der Darstellung. Eher skizzenhaft wirkt sie, fast so als solle auf diese Weise die mangelnde Identität der erzählten Hauptfigur vor Augen gerückt werden. Allein schon die Bestimmung des Umfangs der priesterschriftlichen Jakobgeschichte ist Gegenstand kontroverser Diskussion. „Wo fängt sie an, in Gen 25,19, in 25,12 oder bereits in 25,7? Wo hört sie auf? In Gen 50,13 oder erst in Ex 1,5?"[8] Da in der Geschichtsdarstellung der Priesterschrift eine gesonderte Isaakgeschichte ganz offenkundig fehlt,[9] wird die Jakobgeschichte unmittelbar auf das Ende der Abrahamgeschichte in Gen 25,10 gefolgt sein.[10] Ihre obe-

---

[6] Hierzu P. WEIMAR, Genesis 17 und die priesterschriftliche Abrahamgeschichte, ZAW 100 (1988) 22–60 (52–56); vgl. außerdem H.A. RAPP, Jakob in Bet-El. Gen 35,1–15 und die jüdische Literatur des 3. und 2. Jahrhunderts (HBS 29), Freiburg/Brsg. u.a. 2001, 38.

[7] Generell wird innerhalb der priesterschriftlichen Jakobgeschichte mit mehreren solcher Textausfälle (Gen 26,20; 31,18 und nach 37,2aα) gerechnet (vgl. zuletzt wieder DE PURY, Jakobsgeschichte, 41–45); im einzelnen wird die Annahme solcher Textausfälle höchst kontrovers beurteilt. Polemische Kritik ist aber ebensowenig angebracht wie eine leichtfertige Ignorierung des hier sich stellenden Problems; notwendig ist vielmehr eine individuelle, auf den jeweiligen Textzusammenhang bezogene Lösung; entsprechend werden die anstehenden Fragen am jeweiligen Ort näherhin zu besprechen sein.

[8] DE PURY, Jakobsgeschichte, 40.

[9] GROSS, Jakob, 321 f.; vgl. jedoch schon H. GUNKEL, Genesis (HK I/1), Göttingen ³1922 = ND Göttingen ⁷1966, 385; DERS., Die Urgeschichte und die Patriarchen. Das erste Buch Mosis (SAT I/1), Göttingen ²1920, 243 f.

[10] Hinsichtlich einer Abgrenzung von Gen 25,11a gegenüber 25,10b vgl. hier nur die Charakterisierung der Forschungssituation bei H. SEEBASS, Genesis II. Vätergeschichte II (23,1–36,43), Neukirchen-Vluyn 1999, 258; gegen eine Abgrenzung von Gen 25,10b und

re Grenze wird dementsprechend angezeigt durch die als Überschrift dienende Toledotformel Gen 25,12aα (Toledot Ismaels), womit nach der ebenfalls durch eine Toledotformel in Gen 11,27aα (Toledot Terachs) eingeleiteten und überschriebenen Abrahamgeschichte[11] deutlich ein Neueinsatz innerhalb des priesterschriftlichen Darstellungszusammenhangs markiert werden soll.[12] Eine indirekte Bestätigung erfährt die Annahme eines Einsatzes der priesterschriftlichen Jakobgeschichte mit der Toledot-Überschrift in Gen 25,12 (Toledot Ismaels) durch die parallel dazu stehende Toledotformel Gen 25,19 (Toledot Isaaks), wenn darin – wie vermutet – die Eröffnung zum Vorspiel der Jakobgeschichte der Priesterschrift zu sehen ist.[13] Ebenso umstritten wie der Beginn ist aber auch ihr Schluß und damit ihre Abgrenzung zur Exodusgeschichte hin. Wird die Jakobgeschichte – wie meist angenommen – mit dem Bericht von Tod und Begräbnis Jakobs in Gen 49,33*+50,12.13* abgeschlossen oder reicht sie noch bis in das Buch Exodus hinein und kommt erst mit der Liste Ex 1,1–5[14] oder gar der Mehrungsnotiz Ex 1,7 an ein Ende?[15]

Als strittig stellt sich so insbesondere die Zuordnung der Eingangsverse des Exodusbuches dar. Wird mit ihnen unter lockerer Anknüpfung an die Vätergeschichte die Geschichte des Volkes Israel eingeleitet oder bilden sie den gleichzeitig zur Israelgeschichte überleitenden Abschluß der Jakobgeschichte?[16] Bei der Beantwortung dieser Frage, wenn sie überhaupt

---

[11a] gegeneinander plädiert zuletzt wieder L. RUPPERT, Genesis. Ein kritischer und theologischer Kommentar. 2. Teilband: Gen 11,27–25,18 (fzb 98), Würzburg 2002, 628.

[11] Hierzu näherhin P. WEIMAR, Die Toledotformel in der priesterschriftlichen Geschichtsdarstellung, BZ NF 18 (1974) 65–93 (71 f.89 f).

[12] Die Annahme, wonach der Einsatz der priesterschriftlichen Jakobgeschichte in Gen 25,12 zu sehen sei, findet etwa heftige Bestreitung bei RENDTORFF, Problem, 115 f., der eine solche Annahme als „schwerverständlich" kennzeichnet, sowie – in seinem Gefolge – bei BLUM, Komposition, 434 Anm. 6, für den ein solcher Beginn der Jakobgeschichte schlichtweg „unverständlich" ist, wobei beide aber das Prinzip des Einsatzes der Toledotformel nicht allein in Gen 25,12, sondern innerhalb der Jakobgeschichte insgesamt verkennen.

[13] In einem solchen Sinne hat sich J.L. SKA, Genèse 25,19–34 – Ouverture du cycle de Jacob, in: Jacob. Ein mehrstimmiger Kommentar zu Gen 25–36 (MoBi 44 [FS A. de Pury], hg. von J.-D. Macchi und T. Römer, Genève 2001, 11–21 (11) geäußert.

[14] So etwa DE PURY, Jakobsgeschichte,

[15] So etwa L. RUPPERT, Die Josephserzählung der Genesis. Ein Beitrag zur Theologie der Pentateuchquellen (StANT 11), München 1965, 234 und GROSS, Jakob, 323–325.

[16] Nicht grundlegend anders stellt sich die hier skizzierte Problemlage dar, wenn der Einsatz der Geschichte des Volkes Israel erst in Ex 1,7 gesehen wird und Ex 1,1–5 als eine der Erzählung von der Herausführung sekundär vorgeschaltete Bucheinleitung zu verstehen ist; so B. D. EERDMANS, Alttestamentliche Studien III. Das Buch Exodus, Giessen 1910, 8; H. GRESSMANN, Mose und seine Zeit. Ein Kommentar zu den Mose-Sagen (FRLANT 18), Göttingen 1913, 1; P. HEINISCH, Das Buch Exodus (HSAT I/2),

ausdrücklich gestellt wird, stützt man sich in der Regel vornehmlich auf inhaltliche, sprachliche und stilistische Überlegungen, ohne daß ein überzeugendes Ergebnis auf dieser Ebene erzielt worden wäre. Auffälligerweise bleiben kompositorische Gründe, die den „Ort" von Ex 1,1–5+7 innerhalb des kompositorischen Zusammenhangs des priesterschriftlichen Werkes beachten, nahezu unberücksichtigt, obgleich gerade sie – neben Inhalt, Sprache und Stil – eine durchaus tragfähige Basis für die hier anstehende Frage hätten abgeben können.

Da die Einleitungsverse des Exodusbuches offenkundig nur locker mit der Darstellung des Exodusgeschehens in Verbindung stehen, auf der anderen Seite aber deutliche Anzeichen gegeben sind, daß die priesterschriftliche Jakobgeschichte erst mit Ex 1,1–5+7 geendet hat,[17] setzt eine nähere Klärung dieser Frage am besten bei einer Untersuchung ihrer Struktur an. Sollte es sich dabei dann tatsächlich zeigen, daß die Eingangsverse des Exodusbuches sich problemlos in den Rahmen der Jakobgeschichte einordnen, ja darüber hinaus von ihrem Aufbau und ihrer Struktur her geradezu gefordert sind, dann ist die Frage einer Zugehörigkeit dieser Verse zur Jakobgeschichte entschieden, deren untere Grenze dann eben nicht schon mit Gen 49,33+50,12.13, vielmehr erst mit Ex 1,1–5+7 anzusetzen ist. Definitiv kann somit die Frage der Abgrenzung der Jakobgeschichte gegenüber der Darstellung des Exodusgeschehens erst im Verlauf der Untersuchung ihres Aufbaus und ihrer Komposition selbst entschieden werden.

II. Die Toledot Ismaels (Gen 25,12–17*)

Entsprechend der zuvor geäußerten Annahme, wonach in der priesterschriftlichen Geschichtsdarstellung sich die Jakobgeschichte unmittelbar an das Ende der Abrahamgeschichte angeschlossen habe, darf mit gutem Grund angenommen werden, daß deren Beginn in den Toledot Ismaels (Gen 25,12–17*) zu sehen sein wird.[18] Innerhalb dieses Rahmens sind in

---

Bonn 1934, 33; G. BEER, Exodus (HAT I/3), Tübingen 1939, 14; G. HÖLSCHER, Geschichtsschreibung in Israel. Untersuchungen zum Jahvisten und Elohisten (SHVL 50), Lund 1952, 295 („vielleicht sekundär"); G. FOHRER, Überlieferung und Geschichte des Exodus. Eine Analyse von Ex 1–15 (BZAW 91), Berlin 1964, 9.125.

[17] Vgl. die Hinweise von RUPPERT, Josephserzählung und GROSS, Jakob.
[18] Demgegenüber ordnet K. KOCH, Die Toledot-Formeln als Strukturprinzip des Buches Genesis, in: Recht und Ethos im Alten Testament – Gestalt und Wirkung (FS H. Seebass), hg. von S. Beyerle u.a., Neukirchen-Vluyn 1999, 183–191 (188) Gen 25,12–18 noch der mit Gen 11,27 eröffneten Terachzeit zu, wobei freilich zu bedenken ist, daß sich die hier vorgenommene Zuordnung auf der Ebene des Genesisbuches angesiedelt ist, sich jedoch nicht auf eine isolierte priesterschriftliche Textschicht bezieht.

knapper Diktion zum einen Ismaels Geburt sowie sein Lebensalter bei seinem Tod sowie zum andern eine Liste seiner Söhne mitgeteilt.

1. Markiert ist der Beginn der Texteinheit durch die Toledotformel Gen 25,12aα, die erweitert ist durch die appositionelle Bestimmung „Sohn Abrahams" (Gen 25,12aβ) sowie den plusquamperfektisch zu verstehenden Relativsatz Gen 25,12b,[19] der die Nachricht von der Geburt Ismaels aus Gen 16,15 rekapituliert.[20] Läßt schon die erzählerisch bestimmte Ausweitung der Toledotformel durch Gen 25,12b vermuten, daß sie eröffnendes Struktursignal einer Erzählung, nicht jedoch Überschrift einer genealogischen Liste sein will, so wird dieser Eindruck durch zwei weitere Beobachtungen erhärtet: 1. Gen 25,13a steht mit der durch „mit ihren Namen, nach ihren Geschlechtern"[21] erweiterten Schemotformel eine zweite Einleitungsformel, der unmittelbar eine Liste der zwölf Ismael-Söhne folgt. Gegenüber der Toledotformel Gen 25,12aα dürfte die Schemotformel literarisch ursprünglicher sein.[22] Sie allein bildet nämlich eine angemessene Einleitung zur Liste der Ismael-Söhne in Gen 25,13b–15, wohingegen die Toledotformel eher einen – hier jedoch fehlenden – Stammbaum erwarten lassen würde (Gen 5 und 11,10–26; vgl. Rut 4,18–22).[23] – 2. Unmittelbar auf die durch Gen 25,16b[24] erweiterte doppelgliedrige Abschlußformel Gen 25,16a,[25] die geradezu spiegelbildlich auf die Schemotformel Gen 25,13a zurückverweist („Namen der Söhne Ismaels"||„Söhne Ismaels" – „ihre Namen"),[26] folgt mit Gen 25,17a eine mit $w^eʾellæh$ eröffnete nominale

---

[19] Nach M. LÖHR, Untersuchungen zum Hexateuchproblem I. Der Priesterkodex in der Genesis (BZAW 38), Giessen 1924, 4 ist V.12b möglicherweise redaktioneller Zusatz im Hinblick auf Gen 16.

[20] Neben Gen 25,12 ist die eröffnende Toledotformel nur noch Gen 25,19 durch eine Notiz erweitert, die den Bericht von der Geburt des Stammvaters rekapituliert.

[21] Während H. HOLZINGER, Genesis (KHC I), Freiburg/Brsg. u.a. 1898, 135 (etwas vorsichtiger LÖHR, Untersuchungen, 4) $bišmotām\ l^etôl^edotām$ als Glosse streicht, traut GUNKEL, Genesis, 278 mit der Mehrzahl der Kommentatoren P^g einen derart pleonastischen Stil zu.

[22] Zur literarkritischen Problematik vgl. die Hinweise bei T. HIEKE, Die Genealogien der Genesis (HBS 39), Freiburg/Brsg. u.a. 2003, 145 Anm. 413.

[23] Zur Unterscheidung von Genealogie und Liste genauerhin schon C. WESTERMANN, Genesis (BK I/1), Neukirchen-Vluyn 1966, 23.

[24] B. D. EERDMANS, Alttestamentliche Studien I. Die Komposition der Genesis, Gießen 1908, 22 und W. EICHRODT, Die Quellen der Genesis von neuem untersucht (BZAW 31), Giessen 1916, 37 verstehen Gen 25,16b als späteren Nachtrag im Hinblick auf Gen 17,20. LÖHR, Untersuchungen, 4 läßt Gen 25,16b von der gleichen Hand wie auch Gen 17,20b eingefügt sein.

[25] Vgl. B. JACOB, Das erste Buch der Tora. Genesis, Berlin 1934 – ND New York o.J. [1974] = ND Stuttgart 2000, 538.

[26] Zur Verklammerung der Liste der Ismaelsöhne Gen 25,13b–15 durch 13a und 16a vgl. HIEKE, Genealogien, 145 f.

Aussage,[27] die das Lebensalter Ismaels angibt und die Nachricht seines Todes Gen 25,17b einführen will.[28] – Da die Liste der Ismael-Söhne wie die Todesnotiz jeweils mit einer eigenen, passenden Einleitungswendung (Gen 25,13a und 25,17a) eingeführt sind, wird die Toledotformel Gen 25,12aα formale Eröffnungs- und Gliederungs-Formel wie Gesamtüberschrift der Texteinheit Gen 25,12–17* sein.[29]

2. Die Aufeinanderfolge von Toledot- und Schemotformel ist außer Gen 25,12.13a nur noch Gen 36,9.10a und Num 3,1.2a belegt, wobei gerade das Vorkommen der Toledotformel in Num 3,1 Funktion und Bedeutung der Toledotformel Gen 25,12 zu beleuchten vermag. Der von der Toledotformel Num 3,1a eingeleitete Abschnitt Num 3,1–4, der dem jüngsten Überlieferungsstadium in Num 3 angehört,[30] ist literarisch nicht einheitlich.

---

[27] Die Einleitungswendung „Und dies sind die Lebensjahre" + NN ist außer Gen 25,17a nur noch 25,7a belegt, wo sie gegenüber 25,17a geringfügig („Und dies sind die Tage der Lebensjahre" + NN) abgewandelt ist (hierzu näherhin BLUM, Komposition, 436 und E.A. KNAUF, Ismael. Untersuchungen zur Geschichte Palästinas und Nordarabiens im 1. Jahrtausend v.Chr. [ADPV], Wiesbaden 1985, 58). – Durch die nach dem gleichen Muster gebildeten Wendungen Gen 25,12a.13a.16a.17a, bis auf Gen 25,16a immer der Einführung eines neuen Textabschnitts dienend, erscheint Gen 25,12–17* geradezu als eine symmetrische Konstruktion.

[28] Auch wenn Gen 25,17 nicht im strengen Sinne als Überschrift verstanden werden kann (so zu Recht RENDTORFF, Problem, 136 Anm. 11 und BLUM, Komposition, 434 Anm. 6), will dennoch die formale Entsprechung zu den „Überschriften" Gen 25,12a und 13a beachtet sein, was nahelegt, daß auch Gen 25,17a eine entsprechende Funktion zukommt.

[29] Vgl. schon A. DILLMANN, Die Genesis (KeH 11), Leipzig ^{6}1892, 311, der Gen 25,13a und 17a als Gen 25,12a untergeordnete Teilüberschriften versteht; zustimmend auch HIEKE, Genealogien, 145 Anm. 413.

[30] Vgl. D. KELLERMANN, Die Priesterschrift von Numeri 1,1 bis 10,10 literarkritisch und traditionsgeschichtlich untersucht (BZAW 120), Berlin 1970, 46.48 f.; anders etwa G. VON RAD, Die Priesterschrift im Hexateuch. Literarisch untersucht und theologisch gewertet (BWANT 65), Stuttgart 1934, 90; O. EISSFELDT, Biblos geneseōs, in: Gott und die Götter (FS E. Fascher), Berlin 1958, 31–40 = DERS., Kleine Schriften III, hg. von R. Sellheim und F. Maass, Tübingen 1966, 458–470 (468–470); DERS., Toledot, in: Studien zum Neuen Testament und zur Patristik (FS E. Klostermann [TU 77], Berlin 1961, 1–8 = DERS., Kleine Schriften IV, hg. von R. Sellheim und F. Maass, Tübingen 1968, 1–7 (3–7); J. SCHARBERT, Prolegomena eines Alttestamentlers zur biblischen Erbsündenlehre (QD 37), Freiburg/Brsg. 1968, 99 mit Anm. 8; DERS., Der Sinn der Toledot-Formel in der Priesterschrift, in: Wort – Gebot – Glaube, Beiträge zur Theologie des Alten Testaments (FS W. Eichrodt [AThANT 59]), hg. von H.J. Stoebe, Zürich 1970, 45–56 (49 f.); M. D. JOHNSON, The Purpose of the biblical Genealogies. With special reference to the setting of the genealogies of Jesus (SNTSMS 8), New York-London 1969, 25 f.27; S. TENGSTRÖM, Die Toledot-Formel und die literarische Struktur der priesterlichen Erweiterungsschicht im Pentateuch (CB.OT 17), Uppsala 1981, 55 f. und HIEKE, Genealogien, 226–233, die Num 3,1–4 P$^{(g)}$ zuteilen und den Abschnitt als ursprünglichen Abschluß der Toledot-Reihe betrachten. H. HOLZINGER, Numeri (KHC IV), Leipzig-Tübingen 1903, 9;

Wie – abgesehen von der Aufeinanderfolge von Toledot- und Schemotformel – die im Rahmen von Num 3,1–4 unpassende Nennung des Mose in Num 3,1aβ[31] und die damit zusammenhängende, gleichfalls wenig sinnvolle Zeitbestimmung Num 3,1b[32] zu erkennen geben, ist Num 3,1 von Num 3,2–4 abzutrennen.[33] Aber auch Num 3,2–4 selbst ist literarisch keine Einheit. Von der Liste der Aaron-Söhne Num 3,2+3aα, die durch die Schemotformel eingeleitet und abgeschlossen ist,[34] muß die narrative Weiterführung durch Num 3,3aβb+4 abgetrennt und für sich gestellt werden.[35] Das Ergebnis der literargeschichtlichen Beobachtungen zu Num 3,1–4 läßt sich wohl am ehesten dahingehend zusammenfassen, daß eine vorgegebene Liste der Aaron-Söhne in Num 3,2+3aα mittels der redaktionell darum gelegten Aussagen Num 3,1 und 3aβb+4 ausgestaltet und damit zum neuen Schlußglied der ganzen Toledot-Reihe gemacht worden ist.[36] Entsprechend

---

EISSFELDT, Biblos geneseōs, 468 f.; DERS., Toledot, 3–7 und SCHARBERT, Toledot-Formel, 59.49 f. vermuten bzw. halten es für möglich, daß die Toledot-Einleitung Num 3,1 ihren Platz ursprünglich vor Ex 6,14–25 gehabt hat (zur Kritik dieser Auffassung vgl. WEIMAR, Toledot-Formel, 90 f. Anm. 110; zur Kontexteinbindung und Funktion vgl. HIEKE, Genealogien, 228–233).

[31] Die im Zusammenhang von Num 3,1–4 schon immer bemerkte auffällige Erwähnung des Mose und seine ungewöhnliche Nennung hinter Aaron (nur Ex 6,26; Num 3,1; 26,59; 1 Chr 23,13; sonst immer – 82 mal – umgekehrt) führte, da die literarische Nichteinheitlichkeit des Abschnittes unbeachtet blieb, entweder zur Streichung von „und Mose" als späterem Zusatz (vgl. etwa B. BAENTSCH, Exodus – Leviticus – Numeri [HK I/2], Göttingen 1903, 456; HOLZINGER, Numeri, 7.9; J. SCHARBERT, Toledot-Formel, 49 Anm. 13) oder zu recht umständlich anmutenden Erklärungsversuchen (vgl. W.H. GISPEN, Het Boek Numeri. Eerste Deel: Hoofdstuk 1,1–20,13 [COT], Kampen 1959, 471 f.). Auch die Annahme einer redaktionellen Streichung einer Toledot des Mose (VON RAD, Priesterschrift, 90) hilft nicht weiter (vgl. KELLERMANN, Priesterschrift, 46).

[32] Vgl. M. NOTH, Das vierte Buch Mose. Numeri (ATD 7), Göttingen 1966, 31; KELLERMANN, Priesterschrift, 46.

[33] Vgl. K. MÖHLENBRINK, Die levitischen Überlieferungen des Alten Testaments, ZAW 52 (1934) 184–231 (190); J. MARSH, The Book of Numbers (IntB II), New York 1953, 135–308 (152); KELLERMANN, Priesterschrift, 46. Demgegenüber hält TENGSTRÖM, Toledot-Formel, 55 Num 3,1–4 – ausgenommen die Erwähnung des Mose – für einheitlich.

[34] Mit MÖHLENBRINK, Überlieferungen, 190 gegen VON RAD, Priesterschrift, 90.

[35] Vgl. MÖHLENBRINK, Überlieferungen, 190; anders VON RAD, Priesterschrift, 90, der nur Num 3,2 als selbständige literarische Einheit faßt und sie P^B zuweist, während er in 3,1.3.4 die ältere Schicht P^A sieht. Nach KELLERMANN, Priesterschrift, 48 f. scheint Num 3,2–4 literarisch einheitlich zu sein.

[36] Vgl. KELLERMANN, Priesterschrift, 46; außerdem HIEKE, Genealogien, 208 mit Anm. 632 unter Verweis auf EISSFELDT, Biblos geneseōs, 468 f.; vgl. auch TENGSTRÖM, Toledotformel, 55, der auf die Gleichartigkeit der Zeitangaben in Gen 2,4 und Num 3,1 abhebt und es zugleich als Zeichen einer bewußten literarischen Komposition ansieht, daß gerade die erste und letzte Toledotformel in dieser Weise zueinander in Beziehung gesetzt erscheinen.

II. Die Toledot Ismaels (Gen 25,12–17*)

der für Num 3,1–4 sich nahelegenden entstehungsgeschichtlichen Perspektive ist die durch Num 3,1aβb erweiterte Toledotformel von der Liste der Aaron-Söhne zu trennen und mit den durch einen erzählerischen Stil sich auszeichnenden Textelementen in Num 3,1–4 zusammenzulesen, was nicht ohne Konsequenz für die Bestimmung der Funktion der Toledotformel in Num 3,1a ist. Jedenfalls handelt es sich bei ihr nicht um eine bloße Listenüberschrift; vielmehr soll mittels der Vorschaltung der Toledotformel die überlieferte Namenliste der Aaron-Söhne in einen erzählerisch bestimmten Zusammenhang eingeordnet werden.[37]

3. Das Verständnis der Toledotformel Gen 25,12a als Eröffnungsformel eines erzählerisch bestimmten Zusammenhangs – bereits durch die literarische Struktur von Gen 25,12–17* (1) sowie durch die Parallele Num 3,1–4 (2) nahegelegt – wird bekräftigt bei näherer Beachtung der Entstehungsgeschichte der Ismael-Toledot, die im ganzen analog zu Num 3,1–4 verlaufen sein dürfte. Danach hat dem priesterschriftlichen Erzähler wohl eine ältere, von Einleitungs- und Schlußformel gerahmte Liste der Ismael-Söhne (Gen 25,13–16a)[38] vorgelegen, die redaktionell von P^g zu einer zweiteiligen Toledot Ismaels ausgebaut worden ist.[39] Die Liste der Ismael-Söhne bildet dabei – nur geringfügig im Hinblick auf Gen 17,20b durch 25,16b im Anschluß an die Listen-Schlußformel 25,16a erweitert – den ersten Teil der Familiengeschichte Ismaels. Daran hat sich, durch die überschriftartige Aussage Gen 25,17a markiert, als zweiter Teil der notizartig geraffte Bericht von Ismaels Tod (Gen 25,17b) angeschlossen. Diesem entspricht einleitend, im Anschluß an die Toledotformel, die Nachricht von Ismaels Ge-

---

[37] Vgl. auch TENGSTRÖM, Toledotformel, 69 Anm. 54: „Das Vorkommen einer doppelten Einleitungsformel (Toledot- und Šemotformel) ... ist als bewusste literarische Komposition zu deuten: Der Verfasser der P-Schicht will damit bekunden, dass der anschliessende Toledotabschnitt die besondere Form der Namensliste hat, zu deren charakteristischen Elementen die Šemotformel gehört." Die hier bei synchroner Lesung getroffene Feststellung ist bei diachroner Betrachtung insofern etwas anders zu akzentuieren, als die überlieferte Namenliste der Aaron-Söhne eine neue, veränderte Funktion bekommt, insofern sie nicht einfach nur eine Liste darstellt, sondern vielmehr als Bestandteil einer Toledot erscheint, damit in Listenform einen Teil jener Familiengeschichte Aarons (und Moses) widergebend, wie sie in Num 3,1–4 insgesamt geschildert ist.

[38] Vgl. auch EERDMANS, Studien I, 22.87; EICHRODT, Quellen, 37; M. NOTH, Überlieferungsgeschichte des Pentateuch, Stuttgart 1948 = ND Darmstadt ³1966, 17 Anm. 48; RUPPERT, Genesis II, 633 ff.

[39] DE PURY, Jakobsgeschichte, 41 Anm. 39 äußert demgegenüber „den Verdacht, dass die starre Ordnung der Toledot-Überschriften nicht zur P^g gehören. Für das Verständnis der Jakobsgeschichte von P tragen sie nichts aus. In Gen 25,12 ist die Überschrift vor ‚Dies sind die Namen' in 25,13 überflüssig. In 36,1.9 leitet die Toledot-Überschrift keinen P^g zugehörigen Abschnitt ein. Zu P^g passt hingegen die Überschrift ‚Dies sind die Namen', die wir in den drei Listen der Jakobsgeschichte wiederfinden: für Ismael in 25,13, für Esau in 36,40 und für Jakob/Israel in Ex 1,1."

burt in Form eines rekapitulierenden Rückgriffs.[40] Durch den Einbau in die Familiengeschichte Ismaels hat die ursprünglich einmal selbständig überlieferte Liste der Ismael-Söhne ihr Eigengewicht verloren, dient insofern nur noch dazu, eine, wenn auch die entscheidende und allein überlieferungswürdige Phase im Leben Ismaels darzustellen.[41] Die literarische Struktur der Ismael-Toledot Gen 25,12–17* wie auch ihre Entstehungsgeschichte gibt deutlich zu erkennen, daß die Toledotformel Gen 25,12aα keine zweite, der Schemotformel 25,13a vorgeschaltete Einleitung der Liste der Ismael-Söhne sein will, sondern Gesamtüberschrift der Familiengeschichte Ismaels. Als literarische Eröffnung eines im ganzen erzählerisch bestimmten Textzusammenhangs hat *tôledôt* aber die ursprünglich technische Bedeutung ‚Zeugungen, Nachkommen, Stammbaum, Geschlechterfolge' verloren und ist zu ‚Geschichte' bzw. ‚Familiengeschichte' abgeblaßt und ausgeweitet.

III. Die Toledot Isaaks (Gen 25,19–28,5*)

An die Ismael-Toledot schließen unmittelbar die Toledot Isaaks an. Ihr Beginn ist in Gen 25,19a wiederum durch die Toledotformel markiert, anders dagegen die untere Grenze. Im allgemeinen wird zwar die Isaak-Toledot – parallel zur Terach- und Ismael-Geschichte – mit dem Tod Isaaks Gen 35,28 f.[42] bzw. der anschließenden Esau-Toledot im Rahmen von Gen 36,1–37,1[43] nach unten hin abgegrenzt. Der literarische Befund scheint einer solchen Abgrenzung jedoch entgegenzustehen. Endet nämlich die Isaak-Toledot erst mit Gen 35,28 f. (bzw. Gen 37,1), dann verlangt der auffällige Tatbestand, daß spätestens ab Gen 28,5 die Figur eines Isaak fast ganz zugunsten der von Jakob zurücktritt und erst wieder als das Ziel der

---

[40] Vgl. dazu E. LÄMMERT, Bauformen des Erzählens, Stuttgart ³1968, 122–128.

[41] Dies ist mit Nachdruck gegenüber RENDTORFF, Problem, 136 Anm. 11 festzuhalten.

[42] C. F. KEIL, Biblischer Kommentar über die Bücher Mose. Erster Band: Genesis und Exodus (BC I/1), Leipzig ³1878 = ND Giessen-Basel ⁴1983, 225.270; F. DELITZSCH, Neuer Commentar über die Genesis, Leipzig 1887, 355.425 f.; F. VON HUMMELAUER, Commentarius in Genesim (CSS I/1), Paris 1895, 454.518; GUNKEL, Genesis, 384 f.; R. DE VAUX, La Genèse (SB I), Paris ²1962, 162; G. VON RAD, Das erste Buch Mose. Genesis (ATD 2/4), Göttingen ¹²1987, 211; BLUM, Komposition, 435 f. und HIEKE, Genealogien, 150 f.

[43] DILLMANN, Genesis, 315–317; H. L. STRACK, Die Genesis (KK I/1), München ²1905, 97; J. SKINNER, A Critical and Exegetical Commentary on Genesis (ICC), Edinburgh ²1930 = ND 1969, 355 f.; A. CLAMER, La Genèse (SB I/l), Paris 1966, 343 f.; J. DE FRAINE, Genesis (BOT I/1), Roermond 1963, 194; E. A. SPEISER, Genesis (AB I), Garden City, N.Y. 1964, 191.285; J.A. SOGGIN, Das Buch Genesis. Kommentar, Darmstadt 1997, 339.424; KOCH, Toledot-Formeln, 189.

III. Die Toledot Isaaks (Gen 25,19–28,5*) 237

Wanderung Jakobs auf seinem Weg aus Paddan-Aram erscheint (Gen 31,18; 35,27), eine hinreichende Erklärung. Obwohl Isaak auch in dem mit der Toledotformel eröffneten Textabschnitt Gen 25,19–28,5* nicht eigentlich im Vordergrund steht – Thema ist weniger Isaak selbst als seine Söhne Esau und Jakob –, so ist er hier doch als der Handelnde vorgestellt. Mit dieser Beobachtung kommt eine zweite überein. Während der durch die Toledotformel Gen 25,19a überschriebene Textabschnitt Esau und Jakob – bei deutlichem Übergewicht Jakobs – als Brüderpaar vorführt, ist im weiteren Fortgang der Darstellung Jakob allein im Blick. Die hier genannten Beobachtungen konvergieren dahingehend, daß der von der Toledotformel Gen 25,19a überschriebene Textabschnitt spätestens mit Gen 28,9,[44] wahrscheinlicher aber schon früher, und zwar näherhin mit Gen 28,5, geendet haben wird.[45] Diese Abgrenzung der Isaak-Toledot kann durch einen Vergleich der literarischen Struktur von Ismael- und Isaak-Toledot weiter erhärtet werden (2); dem Strukturvergleich beider Toledot hat aber zunächst

---

[44] So nur HOLZINGER, Genesis, 173, und O. PROCKSCH, Die Genesis (KAT I), Leipzig-Erlangen ²·³1924, 536; eine solche Auffassung ist auch in der Erstfassung dieses Beitrages vertreten worden (ZAW 86 [1974] 180).

[45] Für die Annahme, wonach die mit der Toledotformel Gen 25,19a eröffneten Toledot Isaaks ursprünglich einmal nicht mit Gen 28,9 geendet haben (kritisch beurteilt von BLUM, Komposition, 434 Anm. 6), sondern bereits mit Gen 28,5, sprechen m.E. mehrere Gründe: 1. Inwieweit Gen 27,46–28,9 als eine geschlossen mit P^g in Verbindung zu bringende Konstruktion angesehen werden darf, wie gemeinhin vorausgesetzt (vgl. beispielshalber J. TASCHNER, Verheißung und Erfüllung in der Jakoberzählung [Gen 25,19–33,17]. Eine Analyse ihres Spannungsbogens [HBS 27], Freiburg/Brsg. u.a. 2000, 223–227 und P. GUILLAUME, „Beware of Foreskins". The Priestly Writer as Matchmaker in Gen 27,46–28,8 [MoBi 44; FS A. de Pury], hg. von J.-D. Macchi und T. Römer, Genève 2001, 69–76), erscheint keineswegs mehr gewiß (vgl. nur die gegenüber der Erstfassung dieses Beitrags vorgenommene Reduktion des priesterschriftlichen Anteils bei WEIMAR, Struktur I, 96 Anm. 50), wobei sich eine entsprechende Anfrage vor allem an die Gen 28,1–5 rahmenden Aussagen Gen 27,46 und 28,6–9 richtet (vgl. auch T. NAUERTH, Untersuchungen zur Komposition der Jakoberzählungen. Auf der Suche nach der Endgestalt des Genesisbuches [BEAT 27], Frankfurt/M. u.a. 1997, 29 f. [Ausscheidung von Gen 28,6+7 als redaktionelle Einblendung]). Ist Gen 28,6–9 insgesamt als ein erst nachpriesterschriftlicher Zusatz anzusehen, dann verdient von vornherein der Ausklang der an Jakob gerichteten Isaakrede mit der knappen Erzählernotiz Gen 28,5 Beachtung. – 2. Damit hängt sodann eine zweite, eher als literarisch-stilistisch zu kennzeichnende Beobachtung zusammen. Diese bezieht sich auf die auffällige und unverkennbare Korrespondenz der beiden Aussagen Gen 25,20 („Rebekka, die Tochter Betuels, des Aramäers aus Paddan-Aram, die Schwester Labans, des Aramäers") und Gen 28,5 („nach Paddan-Aram zu Laban, den Sohn Betuels, des Aramäers, den Bruder Rebekkas, der Mutter Jakobs und Esaus"), worin geradezu eine inklusorische Verklammerung um den durch die Toledotformel Gen 25,19a eröffneten Textabschnitt, indirekt aber auch eine Bestätigung der hier vorgeschlagenen Ausgrenzung von Gen 28,6–9 als redaktionell bedingte Ausweitung gesehen werden kann.

eine kurze Analyse des Aufbaus des hier in Frage stehenden Textabschnitts voraufzugehen (1).

1. Die eröffnende Toledotformel Gen 25,19aα ist durch die Apposition „des Sohnes Abrahams" (Gen 25,19aβ) und den rekapitulierenden Rückgriff Gen 25,19b in der syntaktischen Gestalt eines Resultativ-Stativs erweitert.[46] Der Toledot-Einleitung folgt in Gen 25,20aα unmittelbar ein durch *wajᵉhî* markierter literarischer Neueinsatz („Und es war Isaak vierzig Jahre alt"),[47] der in Gen 25,20aβb mit ב + inf. cs. (= Bericht von der Heirat Isaaks mit Rebekka) fortgeführt ist und möglicherweise als Eröffnung einer knappen Notiz bezüglich der Geburt Esaus und Jakobs gedient hat.[48] Da diese aber nur äußerst knapp gewesen sein dürfte,[49] ist eine solche von

---

[46] Gegenüber einem Verständnis der invertierten Suffixkonjugation in Gen 25,19b als Punktualis der Vergangenheit erscheint eine Deutung – entsprechend der ursprünglichen Bedeutung der Suffixkonjugation – als Resultativ-Stativ (= perfektischer Nominalsatz) wahrscheinlicher (vgl. dazu W. RICHTER, Traditionsgeschichtliche Untersuchungen zum Richterbuch [BBB 18], Bonn ²1966, 188.362), da in Gen 25,19b aufgrund der Funktion des Satzes als rekapitulierender Rückgriff der Ton nicht auf der einmaligen Handlung in der Vergangenheit, sondern auf dem daraus resultierenden Zustand liegen dürfte. R. BORCHERT, Stil und Aufbau der priesterschriftlichen Erzählung, Diss. Heidelberg 1957, 56, versteht Gen 25,19b als zusammengesetzten Nominalsatz. – Zu der theologisch bedingten Andersartigkeit der Formulierung des rekapitulierenden Rückgriffs in Gen 25,12b und 19b vgl. vorab VON HUMMELAUER, Genesis, 454 und JACOB, Genesis, 537.541; zur Parallelität der Toledot-Einleitungen in Gen 25,12 und 19 vgl. hier nur HIEKE, Genealogien, 153.

[47] Gen 25,20aα ist wie 25,26b ein Nominalsatz, da *wajᵉhî* hier bloß die Funktion einer die Zeitstufe festlegenden Kopula hat (vgl. K. OBERHUBER, Zur Syntax des Richterbuches. Der einfache Nominalsatz und die sog. nominale Apposition, VT 3 [1953] 2–43 [14–16]; BORCHERT, Stil, 103 f.).

[48] Auch wenn sich bei Gen 25,20aα im strengen Sinne nicht um eine Überschrift handelt (vgl. die diesbezügliche Bemerkung von BLUM, Komposition, 434 Anm. 6), so ist durch das eröffnende *wajᵉhî* zweifelsohne eine Abschnittsmarkierung angebracht, die das hier Mitgeteilte deutlich gegenüber der Toledot-Einleitung abhebt.

[49] Daß die priesterschriftliche Darstellung eine Nachricht der Geburt von Jakob und Esau enthalten haben muß, ergibt sich unzweifelhaft aus der Verwendung des Personalpronomens ᵓōtām in Gen 25,26b, es sei denn, Gen 25,26b stelle in der vorliegenden Form keine rein priesterschriftliche, sondern eine schlußredaktionelle, Gen 25,21–26a einbeziehende Notiz dar (in entsprechendem Sinn äußern sich etwa C. WESTERMANN, Genesis. 2. Teilband: Genesis 12–36 [BK I/2], Neukirchen-Vluyn 1981, 502.506 und SKA, Genèse 25,19–34, 14). Eine solche Notiz von der Geburt Esaus und Jakobs könnte – im Anschluß an Gen 16,15 f. – etwa folgende Gestalt gehabt haben: „Und Rebekka gebar dem Isaak zwei Söhne / und Isaak nannte den Namen seiner Söhne Esau und Jakob." PROCKSCH, Genesis, 536, ergänzt: „Rebekka aber gebar Esau und Jakob", ähnlich SPEISER, Genesis, 196: „Isaac begot Esau and Jacob" und SCHARBERT, Toledot-Formel, 48: „Isaak zeugte Esau und Jakob, die ihm Rebekka gebar"; einen Vorschlag von E.A. Knauf aufnehmend, geht DE PURY, Jakobsgeschichte, 41 Anm. 40 zum einen von der Annahme aus, daß Gen 25,26b im priesterschriftlichen Erzählzusammenhang ursprünglich einmal unmittelbar Gen 25,20 gefolgt sei, und rechnet zum andern damit, „dass die Namen Jakob und Esau

der abschließenden Redaktion des Genesisbuches zugunsten der zwischen Gen 25,20 und 26b eingeblendeten, im ganzen wesentlich ausführlicheren nicht-priesterschriftlichen Darstellung übergangen worden.[50] Die abschließende nominale Feststellung Gen 25,26b[51] konstatiert Isaaks Alter bei der Geburt seiner Söhne. Inhaltlich wie stilistisch greift Gen 25,26b auf 25,20 zurück. Beide Verse rahmen so den Bericht von der Geburt Esaus und Jakobs. In unverkennbarer Anlehnung an Gen 25,20 ist der erzählerische Neueinsatz Gen 26,34 gestaltet,[52] nur daß die Fortführung der Konstruktion mit Narrativ anstelle von ב + inf. cs. in Gen 25,20 geformt ist.[53] Die Nachricht von der Heirat Esaus mit hethitischen Frauen (Gen 26,34+35) setzt die weitere Handlung in Bewegung und führt – dabei das Gegenüber von Jakob und Esau nutzend – mitten ins Zentrum der Einheit: die an Jakob gerichtete Rede Isaaks mit Befehl an Jakob samt Segensbitte (28,1–4), durch die Wortfolge $qr^{\jmath}$ – brk – $ṣwh$ – $^{\jmath}mr$ betont und breit eingeführt und abgerundet durch eine Ausführungsnotiz (Gen 28,5), die auf der einen Seite einen thematischen Bezug zu Gen 26,34 herstellt und darin nochmals das Gegenüber von Esau und Jakob akzentuiert, auf der anderen Seite aber den Bogen zurückschlägt zur Nachricht von der Heirat Isaaks (Gen 25,20).

2. Entsprechend den vorangehenden Beobachtungen zur Isaak-Toledot leitet die Toledotformel Gen 25,19aα eine zweiteilige Komposition ein, wobei der Beginn der beiden Kompositionshälften zwar nicht mit einer Überschrift im eigentlichen Sinne[54] angezeigt ist, aber doch mit einer Zeit-

---

im heutigen Kontext nach den vorangehenden Versen ausgefallen sind" und dementsprechend in der priesterschriftlichen Darstellung ersetzt werden müssen.

[50] Vgl. beispielshalber DILLMANN, Genesis, 320; EICHRODT, Quellen, 38; GUNKEL, Genesis, 385; SKINNER, Genesis, 357; PROCKSCH, Genesis, 538; VON RAD, Genesis, 212; BORCHERT, Stil, 15.105.

[51] Die Wendung: NN + $bæn$ mit Altersangabe + ב + inf. cs. ist bei P eine beliebte Schlußformel: Gen 16,16; 17,24.25; 21,5; 25,26b; 41,46; Ex 7,7; Dtn 34,7 (vgl. dazu BORCHERT, Stil, 14 f.103 f.); dagegen ist die Wendung Gen 12,4b Einleitungsformel (gegen BORCHERT, Stil, 15–17.103).

[52] Auf eine Parallelisierung der Einleitungsformeln Gen 25,20 und 26,34 deutet nicht allein die verwandte Struktur beider Verse, sondern auch die nur in diesen Versen bei P belegte Altersangabe „vierzig Jahre" (zur Zahl „vierzig" in Zeitraumnotizen bei P vgl. Ex 16,35; Num 13,25; 14,33.34 [BORCHERT, Stil, 101–103], wobei von den hier genannten Belegen wahrscheinlich nur Num 13,25 P^g zugerechnet werden kann).

[53] Die Wendung $waj^eh\hat{\imath}$ + NN + $bæn$ mit Altersangabe ist gewöhnlich mit Narrativ fortgeführt (Gen 5,32; 17,1; 26,34; vgl. BORCHERT, Stil, 103–105). Dagegen dürfte die auffällige Konstruktion mit ב + inf. cs. Gen 25,20, die einen Narrativ vertritt (hierzu BORCHERT, Stil, 104 f.), durch das Stilmittel der Rahmung bedingt sein.

[54] So zu Recht die entsprechende Kritik bei RENDTORFF, Problem, 136 Anm. 11 und BLUM, Komposition, 434 Anm. 6.

bestimmung, die das Alter Isaaks bzw. Esaus bei ihrer Heirat angeben.[55] Entsprechend der so festzuhaltenden zweiteiligen Struktur der Isaak-Toledot kann eine grundlegende Parallelität zur Struktur der Ismael-Toledot festgehalten werden:[56]

	Gen 25,12–17*	Gen 25,19–28,5*
A.	(1) Und dies sind die Toledot Ismaels	(1) Und dies sind die Toledot Isaaks
	(2) Apposition: des Sohnes Abrahams	(2) Apposition: des Sohnes Abrahams
	(3) Rekapitulierender Rückblick (Relativsatz)	(3) Rekapitulierender Rückblick (Resultativ-Stativ)
B.	(1) Überschrift: Schemotformel	(1) Chronologische Angabe: Und es war Isaak vierzig Jahre...
	(2) Liste der Ismael-Söhne	(2) [...] Geburt Esaus und Jakobs
	(3) Unterschrift	(3) Chronologische Angabe: Und es war Isaak sechzig Jahre
C.	(1) Chronologische Angabe: Und dies sind die Lebensjahre Ismaels	(1) Chronologische Angabe: Und es war Esau vierzig Jahre...
	(2) Tod Ismaels	(2) Entsendung Jakobs nach Paddan-Aram

In beiden Fällen überschreibt die (zur Toledot-Einleitung ausgeweitete Toledotformel (Gen 25,12‖19) eine zweiteilige Komposition, deren beide Teile jeweils markant durch eine überschriftartige Wendung herausgehoben erscheinen (Gen 25,13a [Schemotformel]‖17a[Gesamtlebensalter Ismaels] bzw. 25,20aα[chronologische Angabe]‖26,34aα[chronologische Angabe]). Die Abgrenzung der beiden Kompositionsteile gegeneinander ist zusätzlich durch eine den ersten Kompositionsteil abschließende Unterschrift (Gen 25,16aα) bzw. chronologische Angabe (Gen 25,26b) angezeigt. In beiden Fällen steht die Toledotformel geradezu isoliert. Hier wie dort dient sie nicht der Einführung einer genealogischen Liste, sondern ist vom priesterschriftlichen Erzähler der Ismael- bzw. Isaak-Toledot als Überschrift und Struktursignal vorgefügt. Entsprechend wird auch hier *tôlᵉdôt* am ehesten mit „Familiengeschichte" zu verstehen sein.

---

[55] Zum Vorkommen chronologischer Angaben als Struktursignal innerhalb des priesterschriftlichen Werkes vgl. WEIMAR, Struktur I, 106–115. – Die Entsprechung der beiden chronologischen Angaben Gen 25,20 und 26,34 wird nicht zuletzt auch durch das gleiche Lebensalters („vierzig Jahre") für Isaak und Esau bei ihrer Heirat (*lqḥ* in Verbindung mit *ʾiššāh*) hergestellt, was nachdrücklich anzeigt, daß die Eröffnung der beiden Kompositionshälften der Isaak-Toledot gezielt aufeinander bezogen sind.

[56] Daß Ismael- und Isaak-Toledot in engem kompositorischem Bezug zueinander zu sehen sind, das legt sich allein schon aufgrund der frappanten Parallelität der beiden Toledot-Einleitungen Gen 25,12 und 19 nahe.

IV. Die Gotteserscheinung in Bet-El

Unter Aussparung des Aufenthaltes Jakobs in Paddan-Aram setzt die priesterschriftliche Erzählung vermutlich erst wieder mit dem Aufbruch Jakobs von dort ein (Gen 31,18*), wobei der Anfang wohl im Zusammenhang der schlußredaktionellen Bearbeitung weggebrochen ist.[57] Da es wenig wahr-

---

[57] Zur literarischen Technik der Aussparung vor wichtigen Ereignissen vgl. E. LÄMMERT, Bauformen, 83. – Die wenigen Verse in Gen 29 (24.28b.29) und 30 (4a.8b.22a), die auf den ersten Blick einen priesterschriftlich inspirierten Stil verraten, führten in der Nachfolge von J. WELLHAUSEN, Die Composition des Hexateuchs und der historischen Bücher des Alten Testaments, Berlin ³1899 = ND Berlin ⁴1963, 35; DERS., Prolegomena zur Geschichte Israels, Berlin ⁶1905 = ND Berlin 2001, 333, der selbst recht vorsichtig urteilt, nahezu allgemein zu dem Schluß, daß in Gen 29+30 Fragmente eines ursprünglich in P vorhandenen, aber von R gestrichenen Berichtes über den Aufenthalt Jakobs in Paddan-Aram vorliegen (vgl. W. STAERK, Studien zur Religionsgeschichte und Sprachgeschichte des alten Testaments I, Berlin 1899, 61; außerdem zahlreiche Genesiskommentare), wobei der Umfang der P-Stücke, vorab in Gen 30, im einzelnen recht unterschiedlich bestimmt wird. Dagegen ist etwa nach T. NÖLDEKE, Die s.g. Grundschrift des Pentateuchs, in: Untersuchungen zur Kritik des Alten Testaments, Kiel 1869, 1–144 (27); NOTH, Überlieferungsgeschichte, 18.26.30 und K. ELLIGER, Sinn und Ursprung der priesterlichen Geschichtserzählung, ZThK 49 (1952) 121–143 = DERS., Kleine Schriften zum Alten Testament (TB 32), München 1966, 174–188 (174) in Gen 29+30 keine Spur eines P-Berichtes von Jakobs Aufenthalt in Paddan-Aram erhalten; doch denken zumindest NÖLDEKE, Grundschrift, 27, und NOTH, Überlieferungsgeschichte, 13 sowie jüngst DE PURY, Jakobsgeschichte, 43 daran, daß auch P – wenigstens kurz – von der Heirat Jakobs und der Geburt der Söhne erzählt haben muß, sein Bericht aber von R^P gestrichen wurde. – Sind von einem solchen P-Bericht keine Spuren erhalten, dann bleibt zu fragen, ob es nicht wahrscheinlicher ist, dass hier eine Darstellung des Aufenthaltes Jakobs in Paddan-Aram ausgespart geblieben ist. Mehrere, für unsere Fragestellung meist nicht ausgewertete literarische Daten verdienen Beachtung: 1. Der durch den vorgeschalteten Prohibitiv (Gen 28,1bβ) begründete Befehl Isaaks an Jakob (Gen 28,2) ist mit dem Wegzug Jakobs nach Paddan-Aram schon ausgeführt, da dieser die Absicht zu heiraten beinhaltet (vgl. PROCKSCH, Genesis, 539). – 2. Das Gewicht der Jakob-Rede liegt nicht so stark auf dem Befehl Gen 28,2 (vgl. H. EISING, Formgeschichtliche Untersuchung zur Jakobserzählung der Genesis, Emsdetten 1940, 57 f.162), sondern auf der Segensbitte Gen 28,3f. – 3. Den Aufenthalt Jakobs in Paddan-Aram, seine Heiraten und vorab die Geburt seiner Söhne hat auch P nicht einfach übergangen, sondern nachholend im Anschluß an die Gotteserscheinung in Bet-El (Gen 36,9-3.15) in Form einer Liste (Gen 35,22b–26) mitgeteilt (zur Begründung der Stellung von Gen 35,22b–26 s.u.); zur Kritik einer derartigen Auffassung vgl. DE PURY, Jakobsgeschichte, 48 Anm. 63; zur Diskussion vgl. beispielshalber RENDTORFF, Problem, 117 f.) – Diese Hinweise können zumindest verständlich werden lassen, daß in P^g ein eigener Bericht von den Heiraten Jakobs und der Geburt von Söhnen nicht gefordert ist; zusammen mit der Beobachtung, daß von einem solchen Bericht nichts erhalten ist, machen sie es jedoch wahrscheinlich, daß P^g außer der nachholenden Liste Gen 35,22b–26 von dem Aufenthalt Jakobs in Paddan-Aram nicht eigens berichtet hat. Damit erübrigt sich auch die nachdrücklich von DE PURY, Jakobsgeschichte, 42 f.46–48, dem sich etwa GUILLAUME, „Beware of Foreskins", 71–73 angeschlossen hat, favori-

scheinlich ist, daß eine Angabe des Alters Jakobs beim Verlassen von Paddan-Aram redaktionell verlustig gegangen ist, erscheint es durchaus naheliegend, daß als szenischer Neubeginn wohl nur eine allgemeine Situationsangabe ($waj^ehî$ + ב + inf. cs.) gestanden hat, woran sich sodann unmittelbar die weitere Darstellung angeschlossen haben wird. Der Beginn des kompositorischen Neueinsatzes könnte ursprünglich etwa die folgende Gestalt gehabt haben: „Und es geschah, als Jakob aus Paddan-Aram kam, da nahm Jakob sein Haus."[58] Jakobs Wanderung, die literarisch mit Gen 31,18* eröffnet wird, ist eine Rückkehr in die Heimat.[59] Ziel seiner Reise ist nicht eigentlich das Land Kanaan,[60] sondern sein Vater Isaak in Hebron (Gen 31,18b||35,27).[61] Deshalb kann Isaaks Tod sachgerecht auch erst nach

---

sierte Annahme, wonach P^g nicht nur eine, sondern zwei Gotteserscheinungen gehabt hat, die eine auf dem Hinweg nach Paddan-Aram (Gen 35,6a.11–15), die andere bei der Rückkehr ins Land (Gen 35,9–10).

[58] Die Wiederherstellung des eröffnenden Nominalsatzes ist nach Gen 33,18a und 35, 9a (vgl. auch 12,4b) vorgenommen. – Anders WELLHAUSEN, Prolegomena, 33: „[Und Jakob nahm] all seinen Erwerb..."; PROCKSCH, Genesis, 540: „Da nahm Jakob seine Familie..."; DE PURY, Jakobsgeschichte, 43: „Und Jakob nahm seine Söhne und seine Frauen" (im Anschluß an E.A. Knauf).

[59] Gegenüber der stereotypen Abfolge der Verben „gehen"–„ausziehen"–„gehen"–„hinkommen"–„sich niederlassen" in den Itineraren der Abrahamgeschichte (Gen 11,31; 12,4b.5) ist auffällig, daß in dem Itinerar der Jakobgeschichte anstelle von „ausziehen" und „gehen" ein einfaches „hinkommen" steht (Gen 31,18b und 35,6a; bei Gen 33,18 wird es sich um eine nachpriesterschriftliche Ergänzung handeln [dazu vgl. jetzt DE PURY, Jakobsgeschichte, 43 Anm. 47). Dieser Wechsel der Terminologie dürfte nicht bedeutungslos sein, will wohl einen Wechsel der vorliegenden Situationen anzeigen: Während Terach/Abraham aus ihrer Heimat ausziehen, um nach Kanaan zu kommen, ist das Weggehen Jakobs aus Paddan-Aram – nach dem Verständnis der P^g – kein Ausziehen aus der Heimat in fremdes Land, sondern umgekehrt eine Rückkehr in die Heimat (vgl. in diesem Zusammenhang nochmals die rekonstruierte „Szeneneröffnung" vor Gen 31,18b „Und es geschah, als Jakob aus Paddan-Aram kam, da nahm Jakob sein Haus"). In der Verwendung von $jṣʾ$ bzw. hlk anstelle von $bwʾ$ bzw. $bwʾ + min$ findet dieser Gedanke seinen sprachlichen Ausdruck. Ist nämlich mit der Basis $jṣʾ$ das Aus-Ziehen im Blick, so meint die Basis $bwʾ$ demgegenüber immer das Angespanntsein auf ein Ziel hin. Selbst in der Verbindung $bwʾ + min$ mit Angabe der Herkunft ist diese Grundbedeutung meist noch deutlich sichtbar. Jedenfalls liegt auch in der Verbindung $bwʾ + min$ der Akzent nicht auf dem Moment des Aus-Ziehens, sondern auf dem des Hingelangens zu einem Ziel. Die Wendung „hinkommen aus Paddan-Aram" (Gen 33,18* [R] und 35,9a) wird soviel wie „aus Paddan-Aram heimkehren" bedeuten (diese Bedeutung von $bwʾ + min$ ist sicher belegt Gen 25,29; 27,30; 30,16; 34,7 Num 31,14; Ri 19,16; 1 Sam 11,5; 2 Sam 3,22; 2 Kön 16,11.12; Jes 23,1; Esr 8,35).

[60] BORCHERT, Stil, 10. 99.

[61] Das Vorkommen der Wendung „hinkommen zu Isaak, seinem Vater" in Gen 31,18aβb und 35,27* zeigt, daß beide Verse eine die Einheit rahmende Funktion haben, wodurch nachdrücklich die so umschlossene Gotteserscheinung in Bet-El herausgehoben und für sich gestellt ist (vgl. auch RAPP, Jakob, 34–37). Durch die Korrespondenz der

IV. Die Gotteserscheinung in Bet-El

der Nachricht von der Rückkehr Jakobs berichtet werden (Gen 35,28 f.) und nicht schon, wie eigentlich zu erwarten, am Ende der als Isaak-Toledot stilisierten voraufgehenden kompositorischen Einheit.[62] Im Zentrum der Kompositionseinheit steht die höchst komplex gestaltete Gotteserscheinung in Bet-El (Gen 35,9–13*[63]+15)[64] mit der anschließenden Liste Gen 35,22b–26, die in nachholender Weise von dem Aufenthalt Jakobs in Pad-

---

beiden rahmend um die Gotteserscheinung gelegten Zielangaben Gen 31,18* und 35,27* erscheint diese in einen Bewegungsvorgang eingebunden, damit zugleich einen nicht ungewichtigen Aspekt des Lebens Jakobs – gerade auch im Unterschied zu Abraham – kenntlich machend. Dieser Aspekt wird im übrigen durch Ortsangaben in Gen 35,6aα („Und Jakob kam hin nach Lus, das im Lande Kanaan liegt") und 27* („Und Jakob kam hin ... nach Mamre ..., wo Abraham und Isaak als Fremdlinge geweilt hatten") erkennbar gemacht. Insgesamt dienen so die rahmend um die Gotteserscheinung gelegten Erzählnotizen Gen 31,18* + 35,6aα und 35,27–29* als ein Mittel der erzählerischen Inszenierung, wobei die durch die Einschaltung der Gotteserscheinung geschehende Unterbrechung des Bewegungsablaufes auf andere Weise nochmals die Bedeutung der eingeschalteten Erscheinungsszene hervortreten läßt.

[62] Vgl. dazu nur BLUM, Komposition, 435 f. bzw. HIEKE, Genealogien, 150 f. – Indem im Rahmen der priesterschriftlichen Jakobgeschichte Tod und Begräbnis Isaaks (Gen 35,28 f.) kompositorisch von der Isaak-Toledot abgetrennt erscheinen, bekommt zugleich die Gotteserscheinung in Bet-El ein ganz grundsätzliches, eigenständiges Gewicht, das ihr als Element einer Isaak-Toledot so jedenfalls nicht zukäme.

[63] Das Fehlen von Gen 35,13b in Vulg wird mehrfach festgehalten (vgl. etwa RAPP, Jakob, 31 Anm. 36 oder RUPPERT, Genesis III, 46), ohne daß es möglich wäre, den Halbvers aus textkritischen Gründen auszuscheiden (vgl. SEEBASS, Genesis II, 437: „Die Bezeugung der Auslassung durch Vulg ist zu schwach"). Anders stellt sich demgegenüber das Problem einer Zugehörigkeit von Gen 35,14 zum priesterschriftlichen Erzählzusammenhang dar. Wird dieser Vers auch häufig als ein darin fremdes Element ausgeschieden, so finden sich gerade in jüngster Zeit entschieden Vertreter dafür, in Gen 35,13–15 einen Text aus einem Guß zu sehen (GROSS, Jakob, 335 ff. Anm. 4; BLUM, Komposition, 266–268; TASCHNER, Verheißung, 228 Anm. 23; RAPP, Jakob, 32 Anm. 37; vgl. aber schon NÖLDEKE, Grundschrift, 27). Ob jedoch eine Ausscheidung von Gen 35,14 „ausschließlich den inneren Zwängen der Urkundenhypothese folgt und im Text überhaupt keinen Anhalt findet" (TASCHNER, Verheißung, 228 Anm. 23), erscheint m.E. keineswegs gewiß, vor allem auch wenn die auffällige wörtliche Übereinstimmung von Gen 35,13b und 15, aber auch die nach Gen 35,14 merkwürdig anmutende Renominalisierung von Jakob in Gen 35,15 bedacht wird, ganz abgesehen davon, daß durch Gen 35,14 die markante Abschlußmarkierung in Gen 35,13 und 15 geradezu eine Aufweichung erfährt.

[64] Die Geschlossenheit des kompositorischen Abschnitts Gen 35,9–13*+15 wird nicht zuletzt durch die Korrespondenz der beiden Aussagen Gen 35,9 und 13 herausgestellt (vgl. RAPP, Jakob, 32–34); wie sorgsam er in sich gestaltet ist, zeigt sich im übrigen daran, daß er strukturiert ist durch die Abfolge von zwei Gottesreden Gen 35,10abα‖11+12), jeweils eingeführt durch eine wörtlich gleichlautende Redeeinführung („und es sprach zu ihm Elohim") sowie abgeschlossen durch eine Erzählernotiz, die in beiden Fällen eine Umnamung festhält, zum einen von Jakob in Israel durch Elohim (Gen 35,10bβ), zum andern von Lus in Bet-El durch Jakob (Gen 35,15), womit indirekt auf Gen 35,6aα zurückgegriffen wird.

dan-Aram, seinen Heiraten und der Geburt seiner Söhne Kenntnis gibt.⁶⁵ Durch diese auffallende Stellung der Liste soll die Geburt der Jakob-Söhne

---

⁶⁵ Die Liste der zwölf Jakobsöhne in Gen 35,22b–26 ist durch Über- (35,22b) und Unterschrift (35,26b) deutlich gegenüber ihrer Umgebung abgegrenzt (hierzu HIEKE, Genealogien, 156) und für sich gestellt. Insofern hat die Liste der Jakob-Söhne Gen 35,22b–26 ohne Zweifel ein Eigengewicht gegenüber der unmittelbar voraufgehenden Gotteserscheinung (Gen 35,9–13*+15), ohne daß es jedoch möglich erscheint, beide Textsequenzen gänzlich gegeneinander abzugrenzen. Mehrere Beobachtungen lassen auf einen kompositorisch beabsichtigten Zusammenhang von Gen 35,9–13*+15 und 22b–26 schließen: 1. Indem in der Schlußnotiz der Liste (Gen 35,26b) als Geburtsort aller Jakobsöhne Paddan-Aram genannt ist, wird ein Anschluß an Gen 28,5* geschaffen, was als Zeichen der Verklammerung der beiden gegeneinander abzugrenzenden Textabschnitte zu einem umgreifenderen kompositorischen Zusammenhang verstanden werden kann. – 2. In die gleiche Richtung weist auch die Listenüberschrift Gen 35,22b, worin „eine – für P^g typische – Erfüllungsnotiz" zu sehen ist (M. BAUKS, 35,22b–29, in: Jacob. Ein mehrstimmiger Kommentar zu Gen 25–36 (FS A. de Pury [MoBi 44]), hg. von J.-D. Macchi und T. Römer, Genève 2001, 276–290 [287]), nicht zuletzt zu dem Zweck eingeführt, um die Erfüllung der in Gen 35,11 gemachten Verheißung anzuzeigen. – 3. Wenn auch Gen 35,22b–26 „nahezu einmütig der Priesterschrift (P)" zugewiesen wird (RUPPERT, Genesis III, 514), so ist eine solche Annahme auf der anderen Seite – nicht zuletzt wegen der Konkurrenz zu Ex 1,1–5* – doch keineswegs unbestritten (DE PURY, Jakobsgeschichte, 43 Anm.49), womit indirekt zugleich ein Zusammenhang zwischen der Gotteserscheinung in Bet-El (Gen 35,9–13*+15) und der daran angeschlossenen Liste der Jakobsöhne (Gen 35,22b–26) infrage gestellt ist, eine Infragestellung, die m.E. nicht im Recht ist, wird nur der verborgene Zusammenhang zwischen der Liste der zwölf Jakobsöhne (Gen 35,22b–26) und der Umnamung von Jakob in Israel (Gen 35,10) beachtet. Eingestellt zwischen die Notiz von der Segnung Jakobs (Gen 35,9b) und dem an ihn gerichteten Segenswort (Gen 35,11) hebt sich die Umnamung von Jakob zu Israel heraus, nicht zuletzt auch durch die sorgsame literarische Prägung kenntlich gemacht. Der zweimaligen Aufrufung des Namens Jakob korrespondiert eine zweimalige Nennung des Namens Israel, die dem priesterschriftlichen Erzähler nicht zuletzt deshalb so wichtig ist, weil es hier um die Einführung Israels als Volk geht (vgl. im übrigen auch das Fehlen einer Namenserklärung im Unterschied zu Gen 17,5 [Abraham]), wie denn auch die „Söhne Israels" im zweiten Teil des priesterschriftlichen Werkes das eigentliche Handlungssubjekt darstellen (hierzu näherhin W. GROSS, Israels Hoffnung auf die Erneuerung des Staates, in: Unterwegs zur Kirche. Alttestamentliche Konzeptionen [QD 110], hg. von J. Schreiner, Freiburg/Brsg. u.a. 1987, 87–122 = DERS., Studien zur Priesterschrift und zu alttestamentlichen Gottesbildern [SBAB 30], Stuttgart 1999, 65–96 [75–80]). Die Gottesrede Gen 35,10 ist äußerst knapp gehalten, insgesamt nur zwölf Worte umfassend, womit indirekt möglicherweise auf die Zwölfzahl der Jakobsöhne angespielt ist, ein Gedanke im übrigen, der um so reizvoller ist, wenn damit in Zusammenhang die unmittelbar nachfolgende Liste der Jakobsöhne (Gen 35,22b–26) gesehen wird, deren Überschrift gerade die Zwölfzahl betont. – 4. Nicht zuletzt wegen der auf verschiedenen Ebenen angezeigten Verbindungslinien zu Gen 35,9–13+15 hat die Liste der Jakobsöhne Gen 35,22b–26 an der vorliegenden Stelle ihren Platz gefunden, um auf diese Weise den inneren Zusammenhang zwischen der Gotteserscheinung in Bet-El und der Liste der Jakobsöhne in Erscheinung treten zu lassen. Dabei kommt es dem priesterschriftlichen Erzähler ganz offensichtlich nicht auf die vorgestellte zeitliche Reihenfolge an, sondern auf thematisch-

als anfängliche Erfüllung der an Jakob ergangenen Segenszusage und als beginnende Volkwerdung gekennzeichnet werden.[66]

V. Die Toledot Esaus (Gen 36,1–37,1*)

An die Notiz von Tod und Begräbnis Isaaks in Gen 35,28+29 haben sich bei P^g unmittelbar die Toledot Esaus angeschlossen, mitgeteilt innerhalb des Textabschnitts Gen 36,1–37,1, wo in Listenform verschiedene Nachrichten über Edom und die Edomiter[67] zusammengestellt sind. Den Hauptkomplex der Listen (Gen 36,15-43), zum Teil möglicherweise ältere Überlieferungen enthaltend, scheint erst von R^P der priesterschriftlichen Esau-Toledot eingefügt zu sein,[68] deren Rahmen im ganzen auf Gen 36,1–14+ 37,1 einzugrenzen sein wird.[69] Jedoch ist auch dieser Abschnitt literarisch

---

theologische Zusammenhänge. Um genau dies sichtbar werden zu lassen, operiert der priesterschriftliche Erzähler mit dem Stilmittel der Nachholung.
[66] So GROSS, Jakob, 323 Anm. 2.342 f.; vgl. NOTH, Überlieferungsgeschichte, 18 Anm. 50; BORCHERT, Stil, 44. – Die richtige Stellung von Gen 35,22b–26 nach Gen 35,9–13+15 kann – über W. Gross hinaus – ein kurzer Vergleich von Gen 35,9–13*+15 mit Gen 9,1–17* weiter erhärten: 1. Nach BORCHERT, Stil, 41–44 gehören beide Texte – und nur diese in P^g – zur Gattung der Gottesreden ohne Ausführung; inhaltlich sind sie Segens- und Verheißungsworte. – 2. In den Verheißungen Gen 35,9–13*+15 und 9,1–17* ist nur die Mehrungsansage nicht als Verheißung, sondern imperativisch als Mehrungsbefehl formuliert (vgl. GROSS, Jakob, 328 f.). – 3. Auf beide Verheißungen folgt mit der Völkerliste Gen 10 bzw. der Liste der Jakobsöhne Gen 35,22b–26 unmittelbar ihre Erfüllung; dabei hat möglicherweise dieses sofortige Wirksamwerden des Segens auch die Formulierung der Segensverheißung als Mehrungsbefehl mitbewirkt (anders GROSS, Jakob, 328 f.; in diesem Zusammenhang darf auch die unmittelbare [redaktionell hergestellte] Aufeinanderfolge von Gen 1,1–2,4a* und Setiten-Genealogie Gen 5* nicht unbeachtet bleiben). – Als verfehlt sind so alle Versuche einer Umstellung der Liste der Jakobsöhne, sei es vor Gen 31,18 (vgl. WELLHAUSEN, Prolegomena, 333; STAERK, Studien I, 6 Anm. 7; HOLZINGER, Genesis, 185; GUNKEL, Genesis, 388; SMEND, Erzählung, 87 f.; EICHRODT, Quellen, 38.54; J. STEINMANN, Code Sacerdotale I. Genèse-Exode, Brügge 1962, 61), sei es nach Gen 37,2aα (vgl. SKINNER, Genesis, 423.443; K. BUDDE, Ellä toledoth, ZAW 34 [1914] 241–253 [249 f.]; PROCKSCH, Genesis, 549.554; SIMPSON, Genesis, 743; BORCHERT, Stil, 64–66; SCHARBERT, Toledot-Formel, 48 f.) anzusehen.
[67] Vgl. dazu M. WEIPPERT, Edom. Studien und Materialien zur Geschichte der Edomiter aufgrund schriftlicher und archäologischer Quellen, Diss. Tübingen 1971; weiterhin E.A. KNAUF, Art. Edomiter, NBL I (1991) 468–471.
[68] Vgl. NOTH, Überlieferungsgeschichte, 18 Anm. 52; aber auch EERDMANS, Studien I, 26; EICHRODT, Quellen, 31; LÖHR, Untersuchungen, 4.
[69] Selbst die hier vorausgesetzte Reduktion des priesterschriftlichen Textanteils kann keineswegs als gewiß vorausgesetzt werden, wie nicht zuletzt die neueren Analysen zu Gen 36 zu erkennen geben. Eine Zuordnung von Gen 36,40–43 zur priesterschriftlichen Geschichtsdarstellung, wie sie im Anschluß an ältere Vertreter dieser Position (vgl. bei-

nicht einheitlich, sondern erst sukzessiv zu seinem jetzigen Bestand angewachsen. Deutlich heben sich mehrere Schichten ab, deren jüngste jedenfalls später als P^g anzusetzen ist.[70] Einer Strukturanalyse der Toledot Esaus (2) hat so zunächst eine entstehungsgeschichtliche Analyse von 36,1–14 (1) voraufzugehen.

1. Rhythmisiert ist der Textabschnitt Gen 36,1–14 durch das Nebeneinander der beiden Toledotformeln Gen 36,1 und 9, jeweils der Eröffnung einer Esau-Toledot dienend, wobei gerade dieses Nebeneinander im Rahmen des priesterschriftlichen Darstellungszusammenhangs einzigartig ist und dementsprechend besondere Aufmerksamkeit beanspruchen darf. Wird auch zumeist damit gerechnet, daß für die beiden Toledotformeln Gen 36,1 und 9 literargeschichtlich unterschiedliche Herkunft vorauszusetzen ist, sie also nicht als Elemente ein und desselben literarischen Zusammenhangs angesehen werden können,[71] so erscheint eine solche Annahme dennoch

---

spielshalber WELLHAUSEN, Composition, 49 f.) auch in der jüngeren Diskussion mehrfach vorgenommen worden ist (vgl. etwa SEEBASS, Genesis II, 470 f.; E.A. KNAUF, Genesis 36,1–43, in: Jacob. Ein mehrstimmiger Kommentar zu Gen. 25–36 (FS A. de Pury [MoBi 44]), hg. von J.-D. Macchi und T. Römer, Genève 2001, 291–300 [294–296] sowie im Anschluß daran DE PURY, Jakobsgeschichte, 44 Anm. 52), ist angesichts der Tatsache, daß Gen 36,40–43 „allgemein als relativ jung" gilt (SEEBASS, Genesis II, 469), alles andere als sicher, wie denn auch andere vermuten, daß die hier mitgeteilte Liste „erst spät, vermutlich vom Bearbeiter des priesterschriftlichen Grundtextes des Kapitels, als ergänzender Anhang angefügt" (RUPPERT, Genesis III, 531) worden ist. Dieser Frage kann hier jedoch nicht näher nachgegangen werden; das Problem der Entstehungsgeschichte von Gen 36 läßt sich vielleicht auch nicht mehr mit einiger Gewissheit klären. So kann es durchaus bei der Feststellung von DE PURY, Jakobsgeschichte, 44 Anm. 52 bleiben: „Gen 36 ist anerkanntermaßen überladen, bleibt aber schwer auf sein redaktionsgeschichtliches Wachstum hin zu analysieren."

[70] Die literarische Nicht-Einheitlichkeit von Gen 36,1–14 ist weithin anerkannt; jedoch differieren die Analysen im einzelnen stark. – Eine Zuteilung des ganzen Abschnitts Gen 36,1–14 an P^g (VON RAD, Priesterschrift, 31–33; DERS., Genesis, 280 f.; NOTH, Überlieferungsgeschichte, 18 Anm. 51; ELLIGER, Sinn, 174; BORCHERT, Stil, 62 f.) ist nicht möglich; eine Herkunft aus einem Toledot-Buch – ganz (G. von Rad) oder teilweise (M. Noth) – läßt sich nicht wahrscheinlich machen.

[71] Daß das Nebeneinander der beiden Toledotformeln in Gen 36,1 und 9 kaum in gleicher Weise für P^g reklamiert werden kann, wird in der gegenwärtigen Forschung immer wieder betont (vgl. nur EICHRODT, Quellen, 53: „Die Überschriften in 36,1 u. 9 können jedenfalls nicht beide von P herrühren" oder TENGSTRÖM, Toledotformel, 65 f.: „eine der Toledot-Formeln Esaus, 36,1 oder 36,9, ist überflüssig"), wobei die Frage, welche der beiden Toledotformeln ursprünglich ist, keineswegs leicht in dem einen oder anderen Sinne zu entscheiden ist. Plädieren die einen für eine Verbindung von Gen 36,1a mit P^g (vgl. etwa KNAUF, Genesis 36,1–43, 294), so sprechen sich die anderen ebenso energisch für eine priesterschriftliche Herkunft von Gen 36,9 aus (vgl. etwa TENGSTRÖM, Toledotformel, 70 Anm. 54 oder RUPPERT, Genesis III, 528 ff.), wenn nicht mit Blick auf die Toledotformel Gen 36,9 gar mit einer Herleitung aus dem vorgegebenen Toledotbuch gerechnet wird (SCHARBERT, Toledot-Formel).

keineswegs zwingend, vor allem dann nicht, wenn deren unterschiedliche literarische Funktion bedacht wird.[72] Angesichts der im einzelnen ziemlich offenen Diskussionslage erfordert eine Beurteilung des literargeschichtlichen Verhältnisses der beiden Toledotformeln Gen 36,1 und 9 eine eingehendere, differenziertere Betrachtung, die am besten ihren Ausgang nimmt bei der zweiten Toledotformel in Gen 36,9. Wie in Gen 25,12 f. und Num 3,1 f. stehen auch hier Toledot- und Schemotformel in unmittelbarer Abfolge hintereinander. Anders als die Toledotformel Gen 36,9 ist die nachfolgende Schemotformel Gen 36,10a fest mit der daran sich anschließenden Liste der Esausöhne als Überschrift verbunden. Diese nennt Esaus Söhne Elifas und Reguel mit ihren Müttern Ada und Basemat, den Frauen Esaus (Gen 36,10), darüber hinaus auch die Enkel Esaus (Gen 36,11 f.), deren Aufreihung ebenfalls je mit einer eigenen Einleitungsformel (mit Namen des Vaters) überschrieben und mit einer Unterschrift (mit Namen der Großmutter) abgeschlossen ist.[73] Ob die Liste der Esausöhne ebenso wie die der Ismaelsöhne in Gen 25,13–16a mit einer zur Überschrift korrespondierenden Unterschrift abgeschlossen gewesen ist, kann mit einigem Grund durchaus vermutet werden. Wie nämlich die zu Gen 36,13b parallele, ganz im Stile einer Schlußformel gestaltete Wendung Gen 36,14aα (*weʾellæh hājû bᵉnê*...) zu erkennen gibt, darf hierin der Beginn der ursprünglichen Gesamtunterschrift der Liste der Esausöhne gesehen werden,[74] wobei die eigentlich zu erwartete Nennung Esaus vermutlich im Zusammenhang der redaktionell bedingten Ausweitung der Listenunterschrift

---

[72] Hierauf hat nachdrücklich BLUM, Komposition, 436 Anm. 8 aufmerksam gemacht: Die Abfolge der Toledotformeln Gen 36,1 und 9 „hat die deutliche Funktion, zwischen den in Kanaan geborenen Söhnen (s. V.5b) und den in Seir geborenen Nachkommen (s. V.9b) zu differenzieren. So liegt m.E. auch kein Grund vor, hier literarkritisch verschiedene ‚Hände' anzunehmen"; in diesem Zusammenhang gilt es auch zu bedenken, daß der Horizont der Toledotformel in Gen 36,9 deutlich enger gespannt ist als bei Gen 36,1, wie unmißverständlich durch die in Gen 36,9b beigefügte Ortsangabe „auf dem Gebirge Seir" zum Ausdruck gebracht ist; im Gegensatz zu Gen 36,1 überschreibt die Toledotformel Gen 36,9b bloß einen Abschnitt der Familiengeschichte Esaus, nämlich jene Phase, die sich auf die Zeit seines Aufenthaltes im Lande Seir bezieht. Nach HIEKE, Genealogien, 175 ist die Wiederholung der Toledotformel aus Gen 36,1 in 9 „durch den vorausgehenden Zyklus über die Übersiedlung Esaus ins Bergland Seir erforderlich" geworden.
[73] Die Abwandlungen in den entsprechenden Einleitungs- und Schlußformeln sind wohl stilistisch bedingt; näherhin bleibt die chiastische Anordnung der Formeln zu beachten: A = 36,11a – B = 36,12b // B' = 36,13aα – A' = 36,13b. Die Formeln A und A' rahmen zugleich die Liste der Enkel und erweisen sie als eine relativ geschlossene Einheit.
[74] Vgl. hierzu nur den entsprechenden, in der weiteren Diskussion jedoch unbeachtet gebliebenen Hinweis von BORCHERT, Stil, 62 f.

in Gen 36,14,[75] mit der auch die sekundär eingetragene Notiz Gen 36,12a zu verbinden sein wird,[76] von ihrem angestammten Platz abgespalten worden ist. Angesichts der Rahmung der Liste der Esausöhne (Gen 36,10 f. 12b.13.14aα*) durch Über- und Unterschrift (Gen 36,10a||14aα*) kann darin geradezu eine geschlossene, für sich bestehende Größe gesehen werden, die angesichts der unverkennbaren Unstimmigkeiten in der Angabe der Frauen Esaus zur priesterschriftlichen Notiz Gen 26,34* wohl kaum für P^g selbst beansprucht werden kann, sondern einer schon vorgegebenen Tradition zuzuordnen ist.[77] Verdankt sich die erzählerisch bestimmte Ausweitung von Gen 36,14* jener Hand, die auch für die hiermit zusammenhängenden Notizen Gen 36,2bβ und 5a verantwortlich ist (dazu s.u.), dann kommt hierfür keinesfalls der priesterschriftliche Erzähler selbst in Frage, sondern allein eine spätere redaktionelle Bearbeitung (vermutlich R^P). Damit eröffnet sich aber zugleich eine Perspektive hinsichtlich einer literargeschichtlichen Einordnung der Toledotformel Gen 36,9. Ausgehend von begründeten Annahme, daß die Liste der Esausöhne ursprünglich einmal mit der Wendung „Dies sind die Namen der Söhne Esaus" abgeschlossen gewesen ist, erscheint der Gedanke durchaus naheliegend, daß der Name Esaus im Zusammenhang der schlußredaktionellen Bearbeitung, der sich die gegenwärtige Gestalt von Gen 36,14 verdankt, nicht eliminiert, sondern nur transferiert worden ist, um als redaktionelle Klammer um den sich an Gen 36,14aα* anhängenden redaktionellen Einschub dienen zu können.[78]

---

[75] Hierzu näherhin HOLZINGER, Genesis, 187; BORCHERT, Stil, 62; ferner EERDMANS, Studien I, 25 f.

[76] Vgl. GUNKEL, Genesis 391; außerdem SEEBASS, Genesis II, 466 und RUPPERT, Genesis III, 530.535 f.

[77] Zum Nebeneinander der unterschiedlichen Frauennamen Esaus vgl. HIEKE, Genealogien, 182 f.; hinsichtlich der Klärung des Phänomens scheint nach wie vor, wie hier vorausgesetzt, eine literargeschichtlich Lösung am plausibelsten zu sein; als genuin priesterschriftliche Aussage läßt sich m.E. nur Gen 26,34* fassen, wohingegen Gen 28,9 erst als nachpriesterschriftlich einzustufen ist (s.o.); die Angabe der Namen der Frauen Esaus in Gen 36,10–14* repräsentiert allem Anschein nach eine eigenständige Tradition; demgegenüber darf Gen 36,2–5* im Anschluß an NOTH, Überlieferungsgeschichte, 18 Anm. 51 als „Kompilation" zwar nicht von P (zur Kritik vgl. BLUM, Komposition, 450 oder RUPPERT, Genesis III, 529), wohl aber von R^P angesehen werden, wodurch der Versuch einer Verknüpfung der unterschiedlichen Angaben gemacht wird. Daß hinsichtlich der Aufrufung der Namen der Frauen Esaus unterschiedliche Hände am Werk gewesen sein müssen, hat nachdrücklich – mit einer mehrfach zitierten Feststellung (vgl. EERDMANS, Studien I, 26 oder BLUM, Komposition, 449) – WELLHAUSEN, Composition, 50 festgehalten: „Ich scheue mich nicht die Alternative auszusprechen: entweder ist die ganze Literarkritik der biblischen Geschichtsbücher bodenlos und nichtig, oder Gen. 26,34s. 28,8s. stammt aus anderer Quelle als Gen. 36,1–5.9–19."

[78] Daß der an Gen 36,14aα* redaktionell sich anschließende Textabschnitt Gen 36,15–43bα als eine geschlossene kompositorische Einheit zu verstehen ist, wird zumindest indirekt anhand der Korrespondenz von Über- und Unterschrift (Gen 36,15a||43bα) als

V. Die Toledot Esaus (Gen 36,1–37,1*)

Entsprechend Beachtung verdient hier nicht zuletzt die wie abgetrennt wirkende und verschiedentlich als Glosse verstandene Aussage Gen 36,43bβ („Das ist Esau, der Vater Edoms") besondere Aufmerksamkeit.[79] Nun hat die appositionelle Wortverbindung „Esau, der Vater Edoms" bemerkenswerterweise eine Entsprechung in der der Liste der Esausöhne in Gen 36,10–14* redaktionell vorgefügten Toledotformel Gen 36,9, wodurch nicht allein Gen 36,9–43 verklammert erscheint, vielmehr darüber hinaus, falls $^\jmath ab\hat{\imath}\ ^{\jmath\!e}d\hat{o}m$ nicht als glossenhaftes Element anzusehen ist,[80] ein starkes Argument zugunsten der Annahme gegeben ist, daß die Toledotformel an dieser Stelle eine auf R^P zurückgehende redaktionelle Bildung darstellt.[81]

Spricht somit einiges dafür, das Vorkommen der Toledotformel Gen 36,9 nicht zuletzt angesichts des Zusammenhangs mit Gen 36,43bβ als ein Element der schlußredaktionellen Bearbeitung von Gen 36 zu verstehen, dann eröffnet sich von daher auch ein neuer Blick auf die in Gen 36,1 mitgeteilte Toledotformel, deren Funktion und Stellenwert im Rahmen einer Analyse von Gen 36,1–8 nachzugehen sein wird. Angesichts eines weitgehenden Konsenses in bezug auf eine literargeschichtliche Verknüpfung von

---

äußeren Rahmenaussagen angezeigt, die ihrerseits aber, ohne daß dem hier näher nachgegangen werden könnte, durch Zwischenüber- bzw. -unterschriften vermittelt sind (Gen 36,16||19 bzw. 40a||43bα, dazwischen eingeblendet Gen 36,20aα||30b). Angesichts einer derart gezielt eingesetzten Verklammerungstechnik liegt es durchaus nahe, in Gen 36,15–43bα – mit Ausnahme der eine Sonderstellung einnehmenden Königsliste – eine den Zusammenhang von Gen 36,14aα* und 43bβ aufsprengende redaktionelle Erweiterung zu sehen.

[79] Die übergreifenden literarischen Zusammenhänge werden dann verkannt, wenn in Gen 36,43bβ nur eine späte Glosse gesehen wird (so etwa GUNKEL, Genesis, 394 oder WESTERMANN, Genesis II, 685); anders stellt sich der Sachverhalt dann dar, wenn die „Identität von Esau und Edom" (JACOB, Genesis, 671) nicht etwa das Ergebnis einer fortlaufenden Glossierung des Kapitels ist (so WESTERMANN, Genesis II, 685), sondern einer geschlossenen redaktionellen Bearbeitung, vermutlich aus der Hand des schlußredaktionellen Bearbeiters (RUPPERT, Genesis III, 531.549), dem es ein zentrales Anliegen ist, deutlich werden zu lassen, „daß darin eine wesentliche Absicht des Kapitels zu sehen ist" (JACOB, ebd.). Dieses Anliegen wird dabei auf eine doppelte Weise zum Ausdruck gebracht, zum einen mit Hilfe der „Identifikationsformel" $^c e s \bar{a} w \ h \hat{u}^{\jmath}\ ^{\jmath\!e} d \hat{o} m$ (Gen 36,1b.8.19b), zum andern durch die appositionelle Wortverbindung $^c e s \bar{a} w\ ^{\jmath} a b \hat{\imath}\ ^{\jmath\!e} d \hat{o} m$ (Gen 36,9 und 43bβ), ohne daß es notwendig erscheint, zwischen beiden Ausdrucksformen entstehungsgeschichtlich zu differenzieren.

[80] So beispielsweise RUPPERT, Genesis III, 534, der in „der Qualifikation Esaus als ‚der Vater Edoms' (V.9*)" einen Zusatz sieht, in dem „wohl der gleiche Redaktor wie in V. 43bβ greifbar ist".

[81] Hiermit wird ausdrücklich die in der Erstfassung dieses Beitrags vertretene Auffassung, wonach die Toledotformeln in Gen 36,1 und 9 in gleicher Weise als priesterschriftlich anzusehen sind (Jakobsgeschichte, 186 f.), aufgegeben.

Gen 36,6–8 mit P^{g82} wird sich eine nähere Klärung der literargeschichtlichen Verhältnisse auf die Eingangsverse Gen 36,1–5 konzentrieren dürfen. Wenn sich auch der in Gen 36,6–8* mitgeteilte Bericht von der Auswanderung Esaus ins Gebirge von Seir unmittelbar an Gen 35,29 angeschlossen haben könnte,[83] so spricht dennoch einiges dafür, daß ähnlich wie die Familiengeschichten von Ismael und Isaak auch diejenige von Esau mit einer Toledotüberschrift (Gen 36,1a[84]) eröffnet gewesen ist, was zusätzlich dadurch bekräftigt wird, daß die hier mitgeteilte Toledotformel ganz „den entsprechenden Formeln der P^g" konform geht.[85] Ganz priesterschriftlichem Stil entspricht sodann der an die Toledotformel angeschlossene rekapitulierende Rückgriff auf die Heiraten Esaus mit kanaanäischen Frauen in Gen 36,2a.[86] Demgegenüber kann die nachfolgende Aufzählung der Frauen Esaus (Gen 36,2b.3) sowie die Mitteilung der Geburt seiner Söhne im Lande Kanaan (Gen 36,4 f.) kaum P^g zugerechnet werden. Wenn es auch möglich erscheint, daß der priesterschriftliche Erzähler eine Liste der Esausöhne, die von der eigenen Tradition (Gen 26,34; vgl. im übrigen auch die gemeinhin P zugerechnete, hier jedoch als nachpriesterschriftlich [s.o.] betrachtete Notiz Gen 28,9) hinsichtlich Zahl und Namen der Frauen Esaus

---

[82] Vgl. zuletzt wieder SEEBASS, Genesis II, 470; KNAUF, Genesis 36,1–43, 294; RUPPERT, Genesis III, 528 f.533 f. – Eine ganz andere Frage ist es, inwieweit der ganze Textabschnitt Gen 36,6–8 dem priesterschriftlichen Erzählzusammenhang zugerechnet werden kann. M.E. sind hierbei mehrere Problemfelder zu nennen: 1. Das auffällige Fehlen eines Ländernamens bei der Zielangabe ʾæl-ʾæræṣ in Gen 36,6b bereitete schon den alten Versionen Schwierigkeiten (vgl. BHS). Anstatt jedoch im Anschluß an die Versionen zu Textkorrekturen (so meist) Zuflucht zu nehmen, erscheint es insgesamt plausibler, darin einen späteren Zusatz zu sehen, zumal sich die Zielangabe nicht spannungsfrei in den priesterschriftlichen Erzählzusammenhang einordnet, insofern hier als Wohngebiet das Gebirge Seir und nicht das Land Seir genannt ist; überdies trägt die Trennung vom Bruder hierbei den entscheidenden Akzent. – 2. Inwieweit die ganze siebengliedrige Angabe des Besitzes Esaus P^g zugerechnet werden darf, erscheint durchaus fraglich, nicht zuletzt in bezug auf die Nennung von Töchtern, die zuvor bei P keine Erwähnung gefunden haben. – 3. Als späterer Nachtrag ist die mit der schlußredaktionellen Bearbeitung zusammenhängende „Identifikationsaussage" Gen 36,8b anzusehen, die auch literargeschichtlich eine Verknüpfung mit Gen 36,9 schafft.– 4. Als späterer Nachtrag ist schließlich auch der eng an Gen 13,6 (Trennung von Abraham und Lot) angelehnte, den unmittelbaren Erzählduktus unterbrechende Begründungssatz Gen 36,7 zu werten, wobei diese Annahme noch zusätzlich eine Stütze dadurch erfährt, daß auch Gen 13,6 erst nachpriesterschriftlich einzuordnen ist.

[83] RUPPERT, Genesis III, 529: „Blendet man die VV.1–5 einmal aus, so schließen V.6–8 hervorragend an die Notiz vom gemeinsamen Begräbnis Isaaks durch Esau und Jakob (35,29 P) an."

[84] Gen 36,1b ist als endredaktionelles Textelement gegenüber Gen 36,1a abzugrenzen.

[85] KNAUF, Genesis 36,1–43, 294.

[86] Anders jedoch RUPPERT, Genesis III, 528.

abweicht, in ihr Werk aufgenommen hat,[87] ist es jedoch nur schwer vorstellbar, daß P^g die Heiraten Esaus sowie die Geburt von Söhnen im Anschluß an die ihm vorgegebene Liste der Esau-Söhne Gen 36,10–14*, damit im Widerspruch zur eigenen Vorstellung stehend, nochmals berichtet hätte. Zudem fügt sich Gen 36,2b–5 nicht spannungsfrei in den gegebenen Textzusammenhang. Zum einen will die Aufzählung der Frauen Esaus nicht ganz zu der Angabe „von den Töchtern Kanaans" in Gen 36,2a passen;[88] zum andern steht die Mitteilung der Geburt von Söhnen im Lande Kanaan (Gen 36,4 f.) im Widerspruch zur Auffassung von P^g, insofern sie nach priesterschriftlichem Verständnis auf dem Gebirge Seir geboren sind (Gen 36,9 f.). Legt sich somit für Gen 36,2b–5 die Annahme eines sekundären Einschubs nahe, dann dürfte dieser als Versuch einer Harmonisierung der verschiedenen Daten bezüglich der Frauen und Söhne Esaus zu werten sein. Dieses Ziel erreichte R^P dadurch, daß er zu den aus der Liste bekannten Frauen Oholibama als dritte Frau Esaus hinzufügte und zugleich Abstammung und Herkunft der Frauen – für Ada und Basemat mit Hilfe der aus Gen 26,34 (vgl. auch Gen 28,9) bekannten Angaben und für Oholibama aufgrund von Gen 36,24 f.[89] – festlegte, wobei die abschließende Redaktion offensichtlich recht schematisch vorging. Auf sie dürfte auch die Identifizierung Esaus mit Edom (Gen 36,1b.8b.9a.19b.43bβ) zurückgehen.[90]

2. Angesichts der voraufgehenden entstehungsgeschichtlichen Beobachtungen beschränkt sich der Umfang der als priesterschriftlich anzusehenden Toledot Esaus auf Gen 36,1a.2a.6*.8a.10–11.12b.13.14aα.43bβ und 37,1. Nur diese Verse können so Grundlage einer weitergehenden Betrachtung hinsichtlich der kompositorischen Gestalt der Esau-Toledot sein. Diese läßt sich, wie unschwer erkennbar, in zwei Abschnitte gliedern: 1. die

---

[87] Vgl. VON RAD, Genesis, 281 f.
[88] Vgl. DILLMANN, Genesis, 383; HOLZINGER, Genesis, 187; SMEND, Erzählung, 91 (der den Ausdruck „von den Töchtern Kanaans" R zuschreibt). – Die Spannung zwischen Gen 36,2a und 36,2b.3 hat wohl schon R^P auszugleichen gesucht, indem er *haḥorî* (Gen 36,20) in *haḥiwwî* (Gen 36,2bβ) abänderte (vgl. HOLZINGER, Genesis, 187; SMEND, Erzählung, 91 f.; RUPPERT, Genesis III, 523; demgegenüber SEEBASS, Genesis II, 463, der betont, daß die traditionell vorgenommene Konjektur „zwar graphisch gut, aber ungedeckt" sei).
[89] In der R^P vorliegenden Horiter-Liste war Oholibama vielleicht ein Sohn Anas (Gen 36,25; vgl. 36,41, wo Oholibama Stammesname ist (B. MORITZ, Edomitische Genealogien. I., ZAW 44 [1926] 81–93 [87 f.]). Dann hätte erst R^P Oholibama zur Tochter Anas umfunktioniert und, wie es scheint, ihre Abstammung aufgrund von Gen 36,24 f. recht mechanisch abgeleitet. R^P wäre dann auch die Zufügung von „Tochter Anas" in Gen 36, 25b zu verdanken (vgl. auch HOLZINGER, Genesis, 189; GUNKEL, Genesis, 393; CLAMER, Genesis, 414, die in diesen beiden Worten eine Glosse sehen).
[90] Zur „Gleichung" Esau = Edom vgl. NOTH, Überlieferungsgeschichte, 104 f.210; V. MAAG, Jakob – Esau – Edom, ThZ 13 (1957) 418–429.

Nachricht von der Auswanderung Esaus nach Seir (Gen 36,6–8a*) und 2. die in Listenform gegebene Mitteilung von der Geburt der Söhne und Enkel Esaus in Seir (Gen 36,10–11.12b.13.14aα.43bβ). Überschrift (Gen 36, 1a) und Exposition in Form einer Rückwendung (Gen 36,2a) leiten die Esau-Toledot ein; den Abschluß bildet eine knappe, korrespondierend zu Gen 36,8a gefügte Notiz, die sich auf das Sich-Niederlassen Jakobs im Lande Kanaan bezieht (Gen 37,1). Insgesamt stellt sich die Esau-Toledot so als eine klar strukturierte kompositorische Einheit dar. Wird näherhin die Toledotformel Gen 36,1a in Blick genommen, dann zeigt es sich, daß sie nicht in Verbindung mit einer Genealogie bzw. genealogischen Liste steht, ihr vielmehr nach einem rekapitulierenden Rückgriff auf die Heiraten Esaus mit kanaanäischen Frauen (Gen 36,2a) unmittelbar ein im ganzen äußerst knapp gehaltener Bericht über die Auswanderung Esaus nach es Seir folgt.[91] Ähnlich wie Gen 25,12a und 19 handelt es sich dabei um eine Gliederungs- und Strukturformel, durch die der Beginn der Esau-Toledot klar markiert und so gegenüber dem literarischen Zusammenhang abgesetzt erscheint. Wiederum bietet sich als angemessene Übertragung von *tôledôt* „Familiengeschichte" an.

Ein solches Verständnis der Toledotformel Gen 36,1a läßt sich weiter durch einen Vergleich mit der ersten Hälfte der *Terach-Toledot* (Gen 11,27.31 f.) erhärten. Beide Toledot zeigen hier nämlich, während sie in der zweiten Hälfte auseinandergehen, mit der Abfolge der Elemente: Toledotformel – rekapitulierender Rückgriff im Resultativ-Stativ – Auswanderungsnotiz eine auffallend parallele Gestaltung:

	Gen 11,27a + 31*	*Gen 36,1a.2a.6–8a**
A.	(1) Und dies sind die Toledot Terachs	(1) Und dies sind die Toledot Esaus
	(2) Rekapitulierender Rückblick (Resultativ-Stativ): Terach hatte gezeugt...	(2) Rekapitulierender Rückblick (Resultativ-Stativ): Esau hatte genommen...
B.	(1) Und Terach nahm Abram, seinen Sohn, und Sarai...	(1) Und Esau nahm seine Frau und seine Söhne...
	(2) Und sie zogen aus [...], um in das Land Kanaan zu gehen	(2) Und er ging weg von Jakob, seinem Bruder...
	(3) Und sie kamen hin nach Haran und und ließen sich dort nieder	(3) Und Esau ließ sich nieder auf dem Gebirge Seir

Der Akzent liegt in beiden Toledot unverkennbar auf dem Auswanderungsbericht (Gen 11,31*∥36,6–8a*). Dagegen trägt der vorgeschaltete rekapitulierende Rückgriff kein eigenes Gewicht; hiermit sollen einleitend Terach bzw. Esau als jeweilige Hauptfigur der nachfolgend erzählten Familiengeschichte charakterisiert und vorgestellt werden, indem das schon berichtete, entscheidende Ereignis ihres bisherigen Lebens nochmals erinnert

---

[91] Die Anlage des Auswanderungsberichtes Gen 36,6–8a* läßt eine schematisch bestimmte Abfolge der Gliedelemente erkennen (vgl. Gen 11,31 und 12,5): 1. Aufbruch (*lqḥ* + Aufzählung des Besitzes in formelhaften Wendungen) – 2. Auszug (*hlk* + *min*) – 3. Sich-Niederlassen (*jšb*), womit sich für Gen 36,6–8a* deutlich ein dreigliedriger Rhythmus nahelegt.

wird.⁹² In beiden literarischen Zusammenhängen hat P^g die Toledotformel (jeweils in der Bedeutung: „Und dies ist die Familiengeschichte ...") als Überschrift und literarische Eröffnungsformel der Darstellung vorangestellt. Als solche markiert die Toledotformel den Einsatz eines neuen Kapitels: Gen 11,27 den Beginn der Terach-Toledot bzw. der ganzen Abraham-Geschichte, Gen 36,1a den Beginn der Esau-Toledot.

Der zweite Teil der Esau-Toledot teilt in Listenform die Geburt der Söhne und Enkel Esaus in Seir mit (Gen 36,10–14aα*.43bβ*), durch nominale Überschrift (Schemotformel Gen 36,10a) und Abschlußformel (Gen 36, 14aα*.43bβ*) angezeigt. Dieser sich so aus dem Textzusammenhang ausgrenzenden Liste der Esau-Söhne kommt dabei erzählerisch die Funktion zu, in der abgekürzten Form einer Liste das Geschehen auf dem Gebirge Seir, nachdem Esau sich dort niedergelassen hat (Gen 36,8a), dichtgedrängt und konzentriert wiederzugeben.

Wie die vorangehende Analyse zu erkennen gegeben hat, ist die der Schemotformel vorgeschaltete Toledotformel nicht als priesterschriftlich zu qualifizieren, sondern mit der abschließenden Bearbeitungsschicht von Gen 36 zu verbinden. Gegenüber Gen 36,1 hat die in Gen 36,9 mitgeteilte Toledotformel einen eingeschränkteren Horizont und scheint im ganzen auch wesentlich enger auf die sogleich nachfolgenden genealogischen Listen bezogen. Nicht zuletzt vertritt sie auch eine eigene Form einer Toledot,⁹³ was auf andere Weise nochmals die literargeschichtliche Differenzierung im Hinblick auf das Vorkommen der beiden Toledotformeln in Gen 36,1 und 9 zu bekräftigen vermag. Im übrigen verdient in diesem Zusammenhang auch die bemerkenswerte Nähe der Esau-Toledot Gen 36,9–43* zur Toledot der Noach-Söhne in Gen 10,1–7.20.22 f.31 f. Beachtung.⁹⁴ Die Entsprechung zwischen beiden Toledot betrifft nicht allein die Funktion der Toledotformeln Gen 10,1a und 36,9, sondern reicht darüber hinaus bis in die Struktur beider Toledot:

Gen 10,1–7.20.22 f.31 f.
(1) Und dies sind die Toledot der Söhne Noachs
(2) Apposition: Sem, Ham und Jafet
(3) Zeitbestimmung: und es wurden ihnen Söhne geboren *nach der Flut*
(4) Liste der Namen der Söhne Noachs:

Gen 36,10–11.12b.13.14aα.43bβ**
(1) Und dies sind die Toledot Esaus
(2) Apposition: des Vaters Edoms
(3) Ortsangabe: auf dem Gebirge Seir [Zeit des Aufenthaltes auf dem Seirgebirge]
(4) Liste der Söhne Esaus: Söhne und

---

⁹² Der rekapitulierende Rückgriff Gen 11,27aβ hat durch die Nachricht von der Geburt Lots Gen 11,27b eine Ausweitung erfahren, die, wie die Übereinstimmung in Syntax und Stil zeigt, als Teil des Rückgriffs anzusehen, literargeschichtlich aber, da die Figur des Lot in P^g keine Rolle spielt, davon abzusetzen ist.

⁹³ Vgl. in diesem Zusammenhang die von TENGSTRÖM, Toledotformel, 19–27 zwischen einer erzählerischen und einer namenaufzählenden Toledot.

⁹⁴ Hierauf hat mit Nachdruck TENGSTRÖM, Toledotformel, 28 ff. hingewiesen. – Zur Völkerliste in Gen 10 selbst vgl. etwa W. BRANDENSTEIN, Bemerkungen zur Völkertafel in der Genesis, in: Sprachgeschichte und Wortbedeutung (FS A. Debrunner), Bern 1954, 57–83; J. SIMONS, The „Table of Nations" (Gen X): Its general structure and meaning, OTS 10 (1954) 155–184 (Lit.); C. SAVASTA, Alcune considerazioni sulla lista dei discendenti dei figli di Noè (Gen 10: tavola dei popoli), RivBib 17 (1969) 88–102.337–363.

Söhne und Enkel	Enkel
(5) Unterschrift: Dies sind die Sippen der Söhne Noachs	(5) Unterschrift: Und dies sind die Söhne Esaus

Beide Listen kommen schon darin überein, daß sie bis auf die Enkel (Gen 10,7b bis auf die Urenkel) ausgezogen sind. Das ist um so gewichtiger, als bei P^g nur die Völkerliste und die Liste der Esau-Söhne einen derart großen Zeitraum umgreifen. Eingeleitet sind sie von der durch Apposition sowie einer Zeit- bzw. Ortsangabe erweiterten Toledotformel (Gen 10,1[95] bzw. Gen 36,9), abgeschlossen durch eine Gesamtunterschrift (Gen 10,32 bzw. Gen 36,14aα*.43bβ*). Anfang und Ende der Einzelglieder sind ebenfalls durch Einleitungs- (Gen 10,2aα.6aα.22aα bzw. Gen 36,11a.12aα) und Schlußformeln (Gen 10, 5[96].20.31b bzw. Gen 36,12b.13b) entsprechend markiert. Die Abweichungen der Toledot der Noach-Söhne vom Schema, wie sie sich in der Erweiterung der Unterschrift durch die erzählerische Notiz Gen 10,32b und in der Ausweitung der Zeitbestimmung Gen 10,1b zu einem vollständigen Verbalsatz zeigt, wird wohl aus der Vorgeschichte der

---

[95] Die im Anschluß an WELLHAUSEN, Composition, 6 meist vorgenommene Zuweisung von Gen 10,1b an J (vgl. DILLMANN, Genesis, 171; HOLZINGER, Genesis, 94; GUNKEL, Genesis, 84; VON RAD, Genesis, 105; C. WESTERMANN, Genesis. I. Genesis 1–11 [BK I/1], Neukirchen-Vluyn 1974, 673) ist durch eine kritische Analyse nicht gedeckt; trotz der für J in Gen 10 typischen Verwendung von *jld* (*l^e*) muß Gen 10,1b aus sprachlichen Gründen („nach der Flut") wie aufgrund der Struktur der Toledot-Einleitung zu P gestellt werden (vgl. K. BUDDE, Eine übersehene Textherstellung, ZAW 30 [1910] 277–280; NOTH, Überlieferungsgeschichte, 17; ELLIGER, Sinn, 174). Es erübrigt sich so auch eine Herleitung des Halbverses von R^P (E. KÖNIG, Die Genesis, Gütersloh 1919, 392; LÖHR, Untersuchungen, 5; H. SEEBASS, Genesis I. Urgeschichte [1,1–11,25], Neukirchen-Vluyn 1996, 265).

[96] Die Gen 10,5 in Analogie zu Gen 10,20.31 nahezu ausnahmslos angenommene Konjektur *ʾellæh b^{e}nê jæpæt* (BHS) ist unbegründet; sie wäre nur dann vorzunehmen, wenn andere Erklärungsmöglichkeiten versagen. – Ganz abgesehen davon, daß für P eine vollkommene Gleichheit der Schlußformeln nicht verlangt ist, kann die als Grund für den Wegfall von *ʾellæh b^{e}nê jæpæt* angegebene sekundäre Streichung dieser Wendung durch einen Glossator zugunsten der Formulierung von Gen 10,5aα, wie HOLZINGER, Genesis, 97, LÖHR, Untersuchungen, 5, und BORCHERT, Stil, 60 f. vorschlagen, schon wegen Gen 10,32b nicht befriedigen. Jedoch kann Gen 10,5aα sehr wohl aus der Annahme einer Vorlage der Völkerliste (vgl. GUNKEL, Genesis, 152) verstanden werden, wobei sich dann die Vermutung eines Verlustes der Formel *ʾellæh b^{e}nê jæpæt* erübrigt und die jetzige Textgestalt von Gen 10,5 leicht aus der Entstehungsgeschichte des Textes zu erklären ist. In der Vorlage der Völkerliste ist wahrscheinlich nur die *ganze* Liste mit einer (erzählerisch gestalteten) Unterschrift (Gen 10,32bα) abgeschlossen worden, nicht aber die Einzelglieder. Die Wendung Gen 10,5aα wird demnach auch nicht eine Unterschrift unter die Liste der Jafet-Söhne sein, sondern will nur die weitere Ausbreitung der Jawan-Söhne anzeigen (vgl. DELITZSCH, Genesis, 208; DILLMANN, Genesis, 177; PROCKSCH, Genesis, 486 f.). Erst als P die Einzelglieder mit recht gleichförmigen Schlußformeln versah und im gleichen Stil auch die Gesamtunterschrift Gen 10,32bα durch Gen 10,32a.bβ erweiterte, wurde auch Gen 10,5aα zur Unterschrift der Liste der Jafet-Söhne ausgebaut, wobei der Ausdruck „Insel der Völker" in weitem Sinn aufgefaßt wurde (vgl. VON HUMMELAUER, Genesis, 314; U. CASSUTO, A Commentary on the Book of Genesis. Part. II. From Noah to Abraham. Genesis VI, I–XI, 32, Jerusalem 1964, 196). Zur Vorlage der Völkerliste vgl. auch die folgende Anm.

Völkerliste zu verstehen sein.⁹⁷ Wie Gen 36,9 leitet auch die Toledotformel Gen 10,1 kein neues Kapitel des priesterschriftlichen Werkes ein, überschreibt vielmehr innerhalb der durch Gen 6,9 eingeleiteten Noach-Toledot als Erfüllung der an „Noach *und* seine Söhne" ergangenen Segens- und Mehrungsverheißung (Gen 9,1–7*) die Familiengeschichte der Söhne Noachs nach der Flut (Gen 10,1b und 32b).⁹⁸

---

⁹⁷ 1. Zur Unterschrift 10,32b vgl. Anm. 96. – 2. Die sprachlich auffällige Apposition „Sem, Ham und Jafet" nach „Söhne Noachs" (BUDDE, Textherstellung, 278 f.; vgl. CASSUTO, Genesis II, 189) und die ungewöhnliche Fortführung der Überschrift durch den Narrativ Gen 10,1b (DELITZSCH, Genesis, 203; HOLZINGER, Genesis, 94; BUDDE, Textherstellung, 278) lassen sich am einfachsten dann erklären, wenn der vorliegende Text die Überarbeitung einer Vorlage darstellt, deren Umrisse sich aufgrund von Gen 10,1 noch problemlos rekonstuieren lassen. Da zu vermuten ist, daß die Völkerliste auch in der vorgegebenen Tradition mit einer Überschrift eingeleitet worden ist, die Toledotformel selbst aber frühestens von P^g stammen dürfte, wird diese Überschrift eine zu den Einzelgliedern analoge Gestalt gehabt haben, nämlich „Die Söhne Noachs". Darauf folgte – wie in den Einzelgliedern – unmittelbar die Liste der Söhne Noachs Sem, Ham und Jafet. Im Anschluß an die so rekonstruierte Überschrift der Vorlage mit nachfolgender Liste ist eine Weiterführung mit Narrativ (Gen 10,1b*) nicht mehr auffällig. Dieser erste Teil der Völkerliste ist dann frühestens von P zur Überschrift einer Völkerliste umgestaltet worden, indem die ursprüngliche Eröffnung der Liste der Söhne Noachs durch Vorfügen der Toledotformel zu einer Toledot-Überschrift ausgestaltet wurde; dadurch wurde gleichzeitig die Überschrift der älteren Liste der Noach-Söhne zu einer Apposition gemacht. Dem Verbalsatz Gen 10,1bα fügte der Bearbeiter die Zeitbestimmung „nach der Flut" an. Ist die hier gegebene Deutung der Entstehung des Textes zutreffend, erübrigen sich Textkorrekturen wie die Einfügung von *b^{e}nê-noaḥ* (K. BUDDE, Die biblische Urgeschichte [Gen 1–12,5], Gießen 1883, 413 Anm. 1; DERS., Textherstellung, 279 f.; DERS. Noch einmal „Ellä toledoth", ZAW 36 [1916] 1–7 [9]) oder *noaḥ* (PROCKSCH, Genesis, 484). Aus der Entstehungsgeschichte von Gen 10,1 wird darüber hinaus auch die Absicht des Erzählers besser greifbar, nämlich die Familiengeschichte der Noach-Söhne nach der Flut mitzuteilen.

⁹⁸ Angesichts der unverkennbaren Korrespondenz der durch die Toledotformeln in Gen 10,1 und 36,9 eröffneten Textabschnitte ergibt sich möglicherweise auch eine neue, gegenüber dem Vorangehenden veränderte literargeschichtliche Perspektive im Blick auf das Vorkommen der Toledotformel in Gen 10,1. Handelt es sich nämlich bei der Toledotformel Gen 36,9 um ein nach-priesterschriftliches, näherhin mit R^P zu verbindendes Produkt, bleibt zumindest zu fragen, ob nicht auch die Toledotformel Gen 10,1 vielleicht erst nach-priesterschriftlicher Herkunft ist. Eine solche Annahme erscheint um so reizvoller, als die Familiengeschichte der Noach-Söhne in P^g nicht nur keine Rolle spielt, sondern darüber hinaus innerhalb der priesterschriftlichen Geschichtskonstruktion auch irgendwie sperrig wirkt. Wird zudem beachtet, daß die „Verknüpfung zwischen der Völkertafel ... und den vorausgehenden Fluterzählungen" Gen 9,19 übernimmt (HIEKE, Genealogien, 107), dann spricht in der Tat einiges dafür, in der Toledotformel ein erst nach-priesterschriftliches Textelement zu sehen. Ist die hier geäußerte (im einzelnen noch weiter zu erhärtende) Vermutung zutreffend (anders dagegen E. BOSSHARD-NEPUSTIL, Vor uns die Sintflut. Studien zu Text, Kontexten und Rezeption der Fluterzählung Gen 6–9 [BWANT 165], Stuttgart 2005, 111, der im Blick auf den Zusammenhang von Fluterzählung und Völkerliste festhält: „Gen *10 fügt sich als die Erfüllung der Befehle Gottes an Noach und seine Söhne von 9,1b.7 nahtlos an die Noacherzählung"), dann gewän-

Abgeschlossen wird die Esau-Toledot mit einer Notiz, wonach Jakob sich in Kanaan niederließ (Gen 37,1). Damit leitet der Erzähler zugleich zur nachfolgenden Jakob-Toledot (Gen 37,2) über.[99]

VI. Die Toledot Jakobs (Gen 37,2–Ex 1,7*)

Im Unterschied zur nicht-priesterschriftlichen Tradition kennt P^g keine eigenständige Josefsgeschichte, sondern nur – als abschließenden Teil der Jakobgeschichte – eine Toledot Jakobs,[100] deren Einsatz durch die Toledotformel Gen 37,2aα angezeigt ist.[101] Umstritten ist dagegen ihre untere Grenze. Zwar wird im allgemeinen das Ende der Jakob-Toledot mit Gen 50,12+13 angesetzt, doch gibt es auf der anderen Seite einige deutliche Anzeichen dafür, daß sie erst mit Ex 1,7 geendet haben wird (s.o.). Diese Annahme läßt sich durch einen Vergleich des Aufbaus von Esau- und Jakob-Toledot sichern (2); zuvor ist jedoch näherhin der Aufbau der Jakob-

---

ne auch die priesterschriftliche Schöpfungsgeschichte (Gen 1,1–11,26*) eine bei weitem klarere Struktur, bestehend aus den beiden Kompositionshälften Schöpfungserzählung (Gen 1,1–2,4a*) + Toledot Adams (Gen 5*) und Fluterzählung (Gen 6,9–9,29*) + Toledot Sems (Gen 11,10–26) (demgegenüber vgl. WEIMAR, Struktur I, 92–95). Unter der Voraussetzung, daß die Toledotformel Gen 10,1 ebenso wie Gen 36,9 erst als nachpriesterschriftlich zu qualifizieren ist, würde hinsichtlich der Verteilung der Toledotformel innerhalb des priesterschriftlichen Darstellungszusammenhangs eine bezeichnend symmetrische Konstruktion erkennbar, insofern unter einer solchen Voraussetzung Schöpfungs- wie Jakobgeschichte gegenüber der Abrahamgeschichte (Toledot Terachs [Gen 11,27]) jeweils durch ein viermaliges Vorkommen der Toledotformel ausgezeichnet sind, womit dann nochmals der tiefere Zusammenhang der hier genannten beiden Textkomplexe fassbar wird.

[99] Anders etwa RUPPERT, Josephserzählung, 30 f., der in Gen 37,1 – trotz des Neueinsatzes in Gen 37,2 – den Beginn der Toledot Jakobs bzw. der Josefsgeschichte sieht.

[100] Vgl. RUPPERT, Josephserzählung, 232 f. und GROSS, Jakob, 321 f. – Anders akzentuieren jedoch R. LUX, Geschichte als Erfahrung, Erinnerung und Erzählung in der priesterschriftlichen Rezeption der Josefsnovelle, in: Erzählte Geschichte. Beiträge zur narrativen Kultur im alten Israel (BThSt 40), hg. von R. Lux, Neukirchen-Vluyn 2000, 147–180, der jedoch die als priesterschriftlich bestimmten Anteile für eine redaktionelle Bearbeitung der überlieferten Josefsgeschichte ansieht, sowie L. SCHMIDT, Die Priesterschrift in der Josefsgeschichte (Gen 37; 39–50), in: Auf dem Weg zur Endgestalt von Genesis bis II Regum (FS H.-C. Schmitt [BZAW 370]), hg. von M. Beck und U. Schorn, Berlin-New York 2006, 111–123, der gegenüber dem hier Vorausgesetzten einen höheren Anteil als priesterschriftlich bestimmt.

[101] Die Toledotformel Gen 37,2aα mit Nennung Jakobs muß nicht befremden, wenn die Funktion der unmittelbar folgenden Nachrichten über Josef beachtet (s.u.) und zugleich gesehen wird, daß die Figur des Josef keineswegs im Mittelpunkt des mit Gen 37,2 überschriebenen Kompositionsteils steht.

VI. Die Toledot Jakobs (Gen 37,2–Ex 1,7*) 257

Toledot zu analysieren, zu welchem Zweck – hypothetisch zunächst – Ex 1,1–5+7 in die Überlegungen einbezogen wird (1).

1. Gen 37,2aα ist die einleitende Toledotformel durch erzählerische Notizen weitergeführt, was nach den bisherigen Beobachtungen zur Toledotformel keineswegs befremdlich ist.[102] Wie Gen 11,27; 25,12.19; 36,1 wird auch die Toledotformel Gen 37,2aα Struktursignal[103] zur Kennzeichnung des Beginns einer neuen Kompositionseinheit zu verstehen sein. Bemerkenswert erscheint jedoch, daß ihr im Unterschied zu den bislang untersuchten Toledotformeln, die eine neue Kompositionseinheit innerhalb der priesterschriftlichen Geschichtsdarstellung eröffnen, als Einleitung kein rekapitulierender Rückgriff auf schon von Jakob Erzähltes folgt, sondern in Gen 37,2aα eine knappe Mitteilung über Josef. Außer den Erwähnungen in Gen 37,2aα und 41,46a wird Josef innerhalb der Jakob-Toledot nur noch Gen 48,3 als Adressat einer Jakobrede (und somit ohne eigene Funktion) genannt,[104] was läßt vermuten läßt, daß die Figur des Josef kein Eigengewicht hat, sondern in enger Verbindung mit Jakob steht und erzählerisch wohl die Funktion hat, zu erklären, warum Jakob nach Ägypten wegzieht. Die notizartigen, deutlich parallel angelegten[105] Bemerkungen über Josef in Gen 37,2aα und 41,46a, wobei es sich in beiden Fällen um Nominalsatzaussagen handelt,[106] dienen vermutlich nicht bloß als Rahmen um einen bloß fragmentarisch erhaltenen Bericht über Josef,[107] haben vielmehr auch

---

[102] Eine sekundäre Versetzung einer ursprünglich auf Gen 37,2aα folgenden Liste (vgl. Anm. 67) ist durch nichts angezeigt und läßt sich auch durch nichts wahrscheinlich machen.

[103] Vgl. BORCHERT, Stil, 59; GROSS, Jakob, 323 Anm. 1.

[104] Eine Zugehörigkeit von Gen 48,3 zu P^g wird etwa bestritten von DE PURY, Jakobsgeschichte, 45 Anm. 53 und 55, m.E. jedoch zu Unrecht, wenn literargeschichtlich entsprechend unterschieden wird zwischen Gen 48,3+4 einerseits und 5+6 andererseits, wobei näherhin nur Gen 48,3+4 für P^g reklamiert werden kann, Gen 48,5+6 dagegen „ein Nachtrag im Stil von P" ist, was sich nicht zuletzt auch deshalb nahelegt, weil „die genealogische Aufwertung von Ephraim und Manasse ... im Rahmen der P^g-Erzählung keine ersichtliche Funktion" erfüllt (DE PURY, Jakobsgeschichte, 45 Anm. 53). – Zur literargeschichtlichen Zuordnung von Gen 47,5*.6a.7–11 s.o. Anm. 118.

[105] Bei aller Eigenständigkeit der beiden Nominalsatzaussagen in Gen 37,2aα und 41,46a zeigen sie beide eine auffallende Parallelität ihrer Satzstruktur: [w^e]jôsep – bæn + Altersangabe – Konstatierung eines Ereignisses, was – abgesehen von allem anderen – deutlich macht, wie eng die beiden Verselemente aufeinander bezogen sind.

[106] Zur Verwendung von hājāh als Kopula innerhalb der Nominalsatzaussage Gen 37,2aα vgl. vorab BORCHERT, Stil, 105; daß „das hājāh unmittelbar hinter der Altersangabe falsch ist" (BUDDE, Ellä toledoth, 251), wird man wohl nicht sagen können.

[107] Wenn in Gen 37,2 ausschließlich Gen 37,2aα als priesterschriftlich, Gen 37,2aβb dagegen als eine nach-priesterschriftliche Erweiterung anzusehen ist (zur Analyse vgl. P. WEIMAR, Gen 37 – Eine vielschichtige literarische Komposition, ZAW 118 [2006] 485–522 [488 ff.]), dann spricht auch nichts gegen einen Zusammenhang mit P^g (gegen DE PURY, Jakobsgeschichte, 44 f. Anm. 53); erst durch die redaktionell bedingte Ausweitung

ein eigenes Gewicht, insofern sie als Kontrastaussagen angelegt sind, um
den wunderbaren Karrieresprung des Josef vor Augen führen zu können.
Wie das als Kopula gebrauchte *hājāh* in Gen 37,2aα zu erkennen gibt,
werden damit die von Hause aus zeitneutralen Nominalsätze der Zeitstufe
der Vergangenheit zugeordnet.[108] Der literarischen Form nach handelt es
sich bei den an die Toledotformel angeschlossenen Nominalsatzaussagen
Gen 37,2aα und 41,46a um einen „Rückschritt",[109] dessen Absicht dahin
geht, im Anschluß an die eröffnende Toledotformel vergangene, bislang
noch nicht berichtete Ereignisse mitzuteilen, die jedoch für das nachfolgend erzählte Geschehen von Bedeutung sind.[110]

Eine deutliche Parallele zu Gestalt und Funktion der in Gen 37,2aα und 41,46a mitgeteilten Nachrichten über Josef liegt in der Einleitung der Fluterzählung (Gen 6,9–12) vor.
Auch hier folgt der Toledotformel Gen 6,9aα kein rekapitulierender Rückgriff,[111] sondern
ein Rückschritt, der das kommende „Ende alles Fleisches" (Gen 6,13) durch die Flut und
die Rettung Noachs begründen will. Der Rückschritt selbst wird bis Gen 6,11 reichen,
das Sehen Gottes (Gen 6,12) dagegen markiert den Übergang von der Vergangenheit zur
Gegenwart,[112] die dann mit dem Strafbeschluß Gottes (6,13) voll einsetzt. Jedoch ist die
Annahme einer Parallelität des Eingangs der Jakob- und der Noach-Toledot nicht auf das
Stilmittel des Rückschritts beschränkt, sondern reicht bis in die formale wie syntaktische

---

in Gen 37,2aβb gewinnen die auf Josef bezogenen Aussagen an erzählerischer Eigenständigkeit; im übrigen scheint es keineswegs gewiß, ob – wie vielfach angenommen – zwischen Gen 37,2aα und 41,46a eine wenn auch nur knappe Erzählsequenz über den Verkauf des Josef nach Ägypten redaktionell verlustig gegangen ist (vgl. hier nur die versuchte Rekonstruktion in der Erstfassung dieses Beitrags [ZAW 86, 1974, 195 Anm. 86]). Sind, wie hier vorausgesetzt, Gen 37,2aα und 41,46a in unmittelbarer Verbindung miteinander zu lesen, dann ist keineswegs eine ausgedehntere Josefsgeschichte vorausgesetzt, wie im übrigen auch nichts über die Gründe, warum Josef nach Ägypten gekommen ist, verlautet; jedenfalls ist mit keinem Wort eine Konfliktsituation unter den Brüdern angedeutet; solches kommt erst durch die nach-priesterschriftliche Erweiterung ins Spiel.

[108] Hierzu OBERHUBER, Syntax, 13 f.

[109] Vgl. E. LÄMMERT, Bauformen, 112–122. – Als „willkürlich" wird eine solche „Interpretation von ‚37,2aβb...41,46a' als ‚Rückschritt'" von BLUM, Komposition, 434 Anm. 6 bezeichnet.

[110] Dadurch, daß in einem Rückschritt gegenüber einem Rückgriff inhaltlich Neues mitgeteilt wird, ist auch eine größere Distanz zum Vorangehenden gegeben. Möglicherweise liegt darin auch der Grund, warum die Toledotformel Gen 37,2aα (wie Gen 6,9aα) nicht mit *waw*-copulativum angeschlossen ist. LXX, S, Vulg. haben diese feine Nuance nicht mehr erkannt und so *wᵉʾellæh* gelesen.

[111] Als Rückgriff wäre allenfalls Gen 6,10 anzusprechen, wogegen aber die Stellung des Verses zwischen der Charakterisierung Noachs und der Erde spricht.

[112] Die zentrale Stellung von Gen 6,12 als Grenze zwischen Vergangenheit und Gegenwart ist auch stilistisch herausgestellt. – Zu Gen 6,9–12 vgl. insbesondere S.E. MCEVENUE, The Narrative Style of the Priestly Writer (AnBib 50), Rom 1971, 28 f.37–42 und WESTERMANN, Genesis I, 556 ff.; ausführlich dazu im übrigen R. OBERFORCHER, Die Flutprologe als Kompositionsschlüssel der biblischen Urgeschichte. Ein Beitrag zur Redaktionsgeschte (IThS), Innsbruck u.a. 1981, 369 ff.

Gestaltung der Eingänge beider Textabschnitte hinein, insofern auf die Toledotformel (Gen 37,2aα bzw. 6,9aα) jeweils ein Nominalsatz (Gen 37,2aα bzw. 6,9aβ) folgt, der nach der Einführung des Subjekts durch eine Art appositioneller Bestimmung erweitert und durch das als Kopula zu verstehende *hājāh* der Zeitsphäre der Vergangenheit zugewiesen ist:[113]

Gen 6,9a
(1) Dies sind die Toledot Noachs.
(2) Noach,
(3) ein gerechter Mann,
(4) vollkommen war er [*hājāh*] unter seinen Zeitgenossen

Gen 37,2aα
(1) Dies sind die Toledot Jakobs.
(2) Josef,
(3) siebzehn Jahre alt,
(4) war er [*hājāh*] weidend mit seinen Brüdern die Herde

An den einleitenden Rückschritt schließt unmittelbar die erste Kompositionshälfte der Jakob-Toledot an, die unvermittelt mit der Feststellung des Hinkommens Jakobs und seiner Familie nach Ägypten[114] einsetzt, ohne daß für das Ausweichen nach Ägypten eine nähere Begründung gegeben wird.[115] Die die Wegzugsnotiz beschließende Feststellung Gen 47,27b[116]

---

[113] Von den verschiedenen Deutungen, die der syntaktisch schwierige Vers Gen 6,9 gefunden hat (Übersicht bei CASSUTO, Genesis II, 48 f.), ist die hier vorgeschlagene, aus dem Vergleich mit dem parallel strukturierten Gen 37,2aα gewonnene m.E. die wahrscheinlichste; sie ist zudem durch die masoretische Akzentuierung und die Septuaginta angeraten und wird etwa vertreten durch KEIL, Genesis, 112; JACOB, Genesis, 185, und DE FRAINE, Genesis, 82.

[114] Das Abweichen vom üblichen Schema der Wanderberichte liegt wohl darin begründet, daß P^g den Zug Jakobs nach Ägypten weniger als Auszug bzw. als Auswanderung, sondern vielmehr als eine Art Wegzug verstanden wissen will. Nach RUPPERT, Josephserzählung, 136 hingegen ist dieser Wegzug Jakobs nach Ägypten „kein vorübergehendes Verlassen Kanaans wie etwa 28,5 P, sondern ein richtiger Auszug"; vgl. auch LUX, Geschichte 162–176, der herausstellt, daß es sich hierbei um eine „dauerhafte Übersiedlung und Ansiedlung" handele (164).

[115] Ob P^g für den Wegzug Jakobs nach Ägypten überhaupt eine (von R^P gestrichene) Begründung gegeben hat, wie meist angenommen wird, läßt sich nicht mehr mit Gewißheit sagen, ist aber bei näherem Bedenken auch nicht sehr wahrscheinlich.

[116] Gen 47,27b ist unmittelbare Fortführung von 46,6 f. (hierzu WEIMAR, Stellung, 258–261). – Dagegen wird der allgemein P (P^g) zugeschriebene Abschnitt 47,5LXX. 5b.6a.7–11 (zur Kritik an einer auf LXX sich berufenden Rekonstruktion vgl. schon P. HEINISCH, Der Priestercodex in der Geschichte des Josef, StCath 3 [1926/27] 316–333 [326]; KÖNIG, Genesis, 711 f.; D.B. REDFORD, A Study of the Biblical Story of Joseph [Genesis 37–50] [VT.S 20], Leiden 1970, 159 f.) späterer Zuwachs sein (so etwa SMEND, Erzählung, 13.107; EICHRODT, Quellen, 39 f.; jüngst auch P. WEIMAR, Gen 47,13–26 – ein irritierender Abschnitt im Rahmen der Josefsgeschichte, in: Auf dem Weg zur Endgestalt von Genesis bis II Regum [FS H.-C. Schmitt; BZAW 370], hg. von M. Beck und U. Schorn, Berlin-New York 2006, 125–138 [134 f.] und DERS., „Wir werden dem Pharao Diener sein" [Gen 47,25b]. Stellung und Bedeutung von Gen 47,13–26 im Rahmen der Josefsgeschichte, in: DERS., Studien zur Josefsgeschichte [SBAB 44], Stuttgart 2007, 221–296 [253 ff.]; RUPPERT, Josephserzählung, 147–154 sieht nur für Gen 47,8–10 eine spätere Hand, während NOTH, Überlieferungsgeschichte, 38 die ganzen Verse E zu-

akzentuiert zum einen das Gewinnen von Eigentum im Lande Ägypten – P^g verwendet hier anstelle des in den Wanderberichten üblichen Terminus *jšb* (Gen 11,31 [13,2a]; 36,8a) die theologisch gefülltere Wendung *wajje-ʾaḥ^{a}zû bāh*[117] – sowie zum andern die Erfüllung der Mehrungsverheißung.

Unmittelbar danach scheint der erste Kompositionsteil der Jakob-Toledot mit der Angabe der Dauer des Aufenthaltes in Ägypten wie des Gesamtlebensalters Jakobs (Gen 47,28) an ein Ende zu kommen, ein Scheinschluß, da die eigentlich zugehörige Todesnotiz (Gen 49,33) samt der in besonderer Weise akzentuierten Mitteilung seines Begräbnisses durch die Jakob-Söhne davon abgetrennt ist,[118] um so Raum zu schaffen für eine Einblendung der beiden, zum einen an Josef (Gen 48,3+4*), zum andern an alle Söhne gerichteten Jakobreden (Gen 49,1aα.28bα*.29a.30a), die so besonders hervorgehoben erscheinen und den Charakter einer testamentarischen Verfügung haben. Beide Reden greifen dementsprechend zurück auf die vorangehende Jakobgeschichte, einerseits diese abrundend, andererseits zugleich eine Perspektive nach vorne eröffnend. Indem Gen 48,3+4* gerade vor Josef das zentrale Ereignis im Leben Jakobs in Erinnerung ruft (vgl. die weitgehende Entsprechung zu Gen 35,9 und 11+12), werden gerade die beiden entscheidenden Verheißungen für Jakob (Segen [Mehrung] und Land) nochmals aufgerufen, und das, wie es scheint, zu einem doppelten Zweck, zum einen, was sich allein schon in der partizipialen Konstruktion andeutet,[119] um anzuzeigen, „daß der in 35,11 an Jakob

---

schreiben will). Abgesehen von den Gründen, die R. Smend und W. Eichrodt (vgl. auch RUPPERT, Josephserzählung, 149–154) für den sekundären Charakter von Gen 47,5*–11 anführen, muß die zur ganzen Jakob-Geschichte unterschiedliche Blickrichtung beachtet werden, zumal es den Anschein hat, als ob der Abschnitt eine eigene Josefsgeschichte voraussetze bzw. der Verbindung von Jakob- und Josefsgeschichte diene. Zudem zeigt P^g ansonsten nur – analog zum *ganzen* Land Kanaan – am *ganzen* Land Ägypten, nicht aber an einem Teil des Landes (wie Gen 47,6a.11) Interesse. Auch schließt Gen 47,27b nicht bruchlos an Gen 47,11 an (vgl. HOLZINGER, Genesis, 219.222; GUNKEL, Genesis, 495), sondern unmittelbar an Gen 46,6b.

[117] Zur Begrifflichkeit selbst vgl. F. HORST, Zwei Begriffe für Eigentum (Besitz): *naḥalāh* und *ʾāḥuzzāh*, in: Verbannung und Heimkehr. Beiträge zur Geschichte und Theologie Israels im 6. und 5. Jahrhundert v. Chr. (FS W. Rudolph), hg. von A. Kuschke, Tübingen 1961, 135–156 (153–156); H.H. SCHMID, Art. *ʾhz*, ThHAT I (1971) 107–110; zur damit verbundenen Deuteperspektive vgl. LUX, Geschichte, 167–171.

[118] Altersangaben der Art wie Gen 47,28b sind nur noch Gen 9,29; 23,1; 25,7.17; 35,28 belegt (zu ihrer Struktur und Herkunft vgl. BORCHERT, Stil, 12 f.). Davon sind Gen 9,29 und 35,28 Schlußnotizen; 23,1; 25,7 und 25,17 leiten Schlußabschnitte ein. Nur Gen 47,28b ist die Altersangabe durch Einschaltung der beiden Jakobreden von der mit ihr gewöhnlich verbundenen Todesnachricht abgedrängt.

[119] Zur Konstruktion von *hin^{e}nî* + Partizip + Verbum finitum in Gen 48,4aα vgl. JACOB, Genesis, 865 f. - Zu *hin^{e}nî* + Partizip bei P^g vgl. Gen 6,13b und 9,9a; zur Bedeutung dieser Konstruktion vgl. CASSUTO, Genesis II, 57: "the word *hinneh* .., followed by

ergangene Mehrungssegen nach 47,27 aus dem Stadium der Verheißung in das der Erfüllung übergegangen war"[120], zum andern aber um deutlich werden zu lassen, daß dieser Prozeß noch keineswegs abgeschlossen ist.[121] Zugleich wird damit ein Rückverweis hergestellt zur Segensbitte Isaaks für Jakob (Gen 28,3), eine Verbindungslinie, die zusätzlich noch dadurch angezeigt ist, daß die Redeeinleitung Gen 49,1aα.28bβ.29 dem Eingang der Isaakrede Gen 28,1abα nachgestaltet ist,[122] auch dies wohl keineswegs zufällig, als damit das jeweils letzte Wort von Isaak und Jakob aufeinander bezogen erscheinen.[123] Indirekt ist dieses Spannungsverhältnis von Verheißung und beginnender Erfüllung auch noch für den zweiten Kompositionsteil der Jakob-Toledot bestimmend. Zwei Kompositionselemente heben sich hierbei gegeneinander ab, einerseits die (nachholend mitgeteilte) Liste der nach Ägypten gekommenen Israelsöhne (Ex 1,1–4.5b)[124] sowie ande-

---

the participle, indicates an act that this about to be performed immediately"; weiterhin auch OBERFORCHER, Flutprologe, 446–458; hingewiesen werden darf in diesem Zusammenhang auch auf das Vorkommen des partizipialen Relativsatzes mit gleicher Bedeutung bei P^g (Gen 9,12a und Num 13,2a).

[120] LUX, Geschichte, 172.

[121] In diesem Zusammenhang erscheint nicht zuletzt die auffällige Korrespondenz der beiden Mehrungsnotizen Gen 47,27bβ („und sie waren fruchtbar und wurden sehr zahlreich") und Ex 1,7a („und die Söhne Israels waren fruchtbar ... und wurden [...] sehr, sehr zahlreich"), gleichermaßen Zusammenhang wie Spannung andeutend, beachtenswert, wobei der Übergang zwischen beiden Aussagen gerade durch den Verweis auf die Gotteserscheinung in Lus mit Hilfe der als Zitat angelegten Zusage Gen 48,4a („Siehe, ich bin dabei, dich fruchtbar zu machen, und ich mache dich zahlreich") hergestellt wird. Gerade angesichts einer solchen erzählerischen Funktion von Gen 48,3+4* erscheint es mehr als fraglich, hierin einen sekundären Zusatz sehen zu wollen (so DE PURY, Jakobsgeschichte, 45 Anm. 55); wenn, wie hier vorausgesetzt (Anm. 105), Gen 48,5+6 als eine nach-priesterschriftliche Erweiterung zu verstehen ist, dann dient Gen 48,3+4 zumindest ursprünglich nicht als Begründung der „Beförderung von Ephraim und Manasse zu Jakobsöhnen" (DE PURY, Jakobsgeschichte, 45 Anm. 55), sondern ist perspektivisch auf den Abschluß der ganzen priesterschriftlichen Jakobgeschichte bezogen, was im übrigen auch wesentlich besser den komplexen literarischen Bezügen, in denen Gen 28,3 (vorausblickend) und 48, 3+4* (rückblickend) zueinander, vor allem aber zu Gen 35,9–13* stehen (dazu GROSS, Jakob, 325), gerecht wird.

[122] Vgl. GUNKEL, Genesis, 496; SKINNER, Genesis, 536; CLAMER, Genesis, 506; RUPPERT, Josephserzählung, 186f.

[123] Angesichts der P^g eigenen Erzählökonomie sollte nachhaltig beachtet werden, daß Gen 28,1–3 sowie 49,1* und 28–30* das letzte Wort Isaaks bzw. Jakobs, gerichtet an Jakob bzw. dessen Söhne, vor ihrem Tod darstellen; dann aber stellen sie so etwas wie eine testamentarischen Verfügung dar, und zwar gerade für diejenigen, mit denen sich die Verheißungslinie fortsetzt. Eine (auch kompositorisch bedeutsame) Korrespondenz beider Reden ist so unübersehbar.

[124] Hierzu näherhin P. WEIMAR, Untersuchungen zur priesterschriftlichen Exodusgeschichte (fzb 9), Würzburg 1973, 17–25. Ob und inwieweit sich mit Ex 1,5b ein Redaktor verrät, der Josef aus der Liste in Ex 1,2–4 herausgenommen hat (DE PURY, Jakobsge-

rerseits die Erfüllungsnotiz Ex 1,7,[125] beide aber keineswegs beziehungslos nebeneinander gestellt, sondern gerade durch die Aufrufung der Wortverbindung „Söhne Israels" aufeinander bezogen, damit eine Perspektive eröffnend, die schon auf die sich anschließende Geschichte der Israelsöhne vorverweist. Die Liste der Israelsöhne selbst erweist sich als ein in sich geschlossenes Kompositionselement, das durch die eröffnende, um eine partizipiale Apposition erweiterte (Ex 1,1aβ) Schemotformel (Ex 1,1aα)[126] und die nominale Schlußnotiz (Ex 1,5b) zusammengebunden ist.

2. Angesichts der voraufgehenden Beobachtungen zum Aufbau der Jakob-Toledot überschreibt die Toledotformel Gen 37,2aα eine zweiteilige Komposition, deren erster Teil einen Bogen spannt vom Wegzug Jakobs und seiner Nachkommenschaft nach Ägypten bis hin zu den testamentarischen Verfügungen Jakobs sowie den Nachrichten von seinem Tod und Begräbnis, während der wesentlich kürzere zweite Kompositionsteil fast ganz ausgefüllt ist von einer nachholend mitgeteilten Liste der mit Jakob nach Ägypten gekommenen Israelsöhne. Nachrichten über Josef, Gen 37,2aα und 41,46a auf der einen sowie Ex 1,5b auf der anderen Seite, verklammern dabei die ganze Jakob-Toledot. Die Erfüllungsnotiz Ex 1,7 greift in der Aufrufung der Israelsöhne zwar auf die Schemotformel Ex 1,1aα zurück, erweist sich damit auch eingebunden in den Zusammenhang der Jakob-Toledot, ohne in ihrer Bedeutung aber auf diesen Rahmen beschränkt zu sein. Angesichts dessen zeigt die Jakob-Toledot hinsichtlich ihrer strukturellen Anlage eine auffällige Parallelität zur Kompositionsstruktur der Esau-Toledot:

---

schichte, 56 Anm. 56 und 57), erscheint durchaus zweifelhaft, zumal die knappe Notiz Ex 1,5b keineswegs die Existenz einer eigenständigen Josefsgeschichte, die P^g bekanntermaßen nicht kennt (s.o.), fordert; vielmehr bildet die nominale Aussage Ex 1,5b geradezu das Gegenüber zu Gen 37,2aα + 41,46a (von DE PURY, Jakobsgeschichte, 53 Anm. 53 als sekundär betrachtet); beide Aussagen (hier wie dort jeweils mit *hājāh* gebildet) verknüpfen Anfang und Ende der Jakob-Toledot, stellen so etwas dar wie ein überlegt eingesetztes Klammerelement und binden damit die Jakob-Toledot zu einer Einheit zusammen.

[125] Ausführliche Diskussion der Probleme von Ex 1,7 bei WEIMAR, Untersuchungen, 25-36.

[126] Wird mit der Schemotformel Ex 1,1aα der zweite Kompositionsteil der Jakob-Toledot eingeleitet, dann ist das textkritisch umstrittene *waw*-copulativum in *w^{e}ʾellæh* geradezu gefordert (zur Diskussion vgl. W.H. SCHMIDT, Exodus I. Exodus 1-6 [BK II/1], Neukirchen-Vluyn 1988, 2 f. und C. HOUTMAN, Exodus I [HCOT], Kampen 1993, 226 f.).

VI. Die Toledot Jakobs (Gen 37,2–Ex 1,7*)

	Esau-Toledot	Jakob-Toledot
A.	(1) Und dies sind die Toledot Esaus	(1) Und dies sind die Toledot Jakobs
	(2) Rekapitulierender Rückblick (Resultativ-Stativ)	(2) Erzählerischer Rückschritt (Josef, 17 Jahre alt, war weidend…)
B.	Auswanderung Esaus mit Familie u. Besitz nach Seir + Niederlassen auf dem Gebirge Seir	Wegzug Jakobs mit Familie nach Ägypten + Ansiedlung in Ägypten bis zu Jakobs Tod
C.	(1) Dies sind die Namen der Söhne Esaus	(1) Und dies sind die Namen der Söhne Israels
	(2) Liste der Esau-Söhne (11 Söhne)	(2) Liste der Israel-Söhne (11 Söhne)
	(3) Unterschrift: Dies sind die Söhne [Esaus]	(3) Abschlußnotiz: Josef aber war in Ägypten
	(4) Überleitung: Niederlassen Jakobs im Lande Kanaan	(4) Überleitung: Erfüllung der Mehrungsverheißung + Vollwerden des Landes

Die parallele Gestaltung beider Toledot ist zu auffällig und verrät bewußte Konstruktion. In der Esau- wie in der Jakob-Toledot schließt sich an die Toledotformel (Gen 36,1a||37,2aα) eine Rückwendung (Gen 36,2a||37,2aα + 41,46a) an, die eine für das Verstehen des im weiteren Erzählten notwendige Hintergrundinformation nachtragen will. Während der erste Kompositionsteil (Gen 36,6–8a*||46,6–50,13*) zu Anfang und Ende keine syntaktischen Gliederungsmerkmale zeigt, ist der zweite Teil durch nominale Überschrift (Gen 36,10a||Ex 1,1a) und Schlußformel (Gen 36,14aα.43bβ|| Ex 1,5b) markiert. Eine abschließende Aussage (Gen 37,1||Ex 1,7) schafft zum einen einen thematischen Anschluß an den ersten Kompositionsteil (jšb||Mehrung), leitet zum andern aber zum nachfolgenden Kompositionsteil über. Doch kann die beachtenswerte Korrespondenz von Esau- und Jakob-Toledot hinsichtlich ihrer Baustruktur nicht verdecken, daß beide nicht im Schema aufgehen, sondern jeweils eine individuelle Prägung aufweisen, was allein schon daran sichtbar wird, daß gegenüber der Esau- die Jakob-Toledot wesentlich umfangreicher und ausgestalteter und zudem durch Figurenrede ausgezeichnet ist. Die damit angezeigte Auszeichnung der Jakob- vor der Esau-Toledot läßt die Hauptlinie gegenüber der Nebenlinie hervortreten, was die vom priesterschriftlichen Erzähler angestrebte Akzentsetzung erkennen läßt. Jakob, nicht Esau ist die bestimmende Leitgestalt. Er tritt so entschieden hervor.

VII. Gesamtkomposition der priesterschriftlichen Jakobgeschichte

In der priesterschriftlichen Geschichtsdarstellung bilden die Eingangsverse des Exodusbuches nicht den Auftakt zur mit dem Exodus anhebenden Geschichte der Israelsöhne. Vielmehr sind sie Abschluß und Höhepunkt der Jakobgeschichte und darüber hinaus des ganzen ersten Hauptteils der Priesterschrift. Eine Zugehörigkeit von Ex 1,1a.2–4.5b.7* zur Jakobgeschichte der P^g ist von deren Struktur her geradezu gefordert. Nur wenn diese Verse ursprünglicher Bestandteil der priesterschriftlichen Jakobgeschichte sind, bleibt deren sonst streng durchgeführte Baustruktur bis zum Ende gewahrt:

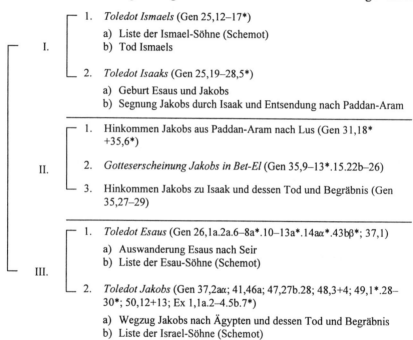

I.
1. *Toledot Ismaels* (Gen 25,12–17*)
   a) Liste der Ismael-Söhne (Schemot)
   b) Tod Ismaels
2. *Toledot Isaaks* (Gen 25,19–28,5*)
   a) Geburt Esaus und Jakobs
   b) Segnung Jakobs durch Isaak und Entsendung nach Paddan-Aram

II.
1. Hinkommen Jakobs aus Paddan-Aram nach Lus (Gen 31,18* +35,6*)
2. *Gotteserscheinung Jakobs in Bet-El* (Gen 35,9–13*.15.22b–26)
3. Hinkommen Jakobs zu Isaak und dessen Tod und Begräbnis (Gen 35,27–29)

III.
1. *Toledot Esaus* (Gen 26,1a.2a.6–8a*.10–13a*.14aα*.43bβ*; 37,1)
   a) Auswanderung Esaus nach Seir
   b) Liste der Esau-Söhne (Schemot)
2. *Toledot Jakobs* (Gen 37,2aα; 41,46a; 47,27b.28; 48,3+4; 49,1*.28–30*; 50,12+13; Ex 1,1a.2–4.5b.7*)
   a) Wegzug Jakobs nach Ägypten und dessen Tod und Begräbnis
   b) Liste der Israel-Söhne (Schemot)

Anhand dieser Darstellung wird erkennbar, wie sorgsam die priesterschriftliche Jakobgeschichte bis in die Einzelglieder hinein konstruiert ist.[127] Die wenigen, keineswegs umfänglichen Textverluste können die klar

---

[127] Vgl das kritische Referat bei DE PURY, Jakobsgeschichte, 40 f., dem sich angesichts der so sich darbietenden Struktur die Frage stellt, ob es damit „wirklich keine weitere Bewandtnis als die einer formal-ästhetischen Genugtuung" habe (vgl. schon Anm. 2), eine Frage, die nicht allein angesichts der strukturellen Parallelität von Abraham- und Jakobgeschichte und erst recht bei Beachtung ihres jeweiligen thematischen Profils in Frage zu stellen ist.

und sauber durchgeführte Baustruktur nicht verdecken. Unverkennbar parallel zur Abrahamgeschichte gefügt, stellt sich die Jakobgeschichte als eine dreiteilige, symmetrisch angelegte Komposition dar. Die einander korrespondierenden Rahmenteile haben jeweils eine zweiteilige Baustruktur, wobei die Toledotformel als Struktursignal zur Eröffnung der einzelnen kompositorischen Einheiten dient. Im vorderen Flügelteil sind die Toledot der Abrahamsöhne Ismael und Isaak einander zugeordnet, im hinteren Teil dagegen die Toledot der Isaaksöhne Esau und Jakob, deren Korrespondenz auch stilistisch herausgestellt ist, indem die Ismael- und Isaak-Toledot auf der einen und die Esau- und Jakob-Toledot auf der anderen Seite jeweils genau parallel geführt sind. Hier wie dort stellt der priesterschriftliche Erzähler zunächst die Familiengeschichte der durch Ismael und Esau repräsentierten Nebenlinie dar, die damit aus der weiteren Darstellung ausscheiden, ehe mit der Familiengeschichte Isaaks und Jakobs die Hauptlinie weiterverfolgt wird, woran auch das eigentliche theologische Interesse der Priesterschrift hängt. Deutlich hat P^g die Toledot Isaaks bzw. Jakobs vor der Ismaels bzw. Esaus herausgehoben, indem sie die Isaak- und Jakob-Toledot nicht nur durch eine Verheißung an Jakob ausgezeichnet, sondern sie allein schon vom Umfang wie der erzählerischen Eigenart wesentlich stärker ausgestaltet hat. Darin ist bei P^g nicht bloß ein Stilelement ohne tiefere Bedeutung zu sehen, sondern zugleich ein Mittel zur theologischen Akzentuierung.

Die klare Zweierstruktur der beiden Rahmenteile setzt sich bis in die einzelnen Toledot-Abschnitte fort, deren strukturelle Gegebenheiten zumeist auch syntaktisch deutlich angezeigt sind. Demgegenüber ist das mittlere Kompositionselement, das den Höhepunkt der priesterschriftlichen Jakobgeschichte darstellt, dreiteilig angelegt, indem der Erzähler um die im Zentrum der Einheit plazierte Gotteserscheinung in Bet-El als Rahmen die (aufgespaltenen) Nachrichten von Jakobs Wanderung und Heimkehr gelegt hat. Die Zentrierung der priesterschriftlichen Jakobgeschichte auf diese Szene ist durch weitere Stilmittel zum Ausdruck gebracht. Dreimal sind die an Jakob ergangenen Verheißungen in die Erzählung eingeführt (Gen 28,1–3*; 35,9–13*.15; 48,3+4*). Von den hier genannten Verheißungstexten kommt aber nur Gen 35,9–13*.15 ein eigenständiges Gewicht zu, während die beiden anderen Stellen durch Vorverweis (Gen 28,1–3*) bzw. durch Rückbezug (Gen 48,3+4*) auf die Segensverleihung an Jakob in Gen 35 bezogen sind. Die Heraushebung dieser Stelle vor den beiden anderen Verheißungstexten ist schon dadurch zum Ausdruck gebracht, daß nur hier die Verheißungen an Jakob innerhalb des herausgehobenen Formzusammenhangs einer Gottesrede mitgeteilt sind, in den rahmenden Teilen der Jakobgeschichte aber nur in Form menschlicher Figurenrede (Isaak||Jakob) darauf Bezug genommen wird. Weiterhin wird die Ausrichtung der priesterschriftlichen Jakobgeschichte auf die Gotteserscheinung in Bet-El dadurch sichtbar gemacht, daß die Mehrungsverheißung in Gen 35 im Unterschied zu den Verheißungstexten in Gen 28 und 48 nicht mit dem H-Stamm der Basen *prh* und *rbh* (mit El-Schaddai als Subjekt) formuliert ist, sondern mit dem G-Stamm dieser Basen (mit Jakob als Subjekt).[128] In die gleiche Richtung weist eine weitere Beobachtung. In Gen 28,1–3* sowie 48,3+4* und 49,1a.28b–33 ist mit der Segensverheißung jeweils ein an die Adressaten der Rede gerichteter Befehl (nach Paddan-Aram zu gehen [Gen 28,3] bzw. Jakob in der Höhle von Machpela zu begraben [Gen 49,29 f.]) verbunden, wobei aber die Reihenfolge dieser beiden Elemente im abschließenden Teil gegenüber dem ersten Teil genau umgekehrt ist, so daß sie in der Komposition der priesterschriftlichen Jakobgeschichte chiastisch angeordnet erscheinen (Befehl–Segen‖Segen–Befehl). Gerade das in der Isaak- und Jakob-Toledot mit dem Segen fest verbundene Motiv des Befehls fehlt in der Gotteserscheinung in Bet-El Gen 35,9–13*.15. Dadurch ist die Segensverleihung an Jakob durch El-Schaddai bedeutsam hervorgehoben und die zentrale Stellung, die gerade diese Szene in der Jakobgeschichte der P^g einnimmt, auf andere Weise nochmals unterstrichen.

All diese Beobachtungen lassen die priesterschriftliche Jakobgeschichte als eine planvoll durchgestaltete Komposition erscheinen. Ihre sorgfältige stilistische Gestaltung ist mehr als ein äußerliches, an der Oberfläche bleibendes, fast spielerisch erscheinendes Element ohne tiefere Bedeutung. Sie ist vielmehr vom priesterschriftlichen Erzähler ganz in den Dienst des die Jakobgeschichte zentral bewegenden Anliegens gestellt. Allein schon durch die Konstruktion und Baustruktur der Erzählung sowie die Art, wie hierbei Bezüge zwischen den einzelnen Teilen der Jakobgeschichte (aber auch darüber hinaus) hergestellt werden, soll auf jede nur mögliche Weise die Verleihung des Segens an Jakob als die zentrale Aussage dieser Geschichte ins Blickfeld gerückt werden. Neben Abraham als dem Mann des Bundes wird Jakob als der Mann des Segens in den Blick gerückt.[129] Um einer solchen Parallelisierung von Abraham und Jakob willen wird die Priesterschrift auch die Geschichten von Abraham und Jakob in Aufbau und Struktur derart parallel gestaltet haben. Dennoch haben sowohl Abraham als auch Jakob, die beiden Urväter des späteren Israel, ein je eigenes Gesicht. Was beide Figuren vor allem verbindet, sind die Verheißungen, die dementsprechend auch im Zentrum beider Geschichten plaziert und bedeutsam hervorgehoben sind. Was macht nun das Besondere bei Jakob gegenüber Abraham aus? Es ist zugleich die Frage nach jenem Leitgedanken, der die Jakobgeschichte gerade auch im Unterschied zur Abrahamgeschichte zusammenhält. Hinweise hierauf ergeben sich, so überraschend es

---

[128] Vgl. GROSS, Jakob, 327–329.
[129] Vgl. GROSS, Jakob, 321–344 (bes. 333).

angesichts des parallelen Aufbaus der beiden Geschichten auch erscheinen mag, allein schon aufgrund der jeweiligen kompositorischen Gegebenheiten. Bei aller Parallelität der Anlage sind die hierfür bestimmenden Koordinaten hier wie dort anders bestimmt. Besonderes Interesse verdienen der Zusammenhang wie das Verhältnis zwischen Zentrum und den jeweiligen Rahmenteilen. Ist in der Abrahamgeschichte das Zentrum derart herausgehoben und bestimmend, daß ihm die rahmenden Kompositionselemente ganz untergeordnet sind, sie geradezu vom Zentrum her beherrscht werden, so ist bei Jakob die Gotteserscheinung in Bet-El (Gen 35,9–13*.15) zwar ebenfalls betont ins Zentrum gerückt, in ihrer Bedeutung aber deutlich herabgestuft, was nicht nur an dem wesentlich geringeren inszenatorischen Aufwand, der im ganzen weniger kunstvoll und künstlich ist, in Erscheinung tritt, sondern auch anhand der Einbindung in den literarischen Zusammenhang, was sichtbar werden läßt, daß die im Zentrum plazierte Gotteserscheinung ihre Dominanz zugunsten der Rahmenteile verloren hat, die angesichts dessen mehr sind als bloß rahmende Teile, sondern ganz entschieden ein Eigengewicht haben, allein schon daran erkennbar, daß sie nicht auf wenige Notizen beschränkt bleiben und sich so auch keineswegs auf die Funktion eines mehrfachen Rahmens werden beschränken lassen. Sie wachsen sich vielmehr zu geschlossenen, wenn auch auf die Gotteserscheinung in Bet-El ausgerichteten kompositorischen Einheiten aus und haben dementsprechend ein erzählerisch wesentlich größeres Gewicht, so daß zwischen den drei Kompositionsteilen der priesterschriftlichen Jakobgeschichte ein geradezu ausgeglichenes Verhältnis besteht.

Wie schon gesehen, ist die kompositorische Fügung der Rahmenteile durch die jeweils paarweise Zuordnung der Toledot der beiden Brüderpaare Ismael und Isaak bzw. Esau und Jakob bestimmt, was keineswegs zufällig sein dürfte, sondern offenkundig mit gezielter Absicht geschehen ist. Im Vergleich zur nicht-priesterschriftlichen Erzähltradition um Jakob spielt innerhalb des priesterschriftlichen Darstellungszusammenhangs alles, was mit Betrug, Streit, Rivalität der Brüder untereinander zu tun hat, keinerlei Rolle. In der Gegenüberstellung der beiden Brüderpaare, insbesondere Esaus und Jakobs kommt allem Anschein nach anderes zur Sprache. Entfaltet an unterschiedlichen Problemfeldern, scheint für die priesterschriftliche Deutung der Jakobgeschichte die Frage der Identität eine ganz entscheidende Rolle zu spielen, erkennbar etwa an den Heiraten Esaus mit kanaanäischen Frauen (Gen 26,34 f. und 28,1), worin für Isaak und Rebekka, darin implizit wohl auch den angesprochenen Adressaten Stimme gebend, eine „Bitternis des Geistes" (Gen 26,35; vgl. auch Ex 1,14) gegeben ist, greifbar werdend aber auch an der mehr als herausfordernden Feststellung, wonach Jakob und seine Nachkommen in Ägypten Eigentum an Grund (ʾāḥuzzāh) erworben haben (Gen 47,27b), wobei das darin liegende theologische Problem im unmittelbaren Anschluß daran in der an Josef gerichteten Rede Jakobs mit Verweis auf die Gotteserscheinung in Bet-El in Erinnerung gerufen wird, insofern das verheißene Land als *ªḥuzzat ʿôlam* bezeichnet wird (Gen 48,4). Das Problem der Identität spielt im Rahmen der Jakobgeschichte eine um so bedeutsamere Rolle angesichts eines Lebens, das sich zu erheblichen Teilen im Spannungsfeld von Mesopotamien und Ägypten bewegt. Die in der Darstellung der Jakobgeschichte liegende Warnung vor dem Verlust der eigenen Identität äußert sich nicht allein darin, die Verheißung des Landes zu vergessen und so das verheißene und schon übereignete Land zur Fremde werden zu lassen,[130] sondern auch in der Entsendung Jakobs durch Isaak und Rebekka, sich eine Frau in Paddan-Aram, der Heimat der Mutter, zu suchen, damit indirekt das Problem der Gefährdung des eigenen Selbstverständnisses durch Mischehen ansprechend. Wie sehr sich die priesterschriftliche Jakobgeschichte vom Problem der Identität angesichts des anbrechenden persischen Zeitalters herausgefordert sieht, kommt schließlich auch darin zum Ausdruck, daß Jakob einen neuen Namen bekommt und er fortan nicht mehr Jakob, sondern Israel heißen wird, wobei mit Israel nicht in erster Linie der Stammvater, sondern das Volk angesprochen ist. Und so heißen denn die Jakob-Söhne am Ende der Jakobgeschichte auch betont „Söhne Israels" (Ex 1,1aα und 7a), und sie tragen diesen Namen erstmals gerade angesichts der Mitteilung ihres Hinkommens nach Ägypten (Ex 1,1aβ). Insofern erweist sich die priesterschriftliche Jakobgeschichte nicht allein unter einem formal-ästhetischen Aspekt als eine Komposition von großer Geschlossenheit, sondern auch – eng damit verbunden – unter einem theologischen Aspekt, insofern sich ihre Gesamtkomposition herausgefordert zeigt von Fragen und Erfordernissen des anbrechenden persischen Zeitalters, da für Jakob-Israel das Problem der zu bewahrenden und nicht zu verlierenden Identität in besonderer Weise erneut aktuell geworden ist.

---

[130] Hierzu insbesondere LUX, Geschichte, 176–180.

8. Sinai und Schöpfung
Komposition und Theologie der priesterschriftlichen Sinaigeschichte

Die vor gut einem Jahrhundert von Julius Wellhausen geprägte Formel von der Geschichte als „Maske" des Gesetzes[1] ist von bestimmendem Einfluß für das Verständnis jener Schrift innerhalb des Pentateuch geblieben, die – durchaus verräterisch – als „Priesterschrift" oder gar als „Priestercodex" bezeichnet wird.[2] Gesetz und Kult werden als die eigentlichen Hauptgegenstände dieses Werkes angesehen.[3] Was die Priesterschrift interessiere, sei „das Herauswachsen bestimmter kultischer Institutionen aus der Geschichte" (Gerhard von Rad).[4] Darin liegt dann auch die für die Priesterschrift immer wieder behauptete „Perspektivelosigkeit" (Hans Schmidt) begründet.[5]

Alles, was sich gegen die Priesterschrift an Vorurteilen angehäuft hat, sieht sich gerade durch die Darstellung des Sinaigeschehens bestätigt, befaßt diese sich doch – im Gegensatz zur jehowistisch-deuteronomistischen Tradition – vorzugsweise mit der Stiftung und Einrichtung des Kultus am Heiligtum.[6] Von der Neuorientierung der Forschung hinsichtlich eines Ge-

---

[1] J. WELLHAUSEN, Prolegomena zur Geschichte Israels, Berlin-Leipzig ⁶1927, 7.

[2] Wie prägend die – m.E. keineswegs glückliche – Bezeichnung ihrerseits auf das Verständnis jenes literarischen Werkes zurückgewirkt hat, wird bis in jüngste Zeit hinein greifbar (vgl. hierzu M. SAEBØ, Priestertheologie und Priesterschrift. Zur Eigenart der priesterlichen Schicht im Pentateuch, in: Congress Volume Vienna 1980 [VT.S 32], hg. von J.A. Emerton, Leiden 1981, 357–374). Einen Hinweis von M. NOTH, Überlieferungsgeschichte des Pentateuch, Stuttgart 1948 = ND Darmstadt ³1966, 260 aufnehmend, ist der Geist des Priesterschrift genannten Werkes nicht als „unbedingt priesterlich" anzusehen; vielmehr wird es eher im Umkreis prophetischen Denkens anzusiedeln sein.

[3] Vgl. nur die Charakterisierung des priesterschriftlichen Werkes bei J. WELLHAUSEN, Israelitisch-jüdische Religion, in: Die Kultur der Gegenwart I/4, hg. von P. Hinneberg, Berlin-Leipzig 1905, 1–38 = DERS., Grundrisse zum Alten Testament (TB 27), hg. von R. Smend, München 1965, 65–109 (99).

[4] Theologie des Alten Testaments I, München ⁸1982, 246.

[5] Die Geschichtsschreibung im Alten Testament (RV II/16), Tübingen 1911, 53.

[6] Zum Komplex der priesterschriftlichen Sinaigeschichte vgl. etwa A. KUSCHKE, Die Lagervorstellung der priesterschriftlichen Erzählung. Eine überlieferungsgeschichtliche Studie, ZAW 63 (1951) 74–105; K. KOCH, Die Eigenart der priesterschriftlichen Sinai-

samtverständnisses der Priesterschrift, wie es sich in jüngerer Zeit von verschiedenen Ansatzpunkten her angebahnt hat,[7] ist das Verständnis der Sinaigeschichte selbst auffälligerweise merkwürdig unberührt geblieben.[8]

Ein im Blick auf die Interpretation der priesterschriftlichen Sinaigeschichte bedeutsamer Neuansatz eröffnet sich bei Beachtung der jüngst wiederum verstärkt in Blick getretenen Beziehungen zwischen Sinai und Schöpfung im Rahmen des priesterschriftlichen Werkes.[9] Entsprechende

---

gesetzgebung, ZThK 55 (1958) 36–51; DERS., Die Priesterschrift von Exodus 25 bis Leviticus 16. Eine überlieferungsgeschichtliche und literarkritische Untersuchung (FRLANT 71), Göttingen 1959; M. OLIVA, Interpretación teológica del culto en la pericopa del Sinai de la Historia Sacerdotal, Bib 49 (1968) 345–354; K.-H. WALKENHORST, Der Sinai im liturgischen Verständnis der deuteronomistischen und priesterlichen Tradition (BBB 33), Bonn 1969; DERS., Sinai in liturgica traditione deuteronomistica et sacerdotali, VD 44 (1966) 89–96; D. KELLERMANN, Die Priesterschrift von Numeri 1,1–10,10 literarkritisch und traditionsgeschichtlich untersucht (BZAW 120), Berlin 1970; H. UTZSCHNEIDER, Das Heiligtum und das Gesetz. Studien zur Bedeutung der sinaitischen Heiligtumstexte (Ex 25–40; Lev 8–9) (OBO 77), Freiburg-Göttingen 1988; J.T. BRINKMAN, The Perception of Space in the Old Testament. An Exploration of the Methodological Problems of its Investigation Exemplified by a Study of Exodus 25 to 31, Kampen 1992; J. KNOHL, The sanctuary of Silence. The Priestly Torah and the Holiness School, Minneapolis 1995; B.J. SCHWARTZ, The Priestly Account of the Theophany and Lawgiving at Sinai, in: Texts, Temples, and Traditions (FS M. Haran), hg. von M.V. Fox u.a., Winona Lake 1996, 103–134; E. OTTO, Forschungen zur Priesterschrift, ThR 62 (1997) 1–50; S. OWCZAREK, Die Vorstellungen vom *Wohnen Gottes inmitten seines Volkes* in der Priesterschrift (EH.T 625), Frankfurt/M. u.a. 1998.

[7] Vgl. den instruktiven Überblick bei N. LOHFINK, Die Priesterschrift und die Geschichte, in: Congress Volume Göttingen 1977 (VT.S 29), hg. von J.A. Emerton, Leiden 1978, 189–225 (189–197) = DERS., Studien zum Pentateuch (SBAB 4), Stuttgart 1988, 213–253 (213–222).

[8] Nicht unwesentlich hängt dies zweifellos mit dem nach wie vor ungeklärten Problem der Bestimmung des als genuin anzusehenden priesterschriftlichen Textbestandes zusammen, dem im Rahmen der Sinaigeschichte gegenüber den anderen Teilen des priesterschriftlichen Werkes eine erhöhte Bedeutung zukommt.

[9] Vgl. dazu zuletzt vor allem B. JANOWSKI, Sühne als Heilsgeschehen. Traditions- und religionsgeschichtliche Studien zur priesterschriftlichen Sühnetheologie (WMANT 55), Neukirchen-Vluyn ²2000, 309–312 (erste Auflage [1982] unter dem Titel „Sühne als Heilsgeschehen. Studien zur Sühnetheologie der Priesterschrift und zur Wurzel KPR im Alten Orient und im Alten Testament") sowie DERS., Tempel und Schöpfung. Zum Verhältnis von Schöpfungs- und Sinaigeschichte in der Priesterschrift, JBTh 5 (1990) 37–69 = DERS., Gottes Gegenwart in Israel. Beiträge zur Theologie des Alten Testaments, Neukirchen-Vluyn 1993, 214–246; außerdem beispielsweise E.E. ELNES, Creation and Tabernacle. The Priestly Writer's "Environmentalism", HBT 16 (1994) 144–155; weitergehende Hinweise zum Zusammenhang von Sinai und Schöpfung bei E. BLUM, Studien zur Komposition des Pentateuch (BZAW 189), Berlin-New York 1990, 306 312; N.C. BAUMGART, Die Umkehr des Schöpfergottes. Zu Komposition und religionsgeschichtlichem Hintergrund von Gen 5–9 (HBS 22), Freiburg/Brsg. u.a. 1999, 496 ff.; A. RUWE, „Heiligkeitsgesetz" und „Priesterschrift". Literargeschichtliche und rechtssystemati-

Beobachtungen sollen im folgenden aufgenommen und näherhin für ein Gesamtverständnis der priesterschriftlichen Sinaigeschichte ausgewertet werden. Dies geschieht in drei größeren Beobachtungsgängen, die den Rahmen entsprechend den kompositorischen Bedingungen der Sinaigeschichte jeweils weiter spannen.

I. Die Wohnung Jahwes als Ausdrucksgestalt des Gottseins Jahwes für Israel

Ein erster Beobachtungsgang setzt bei den im Zentrum der priesterschriftlichen Sinaigeschichte stehenden Anweisungen zum Bau des Heiligtums in Ex 25–31* an. Da diese durch umfangreiche redaktionelle Bearbeitungsvorgänge nahezu bis zur Unkenntlichkeit entstellt sind,[10] ist zunächst ihre ursprüngliche Gestalt freizulegen, um so eine Basis für die Erfassung ihres Bedeutungsgehaltes gewinnen zu können.[11]

---

sche Untersuchungen zu Leviticus 17,1–26,2 (FAT 26), Tübingen 1999, 103–115; C. FREVEL, Mit Blick auf das Land die Schöpfung erinnern. Zum Ende der Priestergrundschrift (HBS 23), Freiburg/Brsg. u.a. 2000, 157–161.

[10] Wenn auch die vorliegende, der Pentateuchredaktion zu verdankende Gestalt von Ex 25–31 als ein eigenen kompositorischen Gesetzmäßigkeiten folgendes literarisches Gebilde zu verstehen ist (vgl. etwa die Hinweise bei E. ZENGER, Israel am Sinai. Analysen und Interpretationen zu Exodus 17–34, Altenberge ²1985, 25.45 f.), ist auf der anderen Seite jedoch nicht zu verkennen, daß es sich hierbei um ein Produkt eines im ganzen verwickelten literarischen Entstehungsprozesses handelt (hierzu vgl. insbesondere die entsprechenden Überlegungen von G. STEINS, „Sie sollen mir ein Heiligtum machen". Zur Struktur und Entstehung von Ex 24,12–31,18, in: Vom Sinai zum Horeb. Stationen alttestamentlicher Glaubensgeschichte, hg. von F.-L. Hossfeld, Würzburg 1989, 145–167). Hinsichtlich der Notwendigkeit einer entstehungsgeschichtlichen Rekonstruktion sei zum einen nur darauf verwiesen, daß Ex 29,45+46 ganz den Eindruck eines Redeabschlusses macht, zum anderen aber auch auf das unübersehbare Ungleichgewichtigkeit der sieben Jahwereden (Ex 25,1–30,10 gegenüber den weiteren sechs Reden in Ex 30,11–31,17), in die Ex 25–31 aufgefächert ist (hierzu vgl. etwa P. J. KEARNEY, Creation and Liturgy: The P Redaction of Ex 25–40, ZAW 89 [1977] 375–387 (375–378).

[11] Zur literarkritischen Problematik von Ex 25–31 selbst vgl. hier nur die Hinweise bei V. FRITZ, Tempel und Zelt. Studien zum Tempelbau in Israel und zu dem Zeltheiligtum der Priesterschrift (WMANT 47), Neukirchen-Vluyn 1977, 112–129, die zumindest erkennen lassen, daß der genuin priesterschriftliche Text (P^g) stark zu reduzieren ist; im übrigen vgl. hinsichtlich der Rekonstruktion des priesterschriftlichen Anteils die synoptische Darstellung bei P.P. JENSON, Graded Holiness. A Key to the Priestly Conception of the World (JSOT.S 106), London 1992.

1. Der Umfang der priesterschriftlichen Heiligtumsanweisungen in Ex 25–31

Angesichts der schwierigen literargeschichtlichen Problemlage in Ex 25–31, die innerhalb der Forschung eine höchst unterschiedliche Beurteilung erfahren hat,[12] können im folgenden nur die Umrisse einer Rekonstruktion der auf die Hand von P^g zurückgehenden Anweisungen zum Bau eines Heiligtums skizziert werden. Als ein die literarkritische Analyse stützendes Argument, dem zugleich eine heuristische Funktion zukommt, verdient dabei das Stilmittel der inklusorischen Verklammerung Beachtung, das auch sonst als ein für P^g charakteristisches Element strukturbildender Art anzusehen ist.[13]

Entscheidende Hinweise in bezug auf eine Rekonstruktion des priesterschriftlichen Textbestandes ergeben sich vor allem anhand einer Analyse von Ex 25. Zwei Hauptspannungen lassen sich in diesem Kapitel beobachten.[14] Eine erste Spannung besteht zwischen dem Spendenaufruf Ex 25,2–7 und der allgemeinen Anweisung zum Bau des Heiligtums Ex 25,8+9, insofern auffälligerweise der Grund für den Spendenaufruf erst nachgeschoben wird, obgleich eigentlich die umgekehrte Abfolge zu erwarten wäre.[15] Für

---

[12] Ex 25–31 wird zwar nahezu allgemein der priesterschriftlichen Schicht innerhalb des Pentateuch zugerechnet, umstritten ist aber weiterhin nicht nur, wie die internen Spannungen in diesen Kapiteln zu erklären sind (aus der Nachgeschichte des priesterschriftlichen Werkes [P^g], so etwa H. HOLZINGER, Exodus [KHC II], Tübingen 1900, XVIII f.; B. BAENTSCH, Exodus – Leviticus – Numeri [HK I/2], Göttingen 1903, 219–268; A.H. MCNEILE, The Book of Exodus [WC], London ²1917, XXXVII f., oder aber als Spuren des Zusammenwachsens zweier ursprünglich eigenständiger Textfassungen [P^A und P^B] mit nachträglichen Zusätzen [P^s], so K. Galling, in G. BEER-K. GALLING, Exodus [HAT I/3], Tübingen 1939, 129; vgl. auch B. PELZL, Das Zeltheiligtum von Ex 25 ff. und seine Bedeutung für das Judentum während des Exils, Diss. Graz 1972, 9–20, oder aber – zumindest teilweise – aus der Rezeption von Vorlagen durch P^g, so vor allem KOCH, Eigenart, 7–38), umstritten ist vielmehr auch, wie näherhin der Umfang des priesterschriftlichen Anteils an Ex 25–31 zu bestimmen ist (zu diesem Problemkreis vgl. die Übersicht bei FRITZ, Tempel, 113 f.; eine noch stärkere Reduzierung des priesterschriftlichen Anteils vertritt u.a. LOHFINK, Priesterschrift, 222 f. Anm. 29).

[13] Vgl. dazu P. WEIMAR, Struktur und Komposition der priesterschriftlichen Geschichtsdarstellung I, BN 23 (1984) 81–134 (124–134) und II, BN 24 (1984) 138–162.

[14] Vgl. die Hinweise zur Analyse von Ex 25 bei GALLING, Exodus, 128–133, KOCH, Priesterschrift, 1–13 und FRITZ, Tempel, 116–118.

[15] Zur Abgrenzung von Ex 25,2–7 und 8+9 gegeneinander vgl. auch GALLING, Exodus, 129; außerdem T. POLA, Die ursprüngliche Priesterschrift. Beobachtungen zur Literarkritik und Traditionsgeschichte von P^g (WMANT 70), Neukirchen-Vluyn 1995, 258–262 und OWCZAREK, Wohnen Gottes, 54 ff. – Diese Beobachtung ist selbst unter der Voraussetzung, daß die Anordnungen zur Errichtung des Heiligtums in Ex 25–31 auf der Ebene der vorliegenden Endgestalt eigenen strukturellen Gesetzmäßigkeiten folgen (vgl. schon Anm. 10, aber vor allem auch die entsprechenden Hinweise bei B. JACOB, Das Buch Exodus, Stuttgart 1997, 756 ff.), als gültig anzusehen, zumal sie nicht auf die in-

I. Die Wohnung Jahwes 273

eine Abtrennung beider Aussagereihen gegeneinander sprechen sodann auch syntaktische Beobachtungen.[16] Wahrscheinlich wird Ex 25,8+9 als der eigentliche Beginn der Jahwerede zu verstehen sein und sich ursprünglich unmittelbar an Ex 25,1+2aα angeschlossen haben.[17]

Eine zweite Spannung innerhalb von Ex 25 ist zwischen Ex 25,8+9 und 26,1 einerseits sowie dem durch diese beiden Aussagen gerahmten Textabschnitt andererseits zu konstatieren. Thematisch schließen sich die mit Ex 26,1 eröffneten Anweisungen unmittelbar an Ex 25,9* an,[18] wohingegen

---

haltlich-thematische Ebene beschränkt bleibt, sondern sich durch eine Reihe weiterer Indizien, die in die gleiche Richtung weisen, erhärten läßt.

[16] Für eine Abgrenzung von Ex 25,8+9 gegenüber Ex 25,2–7 spricht nicht nur der charakteristische Gebrauch der Suffix- anstelle der Präfixkonjugation, sondern auch die nach Ex 25,2b–7 (2. Pers. Pl.) auffällige erneute Konstruktion mit 3. Pers. Pl. in Ex 25,8 wie in Ex 25,2aβ. Die Sonderstellung von Ex 25,8+9 gegenüber dem Textzusammenhang kann dabei nicht mit Hilfe des stilistischen Prinzips der Rahmung erklärt werden (vgl. in diesem Zusammenhang die gleichermaßen in Ex 25,2aβb und 8+9 begegnende Abfolge von Aussagen mit 3. Pers. Pl. und 2. Pers. Pl., aber auch die formal sich entsprechenden Aussagen in Ex 25,2aβ und 8a), sondern verlangt nicht zuletzt angesichts der Differenz des mit der 2. Pers. Pl. gemeinten Personenkreises in Ex 25,2b und 9b (Mose+Helfer bzw. Israeliten) nach einer literarkritischen Lösung.

[17] Da die (nicht nach LXX zu korrigierende) Verbform $w^{e\,c}āśû$ in Ex 25,8a (vgl. jedoch POLA, Priesterschrift, 258 ff.) einen rückwärtigen Anschluß fordert, kann sich die Aussage von Ex 25,8 nicht unmittelbar an Ex 25,1 (vgl. GALLING, Exodus, 129), sondern nur an die Redeauftragsformel Ex 25,2aα angeschlossen haben (vgl. C. HOUTMAN, Exodus III [HCOT], Leuven 2000, 345), womit der Inhalt des Redeauftrags zu Beginn in indirekter Rede mitgeteilt erscheint (zur Konstruktion vgl. Num 15,38; zum Phänomen selbst im Rahmen von P^g vgl. P. WEIMAR, Die Meerwundererzählung. Eine redaktionskritische Analyse von Ex 13,17–14,31 [ÄAT 9], Wiesbaden 1985, 205 f.). Als indirektes Indiz in diese Richtung kann das eine Verbindung zu Ex 25,8a herstellende Verbum $w^{e\,c}āśû$ in der redaktionellen Aussage Ex 25,10a verstanden werden (vgl. U. CASSUTO, A Commentary on the Book of Exodus, Jerusalem 1967, 328), falls MT gegenüber Sam und LXX ($w^{e\,c}āśîtā$) die ursprüngliche Lesart repräsentiert, was aus äußeren wie inneren Gründen durchaus wahrscheinlich ist (zur Möglichkeit, daß die pluralische Konstruktion mit Rücksicht auf Ex 31,1–11 geschehen ist, vgl. BAENTSCH, Exodus, 224).

[18] Die den Einzelanweisungen zum Bau der Wohnung Jahwes „überschriftartig vorgeordnete Zielbestimmung eines Verfertigungsauftrags" in Ex 26,1a (M. GÖRG, Das Zelt der Begegnung. Untersuchungen zur Gestalt der sakralen Zelttraditionen Altisraels [BBB 27] Bonn 1967, 10) mit betont vorangestelltem Objekt ($w^{e\,}$æt-hammiškān) verlangt einen rückwärtigen Anschluß, wofür als solcher – ungeachtet aller Differenzen – nur Ex 25,8+9 in Frage kommt, was auch durch den Ex 25,10–40 voraussetzenden redaktionellen Zusatz in Ex 25,9aβ (zur Literarkritik von Ex 25,9 vgl. Anm. 44) unterstrichen wird. Die Differenzen von Ex 26,1a gegenüber Ex 25,8+9* (*hammiškān / miqdāš* bzw. Mose / Israeliten) können nicht als ein literarkritisch schlüssiges Argument angesehen werden, sondern sind angesichts der Sonderstellung von Ex 25,8+9* (vgl. in diesem Zusammenhang nur die durch chiastische Entsprechung der Einzelelemente [Ex 25,8a – 8b || 9aα – 9b] bewirkte Geschlossenheit der Aussagefolge) als thematisch bedingte Akzentsetzungen zu verstehen, was nicht zuletzt daran erkennbar wird, daß die Aussage von Ex 26,1a gerade auf

der dazwischenstehende Textabschnitt Ex 25,10–40 insofern als ein Fremdkörper zu verstehen ist, als er sich vorgreifend schon mit der Innenausstattung des Heiligtums beschäftigt.[19] Der redaktionelle Charakter von Ex 25,10–40 wird nicht zuletzt auch durch die Technik der Wiederaufnahme der Aussage von Ex 25,9* in 25,40 zum Ausdruck gebracht.[20]

In Ex 26,30 werden die Anweisungen zum Bau der Wohnung Jahwes mit einer allgemeinen Aussage abgeschlossen, die formal wie thematisch auf Ex 25,9* zurückgreift.[21] Beide Aussagen bilden zusammen eine Art Rahmen um die Einzelanweisungen zum Bau der Wohnung Jahwes (vgl. zudem das Stilmittel der chiastischen Zuordnung der Satzglieder in Ex 25, 9* und 26,30). Angesichts der so zwischen Ex 25,9* und 26,30 zu beobachtenden Technik der Rahmung ist die Vermutung durchaus naheliegend, daß auch die generelle Anweisung zur Errichtung eines Heiligtums in Ex 25,8, die mit der Zusage „und ich werde in ihrer Mitte wohnen" abgeschlossen wird, ebenfalls eine Entsprechung im Anschluß an die Einzelanweisungen in Ex 26,1–29 gehabt hat. Die in Ex 25,8 angesprochene Thematik vom „Wohnen" Jahwes inmitten seines Volkes findet sich erneut in Ex 29,45+46, wo ihr eine die Gesamtredefolge verklammernde Funktion

---

die in Ex 25,8+9* im Zentrum stehenden und einander korrespondierenden Aussagen Ex 25,8b *(hammiškān / škn)* und 9aα (Mose) Bezug nimmt.

[19] Als Argument für den redaktionellen Charakter von Ex 25,10–40 kann auch die auffällige Tatsache gewertet werden, daß die hier genannten Gegenstände (insbesonders die Lade) im weiteren Erzählverlauf bei P^g – anders als bei R^P – keine Rolle mehr spielen, was um so schwerer wiegt, als deren Voranstellung vor die Heiligtumsanweisungen mit der ihnen vom Erzähler zugemessenen Bedeutsamkeit zusammenhängt (so u.a. CASSUTO, Exodus, 328; vgl. auch die andere Anordnung in Ex 35–40, dazu nur B.A. LEVINE, The Descriptive Tabernacle Texts of the Pentateuch, JAOS 85 [1965] 307–318, vor allem 307–310; zu der gegenüber MT anderen Abfolge des Materials in LXX vgl. D.W. GOODING, The Account of the Tabernacle. Translation and Textual Problems of the Greek Exodus, Cambridge 1959; vgl. auch die Übersicht bei HOUTMAN, Exodus III, 314 f.).

[20] Ein Zusammenhang zwischen Ex 25,9 und 40 ist aufgrund der Stichwortverbindung *(tabnît* [„Modell"]) sowie der Berührungen hinsichtlich der Konstruktion der Relativsätze („gemäß allem, was ich dich sehen lasse" bzw. „die man dich auf dem Berge hat sehen lassen") unverkennbar, wobei die zwischen Ex 25,9 und 40 zu beobachtende Verschiebung der Aussageperspektive als Hinweis auf literarisch unterschiedliche Herkunft für beide Aussagen gewertet werden darf. Ex 25,40 wird auf die gleiche Hand zurückgehen, der in Ex 25,9 der redaktionelle Zusatz Ex 25,9aβ (dazu Anm. 18) zu verdanken ist.

[21] Schon aus stilistischen Gründen ist Ex 26,30 gegenüber den Einzelanweisungen zum Bau der Wohnung Jahwes in Ex 26,1–29* abgehoben und für sich zu stellen (vgl. nur die Gestaltungsgesetzmäßigkeiten in Ex 26,1–29*), was Ex 26,30 auf eine Ebene mit Ex 25,9* treten läßt. Der Zusammenhang zwischen diesen beiden Aussagen wird zusätzlich dadurch unterstrichen, daß durch Ex 26,30 die mit Ex 25,9* eröffneten Anweisungen zum Bau der Wohnung abgeschlossen werden (vgl. den rückverweisenden Relativsatz Ex 26,30b mit der ein zukünftiges Geschehen anzeigenden Aussage Ex 25,9aα).

I. Die Wohnung Jahwes

zukommt.²² Da die zwischen Ex 26,30 und 29,45+46 angesiedelten Aussagen überdies unverkennbar ein anderes Interesse verraten und auch literarisch nur locker eingebunden sind, wird sich Ex 29,45+46 einmal unmittelbar an Ex 26,30 angeschlossen haben und kann so auch als eine zweite (äußere) Rahmenaussage neben Ex 26,30 verstanden werden.²³

---

²² Nicht nur die Zugehörigkeit (vgl. die Übersicht bei JANOWSKI, Sühne, 317 Anm. 242, aber auch schon HOLZINGER, Exodus, 143), sondern auch die Abgrenzung der P^g zuzurechnenden Aussagen in Ex 29 ist umstritten; beide Problemkreise hängen eng zusammen und können so auch nur in Verbindung miteinander gelöst werden. Meist wird der Umfang der genuin priesterschriftlichen Aussagen mit Ex 29,42b–45 (vgl. JANOWSKI, Sühne, 317–328) oder mit Ex 29,43–46 (vgl. LOHFINK, Priesterschrift, 222 f. Anm. 29) angegeben, wogegen jedoch aus unterschiedlichen Gründen Bedenken anzumelden sind. Beachtung verdient in diesem Zusammenhang zunächst der in sich geschlossene Charakter von Ex 29,42b||43–44 und 45+46 (vgl. vor allem die inklusorische Verklammerung von Ex 29,45+46 [45a ↔ 46aγ], aber auch – obschon nicht so ausgeprägt – von Ex 29,42b||43–44 [vgl. das Schema bei JANOWSKI, Sühne, 318]). Da zudem jedem der beiden so sich gegeneinander abhebenden Textabschnitte eine eigene thematische Ausrichtung zukommt (vgl. nur die jeweiligen Leitworte), kann darin durchaus ein Argument zugunsten einer Herleitung beider Abschnitte von unterschiedlichen literarischen Schichten gesehen werden. Die Vermutung literargeschichtlich unterschiedlicher Herkunft für Ex 29,42b||43–44 und 45+46 läßt sich durch weitere Beobachtungen absichern. Während für Ex 29,45+46 aufgrund des engen Zusammenhangs mit anderen priesterschriftlichen Texten eine Zugehörigkeit zu P^g als wahrscheinlich angesehen werden darf (zur literarkritischen Sonderung von Ex 29,42b–44 und 45+46 sowie zur Herleitung von Ex 29,45f von P^g vgl. hier nur POLA, Priesterschrift, 233–237.267 f.270 f), gilt gleiches keinesfalls für Ex 29,42b||43–44, was nicht nur anhand des für P^g durchaus untypischen Sprachgebrauchs (vgl. die mit j^cd N-Stamm gebildete Wendung [neben Ex 29,42b+43 nur noch Ex 25,22; 30,6.36; Num 17,19; jeweils P^s], die Basis $qdš$ [bei P^g nur Gen 2,3 und Ex 25,8; sonst immer P^s] sowie der bei P singulären Gebrauch von $k^ebôdî$; zur Systematik des Gebrauchs der Wortverbindung ^{o}hœl $mô^ced$ bei P^g s.u.), sondern auch anhand der Tatsache erkennbar wird, daß Ex 29,42b–44 den insgesamt P^g abzusprechenden Textabschnitt Ex 27,1–29,42a (vgl. auch Anm. 23) voraussetzt (vgl. hier nur das dreimalige šm[h] in Ex 29,42b+43a [WALKENHORST, Sinai, 110 f. und JANOWSKI, Sühne, 325 Anm. 285], aber auch die den bestehenden Textzusammenhang berücksichtigende, zumeist nach den Versionen verbesserte Textgestalt von MT [vgl. JANOWSKI, Sühne, 318 Anm. 243.244] in Ex 29,42bα [lākœm] und 43b [w^{e}niqdaš]).

²³ Als rückwärtiger Anschluß für die durch den Gedanken des „Wohnens" (škn) Jahwes inmitten seines Volkes zusammengehaltene Aussagefolge Ex 29,45+46 bietet sich im vorausgehenden Textzusammenhang eigentlich nur die die Einzelanweisungen zur Errichtung des Heiligtums abschließende Ex 26,30 (hammiškān) an (vgl. das demgegenüber in einem mehr untergeordneten Formzusammenhang begegnende Vorkommen des Stichwortes hammiškān in Ex 26,35; 27,9.19). Hat sich Ex 29,45+46 aber ursprünglich einmal unmittelbar an Ex 26,30 angeschlossen, dann ist der Textabschnitt Ex 26,31–29,44 insgesamt dem priesterschriftlichen Erzählzusammenhang (P^g) abzusprechen, was dann zugleich bedeuten würde, daß auch die häufig P^g zugerechneten Altarbaubestimmungen Ex 27,1–8 (vgl. nur FRITZ, Tempel, 121.128) einer jüngeren Textschicht zuzurechnen sind. Gegen eine solche Annahme spricht weder der weitere priesterschriftliche Erzählzusammenhang (Lev 9*; vgl. den entsprechenden Hinweis bei P. WEIMAR, Kult

Treffen diese Beobachtungen zum Umfang der im Zentrum der priesterschriftlichen Sinaigeschichte stehenden Jahwerede zu, dann sind als genuin priesterschriftliche Bildung nur die Anweisungen zum Bau der Wohnung Jahwes im Zusammenhang von Ex 26,1–29 zu qualifizieren, wobei aber auch hier wiederum nur der literarische Grundbestand des Textes als priesterschriftlich verstanden werden kann.[24]

Trotz der weitgehenden Parallelität der beiden Textabschnitte Ex 26,1–6 und 7–11 können darin jedoch nicht einfachhin Dubletten gesehen werden.[25] Unterschiede des Stils sind zu beachten, stellen als solche aber allein noch kein gültiges literarkritisches Kriterium dar.[26] Die deutlich als Abschluß fungierenden, dabei streng parallel gefügten Aussagen Ex 26,6* und 11* haben strukturierende wie Zusammenhänge aufdeckende Funktion.[27] Beide so abgeschlossenen Aussagereihen sind von redaktioneller Bearbeitung betroffen, wobei als jüngere Zusätze aus der Hand eines Bearbeiters wohl Ex 26,1bα.2b–5 sowie 8b–10.11bα zu qualifizieren sind.[28] Aufgrund der einen Abschluß anzeigenden

---

und Fest. Aspekte eines Kultverständnisses im Pentateuch, in: Liturgie – ein vergessenes Thema der Theologie? (FS E.J. Lengeling [QD 107]), hg. von K. Richter, Freiburg/Brsg. ²1987, 65–83 [74 Anm. 37]) noch die die Altarbaubestimmungen abschließende Aussage Ex 27,8b, die zwar gleichermaßen auf die beiden P^g zuzurechnenden Aussagen Ex 25,9* und 26,30, aber auch auf die erst redaktionell eingefügte Aussage Ex 25,40 (dazu vgl. Anm. 20) Bezug nimmt (im Blick auf die literargeschichtliche Einordnung von Ex 27,8b verdient auch das pluralische [keinesfalls nach LXX zu korrigierende] Verbum $ja^{ca}śû$ [vgl. Ex 25,10] Beachtung).

[24] Zur Analyse von Ex 26 vgl. vor allem die Untersuchungen von KOCH, Priesterschrift, 13–17, GÖRG, Zelt, 8–34 und FRITZ, Tempel, 112–121 sowie die kritische Übersicht bei JANOWSKI, Sühne, 330–336. – Im Folgenden können nur die Umrisse einer Analyse von Ex 26,1–29 skizziert werden.

[25] Vgl. dazu vor allem GÖRG, Zelt, 10–15, aber auch FRITZ, Tempel, 119; demgegenüber sieht S.E. MCEVENUE, The Style of a Building Instruction, Semitics 4 (1974) 1–9 (7 f.) darin ein typisch priesterschriftliches Stilmittel.

[26] Die Ausgangslage verändert sich schon dann nicht unerheblich, wenn die interne literarische Problematik der beiden Textabschnitte Ex 26,1–6 und 7–11 mitbedacht wird, die m.E. beide nicht – und damit nicht nur Ex 26,7–11 – als genuine literarische Konstruktionen angesehen werden können.

[27] Das Gewicht, das der Verfasser gerade den beiden abschließenden Aussagen Ex 26, 6bβ und 11bβ zumißt, wird stilistisch dadurch herausgestellt, daß es sich hierbei um eingliedrige Aussageelemente handelt, während die vorangehenden Bestimmungen jeweils paarweise gefügt sind.

[28] Während innerhalb von Ex 26,7–11 durchaus mit literargeschichtlichen Prozessen gerechnet wird (vgl. die im einzelnen unterschiedlichen Versuche bei KOCH, Priesterschrift, 13f; GÖRG, Zelt, 15 f.; FRITZ, Tempel, 119.125 f.), wird Ex 26,1–6 als „stilistisch geglättete Umprägung" von Ex 26,7–11 (GÖRG, Zelt, 15) nahezu allgemein für einheitlich gehalten (vgl. jedoch GALLING, Exodus, 132 [Ex 26,5 = R]). Wird die allem Anschein nach in beiden Abschnitten zu konstatierende Konkurrenz zweier Vorstellungen des Vereinigens der einzelnen Zeltbahnen zu *einem* Ganzen beachtet, dann ist damit zugleich ein Ansatz für eine entstehungsgeschichtliche Analyse gegeben, insofern unter dieser Voraussetzung die beiden eng untereinander verbundenen Textabschnitte Ex 26,

Aussage von Ex 26,11* kann Ex 26,12–14 insgesamt nur als ein jüngerer Nachtrag verstanden werden.[29] Der sich anschließende Abschnitt über die Konstruktion des Brettergerüstes in Ex 26,15–29 ist angesichts der verschieden gelagerten Unausgeglichenheiten wohl auf Ex 26,15a.16.18*.20*.22+23* als literarischen Grundbestand zu reduzieren.[30] Der literarische Grundbestand, der den einzelnen Textabschnitten in Ex 26,1–29 zugrundeliegt, verbindet sich dabei zu einem fortlaufenden Textzusammenhang.[31] Dieser geht als solcher nicht auf eine vorpriesterschriftliche Tradition zurück, sondern ist als eine genuin priesterschriftliche Bildung anzusehen.[32] Die auf P^g zurückgehenden Einzelanweisungen zum Bau der Wohnung Jahwes grenzen sich damit auf die Aussagen in Ex 26,1abβ.2a.6*.7.8a.11abβ.15a.16.18*.22+23* ein, so daß als priesterschriftlich wohl der folgende Textbestand vorausgesetzt werden darf:

I. Die Wohnung sollst du machen aus zehn Zeltbahnen,
    mit Keruben, wie sie der Kunstweber macht, sollst du sie machen.
    Die Länge einer einzelnen Zeltbahn soll achtundzwanzig Ellen sein,
    und eine Breite von vier Ellen soll eine einzelne Zeltbahn haben.
    Du sollst fünfzig Haken von Gold machen,
    und du sollst die Zeltbahnen mit den Haken verbinden,

2b–5 und 8b–10 sowie 11bα als redaktionelle Bildungen (möglicherweise in sich nochmals geschichtet) zu verstehen sind. In Zusammenhang mit Ex 26,2b–5 wird auch die Näherbestimmung des Herstellungsmaterials der Zeltbahnen in Ex 26,21bα zu sehen sein.

[29] Der redaktionelle Charakter von Ex 26,12+13 ist schon lange erkannt (vgl. nur HOLZINGER, Exodus, 127, aus der neueren Diskussion vgl. vor allem GÖRG, Zelt, 16 und FRITZ, Tempel, 119); aber auch die Ex 26,7a berücksichtigende, ansonsten ganz isoliert dastehende Aussage Ex 26,14 (GÖRG, Zelt, 23 [„vielleicht das Reststück einer Gruppe"]) ist nach der einen Abschluß markierenden Aussage von Ex 26,11* wahrscheinlich als ein redaktioneller Nachtrag zu verstehen, der jedoch mit Ex 26,12+13 nicht auf ein und derselben literarischen Ebene anzusiedeln ist (Anschluß von Ex 26,14 an 11* durch 12+13 sekundär aufgebrochen!).

[30] Die Schwierigkeiten der Analyse von Ex 26,15–29 sind anerkannt, was entsprechend zu stark voneinander differierenden Ergebnissen geführt hat (vgl. nur KOCH, Priesterschrift, 15; GÖRG, Zelt, 17–19; FRITZ, Tempel, 119 f.). – Da die Beurteilung der literargeschichtlichen Problematik in Ex 26,15–23 sich eng mit der Position von FRITZ (s.o.) berührt, erübrigen sich hier weitergehende Hinweise zur Analyse; darüber hinausführend ist m.E. aber auch der ganze Abschnitt Ex 26,24–29, der die Aufrichtung der Bretter im Blick hat, als ein – in sich wiederum nicht einheitlicher – redaktioneller Zusatz zu verstehen.

[31] Als Argument in diese Richtung kann neben der unverkennbaren stilistischen Gleichartigkeit der einzelnen Textabschnitte in ihrer rekonstruierten Form vor allem auf deren Verknüpfung an den Rändern der drei Textabschnitte verwiesen werden (vgl. die Angabe ʿal-hammiškān in Ex 26,7a [gegen FRITZ, Tempel, 119 nicht als späterer Eintrag auszugrenzen] sowie die auffällige Verwandtschaft der Aussage von Ex 26,15a mit 7a [$w^eʿāśîtā$ + Objekt + $lammiškān$ bzw. $l^eʾohæl\ ʿal-hammiškān$]), wobei die einzelnen Textabschnitte in sich durch das für sie bestimmende Leitwort gerahmt erscheinen (Ex 26,1a/6β $hammiškān$ – Ex 26,7a/11bβ $ʾohæl$ – Ex 26,15a/23aβ $hammiškān$).

[32] Mit der Verarbeitung einer solchen P^g vorgegebenen Tradition im vorliegenden Zusammenhang rechnen KOCH, Priesterschrift, 13–17 (vgl. auch DERS., Art. ʾohæl, ThWAT I [1973] 128–141 [139] und GÖRG, Zelt, 8–34.

so daß die Wohnung Eine wird.

II. Du sollst machen Zeltbahnen aus Ziegenhaar als Zelt über der Wohnung,
in der Zahl von elf Zeltbahnen sollst du sie machen.
Die Länge einer einzelnen Zeltbahn soll dreißig Ellen sein,
und eine Breite von vier Ellen soll eine einzelne Zeltbahn haben.
Du sollst fünfzig Haken von Kupfer machen,
und du sollst das Zelt verbinden, so daß es Eines wird.

III. Du sollst Bretter für die Wohnung machen,
zehn Ellen die Länge des Brettes
und eineinhalb Ellen die Breite eines einzelnen Brettes.
Und du sollst die Bretter für die Wohnung machen
zwanzig Bretter für die Südseite
und für die Nordseite zwanzig Bretter.
Für die Hinterseite der Wohnung sollst du sechs Bretter machen,
und zwei Bretter sollst du machen für die Ecken der Wohnung.

Im Blick auf die literarischen Gestaltungsgesetzmäßigkeiten lassen die Einzelanweisungen zum Bau der Wohnung Jahwes eine äußerst sorgfältige Fügung erkennen (Dreiteiligkeit bei strenger Parallelität der ersten beiden Teile sowie Strukturierung der einzelnen aus jeweils drei parallel gefügten doppelgliedrigen Aussagen, wobei durch die Abweichungen vom Schema Akzente gesetzt sind).[33] Die Anweisungen selbst sind stark stilisiert. Ihre Reduktion auf das unbedingt Notwendige steht im Dienst theologischer Aussageabsicht. Hierin ist auch das einigende Band der verschiedenen Bestimmungen zu sehen (vgl. I.2).

Die so als priesterschriftliche Bildung auszugrenzenden Anweisungen zum Bau der Wohnung Jahwes haben durch die jeweils in Korrespondenz zueinander stehenden Aussagen von Ex 25,9* und 26,30 sowie von Ex 25,8 und 29,45+46 eine doppelte Rahmung erfahren. Gerade in diesen Rahmenaussagen, die im Blick auf die Einzelanweisungen eine deutende Funktion haben, wird das den priesterschriftlichen Erzähler bewegende theologische Interesse greifbar. Jede der beiden Rahmenaussagen trägt thematisch einen eigenen Akzent. Sie sind jedoch nicht nur hinsichtlich der Akzentsetzung, sondern auch in ihrer inneren Gewichtung unterschieden, was allein schon an der betont breit eingeführten und als Höhepunkt der ganzen Jahwerede dienenden Aussagefolge Ex 29,45+46 erkennbar wird.

---

[33] Die durchgehende Handhabung der gleichen literarischen Gestaltungsmittel, wie sie innerhalb der Grundschicht von Ex 26,1–29* zu beobachten ist, vermag nicht nur die vorliegende Rekonstruktion zumindest indirekt zu stützen, sondern kann auch als Indiz für eine bewußte literarische Konstruktion im Dienste einer primär theologischen Aussageabsicht gewertet werden.

2. Der Bau der Wohnung Jahwes nach einem himmlischen Urbild (Ex 25,9* und 26,30)

Das von den Israeliten zu errichtende Heiligtum hinterläßt hinsichtlich seiner Konstruktionsprinzipien einen merkwürdig zwiespältigen Eindruck, insofern es einerseits aus einer „Wohnung" (*hammiškān*) genannten Zeltkonstruktion aus zehn keruben-geschmückten Zeltbahnen und einem darüberliegenden „Zelt" (*ʾohæl*) aus elf Zeltbahnen aus Ziegenhaar sowie andererseits aus einer darin eingefügten, für die „Wohnung" (*hammiškān*) gemachten quaderförmigen Holzkonstruktion von dreißig Ellen Länge, zehn Ellen Höhe und zehn Ellen Breite besteht.[34] Trotz der nicht zu verkennenden Disparatheit seiner baulichen Elemente ist das dem Mose am Sinai gezeigte Heiligtum im Sinne der Priesterschrift seinem *theologischen* Gehalt nach als eine sinnvolle Einheit und Ganzheit zu verstehen,[35] was gerade auch durch die beiden in Korrespondenz zueinander stehenden und die auf die „Wohnung" bzw. das „Zelt" bezogenen Einzelbestimmungen abschließenden Aussagen in Ex 26,6bβ und 11bβ unterstrichen wird.[36]

Die für das priesterschriftliche Heiligtumsverständnis charakteristische spannungshafte Einheit ganz verschiedenartiger baulicher Bestandteile, die sich als solche nicht weiter literarkritisch auflösen läßt (s.o.), ist Ausdruck zweier hier zusammenkommender und miteinander verbundener theologischer Konzeptionen, deren eine die Vorstellung eines „Wohnens" (*škn*) Jahwes in den Vordergrund rückt, so daß das Heiligtum auch als „Wohnung Jahwes" bezeichnet werden kann, während die andere von der Vorstellung eines „Begegnens" Jahwes bestimmt ist, die sich in der Benennung des Heiligtums als „Zelt der Begegnung" (*ʾohæl môʿed*) spiegelt.[37] Angesichts der Einbindung beider Vor-

---

[34] Da die nur schwer miteinander harmonisierbaren Konstruktionsprinzipien des priesterschriftlichen Heiligtums primär von der dahinter stehenden theologischen Aussageabsicht gesteuert sind, wäre es auch verfehlt, diese auf die Möglichkeiten ihrer Realisierung hin zu befragen (vgl. dazu aus dem Rahmen der jüngeren Diskussion vor allem PELZL, Zeltheiligtum sowie DERS., Das Zeltheiligtum von Ex 25 ff. Die Frage nach der Möglichkeit seiner Errichtung, UF 7 [1975] 379–387 und DERS., Thesen zur Entstehung des Zeltbauberichtes von Ex 25ff und seiner Geschichte, UF 8 [1976] 323–326).

[35] In Anlehnung und unter Aufnahme einzelner Formulierungen von JANOWSKI, Sühne, 336, wo dieser Gedanke nachdrücklich herausgestellt ist.

[36] Angesichts der Korrespondenz der formal unverkennbar hervorgehobenen (vgl. die isolierte Stellung aufgrund der sich von den vorangehenden Aussagen abhebenden Eingliedrigkeit), jeweils das Moment der Einheit akzentuierenden Aussagen Ex 26,6bβ und 11bβ (vgl. JACOB, Exodus, 783 f.) dürfte das Interesse von P^g gerade dahin gehen, auf diese Weise die *Einheit* des aus Wohnung *und* Zelt bestehenden Heiligtums herauszustellen zu wollen (vgl. in diesem Zusammenhang auch die Formulierung „für das Zelt über der Wohnung" in Ex 26,7a).

[37] Vgl. die kritischen Forschungsübersichten bei R. SCHMITT, Zelt und Lade als Thema alttestamentlicher Wissenschaft. Eine kritische forschungsgeschichtliche Darstellung, Gütersloh 1972, 219–228 und vor allem JANOWSKI, Sühne, 295–303. – Daß P^g durch die Verwendung der beiden Heiligtumsbezeichnungen *hammiškān* und *ʾohæl môʿed* auch zwei unterschiedlich geprägte Heiligtumskonzeptionen zueinander in Beziehung setzen

stellungskomplexe in eine neue theologische Gesamtvorstellung ist von vorneherein zu erwarten, daß sie im Rahmen des als priesterschriftlich zu kennzeichnenden Erzählzusammenhangs nicht wahllos nebeneinander begegnen, sondern sorgfältig aufeinander abgestimmt sind.[38] Gegenüber der unverkennbaren Konzentration der Wohnvorstellung auf den Mittelteil der Sinaigeschichte (zu ihrer Konstruktion s.u.), wobei nochmals zwischen verbalen (Ex 24,16aα; 25,8; 29,45+46) und nominalen Aussagen (Ex 26,1a. 6bβ.7a.15a.18a.22a.23a.30; 40,17.34) zu differenzieren ist,[39] begegnet die in dem Begriff

---

will, wird selbst dann gelten, wenn mit *škn* / *miškān* nicht ein dauerndes, sondern nur ein vorübergehendes Wohnen angezielt ist (zur Diskussion vgl. D. KELLERMANN, *miškān*, ThWAT V [1986] 62–69).

[38] Die bei P^g in der Verwendung der Begriffe *škn* / *miškān* und *ʾohæl môʿed* erkennbare Systematik (zum priesterschriftlichen Textbestand vgl. hier nur WEIMAR, Struktur I, 1984, 85 Anm. 18) verwischt sich auf der Ebene der jüngeren redaktionellen Zusätze zu P^g, ohne daß dieser Frage hier jedoch näher nachgegangen werden kann (zur neueren Diskussion vgl. die Literaturnachträge bei JANOWSKI, Sühne, 448; zur Verwendung von *miškān* und *ʾōhæl môʿed* in Ex 25–40 vgl. die Aufsatzfolge von R.E. HENDRIX in AUSS 29 [1991] 213–223 [*Miškān* and *ʾōhel môʿēd*: Etymology, lexical definitions, and extrabiblical usage], AUSS 30 [1992] 3–13 [The use of *miškān* and *ʾōhel môʿēd* in Exodus 25–40] und AUSS 30 [1992] 123–138 [A literary structural overview of Exod 25–40]). – Im Blick auf die bei P^g zu beobachtende konsequente Verteilung beider Vorstellungen auf genau gegeneinander abgegrenzte Textkomplexe, wobei der dafür gültige Mechanismus in der theologischen Aussageabsicht begründet liegt, verdient auf der anderen Seite die unauflösbare Bezogenheit beider Vorstellungen aufeinander Beachtung, wie sie nicht nur in der kompositorischen Zuordnung der jeweiligen Textkomplexe, sondern gerade auch in der Verknüpfung von Wohn- und Zeltvorstellung im Mittelteil der priesterschriftlichen Sinaigeschichte erkennbar wird (vgl. andeutungsweise Ex 26,7a [„für das Zelt über der Wohnung"] sowie vor allem Ex 40,34 [mit kunstvoller Verschränkung der einzelnen Aussageelemente; zum Parallelismus von „Zelt" und „Wohnung" vgl. auch W.H. SCHMIDT, משכן als Ausdruck Jerusalemer Kultsprache, ZAW 75, 1963, 91 f.], wobei diese Aussage ihrerseits wiederum mit der korrespondierenden Rahmenaussage Ex 24, 15b+16aα verschränkt ist).

[39] Die Verteilung von *škn* und *hammiškān* innerhalb des priesterschriftlichen Werkes verrät durchaus Plan, insofern *hammiškān* vorzugsweise im Zusammenhang der Anweisungen zum Bau des Heiligtums begegnet (vgl. das Urteil von GÖRG, ZELT, 172 „... *hmškn* fast durchgehend nur Begriff für die wahrnehmbare Konstruktion"), während *škn* ausschließlich in den theologisch deutenden Rahmenteilen gebraucht ist. Doch stehen beide Aussagereihen nicht disparat nebeneinander, sondern sind eng aufeinander bezogen (vgl. neben der für den Mittelteil der priesterschriftlichen Sinaigeschichte charakteristischen Kompositionstechnik vor allem auch das Vorkommen des Begriffs *hammiškān* in der in theologisch deutender Funktion stehenden Aussage Ex 40,34). Der Bedeutungsgehalt des mit dem Begriff *hammiškān* Gemeinten läßt sich dann aber eigentlich nur von den mit dem Verbum *škn* gebildeten Aussagen her erschließen, wobei selbst wiederum das Gefälle zwischen der mehr einen ereignishaft-dynamischen Aspekt betonenden Verwendung von *škn* in Ex 24,16aα („sich niederlassen") und dem stärker statischen Charakter der *škn*-Aussagen in Ex 25,8 und 29,45+46 („wohnen") zu beachten ist (vgl. hierzu vor allem JANOWSKI, Sühne, 306–308). Die darin zum Ausdruck kommende Dominanz eines das Ereignishafte betonenden vorübergehenden „Verweilens" vor der Vorstellung eines dauernden „Wohnens" Jahwes im Heiligtum (vgl. KOCH, Eigenart, 48 Anm. 3 [„*škn*

I. Die Wohnung Jahwes 281

„Zelt der Begegnung" (*ʾohæl môʿed*) sich artikulierende Vorstellung eines „Begegnens" Jahwes vornehmlich – wenn auch nicht ausschließlich (vgl. Ex 40,34; erstmals eingeführt ist der Begriff *ʾohæl* in Ex 26,7a) – in den beiden Rahmenteilen der priesterschriftlichen Sinaigeschichte (Lev 9,23; vgl. auch Ex 16,10) sowie in den beiden „Sündenfallerzählungen" im Rahmen der Landgabegeschichte (Num 14,10b und 20,6).[40] Das Zusammenkommen sowie die Einbindung beider für ein priesterschriftliches Heiligtumsverständnis bestimmenden Vorstellungen in eine neue Gesamtkonzeption spiegelt sich selbst nochmals in der Ausstattung des Heiligtums, das mit Ausnahme der auf den Zeltbahnen eingestickten Keruben,[41] gänzlich schmucklos und leer vorgestellt ist.[42]

---

und das dazugehörige Substantiv meinen bei P kein dauerndes Wohnen, sondern ein bloßes Verweilen"]) wird schließlich auch von Ex 40,34 her bekräftigt, insofern hier in den beiden das Moment der Gleichzeitigkeit akzentuierenden (GÖRG, Zelt, 61), dabei bewußt in Parallele zueinander gesetzten Satzhälften eine Korrespondenz der beiden sich auf diese Weise wechselseitig interpretierenden Begriffe *ʾohæl môʿed* und *hammiškān* angezeigt ist (vgl. in diesem Zusammenhang auch die Korrespondenz der Aussagen von Ex 24,15b+16aα und 40,34!).

[40] Auch wenn – im Unterschied zu *škn / hammiškān* – das mit der Wortverbindung *ʾohæl môʿed* zusammenhängende Verbum *jʿd* N-Stamm (dazu vgl. M. GÖRG, Art. *jāʿad*, ThWAT III [1982] 697–706 [705 f.]) bei P^g selbst nicht vorkommt (zur Beurteilung von Ex 29,42b+43 vgl. Anm. 22), sondern an dessen Stelle vielmehr der eine Verbindung mit der Abraham-/Jakobgeschichte herstellende Terminus *rʾh* N-Stamm eintritt (zur priesterschriftlichen Erscheinungsterminologie und ihrer Systematik vgl. – mit Modifikationen im einzelnen – N. LOHFINK, Die priesterschriftliche Abwertung der Tradition von der Offenbarung des Jahwenamens an Mose, Bib. 49 [1968] 1–8), so ist der mit dem Verbum *jʿd* N-Stamm gemeinte Sachverhalt bei P^g jedoch mit wünschenswerter Klarheit gerade im als Erscheinungsszene konzipierten (vgl. nur das über die Stationen Ex 16,10, Ex 24,15b–16+18aα, Ex 39,43 und 40,34 sowie Lev 9,23 verlaufende Verweissystem), den Erscheinungsterminus *rʾh* N-Stamm jedoch allem Anschein nach bewußt vermeidenden Mittelteil der Sinaigeschichte (vgl. LOHFINK, Abwertung, 3 Anm. 3) zum Ausdruck gebracht, wobei vor allem die diesen exponierende Aussagefolge Ex 24,15b–16+18aα (zur Struktur s.u.) zu beachten ist (vgl. dazu vor allem C. WESTERMANN, Die Herrlichkeit Gottes in der Priesterschrift, in: Wort – Gebot – Glaube. Beiträge zur Theologie des Alten Testaments [FS W. Eichrodt; AThANT 59], hg. von H.J. Stoebe, Zürich 1971, 227–249 = DERS., Forschung am Alten Testament. Gesammelte Studien II [TB 55], hg. von R. Albertz und E. Ruprecht, München 1974, 115–137 [119 f.] und JANOWSKI, Sühne, 306.325 ff.337).

[41] Zur Bedeutung und Funktion der Keruben vgl. zuletzt die entsprechenden Hinweise bei JANOWSKI, Sühne, 286–290.344–346.444 (Literaturnachträge).

[42] Nach der hier vorausgesetzten Ausgrenzung des priesterschriftlichen Textbestandes in Ex 25–31 sind alle Aussagen, die sich auf die nähere Ausstattung des Heiligtums sowie die Installation des Priestertums beziehen, als nach P^g liegende jüngere Erweiterungen anzusehen, wobei der genaue Entstehungsprozeß sich erst aufgrund einer differenzierteren Analyse von Ex 25–31 nachzeichnen ließe. Um so dringender stellt sich dann jedoch die Frage nach Bedeutung und Funktion des Heiligtums im Verständnis von P^g, die angesichts des einschlägigen Schweigens gerade nicht in einem kultischen Dienst Jahwes (Lev 9* stellt hier keine Gegeninstanz dar; dazu WEIMAR, Kult, 74 Anm. 37), sondern einzig im Vorgang des „Erfülltseins" (*mlʾ*) durch die „Herrlichkeit Jahwes" (*kebôd JHWH*) gesehen werden können (vgl. vor allem die Aussage in Ex 40,34b). In-

Hinweise auf den von P^g intendierten *theologischen* Bedeutungsgehalt des von den Israeliten zu errichtenden Heiligtums ergeben sich besonders von den um die Einzelanweisungen in Ex 26,1–29* gelegten Rahmenaussagen her, insofern ihnen eine jenen gegenüber kommentierende, sie in größere theologische Verständnishorizonte einordnende Funktion zukommt. Ein erster Zugang wird dabei durch die beiden „inneren" Rahmenaussagen Ex 25,9* und 26,30 eröffnet:

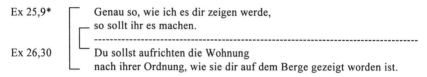

Ex 25,9* Genau so, wie ich es dir zeigen werde,
so sollt ihr es machen.

Ex 26,30 Du sollst aufrichten die Wohnung
nach ihrer Ordnung, wie sie dir auf dem Berge gezeigt worden ist.

Infolge der beiden Rahmenaussagen Ex 25,9* und 26,30, die zudem noch chiastisch aufeinander bezogen sind,[43] erfahren die auf diese Weise gerahmten Einzelanweisungen zur Errichtung eines Heiligtums dadurch eine besondere Wertung, daß Jahwe den Mose auf dem Sinai ein himmlisches Urbild des von den Israeliten zu errichtenden Heiligtums sehen läßt.[44] Durch die nachdrückliche Betonung der Abbildhaftigkeit des Heiligtums

---

wieweit eine solche Darstellung eines leer erscheinenden kultlosen Heiligtums überhaupt denkbar ist (zur diesbezüglichen Kritik vgl. POLA, Priesterschrift, 310 ff.), ist das eine; warum der priesterschriftliche Erzähler nach der hier vorausgesetzten Literarkritik über den am Heiligtum zu vollziehenden Kult nichts näheres verlauten läßt, ist das andere. M.E. hängt dies mit dem utopischen Charakter des priesterschriftlichen Heiligtumsentwurfs (dazu s.u.) zusammen; sind die kultischen Bestimmungen näherhin P^g abzusprechen, dann erscheint die Frage, was dann „an P noch priesterlich sei" (M. KÖCKERT, Leben in Gottes Gegenwart. Zum Verständnis des Gesetzes in der priesterschriftlichen Literatur, JBTh 4 [1989] 29–61 = DERS., Leben in Gottes Gegenwart. Studien zum Verständnis des Gesetzes im Alten Testament [FAT 43], Tübingen 2004, 73–107 [103 Anm. 127]), durchaus verständlich, wenn auch auf der anderen Seite zu fragen bleibt, inwieweit eine solche Charakterisierung des priesterschriftlichen Werkes (P^g) überhaupt zutreffend ist.

[43] Gerade in der chiastischen Entsprechung der Aussagen Ex 25,9* und 26,30 kann ein wesentliches Indiz zugunsten ihrer rahmenden Funktion im Blick auf die Einzelanweisungen Ex 26,1–29* gesehen werden. Die bestehenden Unterschiede zwischen Ex 25,9* und 26,30 ergeben sich entweder aufgrund der Position im Textzusammenhang (*k^e mišpāṭô*) oder aufgrund theologischer Absicht (*ʿśh / heqîm*).

[44] Innerhalb von Ex 25,9 ist aus syntaktischen (Nachhinken des Objekts) und thematischen Gründen (Einbeziehung der Geräte), aber auch vom Sprachgebrauch her (*tabnît*; vgl. damit vor allem 1 Chr 28,11.12.18.19) Ex 25,9aβ als redaktioneller Zusatz verdächtig (vgl. auch das sonstige Vorkommen von *tabnît* innerhalb des Pentateuch; Ex 25,40 [jünger als P^g] und Dtn 4,16–18 R^P), womit sich dann auch ein enger Zusammenhang zwischen Vorder- (*k^e kol ʾ^a šær*) und Nachsatz (*w^e ken*; dazu CASSUTO, Exodus, 327f) ergeben würde. Implizites Objekt zu Ex 25,9* ist das in Ex 25,8 genannte „Heiligtum" (*miqdāš*), was sich allein schon aufgrund des engen Zusammenhangs beider Verse nahelegt (vgl. die chiastische Entsprechung der Aussageelemente; dazu Anm. 18).

vom Sinai will die Priesterschrift es allem Anschein nach als Medium der Offenbarung Jahwes selbst verstanden wissen.[45] Auch wenn sprachliche Gemeinsamkeiten fehlen,[46] ist dennoch nicht zu verkennen, daß ein solches Heiligtumsverständnis im Rahmen des priesterschriftlichen Werkes eine Entsprechung in der Vorstellung vom Menschen als „Bild Gottes" (Gen 1, 26+27) hat.[47] Ist zwischen der Menschenschöpfung und der Errichtung des

---

[45] Ist die *tabnît*-Vorstellung in Ex 25,9 redaktionell eingetragen worden (zur Literatur vgl. die Hinweise bei JANOWSKI, Sühne, 311 Anm. 210; zur weiteren Diskussion POLA, Priesterschrift, 242 ff.), dann verändern sich damit aber zugleich die Bedingungen für ein Verständnis der beiden Rahmenaussagen Ex 25,9* und 26,30, insofern das, was Jahwe den Mose in prophetischer Vision (CASSUTO, Exodus, 322) sehen läßt, auf der Ebene von P^g gerade nicht ein objektiv vorgestelltes Modell des zu errichtenden Heiligtums ist, sondern vielmehr als ein im Wort (vgl. Ex 26,1–29*) sich ereignendes personales Geschehen, in dem Jahwe selbst sich offenbart, zu verstehen ist (zum Zusammenhang von Heiligtumsanweisungen und göttlichem „Zeigen" vgl. GÖRG, Zelt, 34; ob und inwieweit r'h H-Stamm in Ex 25,9* und 26,30 zugleich eine zumindest indirekte Verbindung zur Erscheinungsterminologie von P^g [Anm. 18] herstellen will, läßt sich nicht mehr mit Gewißheit ausmachen).

[46] Vgl. W. GROSS, Die Gottebenbildlichkeit des Menschen im Kontext der Priesterschrift, ThQ 161 (1981) 244–264 = DERS., Studien zur Priesterschrift und zu alttestamentlichen Gottesbildern (SBAB 30), Stuttgart 1999, 11–36 (24 Anm. 49), der „die Parallelisierung der priesterschriftlichen Darstellung von Menschenschöpfung und Errichtung des Heiligtums" als „moderner inhaltlicher Abstraktion" entsprungen kennzeichnet.

[47] Eine Entsprechung zwischen der Erstellung des Heiligtums als Abbild eines himmlischen Urbildes (Ex 25,9* und 26,30) und der Erschaffung des Menschen als „Bild Gottes" (Gen 1,26+27) ist mehrfach hervorgehoben worden, ohne dabei aber zu übereinstimmenden Deutungen zu kommen (vgl. insbesonders T.N.D. METTINGER, Abbild oder Urbild? „Imago Dei" in traditionsgeschichtlicher Sicht, ZAW 86 [1974] 403–424 und DERS., Skapad till Guds avbild. En ny tolkning, SvTK 51 [1975] 49–55; außerdem die kritische Übersicht über die Diskussion bei E. ZENGER, Gottes Bogen in den Wolken. Untersuchungen zu Komposition und Theologie der priesterschriftlichen Urgeschichte [SBS 112] Stuttgart ²1987, 84 ff. Anm. 110). Die gegen die Annahme eines derartigen Entsprechungsverhältnisses angeführte Differenz hinsichtlich der Terminologie ist bei Berücksichtigung der literargeschichtlichen Problematik sowohl von Ex 25,9 (vgl. Anm. 44) als auch von Gen 1,26+27 (die Fügung *b^{e}ṣalmenû kidmûtenû* [vgl. dazu die ausführliche Diskussion bei GROSS, Gottebenbildlichkeit, 20–24; C. DOHMEN, Die Statue von Tell Fecherîje und die Gottebenbildlichkeit des Menschen. Ein Beitrag zur Bildterminologie, BN 22, 1983, 91–101, insbesondere 98–101 und A. ANGERSTORFER, Hebräisch *dmwt* und aramäisch *dmw(t)*. Ein Sprachproblem der Imago-Dei-Lehre, BN 24, 1984, 30–43] scheint nicht ursprünglich zu sein [zur Möglichkeit vgl. neuerdings M. GÖRG, Das Menschenbild der Priesterschrift, BiKi 42, 1987, 21–29 = DERS., Studien zur biblisch-ägyptischen Religionsgeschichte (SBAB 14), Stuttgart 1992, 137–151 (143 f.)], wobei *b^{e}ṣalmenû* [ebenso *b^{e}ṣalmô b^{e}ṣælæm æ̯lohîm* in Gen 1,27a] auf eine Vorlage der priesterschriftlichen Schöpfungsgeschichte zurückgehen wird, während *kidmûtenû* als interpretierender Zusatz durch P^g zu werten sein wird) nur bedingt relevant. Die Entsprechung ist primär als eine funktionsbezogene anzusehen.

Heiligtums am Sinai ein derartiger Zusammenhang anzunehmen,[48] dann sind im Sinne priesterschriftlicher Theologie sowohl der Mensch als auch das Heiligtum vom Sinai als Erscheinungsweisen und Repräsentationsformen der Wirklichkeit Gottes (Jahwes) in der Welt zu verstehen, die als solche nicht disparat nebeneinander stehen, sondern eng aufeinander bezogen sind.[49] Im Blick auf das Heiligtumsverständnis von P^g gibt der im Rahmen der Vorstellung vom Menschen als „Bild Gottes" akzentuierte Aspekt göttlicher Lebensförderung (vgl. die Korrespondenz der Aussagen von Gen 1,26 und 28aβb) den entscheidenden Vergleichspunkt ab.[50] Von daher – jedoch auch aus inneren Gründen – wird das von den Israeliten zu errichtende Heiligtum am Sinai auch nicht eigentlich als Stätte kultischer Verehrung der Gottheit zu interpretieren sein, sondern vielmehr als der

---

[48] Ein zusätzlicher Hinweis im Blick auf eine Entsprechung von Menschenschöpfung und Errichtung des Heiligtums ergibt sich bei näherer Berücksichtigung der kompositorischen Korrespondenz von Schöpfungserzählung (Gen 1,1–2,4a*) und Gesamtaufriß des priesterschriftlichen Werkes (vgl. dazu WEIMAR, Struktur II, 149–152.156–159), insofern sich die Menschenschöpfung (Gen 1,26–28*) und die Heiligtumsanweisungen des Mittelteils der Sinaigeschichte (Ex 19,1–40,34*) von ihrer Position im Aufriß der Schöpfungserzählung bzw. der Priesterschrift präzis entsprechen.

[49] Da P^g kompositorische Gestaltungsmittel ganz bewußt als Mittel zur Verdeutlichung der beabsichtigten Aussage einsetzt, kann die zwischen Menschenschöpfung und Errichtung des Heiligtums bestehende kompositorische Entsprechung (Anm. 48) durchaus als Hinweis auf ein (bleibendes) thematisches Beziehungsverhältnis beider Aussagezusammenhänge gewertet werden.

[50] Zum Problem der Gottebenbildlichkeit vgl. aus jüngerer Zeit vor allem B. OCKINGA, Die Gottebenbildlichkeit im Alten Ägypten und im Alten Testament (ÄAT 7), Wiesbaden 1984. – Nach der einleuchtenden These von GROSS, Gottebenbildlichkeit, 259–261 ist das Wesen der Gottebenbildlichkeit des Menschen im Sinne priesterschriftlicher Theologie als Herrschaft über die Tiere zu bestimmen; wie der in Gen 1,26 und 27aβb stark akzentuierte Herrschaftsauftrag näherhin zu verstehen ist, wird schon anhand der kompositorischen Eigenart von Gen 1,24–31* erkennbar (vgl. dazu WEIMAR, Struktur II, 150 Anm. 176; außerdem DERS., Struktur und Komposition der priesterschriftlichen Schöpfungserzählung [Gen 1,1–2,4a*], in: Ex Mesopotamia et Syria Lux [FS M. Dietrich; AOAT 281], hg. von O. Loretz u.a., Münster 2002, 803–843 [826 ff.]); zur Sache selbst vgl. K. KOCH, Gestaltet die Erde, doch heget das Leben! Einige Klarstellungen zum *dominium terrae* in Genesis 1, in: „Wenn nicht jetzt, wann dann?" (FS H.-J. Kraus), hg. von H.-G. Geyer u.a., Neukirchen-Vluyn 1983, 23–36 = DERS., Spuren des hebräischen Denkens. Beiträge zur alttestamentlichen Theologie. Gesammelte Aufsätze I, hg. von B. Janowski und M. Krause, Neukirchen-Vluyn 1991, 223–237; H.-D. PREUSS, Biblisch-theologische Erwägungen eines Alttestamentlers zum Problemkreis Ökologie, ThZ 39 (1983) 68–101 (78–80); ZENGER, Gottes Bogen, 90–96; H.-W. JÜNGLING, „Macht euch die Erde untertan!" (Gen 1,28). Der geschaffene Mensch und die Schöpfung, ThJb 1985, 48–66 (60–64); M. GÖRG, Alles hast Du gelegt unter seine Füße. Beobachtungen zu Ps 8,7b im Vergleich mit Gen 1,28, in: Freude an der Weisung des Herrn. Beiträge zur Theologie der Psalmen (FS H. Gross [SBB 13]), hg. von E. Haag und F.L. Hossfeld, Stuttgart ²1987, 125–148 = DERS., Studien, 117–136 (128–136).

I. Die Wohnung Jahwes

Ort, wo die lebensfördernd-befreiende Wirklichkeit Jahwes (Exodus) exemplarisch erfahrbar wird.[51]

Als ein die Israeliten begleitender „wandelnder Sinai" oder als „ein Stück auf die Erde mitten unter ein Volk versetzten Himmels"[52] erscheint das Heiligtum damit in erster Linie und vor allem als Ort und Zeichen der Zuwendung Jahwes. Gerade unter diesem Aspekt ist auch die auffällige Analogie zwischen dem Heiligtum am Sinai und der Arche des Noach bei der Flut (Gen 6,14–16*) zu beachten.[53] Das aufgrund seiner Konstruktion (300 x 50 x 30 Ellen) merkwürdige kastenartige Gebilde der Arche, dem die gleichfalls quaderförmige Konstruktion der Wohnung Jahwes (30 x 10 x 10 Ellen) gegenübertritt,[54] ist bezeichnenderweise gerade nicht als ein Schiff, sondern als ein Haus vorgestellt, mit dem Noach und die Lebewesen mit ihm aus den Chaoswassern der Flut gerettet werden.[55] Aufgrund des zwischen der Arche des Noach und dem Heiligtum vom Sinai bestehenden Entsprechungsverhältnisses wird das Moment der Errettung auch konstitutiv mit der dem Mose auf dem Berge gezeigten Wohnung Jahwes verbunden sein.[56]

Der damit angezeigte Zusammenhang zwischen den Heiligtumsanweisungen und der Fluterzählung wird auf andere Weise nochmals durch die theologisch deutende Rahmenaussage Ex 26,30 herausgestellt. Bezeichnenderweise wird hier im Unterschied zur damit korrespondierenden

---

[51] Der hier angezielte Sachverhalt wird explizit in Ex 29,45+46 angesprochen, wobei vor allem der Zusammenhang zwischen Exodus- und Sinaigeschehen von Bedeutung ist (zum ganzen s.u.).

[52] B. JACOB, Exodus, 756 f. – Zur Charakterisierung des Heiligtums als „wandelnder Sinai" vgl. auch die entsprechende Kennzeichnung „Sinai auf der Wanderung" bei GÖRG, Zelt, 74 und – im Anschluß daran – bei JANOWSKI, Sühne, 336 f.448.

[53] Vgl. schon B. JACOB, Das erste Buch der Tora. Genesis, Berlin 1934 = ND New York o.J. [1974] = ND Stuttgart 2000, 187 ff. sowie – unter Verweis darauf – C. WESTERMANN, Genesis I (BK I/1), Neukirchen-Vluyn 1974, 566 und ZENGER, Gottes Bogen, 175 Anm. 27.

[54] Abgesehen von den hinsichtlich der Bauweise sowie der Maßangaben bestehenden Entsprechungen zwischen Arche und Wohnung Jahwes ist ein Zusammenhang beider Gebilde zudem auch durch den ihnen gemeinsamen Bezug auf den Bericht von Salomos Tempel- und Palastbau hergestellt, wobei die Maße der Wohnung Jahwes sich an den Maßen des salomonischen Tempels (60 x 20 x 30 Ellen; 1 Kön 6,2+3) orientieren (vgl. dazu JANOWSKI, Sühne, 335 f.), während die Maße der Arche ihren Orientierungspunkt in den Maßen des Libanonhauses Salomos (100 x 50 x 30 Ellen; 1 Kön 7,2) haben (vgl. dazu JACOB, Genesis, 189); vgl. außerdem POLA, Priesterschrift, 287 ff.

[55] Vgl. dazu JACOB, Genesis, 188, aber auch schon G.F. KEIL, Genesis und Exodus (BC I/1) Leipzig ³1878 = ND Gießen-Kassel ⁴1983, 113.

[56] Unter der Voraussetzung, daß ṣohar in Gen 6,16a nicht als „Fenster", sondern als „Bedeckung" zu verstehen ist ($w^{e\jmath}ael$-$\jmath ammāh$ $t^e kalænnāh$ wohl redaktioneller Zusatz), hat selbst die für das priesterschriftliche Heiligtum charakteristische Doppelstruktur (Wohnung + Zelt) eine Entsprechung bei der Arche (vgl. näherhin JACOB, Genesis, 192 f.).

Aussage Ex 25,9* nicht das Verbum „machen" (ᶜśh), sondern „aufrichten" (heqîm) verwendet.[57] Angesichts des sonstigen Vorkommens dieses Verbums im Rahmen des priesterschriftlichen Werkes kann in der dem Mose gegebenen Anweisung zur *Aufrichtung* der Wohnung Jahwes in Ex 26,30 (vgl. auch die darauf Bezug nehmende erzählerische Notiz Ex 40,17) durchaus ein „verheißender" Akzent mitgehört werden. Mit dem gleichen Wort wird bei P^g auch die „Aufrichtung" einer Bundeszusage an Noach (Gen 6,18 und 9,9.11) wie an Abraham (Gen 17,7*; vgl. Ex 6,4) durch Elohim bzw. Jahwe ausgedrückt, so daß der Gebrauch des Verbums „aufrichten" in Ex 26,30 als Anspielung auf die *beiden* Bundeszusagen an Noach *und* Abraham verstanden werden kann, auch wenn in Ex 26,30 aufgrund der unmittelbaren Verbindung mit den Heiligtumsanweisungen Ex 26,1–29* vor allem die Perspektive des Noachbundes im Vordergrund stehen wird.[58] Von daher bekommt die nach dem himmlischen Urbild zu errichtende Wohnung Jahwes geradezu den Charakter eines göttlichen Garantiezeichens, daß nämlich das Jahwevolk als ganzes unter der generellen Zusage des Noachbundes steht, insofern sich Gottes Gericht nicht mehr zu einer allgemeinen, den Bestand des Jahwevolkes grundsätzlich gefährdenden Katastrophe auswirken wird.[59]

---

[57] Auch wenn heqîm als „das spezielle Wort für die Aufrichtung des miškān und seines Vorhofes" zu verstehen ist (JACOB, Exodus, 792; die einschlägigen Belege sind Ex 40,2.18.33; Num 1,54; 7,1; 9,15; 10,21), so kann gegen eine besondere Qualifizierung der Verwendung gerade dieses Wortes in Ex 26,30 nicht der Vorwurf einer „Überinterpretation" erhoben werden (vgl. F.J. STENDEBACH, BiKi 41 [1986] 51 f.), wenn einerseits die Ersetzung des im Zusammenhang der Heiligtumsanweisungen üblichen Verbums „machen" durch das Verbum „aufrichten" gerade innerhalb der theologisch deutenden Rahmenaussage und andererseits die Tatsache beachtet wird, daß die angeführten Belege allesamt erst jüngeren priesterschriftlichen bzw. nachpriesterschriftlichen Textschichten entstammen, während dem Wort bei P^g selbst durchaus ein herausgehobener Stellenwert zuzumessen ist (vgl. neben Ex 26,30 noch Ex 40,17; dazu s.u.).

[58] Zum Zusammenhang von Ex 26,30 mit der Noachb^{e}rît vgl. ZENGER, Gottes Bogen, 175. – Auch wenn eine solche Beziehung im Blick auf Ex 26,30 dominant ist, so darf auf der anderen Seite aber nicht übersehen werden, daß auch die mit der Noachb^{e}rît in einem Korrespondenzverhältnis stehende Abrahamb^{e}rît (dazu P. WEIMAR, Gen 17 und die priesterschriftliche Abrahamgeschichte, ZAW 100 [1988] 22–60) im Horizont der Aussage von Ex 26,30 steht, worauf nicht zuletzt die auf Gen 17* Bezug nehmende unmittelbare Fortsetzung von Ex 26,30 in Ex 29,45+46, aber auch die gleichfalls Abraham- *und* Noachb^{e}rît ins Spiel bringende Wendung zkr b^{e}rît in Ex 2,24 und 6,5 hinweisen.

[59] Dieser Aspekt wird nicht zuletzt durch die beiden „Sündenfallerzählungen" (Num 13/14* und 20,1–12*; dazu vor allem N. LOHFINK, Die Ursünden in der priesterschriftlichen Geschichtsdarstellung, in: Die Zeit Jesu [FS H. Schlier], hg. von G. Bornkamm und K. Rahner, Freiburg/Brsg. 1970, 38–57 = DERS., Studien zum Pentateuch [SBAB 4], Stuttgart 1988, 169–189 [184–189]) im Rahmen der auf die Sinaigeschichte folgenden „Landgabegeschichte" (zur kompositorischen Zuordnung vgl. WEIMAR, Struk-

3. Das Gottsein Jahwes für Israel als Sinnmitte des Heiligtums (Ex 25,8 und 29,45+46)

Diese stark „schöpfungstheologisch" bestimmte Dimension der priesterschriftlichen Heiligtumskonzeption, wie sie in den Anweisungen zum Bau des Heiligtums Ex 26,1–29*, aber auch in den inneren Rahmenaussagen Ex 25,9* und 26,30 in Erscheinung tritt,[60] ist nochmals umfangen durch die Aussagen des äußeren Rahmens in Ex 25,8 und 29,45+46, wodurch auch thematisch nochmals neue Akzente gesetzt werden:[61]

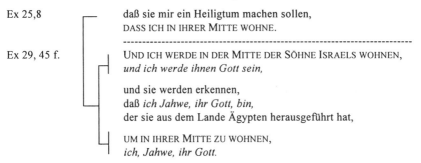

Ex 25,8 — daß sie mir ein Heiligtum machen sollen,
DASS ICH IN IHRER MITTE WOHNE.

Ex 29, 45 f. — UND ICH WERDE IN DER MITTE DER SÖHNE ISRAELS WOHNEN,
und ich werde ihnen Gott sein,
und sie werden erkennen,
daß *ich Jahwe, ihr Gott, bin,*
der sie aus dem Lande Ägypten herausgeführt hat,
UM IN IHRER MITTE ZU WOHNEN,
ich, Jahwe, ihr Gott.

Miteinander verbunden sind die beiden äußeren Rahmenaussagen Ex 25,8 und 29,45+46 durch die Vorstellung vom „Wohnen" Jahwes inmitten der Israeliten.[62] Wie dieses „Wohnen" Jahwes näherhin zu interpretieren ist,

---

tur II, 148–161) bestätigt, insofern vom Gericht Jahwes nicht die ganze Gemeinde, sondern nur der Sünder selbst betroffen ist.

[60] Wenn hier die Anspielungen auf die Schöpfungs- und Fluterzählung gleichermaßen als „schöpfungstheologisch" bestimmt qualifiziert werden, so liegt die innere Berechtigung dafür in dem für P^g charakteristischen Prinzip der paarweisen Zuordnung (dazu WEIMAR, Struktur II, 138–146) begründet, aufgrunddessen auch Schöpfungs- und Fluterzählung zusammen als *eine* – wenn auch unterschiedliche thematische Akzente setzende – Schöpfungsgeschichte (besser als der eingebürgerte Begriff „Urgeschichte") verstanden werden können.

[61] Zur nachfolgend mitgeteilten Strukturskizze von Ex 29,45+46 vgl. JANOWSKI, Sühne, 318, außerdem K.-H. WALKENHORST, Hochwertung der Namenserkenntnis und Gottverbundenheit in der Höhenlinie der priesterlichen Geschichtserzählung, AJBI 6 (1980) 3–28 (16). – Die Dreigliedrigkeit der Aussagefolge Ex 29,45+46, bei der die in sich jeweils doppelgliedrigen Rahmenaussagen Ex 29,45 und 46aβ als inklusorische Klammer um die im Zentrum stehende Aussage Ex 29,46aαβ dienen, unterstreicht das den beiden Versen zugrundeliegende thematische Gefälle.

[62] Daß in Ex 25,8 anstelle von *hammiškān* das bei P^g singuläre *miqdāš* gebraucht ist, wird wohl nicht allein darin begründet liegen, daß von P^g zu Beginn der Heiligtumsanweisungen ein mehr neutraler Begriff, der „das Heiligtum im vollen Umfang mit allem Zubehör begreift" (GÖRG, Zelt, 35 f.), gebraucht sein soll, sondern dürfte vor allem auch als Anspielung auf die Schöpfungserzählung zu verstehen sein, wo in Gen 2,3 – ebenfalls

wird hinreichend bei Beachtung des kompositorischen Zusammenhangs der beiden Verse Ex 29,45+46 erkennbar.[63] Die hier zweimal begegnende Aussage vom Wohnen Jahwes inmitten der Israeliten (Ex 29,45a und 46aβ) ist jeweils gefolgt von einer Aussage, die das Zusammengehörigkeitsverhältnis von Jahwe und Israel artikuliert (in Ex 29,45b mit Hilfe der „Bundesformel", in Ex 29,46b dagegen mit Hilfe der Langform der „Selbstvorstellungsformel").[64] In Verbindung miteinander bilden beide Aussagen eine Art Rahmen um die im Zentrum stehende Erkenntnisaussage (Ex 29,46aαβ), als deren Inhalt zum einen die wechselseitige Zusammengehörigkeit von Jahwe und Israel (mit Hilfe der erweiterten „Selbstvorstellungsformel" wie in Ex 29,46b) sowie zum anderen die Herausführung aus Ägypten (relativisch an die „Selbstvorstellungsformel" angeschlossen) genannt ist.[65] Der Gedanke der Zusammengehörigkeit von Jahwe und Israel dominiert so die wohlproportionierte dreigliedrige Aussagefolge von Ex 29,45+46 (Ansage des Handelns Jahwes – erweiterte Erkenntnisaussage [Israeliten als Subjekt] – Angabe des Ziels [infinitivisch]), wobei im Blick auf die Vorstellung von Jahwe als dem Gott Israels der Bezug zum Exodusgeschehen von konstitutiver Bedeutung ist.[66] Vom inne-

---

singulär bei P^g – das Verbum *qdš* D-Stamm begegnet (vgl. auch POLA, Priesterschrift, 229.326 f.).

[63] Der gegenüber Ex 25,8 breitere Umfang der äußeren Rahmenaussage Ex 29,45+46 hängt zweifellos damit zusammen, daß den beiden Versen als Abschluß und Höhepunkt der priesterschriftlichen Heiligtumsanweisungen – zusätzlich zu ihrer rahmenden Funktion – insofern eine herausragende Aufgabe zukommt, als hier in komprimierter Form nochmals die verschiedenen Einzelanweisungen zum Bau des Heiligtums auf ihren eigentlichen Bedeutungsgehalt und damit auf ihre Sinnmitte zusammengefaßt werden sollen (vgl. dazu P. WEIMAR, Untersuchungen zur priesterschriftlichen Exodusgeschichte [fzb 9], Würzburg 1973, 135 f. [Anm. 157 Hinweise auf weitere Literatur]; B. JANOWSKI, „Ich will in eurer Mitte wohnen". Struktur und Genese der exilischen Schekina-Theologie, in: Der eine Gott der beiden Testamente [JBTh 2], Neukirchen-Vluyn 1987 165–193 = DERS., Gottes Gegenwart, 119–147; POLA, Priesterschrift, 319–325).

[64] In der Abfolge der beiden Theologumena vom Wohnen (*škn*) Jahwes inmitten der Israeliten und von Jahwe als dem Gott Israels wird das besondere Interesse des priesterschriftlichen Erzählers erkennbar, insofern die literarische Abfolge zugleich ein thematisches Gefälle beinhaltet.

[65] Zum Vorkommen der Erkenntnisaussage bei P^g sowie zur Verbindung von Erkenntnisaussage und Exodusthematik vgl. WEIMAR, Untersuchungen, 141–146 und DERS., Meerwundererzählung, 214f.

[66] Zu beachten bleibt in diesem Zusammenhang auch, daß im Blick auf Ex 29,45+46 zwei kompositorische Prinzipien in einem spannungsvollen Wechselverhältnis miteinander stehen, was auch im Blick auf ein angemessenes Verständnis beider Verse zu beachten sein wird. Zum einen ist es die durch das Prinzip der Rahmung (Ex 29,45 und 46aβb) bewirkte Heraushebung der im Zentrum stehenden erweiterten Erkenntnisaussage (Ex 29, 46aαβ), zum anderen ist es die durch den infinitivischen Anschluß der erneuten Ankündigung des Wohnens Jahwes inmitten der Israeliten Ex 29,46aβ an die vorangehende

ren Gefälle her läuft die Abschluß und Höhepunkt der Anweisungen zum Bau des Heiligtums markierende Aussagefolge Ex 29,45+46 ganz auf die Zusage von Jahwe als dem Gott Israels zu, worin auch die eigentliche Sinnmitte des Wohnens Jahwes bei seinem Volk zu sehen ist.[67] Der Gehalt und das Gewicht dieser von P^g hier prononciert vorgetragenen Aussage erschließt sich voll und ganz jedoch nur dann, wenn der größere literarische Zusammenhang im Rahmen des priesterschriftlichen Werkes mitbedacht wird.[68] Von der erzählerischen Systematik der Priesterschrift her ist der Spannungsbogen in einem Dreischritt gezogen. In Gen 17,7+8* erscheint die Aussage des neuen Gottesverhältnisses („um dir Gott zu sein und deinem Samen nach dir" sowie „und ich werde ihnen Gott sein") als eigentliches Ziel der Bundeszusage an Abraham.[69] Abgeschlossen wird die so eröffnete Aussagereihe mit Ex 29,45+46, womit die am Sinai gegebene Zusage Jahwes, als Gott Israels inmitten seines Volkes wohnen zu wollen, als Erfüllung des Abrahambundes eingeführt ist.[70] Den Zusammenhang

---

erweiterte Erkenntnisaussage Ex 29,46aαβ bewirkte Ausrichtung der ganzen Aussagefolge Ex 29,45+46 auf die als Schlußglied stehende Zielangabe. Die Verknüpfung beider vom Ansatz her gegensätzlicher Kompositionsprinzipien hebt nur nochmals das Ex 29, 45+46 als Höhepunkt der Heiligtumsanweisungen zukommende Gewicht hervor, deutet darin aber zugleich auch größere literarische Zusammenhänge an (dazu s.u.).

[67] Nach KOCH, Priesterschrift, 31 handelt es sich bei Ex 29,45+46 um „eine pointierte Zusammenfassung der Gedanken über P über den Sinn des gesamten Heiligtums samt seiner Priesterschaft". – Im übrigen vgl. WEIMAR, Untersuchungen, 135 f. und DERS., Meerwundererzählung, 227 f. sowie JANOWSKI, Sühne, 319 f.

[68] Zum Gesamtzusammenhang vgl. WEIMAR, Untersuchungen, 131–140, außerdem JANOWSKI, Sühne, 319.446 (weiterführende Literaturhinweise).

[69] Gen 17,7+8* ist als ein die vorpriesterschriftliche Grundschicht in Gen 17 interpretierender redaktioneller Zusatz aus der Hand von P^g zu verstehen, wobei die von ihm beabsichtigte Akzentuierung der in beiden Versen gemachten Verheißungszusagen allein schon anhand der sorgfältigen literarischen Konstruktion mit streng paralleler Zuordnung der einzelnen Glieder erkennbar wird (vgl. dazu WEIMAR, Gen 17, 25–27.42–47); inwieweit sich eine derartige Vorlage noch rekonstruieren läßt, ist Gegenstand der Diskussion (vgl. hierzu nur W. GROSS, Israels Hoffnung auf die Erneuerung des Staates, in: Unterwegs zur Kirche. Alttestamentliche Konzeptionen (QD 110), hg. von J. Schreiner, Freiburg/Brsg. u.a. 1987, 87–122 (95 Anm. 29); zur Bedeutung von Gen 17,7+8 im Blick auf die Konstruktion des priesterschriftlichen Werkes vgl. insbesondere W. GROSS, Zukunft für Israel. Alttestamentliche Bundeskonzepte und die aktuelle Debatte um den Neuen Bund (SBS 176), Stuttgart 1998, 57 ff.66 f. und P. WEIMAR, Zwischen Verheißung und Verpflichtung. Der Abrahambund im Rahmen des priesterschriftlichen Werkes, in: Für immer verbündet. Studien zur Bundestheologie der Bibel (FS F.L. Hossfeld [SBS 211]), hg. von C. Dohmen und C. Frevel, Stuttgart 2007, 261–269 (265 f.).

[70] Vgl. dazu JANOWSKI, Sühne, 323 f.447 (mit weiterführenden Literaturhinweisen). – In diesem Zusammenhang ist auch die Eliminierung einer Sinaib^{e}rît bei P^g bedeutsam (dazu vor allem die grundlegenden Beobachtungen von W. ZIMMERLI, Sinaibund und Abrahambund. Ein Beitrag zum Verständnis der Priesterschrift, ThZ [1960] 268–280 =

zwischen den beiden Aussagen Gen 17,7+8* und Ex 29,45+46 stellt die im Rahmen der Exodusankündigung an exponierter Stelle stehende Ansage Ex 6,7a (doppelgliedrige „Bundesformel" mit gegenüber der Normalform umgekehrter Abfolge der Glieder) her.[71] In dieser Aussage liegt auch der innere Angelpunkt der ganzen priesterschriftlichen Konstruktion.

Mit der Ansage „Ich werde euch mir zum Volke nehmen, und ich werde euch Gott sein" in Ex 6,7a wird die Reihe der vorangehenden, mehr traditionellen Ankündigungen des Exodusgeschehens in Ex 6,6 nicht bloß um eine weitere fortgeführt. Vielmehr liegt das primäre Interesse der auf P^g selbst zurückgehenden Aussage Ex 6,7a auf einer theologischen Deutung des Exodusgeschehens.[72] Im Verständnis der Priesterschrift ist die Annahme zum „Volk Gottes" nicht ein Geschehen, das erst auf die Herausführung aus Ägypten folgt, sondern vielmehr das Exodusgeschehen selbst, das damit als ein Prozeß interpretiert wird, in dem und durch den Israel zum Volk Jahwes wird.[73] Von daher kann dem Geschehen der Befreiung aus

---

DERS., Gottes Offenbarung. Gesammelte Aufsätze zum Alten Testament [TB 19], München 1963, 205–216); dadurch, daß das Sinaigeschehen, darüber hinaus aber auch der ganze zweite Teil (Exodus – Sinai – Landgabe) des priesterschriftlichen Werkes an die dem Abraham gegebene b^erît als deren Einlösung rückgebunden ist (vgl. WEIMAR, Struktur II, 146–148.158 f.), erscheint die b^erît mit Abraham als die im Blick auf das priesterschriftliche Gesamtwerk bestimmende Kategorie (für Einzelheiten vgl. Anm. 69).

[71] Hierzu näherhin WEIMAR, Untersuchungen, 136–140. Zum Zusammenhang der Aussagefolge Gen 17,7+8, Ex 6,7a und Ex 29,45+46 vgl. jüngst auch GROSS, Israels Hoffnung, 98; zur Scharnierfunktion der zweigliedrigen „Bundesformel" in Ex 6,7a (hierzu R. RENDTORFF, Die „Bundesformel". Eine exegetisch-theologische Untersuchung [SBS 160], Stuttgart 1995, 20 ff.) kann beispielshalber auf J.C. GERTZ, Tradition und Redaktion in der Exoduserzählung. Untersuchungen zur Endredaktion des Pentateuch (FRLANT 186), Göttingen 2000, 247 („wohl das notwendige Zwischenglied zwischen den beiden anderen [eingliedrigen] Belegen der ‚Bundesformel'") verwiesen werden.

[72] Die theologisch deutende Funktion der Aussage von Ex 6,7a gegenüber den vorangehenden Exodusankündigungen in Ex 6, 6 tritt dann um so schärfer hervor, wenn es sich dabei um eine priesterschriftliche Neuinterpretation einer vorgegebenen Tradition handelt (dazu vgl. WEIMAR, Untersuchungen, 140 und DERS., Meerwundererzählung, 185–187).

[73] Vgl. N. LOHFINK, Beobachtungen zur Geschichte des Ausdrucks ʿm JHWH, in: Probleme biblischer Theologie (FS G. von Rad), hg. von H.W. Wolff, München 1971, 275–305 (304 Anm. 100) und WEIMAR, Untersuchungen, 140; anders dagegen G.C. MACHOLZ, Israel und das Land. Vorarbeiten zu einem Vergleich zwischen Priesterschrift und deuteronomistischen Geschichtswerk, Diss. habil. Heidelberg 1969, wonach mit der Abfolge Befreiung aus Ägypten – Bundesformel – Landgabe zugleich auch „wohl eine Geschehensfolge gemeint" sei, was „sich kaum anders verstehen" lasse, „als daß hier auf einen künftigen Bundesschluß nach der Herausführung aus Ägypten und vor der Landgabe vorausverwiesen wird. Dieser Bundesschluß ist gewiß der Bundesschluß am Sinai" (65 f.); vgl. auch R.E. CLEMENTS, God and Temple, Oxford 1965, 115, für den die Ge-

Ägypten geradezu eine schöpfungstheologische Dimension zugemessen werden.[74] Zum Abschluß gebracht wird der Vorgang der „Schöpfung" des Jahwesvolkes bezeichnenderweise jedoch nicht schon am Ende der Exodusgeschichte selbst (Ex 14* mit Exposition in Ex 12,41),[75] sondern erst im Zusammenhang der Darstellung des Sinaigeschehens (Ex 29,45+46), wo nicht zufällig innerhalb des priesterschriftlichen Werkes ein letztes Mal ein Rückverweis auf den schon in der Vergangenheit liegenden Exodus geschieht, der aber von bleibender Bedeutung für die Existenz Israels als Jahwevolk ist (vgl. Ex 16,6+7*).[76] In dem für die priesterschriftliche Theologie charakteristischen Verständnis des Exodus als Konstituierung des Jahwevolkes liegt dann auch der Anknüpfungspunkt für die Rezeption von Aussagen, die dem Bereich der „Schöpfungsgeschichte" (Schöpfung + Flut) entstammen.[77]

II. Die Errichtung der Wohnung Jahwes als Vollendung der Schöpfung

Ein zweiter Gang von Beobachtungen zur Bestimmung der theologischen Konzeption der priesterschriftlichen Sinaigeschichte setzt bei den erzählerischen Rahmenteilen an, die um die im Zentrum stehende Jahwerede mit den Anweisungen zum Bau des Heiligtums samt der zugehörigen Ausführungsnotiz gelegt sind. Als Einsatzpunkt dient wiederum eine Klärung der zugrundeliegenden literarischen Problematik.

---

burt Israels als Volk auf das Geschehen am Sinai zurückzuführen ist, insofern Jahwe inmitten der Israeliten wohnen will.

[74] Dazu vgl. WEIMAR, Meerwundererzählung, 228–232.

[75] Zur Funktion der Meerwundererzählung als Abschluß und Höhepunkt der priesterschriftlichen Exodusgeschichte vgl. WEIMAR, Meerwundererzählung, 216–223.

[76] Ebenso wie die Erkenntnisaussage Ex 29,46 (relativischer Rückverweis [Suffixkonjugation von $jṣ'$ H-Stamm]) blickt auch die in „erweiterter" Form vorliegende Erkenntnisaussage Ex 16,6 (vgl. WEIMAR, Meerwundererzählung, 214 f. Anm. 148) auf den Exodus als ein schon in der Vergangenheit liegendes Geschehen zurück, wobei im Blick auf die Wertung der Aussage von Ex 16,6 die dazu in Parallele stehende Aussage von Ex 16,7* entschiedene Beachtung verdient (zur Sache vgl. vorerst noch WEIMAR, Meerwundererzählung, 224 f.).

[77] Vgl. WEIMAR, Struktur II, 160 Anm. 160; detailliertere Hinweise bei WEIMAR, Meerwundererzählung, 228–232.

1. Die Korrespondenz der erzählerischen Rahmenteile der Sinaitheophanie (Ex 19,1 + 24,15b–18a* und 39,43 + 40,17.34)

Die beiden erzählerischen Rahmenteile der im Zentrum der Sinaigeschichte stehenden Jahwerede mit den Anweisungen zum Bau des Heiligtums (einschließlich der zugehörigen Ausführungsnotiz Ex 39,32b[78]), die nur die beiden Erzählfolgen Ex 19,1 + 24,15b.16.18aα sowie Ex 39,43 + 40,17.34 umfaßt haben dürften,[79] haben im Blick auf sie nicht nur eine erzählerisch einkleidende, sondern darüber hinaus zugleich eine theologisch deutende Funktion.[80] Einen wichtigen Hinweis in diese Richtung gibt allein schon

---

[78] Als Ausführungsbericht zu den Heiligtumsanweisungen Ex 25,1–29,46* kann m.E. nur die allgemeine (dreigliedrige) Ausführungsnotiz Ex 39,32b verstanden werden, während die meist damit in unmittelbarer Verbindung gesehene Aussage Ex 39,43, die in ihrem Mittelteil die Ausführungsnotiz Ex 39,32b nochmals rekapituliert, ein eigengewichtiges, über den Rahmen eines Ausführungsberichtes hinausführendes (vgl. vor allem die rahmenden Aussageglieder, in denen jeweils Mose als Satzsubjekt fungiert) Textelement darstellt, das von der erzählerischen Grundhaltung her am ehesten mit Ex 40,17+34 (dazu s.u.) zu verbinden ist.

[79] Der Anteil von P^g wird – vor allem im Blick auf den Durchführungsbericht Ex 35– 40 – im einzelnen recht unterschiedlich bestimmt (vgl. nur die Positionen von K. ELLIGER, Sinn und Ursprung der priesterlichen Geschichtserzählung, ZThK 49 [1952] 121– 143 = DERS., Kleine Schriften zum Alten Testament [TB 32], München 1966, 174–198 [174f] und M. NOTH, Das zweite Buch Mose. Exodus [ATD 5] Göttingen ³1965, 225–228 miteinander), wobei unter entsprechender Berücksichtigung des Gesamtbefundes eine engere Abgrenzung des genuin priesterschriftlichen Textbestandes generell als näherliegende Möglichkeit vorauszusetzen ist. Abweichend vom allgemeinen Trend der Forschung sind Ex 19,2a (vgl. schon WEIMAR, Struktur I, 99 Anm. 55; auch eine Umstellung von Ex 19,2a *vor* Ex 19,1 beseitigt nicht die bestehenden Schwierigkeiten), 24,17 (der Nominalsatz unterbricht nicht nur den unmittelbaren Zusammenhang von Ex 24,16b und 18aα, sondern steht auch zur Umgebung in Spannung [vgl. nur die Angabe l^e^{c}ênê b^{e}nê jiśrā$^{\jmath}$el und der Vergleich k$^{\jmath}$eš $^{\jmath}$okælæt; dazu vor allem Dtn 4,24 R^P]; als redaktionell wird der Vers auch von S. MITTMANN, Deuteronomium 1,1-6,3 literarkritisch und traditionsgeschichtlich untersucht [BZAW 139], Berlin 1975, 160f Anm. 92 eingeordnet; dagegen JANOWSKI, Sühne, 303 f. Anm. 168), 39,42 (Wiederaufnahme von Ex 39,32 als Überleitung zur priesterschriftlichen Notiz Ex 39,43, womit dann aber zugleich der ganze Abschnitt Ex 39,33–42 als redaktionelle Bildung zu bestimmen ist), 40,33b (Spannung zu Ex 39,32b und 43 [Mose // Israeliten], jedoch sinnvoller Abschluß zu dem insgesamt redaktionellen Abschnitt Ex 40,18–33; anders FRITZ, Tempel, 113) und 40,35 (vgl. die wörtliche Wiederaufnahme von Ex 40,34b in 35b, aber auch die variierte Wiederaufnahme von Ex 40,34a in 35β [škn ^{c}l gegenüber ksh], wobei škn ^{c}l wie Num 9,18.22 P^g wohl nicht den Vorgang des Sich-Niederlassens, sondern des dauernden Wohnens meint [anders GÖRG, Zelt, 61]; škn mit ^{c}ānān als Subjekt bei P^g nur Num 10,12b) als jüngere redaktionelle Zusätze zu P^g (im einzelnen wohl unterschiedlicher Herkunft) zu verstehen.

[80] Den erzählerischen Rahmenteilen kommt nicht nur thematisch gegenüber den durch sie gerahmten Heiligtumsanweisungen ein eigenständiges Aussagegewicht zu (s.u.), sondern sie sind auch unter kompositionskritischem Aspekt deutlich gegenüber dem nach dem Prinzip Auftrag + Ausführung gestalteten Mittelstück (zu diesem Kompositionsprin-

II. Die Wohnung Jahwes als Vollendung der Schöpfung   293

die literarisch-thematische Korrespondenz der beiden Rahmenteile, wobei
formale wie stichwortartige Querverweise einander ergänzen:

A. (1) Im dritten Neumond seit dem Auszug der Söhne Israels
    aus dem Lande Ägypten, an eben diesem Tag, da kamen
    sie hin in die Wüste Sinai (Ex 19,1).
    (2) *Und die Wolke bedeckte (ksh)* den Berg (24,15b),
    (3) *und die Herrlichkeit Jahwes ließ sich nieder (škn) auf dem
    Berg Sinai* (24,16bα),
    (4) und die Wolke bedeckte (ksh) ihn sechs Tage lang
    (Ex 25,16aβ).

B. (1) Und er rief Mose am siebten Tag *mitten aus der Wolke*
    (Ex 24,16b),
    (2) und Mose ging hinein *mitten in die Wolke*
    (3) und stieg auf den Berg (Ex 24,18a).

> JAHWEREDE (Ex 25,1–29,46*): Auftrag + Ankündigung
>
> (1) Und Jahwe redete zu Mose folgendermaßen (Ex 25,1):
> (2) Rede zu den Söhnen Israels (Ex 25,2aα),
> (3) daß sie mir ein Heiligtum machen,
> (4) daß ich wohne (škn) mitten unter ihnen (Ex 25,8)
>
> AUSFÜHRUNGSNOTIZ (Ex 39,32b)
>
> (1) Und die Söhne Israels taten gemäß allem,
> (2) was Jahwe dem Mose geboten hatte,
> (3) so taten sie.

B'. (1) Und Mose sah all ihre Arbeit,
    (2) und siehe, sie hatten sie getan,
    (3) wie Jahwe geboten hatte,
    (4) so hatten sie sie getan,
    (5) und es segnete sie Mose (Ex 39,43)

A'. (1) Und es geschah im ersten Monat, im zweiten Jahr,
    am Ersten des Monats,
    (2) da wurde die Wohnung (mškn) errichtet (Ex 40,17).
    (3) *Und die Wolke bedeckte (ksh)* das Zelt der Begegnung,
    (4) *und die Herrlichkeit Jahwes* erfüllte die Wohnung (mškn)
    (Ex 40,34).

---

zip vgl. mit Bezug auf die Sinaigeschichte R. BORCHERT, Stil und Aufbau der priesterschriftlichen Erzählung, Diss. Heidelberg 1957, 27–30, bei P^g generell vgl. WEIMAR,
Struktur I, 120–123) abgegrenzt (vgl. auch Anm. 84).

Jeder der beiden Rahmenteile besteht aus zwei Abschnitten, die in sich wiederum dreigliedrig strukturiert sind.[81] Herausgehoben ist dabei jeweils die im Zentrum stehende Aussage („und die Wolke bedeckte den Berg" bzw. „das Zelt der Begegnung" Ex 24,15b bzw. 40,34a sowie das Hineingehen des Mose mitten in die Wolke Ex 24,18aα bzw. die Herstellung des Heiligtums entsprechend der Rede Jahwes Ex 39,43).[82] Die so zu konstatierende strukturelle Korrespondenz zwischen beiden Rahmenteilen wird durch Stichwortentsprechungen unterstrichen. Diese erstrecken sich dabei nur auf die jeweils äußeren Textabschnitte Ex 19,1+24,15b.16aα sowie Ex 40,17+34 (vgl. neben den durch *Kursivdruck* gekennzeichneten Aussagen noch die jeweils einleitenden Zeitangaben der beiden Abschnitte), so daß sie eine Art inklusorische Klammer um den Mittelteil der priesterschriftlichen Sinaigeschichte darstellen.[83] Aber auch die von diesem Bezugssystem nicht erfaßten beiden inneren Abschnitte des erzählerischen Rahmens (Ex 24,16b+18a und Ex 39,43) stehen in einem engen Beziehungsverhältnis zueinander (s.u. zu II/2).

Mit Hilfe des Stilmittels der Rahmung wird durch P^g die Jahwerede mit den Anweisungen zum Bau des Heiligtums Ex 25,1–29,46* samt der zugehörigen Ausführungsnotiz Ex 39,32b, worin auch der eigentliche Flucht-

---

[81] Das für die Strukturierung der erzählerischen Rahmenteile der Sinaigeschichte bestimmende literarische Prinzip ist erneut die inklusorische Verklammerung, wobei die vorgeschaltete Itinerarnotiz Ex 19,1 (vgl. WEIMAR, Struktur I, 98–105) gegenüber dem nachfolgenden Erzählzusammenhang eine relative Eigenständigkeit beanspruchen darf. Die inklusorische Verklammerung der so sich ergebenden vier Textabschnitte wird im allgemeinen an charakteristischen Stichwortentsprechungen erkennbar („die Wolke bedeckte..." [Ex 24,15b‖16aβ], gegenläufiger Bewegungsvorgang [Ex 24,16b‖18a], „und Mose sah ..."‖„und es segnete sie Mose" [Ex 39,43], „Wohnung" [Ex 40,17b‖34b]). Die Stichwortverklammerungen signalisieren zugleich thematische Akzentsetzungen, die für die gegeneinander abgegrenzten Textabschnitte maßgebend sind. Mit ihrer Hilfe werden außerdem schon Entsprechungen zwischen den jeweiligen Textabschnitten angezeigt. Daß sie jeweils aus drei Satzgliedern bestehen, darf durchaus als Bestätigung der vorgenommenen Abgrenzung angesehen werden, vor allem wenn das (von der Gesamtkomposition des priesterschriftlichen Werkes durchaus absichtsvolle) Vorherrschen triadischer Textstrukturen innerhalb der Sinaigeschichte mitbedacht wird.

[82] Untereinander sind die durch ihre Position im Zentrum herausgehobenen Aussagen in ein sorgsam konstruiertes Beziehungsverhältnis zueinander gebracht, wodurch zugleich die beabsichtigten literarisch-kompositorischen Zusammenhänge in Erscheinung treten („und die Herrlichkeit Jahwes ließ sich nieder auf dem Berg Sinai" [Ex 24,16aα]‖ „und die Wolke bedeckte das Zelt der Begegnung" [Ex 40,34a] sowie „und Mose ging hinein mitten in die Wolke" [Ex 24,18aα]‖„und siehe, sie hatten getan ..., so hatten sie getan" [Ex 39,43a*]).

[83] Solche Entsprechungen werden häufiger notiert; vgl. nur die Literaturhinweise bei WEIMAR, Struktur I, Anm. 141.

II. Die Wohnung Jahwes als Vollendung der Schöpfung

punkt der beiden Rahmenteile zu sehen ist, profiliert herausgestellt.[84] Das wird nicht zuletzt an der für die Rahmenteile charakteristischen Geschehensstruktur erkennbar. Kennzeichnend für das im vorderen Rahmenteil (Ex 19,1+24,15b–16.18a) geschilderte Geschehen ist die in beiden Abschnitten zu beobachtende Gegenläufigkeit der Erzählbewegung (Hinkommen der Israeliten in die Wüste Sinai / Bedecken des Berges durch die Wolke bzw. Anruf des Mose durch Gott / Hinaufsteigen auf den Berg), worin die Grundstruktur des Sinaigeschehens nach priesterschriftlichem Verständnis sichtbar wird.[85] Diese besteht in einer Begegnung des in seiner Herrlichkeit sich kundtuenden Jahwe.[86] Das, was den Berg (Sinai) zu einem „heiligen Ort" und den siebten Tag zu einer „heiligen Zeit" macht, ist

---

[84] In diesem Zusammenhang verdient vor allem das durch die chiastische Entsprechung der Abschnitte der beiden erzählerische Rahmenteile bewirkte Aussagegefälle auf die dazwischen plazierte Jahwerede Ex 25,1–29,46* (mit zugehöriger Ausführungsnotiz Ex 39,32b) hin Beachtung. Während die inneren Rahmenteile vor allem auf die Anredesituation von Jahwe an Mose abheben, sind die äußeren Rahmenteile auf den zentralen Inhalt der Jahwerede bezogen (Befehl zur *Aufrichtung der Wohnung Jahwes* entsprechend dem auf dem *Berge* gesehenen himmlischen Urbild; vgl. vor allem Ex 26,30). Wird zudem das auf die im Zentrum stehende Jahwerede hinführende bzw. davon wegführende Aussagegefälle der erzählerischen Aussagen in Ex 19,1 + 24,15b.16+18a sowie Ex 39,43 + 40,17.34 beachtet, dann unterstreicht dies von anderer Seite her nur nochmals deren rahmende Funktion im Blick auf die Jahwerede (+ Ausführungsnotiz), was zugleich als Indiz dafür gewertet werden darf, daß mit der Zeitbestimmung Ex 40,17 keine neue Texteinheit beginnt (so etwa JANOWSKI, Sühne, 303–314 [vgl. jedoch DERS., Tempel, 228 ff.] und ZENGER, Gottes Bogen, 158 f.). Als beherrschendes Kompositionsprinzip des Mittelteils der priesterschriftlichen Sinaigeschichte kann damit auch nicht die Abfolge (göttlicher) Auftrag + Ausführung angesehen werden (vgl. dazu Anm. 80); vielmehr folgt P^g hier eigenen literarischen Gesetzmäßigkeiten, die als solche durchaus Entsprechungen in anderen für die Komposition des priesterschriftlichen Werkes bedeutsamen Texten haben.

[85] Die Geschehensstruktur von Ex 19,1+24,15b.16+18a entspricht durchaus der literarischen Struktur des vorliegenden Textzusammenhangs (vgl. dazu Anm. 81); im Anliegen verwandte, in der Bestimmung der Textstruktur jedoch abweichende Versuche finden sich bei WESTERMANN, Herrlichkeit, 119 (Einbeziehung von Ex 24,17 und 18b sowie Ex 25,1), OLIVA, Interpretación, 345 f.350, N. NEGRETTI, Il settimo giorno. Indagine critico-teologica delle tradizioni presacerdotali e sacerdotali circa il sabato biblico (AnBib 55), Rom 1973, 162 f.227 f. (jeweils unter Einbeziehung von Ex 24,17, nicht jedoch von Ex 25,1) sowie JANOWSKI, Sühne, 304 f. (unter Einbeziehung von Ex 24,17 und 25,1). Die Ausgangslage im Blick auf eine Bestimmung der Textstruktur verändert sich aber sogleich, wenn zum einen unter literargeschichtlichem Aspekt Ex 24,17 (vgl. Anm. 79) und unter kompositionskritischem Aspekt Ex 25,1 abgegrenzt sowie zum anderen Ex 19,1 – trotz relativer Eigenständigkeit – als in Verbindung mit dem nachfolgenden Erzählzusammenhang stehend (vgl. Anm. 80) gesehen wird.

[86] Vgl. dazu WESTERMANN, Herrlichkeit, 119 f. und JANOWSKI, Sühne, 306.

nicht eine ihnen zukommende innere Qualität, sondern der besondere Charakter dessen, was hier geschieht.[87]

Daß hierin die Grundstruktur der Beziehung zwischen Jahwe und Israel überhaupt liegt, wird am hinteren Rahmenteil (Ex 39,43 + 40,17.34) greifbar. Das Einmalige des Geschehens am Sinai wird durch Übertragung auf die Wohnung Jahwes zu etwas Stetigem (vgl. die Stichwortentsprechungen zwischen Ex 24,15b+16a und 40,34).[88] Vorrangig liegt der Akzent dabei auf der inneren Dimension der Wohnung Jahwes, was darin zum Ausdruck kommt, daß zum einen die genaue Übereinstimmung des von den Israeliten gemachten Heiligtums mit dem von Mose auf dem Berg gesehenen himmlischen „Urbild" betont (Ex 39,43)[89] sowie zum anderen auf seine Qualität als „Zelt der Begegnung" (*ʾohæl môʿed*) abgehoben wird (Ex 40,34).[90] Unterstrichen werden beide Aspekte durch die auch hier wie im vorderen Rahmenteil zu beobachtende Gegenläufigkeit der Erzählbewegung (Ansehen der Arbeit der Israeliten durch Mose / Segnung der Israeliten durch Mose bzw. Errichtung der Wohnung Jahwes / Erfüllung der Wohnung

---

[87] Vgl. dazu WESTERMANN, Herrlichkeit, 120 f. und JANOWSKI, Sühne, 306.308.

[88] Vgl. WESTERMANN, Herrlichkeit, 120 und JANOWSKI, Sühne, 306 ff.314. – Der entsprechende Zusammenhang ist durch die bis auf das Objekt („den Berg"||„das Zelt der Begegnung") identischen Aussagen Ex 24,15b und 40,34a angezeigt; das Gewicht, das P^g gerade diesen beiden Aussagen zumißt, wird durch ihre herausgehobene Position im Rahmen der jeweiligen Textabschnitte unterstrichen.

[89] Hierin liegt auch der Sinn der die Ausführungsnotiz Ex 39,32b aufnehmenden, kompositionskritisch jedoch davon abzusetzenden (vgl. Anm. 78) „Billigungsaussage" Ex 39,43, wonach Mose als der, der auf dem Berge das himmlische Urbild des Heiligtums gesehen hat, auch die genaue Übereinstimmung des von den Israeliten entsprechend dem Befehl Jahwes Gemachten damit konstatiert.

[90] Das besondere Gewicht der Aussage Ex 40,34a hat der priesterschriftliche Erzähler auf mehrfache Weise zum Ausdruck gebracht. Im Rahmen der dreigliedrigen Aussagefolge Ex 40,17+34 kommt der Feststellung in Ex 40,34a, wonach die Wolke das „Zelt der Begegnung" bedeckt, eine zentrale Position zu. Zudem begegnet im Zusammenhang dieser Aussage der Ausdruck „Zelt der Begegnung" innerhalb des Kontextes der genuin priesterschriftlichen Aussagen zum ersten Mal. Schließlich ist die Benennung des Heiligtums als *ʾohæl môʿed* in Ex 40,34a noch dadurch besonders herausgehoben, daß in den flankierenden Rahmenaussagen Ex 40,17b und 34b jeweils der Terminus *hammiškān* gebraucht ist. Dieser Befund erklärt sich m.E. dann am sinnvollsten, wenn durch den Ausdruck „Zelt der Begegnung" auf die besondere Qualität des von den Israeliten gebauten und am Neujahrstag errichteten (Ex 40,17) Heiligtums abgehoben wird, wobei diese Benennung der Grundstruktur des im Mittelteil der priesterschriftlichen Sinaigeschichte dargestellten Geschehensvorgangs insgesamt entspricht (zur Sache vgl. schon JANOWSKI, Sühne, 303 f.326). Daß der äußere Vorgang des „Bedeckens" (*ksh*) des „Zeltes der Begegnung" durch die Wolke (Ex 40,34a) und der innere Vorgang des „Erfüllens" (*mlʾ*) der „Wohnung" durch die „Herrlichkeit Jahwes" (Ex 40,34b) komplementäre Aspekte ein und desselben Geschehens sind (vgl. die Inversion in Ex 40,34b; zur Sache selbst GÖRG, Zelt, 61 und JANOWSKI, Sühne, 314), unterstreicht von einer anderen Seite her nochmals, worum es P^g in der Aussagefolge Ex 40,17+34 eigentlich geht.

durch Jahwes Herrlichkeit), wobei der Akzent vordringlich auf den von der Wohnung Jahwes ausgehenden Wirkungen liegt.[91] Für Israel ist die im Heiligtum sich ereignende „Begegnung" der Herrlichkeit Jahwes ihrer Bedeutung nach nichts anderes als der immer neue Ausdruck der im „Wohnen" Jahwes inmitten seines Volkes sich kundtuenden Nähe Gottes.

2. *Anspielungen der erzählerischen Rahmenteile auf die Schöpfungsgeschichte*

Haben sich die bisherigen Beobachtungen zur Korrespondenz der erzählerischen Rahmenteile um die Jahwerede mit den Anweisungen zum Bau des Heiligtums (einschließlich der Ausführungsnotiz Ex 39,32b) vor allem an die beiden äußeren rahmenden Abschnitte (Ex 19,1+24,15b.16a und 40, 17.34) angeschlossen, so legen sich entsprechende Beobachtungen auch für die beiden „inneren" rahmenden Abschnitte (Ex 24,16b+18a und 39,43) nahe, nur daß hier das zwischen ihnen bestehende literarische Entsprechungsverhältnis nicht durch unmittelbare Stichwortverknüpfungen angezeigt, sondern auf dem Umweg über die nur für diese beiden Textabschnitte kennzeichnende Technik der Anspielung auf die Schöpfungsgeschichte hergestellt ist[92]:

---

[91] Dieser Aspekt kommt vornehmlich in den die beiden Textabschnitte Ex 39,43 und 40,17+34 jeweils abschließenden Aussagen Ex 39,43b (Segnen der Israeliten durch Mose) und Ex 40,34b (zum Verständnis von *ml'* im Sinne eines „dynamischen Vorgangs" vgl. GÖRG, Zelt, 61 und JANOWSKI, Sühne, 314) zum Ausdruck.

[92] Entsprechungen zwischen dem Schluß der priesterschriftlichen Schöpfungsgeschichte (Gen 2,2+3) und dem Mittelteil der priesterschriftlichen Sinaigeschichte sind häufiger beobachtet worden; vgl. etwa JACOB, Genesis, 67; CASSUTO, Exodus, 476 f.; W.H. SCHMIDT, Die Schöpfungsgeschichte der Priesterschrift. Zur Überlieferungsgeschichte von Genesis 1,1–2,4a und 2,4b–3,24 (WMANT 17), Neukirchen-Vluyn ³1974, 156 Anm. 3; NEGRETTI, Settimo giorno, 162–164; WESTERMANN, Genesis I, 233 f.236 f.; O.H. STECK, Der Schöpfungsbericht der Priesterschrift. Studien zur literarkritischen und überlieferungsgeschichtlichen Problematik von Genesis 1,1–2,4a (FRLANT 115), Göttingen ²1981, 199 Anm. 837; J. BLENKINSOPP, The Structure of P, CBQ 38 (1976) 275–292 (280–283); N. LEIBOWITZ, Studies in Shemot (Exodus) II. Mishpatim – Pekudei (Exodus 21,1 to end), Jerusalem ⁴1983, 477–481; M. WEINFELD, Sabbath, Temple and the Enthronement of the Lord – The Problem of the Sitz im Leben of Genesis 1:1–2:3, in: Mélanges bibliques et orientaux en honneur de M.H. Cazelles (AOAT 212), hg. Von A. Caquot und M. Delcor, Neukirchen-Vluyn – Kevelaer 1981, 501–512 (502 f.); ZENGER, Gottes Bogen, 170 ff.; vgl. außerdem die Literaturhinweise Anm. 9. – Z.T. leidet die Bestandsaufnahme und Wertung der Entsprechungen zwischen Schöpfungs- und Sinaigeschichte bei P^g an der nach wie vor umstrittenen Problematik der Bestimmung des genuin priesterschriftlichen Textbestandes vor allem im Bereich der Sinaigeschichte. Auf der anderen Seite ist auch nicht zu verkennen, daß der Prozeß der Parallelisierung zwischen Schöpfung und Sinai im Anschluß an P^g von jüngerer Redaktorenhand (wohl vor allem von R^P) weitergeführt worden ist (in diesem Zusammenhang sind dann auch die bei

(1) Und die Wolke bedeckte ihn [den Berg] *sechs Tage* lang (Ex 24,16aβ)	(1) *Sechs Tage* der Schöpfung (Gen 1,5b.8.13.19.23.31)
(2) Und er rief Mose *am siebten Tag* mitten aus der Wolke (Ex 24,16b)	(2) Und Gott vollendete *am siebten Tag* seine Arbeit, die er gemacht hatte, und er hörte auf (*šbt*) am siebten Tag von all seiner Arbeit, die er gemacht hatte (Gen 2,2)
(1) Und Mose *sah all ihre Arbeit, und siehe, sie hatten sie getan*, wie Jahwe es geboten hatte, so hatten sie sie getan (Ex 39,43a)	(1) Und Gott *sah alles, was er getan hatte, und siehe*, es war sehr gut (Gen 1,31a)
2) Und Mose *segnete* sie (Ex 39,43b)	(2) Und Gott *segnete* den siebten Tag und heiligte (*qdš*) ihn, denn an ihm hörte auf (*šbt*) von all seiner Arbeit, die Gott geschaffen hatte, indem er [sie] tat (Gen 2,3)

Die Technik der Bezugnahme der beiden korrespondierenden Textabschnitte Ex 24,16b+18a und 39,43 auf die Schöpfungserzählung ist derart konsequent und systematisch angelegt, daß hierin kein Zufall gesehen werden kann.[93] Jede der beiden Rahmenaussagen setzt hierbei einen eigenen thematischen Akzent. Während in Ex 24,16b durch die Zeitangabe „am siebten Tag" die zeitliche Fixierung der Jahwerede Ex 25,1–29,46* mit den Anweisungen zum Bau des Heiligtums (Vision des himmlischen „Urbildes" durch Mose auf dem Berge) herausgestellt ist, liegt in Ex 39,43 der Nachdruck auf der Segnung der Israeliten durch Mose, worin der Fluchtpunkt des begutachtend-billigenden Sehens des von den Israeliten entsprechend dem Gebot Jahwes Getanen durch Mose zu sehen ist. Angesichts der von P[g] angezielten erzählerischen Systematik haben die literarischen Querverbindungen zwischen den Rahmenaussagen der Sinaitheo-

---

KEARNEY, Creation, 375–387 mitgeteilten Beobachtungen von Interesse; zu Rezeption und Weiterführung des angezeigten Zusammenhangs im Rahmen der rabbinischen Literatur vgl. vor allem P. SCHÄFER, Tempel und Schöpfung. Zur Interpretation einiger Heiligtumstraditionen in der rabbinischen Literatur, Kairos 16 [1974] 122–133 [vor allem 131–133]).

[93] Sowohl für Ex 24,16 als auch für Ex 39,43 ist die gleiche Technik der Bezugnahme auf Gen 1,1–2,4a* zu konstatieren. Das jeweils erste Element (Ex 24,16aβ bzw. 39,43a) bezieht sich gleichermaßen auf die den sechsten Tag, darüber hinaus aber zugleich auf die die ganze Abfolge der sechs Tage abschließende Aussage in Gen 1,31 zurück, wobei Ex 24,16aβ die zweite Vershälfte Gen 1,31b, Ex 39,43a demgegenüber die erste Vershälfte Gen 1,31a aufgreift. Dagegen verweist das jeweils zweite Element (Ex 24,16b bzw. 39,43b) auf die Darstellung des siebten Tages in Gen 2,2+3 zurück, wobei im Blick auf die zweigestufte Aussagefolge in Gen 2,2+3 in beiden Fällen nur das jeweils erste Glied aufgenommen ist (Gen 2,2a in Ex 24,16b sowie Gen 2,3a in Ex 39,43b).

phanie und der Schöpfungserzählung ihren eigentlichen Bezugspunkt in der Darstellung des siebten Tages in Gen 2,2+3. Um so bemerkenswerter muß aber in diesem Zusammenhang die Tatsache erscheinen, daß die innerhalb der Schöpfungsgeschichte so stark hervorgehobene Aussage vom Aufhören bzw. Ruhen (*šbt*) Gottes (Gen 2,2b+3b) innerhalb der Sinaigeschichte gerade keine Entsprechung hat.[94] Darin wird das von der Priesterschrift beabsichtigte Aussagegefälle zum Tragen kommen. An die Stelle der sabbattheologisch bestimmten Aussagen der Schöpfungserzählung[95] treten innerhalb der Sinaigeschichte die Anweisungen zum Bau des Heiligtums (Wohnung Jahwes) bzw. die Feststellung seiner Errichtung ein, womit das Heiligtum in die Perspektive des Schöpfungshandelns und hier vor allem des Aufhörens bzw. Ruhens (*šbt*) Gottes gerückt erscheint.[96]

In Gen 2,2+3 selbst ist alles mit äußerster Sorgfalt und geradezu feierlich formuliert.[97] Erzählt wird hier von der Arbeit und Ruhe Gottes gegen-

---

[94] Indirekt wäre ein solcher Zusammenhang jedoch dann gegeben, wenn nach der durchaus plausiblen Hypothese von A. JAUBERT, Le Calendrier des Jubiles et de la Secte de Qumran: Ses origines bibliques, VT 3 (1953) 250–264 und DIES., La Date de la Cene. Calendrier biblique et liturgie chretienne (EB), Paris 1957, 31–36 den mit Jahr, Monat und Tag gebildeten chronologischen Angaben in P^g das vom Jubiläenbuch verwendete Kalendersystem zugrundeliegt (vgl. auch P.W. SKEHAN, The Date of the Last Supper, CBQ 20 [1958] 192–199 und B.J. MALINA, The Palestinian Manna Tradition. The Manna Tradition in the Palestinian Targums and its Relationship to the New Testament Writings [AGS 7], Leiden 1968, 18f; außerdem auch V. GLESSMER, Das astronomische Henoch-Buch als Studienobjekt, BN 36 [1987] 69–129 [vor allem 78 ff.]; J.S. CROATTO, Reading the Pentateuch as a Counter-Text. A new interpretation of Genesis 1:14–19, in: Congress Volume Leiden 2004 [VT.S 109], hg. von A. Lemaire, Leiden-Boston 2006, 383–400; die Kritik an Jauberts These von E. KUTSCH, Der Kalender des Jubiläenbuches und das Alte und das Neue Testament: VT 11 [1961] 39–47 ist – worauf schon verschiedentlich hingewiesen wurde – im ganzen nicht überzeugend). Nach Ex 19,1 kommen die Israeliten am 1.3. in die Wüste Sinai (zu diesem Verständnis von *baḥodæš haššᵉlîšî* vgl. JACOB, Exodus, 533 und CASSUTO, Exodus, 224; die Annahme des Ausfalls einer genauen Datumsangabe – gleich ob eine solche „absichtlich unterdrückt" [BAENTSCH, Exodus, 171] oder „auf einen Unfall des Textes" zurückzuführen ist [HOLZINGER, Exodus, 64] – erweist sich dann als nicht notwendig). Da es sich bei diesem Tag um den ersten Wochentag handelt, ist aufgrund der auf Ex 19,1 Bezug nehmenden Zeitangaben „sechs Tage" bzw. „am siebten Tag" in Ex 24,16aβb die Jahwerede mit den Anweisungen zum Bau des Heiligtums gerade auf einen Sabbat terminiert, was dann die von P^g beabsichtigten Verbindungslinien nur um so deutlicher hervortreten läßt.

[95] Damit ist keineswegs ein Verständnis von Gen 2,2+3 im Sinne einer Ätiologie des Sabbat impliziert; dagegen zu Recht schon ZENGER, Gottes Bogen, 98–101.

[96] „Daß ausgerechnet zwischen Schöpfungsende und Heiligtum Entsprechungen auffallen..., ist deshalb besonders bemerkenswert, weil es in der außerisraelitischen Tradition Bezüge zwischen Schöpfung und Tempel als Ruhestätte der Gottheit gibt" (STECK, Schöpfungsbericht, 199 Anm. 837).

[97] Zum Folgenden P. WEIMAR, Zur Freiheit geschaffen. Aspekte des alttestamentlichen Freiheitsverständnisses, BiKi 34 (1979) 86–90 (88).

über seiner Schöpfung (Gen 2,2). Beides steht dabei nicht beziehungslos nebeneinander, sondern ist eng aufeinander bezogen, insofern das Schöpfungshandeln Gottes gerade dadurch zum Abschluß gebracht wird, daß Gott am siebten Tag ruht.[98] In diesem Zueinander von Arbeit und Ruhe dokumentieren sich Freiheit wie Engagement Gottes gegenüber seiner Schöpfung. Diese spannungsvolle Einheit von Arbeit und Ruhe im Schöpfungshandeln Gottes ist zugleich inneres Gesetz der Schöpfung selbst (Gen 2,3).[99] Entscheidend ist hier das (hinsichtlich seines konkreten Bedeutungsgehaltes stark umstrittene) Verbum „segnen" (brk).[100] Wenn die Priesterschrift sonst dieses Wort gebraucht, dann verbindet sich damit *immer* die Vorstellung von „Fruchtbarkeit" und „Mehrung".[101] Daß dieser Bedeutungsgehalt des Verbums „segnen" auch im Blick auf Gen 2,3a als gültig anzusehen ist, wird nicht zuletzt aufgrund des kompositorisch bedingten Zusammenhangs des fünften bis siebten Tages innerhalb der Schöpfungserzählung erkennbar,[102] insofern auf diese Weise das Segnen des siebten Tages (Gen 2,3a) zum Segnen des Wasser- und Fluggetiers (Gen 1,22) sowie des Menschen (Gen 1,28) in Beziehung gesetzt erscheint.[103] Im Kontext priesterschriftlicher Theologie kann dann mit dem Segnen des siebten Tages nur gemeint sein, daß Gott seiner Schöpfung mit dem siebten Tag ein Prinzip einstiftet, das auf eine Steigerung menschlicher Lebensmög-

---

[98] Vgl. die strenge Parallelität der beiden Satzhälften von Gen 2,2; dazu näherhin STECK, Schöpfungsbericht, 178–199 (vor allem 186–188).

[99] Gen 2,2+3 ist von P^g bewußt als eine geschlossene Aussagefolge konzipiert, was nicht nur anhand der durchgehend rhythmisierten Form der Prosa (vgl. U. CASSUTO, A Commentary on the Book of Genesis, 1. From Adam to Noah. Genesis I-VI 8, Jerusalem 1972, 61), sondern auch anhand der kompositorischen Zuordnung der beiden jeweils doppelgliedrigen Aussagen Gen 2,2 und 3 erkennbar wird (Gen 2,2a – 2b||3a – 3b), wobei der abschließende Relativsatz Gen 2,3bβ (^{a}šær-bārā^{ɔ} ^{ɔe}lohîm la^{ca}śôt) wohl auf den Beginn der Aussagefolge in Gen 2,2a zurücklenken will.

[100] Vgl. dazu nur die Hinweise bei STECK, Schöpfungsbericht, 193 Anm. 815.

[101] Zur priesterschriftlichen Segensterminologie vgl. WEIMAR, Untersuchungen, 26–28.

[102] Zur Kompositionsstruktur der priesterschriftlichen Schöpfungserzählung vgl. die entsprechenden Hinweise bei WEIMAR, Struktur II, 149–152; detaillierter dazu DERS., Schöpfungserzählung, 803–843.

[103] Dazu vgl. auch STECK, Schöpfungsbericht, 193f. – Der Zusammenhang der drei Segensaussagen in Gen 1,22.28 und 2,3a ist um so höher zu werten, als sich m.E. zeigen läßt, daß sie in allen Fällen erst als Elemente einer auf P^g selbst zurückgehenden Redaktion einer vorgegebenen Tradition zu bestimmen sind; zur Frage, inwieweit die priesterschriftliche Schöpfungserzählung als Bearbeitung einer ihr vorgegebenen Tradition zu verstehen ist, vgl. die diesbezüglichen Hinweise bei P. WEIMAR. Chaos und Kosmos. Gen 1,2 als Schlüssel einer älteren Fassung der priesterschriftlichen Schöpfungserzählung, in: Mythos im Alten Testament und seiner Umwelt (FS H.-P. Müller [BZAW 278]), hg. von A. Lange u.a., Berlin-New York 1999, 196-211.

II. Die Wohnung Jahwes als Vollendung der Schöpfung

lichkeiten hinzielt.[104] Von der erzählerischen Systematik der priesterschriftlichen Schöpfungserzählung her („offener Schluß") hat die Ausgrenzung des siebten Tages durch Gott als eines ihm in besonderem Maße zugehörenden Tages („heiligen"[105]) den Charakter eines noch ausstehenden Programms, dessen Realisierung erst für die Zukunft zu erwarten ist.[106]

Was innerhalb der priesterschriftlichen Schöpfungserzählung als „Symbol der Freiheit" vorgestellt ist,[107] wird erst am Sinai zeichenhaft Wirklichkeit. Dies geschieht nun bezeichnenderweise nicht in der Proklamation einer Sabbatordnung, sondern gerade darin, daß Jahwe Mose auf dem Berge (Sinai) am siebten Tag das (himmlische) „Urbild" der Wohnung Jahwes sehen läßt.[108] Dem Ruhen Gottes als Vollendung der Schöpfung entspricht so innerhalb der Sinaigeschichte die Errichtung des Heiligtums als Vollendung des Exodusgeschehens.[109] Zugleich ist aber die von den Israeliten zu errichtende Wohnung Jahwes, in der sich die Präsenz des begegnenden Jahwe inmitten seines Volkes manifestiert, der Ort, von dem neue, Freiheit eröffnende Lebensmöglichkeiten ausgehen (vgl. in diesem Zusammenhang vor allem die in Ex 39,43 mitgeteilte Segnung der Israeliten durch Mose als Folge der billigenden Feststellung der Herstellung des Heiligtums durch sie genau entsprechend dem Plane Jahwes).[110] Indem die Priester-

---

[104] Vgl. auch N. LOHFINK, Die Sabbatruhe und die Freizeit, StdZ 194 (1976) 395–407 (402) sowie DERS., Freizeit, Arbeitswoche und Sabbat im Alten Testament, insbesondere in der Priesterlichen Geschichtserzählung, in: DERS., Unsere großen Wörter, 190–208 (202).

[105] Zum Zusammenhang von „segnen" und „heiligen" vgl. JACOB, Genesis, 67.

[106] Vgl. WEIMAR, Struktur II, 151 mit Anm. 179 und DERS., Schöpfungserzählung, 841 mit Anm. 131; zu Gen 2,2+3 als „offener Schluß" der Schöpfungserzählung vgl. schon BORCHERT, Stil, 125 f.

[107] Zu dieser Bezeichnung vgl. JACOB, Genesis, 67.

[108] Die Sabbatthematik wird innerhalb der priesterschriftlichen Sinaigeschichte nicht mehr unmittelbar angesprochen (anders etwa NEGRETTI, Settimo giorno, 147–251 und LOHFINK, Sabbatruhe, 404). Die dort sich findenden, auf den Sabbat bezogenen Aussagen (neben Ex 31,12–17 vor allem auch Ex 16) können jedoch nicht P^g zugeschrieben werden, sondern sind erst als Produkte nachpriesterschriftlicher Redaktionen anzusehen (zur literargeschichtlichen Problematik von Ex 16 soll in anderem Zusammenhang näherhin eingegangen werden).

[109] Es ist so auch kein Zufall, daß genau am Höhepunkt der Sinaigeschichte in Ex 29, 45+46 ein letztes Mal ein Rückverweis auf das Exodusgeschehen begegnet (vgl. WEIMAR, Meerwundererzählung, 214 f.).

[110] Angesichts der Tatsache, daß die Aussage vom Segnen der Israeliten durch Mose in Ex 39,43b ihre nächste Parallele in Gen 1,22 und 28 hat (vgl. die nur an diesen Stellen innerhalb von P^g begegnende Konstruktion $waj^ebāræk$ $^\gamma otām$ NN [Elohim/Mose]; zum Zusammenhang vgl. CASSUTO, Exodus, 477), kann das Segnen des Mose nicht einfach als ein bloßer Segensgestus verstanden werden; vielmehr wird es darüber hinaus als ein „Kraft der Fruchtbarkeit" (WESTERMANN, Genesis, 193 f.) einstiftender Vorgang gemeint sein. Unter zusätzlicher Berücksichtigung der zu Ex 39,43 in Beziehung stehenden Aus-

schrift auf diese Weise das Heiligtum vom Sinai an das Geschehen der Schöpfung zurückbindet und dazu in Beziehung setzt, will sie allem Anschein nach zum Ausdruck bringen, daß mit der Errichtung der Wohnung Jahwes nicht nur die bis dahin noch nicht abgeschlossene Schöpfung definitiv und endgültig zur Vollendung kommt, sondern daß damit zugleich auch ein Prozeß eingeleitet wird, der auf eine Verwandlung der ganzen Welt, die als solche zu einem Raum der Freiheit Gottes werden soll, hinzielt.[111]

3. Die Errichtung der Wohnung Jahwes am Neujahrstag (Ex 40,17)

Um einen weiteren Aspekt wird die schöpfungstheologische Dimension der Sinaigeschichte bereichert, wenn die chronologische Angabe in Ex 40,17 näherhin beachtet wird. Die „Aufrichtung" der Wohnung Jahwes wird danach präzis auf den Neujahrstag des zweiten Jahres nach dem Auszug aus Ägypten datiert. Die vorliegende chronologische Angabe gehört in den Zusammenhang eines umfassenden, von Ex 16,1* bis Num 10,11* reichenden chronologischen Systems, das die Ereignisse der priesterschriftlichen Sinaigeschichte in den Ablauf eines Jahres zusammenbindet.[112] In diesem System kommt der chronologischen Angabe Ex 40,17 nicht allein aufgrund der Datumsangabe (Neujahrstag) selbst, sondern auch wegen des einleitenden „und es geschah" (waj^{e}hî) ohne eigentlich abschnittsgliedernde Funktion eine herausgehobene Stellung zu.[113] Der

---

sage Lev 9,23 erscheint das priesterschriftliche Heiligtum unverkennbar als eine dynamische, Prozesse auslösende und keineswegs nur als eine statische Größe (vgl. auch WALKENHORST, Hochwertung, 19).

[111] In diesem Zusammenhang verdiente näherhin sowohl die Kompositionsstruktur des priesterschriftlichen Werkes insgesamt als auch die Strukturanalogie zwischen der Schöpfungserzählung Gen 1,1–2,4* einerseits und dem Gesamtaufriß von P^g andererseits Beachtung (vgl. dazu WEIMAR, Struktur II, 148–162). Im Blick auf die dem priesterschriftlichen Verständnis des Heiligtums innewohnende Spannung, wonach es einerseits als Abschluß und andererseits als Ausgangspunkt eines Prozesses zu sehen ist, wäre vor allem auch die an sich auffällige Erscheinung mitzubedenken, daß die priesterschriftliche Sinaigeschichte in bewußter Weise auf den siebten, aber auch auf den sechsten Tag der Schöpfungserzählung Gen 1,1–2,4* und damit zugleich auf das zwischen diesen beiden Tagen bestehende Spannungsverhältnis rekurriert.

[112] Zum System der chronologischen Notizen im Bereich der Sinaigeschichte vgl. die Hinweise bei WEIMAR, Struktur I, 112–115.

[113] Vgl. dazu die Hinweise bei WEIMAR, Struktur I, 113 Anm. 90 und 122 f. Anm. 116. – Der chronologischen Notiz Ex 40,17 kann eine abschnittsgliedernde Funktion allenfalls im Blick auf die Strukturierung der erzählerischen Rahmenteile der Sinaitheophanie (vgl. das entsprechende Strukturschema unter II/1), nicht aber im Blick auf die Strukturierung der Sinaigeschichte insgesamt zugesprochen werden; zur Bedeutung der Fixierung der Errichtung des Heiligtums auf den Neujahrstag in Ex 40,17 vgl. auch POLA, Priesterschrift, 340 ff.

Grund dafür ist zweifelsohne in dem in Verbindung damit konstatierten Faktum der Errichtung des Heiligtums zu sehen, wobei sich die Bedeutung der Tatsache, daß die Wohnung Jahwes gerade an einem Neujahrstag aufgerichtet wird, in vollem Sinne erst von der Fluterzählung her erhellt.

Im Rahmen der priesterschriftlichen Fluterzählung Gen 6,9–9,29* findet sich ein verwandtes chronologisches System, das ebenfalls einen Zeitraum von etwas mehr als einem Jahr umgreift.[114] Die nicht ganz gleichmäßige und ausgewogene Verteilung der chronologischen Angaben innerhalb der Fluterzählung zeigt ihre erzählerische Funktion an.[115] Mit einer Ausnahme (Gen 7,11) begegnen sie alle in jenem Textabschnitt der Fluterzählung, der vom Abnehmen der Flut und vom Abtrocknen der Erde berichtet (Gen 8,1–14*).[116] Mit Hilfe der einzelnen chronologischen Angaben sollen allem Anschein nach die verschiedenen Phasen dieses Geschehensvorgangs theologisch gedeutet werden. Herausgehoben aus der Reihe der chronologischen Angaben ist deutlich die Notiz in Gen 8,13, insofern hier wie in Ex 40,17 das erzählte Geschehen auf einen Neujahrstag fixiert und gleichfalls das die chronologische Notiz einleitende „und es geschah" (*wajˁhî*), ohne daß ihm eine strukturbildende Funktion zukäme, gebraucht ist. Indem die Priesterschrift das Wegtrocknen der (Chaos-)Wasser der Flut von der Erde gerade auf den Neujahrstag legt, soll im Sinne der priesterschriftlichen Erzählsystematik wohl angezeigt sein, daß damit eine neue Phase der Geschichte der Erde („Neuschöpfung") beginnt.[117] Das innere Grundgesetz der erneuerten Schöpfung ist die „Aufrichtung" der Bundeszusage an No-

---

[114] Daß zwischen dem chronologischen System der priesterschriftlichen Sinaigeschichte und der Fluterzählung Gen 6,9–9,29* ein Zusammenhang besteht (vgl. schon den Hinweis von BORCHERT, Stil, 111), läßt sich angesichts der für P^g charakteristischen Erzählsystematik kaum bestreiten (zu den chronologischen Notizen innerhalb der Fluterzählung vgl. jetzt F.H. CRYER, The Interrelationship of Gen 5,32; 11,10–11 and the Chronology of the Flood [Gen 6–9], Bib 66 [1985] 241–261). Aber auch die innere Systematik der einzelnen Datumsangaben in Fluterzählung und Sinaigeschichte deutet auf eine ziemlich genaue Entsprechung der beiden chronologischen Systeme hin; die hinsichtlich des Zeitraums bestehenden Differenzen resultieren möglicherweise aus der jeweiligen inneren Systematik beider chronologischen Reihen, lassen demnach keine weitergehenden Schlüsse zu.

[115] Vgl. WEIMAR, Struktur I, 114 Anm. 92.

[116] Im Rahmen der Gesamtkomposition der priesterschriftlichen Fluterzählung Gen 6, 9–9,29* (vgl. vorläufig noch WEIMAR, Struktur II, 152–156) stellt Gen 8,1–14* einen auch kompositionskritisch auszugrenzenden Textabschnitt dar, was formal durch die in sich geschlossene Struktur (Gen 8,1.2a.3b||4+5||13a+14) sowie die antithetische Entsprechung von Anfang und Schluß unterstrichen wird (ˁal-hāʾāræṣ ... hammājim Gen 8,1b bzw. hammājim meˁal hāʾāræṣ Gen 8,13a).

[117] Vgl. in diesem Zusammenhang die nicht nur aufgrund der Kompositionsstruktur (dazu WEIMAR, Struktur II, 152 und 156), sondern auch aufgrund von Stichwortverbindungen (vor allem jābˁšāh hāʾāræṣ Gen 8,14b||lajjabbāšāh ʾæræṣ Gen 1,10aα) hergestellte Entsprechung zwischen Gen 8,1–14* und dem dritten Schöpfungstag Gen 1,9–13*.

ach (Gen 9,1–15*), daß die Erde als ganze nicht mehr vernichtet wird; Zeichen dieser Bundeszusage ist der „Bogen in den Wolken".

An diese literarisch-theologischen Zusammenhänge will die priesterschriftliche Sinaigeschichte offenkundig anknüpfen, indem sie die „Aufrichtung" der Wohnung Jahwes gleichfalls am Neujahrstag geschehen sein läßt. Dieser Zusammenhang wird zudem noch dadurch unterstrichen, daß die dreigliedrige Ausführungsnotiz, wie sie in den beiden aufeinander bezogenen, Ex 40,17 unmittelbar voraufgegenden Aussagen Ex 39,32b und 43 begegnet, eine Entsprechung in Gen 6,22 im Zusammenhang mit dem Bau der Arche hat.[118] Korrespondierend zum Wegtrocknen der Wasser der Flut und „Aufrichtung" der Bundeszusage an Noach beginnt auch mit der Errichtung der Wohnung Jahwes am Sinai am Neujahrstag ein neuer Abschnitt der Geschichte des Jahwevolkes. Die „Aufrichtung" der Wohnung Jahwes hat aufgrund des angezeigten Zusammenhangs zur Fluterzählung nicht nur den Charakter der Vollendung der Schöpfung (vgl. zu II/2), sondern darüber hinaus zugleich der „Neuschöpfung".[119] Wie die Schöpfungswirklichkeit allgemein steht auch die Schöpfung des Jahwevolkes unter dem Vorzeichen der Bundeszusage an Noach, insofern das Gericht über das Jahwevolk nicht mehr die Dimensionen einer kosmischen und universalen Katastrophe gewinnen kann.[120] Dem „Bogen in den Wolken" als Zeichen der Bundeszusage an Noach entspricht innerhalb der Sinaigeschichte das Erscheinen der „Herrlichkeit Jahwes in der Wolke" (Ex 40,34;

---

[118] Vgl. hierzu die knappen Hinweise bei WEIMAR, Struktur I, 122; vgl. auch POLA, Priesterschrift, 339 f.

[119] Wie anhand der Technik der Bezugnahme der Exodus- und Sinaigeschichte auf die „Schöpfungsgeschichte" (Schöpfungs- und Fluterzählung) erkennbar wird, sind beide Aspekte im Rahmen der Darstellung des Exodus- und Sinaigeschehens in eigentümlicher Weise miteinander verschränkt, so daß das im Exodus sich vollziehende und am Sinai definitiv zur Vollendung kommende Werden Israels zum „Volk Jahwes" im Sinne von P^g Schöpfung und Neuschöpfung in einem ist (vgl. dazu auch WEIMAR, Meerwundererzählung, 228–232). – Ist ein Zusammenhang zwischen der „Errichtung" (*heqîm*) des Heiligtums und des „Bundes" mit Noach anzunehmen (vgl. dazu Anm. 57 und 58), dann kann das „Heiligtum" vom Sinai analog zur Bundeszusage an Noach als das innere Grundgesetz des Jahwevolkes verstanden werden.

[120] Vgl. in diesem Zusammenhang vor allem die Aussage vom „Gedenken" des Bundes in Ex 6,5 (vgl. auch 2,24), die sich thematisch zwar auf den Abrahambund bezieht, formal darüber hinaus aber gleichfalls auf den Noachbund verweist (Gen 9,15); vgl. dazu ZENGER, Gottes Bogen, 169; weiterhin WEIMAR, Meerwundererzählung, 231 Anm. 194. – Zum Tragen kommt der angezeigte Aspekt vor allem in den nachsinaitischen „Sündenfallerzählungen" Num 13/14* und 20,1–12* (vgl. Anm. 59), wobei der Zusammenhang mit der Fluterzählung Gen 6,9–9,29* primär nicht nur durch den generellen thematischen Rahmen („Sündenfallerzählungen"), sondern vielmehr auch durch gezielte Stichwortentsprechungen (vgl. vor allem *gwʿ* Gen 6,17b; 7,21a||Num 20,3b [29], aber auch die Basis *tmm* Gen 6,9b [17,1]||Num 14,35b [Dtn 34,8]) angezeigt ist.

vgl. auch Ex 24,15b+16a).[121] Die die Wohnung Jahwes erfüllende „Herrlichkeit Jahwes" ist der Garant dafür, daß der Bestand Israels als „Volk Jahwes" nicht mehr grundsätzlich in Frage gestellt werden kann.

III. Die „Herrlichkeit Jahwes" als Zeichen der rettend-richtenden Gegenwart Gottes

Ein dritter Gang von Beobachtungen setzt nochmals umgreifender an, insofern nach Stellung und Funktion der Sinaitheophanie mit den Anweisungen zum Bau der Wohnung Jahwes im Gesamtzusammenhang der priesterschriftlichen Sinaigeschichte gefragt wird. Im Rahmen dieser Überlegungen kommt dem Begriff der „Herrlichkeit Jahwes" eine entscheidende Rolle zu.[122]

1. Der Gesamtzusammenhang der priesterschriftlichen Sinaigeschichte

Eingefügt ist die Sinaitheophanie mit den Anweisungen zum Bau der Wohnung Jahwes in den größeren Erzählrahmen der priesterschriftlichen Sinaigeschichte, deren Umfang sich mit Hilfe des Systems der chronologischen Angaben präzis abstecken läßt (Einsatz mit Ex 16,1* und Ende in Num 10,11*+12b, wo erzählerisch nach Abschluß des Sinaigeschehens ein neuer Spannungsbogen einsetzt). Bei näherer Berücksichtigung ihrer erzählerischen Funktion ergeben sich darüber hinaus aber auch Hinweise im Blick auf die kompositorische Gestaltung der priesterschriftlichen Sinaigeschichte. In gleicher Weise wie Ex 19,1 haben auch die chronologischen

---

[121] Zum Zusammenhang beider Aussagen vgl. ZENGER, Gottes Bogen, 131.175 f.; außerdem WEIMAR, Meerwundererzählung, 230 Anm. 190. – Charakteristischerweise erscheinen in Ex 40,17+34 die beiden auf den „Noachbund" verweisenden Redewendungen von der „Aufrichtung" des Heiligtums sowie dem Sichzeigen der „Herrlichkeit Jahwes in der Wolke" in unmittelbarer Verbindung miteinander, wohingegen die entsprechenden Aussagen im Rahmen des Noachbundes selbst auf zwei Redegänge verteilt sind (Gen 9,8–11*||12–15*), die – kompositorisch durchaus absichtsvoll – in einem literarisch-theologischen Spannungsverhältnis zueinander stehen.

[122] Zur Vorstellung von der „Herrlichkeit Jahwes" im Rahmen des priesterschriftlichen Werkes vgl. – neben der schon genannten Untersuchung von WESTERMANN, Herrlichkeit – E. CORTESE, La sfera del sacro attorno alla gloria di Jahweh in P, in: Quaerere Deum (ASB 25), hg. von G. Danieli, Brescia 1980, 45–65, DERS., Num. 9,15–23 e la presenza divina nella tenda di P, RivBib 31 (1983) 405–410 (408–410); U. STRUPPE, Die Herrlichkeit Gottes in der Priesterschrift. Eine semantische Studie zu $k^eb\hat{o}d$ $YHWH$ (ÖBS 9), Klosterneuburg 1988 sowie die weiterführenden Literaturhinweise aus der neueren Diskussion bei JANOWSKI, Sühne, 445.

Notizen in Ex 16,1* und Lev 9,1a* eine erzähleröffnende Funktion,[123] womit sich in bezug auf den Gesamtrahmen der priesterschriftlichen Sinaigeschichte eine dreiteilige Komposition abzeichnet.[124] Daß dabei auch die mit Ex 16,1* eröffnete Texteinheit Ex 16,1–12*[125] als Bestandteil der Sinaigeschichte anzusehen ist, wird abgesehen von der chronologischen Notiz selbst durch die im Rahmen der damit verbundenen Wanderungsnotiz begegnende Ortsangabe „Wüste Sin" (*midbar-sîn*), worin augenscheinlich eine künstliche Variante zu der in Ex 19,1 genannten Ortsangabe „Wüste Sinai" (*midbar-sînāj*) vorliegt,[126] sowie durch das auffällige Phänomen angezeigt, daß in Ex 16,1–12* schon vor den eigentlichen Sinaiereignissen von einer Erscheinung der „Herrlichkeit Jahwes" berichtet wird (Ex 16,7* und 10b).[127] Bei Beachtung entsprechender kompositorischer Gesetzmä-

---

[123] Die erzähleröffnende Funktion von Ex 16,1 und 19,1 wird durch die Kombination von Zeitangabe und Itinerarnotiz unterstrichen (vgl. WEIMAR, Struktur I, 102.112 f.); in Lev 9,1* wird die erzähleröffnende Funktion der Zeitangabe im Rahmen des priesterschriftlichen Erzählzusammenhangs durch das einleitende *waj^{e}hî* angezeigt (anders stellt sich der Sachverhalt auf der Ebene der durch R^P bedingten Komposition von Lev 8–10 dar).

[124] Vgl. WEIMAR, Struktur I, 112 f. – Die jeweiligen Einleitungen der drei Teile der priesterschriftlichen Sinaigeschichte haben zugleich eine bedeutsame Funktion im Blick auf die von P^g beabsichtigten Zusammenhänge, wobei hier nur die unverkennbare Bezogenheit der durch Ex 16,1* und Lev 9,1* eröffneten Rahmenteile auf den mit Ex 19,1 eingeleiteten Mittelteil zu beachten ist (vgl. die chiastisch aufeinander bezogenen Wanderungsnotizen und chronologischen Notizen Ex 16,1* und 19,1 [dazu WEIMAR, Struktur I, 101 Anm. 60] sowie der in der Zeitangabe „am achten Tag" in Lev 9,1* geschehende Rückverweis auf Ex 40,17; außerdem vgl. die Abfolge „sechs Tage" – „siebter Tag" in Ex 24,16aβb).

[125] Gegenüber weitgreifenderen Abgrenzungen des priesterschriftlichen Textbestandes in Ex 16 (vgl. die Übersicht bei P. MAIBERGER, Das Manna. Eine literarische, etymologische und naturkundliche Untersuchung [ÄAT 6], Wiesbaden 1983, 809–816) wird hier ein auf Ex 16,1–12 einzugrenzender genuin priesterschriftlicher Erzählzusammenhang vorausgesetzt, wobei als priesterschriftlicher Textanteil wohl nur Ex 16,1aβb.2+3.6. 7abα.8bβ.9.10aαβ.11+12 anzusehen sind, ohne daß eine solche These hier näherhin begründet werden kann.

[126] Vgl. dazu schon M. NOTH, Die Wallfahrtswege zum Sinai (Nu 33), PJ 39 (1940) 5–28 = DERS., Aufsätze zur biblischen Landes- und Altertumskunde I, Neukirchen-Vluyn 1972, 55–74 (55 f.).

[127] Gerade darin, daß das Erscheinen der „Herrlichkeit Jahwes" *vor* und nicht *nach* der eigentlichen Sinaitheophanie plaziert ist, liegt die entscheidende Schwierigkeit der in Ex 16,1–12* überlieferten Erzähleinheit, was nicht zuletzt auch zu der Vermutung geführt hat, daß es sich bei diesem Text um eine postsinaitische Erscheinung der „Herrlichkeit Jahwes" handele (vgl. aus der jüngeren Diskussion nur WESTERMANN, Herrlichkeit, 128 f. Anm. 23 und CORTESE, Sfera, 61 f.). Eine solche Annahme erübrigt sich jedoch dann, wenn Ex 16,1–12* nicht nur von P^g bewußt an die vorliegende Stelle als Bindeglied zwischen Meerwunder und Sinaitheophanie gesetzt (vgl. dazu E. RUPRECHT, Stellung und Bedeutung der Erzählung vom Mannawunder [Ex 16] im Aufbau der Priester-

ßigkeiten erweisen sich die beiden Texteinheiten Ex 16,1–12* und Lev 9,1–24* so als ein um die im Zentrum der priesterschriftlichen Sinaigeschichte stehende Szene der Gotteserscheinung mit den Anweisungen zum Bau der Wohnung Jahwes gelegter erweiterter Erzählzusammenhang:[128]

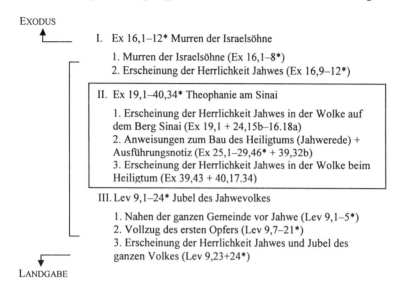

Daß die beiden rahmenden Texteinheiten Ex 16,1–12* und Lev 9,1–24* (zum hier vorausgesetzten kompositorischen Zusammenhang vgl. auch JANOWSKI, Tempel, 225; das entsprechende Schaubild ist auch abgedruckt bei C. FREVEL, Kein Ende in Sicht? Zur Priestergrundschicht im Buch Levitikus, in: Levitikus als Buch [BBB 119], hg. von H.-J. Fabry-H.W. Jüngling, Berlin-Bodenheim 1999, 85–123 [99]; zur Auseinandersetzung mit der These, wonach Ex 16,1–12* und Lev 9,1–24* eine Klammerfunktion im Rahmen der Komposition der priesterschriftlichen Sinaigeschichte zukommt, vgl. hier nur FREVEL, Blick, 161–165) in sich jeweils eigenen kompositorischen Gesetzmäßigkeiten (Zweier- bzw. Dreierstruktur im szenischen Ablauf) folgen, läßt angesichts der sonst innerhalb des priesterschriftlichen Werkes konsequent gehandhabten Kompositionsprinzipien, unter denen dem überlegten Einsatz von Zweier- und Dreierstrukturen eine (auch thematisch akzentuierende) wesentliche Bedeutung zukommt (zum Ganzen vgl. WEIMAR, Struktur I, 81–134 und Struktur II, 138–162), von P^g beabsichtigte Gewichtungen erkennen, die auch interpretatorisch bedeutsam sind; inwieweit die beiden Texteinheiten Ex 16,1–12* bzw. Lev 9,1–24* P^g zugerechnet werden können, ist Gegenstand kritischer Debatte; zu Ex 16 vgl. die entsprechenden Anfragen bei POLA, Priesterschrift 134–143, sodann das dezidierte Urteil von OTTO, Forschungen, 15: „Die P hat keinen Anteil an der Wachtel-Manna-Erzählung in Ex 16,1–15"; zu Lev 9 vgl. insbesondere FREVEL, Ende, 97–103.109–117 und DERS., Blick, 166–181.

Als Auftakt und Abschluß der priesterschriftlichen Sinaigeschichte stehen Ex 16,1–12* und Lev 9,1–24* nicht nur in einem engen thematischen Beziehungsverhältnis zueinander, sondern sind darüber hinaus auch bewußt antithetisch angelegt.[129] In beiden Erzählzusammenhängen begegnet die Aussage vom Nahen der Israeliten vor Jahwe (*qrb lipnê JHWH;* Ex 16,9 und Lev 9,5b), dabei jeweils in Verbindung mit dem Motiv des Erscheinens der Herrlichkeit Jahwes stehend. Der thematische Bezug beider Texteinheiten zueinander wird vor allem an einem Vergleich der Ausgangssituation in Ex 16,1–12* und des Erzählschlusses in Lev 9,1–24* erkennbar, worin zugleich der die ganze priesterschriftliche Sinaigeschichte zusammenhaltende und bewegende erzählerische Spannungsbogen zum Ausdruck kommt.[130] Die so nicht nur für Ex 16,1–12* bestimmende, sondern darüber hinaus weiterwirkende Ausgangslage ist gekennzeichnet durch das „Murren" der „Gemeinde" gegen Mose und Aaron in Ex 16,2+3:[131]

> Ex 16,2 + 3 Und die ganze Gemeinde der Israelsöhne murrte gegen Mose und Aaron in der Wüste.
> Und die Israelsöhne sprachen zu ihnen :
>> Daß wir doch durch die Hand Jahwes im Lande Ägypten gestorben wären,
>> als wir am Fleischtopf saßen,
>> als wir Brot zur Sättigung aßen!
>> Ja, herausgeführt habt ihr uns in diese Wüste,
>> um diese ganze Versammlung durch Hunger sterben zu lassen!

Betont werden dabei die idealisierend gezeichnete Ägyptensituation (Ort des Lebens) und die Situation des gegenwärtigen Aufenthaltes in der Wüste (Ort des Todes) einander gegenübergestellt.[132] Die Perspektive des den

---

[129] Vgl. dazu WEIMAR, Meerwundererzählung, 226 f. – Anhand der Tatsache, daß den beiden Texteinheiten Ex 16,1–12* und Lev 9,1–24* nicht nur eine rahmende Funktion im Blick auf die im Zentrum plazierte Sinaitheophanie zukommt, sondern daß sie ihrerseits außerdem in einem antithetischen Beziehungsverhältnis zueinander stehen, wird das (für priesterschriftliche Erzähltechnik überhaupt charakteristische) Ineinander zweier Erzählbewegungen greifbar, das gekennzeichnet ist durch das mehr statische Element, wie es in der Herausstellung des Zeltes der Begegnung als des Ortes der Erscheinung der Herrlichkeit Jahwes entgegentritt, sowie durch das stärker dynamische Element, wie es in der gegensätzlichen und zugleich einen Erzählfortschritt anzeigenden Charakterisierung der Handlungsweise der „Gemeinde" hervortritt.

[130] Vgl. hierzu WEIMAR, Meerwundererzählung, 226 Anm. 181.

[131] Steht die ganze Sinaigeschichte angesichts der Verklammerung durch die beiden Aussagen Ex 16,2+3 und Lev 9,23+24b unter einem durchgehenden Leitgedanken, dann ist in der prägnanten Formulierung der Ausgangssituation in Ex 16,2+3 zugleich eine wesentliche interpretatorische Vorgabe für das Verständnis der Sinaigeschichte insgesamt zu sehen.

[132] Die kontrastierende Gegenüberstellung von Ägyptensituation und gegenwärtiger Situation, wie sie innerhalb der beiden Redeteile in Ex 16,3 auf mehrfache Weise deu-

III. Die „Herrlichkeit Jahwes" als Zeichen der Gegenwart Gottes

Israeliten in den Mund gelegten Zitats wird anhand des ihren Sinngehalt ins Gegenteil verkehrenden Gebrauchs der „Herausführungsformel" erkennbar, womit angezeigt sein soll, daß im „Murren" der Gemeinde die lebensnotwendige Qualität wie die innere Sinnhaftigkeit des Exodusgeschehens für Israel auf dem Spiel steht.[133]

Als bewußte Antithese zu Ex 16,1–12* ist die Erzählung vom ersten Opfer der Gemeinde in Lev 9,1–24* konzipiert.[134] Dem „Murren" der Gemeinde, die dort den Ausgangspunkt der Erzählbewegung bildet, tritt hier der „Jubel" des ganzen Volkes angesichts der Erscheinung der Herrlichkeit Jahwes gegenüber, wodurch zugleich sinnvoll der Erzählzusammenhang abgeschlossen wird:

Lev 9,23+24b Und Mose und Aaron gingen in das Zelt der Begegnung,
und als sie herauskamen und das Volk segneten,
da erschien die Herrlichkeit Jahwes dem ganzen Volk.
Und das ganze Volk sah es,
und sie jubelten und fielen auf ihr Angesicht.

Mit dem „Jubel" auf das Erscheinen der Herrlichkeit Jahwes hin anerkennt das *ganze* Volk zugleich, was Jahwe im Exodus *und* in der Errichtung des Heiligtums am Sinai getan hat. Erst hier kommt so denn auch die mit dem „Murren" der Gemeinde (Ex 16,2+3) eröffnete Erzählbewegung zum Abschluß, was sowohl in literarischer als auch theologischer Hinsicht gilt. In dichter Folge taucht gerade am Schluß der Erzähleinheit Lev 9,1–24* der Terminus „das Volk" bzw. „das ganze Volk" auf, wobei die Verwendung dieses Begriffs ein um so größeres Gewicht verdient, als er den Begriff „die ganze Gemeinde" (Lev 9,5b) ablöst.[135] Mit Bezug auf Israel begegnet

---

tend zum Ausdruck gebracht ist (zu den Akzentsetzungen vgl. WEIMAR, Meerwundererzählung, 224), bekommt ihre eigene theologische Brisanz dadurch, daß die in diesem Zusammenhang erfolgende Beurteilung des Aufenthaltes in Ägypten unmittelbar auf die mit der Meerwundererzählung abgeschlossene Exodusgeschichte folgt, die selbst eine genau entgegengesetzte Beurteilung der Situation der Israeliten in Ägypten gibt (vgl. Ex 1,13+14* + 2,23aβb–25 sowie Ex 6,5–7; dazu vgl. WEIMAR, Untersuchungen, 44–76.111–113.119–131).

[133] Vgl. dazu WEIMAR, Meerwundererzählung, 234.236.

[134] Im Rahmen des häufig generell als priesterschriftlich bewerteten Textabschnitts Lev 8–10 kann näherhin nur der Grundbestand von Lev 9,1–24 als Element der priesterschriftlichen Geschichtsdarstellung angesehen werden, wobei auf die Hand von P^g m.E. nur die Aussagen Lev 9,1a*.2+3*.4b.5b.7*.8*.12a.15a.21b.23.24b zurückgehen werden; zur Analyse von Lev 9 vgl. die Hinweise bei STRUPPE, Herrlichkeit, 90 ff.

[135] Gerade angesichts der kompositorisch bedingten Entsprechung zwischen Ex 16,1–12* und Lev 9,1–24* verdient die Ersetzung des dort vorwiegend gebrauchten Ausdrucks „ganze Gemeinde" (zu ʿedāh vgl. die insgesamt zu wenig differenzierende Arbeit von W.P. WOOD, The Congregation of Yahweh: A Study of the Theology and Purpose of the Priestly Document, Diss. Richmond/Virginia 1974) durch den Terminus „Volk" erhöhte

der Terminus „Volk" damit erstmals wieder nach den auf das Exodusgeschehen bezogenen Ankündigungen Ex 6,7a und 7,4, die die Befreiung aus Ägypten als „Schöpfung" des Jahwevolkes interpretieren wollen (s.o.). Wie für Ex 16,2+3 ist damit auch für Lev 9,23+24b eine Verbindung zum Exodusgeschehen gegeben, womit sich auch auf diese Weise nochmals der Spannungsbogen zwischen „Murren" und „Jubel" Israels erfüllt. In dem Gegenüber von Ex 16,2+3 und Lev 9,23+24b ist dann aber zugleich auch der thematische Bezugsrahmen für das Verständnis der ganzen Sinaigeschichte gegeben. Die im Exodus sich vollziehende „Schöpfung" des Jahwevolkes wird erst mit der Errichtung des Heiligtums am Sinai voll Wirklichkeit.[136]

Die den literarischen Rahmen der Sinaigeschichte bildenden Erzähleinheiten Ex 16,1–12* und Lev 9,1–24* stehen ihrerseits jeweils in einem thematisch engen Bezug zum Mittelteil mit der Errichtung der Wohnung als zentralem Erzählgegenstand. Zu beachten ist in diesem Zusammenhang vor allem der offene Schluß der Erzähleinheit Ex 16,1–12*. Als Antwort auf das „Murren" der Gemeinde sagt Jahwe den Israelsöhnen als Erfahrungsgrund des im Exodus begründeten neuen Gottesverhältnisses die Sicherung der konkreten (materiellen) Lebenswirklichkeit zu (Ex 16,11+12):[137]

Aufmerksamkeit (vgl. dazu schon die Hinweise bei WEIMAR, Meerwundererzählung, 227 Anm. 182). Zur jüngeren Diskussion des angezeigten Problemkreises vgl. GROSS, Israels Hoffnung, 98–103 sowie F.-L. HOSSFELD, Volk Gottes als „Versammlung", in: Unterwegs zur Kirche. Alttestamentliche Konzeptionen (QD 110), hg. von J. Schreiner, Freiburg/Brsg. u.a. 1987, 123–142 (hier 135–142).

[136] Keineswegs überzeugend sind die gegen eine „kompositionskritische" Erklärung des Vorkommens des Terminus „Volk" in Lev 9,1–24* vorgebrachten Gründe bei HOSSFELD, Volk Gottes, 136 (vgl. jetzt auch FREVEL, Ende, 116 und DERS., Blick, 177 f.), wenn der weitergreifende literarisch-theologische Bezug beachtet wird. Angesichts des auf diese Weise angedeuteten Zusammenhangs erscheint die „Schöpfung" des Jahwevolkes zwar als ein sich im Exodus selbst vollziehendes Geschehen; definitiv abgeschlossen ist der Vorgang der „Schöpfung" des Jahwevolkes jedoch erst mit der Errichtung des Heiligtums am Sinai, das gewissermaßen als ein Garantsymbol für den fortwährenden Bestand des im Exodusgeschehen gründenden Jahwevolkes gegenüber allen Bedrohungen und Gefährdungen zu verstehen ist.

[137] Im Blick auf die Wertung der Jahwerede Ex 16,11+12 ist vor allem die Verwandtschaft mit der nach dem gleichen Strukturmuster geformten Jahwerede Ex 6,2–8 zu bedenken, worin – schon angesichts der Position der beiden Jahwereden zu Beginn der Exodus- und Sinaigeschichte – gewiß kein zufälliges Datum gesehen werden kann, sondern ein nicht zu verkennender Hinweis auf einen auch thematisch bestimmten Zusammenhang, der dahingehend inhaltlich zu konkretisieren ist, daß die Sicherung der konkreten (materiellen) Lebenswirklichkeit (Fleisch essen – mit Brot sättigen) als Erfahrbarmachung der Exoduswirklichkeit selbst zu verstehen ist (vgl. in diesem Zusammenhang die engen literarischen Querverbindungen zwischen Ex 16,11+12 und 16,6–7aα+8bβ, wobei

Ex 16,11+12   Und Jahwe redete zu Mose folgendermaßen :
Ich habe das Murren der Israelsöhne gehört.
Rede zu ihnen folgendermaßen :
Zwischen den Abendstunden werdet ihr Fleisch essen,
und am Morgen werdet ihr euch mit Brot sättigen,
und ihr werdet erkennen,
daß ich Jahwe, euer Gott, bin.

Ganz abweichend von der üblichen Verfahrensweise erzählt die Priesterschrift nicht sogleich die Erfüllung des hier Angesagten.[138] Der auf diese Weise angezeigte nicht abgeschlossene Charakter der Erzähleinheit Ex 16, 1–12* hat Verweisfunktion im Blick auf ein erst im weiteren Verlauf zu erzählendes, noch ausstehendes Geschehen. Der von der Priesterschrift angezielte literarische Zusammenhang wird durch die abschließende Erkenntnisaussage in Ex 16,12b „und ihr werdet erkennen, daß ich Jahwe, euer Gott, bin" angezeigt, die auf die entsprechende Erkenntnisaussage in Ex 29,46 verweist.[139] Aufgrund des so bestehenden Zusammenhangs wird die Erfüllung des in Ex 16,11+12 angesagten Geschehens gerade in der im Mittelteil der priesterschriftlichen Sinaigeschichte thematisierten Errichtung der Wohnung Jahwes zu suchen sein. Das Wohnen Jahwes inmitten der Israelsöhne erscheint von daher geradezu als Zeichen dafür, daß Jahwe als der Exodusgott die Lebenswirklichkeit seines Volkes in all ihren Dimensionen sichern wird.[140]

---

hier vor allem die Akzentverschiebung der Jahwerede Ex 16,11+12 gegenüber der Mose-Aaron-Rede Ex 16,6–7abα+8bβ von Interesse ist).

[138] Der für P^g generell als charakteristisch anzusehende Zusammenhang von Wort und Erfüllung (vgl. nur die Übersicht bei WEIMAR, Struktur I, 120–123 [dort weitere Literaturhinweise]) hat die Forschung weitgehend dahin bestimmt, eine Fortsetzung des genuin priesterschriftlichen Erzählzusammenhangs über Ex 16,12 hinaus anzunehmen (vgl. dazu Anm. 125); der literarisch in sich geschlossene Charakter von Ex 16,1–12* (vgl. das Phänomen der doppelten inklusorischen Verklammerung) spricht jedoch eher dafür, den Umfang des priesterschriftlichen Textes nicht über Ex 16,12 hinauslaufen zu lassen (anders jüngst L. SCHMIDT, Die Priesterschrift in Ex 16, ZAW 119 [2007] 483–498). Trifft die so angenommene Abgrenzung zu, dann kann Ex 16,1–12* – analog zum priesterschriftlichen Werk insgesamt – nur als eine Erzähleinheit mit einem „offenen Schluß" charakterisiert werden (vgl. dazu vor allem BORCHERT, Stil, 125 ff.), deren Ziel sich nicht in ihr selbst erfüllt, sondern über sich hinausweist.

[139] Zum angezeigten Zusammenhang vgl. WEIMAR, Meerwundererzählung, 214 f. 225 f.

[140] Sind die hier im Blick stehenden Zusammenhänge als gültig anzusehen, dann bestätigt sich auch von dieser Seite her das schon im Rahmen der Analyse der priesterschriftlichen Heiligtumsbestimmungen selbst gewonnene Ergebnis, daß beim „Zelt der Begegnung" die kultische Funktion nicht im Vordergrund steht, sondern unverkennbar das theologische Moment der bleibenden Zusage Jahwes als des Exodusgottes bestimmend ist.

Aber auch das in Lev 9,1–24* erzählte Geschehen wird nur aus der Verbindung mit der im Zentrum der Sinaigeschichte berichteten Errichtung der Wohnung Jahwes verständlich (vgl. nur die entsprechenden Stichwortverbindungen).[141] Wenn hier die (erste) Darbringung eines Sünd- und Brandopfers (in dieser Reihenfolge!) durch Aaron am neu errichteten Heiligtum berichtet wird, dann steht dabei nicht die Installation des Kultes im Vordergrund.[142] Als Grund für das von Aaron für sich und das Volk als Sühne darzubringende Opfer wird das Erscheinen (der Herrlichkeit) Jahwes genannt (Lev 9,4b).[143] Die im Erscheinen der Herrlichkeit Jahwes sich manifestierende Präsenz Jahwes inmitten seines Volkes verlangt auf der anderen Seite ein neues „schöpfungsgemäßes" Israel, für das die seine Existenz faktisch bestimmende Sünde-Unheil-Relation von Seiten Gottes her aufgehoben ist und an dem sich exemplarisch zeigt, was Jahwe mit der Welt insgesamt vorhat.[144] Damit stellt sich dann aber die Frage nach der Funktion der Sinaigeschichte im Rahmen der priesterschriftlichen Geschichtsdarstellung überhaupt.

---

[141] Vgl. neben der Erzähleinleitung in Lev 9,1* vor allem das dichte Geflecht von Rückverweisen am Schluß der Erzählung in Lev 9,23+24b („Zelt der Begegnung", „Herrlichkeit Jahwes", „sehen" und „segnen").

[142] Anders stellt sich der Sachverhalt auf der Ebene der den genuin priesterschriftlichen Erzählzusammenhang bearbeitenden Redaktionen dar, was nicht nur an der Einbindung von Lev 9* in den Rahmen der umgreifenderen Erzählfolge Lev 8–10, sondern auch an der Vorschaltung der Opfergesetze Lev 1–7 erkennbar wird; weitergehende Differenzierungen würden sich bei hinreichender Beachtung der verwickelten literargeschichtlichen Probleme in den genannten sowie den damit zusammenhängenden Textbereichen ergeben.

[143] In die gleiche Richtung weisen auch kompositionskritische Beobachtungen, insofern nämlich nicht nur das innere Gefälle der drei szenischen Einheiten in Lev 9,1–24* (1–5*||7–21*||23+24b) auf die Schlußszene mit der Erscheinung der „Herrlichkeit Jahwes" hinläuft, sondern auch die zwischen der ersten und dritten szenischen Einheit zu konstatierende Technik der Verklammerung (vgl. hier nur die Entsprechung der Aussagen 9,4b und 23b). Anhand der kompositorischen Gestalt der Erzähleinheit Lev 9,1–24* werden zugleich deren theologische Leitlinien erkennbar, wobei im vorliegenden Zusammenhang vor allem die auf das Motiv der Erscheinung der „Herrlichkeit Jahwes" bezogenen abschließenden Aussagen der ersten und dritten Szene von Interesse sind (9,5b und 24b). Die dort jeweils in bezug auf die „ganze Gemeinde" bzw. „das ganze Volk" gemachten Aussagen lassen sich m.E. nicht auf einen kultischen Bedeutungsgehalt einschränken (vgl. den innerhalb von Lev 9,1–24* leitmotivisch, wenn auch keineswegs einsinnig verwendeten Wortstamm qrb [9,2b.5b.7a.7b.8a.15a]), sondern signalisieren darüber hinaus ihre Hinwendung zu der in der Erscheinung der „Herrlichkeit Jahwes" sich kundtuenden Präsenz Jahwes (vgl. die Kombination von qrb und $ʿmd\ lipnê\ JHWH$ in 9,5b [korrespondierend dazu Ex 16,9] und die Wortverbindung $npl\ ʿal\ pānîm$ in 9,24b [zum Vorkommen bei P^g vgl. M. OLIVA, Las revelaciones a los patriarcas en la historia sacerdotal, Bib 55, 1974, 1–14 (6)]).

[144] Vgl. dazu JANOWSKI, Sühne, 311 f.358 f.

2. Die Funktion der Sinaigeschichte im Rahmen der priesterschriftlichen Geschichtsdarstellung

Der Begriff der „Herrlichkeit Jahwes" ist als ein alle drei Erzähleinheiten der Sinaigeschichte zusammenbindendes, zugleich jedoch darüber hinausgreifendes Motiv anzusehen, das so auch in besonderem Maße geeignet ist, die erzählerische Funktion der Sinaigeschichte im größeren Rahmen des priesterschriftlichen Werkes sichtbar zu machen. Entsprechend dem Doppelcharakter des Heiligtums als „Wohnung Jahwes" und „Zelt der Begegnung" ist auch für die „Herrlichkeit Jahwes" ein doppelter Aspekt kennzeichnend. Insofern sie sich auf dem Berg Sinai niederläßt (Ex 24,16aα) sowie die Wohnung Jahwes erfüllt (Ex 40,34b), ist die „Herrlichkeit Jahwes" vorrangig Ausdruck der Präsenz Jahwes bei seinem Volk. Dem tritt in den beiden Rahmenteilen der Sinaigeschichte (Ex 16,1–12* und Lev 9, 1–24*) die Vorstellung von einem Erscheinen der „Herrlichkeit Jahwes" gegenüber, deren Objekt jeweils ganz Israel ist (Ex 16,9+10* und Lev 9, 23+24b).[145] In der von der Priesterschrift wohl bewußt aufgebauten Spannung von Gegenwärtigkeit und Erscheinen der „Herrlichkeit Jahwes" wird das dialektische Verhältnis beider Größen zueinander erkennbar. Die „Herrlichkeit Jahwes" meint so im Verständnis des priesterschriftlichen Erzählers nicht einen in sich ruhenden Dauerzustand, sondern einen dynamischen Prozeß, in dem immer wieder aktuell die Nähe und Zuwendung des neue Lebensmöglichkeiten eröffnenden und gegenwärtige Lebenswirklichkeit sichernden Exodusgottes sich kundgibt.[146]

Von tragender Bedeutung für den von der Priesterschrift angezielten Verständnishorizont des mit „Herrlichkeit Jahwes" Gemeinten ist die Doppeldeutigkeit des Begriffes im Rahmen der die Sinaigeschichte eröffnenden Erzähleinheit Ex 16,1–12* anzusehen.[147] Wird der Begriff in Ex 16, 10b ganz im Sinne der weiteren Sinaigeschichte verwendet, zeichnet sich demgegenüber in Ex 16,6+7* ein deutlich davon unterschiedenes Verständnis ab:

Ex 16,6+7* Und Mose und Aaron sprachen zur Gesamtheit der Israelsöhne:

    Des *Abends,* da werdet ihr erkennen,
    daß Jahwe euch herausgeführt hat aus dem Lande Ägypten,

---

[145] Die Verteilung der Aussagen über die „Herrlichkeit Jahwes" im Rahmen der Sinaigeschichte verrät die genau disponierende Hand des priesterschriftlichen Erzählers, was nicht zuletzt auch anhand des Spannungsverhältnisses zwischen den auf die „Herrlichkeit Jahwes" bezogenen Aussagen im Mittelteil sowie in den beiden Rahmenteilen der priesterschriftlichen Sinaigeschichte erkennbar wird, worin sich präzis die innere Spannung in der Heiligtumskonzeption von P^g selbst widerspiegelt.

[146] Zu den entsprechenden Zusammenhängen vgl. die knappe Skizze bei WEIMAR, Meerwundererzählung, 211–214.

[147] Vgl. dazu die Hinweise bei RUPRECHT, Stellung, 291–293.

und des *Morgens,* da werdet ihr die Herrlichkeit Jahwes sehen, indem er euer Murren gegen Jahwe gehört hat.

Der Bedeutungsgehalt des nominalen Ausdrucks „Herrlichkeit Jahwes" erschließt sich hier aufgrund der Parallelität zur verbalen Aussage „daß Jahwe euch herausgeführt hat aus dem Lande Ägypten", insofern sich diese als solche wechselseitig interpretieren. Unverkennbar steht mit beiden Aussagen das im Meerwunder sich ereignende Geschehen der „Schöpfung" des Jahwevolkes im Blick (vgl. die Aussagen Ex 14,4a und 17+18* in Verbindung mit Ex 12,41), wobei in dem Ausdruck „Herrlichkeit Jahwes" konkret auf das Sich-Herrlich-Erweisen Jahwes den Ägyptern gegenüber angespielt sein wird.[148] Einen zusätzlichen Akzent bekommt die Aussage von Ex 16,6+7* dadurch, daß der auf die Befreiung aus Ägypten bezogene Erkenntnisprozeß als ein in der Zukunft sich beständig ereignendes Geschehen gekennzeichnet ist.[149] Angesichts der Stellung von Ex 16,6+7* am Beginn der Sinaigeschichte ergeben sich von daher durchaus Konsequenzen im Blick auf ein Verständnis des Ausdrucks „Herrlichkeit Jahwes" innerhalb des Rahmens der Sinaigeschichte. Die (beständige) Erfahrung der Exoduswirklichkeit („Herrlichkeit Jahwes") hat für die Existenz Israels gewissermaßen konstitutive Bedeutung, insofern darin zum Ausdruck gebracht wird, daß Israel nur aufgrund des Exodus als „Volk Jahwes" bestehen kann. Die Gegenwärtigkeit der „Herrlichkeit Jahwes" im Heiligtum ist Ausdruck gerade dieser lebensnotwendigen Funktion des Exodusgeschehens.

Sind diese Beobachtungen als zutreffend anzusehen, dann bestätigt sich auch von dieser Seite her nochmals, daß die „Schöpfung" des Jahwevolkes nicht schon mit dem Exodusgeschehen selbst, sondern erst am Sinai definitiv abgeschlossen ist. Die „Herrlichkeit Jahwes" ist jene Israel auszeichnende neue Wirklichkeit, die es im Sinne einer Zusage endgültig zum

---

[148] Die Bezugnahmen von Ex 16,6+7* auf die Meerwundererzählung und damit auf die ganze priesterschriftliche Exodusgeschichte (vgl. WEIMAR, Meerwundererzählung, 212) sind in Zusammenhang mit den auch sonst zu beobachtenden intensiven Rückverweisen auf die Exodusgeschichte im Rahmen von Ex 16,1–12* zu sehen, wobei aber Ex 16,6+7* insofern ein besonderes Gewicht zukommt, als hier – am Beginn der Sinaigeschichte und im Blick hierauf – das in der Vergangenheit liegende Exodusgeschehen („daß Jahwe euch herausgeführt hat aus dem Lande Ägypten"||„Herrlichkeit Jahwes") als Inhalt eines zukünftigen Erkenntnisprozesses („da werdet ihr erkennen"||„da werdet ihr sehen") erscheint.

[149] Vgl. dazu RUPRECHT, Stellung, 284. – Das besondere Profil der Aussage von Ex 16,6+7* wird auch anhand eines Vergleichs mit Ex 16,11+12 erkennbar, wo zwar die Zeitbestimmung mit Hilfe der beiden polaren Begriffe „am Abend ... und am Morgen" (jeweils mit syndetischem Anschluß der nachfolgenden Erkenntnisaussage) aufgegriffen, zugleich aber im Sinne konkreter Zeitangaben abgewandelt wird („zwischen den Abendstunden ... und am Morgen").

"Volk Jahwes" werden läßt. Aber auch der von Ex 14* her im Ausdruck „Herrlichkeit Jahwes" enthaltene Aspekt des rettend-richtenden Handelns Jahwes bleibt im Blick auf den weiteren Ablauf des priesterschriftlichen Werkes von Bedeutung. Ausdrücklich thematisiert ist dieser Aspekt in den beiden Erzähleinheiten Num 13/14* und 20,1–12*, die unmittelbar auf die Sinaigeschichte folgen und als solche aufeinander hin parallelisiert sind.[150] In beiden Fällen handelt es sich um eine „Sündenfallerzählung", insofern einerseits die schöpfungsgemäße Qualität des Landes in Frage gestellt (Num 13,32bα in Verbindung mit Num 14,7)[151] und andererseits die schöpferische Macht des Wortes Jahwes in Zweifel gezogen wird (Num 20, 10).[152] Die grundsätzliche Dimension des Geschehens wird in dem das ganze bisherige Heilshandeln Jahwes infragestellenden Todeswunsch der

---

[150] Die beiden thematisch (LOHFINK, Ursünden, 184–189) als auch formal aufeinander hin parallelisierten Erzähleinheiten Num 13/14* und 20,1–12* (vgl. WEIMAR, Struktur II, 143 f.) bilden zusammen mit den ihnen zugeordneten Erzähleinheiten Num 20,22–29* und Num 27,12–23* + Dtn 34,7–9* (Investitur Eleasars bzw. Josuas und Tod Aarons bzw. Moses) den größeren Komplex der sog. „Landgabegeschichte", die ihrerseits in einem – auch interpretatorisch bedeutsamen – Korrespondenzverhältnis zur Exodusgeschichte steht und die so mit dieser zusammen einen Rahmen um die im Zentrum plazierte Sinaigeschichte bildet (vgl. WEIMAR, Struktur II, 141–148).

[151] Vgl. in diesem Zusammenhang das antithetische Gegenüber der „Landbeurteilungen" in Num 13,32bα und 14,7b (dazu WEIMAR, Struktur I, 132 Anm. 143). – Zur literarisch-stilistischen Analyse der priesterschriftlichen „Kundschaftererzählung" Num 13/14*, deren literarischer Grundbestand m.E. auf Num 10,11abα.12b + 13,1.2a.3aα. 17aβ.21.25.32abα; 14,2.5*.6.7.10.26*.27b*.28aα*.35b.37.38 einzugrenzen ist, vgl. vor allem S.E. MCEVENUE, The Narrative Style of the Priestly Writer (AnBib 50), Rom 1971, 90–144, zur Interpretation insbesondere LOHFINK, Ursünden, 184ff; inwieweit in Num 13/14 überhaupt mit einem priesterschriftlichen Erzählfaden zu rechnen ist, ist derzeit Gegenstand einer laufenden Debatte (etwa von POLA, Priesterschrift, 92–94 und – im Gefolge von OTTO, Forschungen, 16 f. – von R. ACHENBACH, Die Erzählung von der gescheiterten Landnahme von Kadesch Barnea [Numeri 13-14] als Schlüsseltext der Redaktionsgeschichte des Pentateuchs, ZAR 9 [2003] 56–123). – Zu den Problemen der literarkritischen Analyse von Num 13/14 vgl. MITTMANN, Deuteronomium, 42–55, jedoch mit abweichendem Ergebnis von der hier vorgeschlagenen Textausgrenzung; zur gegenwärtigen Diskussion vgl. vor allem die beiden umfänglichen Untersuchungen von N. RABE, Vom Gerücht zum Gericht. Revidierte Text- und Literarkritik der Kundschaftererzählung Numeri 13.14 als Neuansatz der Pentateuchforschung (THLI 8), Tübingen-Basel 1994 und B.R. KNIPPING, Die Kundschaftergeschichte Num 13-14. Synchrone Beschreibung – diachron orientierte Betrachtung – fortschreibungsgeschichtliche Verortung (THEOS 37), Hamburg 2000; zur Diskussionslage selbst vgl. den Exkurs bei FREVEL, Blick, 125–133.

[152] Als priesterschriftlicher Grundbestand in Num 20,1–12* sind wohl nur die Aussagen in Num 20,1aα*.2.3b.6.7.8a*.10.12 anzusehen (vgl. auch ZENGER, Israel, 62–64; zur gegenwärtigen Diskussionslage vgl. FREVEL, Blick, 306–336; für einheitlich wird Num 20,1–13 von M. MARGALIOT, The Transgression of Moses and Aaron – Num 20,1–13, JQR 74 [1983] 196–228 gehalten); zur Interpretation vgl. LOHFINK, Ursünden, 187 ff.

„Gemeinde" aufgedeckt (Num 14,2 und 20,3b). Jeweils wird von einer Erscheinung der „Herrlichkeit Jahwes" berichtet (Num 14,10b und 20,6). Das daraufhin erfolgende Gericht Jahwes erstreckt sich nur auf die „Sünder" selbst („Kundschafter" bzw. Mose und Aaron), nicht aber auf die ganze Gemeinde[153]. Diese kann als solche nicht scheitern, da sie durch die Errichtung des Heiligtums unter dem Garantiezeichen der bleibenden Präsenz Jahwes steht, worin sich zugleich die im Erscheinen des „Bogens in den Wolken" sich konkretisierende Bundeszusage an Noach auswirkt.[154]

3. Die priesterschriftliche Sinaigeschichte als utopischer Entwurf

Werden die in der Metapher von der „Herrlichkeit Jahwes" sich auftuenden Zusammenhänge beachtet, dann ist die priesterschriftliche Sinaigeschichte als ein umgreifender theologischer Entwurf zu verstehen. Im Gegensatz zu dem häufig für die Priesterschrift reklamierten „priesterlich-kultischen" Charakter muß die beim Entwurf des Heiligtums in dieser Hinsicht geübte Zurückhaltung auffallen. Betont ist das Heiligtum der Priesterschrift als ein transportables Gebilde (Zelt) ohne Inneneinrichtung vorgestellt. Alle Merkmale eines Tempels fehlen hierbei. Auch wenn sich der Entwurf des Heiligtums der Priesterschrift hinsichtlich seiner Ausmaße am Vorbild des salomonischen Tempels orientiert (vgl. 1 Kön 6,2+3), so handelt es sich dabei jedoch keineswegs um eine Legitimationsfigur des (neu zu errichtenden) Jerusalemer Tempels.[155] Eher wird das „Zelt der Begegnung" als kritisches Gegenmodell gegenüber den vielfältigen Bemühungen der nachexilischen Gemeinde um einen Wiederaufbau des Tempels als des sichtbaren Zeichens der Hoffnung auf das eschatologische Kommen Jahwes zu werten sein.[156]

---

[153] Zum thematischen Zusammenhang vgl. die Hinweise bei WEIMAR, Meerwundererzählung, 234 f. – In beiden „Sündenfallerzählungen" bei P^g – vor allem jedoch in Num 13/14* – wird das Ringen des Erzählers um eine Begrenzung des göttlichen Gerichtswillens erkennbar, der angesichts der grundsätzlichen Dimension des „Murrens" der Israeliten auch die Gemeinde selbst treffen müßte.

[154] Vgl. die jeweils an exponierter Stelle im Rahmen der beiden „Sündenfallerzählungen" Num 13/14* und 20,1–12* begegnende Aussage vom Erscheinen der „Herrlichkeit Jahwes" (Num 14,10b und 20,6b), worin eine Anspielung auf die Zusage an Noach Gen 9,14 gesehen werden kann (so ZENGER, Gottes Bogen, 176).

[155] Vgl. in diesem Zusammenhang den gut informierenden knappen Überblick über die Wertung des „Zeltes der Begegnung" in der neueren Forschung (seit J. Wellhausen) bei JANOWSKI, Sühne, 328–336.48 (Literaturnachträge).

[156] Zur Sache vgl. T.E. FRETHEIM, The Priestly Document: Anti-Temple?, VT 18 (1969) 313–329. – Mitten in die Diskussion um solche Bemühungen der nachexilischen Gemeinde führt die Prophetie des Haggai hinein, deren ursprüngliche Strukturlinien hinter dem jüngeren chronistischen Rahmen noch mit einiger Gewißheit erkennbar sind; ohne hier auf die Probleme der Analyse von Haggai eingehen zu können (als Textentstehungsmodell wird hier mit einer vorchronistischen Grundschicht sowie einer chronisti-

Die Perspektive, aus der heraus die Priesterschrift „ihr" Zeltheiligtum versteht, wird aus der Analogie zur Arche der Fluterzählung greifbar, in der Gottes rettend-richtendes Handeln Gestalt gewinnt. Die gleiche Qualität mißt die Priesterschrift aber auch dem „Zelt der Begegnung" zu. Von seiner ganzen Anlage her trägt das Zeltheiligtum ganz und gar den Charakter eines utopischen Entwurfes.[157] Entsprechend seinem Doppelcharakter ist es im Verständnis der Priesterschrift sowohl Stätte der Gegenwart als auch Stätte der Begegnung Jahwes als des Gottes, der Israel im Exodus einen Raum der Freiheit und Freude eröffnet hat. Das Entscheidende des Sinaigeschehens ist für priesterschriftliche Theologie so auch nicht der Gottesdienst („Dienst Jahwes"), wie am Sinai auch keine Gebote gegeben werden und keine Kultordnung erlassen wird. Im Zentrum steht für die Priesterschrift vielmehr die Feier eines Festes der Erlösten, an dem sich das am Sinai definitiv zum „Volk Jahwes" gewordene Israel seiner durch Jahwe gewonnenen neuen Freiheit erfreut.[158]

All dies bekommt nochmals eine neue Dimension dadurch, daß das Heiligtum vom Sinai nach einem himmlischen Urbild gebaut werden soll. Entsprechend dem Charakter des Heiligtums als Sinnmitte und Vollendung der Schöpfung – ein Zusammenhang, welcher durch die vielfältigen Bezugnahmen auf die „Schöpfungsgeschichte" (in dem Gegenüber von Schöpfungs- und Fluterzählung) aufgedeckt wird – hat der „Kult" am Sinai zugleich auch eine schöpfungstheologische Dimension, insofern in der Festesfreude und im Jubel des befreiten Israel exemplarisch sichtbar werden soll, auf welches Ziel hin die Welt als ganze entworfen ist. Von daher der zweigestuften Abfolge von Schöpfung und Flut) und „Schöpfung" des bekommt auch die bewußte Parallelisierung von Schöpfung der Welt (in Jahwevolkes (in der zweigestuften Abfolge von Exodus und Sinai) durch die Priesterschrift ihren inneren Sinn. Die „Schöpfung" des Jahwevolkes, die sich in der Errichtung des Heiligtums am Sinai vollendet, wird aus der Beziehung zur Schöpfung grundlegend neu begründet und gewinnt auf diese Weise eine geradezu urzeitliche Dimension.

---

schen und „nachchronistischen" Bearbeitung gerechnet), kann zumindest der wohl auf Haggai zurückgehende Grundtext der Prophetenworte als Reflex der nachexilischen Auseinandersetzungen um den Wiederaufbau des Tempels verstanden werden (vgl. dazu – im Blick auf den vorliegenden Zusammenhang – O.H. STECK, Zu Haggai 1,2-11, ZAW 83 [1971] 355-379; E. ZENGER, Israels Suche nach einem neuen Selbstverständnis zu Beginn der Perserzeit, BiKi 39 [1984] 123-135 [127-131] und H. W. WOLFF, Haggai [BK XII], Neukirchen-Vluyn 1986).

[157] Vgl. dazu auch WEIMAR, Freiheit, 86-90 und ZENGER, Israels Suche, 134.
[158] Vgl. WEIMAR, Kult, 76.

9. „... inmitten der Söhne Israels" (Ex 29,45)
Aspekte eines Verständnisses Israels im Rahmen der priesterschriftlichen Geschichtserzählung

In einer eindringlichen Studie zum Verständnis der Kirche in den Gedichten Ephräms des Syrers hat Winfrid Cramer, dem die folgenden Überlegungen in Dankbarkeit gewidmet sind, gezeigt, daß Ephräm „die Kirche als Ort der beständigen Gegenwart des Emanu El, des ‚Gott mit dir zu jeder Zeit, da er sich vereint mit seinen Gliedern', betrachtet".[1] Indirekt scheint damit Ephräm der Syrer eine Vorstellung aufzunehmen, wie sie innerhalb des Alten Testaments gerade in dem der Priesterschrift zuzurechnenden Geschichtsentwurf zu fassen ist. Wenn im folgenden der Versuch unternommen wird, einige grundlegende Aspekte eines Verständnisses Israels im Deutehorizont der priesterschriftlichen Geschichtserzählung nachzuzeichnen, dann soll hierbei nicht in erster Linie von der für die priesterschriftliche Geschichtserzählung (P^g) eigentümlichen Begrifflichkeit ausgegangen werden,[2] sondern vielmehr von einer Entfaltung der thematisch-konzeptionellen Leitlinien innerhalb der vom priesterschriftlichen

---

[1] W. CRAMER, „Garten des Lebens". Ekklesiologische Gedanken in Gedichten Ephräms des Syrers, in: Licht aus dem Ursprung. Kirchliche Gemeinschaft auf dem Weg ins 3.Jahrtausend, hg. von P. Reifenberg u.a., Würzburg 1998, 80–106 (91); eine erste Fassung dieses Beitrags (ohne Anmerkungen) ist erschienen unter dem Titel: „Garten des Lebens". Die Kirche in Gedichten Ephräms des Syrers, in: Briefe aus der Abtei Gerleve 3/1997, 8–26 (17).

[2] Neben der klassischen Studie von L. ROST, Die Vorstufen von Kirche und Synagoge im Alten Testament. Eine wortgeschichtliche Untersuchung, Stuttgart 1938 (BWANT 76), Stuttgart 1938 = ND Darmstadt ²1967 sind aus der jüngeren Diskussion etwa zu nennen: W.P. WOOD, The Congregation of Yahweh: A Study of the Theology and Purpose of the Priestly Document, Diss. Richmond/Virginia 1974; B. JEYARAJ, The People of God in the Priestly Source, IJT 28 (1979) 129–134; W. GROSS, Israels Hoffnung auf die Erneuerung des Staates, in: Unterwegs zur Kirche. Alttestamentliche Konzeptionen (QD 110), hg. von J. Schreiner, Freiburg/Brsg. u.a.1987, 87–122 (88–103); F.-L. HOSSFELD, Volk Gottes als „Versammlung", ebd. 123–142 (135–142); M. BAUKS, Les notions de «peuple» et de «terre» dans l'œuvre sacerdotale (P^g), Trans 30 (2005) 19–36 (25–30) sowie die zusammenfassenden Lexikonartikel ʿedāh und qāhāl in ThWAT V (1986), 1079–1093 und VI (1989) 1204–1222 (jeweils mit ausführlichen Literaturangaben).

Erzähler intendierten literarischen Zusammenhänge.³ Vor dem Hintergrund des kompositorischen Gesamtgefüges des die Geschichte Israels im engeren Sinne darstellenden zweiten Teils der priesterschriftlichen Geschichtserzählung (I) sind die Besonderheiten und Strukturlinien des sie auszeichnenden Israelverständnisses zu entwerfen, wie sie einerseits aufgrund des literarisch-thematischen Zusammenhangs der Exodus- und Sinaierzählung (II) sowie andererseits innerhalb der nachsinaitischen „Landgabeerzählung" greifbar werden (III).

I. Der zweite Teil der Priesterschrift als Geschichte der Söhne Israels

Entsprechend dem für die Darstellung der priesterschriftlichen Geschichtserzählung charakteristischen ausgesprochenen Formbewußtsein, wie es nicht zuletzt anhand der „Herstellung eines wohlgeordneten Aufbaus"⁴ in Erscheinung tritt, darf deren Anlage in ihrer Gesamtheit wie in ihren einzelnen Kompositionsteilen nicht bloß als eine ornamentale Erscheinung angesehen, sondern kann hinsichtlich der Strenge der Durchführung nur als Ausprägung eines sich darin Ausdruck verschaffenden theologischen Aussagewillens verstanden werden. Bei Beachtung der die priesterschriftliche Geschichtserzählung auszeichnenden Kompositionsgesetzmäßigkeiten⁵ empfiehlt sich eine Zweiteilung hinsichtlich der Gesamtanlage, wofür aber nicht die Aufgliederung in einen Welt- und Israel-Kreis als Strukturierungsprinzip bestimmend ist,⁶ sondern eine mittels Leitwortstil sich erschließende, literarisch-thematische Zusammenhänge freilegende Anlage in zwei Teilen, deren thematischer Leitgedanke jeweils an deren Abschluß (Ex 1,7* bzw. Dtn 34,9) eine besondere Akzentuierung erfährt.⁷

---

³ Vgl. hierzu schon die Übersichtsdarstellung bei E. ZENGER, Israels Suche nach einem neuen Selbstverständnis zu Beginn der Perserzeit, BiKi 39 (1984) 123–135 (131–135).

⁴ H. HOLZINGER, Einleitung in den Hexateuch, Freiburg/Brsg.-Leipzig 1893, 364.

⁵ Hierzu näherhin P. WEIMAR, Struktur und Komposition der priesterschriftlichen Geschichtsdarstellung I, BN 23 (1984) 81–134 und II, BN 24 (1984) 138–162.

⁶ So O.H. STECK, Aufbauprobleme in der Priesterschrift, in: Ernten, was man sät (FS K. Koch), hg. von D.R. Daniels u.a., Neukirchen-Vluyn 1991, 287–308 (305 ff.), dem sich jüngst E. ZENGER, Einleitung in das Alte Testament (Studienbücher Theologie 1,1), Stuttgart u.a. ⁶2006, 167 ff. und DERS., Art. Priesterschrift, TRE 27 (1996) 435–446 (440) – in Korrektur seiner früheren Auffassung – angeschlossen hat.

⁷ So P. WEIMAR, Untersuchungen zur priesterschriftlichen Exodusgeschichte (fzb 9), Würzburg 1973, 25 ff. und DERS., Struktur II, 147 f.156 ff. sowie E. ZENGER, Gottes

I. Der zweite Teil der Priesterschrift als Gesichte der Söhne Israels 321

Ohne den hier im einzelnen anstehenden Fragen im Rahmen der vorliegenden Untersuchung detailliert nachgehen zu können, sollen dennoch die für die Gesamtanlage der priesterschriftlichen Geschichtserzählung bedeutsamen Beobachtungen mitgeteilt werden, sofern sich aufgrunddessen Aufschlüsse hinsichtlich der damit verbundenen theologischen Programmatik ergeben: 1. Daß Ex 1,7* (ohne ויעצמו) eine nicht auf die Verheißungen v.a. an Abraham einzuschränkende, sondern darüber hinausweisende, Gen 1,28* und 9,1+7 gleichermaßen einbeziehende Erfüllungsnotiz darstellt, ist eine aufgrund des Vorkommens des Verbums שרץ (Gen 9,7b) wie der durch מלא und הארץ gebildeten Wortverbindung sich nahelegende Vermutung, die eine zusätzliche Stütze bei Mitberücksichtigung der Ex 1,7* korrespondierend gegenübertretenden, im Unterschied hierzu streng auf den Rahmen der Vätergeschichte beschränkten Erfüllungsnotiz Gen 47,27b erfährt.[8] Aufgrund der durch Gen 1,28* und Ex 1,7* gebildeten inklusorischen Verklammerung erscheint die in Ex 1,7* festgehaltene Mehrung der Israelsöhne als Erfüllung der in die Schöpfung selbst hineingelegten Segenszusage.[9] Indem sie sich für die Israelsöhne im fremden Land (Ägypten) erfüllt, unterstreicht P^g nachdrücklich den durch Ex 1,7* markierten tiefen Einschnitt im Erzählablauf. – 2. Als generelle, über den unmittelbaren Erzählzusammenhang hinausweisende Aussage hat Ex 1,7* geradezu ein doppeltes Gesicht. Als Erfüllungsnotiz stellt der Vers ein komplex angelegtes Schlußwort unter die Reihe der Mehrungsverheißungen dar, worin zugleich eine systematisierende Tendenz zur Periodisierung des Geschichtsablaufs zum Ausdruck kommt.[10] Doch ist Ex 1,7* nicht bloß eine prägnante Zusammenfassung des den vorangehenden Erzählteil auszeichnenden Leitgedankens, sondern zugleich auch Eröffnung eines neuen Spannungsbogens. Signifikant hierfür ist die inversionsbetonte erstmalige, durch Ex 1,1aα vorbereitete Nennung der „Söhne Israels" (בני ישראל) im Sinne von Israelsöhnen in Ex 1,7aα, womit genau an der Schnittstelle der beiden Kompositionsteile der priesterschrift-

---

Bogen in den Wolken. Untersuchungen zu Komposition und Theologie der priesterschriftlichen Urgeschichte (SBS 112), Stuttgart 1983 (^{2}1987), 137 ff.

[8] Die von P^g anvisierten Zusammenhänge erschließen sich nicht zuletzt vom Vorkommen der Mehrungsformel her (vgl. hierzu die tabellarischen Übersichten bei N. LOHFINK, Die Priesterschrift und die Geschichte, in: Congress Volume Göttingen 1977 [VT. S 29], hg. von W. Zimmerli, Leiden 1978, 189–225 = DERS., Studien zum Pentateuch [SBAB 4], Stuttgart 1988, 213–253 [246 mit Anm. 87]; ZENGER, Gottes Bogen, 38 und DERS., Einleitung, 165 f.; T. POLA, Die ursprüngliche Priesterschrift. Beobachtungen zur Literarkritik und Traditionsgeschichte von P^g [WMANT 70], Neukirchen-Vluyn 1995, 356), wobei aber in der Auswertung des Befundes jeweils eigene Akzente gesetzt werden.

[9] Die Annahme eines großkompositionell bedeutsamen Einschnitts mit Ex 1,7* stützt sich keineswegs allein auf die durch Gen 1,28* und Ex 1,7* gebildete Inklusion, sondern schließt auch weitere Beobachtungen ein, die sich am ehesten unter Voraussetzung eines von Gen 1,1 bis Ex 1,7* reichenden Kompositionszusammenhangs verständlich machen lassen (vgl. hierzu nur WEIMAR, Struktur I und II).

[10] Die aus dem Erzählzusammenhang herausgehobene triadische Aussagefolge von Ex 1,7* kann – worauf schon B. JACOB, Das Buch Exodus, Stuttgart 1997, 6 hingewiesen hat – keineswegs als eine fortschreitend steigernde Reihung verstanden werden, sondern folgt eigenen Gesetzmäßigkeiten (vgl. die Korrespondenz von Ex 1,7aα und 7b in Abhebung von der so umschlossenen mittleren Aussage Ex 1,7aβ*), wobei im Arrangement der Satzglieder indirekt auch übergreifende Bezugnahmen kompositorischer Art erkennbar werden.

lichen Geschichtserzählung das für die ganze weitere Darstellung von P^g bestimmende Handlungssubjekt eingeführt ist; vor dem Hintergrund des ersten Kompositionsteils ist in der Israel bevorzugt kennzeichnenden Filiationsangabe eine es in besonderer Weise heraushebende Würdebezeichnung zu sehen.[11] – 3. Unter Auswertung der Mehrdeutigkeit des absolut gebrauchten Wortes הארץ wird mit Ex 1,7b einerseits die Erfüllung der Mehrungsverheißung von Gen 1,28 und 9,1 festgehalten, andererseits aber schon die Leitkategorie des ganzen nachfolgenden Kompositionsteils eingeführt und damit die abschließende Erfüllungsnotiz nach vorne geöffnet. Das Thema der Verheißung des Besitzes des Landes, das erstmals gerade in der Mitte des ersten Kompositionsteils in Gen 17,7+8 eingeführt ist, wird, nachdem in Ex 1,7b das Stichwort „Land" schon Erwähnung gefunden hat, zu Beginn des zweiten Kompositionsteils mit explizitem Rückbezug auf den Abrahambund wieder aufgegriffen (Ex 6,4) und zum Ausgangspunkt einer neuen Erzählbewegung gemacht (Ex 6,8). Die hier miteinander verbundenen beiden thematischen Akzentsetzungen der Verheißung der Landgabe und des Hinkommenlassens ins Land finden in Num 20,12 eine spannungsvolle Aufnahme, wobei das Thema des Hinkommens ins Land mit Hilfe der Wanderungsnotizen (Ex 16,1* und 19,1 sowie Num 20,1aα* und 22b) wachgehalten wird, während das Thema der Landgabe erst im nachsinaitischen Erzählkomplex wieder eine (auch thematisch bedeutsame) Rolle spielt (Num 13,2a; 20,12; 27,12).[12] – 4. Aufgrund der großkompositionell bedeutsamen Klammer zwischen Ex 6,8 und Num 20,12 erschließen sich im Blick auf die Bestimmung des zweiten Kompositionsteils der priesterschriftlichen Geschichtserzählung weitergehende Zusammenhänge.[13] Werden näherhin die zwischen Num 20,12 und 27,12 bestehenden Verbindungslinien beachtet, dann darf davon ausgegangen werden, daß die auf Num 20,12 folgenden

---

[11] Vgl. auch HOSSFELD, Volk Gottes, 136 f.

[12] Zum Zusammenhang von Ex 6,8 und Num 20,12 vgl. hier nur WEIMAR, Untersuchungen, 147 f.; W.H. SCHMIDT, Exodus I (BK II/1), Neukirchen-Vluyn 1988, 275 f.; L. SCHMIDT, Studien zur Priesterschrift (BZAW 214), Berlin-New York 1993, 185 f.; die von F. KOHATA, Jahwist und Priesterschrift in Exodus 3–14 (BZAW 166), Berlin/New York 1986, 29 ff. vorgeschlagene Ausgrenzung von Ex 6,8 gegenüber P^g läßt sich literarkritisch nicht wirklich plausibel machen; dies gilt m.E. aber auch gegenüber der neuerdings vertretenen Annahme, wonach Num 20,12, bislang „allgemein als priesterschriftlich anerkannt" (U. STRUPPE, Die Herrlichkeit Jahwes in der Priesterschrift. Eine semantische Studie zu $k^e b \hat{o} d$ YHWH [ÖBS 9], Klosterneuburg 1988, 194), nicht P^g zuzurechnen sei (detailliert und ausführlich begründet bei C. FREVEL, Mit Blick auf das Land die Schöpfung erinnern. Zum Ende der Priestergrundschrift [HBS 23], Freiburg/Brsg. u.a. 2000, 327–330; zustimmend R. ACHENBACH, Die Vollendung der Tora. Studien zur Redaktionsgeschichte des Numeribuches im Kontext von Hexateuch und Pentateuch [BZAR 3], Wiesbaden 2003, 309).

[13] Allein schon die hier angezeigte Verbindungslinie zwischen Ex 6,8 und Num 20,12 spricht gegen ein Ende von P^g mit der Sinaigeschichte, gleich ob dieses Ende von P^g in Ex 29,46 (E. OTTO, Forschungen zur Priesterschrift, ThR 62 [1997] 1–50 [24 ff.]) oder in Ex 40,33b (POLA, Priesterschrift, 325 ff.) oder in Lev 9,24 (ZENGER, Priesterschrift, 438 f.) zu suchen ist; nach E. BLUM, Studien zur Komposition des Pentateuch (BZAW 189), Berlin-New York 1990, 227 ist das Ende der priesterschriftlichen „Hauptkomposition" erst in Num 27,12 ff. zu sehen; zum Problem des Endes von P^g vgl. jetzt die weit ausholende Studie von FREVEL, Blick, mit der Annahme von Dtn 34,8 als Schluß des priesterschriftlichen Werkes, eine Annahme, die jüngst wiederum heftige Bestreitung durch ACHENBACH, Vollendung, etwa 21 f. gefunden hat.

I. Der zweite Teil der Priesterschrift als Gesichte der Söhne Israels

und sich daran anhängenden beiden Erzähleinheiten Num 20,22–29* (Tod Aarons)[14] und Num 27,12–23*+Dtn 34,7–9* (Tod des Mose) ebenfalls als Bestandteile der priesterschriftlichen Geschichtserzählung zu verstehen sein werden.[15] Als deren markanter Abschluß dient dabei die analog Ex 1,7* gleichermaßen triadische Aussagefolge Dtn 34,8+9*, mit der der Bericht vom Tod des Mose und der Investitur Josuas als seines Nachfolgers nicht einfach weitergeführt wird, sondern vielmehr eine aus der Distanz zum Erzählgeschehen gewonnene kommentierende Beurteilung erfährt. In Abhebung von der voraufgehenden Erzählfolge (vgl. nur die Erwähnung der „ganzen Gemeinde" in Num 27,22b) werden in Dtn 34,8+9* in den beiden rahmenden Aussagegliedern jeweils die „Söhne Israels" als Aussagesubjekt genannt, womit am Ende der priesterschriftlichen Geschichtserzählung nochmals akzentuiert das deren zweiten Kompositionsteil bestimmende Handlungssubjekt in Erinnerung gebracht wird. – 5. In ähnlicher Weise wie der erste Kompositionsteil zeichnet sich auch der zweite durch eine inklusorische Verklammerung aus. Abgesehen von der Korrespondenz der beiden das Alter des Mose betreffenden Angaben bei seinem Auftreten vor dem Pharao in Ex 7,7 („80 Jahre") wie bei seinem Tode in Dtn 34,7a („120 Jahre")[16] ist hier vor allem auf die in mehrfacher Hinsicht merkwürdige Schlußaussage von Dtn 34,9b hinzuweisen, die sich nicht allein dadurch auszeichnet, daß die „Mose-Figur als Instanz, deren Autorität den Tod des Individuums überdauert",[17] erscheint, sondern auch aufgrund ihrer unerwartet und uneingeschränkt positiven Aussageperspektive. Auch wenn für Dtn 34,9b im unmittelbaren Erzählzusammenhang eine Anknüpfung an die das Ziel der Übertragung des Amtscharismas von Mose auf Josua thematisierende Aussage Num 27,20 gegeben ist, so kann Dtn 34,9b – nicht zuletzt wegen des durch Dtn 34,9bβ eingetragenen erzählerisch bedingten Spannungsmoments – keineswegs auf einen bloßen Erfüllungsvermerk reduziert werden; vielmehr erschließt sich das volle Gewicht von Dtn 34,9b – gerade auch bei Einbeziehung von Num 27,20 – erst bei Beachtung des größeren Erzählrahmens, innerhalb dessen sich die Aussage vom Hören der Israelsöhne in Dtn 34,9b (Num 27,20) als Kontrastaussage zur Feststellung des Nicht-Hörens der Israelsöhne in Ex 6,9b (6,12) präsentiert.[18]

---

[14] Zur hier vorausgesetzten Analyse vgl. P. WEIMAR, Der Tod Aarons und das Schicksal Israels. Num 20,22–29* im Rahmen der Priesterschrift, in: Biblische Theologie und gesellschaftlicher Wandel (FS N. Lohfink), hg. von G. Braulik u.a., Freiburg/Brsg. 1993, 345–358 (346 f.).

[15] Damit wird hier ausdrücklich der einflußreichen These von L. PERLITT, Priesterschrift im Deuteronomium?, ZAW 100 Suppl. (1988), 65–88 = DERS., Deuteronomium-Studien (FAT 8), Tübingen 1994, 123–143, die in der jüngeren Diskussion zahlreiche Nachfolger gefunden hat, widersprochen, wonach Dtn 34,7–9 nicht als Bestandteil und Abschluß der priesterschriftlichen Erzählung verstanden werden kann; einen Zusammenhang mit P^g nimmt in der neueren Diskussion v.a. SCHMIDT, Studien, 211 ff. an (zur Kritik dieser Auffassung vgl. nur OTTO, Forschungen, 19 f.).

[16] Die auch unter syntaktischem Aspekt bestehende Verwandtschaft zwischen Ex 7,7 und Dtn 34,7a ist unbestritten; eine Bestreitung einer Herkunft von Dtn 34,7a aus der Hand von P^g (vgl. nur PERLITT, Priesterschrift, 134) ist m.E. nur gerechtfertigt, wenn auch Ex 7,7 dem priesterschriftlichen Erzähler abgesprochen wird (so etwa P. STOELLGER, Deuteronomium 34 ohne Priesterschrift, ZAW 105 [1993] 26–51 [36 ff.]); doch läßt sich eine solche Annahme m.E. kaum überzeugend begründen.

[17] C. SCHÄFER-LICHTENBERGER, Josua und Salomo. Eine Studie zu Autorität und Legitimität des Nachfolgers im Alten Testament (VT.S 58), Leiden 1995, 189.

[18] Hierzu näherhin WEIMAR, Untersuchungen, 182 ff.

9. „... inmitten der Söhne Israels" (Ex 29,45)

Mit Hilfe gerade des Motivs des Hörens der Israelsöhne wird damit ein den ganzen zweiten Kompositionsteil der priesterschriftlichen Geschichtserzählung inkludierend verklammernder Spannungsbogen gebildet. Ähnlich wie Ex 1,7* setzt damit Dtn 34,9b einen markanten Schlußpunkt unter den vorangehenden Kompositionsteil.

Nachdem mit Ex 1,7* als Schlußaussage des ersten Kompositionsteils die Israelsöhne als eigentliches Handlungssubjekt eingeführt worden sind, bleibt dies so bis zum Ende der priesterschriftlichen Geschichtserzählung, wie nachdrücklich durch Dtn 34,8+9* als Schlußaussage des zweiten Kompositionsteils festgehalten wird. Dieser kann damit – im Gegenüber zum ersten Kompositionsteil – als Darstellung der Geschichte der Israelsöhne charakterisiert werden, die dabei genau in dem Augenblick einsetzt, da Mose und Aaron mit der Botschaft der Befreiung aus Ägypten vor den Pharao treten (Ex 6,2–12+7,1–7*), und mit dem Tod des Mose und der Installation des Josua als seines Nachfolgers (Num 27,12–23*+Dtn 34,7–9*) zum Abschluß kommt. Derart in den Rahmen des Lebens von Mose und Aaron eingebunden, umfaßt die erzählte Geschichte der Israelsöhne den – gemessen an den chronographischen Angaben innerhalb des ersten Kompositionsteils – eng bemessenen Zeitraum von vierzig Jahren, wobei die hergestellte Synchronie zwischen der Darstellung des Geschicks der Israelsöhne und dem von Mose und Aaron tieferliegende Zusammenhänge offenlegt.[19] Wird überdies näherhin die Korrespondenz der Schlußaussagen beider Kompositionsteile Ex 1,7* und Dtn 34,8+9* beachtet, dann zeichnet sich damit zugleich jenes Spannungsfeld ab, das sich auch theologisch für die erzählerische Entfaltung der Geschichte der Israelsöhne als bestimmend erweist, die Spannung nämlich zwischen schon erfüllter Verheißung (Mehrung) und noch ausstehender Erfüllung der Verheißung (Landgabe).

Wenn der auf Ex 1,7* folgende zweite Teil von P^g den Weg der Israelsöhne von Ägypten über den Sinai bis zum Augenblick des bevorstehenden Hineinkommens ins Land nachzeichnet, dann sind damit – in Einlösung des durch Ex 6,2–8 vorgegebenen Programms – die wichtigsten Stationen benannt, die Jahwe die Israelsöhne führen wird.[20] Dieser Prozeß hat aber noch eine andere – gleichsam die Innenseite Israels beleuchtende –

---

[19] Derartige Zusammenhänge treten nicht zuletzt anhand der beiden Berichte vom Tod des Aaron (Num 20,22–29*) und des Mose (Num 27,12–23*+Dtn 34,7–9*) in Erscheinung; mit Blick auf die Darstellung des Aarontodes vgl. WEIMAR, Tod Aarons; ähnliche Erwägungen – wenn auch im einzelnen anders nuanciert – wären auch im Blick auf die für die Darstellung des Mosetodes maßgebenden Akzentsetzungen vorzunehmen.

[20] In diesem Zusammenhang verdient nochmals die schon konstatierte Resonanz von Ex 6,8aα im Urteil Jahwes über Mose und Aaron Num 20,12 Beachtung (vgl. Anm.12), wobei hier insofern ein besonderer Akzent gesetzt wird, als in dem an das Stichwort „Land" angeschlossenen Relativsatz auf die schon erfolgte Landgabe durch Jahwe zurückverwiesen wird (Num 13,2aβ; mit Num 20,12bβ vgl. auch Num 27,12bβ).

Dimension. Darf die Schlußaussage Dtn 34,8+9* als prägnante Zusammenfassung des Leitgedankens des ganzen vorangehenden Erzählteils verstanden werden, dann ist damit nicht zuletzt auch ein bedeutsamer (wenn auch meist nicht hinreichend gewürdigter) Schlüssel für eine Beurteilung Israels im Verständnis der priesterschriftlichen Geschichtserzählung gegeben. Hierbei verdienen insbesondere die beiden rahmenden Gliedelemente Dtn 34,8* und 9b, die sich durch die explizite Nennung der Israelsöhne als Aussagesubjekt auszeichnen, Beachtung. Angesichts der literarischen Querverbindungen, die zu anderen Aussagen der priesterschriftlichen Geschichtserzählung bestehen, eröffnet sich von daher ein vielschichtiges und zugleich spannungsreiches Bild Israels.

Am auffälligsten ist zunächst die schon angezeigte Verklammerung des ganzen Israel-Teils durch die beiden kontrastierend einander zugeordneten Aussagen Ex 6,9 und Dtn 34,9b, womit – angezeigt durch die beiden Eckdaten – Israels Verhaltensweise als ein vierzigjähriger Prozeß gedeutet wird. Dabei setzt das als „erste Reaktion des Volkes auf Gottes Offenbarung"[21] festgehaltene, durch die beigefügten Umstandsbestimmungen zusätzlich akzentuierte Nicht-Hören der Israelsöhne in Ex 6,9b[22] einen ebenso programmatischen Akzent wie das in Dtn 34,9b festgehaltene, nach dem Vorangehenden eher als überraschend anzusehende Hören der Israelsöhne, womit zugleich eine Perspektive über den Darstellungshorizont der priesterschriftlichen Erzählung hinaus gewiesen ist.[23] Die mit der Feststellung des Hörens der Israelsöhne auf Josua verknüpfte Ausführungsnotiz mit dem sie auszeichnenden Rückverweis auf ein an Mose gerichtetes Jahwegebot, die innerhalb von P^g eine Entsprechung in der dreigliedrigen, den Anweisungen zum Bau des Heiligtums zugeordneten Ausführungsformel Ex 39,32* hat,[24] scheint darüber hinaus andeuten zu wollen, daß das Israel vom Sinai über Mose hinaus eine Zukunft hat und auch weiterhin Ausdruck der am Sinai augenscheinlich gewordenen Gottesnähe ist.

---

[21] SCHMIDT, Exodus I, 288.
[22] Zur Sache vgl. hier nur JACOB, Exodus, 158; WEIMAR, Untersuchungen, 184 ff.; SCHMIDT, Exodus I, 288 f.
[23] Dtn 34,9 als Schlußnotiz des zweiten Teils der priesterschriftlichen Geschichtserzählung entspricht dabei auch insofern der als Abschluß des ersten Kompositionsteils zu verstehenden Aussage Ex 1,7*, als hierin nicht allein der ganze voraufgehende Erzählteil hinsichtlich seines thematisch bestimmenden Leitgedankens (Segen∥Hören) eine prägnante Zusammenfassung erfährt, sondern im Schlußglied zugleich ein neuer Spannungsbogen eröffnet wird; realisiert sich dieser für Ex 1,7* im zweiten Teil der priesterschriftlichen Geschichtserzählung, so weist der mit Dtn 34,9 eröffnete neue Spannungsbogen über den literarischen Rahmen von P^g hinaus.
[24] Ist dieser Bezug von Dtn 34,9 auf Ex 39,32* vom priesterschriftlichen Erzähler entsprechend intendiert, dann verknüpft P^g gezielt die Schlußnotiz des zweiten Kompositionsteils mit dessen gleichermaßen literarischem wie theologischem Zentrum.

Über das Motiv des Hörens ist Dtn 34,9b aber zugleich mit der Erzählung vom Tod des Mose und der Amtseinsetzung des Josua verbunden, insofern in Num 27,20 als Zweck der Verleihung des Amtscharismas an Josua das Hören der Gesamtgemeinde (noch besonders durch das Fehlen einer Objektangabe akzentuiert!) genannt ist. Auf andere Weise ist eine entsprechende Verbindung auch durch die zu Dtn 34,9b korrespondierende Feststellung einer dreißigtägigen Beweinung des Mose durch die Israelsöhne in Dtn 34,8* sichergestellt. Mit dieser auf den ersten Blick eher nebensächlichen Notiz wird am Schluß der priesterschriftlichen Geschichtserzählung insofern ein unverkennbarer und zugleich unüberhörbarer Akzent gesetzt, als damit die Bedeutsamkeit des von Mose (in gleicher Weise aber auch von Aaron) Erzählten für die Gesamtgemeinde unterstrichen wird. Durch die kollektive Beweinung, die hierbei geradezu an die Stelle einer Begräbnisnotiz tritt, ist und bleibt das Leben des Mose (wie des Aaron) im Gedächtnis Israels aufgehoben und insofern eingebettet in die (künftige) Geschichte Israels.[25] Die Konstituierung Israels als Gedächtnisgemeinschaft, wie sie gerade in der Beweinung seiner beiden Führungsgestalten Ereignis wird, begründet zugleich die Hoffnung auf einen Neuanfang. Signifikantes Zeichen eines solchen Neuanfangs ist das Hören gerade auf jenes göttliche Wort, mit dem Jahwe am Sinai unwiderruflich seine bleibende Nähe angesagt hat. Damit ist eine Perspektive eröffnet, die über den Rahmen der Erzählung selbst hinausweist und unmittelbar deren Adressaten einfordert.[26] Das Ende von P^g genau in dem Augenblick, da Israel im Begriff steht, ins übereignete Land hinüberzugehen,[27] und der dadurch bedingte „offene Schluß" der priesterschriftlichen Geschichtserzählung erweist sich so als ein gezielter literarischer Kunstgriff.[28]

---

[25] R. LUX, Der Tod des Mose als „besprochene und erzählte Welt". Überlegungen zu einer literaturwissenschaftlichen und theologischen Interpretation von Deuteronomium 32,48–52 und 34, ZThK 84 (1987) 395-425 (423).

[26] Wird die programmatische Bedeutung der Schlußaussage von P^g bedacht, dann kann darin so etwas wie eine Umschreibung dessen gesehen werden, was das nachexilische Israel im Sinne der priesterschriftlichen Geschichtserzählung vor allem bestimmen soll – eine „Hörgemeinschaft" auf den einen neue Zukunft verheißenden Gott zu sein.

[27] Vgl. in diesem Zusammenhang nur die Kennzeichnung des Berges, den Mose besteigen soll, um das übereignete Land zu besehen (Num 27,12), als הר העברים, worin wohl eine indirekte Anspielung auf die gegensätzliche Beurteilung des Landes in Num 13,32bα und 14,7b zu sehen sein wird.

[28] Mit dem hier aufgenommenen Begriff „offener Schluß" ist – in Abgrenzung gegenüber möglichen Mißverständnissen – eine *literarische* Kategorie gemeint.

II. Israel als Gemeinde und Volk Jahwes – Strukturlinien innerhalb der priesterschriftlichen Exodus- und Sinaierzählung

Sein eigentümliches Gepräge bekommt der zweite Teil der priesterschriftlichen Geschichtserzählung, deren kompositorisches Gefüge durch die Trias von Exodus, Sinai und Landgabe bestimmt ist,[29] nicht zuletzt dadurch, daß das erzählte Gefüge bezeichnenderweise nicht auf die Landgabe als Schlußpunkt eines übergreifenden Geschehensprozesses hinzielt, sondern daß vielmehr die thematisch als Landgabe zu kennzeichnende Schlußsequenz geradezu wie ein Nachklang wirkt, nachdem die priesterschriftliche Geschichtserzählung mit der Darstellung der Errichtung des Heiligtums am Sinai einen nicht mehr zu überbietenden Höhepunkt erreicht hat.[30] Wenn auch nicht zu bestreiten ist, daß die Exodus und Sinai thematisierenden Erzählkomplexe jeweils ein kompositorisch-literarisches wie thematisches Eigengewicht haben, so ist auf der anderen Seite aber auch nicht zu verkennen, daß beide auf intensive Weise aufeinander bezogen und zueinander in Beziehung gesetzt sind und ein Herausbrechen eines Erzählteils das ganze sorgfältig konstruierte Erzählgebäude zusammenbrechen ließe. Dementsprechend wird nach den Exodus und Sinai verbindenden übergreifenden thematischen Querverbindungen zu fragen sein.

Da im Rahmen der vorliegenden Untersuchung das jeweils eigenständige Gewicht und Profil von Exodus- und Sinaierzählung, wie es anhand der Kompositionsbedingungen wie der thematischen Besonderheiten in Erscheinung tritt, nicht weiter verfolgt werden kann, bleibt das Augenmerk hier ganz auf die zwischen beiden literarischen Komplexen bestehenden Querbezüge und Verbindungslinien gerichtet, die auf einen übergreifenden thematisch-konzeptionellen Zusammenhang schließen lassen. Hingewiesen sei hier nur auf zwei Phänomene, auf deren Grundlage sich zugleich weiterführende Einsichten in den Exodus- und Sinaierzählung zusammenbindenden konzeptionellen Rahmen eröffnen:
1. Als verknüpfendes Element zwischen Exodus- und Sinaierzählung dient das in beiden literarischen Zusammenhängen in jeweils spezifischer Ausprägung begegnende Motiv

---

[29] Zum dreigliedrigen kompositorischen Aufbau des zweiten Hauptteils von P^g vgl. WEIMAR, Struktur I, 112 ff. und Struktur II, 147; ZENGER, Gottes Bogen, 138 ff. und B. JANOWSKI, Tempel und Schöpfung. Schöpfungstheologische Aspekte der priesterschriftlichen Heiligtumskonzeption, JBTh 5 (1990) 37–69 (47 ff.) = DERS., Gottes Gegenwart in Israel. Beiträge zur Theologie des Alten Testaments, Neukirchen-Vluyn 1993, 214–246 (224 ff.).

[30] Vgl. hierzu WEIMAR, Struktur I, 160 f.; aufgelöst wird die den kompositorischen Aufbau des zweiten Hauptteils von P^g auszeichnende Spannung zwischen Sinai und Landgabe, wenn – wie es in der neueren Diskussion mehrfach geschieht (vgl. Anm. 13) – der Höhepunkt der priesterschriftlichen Geschichtserzählung zugleich als deren Ende angesehen und der auf die Landgabe bezogene Erzählteil als nicht ursprünglich der priesterschriftlichen Geschichtserzählung abgesprochen wird.

der „Verherrlichung" Jahwes.³¹ In verbaler Form (כבד N-Stamm) findet es Verwendung am Höhepunkt der Exoduserzählung, und zwar im Zusammenhang der Darstellung des Meerwunders in den beiden korrespondierend einander zugeordneten Zukunftsansagen Ex 14,4a und 17f*. Gegenüber dieser verbal ausgedrückten Vorstellung, wonach Jahwe sich im Prozeß der Befreiung aus Ägypten Herrlichkeit verschafft, begegnet innerhalb der Sinaierzählung bezeichnenderweise die Nominalverbindung „Herrlichkeit Jahwes", womit die rettend-richtende Nähe Jahwes Israel gegenüber bei seinem Erscheinen am „Zelt der Begegnung" angesprochen ist.³² Auch wenn die damit gegebene Aufteilung von nominaler und verbaler Ausdrucksweise sicherlich als zäsurierendes Element beabsichtigt ist, so stehen beide Bereiche dennoch nicht einfach disparat nebeneinander, sondern sind eng aufeinander bezogen, wie nicht zuletzt anhand der die priesterschriftliche Sinaierzählung eröffnenden Texteinheit Ex 16,1–12* erkennbar wird,³³ insofern hier die nominale Wendung „Herrlichkeit Jahwes" einerseits zur Kennzeichnung des rettenden Eingreifens Jahwes beim Exodus (Ex 16,6+7*; vgl. hierbei den betonten Parallelismus des nominalen Ausdrucks „Herrlichkeit Jahwes" und der verbalen Aussage „daß Jahwe euch herausgeführt hat aus dem Lande Ägypten") sowie andererseits als Ausdruck der Gotteserscheinung (Ex 16,10*) gebraucht ist.³⁴ Die mehrdeutige Verwendung der Wortverbindung „Herrlichkeit Jahwes" in Ex 16,1–12* gewinnt dann Sinn und Perspektive, wenn damit das Erscheinen der göttlichen Herrlichkeit am Sinai bzw. „Zelt der Begegnung" als Aktualisierung des Herrlichkeitserweises Jahwes im Exodus bezeichnet werden soll.³⁵ –

---

³¹ Zum Gesamtzusammenhang dieses Motivs im Rahmen der priesterschriftlichen Geschichtserzählung vgl. v.a. STRUPPE, Herrlichkeit.

³² Vgl. hierzu näherhin P. WEIMAR, Sinai und Schöpfung. Komposition und Theologie der priesterschriftlichen Sinaigeschichte, RB 95 (1988) 337–385 (372 ff.).

³³ Wenn auch dem eigentlichen Sinaigeschehen vorgeordnet, ist ein Zusammenhang von Ex 16,1–12* mit der Sinaigeschichte durch den priesterschriftlichen Erzähler auf verschiedene Weise sichergestellt (vgl. hierzu WEIMAR, Sinai, 373 ff. und JANOWSKI, Tempel, 224 ff.); das Problem der Abgrenzung des priesterschriftlichen Erzählfadens innerhalb von Ex 16, das im einzelnen eine höchst unterschiedliche Beurteilung erfahren hat (vgl. nur die neueren Untersuchungen von P. MAIBERGER, Das Manna. Eine literarische, etymologische und naturkundliche Untersuchung [ÄAT 6/1.2], Wiesbaden 1983; STRUPPE, Herrlichkeit, 107 ff.; A. SCHART, Mose und Israel im Konflikt. Eine redaktionsgeschichtliche Studie zu den Wüstenerzählungen [OBO 98], Freiburg-Göttingen 1990, 122–136; K. GRÜNWALDT, Exil und Identität, Beschneidung, Passa und Sabbat in der Priesterschrift [BBB 85], Frankfurt/Main 1992, 141 ff.; SCHMIDT, Studien, 36 ff.; FREVEL, Blick, 115–123 sowie jüngst D. FRANKEL, The Murmuring Stories of the Priestly School. A Retrieval of Ancient Sacerdotal Love [VT.S 89], Leiden u.a. 2002, 63–117), kann im vorliegenden Rahmen nicht weiter diskutiert werden; infrage gestellt wird eine Zuordnung von Ex 16 zu P^g überhaupt jüngst durch POLA, Priesterschrift, 134 ff.

³⁴ Hierzu vgl. schon die Beobachtungen bei E. RUPRECHT, Stellung und Bedeutung der Erzählung vom Mannawunder (Ex 16) im Aufbau der Priesterschrift, ZAW 86 (1974) 269–307 (291 ff.).

³⁵ In diesem Zusammenhang wird auch zu beachten sein, daß es sich nach der hier vorausgesetzten, in anderem Zusammenhang näherhin zu begründenden Abgrenzung der als priesterschriftlich zu qualifizierenden Texteinheit bei Ex 16,1–12* nicht um eine in sich geschlossene Erzähleinheit handelt, sondern um eine Erzählung mit „offenem Schluß" (vgl. hierzu P. WEIMAR, Die Meerwundererzählung. Eine redaktionskritische

II. Israel als Gemeinde und Volk Jahwes 329

2. Als Hinweis auf den Zusammenhang von Exodus- und Sinaierzählung kann sodann das Vorkommen der Erkenntnisaussage („erkennen, daß ich Jahwe bin") gewertet werden, deren sorgsamer Einsatz innerhalb der priesterschriftlichen Geschichtserzählung hierin ein gewichtiges deutendes Aussageelement sehen läßt. Im Rahmen der Exoduserzählung begegnet die Erkenntnisaussage in den jeweils paarweise einander zugeordneten Aussagen Ex 6,7b und 7,5 sowie Ex 14,4a und 17 f.* und verknüpft damit zugleich Anfang und Ende der Darstellung der Exodusereignisse, während sie im Zusammenhang der Sinaierzählung in markanter Position in Ex 16,12 und 29,45 f. gebraucht ist. Die von P^g hierbei angezielten Zusammenhänge erschließen sich gerade von der (die Reihe der Erkenntnisaussagen abschließenden) Ansage Ex 29,45 f., die aufgrund der sie auszeichnenden Eigentümlichkeiten mit Ex 6,7b und 16,12 in Verbindung zu sehen ist.[36] In dem Abschluß und Höhepunkt der Anweisungen zum Bau des Heiligtums markierenden, literarisch höchst komplex angelegten Aussagegefüge von Ex 29,45 f. wird das zu bauende Heiligtum auf seine theologische Tiefenstruktur hin durchleuchtet, wobei als besondere Sinnspitze die Erfahrung der Nähe Jahwes, der Israel seine Existenz verdankt, zu nennen ist.[37] Um den theologischen Zusammenhang zwischen dem Exodusgeschehen und dem Heiligtum am Sinai sinnfällig werden zu lassen, dienen die beiden, jeweils mit explizitem Verweis auf die Herausführung aus Ägypten versehenen Erkenntnisaussagen Ex 6,7b und 29,46a als Rahmen, zwischen dessen beiden Polen der priesterschriftliche Erzähler seine Deutung des Exodusgeschehens entwickelt. Diese bleibt so nicht auf den engeren Rahmen der Exoduserzählung beschränkt, sondern erfährt innerhalb der Sinaierzählung eine Weiterführung und wird bezeichnenderweise genau an deren Höhepunkt zu einem Abschluß gebracht.[38] – 3. Für die angesichts der so gegebenen Verbindungslinien sich stellende Frage nach dem Exodus- und Sinaierzählung zusammenbindenden übergreifenden konzeptionellen Rahmen wird vor allem die Schnittstelle zwischen beiden literarischen Komplexen näherhin von Bedeutung sein. Entscheidendes Gewicht kommt hierbei der in Ex 16,1–12* überlieferten Erzähleinheit zu, die sowohl aufgrund ihrer Stellung im literarischen Zusammenhang (nach dem Exodus, aber vor dem Sinai) als auch thematisch

---

Analyse von Ex 13,17–14,31 [ÄAT 9], Wiesbaden 1985, 225 f.), die als solche über sich hinausweist; insofern ist die *ganze* Sinaierzählung im Horizont von Ex 16,1–12* zu lesen (vgl. demgegenüber den Einspruch von SCHMIDT, Studien, 41 Anm. 18).

[36] Vgl. hierzu WEIMAR, Untersuchungen, 141 ff. und DERS., Meerwundererzählung, 214 f.

[37] Zur kontroversen Diskussionslage um die Textabgrenzung von Ex 29,45 f. vgl. hier nur die entsprechenden Hinweise bei STRUPPE, Herrlichkeit, 31 ff.; WEIMAR, Sinai, 343 Anm. 21.354 ff.; M. KÖCKERT, Leben in Gottes Gegenwart. Zum Verständnis des Gesetzes in der priesterschriftlichen Literatur, JBTh 4 (1989) 29–61 = DERS., Leben in Gottes Gegenwart. Studien zum Verständnis des Gesetzes im Alten Testament (FAT 43), Tübingen 2004, 73–107 (103 f.); JANOWSKI, Tempel, 228 ff.; POLA, Priesterschrift, 223 ff. sowie jüngst S. OWCZAREK, Die Vorstellung vom *Wohnen Gottes inmitten seines Volkes* in der Priesterschrift. Zur Heiligtumstheologie der priesterschriftlichen Grundschrift (EHS.T 625), Frankfurt/Main 1998, 84 ff.

[38] Die durch Ex 6,7 und 29,46a gebildete großkompositionelle Klammer will keineswegs die zweifellos gegebene kompositorische Eigenständigkeit von Exodus- und Sinaierzählung bei P^g (hierzu vgl. näherhin die Beobachtungen bei WEIMAR, Meerwundererzählung, 216 ff.[Exoduserzählung] und DERS., Sinai, 373 ff. [Sinaierzählung]) in Frage stellen, sondern nur nachdrücklich den beide Erzählkomplexe verbindenden konzeptionell-thematischen Zusammenhang herausstellen.

(vgl. nur die Doppelgesichtigkeit des Ausdrucks „Herrlichkeit Jahwes") eine Zwitterstellung einnimmt. Trifft weiterhin die Annahme zu, daß Ex 16,1–12* als Auftakt und Eröffnung der priesterschriftlichen Sinaierzählung anzusehen ist, dann ergeben sich von daher entscheidende Weichenstellungen zu deren Verständnis insgesamt. Beachtet werden will hier vor allem die die Texteinheit abschließende Jahwerede Ex 16,11+12, deren Struktur in auffälliger Weise Ex 6,2–8 entspricht und damit indirekt die gleichermaßen lebensnotwendige wie bleibende Bedeutung des Exodusgeschehens für Israel herausstellt.[39] Insofern Ex 16,1–12* mit der Ankündigung eines zukünftigen Geschehens abgeschlossen wird, ohne daß hierbei – wie es priesterschriftlicher Erzählweise entsprechen würde – deren Erfüllung mitgeteilt ist, wird die ganze Texteinheit auf die weitere Sinaierzählung hin geöffnet, was nicht zuletzt auch dadurch unmißverständlich zum Ausdruck gebracht wird, daß der mit dem „Murren" der Gemeinde (Ex 16,2) eröffnete Spannungsbogen erst am Ende der Darstellung der Sinaiereignisse mit dem „Jubel" des ganzen Volkes (Lev 9,24) zu einem Abschluß gebracht ist.[40] Angesichts der auf diese Weise über Ex 16,1–12* als „Scharniertext" angelegten Verbindungslinien darf ein (auch theologisch) tiefgreifender Zusammenhang von Exodus und Sinai vorausgesetzt werden. – 4. Trotz ihres unverkennbaren Eigengewichts lassen sich Exodus und Sinai aufgrund der sie zusammenbindenden konzeptionellen Idee keineswegs als zwei sich ablösende, aufeinander folgende Geschehenszusammenhänge verstehen, sondern sind derart zueinander in Beziehung gesetzt, daß einer ohne den anderen nicht denkbar ist. Der Exodus, der sich im Meerwunder ereignet (Ex 12,41), ist als solcher schon Wirklichkeit. Der mit dem Exodus eingeleitete Prozeß selbst ist aber am Ende der Exoduserzählung noch keineswegs zu einem Abschluß gekommen. Dies geschieht bezeichnenderweise erst mit der Errichtung des Heiligtums am Sinai. Der so bestehende Zusammenhang zwischen Exodus und Errichtung des Heiligtums gibt diesem seine besondere und zugleich unverwechselbare Qualität. Im Sinne des priesterschriftlichen Erzählers erscheint das Heiligtum so in erster Linie als Begegnungsstätte mit der Wirklichkeit Gottes, wie sie sich für Israel in der Befreiung aus Ägypten gezeigt hat und wie sie sich unter den veränderten Bedingungen der Gegenwart immer neu zur Erfahrung bringt.[41]

---

[39] Vgl. WEIMAR, Meerwundererzählung, 208 Anm. 121.215.

[40] Der hier angezeigte Spannungsbogen, der die ganze Sinaierzählung zu einer Einheit zusammenbindet, ist mehrfach festgehalten worden; vgl. nur WEIMAR, Struktur II, 147 f.; DERS., Meerwundererzählung, 226 f.; DERS., Sinai, 373 ff.; ZENGER, Gottes Bogen, 160; DERS., Einleitung, 171 f.; JANOWSKI, Tempel, 225 f.

[41] Die Diskussionslage hinsichtlich der Analyse der priesterschriftlichen Heiligtumstexte, v.a. auch mit Blick auf die Ausgrenzung des ursprünglichen priesterschriftlichen Textbestandes, ist nach wie vor höchst kontrovers (vgl. nur die knappen Übersichten über die Forschungslage bei J.T. BRINKMAN, The Perception of Space in the Old Testament, Kampen 1992, 148 ff.174f. und OWCZAREK, Wohnen, 25 ff.). Ist – wie hier vorausgesetzt (WEIMAR, Sinai, 340 ff.) – von einem stark eingegrenzten Textbestand der priesterschriftlichen Darstellung der Ereignisse am Sinai auszugehen (vgl. auch die noch weitergehende Reduktion bei POLA, Priesterschrift, 224–298; eine synoptische Darstellung verschiedener Abgrenzungsversuche bietet P.P. JENSON, Graded Holiness. A Key to the Priestly Conception of the World [JSOT.S 106], London 1992, 220 ff.), dann liegt die Annahme nahe, daß für den priesterschriftlichen Erzähler in der Sinaierzählung das Sichtbarmachen der theologischen Strukturlinien des Heiligtums im Vordergrund steht; das Fehlen einer Kultordnung wie das mangelnde Interesse an der Ausstattung des Heiligtums unterstreicht nur, daß es sich bei P^g allem Anschein nach um einen utopischen

Vor dem Hintergrund des Exodus- und Sinaierzählung verbindenden übergreifenden konzeptionellen Zusammenhangs gewinnen sodann auch die Aussagen über Israel Transparenz und Profil. Die Wahl der Benennungen Israels, wie sie im Rahmen beider Erzählkomplexe begegnet, ist dabei allem Anschein nach keineswegs beliebig geschehen, sondern orientiert sich gleichermaßen an den kompositorischen wie thematischen Leitlinien. Dies zeigt sich insbesondere anhand des gezielten Einsatzes der beiden Ausdrücke עדה („Gemeinde") und עם („Volk"), die dem von P^g bevorzugten Begriff „Söhne Israels" flankierend zur Seite treten. Instruktiv ist hierbei vor allem die Befundlage innerhalb der Exoduserzählung. Das Vorherrschen des Ausdrucks „Söhne Israels" ist hier ebenso unverkennbar wie das Vorkommen von „Ausnahmen".[42] Gerade mit ihrer Hilfe werden gezielt theologische Akzentsetzungen angebracht. Im vorliegenden Zusammenhang kann dabei die in Ex 12,3aα und 6b begegnende Wortverbindung כל עדת ישראל („ganze Gemeinde Israels") unberücksichtigt bleiben, da es sich hierbei vermutlich nicht um eine auf die Hand des priesterschriftlichen Erzählers selbst zurückgehende Bildung handelt, sondern um ein in den priesterschriftlichen Erzählzusammenhang integriertes Traditionselement.[43] Nähere Beachtung verdient demgegenüber die qualifizierende Benennung Israels als „Volk" (Ex 6,7a und 7,4b) sowie – hiermit unmittelbar bzw. kompositorisch in Verbindung stehend – als „Heerscharen" (Ex 7,4b und 12,41), denen im Rahmen der priesterschriftlichen Exoduserzählung eine herausgehobene Stellung zuzumessen ist.[44]

Entwurf handelt, was in der Kritik zuweilen übersehen wird (vgl. etwa B.J. SCHWARZ, The Priestly Account of the Theophany and Lawgiving at Sinai, in: Text, Temples, and Traditions [FS Menahem Haran], hg. von M.V. Fox u.a., Winona Lake, Indiana 1996, 103–134 [113]).

[42] HOSSFELD, Volk Gottes, 136.

[43] Nicht zufällig hat das Vorkommen des Begriffs עדה in Ex 12,3aα und 6b aufgrund der „Sonderstellung" im Rahmen von P^g eine höchst unterschiedliche Beurteilung erfahren; hinsichtlich der literargeschichtlichen Einordnung wird es sich hierbei nicht um eine nachträgliche Hinzufügung handeln (so etwa GROSS, Israels Hoffnung, 99), sondern um ein Element einer von P^g rezipierten Tradition (zur Analyse von Ex 12,1–14 und zur literargeschichtlichen Beurteilung des Befundes vgl. P. WEIMAR, Zum Problem der Entstehungsgeschichte von Ex 12,1–14, ZAW 107 [1995] 1–17 und DERS., Ex 12,1–14 und die priesterschriftliche Geschichtsdarstellung, ZAW 107 [1995] 196–214), wofür nicht zuletzt auch das Vorkommen der für P^g untypischen, jedoch keineswegs zu korrigierenden (so zu Recht JACOB, Exodus, 303) Wortverbindung כל עדת ישראל spricht; inwieweit die plerophore Bildung mit קהל in Ex 12,6b mit P^g zu verbinden sein wird oder aber – wahrscheinlicher – auf eine sekundäre Ergänzung (POLA, WMANT 70, Priesterschrift, 172) zurückgeht, kann hier offenbleiben.

[44] Zum Zusammenhang der hier angeführten Aussagen vgl. WEIMAR, Meerwundererzählung, 222 f.

Ankündigung der Befreiung aus Ägypten in Ex 6,6 trägt der priesterschriftliche Erzähler mit der doppelgliedrigen, die „Bundesformel" variierenden und zugleich tiefgreifend abwandelnden Aussage Ex 6,7a („Und ich nehme euch mir zum Volk, und ich werde euch Elohim sein") einen geradezu überraschend wirkenden Akzent in die Exodusankündigung von Ex 6,6+7 (vgl. die Verklammerung durch das Verbum „herausführen") ein, anhand dessen die spezifische Deuteperspektive des Exodusgeschehens durch den priesterschriftlichen Erzähler erkennbar wird.[45] Ordnet das zweite Gliedelement von Ex 6,7a das angesagte Geschehen in den Spannungsbogen von Abrahambund (Gen 17,7b und 8b) und Errichtung des Heiligtums am Sinai (Ex 29,45f) ein, so macht das erste Gliedelement auf den ersten Blick einen stärker isolierten Eindruck, was aber das Gewicht der hier gemachten Aussage eher erhöht, deutet sie doch die Annahme zum Volk Jahwes als einen mit der Befreiung aus Ägypten identischen Vorgang.[46] Nicht weil die Israelsöhne „Volk Jahwes" sind, werden sie von Jahwe aus Ägypten befreit (vgl. etwa Ex 3,7), sondern sie werden im Exodus erst zum „Volk Jahwes", und zwar aufgrund der Tatsache, daß sie unter der dem Abraham gegebenen Bundeszusage stehen. Daß die Annahme zum „Volk Jahwes" kein vom Exodusgeschehen ablösbarer Akt ist, bestätigt indirekt auch die Ex 6,7a korrespondierend zugeordnete Ansage Ex 7,4b, wo diese Qualifizierung Israels gerade als Objektangabe mit dem Verbum „herausführen" verbunden ist.[47]

Die Vorstellung von der in der Herausführung aus Ägypten geschehenden Annahme der Israelsöhne zum „Volk Jahwes" unterstreicht nachdrücklich die grundlegende Bedeutung des Exodus für die Existenz Israels. Um so mehr verdient das durchaus auffällige Phänomen Beachtung, daß am Höhepunkt der Exoduserzählung im Anschluß an Ex 7,4b zwar der Ausdruck „alle Heerscharen Jahwes", nicht aber der hier eigentlich erwar-

---

[45] Zur Eigenart und Bedeutung der „Bundesformel" in Ex 6,7a vgl. WEIMAR, Untersuchungen, 131 ff. und SCHMIDT, Exodus I, 285 f.; zum Vorkommen der „Bundesformel" in Ex 6,2-8 vgl. außerdem – wenn auch hinsichtlich der Beurteilung des priesterschriftlichen Erzählfadens mit anderen methodischen Voraussetzungen – R. RENDTORFF, Die „Bundesformel". Eine exegetisch-theologische Untersuchung (SBS 160), Stuttgart 1995, 20 ff.

[46] Anders dagegen etwa JACOB, Exodus, 156, der in dem Satz Ex 6,7a „eine *ganz neue* großartige Eröffnung und die Vorbereitung auf *den Bund am Sinai*" sieht.

[47] JACOB, Exodus, 170 macht auf das „Pathos" der triadischen Objektangabe „mein Heer, mein Volk, die Söhne Israels" in Ex 7,4b aufmerksam, was nur das Gewicht dieser Aussage unterstreicht; kennzeichnend ist hierbei auch die Abfolge der drei qualifizierenden Objektangaben, die vermutlich mit den großkompositionellen Verbindungslinien in Zusammenhang zu bringen sein wird; m.E. unzureichend ist die Erklärung von KOHATA, Jahwist, 319, wonach „Israel zu ‚meinem Volk' wird, indem Jahwe ankündigt, daß er die Israeliten als Volk annimmt."

tete Ausdruck „Volk Jahwes" begegnet (vgl. die der Meerwundererzählung als Eröffnung vorgeschaltete Notiz Ex 12,41). Hierin ist aber nicht eine Nachlässigkeit des priesterschriftlichen Erzählers zu sehen, sondern vielmehr ein literarischer Kunstgriff.⁴⁸ Gezielt – und keineswegs zufällig – nimmt P^g das Wort „Volk" erst am Ende der Sinaierzählung im Zusammenhang der sie abschließenden Erzähleinheit vom Vollzug des ersten Opfers nach der Errichtung des Heiligtums (Lev 9*) wieder auf, und zwar nicht allein in Figurenrede (Lev 9,7), sondern auch im Erzählerbericht selbst (Lev 9,15.23+24b).⁴⁹ Der Sinngehalt dieser durch P^g hergestellten Konstruktion erschließt sich einerseits aufgrund der durch Stichwortbezüge angezeigten literarischen Zusammenhänge, andererseits anhand der kompositorischen Gesamtanlage der priesterschriftlichen Sinaigeschichte. Der „Jubel" des „ganzen Volkes" (Lev 9,23+24b), mit dem die Darstellung des Sinaigeschehens bei P^g ihren Abschluß findet, korrespondiert ganz offensichtlich dem an ihrem Auftakt stehenden „Murren" der „ganzen Gemeinde der Söhne Israels" (Ex 16,2+3), womit die lebensnotwendige Bedeutung des Exodus und darin zugleich die Grundlage der eigenen Existenz in Frage gestellt wird.⁵⁰ Im Horizont dieser thematischen Akzentsetzung bekommt die ganze Darstellung des Sinaigeschehens bei P^g ihre spezifische Färbung (vgl. in diesem Zusammenhang nochmals das Phänomen des „offenen Schlusses" von Ex 16,1–12*). Ebenso wie der Exodus – obgleich schon abgeschlossen – definitiv erst mit der Errichtung des Heiligtums zu einem Abschluß kommt, ist Israel auch erst aufgrund der Errichtung des Heiligtums vollgültig „Volk Jahwes" geworden. Besteht der hier konstatierte Zusammenhang zu Recht, dann zeigt sich auch darin nochmals das (theologische) Gewicht, das der Bezeichnung Israels als „Volk Jahwes" im Rahmen der priesterschriftlichen Geschichtserzählung zukommt.⁵¹

---

⁴⁸ Zur Erklärung des an sich auffälligen Phänomens, daß in Ex 12,41 der Ausdruck „Volk Jahwes" nicht nur fehlt, sondern allem Anschein nach geradezu bewußt vermieden ist, vgl. WEIMAR, Meerwundererzählung, 223.

⁴⁹ Auch HOSSFELD, Volk Gottes, 136 notiert, daß der Begriff „Volk" in Lev 9* „am Ende der P^g-Sinaiperikope überraschend gehäuft" auftaucht; die beigefügte Erklärung „vielleicht hervorgerufen durch die dort vorgegebene kultische Terminologie ‚Sühne schaffen für das Volk' und den ‚Qorban des Volkes' in Lev 9,7" scheint unzureichend und dem Gewicht der Aussage kaum angemessen.

⁵⁰ Zu dieser Interpretation näherhin WEIMAR, Sinai, 375 f. – Zu Lev 9,23 f. im Zusammenhang und als Abschluß der priesterschriftlichen Sinaigeschichte vgl. auch C. FREVEL, Kein Ende in Sicht? Zur Priestergrundschrift im Buch Levitikus, in: Levitikus als Buch, hg. von H.-J. Fabry und H.W. Jüngling (BBB 119), Berlin-Bodenheim 1999, 85–123 (97–103) und DERS., Blick, 148–165.

⁵¹ Von einer „Bannung" des Begriffs aus dem Rahmen der Volksgeschichte, die HOSSFELD, Volk Gottes, 136 akzentuiert, kann ebensowenig gesprochen werden wie von einem bei P^g auf formelhafte Aussagen beschränkten Gebrauch des Terminus עם, wie er

Ist der Begriff „Volk Jahwes" so in strenger Bindung an die Entfaltung der Exodusthematik innerhalb der Exodus- und Sinaierzählung entwickelt, was indirekt auch dadurch bestätigt wird, daß er nach Lev 9,24b als Schlußpunkt der mit Ex 6,7a eröffneten Erzählbewegung nicht mehr aufgenommen wird, so legt sich durchaus die Vermutung nahe, daß mit Hilfe des dem Terminus עם einerseits zugeordneten, andererseits gegenübertretenden Begriffs עדה („Gemeinde") ein davon abgehobener, eigener thematischer Akzent herausgestellt werden soll. Erste Einsichten in die hierbei von P^g verfolgte Systematik ergeben sich bei näherer Berücksichtigung von Frequenz und Verteilung der bei P^g einschlägigen Begriffe für Israel innerhalb der dreiteiligen Komposition der Sinaierzählung.[52] Im Rahmen der eröffnenden Texteinheit Ex 16,1–12* stehen die beiden Begriffe „ganze Gemeinde der Söhne Israels" (Ex 16,1aα.2.9.10aα) und „Söhne Israels" (Ex 16,3.6.12) nahezu gleichgewichtig nebeneinander. Deutlich anders stellt sich die Befundlage für den mittleren Kompositionsteil Ex 19,1–40,34* dar; anders als „man es hier erwarten würde",[53] begegnet im zentralen Kompositionsteil der Sinaierzählung auffälligerweise gerade nicht der Begriff „Gemeinde", sondern ausschließlich der Terminus „Söhne Israels" (Ex 19,1a; 25,2aα; 29,45; 39,32b). Wiederum ein anderes Bild ergibt sich für die abschließende Texteinheit Lev 9,1–24*, insofern hier der Begriff „(ganzes) Volk" (Lev 9,7bα.15a.23aβ.23b.24b) gegenüber der jeweils nur einmaligen Erwähnung der „Söhne Israels" (Lev 9,3a) bzw. der „ganzen Gemeinde" (Lev 9,5b) eindeutig dominiert. Schon allein anhand dieser Befundlage sind erste Rückschlüsse möglich. Aufgrund der kompositorisch angezeigten Entsprechung von Ex 16,1–12* und Lev 9,1–24* stehen die in ihnen jeweils vorherrschend gebrauchten beiden Begriffe „Gemeinde" und „Volk" grundsätzlich gleichberechtigt nebeneinander, so daß für die bevorzugte Verwendung eines Begriffs im jeweiligen Erzählzusammenhang andere Gründe maßgebend sein müssen. Wie nicht zuletzt das Vorkommen des Begriffs „Volk" in Lev 9,23+24b nahelegt, werden hierfür in erster Linie übergreifende theologische Absichten bzw. Akzentsetzungen als entscheidend angesehen werden müssen.[54]

---

von POLA, Priesterschrift, 173 f. behauptet wird; gerade die Sparsamkeit der Verwendung dieses Begriffes im Rahmen der priesterschriftlichen Geschichtserzählung erhöht sein Gewicht, zugleich treten um so profilierter die kompositorischen Verbindungslinien in Erscheinung.

[52] Zur Dreiteiligkeit der Komposition der Sinaierzählung vgl. JANOWSKI, Tempel, 225 ff.; WEIMAR, Struktur II, 147 und DERS., Sinai, 373 ff.; ZENGER, Gottes Bogen, 157 ff. und DERS., Einleitung, 171 f.

[53] HOSSFELD, Volk Gottes, 139.

[54] Von einer Bevorzugung des Begriffs „Gemeinde" bei P^g wird man kaum sprechen dürfen; sonst ließe sich beispielsweise nicht wirklich die große Zurückhaltung hinsicht-

Auf den ersten Blick überraschend mag das gehäufte Vorkommen des (indirekt allenfalls durch Ex 12,3a und 6b vorbereiteten) Ausdrucks „die ganze Gemeinde der Söhne Israels" in Ex 16,1–12* erscheinen.[55] Dennoch darf dahinter eine planvolle Absicht des priesterschriftlichen Erzählers gesehen werden, die sich nicht zuletzt darin kundgibt, daß der Ausdruck „die ganze Gemeinde der Söhne Israels" präzis mit Beginn der Sinaierzählung und hier näherhin mit Bezug auf die Errichtung des Heiligtums am Sinai begegnet. Der für Ex 16,1–12* signifikante Wechsel von „ganze Gemeinde der Söhne Israels" und „Söhne Israels", bei dem es sich nicht bloß um eine literarisch-stilistische Variation handeln wird,[56] kann als weiteres Indiz in diese Richtung gewertet werden. Während für die Nennung der „Söhne Israels" ein enger Zusammenhang mit der Thematisierung der Exodusproblematik charakteristisch scheint, wird Israel offensichtlich immer dann als „Gemeinde der Söhne Israels" bezeichnet, wenn damit die besondere theologische Qualität der Größe Israel, wie sie sich aufgrund des vorgreifenden Bezuges zur Errichtung des „Zeltes der Begegnung" am Sinai nahelegt, in Blick genommen ist.[57]

Obschon es im Rahmen der vorliegenden Untersuchung nicht möglich ist, im einzelnen den vielfältigen literarischen Querverbindungen nachzugehen, aufgrund deren die auf die „Gemeinde" bezogenen Aussagen in Ex 16,1–12* (vgl. etwa die Wortverbindung „nahen vor Jahwe" Ex 16,9 [Lev 9,5] bzw. die Vorstellung vom „Erscheinen der Herrlichkeit Jahwes in der Wolke" Ex 16,10*) im Rahmen der Sinaierzählung in ein vielschichtig

---

lich der Verwendung dieses Begriffs in Lev 9, wo er nur in Lev 9,5 begegnet, verständlich machen.

[55] Zur literargeschichtlichen Einordnung von Ex 12,3a und 6b vgl. schon Anm. 43; möglicherweise ist die Verwendung der Konstruktusverbindung „die ganze Gemeinde der Söhne Israels" in Ex 16,1–12* von dort her angeregt, ohne damit aber das Vorkommen des Ausdrucks im vorliegenden Erzählzusammenhang wirklich erklären zu können; nicht übersehen werden sollte nämlich, daß in Ex 12,3a und 6b ein bloßes „Israel" steht, womit „das Volk als eine Einheit" angesprochen wird (JACOB, Exodus, 303), während in Ex 16,1–12* die Filiationsangabe „Söhne Israels" gebraucht ist.

[56] Nach HOSSFELD, Volk Gottes, 139 verfolgt der Wechsel beider Begriffe in Ex 16,1–12* in erster Linie die Absicht, deren Identität herauszustellen.

[57] Zu Recht stellt GROSS, Israels Hoffnung, 100 fest: „der priesterschriftliche Gebrauch des Wortes ᶜdh stützt nicht die Behauptung, ᶜdh bezeichne speziell die Kultversammlung bzw. die religiöse Gemeinde und beweise, daß die Kultgemeinde das priesterschriftliche Idealbild des zukünftigen Israel sei"; unabhängig von der Frage, wie der Begriff עדה im einzelnen näherhin zu fassen ist, handelt es sich hierbei ganz offenkundig um einen „Qualitätsbegriff" (HOSSFELD, Volk Gottes, 138 [141]), mit dessen Hilfe ein Israel im Verständnis der priesterschriftlichen Geschichtserzählung in besonderer Weise auszeichnender Aspekt seines Wesens – neben dem Volk-Jahwes-Sein – zum Ausdruck gebracht worden sein soll.

angelegtes Bezugssystem eingebunden erscheinen,[58] so legt sich als maßgebender Grund für die Wahl des Terminus עדה zweifelsohne die vom priesterschriftlichen Erzähler in seiner Sinaierzählung durchgespielte Thematik der Begegnung Israels mit der im Erscheinen der „Herrlichkeit Jahwes" sich kundgebenden Wirklichkeit Jahwes im „Zelt der Begegnung" (אהל מועד), das für P^g den „Sinai der Wanderung" repräsentiert,[59] nahe. Der so anzunehmende Zusammenhang von „Gemeinde" und „Zelt der Begegnung", der sich für P^g allein schon wegen der sprachlichen Verbindung von עדה mit אהל מועד nahegelegt hat, läßt die Benennung Israels als „Gemeinde" geradezu als theologischen Begriff verstehen, an dem deutlich werden soll, daß Israel wesentlich aus der Begegnung mit der im „Zelt der Begegnung" erscheinenden „Herrlichkeit Jahwes" lebt.[60] Ebenso wie der Begriff „Volk Jahwes" legt so auch die qualifizierende Benennung als „Gemeinde" einen besonderen Aspekt an der von der priesterschriftlichen Geschichtserzählung entworfenen Sichtweise Israels offen.

III. Konturen des Israelbildes im Schlußteil der priesterschriftlichen Geschichtserzählung

Daß die priesterschriftliche Geschichtserzählung mit der Darstellung der Sinaiereignisse abgeschlossen gewesen sein könnte, ist eine durchaus ansprechende Vermutung. Mit der Errichtung des Heiligtums am Sinai ist Israel definitiv und endgültig zu einem Zeichen der „konkret erfahrbaren Gottesnähe" geworden.[61] Doch die priesterschriftliche Geschichtserzählung endet nicht mit der Sinaierzählung, sondern erfährt eine auf die Landgabe bezogene Fortführung, wofür als literarisches Konstruktionsprinzip die Unterscheidung zwischen Zentrum und Ziel bestimmend sein wird.[62] Trotz der Ausrichtung der nachsinaitischen Erzählfolge auf die Landgabe erschließt sich ihr eigentliches Gepräge aber erst bei Beachtung

---

[58] Weitergehende Querbezüge sind notiert bei WEIMAR, Sinai, 373 ff.; zu beachten ist hierbei außerdem die kompositorische Gesamtanlage der priesterschriftlichen Sinaierzählung (vgl. auch Anm. 40).

[59] M. GÖRG, Das Zelt der Begegnung. Untersuchung zur Gestalt der sakralen Zelttraditionen Altisraels, Bonn 1967 (BBB 27), 74. – Als *wandernder* Sinai betrachtet JACOB, Exodus, 1032 das „Zelt der Begegnung".

[60] Hierzu vgl. nur die Hinweise bei GROSS, Israels Hoffnung, 100 und HOSSFELD, Volk Gottes, 139 f. (jeweils mit Verweis auf weitere Literatur); inwieweit das zweimalige Vorkommen des Offenbarungsterminus יעד N-Stamm in Ex 29,42 f. mit P^g in Verbindung gebracht werden kann, ist innerhalb der Forschung nach wie vor Gegenstand der Diskussion (vgl. näherhin die Anm. 37 genannte Literatur).

[61] JANOWSKI, Tempel, 244 mit Anm. 33.

[62] Vgl. hierzu WEIMAR, Struktur II, 160 f.

III. Konturen des Israelbildes 337

der literarisch-theologischen Eigenart der einzelnen Erzähleinheiten in ihrer jeweiligen Besonderheit wie in ihrem kompositorischen Zusammenhang.

Die für die nachsinaitische Erzählfolge maßgebenden kompositorischen wie thematischen Zusammenhänge werden faßbar anhand verschiedener, auf mehreren Ebenen anzusiedelnder Beobachtungsfelder, die sich zu einem im ganzen schlüssigen Gesamtbild verbinden lassen: 1. Die Umrißlinien des kompositorischen Gesamtgefüges des an die Darstellung des Sinaigeschehens anknüpfenden (Num 10,11abα+12b) nachsinaitischen Erzählkomplexes werden schon bei näherer Beachtung der als Gliederungsmerkmale dienenden Struktursignale erkennbar. Neben den zu Beginn einer Erzähleinheit jeweils begegnenden Ortsangaben („in der Wüste Paran" Num 10,12b, „Wüste Zin" Num 20,1a, „Berg Hor" Num 20,22b, „zum Abarim-Berg" Num 27,12) geben u.a. auch die einleitenden Aussagen der einzelnen Texteinheiten (vgl. v.a. die wörtliche Entsprechung von Num 20,1a und 22b) erste Hinweise auf deren vom Erzähler anzielte kunstvolle Gruppierung. Zwei Kompositionsprinzipien sind hierbei miteinander verbunden, zum einen die paarweise Zuordnung von jeweils zwei Texteinheiten („Wüste" || „Berg") sowie zum anderen ihre chiastische Entsprechung (Num 13+14*[mit Num 10,11abα+12b als Eröffnung] / 20,1–12* || 20,22–29* / 27,12–23*+Dtn 34,7–9*), so daß die vier Texteinheiten des Schlußteils der priesterschriftlichen Geschichtserzählung durch ein komplex angelegtes Beziehungsgeflecht untereinander verbunden erscheinen.[63] Die eröffnenden Aussagen der beiden rahmenden Texteinheiten (Num 10,11abα+12b und 27,12) stellen die nachsinaitische Erzählfolge überdies in einen größeren Zusammenhang hinein, wobei durch das Sich-Niederlassen der Wolke (Num 10,12b) eine rückwärtige Verbindung ins Zentrum der Sinaierzählung (Ex 24,16) hergestellt ist, während mit dem Auftrag zur Besteigung des Abarim-Berges und zur Schau des (schon übereigneten) Landes durch Mose (Num 27,12) eine Öffnung der Erzählperspektive auf das bevorstehende (literarisch aber nicht mehr realisierte) Hineinkommen ins Land angezeigt ist. – 2. Vor dem Hintergrund des kunstvollen kompositorischen Arrangements der nachsinaitischen Erzählfolge gewinnt auch deren theologisches Profil eine schärfere Kontur. Der paarweisen Zuordnung von jeweils zwei Texteinheiten, wie sie anhand des sorgsamen Einsatzes von Struktursignalen in Erscheinung tritt, entspricht die Verknüpfung von jeweils zwei thematisch verwandten Erzählungen zu einem Erzählpaar. Während das erste Erzählpaar (Num 13+14* [mit Num 10,11abα+12b als Eröffnung] und 20,1–12*) durch das gemeinsame Thema der Sünde des ganzen Volkes, aber insbesondere auch derer, die Verantwortung für die Gesamtgemeinde tragen, zusammengeschlossen wird, ist das nachfolgende Erzählpaar (Num 20,22–29* und 27,12–23*+Dtn 34,7–9*) durch das beide Erzähleinheiten übergreifende Thema des Todes von Aaron und Mose sowie der Einset-

---

[63] Zur Strukturierung der nachsinaitischen Erzählfolge vgl. schon die Beobachtungen bei WEIMAR, Struktur I, 101 ff. und Struktur II, 143 ff.; demgegenüber setzt ZENGER, Gottes Bogen, 140.161 ff. für die priesterschriftliche Landgabegeschichte in Num 10,11–Dtn 34,9* eine Aufgliederung in drei – durch die Angabe eines Ortswechsels in Num 10,11; 20,1 und 22 entsprechend markierte – Unterabschnitte voraus. – Kann das hier angezeigte Kompositionsmuster für die nachsinaitische Erzählfolge als Schlußteil der priesterschriftlichen Geschichtserzählung als zutreffend angesehen werden, dann ist damit – abgesehen von anderen Gründen – ein zumindest indirektes Argument gegen eine Einbeziehung von Num 16+17* in den priesterschriftlichen Erzählzusammenhang (vgl. SCHMIDT, Studien, 113 ff.) gegeben.

zung von Eleasar und Josua zu ihren Nachfolgern bestimmt.[64] Trotz der beide Erzählpaare auszeichnenden Gemeinsamkeit der Thematik kann darin nicht bloß eine Duplizierung der so zusammengebundenen Erzähleinheiten gesehen werden; vielmehr soll auf diese Weise – ganz im Sinne der Stilfigur des Parallelismus – eine perspektivenreiche Beleuchtung des gleichen Sachverhalts von verschiedenen Seiten her ermöglicht werden. Das damit in Erscheinung tretende Spiel von Gemeinsamkeit und Differenz, das sich bis in die thematische Struktur der einzelnen Erzähleinheiten der zu einer kompositorischen Einheit verbundenen nachsinaitischen Erzählfolge auswirkt, verleiht ihnen zugleich ein hohes Maß an Eigengewicht.[65] – 3. Das an sich schon beachtenswerte Phänomen, wonach der auf die Landgabe bezogene abschließende Kompositionsteil der priesterschriftlichen Geschichtserzählung sich durch die Abfolge von jeweils zwei Sündenfallerzählungen und zwei Erzählungen vom Tod des Aaron und Mose sowie der Einsetzung von Eleasar und Josua zu Nachfolgern auszeichnet, läßt näherhin – gerade auch bei Zugrundelegung der literarischen Querbezüge – nach dem theologischen Verknüpfungselement fragen, das der Verbindung der beiden Erzählpaare zugrunde liegt. Angesichts des redaktionellen Charakters nicht nur von Num 20,24, sondern auch von 27,14, wo der vorzeitige Tod von Aaron und Mose ausdrücklich mit deren „Widerspenstigkeit" bei den Wassern von Meriba in Verbindung gebracht wird,[66] wird sich der für den thematischen Zusammenhang der beiden Sündenfall- und Tod-Nachfolge-Erzählungen auf der Ebene der priesterschriftlichen Geschichtserzählung maßgebende theologische Mechanismus nicht auf das Muster einer Schuld-Strafe-Erzählung einschränken lassen. Trotz gezielt hergestellter Verknüpfungen der Tod-Nachfolge-Erzählungen mit den vorangehenden Sündenfallerzählungen, wie sie nicht zuletzt im Gleichklang der Erzähleinleitungen in Num 20,1aα und 22b in Erscheinung tritt, hat der priesterschriftliche Erzähler allem Anschein nach ganz bewußt eine direkte Bezugnahme der beiden Tod-Nachfolge-Erzählungen auf das die Sündenfallerzählung Num 20,1–12* abschließende Gerichtswort Num 20,12 vermieden.[67] – 4. Indem der priesterschriftliche Erzähler hinsichtlich des Zusammenhangs der

---

[64] In der thematisch bestimmten Zuordnung der beiden Sündenfallerzählungen Num 13+14* und 20,1–12* (vgl. hierzu v.a. N. LOHFINK, Die Ursünden in der priesterlichen Geschichtserzählung, in: Die Zeit Jesu [FS H. Schlier], hg. von G. Bornkamm und K. Rahner, Freiburg/Brsg. 1970, 39–57 = DERS., Studien zum Pentateuch [SBAB 4], Stuttgart 1988, 169–189 [184 ff.]) und der beiden Erzählungen von Tod und Nachfolge Num 20,22–29* (vgl. WEIMAR, Tod Aarons) und Num 27,12–23*+Dtn 34,7–9* (hierzu vgl. etwa SCHMIDT, Studien, 211 ff.; FREVEL, Blick, 272–283; ACHENBACH, Vollendung, 557–567, mit höchst unterschiedlichen Ergebnissen hinsichtlich der Analyse der Texte selbst, aber auch ihrer literargeschichtlichen Bewertung), wirkt sich das auch sonst für die priesterschriftliche Geschichtserzählung zu konstatierende Prinzip der paarweisen Zuordnung von zwei Texteinheiten aus (hierzu näherhin WEIMAR, Struktur II, 138 ff.).

[65] Entsprechend wird eine Interpretation der beiden Sündenfall- wie der beiden Tod-Nachfolge-Erzählungen nicht allein das sie jeweils Verbindende in Aufbau- und Durchführung, sondern das die einzelnen Texteinheiten in ihrer jeweiligen Besonderheit auszeichnende persönliche Profil beachten müssen.

[66] Zur Ausgrenzung von Num 20,24 und 27,14 als Elemente einer geschlossenen nachpriesterlichen Redaktionsschicht vgl. etwa WEIMAR, Tod Aarons, 346 (Num 20,24) und SCHMIDT, Studien, 215 f. (Num 27,14). Zur Diskussion um die Zugehörigkeit beider Aussagen zu P^g vgl. jüngst FREVEL, Blick, 238 ff.333 ff.

[67] Zweifellos sind die beiden Tod-Nachfolgeerzählungen Num 20,22–29* und 27,12–23*+Dtn 34,7–9* aus der Perspektive des Gerichtswortes Num 20,12, an das sie unmit-

Sündenfall- und Tod-Nachfolge-Erzählungen eine thematische Engführung zu vermeiden sucht, gleichzeitig aber mittels literarischer Querverbindungen ein differenziert angelegtes Beziehungsgeflecht zwischen den einzelnen Einheiten des abschließenden Kompositionsteils herzustellen beabsichtigt, erschließen sich sowohl hinsichtlich der einzelnen Erzähleinheiten in sich als auch hinsichtlich der sie auszeichnenden thematischen Bezüge, durch die sie untereinander verbunden sind, neue, über den Mechanismus von Schuld und Strafe hinausführende Leseperspektiven. So läßt der priesterschriftliche Erzähler in seiner Deutung des Todes Aarons (Num 20,22–29*), aber auch des Todes des Mose (Num 27,12–23*+Dtn 34,7–9*) über das unmittelbar dargestellte Geschehen hinaus zugleich das Schicksal Israels selbst transparent werden.[68] Auf ebenso subtile Weise verknüpfen sich in den beiden Sündenfallerzählungen Num 13+14* (mit Num 10,11abα +12b als Einführung) und 20,1–12* das Verhalten derer, die Verantwortung für die Gesamtgemeinde tragen, und das Verhalten Israels selbst (vgl. hier nur die exponierte Position des Todeswunsches der „ganzen Gemeinde" Num 14,2 genau im Zentrum von Num 13+14* sowie die hierauf Bezug nehmende Wiederaufnahme des Todeswunsches in Num 20,2+3b).

Angesichts der vielschichtig angelegten Komposition der nachsinaitischen Erzählfolge eröffnet sich ein nicht minder vielschichtiges Bild Israels, wofür im einzelnen gleichermaßen das sie auszeichnende thematische Gefälle als auch ihr literarisch-theologischer Ort im Gesamtzusammenhang der priesterschriftlichen Geschichtserzählung mitzubedenken sein wird. Ein erster Zugang läßt sich auch hier vom terminologischen Befund her gewinnen. Generell ist für die nachsinaitische Erzählfolge eine Dominanz des Terminus עדה („Gemeinde") gegenüber dem Ausdruck „Söhne Israels" zu konstatieren.[69] Im einzelnen stellt sich die Befundlage jedoch wesentlich differenzierter dar. Entsprechend dem chiastischen Anordnungsmuster, das als Strukturierungsprinzip der Abfolge der Erzähleinheiten des nachsinaitischen Erzählkomplexes zugrundeliegt, macht sich hinsichtlich der Frequenz der Verwendung der beiden Begriffe „Gemeinde" und „Söhne Israels" ein deutlicher Unterschied zwischen den beiden mittleren (Num 20,1–12* und 22–29*) und den sie umklammernden Erzähleinheiten (Num 13+14* und 27,12–23*+Dtn 34,7–9*) bemerkbar. Während in diesen der Ausdruck „Söhne Israels" eine gewichtige Rolle spielt (Num 13,2a.32a; 14,2a.10b.27b bzw. Num 27,12; Dtn 34,8*+9), ist in Num 20,1–12* und 22–29* dagegen vorherrschend der Terminus „Gemeinde" gebraucht (Num 20,1aα*.2.8aα* bzw. 22b.27.29a). Läßt schon diese eher

---

telbar anschließen, zu lesen; trotz dieses kompositorischen Bezuges sollte gerade auch vor dem Hintergrund der priesterschriftlichen Erzählweise, in der der Zusammenhang von Wort und Erfüllung eine herausragende Rolle spielt (vgl. WEIMAR, Struktur I, 120 ff.), das Fehlen einer expliziten Erfüllungsnotiz nicht unbeachtet bleiben.

[68] Vgl. hierzu näherhin WEIMAR, Tod Aarons, 353 ff.; die hierbei im Blick auf Num 20,22–29* entwickelte Deuteperspektive gilt nicht minder auch für Num 27,12–23*+Dtn 34,7–9*.

[69] Vgl. GROSS, Israels Hoffnung, 99 f.

vorläufige Übersicht hinsichtlich der Verteilung beider Begriffe aufmerken und nach den hierfür maßgebenden Gründen fragen, so differenziert sich das Bild weiter bei näherer Betrachtung der literarischen Gegebenheiten innerhalb der einzelnen Erzähleinheiten.[70]
Im Rahmen der „Landgabeerzählung" Num 13+14*,[71] deren Eröffnung Num 10,11abα+12b gezielt an die Sinaierzählung anknüpft, begegnet „Söhne Israels" in exklusiver Verwendung innerhalb der beiden rahmenden Jahwereden (Num 13,2a und 14,27b), wohingegen bei dem die Mitte der Gesamtkomposition markierenden „Murren" Israels (Num 14,2+5*) eine gezielte Verknüpfung der beiden Begriffe „Söhne Israels" und „Gemeinde" festzuhalten ist (vgl. den Parallelismus „alle Söhne Israels"||„die ganze Gemeinde" [Num 14,2abα] bzw. den komplexen Ausdruck „die ganze [Versammlung der] Gemeinde der Söhne Israels" [Num 14,5]).[72]

---

[70] Im folgenden wird der Blick nachdrücklich auf die beiden Sündenfallerzählungen gerichtet; für Num 20,22–29* vgl. schon WEIMAR, Tod Aarons, 355 f.

[71] Zur Analyse des priesterschriftlichen Erzählfadens in Num 13+14*, worin hier eine eigenständige Erzähleinheit gesehen wird, vgl. näherhin die Untersuchungen von S.E. MCEVENUE, The Narrative Style of the Priestly Writer (AnBib 50), Rom 1971, 90 ff.; STRUPPE, Herrlichkeit, 147 ff.; SCHART, Mose, 58–96; SCHMIDT, Studien, 73 ff.; hierbei ist v.a. der P-Anteil der Jahwerede Num 14,26–35 Gegenstand kontroverser Diskussion. – Zur Analyse von Num 13 f. insgesamt vgl. die beiden jüngeren Studien von N. RABE, Vom Gerücht zum Gericht. Revidierte Text- und Literarkritik der Kundschaftererzählung Num 13.14 als Neuansatz in der Pentateuchforschung (THLI 8), Tübingen 1994 und B.R. KNIPPING, Die Kundschaftergeschichte Numeri 13–14. Synchrone Beschreibung – diachron orientierte Betrachtung – fortschreibungsgeschichtliche Verortung (Theos 37), Hamburg 2000 sowie R. ACHENBACH, Die Erzählung von der gescheiterten Landnahme von Kadesch Barnea (Numeri 13–14) als Schlüsseltext der Redaktionsgeschichte des Pentateuchs, ZAR 9 (2003) 56–123; zur Charakterisierung der gegenwärtigen Diskussion vgl. FREVEL, Blick, 125–133; daß die literargeschichtliche Problematik der „Kundschaftergeschichte" im ganzen höchst vielschichtig anzusetzen ist, haben die jüngeren Untersuchungen zu Num 13+14 eindrucksvoll gezeigt; trotz aller gegenläufigen Versuche ist es nach kritischer Sichtung der vorgelegten Argumente bisher nicht gelungen, „dem priesterlichen Anteil der Erzählung die konzeptionelle Eigenständigkeit und Geschlossenheit abzusprechen" (FREVEL, Blick, 129); entsprechend wird in der vorliegenden Darstellung an der Existenz eines eigenständigen priesterschriftlichen Erzählfadens festgehalten.

[72] Zur kompositorischen Anlage der priesterschriftlichen „Landgabeerzählung" Num 13+14* vgl. MCEVENUE, Narrative Style, 113 ff., WEIMAR, Struktur I, 133 Anm. 145, SCHART, Mose, 90 ff.; anders demgegenüber jüngst SEEBASS, Numeri II, 88 f. – Zum „redundanten Wechsel" der beiden Begriffe „Gemeinde" und „Söhne Israels" im Zentrum der priesterschriftlichen Erzählfassung von Num 13+14* vgl. auch HOSSFELD, Volk Gottes, 140; inwieweit die „pleonastische Formulierung in Num 14,5" (ebd. 140) als solche auf die Hand von P^g zurückgeht oder erst redaktionell hergestellt ist (vgl. Ex 12,6b), kann im vorliegenden Zusammenhang unentschieden bleiben; zur Bedeutung des komplexen Ausdrucks „die ganze Versammlung der Gemeinde der Söhne Israels" im

Der Zusammenhang beider Begriffe tritt sodann auch anhand der kompositorisch einander zugeordneten Aussagen von Num 13,25+32abα und 14,6 f.+10a in Erscheinung, wobei das negative Mehrheitsvotum derer, die stellvertretend das Land begutachtet haben, an die „Söhne Israels" gerichtet ist (Num 13,32a), das positive Minderheitenvotum von Josua und Kaleb dagegen die „ganze Gemeinde [der Söhne Israels]" zum Adressaten hat (Num 14,7a und 10a). Im Unterschied zu Num 14,2abα wird das Nebeneinander beider Ausdrücke in Num 14,10 wohl nicht im Sinne eines Parallelismus zu deuten sein, da Num 14,10b wahrscheinlich als expositionelle Eröffnung der nachfolgenden Erzählsequenz gegenüber Num 14,10a abzugrenzen sein wird.[73]

Wie schon dieser knappe Durchgang durch die „Landgabeerzählung" Num 13+14* zu erkennen gibt, kann das Nebeneinander beider Begriffe keineswegs als beliebig verstanden werden, sondern erweist sich vielmehr als Ergebnis eines planvollen Vorgangs, was vermuten läßt, daß es dem priesterschriftlichen Erzähler nicht auf eine bloße „Identifikation beider Begriffe" ankommt,[74] sondern daß er hiermit gezielt auch thematische Akzentsetzungen vornehmen will. Daß der Terminus „Gemeinde" genau im Zentrum der ganzen Erzähleinheit erstmals Erwähnung findet, während die Größe Israel bis dahin ausschließlich als „Söhne Israels" bezeichnet wird, setzt insofern einen auch theologisch bedeutsamen Akzent, als Israel sich damit gerade in dem als Todeswunsch sich artikulierenden „Murren" (Num 14,2) zur „Gemeinde" zusammenfindet. Dies kann im Gesamtzusammenhang der priesterschriftlichen Geschichtserzählung insofern als eine höchst bedeutsame und zugleich brisante Aussageperspektive angesehen werden, als sich die Konstituierung Israels als „Gemeinde" gerade in Verbindung mit der Errichtung des „Zeltes der Begegnung" ereignet.[75] Aber auch die gezielte Nennung der „Söhne Israels" wird in einem solchen Rahmen verständlich. Wird näherhin die auffällige Strukturverwandtschaft der Komposition von Num 13+14* mit Ex 6,2–12+7,1–7, aber auch mit Gen 17* und die im Sinne der priesterschriftlichen Geschichtskonstruktion

---

Erzählzusammenhang vgl. etwa die Erwägungen von MCEVENUE, Narrative Style, 111 und STRUPPE, Herrlichkeit, 160 f.
[73] So zu Recht schon MCEVENUE, Narrative Style, 111 ff.
[74] So HOSSFELD, Volk Gottes, 140; vgl. auch STRUPPE, Herrlichkeit, 160, die auf den synonymen Gebrauch beider Begriffe abhebt.
[75] Vgl. hierzu näherhin den zweiten Teil der vorliegenden Untersuchung. – Daß Num 13+14* vor dem Hintergrund der Sinaierzählung zu lesen ist, legt sich nicht zuletzt auch aufgrund signifikanter Entsprechungen zu der die Sinaierzählung eröffnenden Erzähleinheit Ex 16,1–12* nahe (zum Phänomen selbst vgl. schon – wenn auch mit z.T. anderer Textabgrenzung – SCHART, Mose, 140 ff.; hinsichtlich der Verwandtschaft des Murrmotivs in Ex 16,2+3 und Num 14,2 vgl. WEIMAR, Meerwundererzählung, 234 Anm. 202).

dadurch angezeigte tiefergreifende thematische Beziehung (Land) zwischen diesen Texteinheiten beachtet,[76] dann scheint die Würdebezeichnung „Söhne Israels" nicht zuletzt um der darin indirekt geschehenden Anspielung auf die Verheißungen der Gabe des Landes und der Gottesnähe aufgenommen zu sein.[77] Vor dem Hintergrund der hier angedeuteten literarischen Zusammenhänge, aber auch der in Num 10,11abα+12b als Eröffnung der „Landgabeerzählung" enthaltenen thematischen Vorgabe gewinnt das „Murren" des Volkes für den Leser eine über den konkreten Anlaß hinausweisende grundsätzliche Dimension, insofern es zugleich Stellungnahme zur verheißenen *und* erfahrenen Nähe Gottes inmitten seines Volkes wie Infragestellung der grundlegenden Bedeutung des Exodusgeschehens ist.[78]

Wird anhand der als Sündenfallerzählung stilisierten „Landgabeerzählung" Num 13+14* die Bedeutung des Verhaltens derer, die stellvertretend für ganz Israel zu einer Stellungnahme über die Qualität des Landes herausgefordert sind, für die Gesamtgemeinde transparent,[79] so läßt der priesterschriftliche Erzähler anhand der unmittelbar daran anschließenden und hierzu in Beziehung gesetzten Sündenfallerzählung Num 20,1–12* den Konflikt zwischen Mose und Aaron als Amtsträgern und der Gesamtgemeinde eindrucksvoll Gestalt gewinnen.[80] Das erzählerische wie theologische Profil der Erzählung läßt sich nicht zuletzt auch anhand des komplexen Arrangements der in diesem Rahmen für Israel gebrauchten Begriffe fassen, wobei das der Erzähleinheit zugrundeliegende Spannungsmoment in Verbindung mit einer Verschiebung der Aussagegewichte gerade zu Beginn und Abschluß der Erzähleinheit in Erscheinung tritt (vgl. den apposi-

---

[76] Zur Entsprechung der Kompositionsstruktur dieser drei Texteinheiten, denen im Gesamtgefüge der priesterschriftlichen Geschichtserzählung eine herausragende Rolle zukommt, vgl. schon WEIMAR, Struktur I, 133 Anm. 145 und DERS., Meerwundererzählung, 234 f. Anm. 203.

[77] Vgl. in diesem Zusammenhang v.a. die programmatisch zu verstehende Beauftragung zur Begutachtung des Landes in Num 13,2a; durch den dem Stichwort „Land" beigefügten partizipialen Relativsatz, durch den die Landgabe als unmittelbar bevorstehend gekennzeichnet ist (vgl. hierzu näherhin WEIMAR, Untersuchungen, 110 f.), wird ein übergreifender kompositorischer Bezug zu Gen 17,7+8 und Ex 6,4 [8] hergestellt.

[78] Vgl. schon WEIMAR, Meerwundererzählung, 234.

[79] Zu dieser Interpretation vgl. v.a. LOHFINK, Ursünden, 184 ff.

[80] Zur Analyse von Num 20,1–13 vgl. aus der jüngeren Diskussion F. KOHATA, Die priesterschriftliche Überlieferungsgeschichte von Numeri XX 1–13, AJBI 3 (1977) 3–34; E. ZENGER, Israel am Sinai. Analysen und Interpretationen zu Exodus 17–34, Altenberge ²1985, 62 ff.; K.D. SAKENFELD, Theological und Redactional Problems in Num 20,1–13, in: Understanding the World (FS B.W. Anderson [JSOT.S 37]), hg. von T.B. Butler u.a., Sheffield 1985, 133–154; STRUPPE, Herrlichkeit, 180 ff.; SCHART, Mose, 97 ff.; SCHMIDT, Studien, 45 ff.; FREVEL, Blick, 306–336; SEEBASS, Numeri II, 272–284; FRANKEL, Murmuring Stories, 263–311; ACHENBACH, Vollendung, 302–317.

tionellen Ausdruck „Söhne Israels, die ganze Gemeinde" [Num 20,1aα*] auf der einen bzw. „Söhne Israels"‖„diese Versammlung" [Num 20,12] auf der anderen Seite).[81] Die Beschränkung des Ausdrucks „Söhne Israels" auf die rahmenden Aussageglieder verleiht ihm als Würdebezeichnung, mit dem die im Exodus anhebende Geschichte des Jahwevolkes präsent gesetzt wird, ein besonderes Gewicht. Flankiert ist der Ausdruck „Söhne Israels" von den beiden Begriffen „Gemeinde" (Num 20,2a und 8a*) und „Versammlung" (קהל; Num 20,6 und 10), wozu ergänzend – darin aber zugleich das Gesicht der Erzähleinheit mitprägend – das mehrfache Vorkommen der Wurzel קהל (Num 20,2 [N-Stamm] sowie Num 20,8abα und 10 [H-Stamm]) hinzutritt. Hinsichtlich einer Bewertung des Befundes werden die verschiedenen, keineswegs immer einsinnig zu beurteilenden Oppositionen zu beachten sein, aufgrund deren sich ein vielstimmig angelegtes Gesamtbild ergibt. Der innerhalb der Erzählung Num 20,1–12* thematisierte Konflikt der Gesamtgemeinde mit Mose und Aaron entzündet sich zwar an einer konkreten Notsituation (Mangel an Wasser), geht aber, indem der Todeswunsch Num 20,3b sich an Num 14,2 anhängt, letztlich, auch was den Adressaten des Todeswunsches betrifft, darüber hinaus. Eigentlicher Konfliktpunkt ist vielmehr – mit deutlichem Bezug auf das Hinkommen ins Land (vgl. die hinsichtlich des Vorkommens der Wurzel בוא zwischen Num 20,1aα* und 12b bestehende Entsprechung) – die Erfahrung der Gottesnähe (vgl. den Bezug zum „Zelt der Begegnung" Num 20,6).[82] Indem Mose und Aaron an der ihnen aufgetragenen (Num 20,8abα) Aufgabe, diese Gottesnähe für die Gemeinde auch konkret erfahrbar werden zu lassen, scheitern, weil sie gegenüber der versammelten Gemeinde das Wort Jahwes in Zweifel ziehen (Num 20,10), können sie auch nicht die Führer Israels ins Land sein (Num 20,12).[83]

Auch innerhalb des Gesamtkomplexes der nachsinaitischen Erzählfolge sind damit Streuung wie Vorkommen der beiden Begriffe „Gemeinde" und „Söhne Israels", wozu sich in Num 20,1–12* aus aktuellem Anlaß noch der Begriff „Versammlung" gesellt, aus dem literarischen Willen des priesterschriftlichen Erzählers heraus zu interpretieren, dem es auf diese

---

[81] Zur Variation der Begriffe, die in Num 20,1–12* auf verschiedenen Ebenen durchspielt werden, vgl. insbesondere HOSSFELD, Volk Gottes, und DERS.-E.M. KINDL, Art. qāhāl, ThWAT VI (1989) 1204–1219 (1214).

[82] Vgl. auch das Urteil von STRUPPE, Herrlichkeit, 214: „Die Erzählung von der Gabe des Wassers und der Schuld der geistlichen Autoritäten aktualisiert so die theologische Sinnbestimmung des Heiligtums."

[83] Insofern macht es durchaus Sinn, wenn das die Erzähleinheit abschließende Gerichtswort Num 20,12 sich nur auf Mose und Aaron bezieht, obschon auch Israels Verhalten – zwar nicht durch Jahwe selbst (so zu Recht SCHMIDT, Studien, 63), aber auch aus der Perspektive der Erzählung heraus – eine durchaus kritische Beleuchtung erfährt (vgl. SCHART, Mose, 120).

Weise gelingt, ein perspektivenreiches Bild Israels zu entwerfen. Daß dabei im abschließenden Kompositionsteil der priesterschriftlichen Geschichtserzählung im Gegensatz zur Exodus- und Sinaierzählung Israel vorwiegend mit dem Terminus „Gemeinde" belegt wird, ist im kompositorischen Gesamtzusammenhang der priesterschriftlichen Geschichtserzählung vor dem Hintergrund der thematischen Akzentuierung des Sinaigeschehens entsprechend zu gewichten. Abgesehen einmal von dem hierfür signifikanten Vorkommen des Motivs vom Erscheinen der „Herrlichkeit Jahwes" ist nicht zuletzt auf das dichte Beziehungsgeflecht hinzuweisen, durch das die beiden Sündenfallerzählungen Num 13+14* (mit Num 10,11abα+12b als Einführung) und 20,1–12* mit der die Sinaierzählung eröffnenden Texteinheit Ex 16,1–12* verbunden sind.[84] Darf vorausgesetzt werden, daß Ex 16,1–12* für beide Sündenfallerzählungen als Referenztext und Hintergrundfolie gedient hat, so läßt sich auch deren spezifisches Aussageprofil präziser fassen. Bei vergleichbarer Ausgangssituation verdient vor allem das die beiden Sündenfallerzählungen jeweils beschließende Gerichtswort (Num 14,26f*+35b bzw. 20,12) anstelle des Heilswortes Ex 16,12, mit dem die Erzähleinheit Ex 16,1–12* abgeschlossen wird, Beachtung. Die Unterschiedlichkeit in der Reaktionsweise Jahwes liegt augenscheinlich nicht im Erzählgegenstand selbst begründet, sondern in einer grundlegend veränderten Gesamtkonstellation, wie sie infolge der Errichtung des „Zeltes der Begegnung" eingetreten ist.

Im Sinne der Geschichtskonstruktion des priesterschriftlichen Werkes kommt die Annahme Israels zum „Volk Jahwes", wie sie sich im Exodus ereignet, erst am Sinai definitiv und vollgültig zum Abschluß und findet in der Errichtung des Heiligtums als dem Symbol der Gottesnähe einen bleibenden Ausdruck. Vor diesem Hintergrund gewinnt der Todeswunsch Israels in Num 14,2 und 20,3b im Unterschied zu Ex 16,3 insofern eine gänzlich neue, mit der in Ex 16,1–12* geschilderten Situation nicht vergleichbare Bedeutungsqualität, als hierin nicht allein die im „Zelt der Begegnung" zeichenhaft realisierte Nähe Gottes bei seinem Volk infrage gestellt wird, sondern zugleich grundlegende Zweifel an der Sinnhaftigkeit des Exodusgeschehens generell angemeldet werden. Die aufgrunddessen eigentlich unausweichliche tödliche Konsequenz (vgl. nur die an die „Söhne Israels" gerichtete Gerichtsansage als Abschluß der Sündenfallerzählung Num 13+14*) realisiert sich bezeichnenderweise nur an denen, die stellvertretend für die Gesamtgemeinde handeln bzw. wie Mose und Aaron als Amtsträger auftreten. Mit einer solchen Konstruktion gelingt es dem priesterschriftlichen Erzähler, einerseits an der Irreversibilität der Zusage bleibender Gottesnähe für Israel als ganzes festhalten zu können, anderer-

---

[84] Zu den hier näherhin zu beachtenden Verbindungslinien vgl. nur die Hinweise bei STRUPPE, Herrlichkeit, 209 ff.; außerdem auch Anm. 76.

seits aber dem göttlichen Gerichtswillen gegenüber denen, die ihrer Verantwortung für die Gesamtgemeinde nicht gerecht werden, Ausdruck zu verschaffen. Indem die priesterschriftliche Geschichtserzählung in ihren (nicht zufälligerweise erst nach dem Sinai plazierten) beiden Sündenfallerzählungen die grundlegenden Herausforderungen, denen sich das Israel ihrer Zeit ausgesetzt sieht („Verleumdung des Landes" [Num 13,32a] bzw. „mangelndes Vertrauen auf Jahwes Wort" [Num 20,12]), ausspricht, weist sie Israel zugleich einen Weg aus der Krise: im Erscheinen der „Herrlichkeit Jahwes" als Zeichen der rettend-richtenden Gegenwart Gottes wird das Wohnen Jahwes „inmitten der Söhne Israels" (Ex 29,46) immer neu zu einer „erfahrbaren Wirklichkeit".[85]

---

[85] STRUPPE, Herrlichkeit, 214.

10. Der Tod Aarons und das Schicksal Israels
Num 20,22–29* im Rahmen der Priesterschrift

„Es liegt etwas schauerlich Grosses in dem Anblick eines Mannes, der auf den Befehl seines Gottes *sterben geht*. Dieser seltne und religiös wohltuende Anblick durfte keinem in der Gemeinde entgehen" – mit diesen Worten hat Arnold B. Ehrlich das Erregende jenes Geschehens um den Tod Aarons, wie es in Num 20,22–29 geschildert ist, zu charakterisieren versucht.[1] Was den Erzähler in der Darstellung des Todes Aarons bewegt, erschließt sich einem verstehenden Zugang jedoch nicht unmittelbar.[2] Maßgebend hierfür dürfte nicht zuletzt der ganz und gar unspektakuläre, ja geradezu spröde und abweisende Stil der Erzählung sein, die mehr verschweigt als offen ausführt.[3] Außerdem wird ein Zugang zu einem Verstehen dessen, was die Priesterschrift in Num 20,22–29 mit der Deutung des Todes Aarons beabsichtigt, noch dadurch verstellt, daß sie häufiger als bloße „Nachbildung" der Darstellung des Todes des Mose, die „keinen einzigen originellen Zug" aufweist, verstanden wird.[4] Weitgehend unbeachtet geblieben sind dabei sowohl das spezifische Profil der Erzählung

---

[1] A.B. EHRLICH, Randglossen zur hebräischen Bibel. Textkritisches, Sprachliches und Sachliches. II, Leipzig 1909 = ND Hildesheim 1968, 188.

[2] Bezeichnenderweise wird Num 20,22–29 außerhalb der Kommentarliteratur kaum behandelt; als Ausnahme von der Regel kann m.W. einzig C. HOUTMAN, Enkele overwegingen bij de beschrijving van het levenseinde van Henoch en Aäron in het Oude Testament, NedThT 33 (1979) 187–194 angesehen werden.

[3] Vgl. hierzu nur HOUTMAN, Overwegingen, 187; zur Ausgestaltung der Erzählung Num 20,22–29 in der späteren Überlieferung vgl. H. SCHWARZBAUM, Jewish, Christian, Moslem and Falasha Legends of the Death of Aaron, the High Priest, Fabula 5 (1962) 185–227.

[4] H. GRESSMANN, Mose und seine Zeit. Ein Kommentar zu den Mose-Sagen (FRLANT II/1), Göttingen 1913, 342 f. und DERS., Die Anfänge Israels (SAT I/2), Göttingen ²1922, 131. – Die zwischen den Erzählungen vom Tod Aarons und Moses bestehenden auffälligen Gemeinsamkeiten (GRESSMANN, Mose, 342 und M. NOTH, Überlieferungsgeschichte des Pentateuch, Stuttgart 1948 = ND Darmstadt ³1966, 195) beruhen zumindest z.T. erst auf Aussagen redaktioneller, d.h. nachpriesterschriftlicher Herkunft und wären von daher neu und im einzelnen differenzierter zu beurteilen; zur Parallelität der beiden Darstellungen vgl. jüngst R. ACHENBACH, Die Vollendung der Tora. Studien zur Redaktionsgeschichte des Numeribuches im Kontext von Hexateuch und Pentateuch (BZAR 3), Wiesbaden 2003, 324–327.

vom Tode Aarons Num 20,22–29 als auch deren Stellenwert und Gewicht im kompositorischen Gefüge des priesterschriftlichen Werkes insgesamt. Wenn im folgenden gerade diesen Fragen nachgegangen werden soll, dann werden damit Einsichten und Impulse zu einem Verständnis der Priesterschrift aufgegriffen, wie sie Norbert Lohfink, der anregende Lehrer in Frankfurter Studienjahren und darüber hinaus, in wegweisenden Studien entwickelt hat.[5]

I. Eine spannungsvolle Komposition

Daß die Erzählung vom Tode Aarons Num 20,22–29 im ganzen der Priesterschrift zuzuschreiben ist, braucht nicht eigens bewiesen zu werden; es gehört zum bewährten „Einleitungswissen"[6]. Während noch für Gerhard von Rad die Einheitlichkeit von Num 20,22–29 außer Frage stand,[7] hat

---

[5] Aus den jetzt übersichtlich im Sammelband „Studien zum Pentateuch" ([SBAB 4], Stuttgart 1988) zusammengefaßten Arbeiten von N. Lohfink zur Priesterschrift seien hier stellvertretend nur die beiden eindringlichen Studien über die „Die Ursünden in der priesterlichen Geschichtserzählung", in: Die Zeit Jesu (FS H. Schlier), hg. von G. Bornkamm-K. Rahner, Freiburg/Brsg. 1970, 38–57 = SBAB 4, 169–189 und „Die Priesterschrift und die Geschichte", in: Congress Volume Göttingen 1977 (VT.S 29), hg. von W. Zimmerli, Leiden 1978, 189–225 = SBAB 4, 213–253 genannt.

[6] L. PERLITT, Priesterschrift im Deuteronomium?, ZAW 100 Suppl. (1988) 65–88 = DERS., Deuteronomium–Studien (FAT 8), Tübingen 1994, 123–143 (135). – Vgl. schon das Urteil von R. SMEND, Die Erzählung des Hexateuch auf ihre Quellen untersucht, Berlin 1912, 213: „Daß die Erzählung vom Tode Aharons 20,22–29 aus P stammt, bedarf keines Beweises"; der dahingehende Konsens (vgl. etwa L. SCHMIDT, Studien zur Priesterschrift [BZAW 214], Berlin-New York 1993, 208; C. FREVEL, Mit Blick auf das Land die Schöpfung erinnern. Zum Ende der Priestergrundschrift [HBS 23], Freiburg/Brsg. u.a. 2000, 237–248; H.-C. SCHMITT, Spätdeuteronomistisches Geschichtswerk und Priesterschrift in Deuteronomium 34, in: Textarbeit. Studien zu Texten und ihrer Rezeption aus dem Alten Testament und der Umwelt Israels (FS P. Weimar [AOAT 294]), hg. von K. Kiesow und T. Meurer, Münster 2003, 407–424 [416 f.]; H. SEEBASS, Numeri. 2. Teilband: Numeri 10,11–22,1 [BK IV/2], Neukirchen-Vluyn 2003, 300 f.) ist inzwischen brüchig geworden (vgl. die diesbezüglichen Anmerkungen bei R.G. KRATZ, Die Komposition der erzählenden Bücher des Alten Testaments. Grundwissen der Bibelkritik [UTB 2157], Göttingen 2000, 111.116 f. bzw. – mit Verweis auf E. OTTO, Das Deuteronomium im Pentateuch und Hexateuch. Studien zur Literaturgeschichte von Pentateuch und Hexateuch im Lichte des Deuteronomiumrahmens [FAT 30], Tübingen 2000, 212 ff. – ACHENBACH, Vollendung, 326 f.).

[7] G. VON RAD, Die Priesterschrift im Hexateuch. Literarisch untersucht und theologisch gewertet (BWANT IV/13), Stuttgart 1934, 119. – Doch findet die These der „Einheitlichkeit" auch in der gegenwärtigen Forschung noch ihre Vertreter (vgl. u.a. V. FRITZ, Israel in der Wüste. Traditionsgeschichtliche Untersuchung der Wüstenüberlieferung des Jahwisten [MThSt 7], Marburg 1970, 28 und E. CORTESE, La terra di Canaan

I. Eine spannungsvolle Komposition

sich innerhalb der neueren Forschung insofern ein durchaus bemerkenswerter Konsens entwickelt, als weithin V.22a und V.23aβb+24 als „Nachträge" innerhalb der priesterschriftlichen Erzählung angesehen werden,[8] die dabei näherhin wohl mit einer *nach*priesterschriftlichen Redaktion in Verbindung zu bringen sind.[9] Als weiteres Element einer derartigen nachpriesterschriftlichen Redaktionsschicht wird sodann auch die nachhinkende Subjektangabe *kol bêt jiśrāʾel* V.29bβ zu beurteilen sein.[10] Die Tragfähig-

---

nella storia sacerdotale del Pentateuco [SRivBib 5], Brescia 1972, 37 f. und DERS., Da Mosè a Esdra. I libri storici dell'antico Israele, Bologna [1985] 109).

[8] Die wesentlichen (wenn auch im einzelnen ergänzungsfähigen) Argumente, die für eine Ausgrenzung von V.22a und V.23aβb+24 aus dem Rahmen von Num 20,22–29 sprechen, finden sich schon bei M. NOTH, Das vierte Buch Mose. Numeri (ATD 7), Göttingen 1966, 133 f.; gefolgt sind ihm im wesentlichen u.a. K. ELLIGER, Sinn und Ursprung der priesterlichen Geschichtserzählung, ZThK 49 (1952) 121–143 = DERS., Kleine Schriften zum Alten Testament (TB 32), München 1966, 174–198 (175); LOHFINK, Priesterschrift, 223 Anm. 29; P. WEIMAR, Struktur und Komposition der priesterschriftlichen Geschichtsdarstellung I, BN 23 (1984) 81–134 (85 Anm.18) und II, BN 24 (1984) 138–162; L. PERLITT, Priesterschrift, 79; U. STRUPPE, Die Herrlichkeit Jahwes in der Priesterschrift. Eine semantische Studie zu *kᵉbôd YHWH* (ÖBS 9), Klosterneuburg 1988, 183 f. Anm. 5; SCHMIDT, Studien, 208 f. und SEEBASS, Numeri II, 299 f.; nach FREVEL, Blick, 239 f., dem sich SCHMITT, Priesterschrift, 416, anschließt, ist V.24aα als „zusammenfassende Vorwegnahme" (SCHMITT, Priesterschrift, 417) dem Grundtext zuzurechnen; kritisch gegenüber einer derartigen Ausgrenzung einzelner Textelemente in Num 20,22–29 äußert sich ACHENBACH, Vollendung, 326 f. mit Anm. 78.

[9] Eine vor allem im Hinblick auf V.22a vermutete Zuordnung zu einer der „alten Quellen" (NOTH, Numeri, 133) bzw. zu J (W. RUDOLPH, Der „Elohist" von Exodus bis Josua [BZAW 68], Berlin 1938, 89) läßt sich nicht wahrscheinlich machen; vielmehr wird hinter V.22a das Bemühen um Integration von vorpriesterschriftlicher und priesterschriftlicher Überlieferung zu einem geschlossenen neuen Erzählzusammenhang erkennbar; dasselbe Interesse zeichnet aber auch den „Nachtrag" V.23aβb+24 (vgl. das Bemühen um Herstellung einer Bezugnahme auf die priesterschriftliche Aussage Num 20,12, sowie einer Verbindung [„Wasser von Meriba"] mit der erst nachpriesterschriftlichen Aussage Num 20,13 [E. ZENGER, Israel am Sinai. Analysen und Interpretationen zu Exodus 17–34, Altenberge ²1985, 63 f.; ebenso auch STRUPPE, Herrlichkeit, 194, SCHMIDT, Studien, 54.70 f., FREVEL, Blick, 238.333 oder SCHMITT, Priesterschrift, 415]) aus, was die Annahme einer geschlossenen Redaktionsschicht favorisiert.

[10] Daß die Wortverbindung *kol bêt jiśrāʾel* V.29bβ nicht als priesterschriftlich reklamiert werden kann, darauf hat mit Nachdruck PERLITT, Priesterschrift, 79 mit Anm.34 hingewiesen (vgl. aber schon A. KNOBEL, Die Bücher Numeri, Deuteronomium und Josua [KeH 13], Leipzig 1861, 107), ohne daß damit aber schon V.29 insgesamt der Priesterschrift abgesprochen werden könnte; die redaktionell bedingte Auffüllung von V.29 durch *kol bêt jiśrāʾel*, die im übrigen durchaus kontrovers diskutiert wird (so plädieren etwa SCHMIDT, Studien, 209 und SCHMITT, Priesterschrift, 417 für den redaktionellen Charakter von V.29bβ, wohingegen FREVEL, Blick, 240 eine derartige Ausgrenzung nicht für zwingend hält; zur Diskussionslage im ganzen SEEBASS, Numeri II, 299), könnte damit zusammenhängen, daß auf diese Weise V.29 stärker als Gegengewicht zu V.22 in Erscheinung tritt.

keit der hier vorgenommenen Rekonstruktion des Umfangs der ursprünglichen Erzählfassung der priesterschriftlichen Darstellung vom Tod Aarons auf V.22b.23aα.25–29abα[11] bewährt sich näherhin bei Beachtung ihrer kompositorischen Geschlossenheit wie ihrer bewußt hergestellten Textkomposition.[12]

Bestimmend für die Komposition ist die Zuordnung von Jahwerede (V.23aα.25+26) und Ausführungsbericht (V.27+28). Stilistisch herausgestellt ist dabei die das Erzählgeschehen dominierende Jahwerede. In der Abfolge von drei doppelgliedrigen Aussagen (V.25/26a/26b) erfährt einerseits das abschließende Aussageglied V.26b mit der Ansage des Todes Aarons (vgl. die auf mehrfache Weise [Verklammerung von V.25+26a durch die Wortverbindung „Eleasar, sein Sohn" – Ablösung der Folge der Imperative in V.25+26aα durch Suffixkonjugation in V.26aβ – chiastische Struktur von V.26b mit Herausstellung Aarons als Subjekt der Aussage gegenüber der Anrede an Mose in V.25+26a] angezeigte Sonderstellung von V.26b gegenüber V.25+26a) sowie andererseits der im Zentrum der Jahwerede plazierte Auftrag an Mose zur Investitur Eleasars als Nachfolger Aarons V.26a (vgl. den mittels der Lokalpartikel šām in V.26bβ hergestellten Rückbezug über V.26a hinweg auf die Ortsangabe hor hāhār in V.25b) eine Akzentuierung.

Der darin angedeutete spannungsvolle Zusammenhang von Aarons Tod und der Investitur Eleasars wird sodann nochmals in der Zuordnung des Ausführungsberichtes V.27+28 zur vorangehenden Jahwerede reflektiert. Bewußt wird das dort begegnende dreiteilige Strukturmuster nachgeahmt (V.27/28aα/28aβb), zugleich aber entsprechend dem für den Ausführungsbericht maßgebenden eigenen Aussagegefälle abgewandelt. Im Unterschied zu den Rahmenaussagen V.27 und 28aβb, die sich gegenüber der Jahwerede durch größere Eigenständigkeit auszeichnen, ist das mittlere Aussageglied V.28aα dadurch besonders hervorgehoben, daß es eine wortwörtliche Umsetzung der entsprechenden Aussage V.26a innerhalb der Jahwerede darstellt. Die Zentrierung des Ausführungsberichtes auf die Investitur Eleasars als Nachfolger Aarons durch Mose wird kompositorisch durch das antithetische („hinaufsteigen auf den Berg Hor"||„hinabsteigen vom Berge") wie durch die intentionale Bezugnahme der Rahmenaussagen V.27 und 28aβb (genaue Ausführungen des von Jahwe Aufgetragenen

---

[11] Im vorliegenden Zusammenhang kann offenbleiben, ob leʾmor in V.23b möglicherweise wie V.23aα ebenfalls ursprünglich ist (vgl. Num 20,3bα); zur Phrase ʾmr ... leʾmor vgl. jüngst S.A. MEIER, Speaking of Speaking. Marking Direct Discourse in the Hebrew Bible (VT.S 46), Leiden 1992, 84 ff.

[12] Vgl. auch H. JAGERSMA, Numeri II (PredOT), Nijkerk 1988, 77.

durch Mose[13]||Einlösung der Zukunftsansage durch Jahwe) eindrucksvoll unterstrichen.

Die spannungsvolle Wechselbeziehung, die so die Zuordnung von Jahwerede und Ausführungsbericht innerhalb von Num 20,22b–29* bestimmt, ist ihrerseits nochmals umfangen durch die Rahmennotizen V.22b und 29abα. Gegenüber dem eigentlichen Erzählkorpus heben sie sich gerade dadurch ab, daß in ihnen jeweils die „ganze Gemeinde" Subjekt der Aussage ist. In der so bestehenden Verschiedenheit der Erzählebenen, wie sie zwischen „Rahmen" (V.22b und 29abα) und „Korpus" (V.23aα.25+26|| 27+28) in Erscheinung tritt, tut sich damit eine erzählerische, literarisch jedoch nicht weiter auflösbare Spannung kund, von der her zugleich ein bezeichnendes Licht auf die von der Priesterschrift innerhalb der Erzähleinheit Num 20,22–29* verfolgte Aussageabsicht im Hinblick auf die Deutung des Todes Aarons fällt.[14] Anhand ihrer kompositorischen Eigenart gibt sich die priesterschriftliche Darstellung des Todes Aarons, wie sie in Num 20,22b–29* vorliegt, als ein überraschend vielschichtiges, alles andere als erzählerisch „glattes" Gebilde zu erkennen. Ist die Oberfläche der Erzählung auf diese Weise ein wenig aufgerauht, eröffnen sich weitergehende Perspektiven, wenn zudem der durch das priesterschriftliche Werk gegebene erzählerische Zusammenhang mitbedacht wird.

II. Das Rätsel des Todes Aarons

Gerade bei der Darstellung des Todes Aarons fällt die große Zurückhaltung des Erzählers auf.[15] Dennoch wird dieses Geschehen innerhalb der Erzählung mit mehrfacher Brechung reflektiert. Während innerhalb des Ausführungsberichtes das Faktum des Todes Aarons eher kommentarlos knapp („und es starb Aaron dort") mitgeteilt ist und nur durch die angefüg-

---

[13] Durchaus beachtenswert ist m.E. das Fehlen einer Objektangabe in V.27aβ; so innerhalb der Priesterschrift sonst nur noch Ex 7,10a.20a* und 39,43.

[14] Die innerhalb der älteren Forschung mehrfach vertretene Annahme, daß die aus dem Rahmen von Num 33,1–49 „völlig herausfallende" Erzählnotiz Num 33,38+39 (VON RAD, Priesterschrift, 120) ursprünglich einmal unmittelbar auf Num 20,29 gefolgt und so mit der Erzählung vom Tode Aarons Num 20,22–29 verbunden gewesen sei (vgl. etwa H. HOLZINGER, Numeri [KHC IV], Tübingen-Leipzig 1903, 92.103 f.; GRESSMANN, Anfänge, 131; RUDOLPH, „Elohist", 89 Anm. 1), ist m.E. zu Recht allgemein aufgegeben worden; auch ein Verständnis von Num 33,38+39 als „Parallelbericht" zu Num 20,22–29 (VON RAD, Priesterschrift, 120) hat wenig Plausibilität für sich; die auffällige Entsprechung von Num 33,39 zu Dtn 34,7a erklärt sich unschwer aus der vor allem redaktionell bedingten Absicht einer „Nachbildung" des Todes des Mose im Tode Aarons (zur Diskussion jüngst auch FREVEL, Blick, 244).

[15] Vgl. auch HOUTMAN, Overwegingen, 187.192.

te Ortsangabe „auf dem Gipfel des Berges" eine akzentuierende Hervorhebung erfährt (V.28aβ), ist demgegenüber die Ansage seines Todes durch Jahwe V.26b nicht nur formal durch die in Art eines Parallelismus zugeordneten Verben *ʾsp* N–Stamm und *mwt*, sondern zusätzlich auch durch die Voranstellung von *ʾsp* N–Stamm ausgezeichnet. In der Einführung gerade dieses Verbums, das dabei elliptisch für den Ausdruck „versammelt werden zu seinem Volk" steht,[16] deutet sich eine den Tod Aarons (aber auch des Mose [Num 27,13a*][17]) erhellende übergreifende Deuteperspektive an, wobei gegenüber dem Vorkommen des Ausdrucks innerhalb der priesterschriftlichen Abraham- (Gen 25,8 [Abraham] und 17 [Ismael]) und Jakobgeschichte (Gen 35,29 [Isaak] und Gen 49,[29] 33 [Jakob]) die wohl auch interpretatorisch nicht unbedeutsamen Besonderheiten in V.26b (vgl. neben der elliptischen Konstruktion vor allem auch die Transponierung aus dem Erzählerbericht in die vordeutende Jahwerede[18]) zu beachten sein werden.

Besondere Aufmerksamkeit nicht allein aufgrund des Vorkommens des seltenen Verbums *gwʿ*,[19] sondern auch aufgrund der eigenwilligen Deuteperspektive („ganze Gemeinde") darf die (literarisch keineswegs zu beanstandende[20]) Deutung des Todes Aarons in V.29a für sich beanspruchen. Mögen im Hinblick auf die Verwendung von *gwʿ* als Todesbegriff die triadischen Aussagefolgen („er verschied und starb und wurde versammelt") der priesterschriftlichen Vätergeschichte (Gen 25,8.17; 35,29; vgl. auch

---

[16] Zu *jeʾāsep* als abgekürzte Redeweise für den volleren Ausdruck *næʾᵉsap ʾel-ʿammāw* vgl. etwa W.H. GISPEN, Het Boek Numeri II (COT), Kampen 1964, 17; zu diesem Ausdruck selbst vgl. insbesondere B. ALFRINK, L'Expression *næʾᵉsap ʾel-ʿammāw*, OTS 6 (1948) 118–131; zu seiner Bedeutung vgl. die Übersicht bei K.-J. ILLMANN, Art. *mwt*, ThWAT IV (1984) 763–787 (770 f.). – Nach B. JACOB, Das erste Buch der Tora. Genesis, Berlin 1934 = ND New York o.J. [1974] = Stuttgart 2000, 536 ist das mit diesem Ausdruck Gemeinte „weder identisch mit Sterben noch mit Begrabenwerden, sondern kann nur die Vereinigung der Seele mit den Seelen der Vorfahren bezeichnen, gleich denen er nunmehr zu den Verstorbenen gehörte und gezählt wurde" (vgl. auch C. WESTERMANN, Genesis II [BK I/2], Neukirchen-Vluyn 1981, 486).

[17] Der Rückverweis auf den Tod Aarons in Num 27,13b ist möglicherweise als ein mit Num 27,14a zusammenhängender Zusatz zu Num 27,13a* (ohne *gam-ʾattāh*) zu verstehen (vgl. S. MITTMANN, Deuteronomium 1,1–6,3 literarkritisch und traditionsgeschichtlich untersucht [BZAW 139], Berlin–New York 1975, 108).

[18] Im Rahmen einer Jahwerede begegnet *næʾᵉsap* innerhalb der Priesterschrift neben V.26b nur noch Num 27,13a* (Mose); zu vergleichen wäre außerdem noch die Selbstansage seines Todes durch Jakob Gen 49,29a; keine Entsprechung im Rahmen des priesterschriftlichen Werkes hat jedoch die elliptische Konstruktion von *næʾᵉsap*, wie sie mit Bezug auf den Tod Aarons in V.26b (vgl. damit noch die wohl als redaktionell zu qualifizierende Aussage Num 27,13b) vorliegt.

[19] Zu *gwʿ* vgl. H. RINGGREN, Art. *gwʿ*, ThWAT I (1973) 978 f.

[20] Vgl. demgegenüber PERLITT, Priesterschrift, 79; zur Kritik vgl. auch SCHMITT, Priesterschrift, 417.

Gen 49,33) impulsgebend gewirkt haben (Aufnahme der drei Verben in umgekehrter Reihenfolge),[21] entscheidend ist der damit angezeigte Zusammenhang angesichts der Sonderstellung von V.29abα innerhalb der Komposition von Num 20,22b–29* jedoch keineswegs. Ein bedeutsamer Fingerzeig ergibt sich vielmehr gerade aufgrund der beiden korrespondierenden Rahmenaussagen V.22b und 29abα, die beide gleichermaßen auf die innerhalb der Komposition der Priesterschrift unmittelbar vorangehende Texteinheit Num 20,1–12*[22] anspielen wollen,[23] was überdies bezeichnenderweise auch für die Wendung „vor den Augen der ganzen Gemeinde" V.27bβ gilt.[24] Betont ruft die den Tod Aarons aus der Sicht der Gemeinde reflektierende Aussage V.29abα (gw^c) dabei gerade den seinerseits auf Num 14,2b anspielenden Todeswunsch der Gemeinde Num 20,3b (Ersetzung des dort zweimal begegnenden Verbums mwt durch das ebenfalls zweimal eingeführte, das Geschehen der Flut [Gen 6,17b und 7,21a*] wachrufende Verbum gw^c) in Erinnerung.[25]

---

[21] Zu diesem auch sonst innerhalb des priesterschriftlichen Werkes zu beobachtenden Phänomen vgl. N. LOHFINK, Die Landverheißung als Eid. Eine Studie zu Gn 15 (SBS 28), Stuttgart 1967, 14 Anm. 13.

[22] Gegenüber der in der jüngeren Forschung zunehmenden Tendenz zur Annahme der substantiellen Einheitlichkeit von Num 20,1–13 (vgl. aus der neueren Diskussion nur E. BLUM, Studien zur Komposition des Pentateuch [BZAW 189], Neukirchen-Vluyn 1990, 271 ff. und A. SCHART, Mose und Israel im Konflikt. Eine redaktionsgeschichtliche Studie zu den Wüstenerzählungen [OBO 98], Freiburg-Göttingen 1990, 112–118) ist m.E. nach wie vor von einer literarischen Schichtung des Textes auszugehen; zur hier vorausgesetzten Ausgrenzung des priesterschriftlichen Erzählfadens vgl. P. WEIMAR, Sinai und Schöpfung. Komposition und Theologie der priesterschriftlichen Sinaigeschichte, RB 95 (1988) 337–385 (383 Anm. 152); zur Rekonstruktion eines priesterschriftlichen Erzählfadens in Num 20,1–13 vgl. aus jüngerer Zeit etwa die im einzelnen zu unterschiedlichen Ergebnissen kommenden Versuche bei ZENGER, Israel, 62–66; STRUPPE, Herrlichkeit, 183–193; SCHMIDT, Studien, 45–72; FREVEL, Blick, 306–336; SEEBASS, Numeri II, 272–279; nach ACHENBACH, Vollendung, 308 ff. handelt es sich bei Num 20,1–13 um eine insgesamt redaktionell Komposition.

[23] Nicht zu verkennen ist die auffällige Parallelität der „Wanderungsnotiz" V.22b mit Num 20,1aα* (vgl. dazu nur E. ZENGER, Gottes Bogen in den Wolken. Untersuchungen zu Komposition und Theologie der priesterschriftlichen Urgeschichte [SBS 112], Stuttgart ²1987, 161 f. und WEIMAR, Struktur I, 102 ff.), aber auch der durch das Stichwort gw^c angezeigte Rückverweis von V.29abα auf den Todeswunsch der Gemeinde Num 20,3b.

[24] Vgl. nur GISPEN, Numeri II, 17 und STRUPPE, Herrlichkeit, 183 Anm. 3.

[25] Gerade bei Annahme eines Rückbezugs von Num 20,3b auf Num 14,2b – über Num 14,35b und 37 als „Brückenaussage" (vgl. $lipnê\ JHWH$) – besteht für die Ersetzung des geläufigen mwt durch das eher seltene gw^c Erklärungsbedarf; im Horizont des priesterschriftlichen Werkes bietet sich dabei als rückwärtiger Anhaltspunkt für gw^c in Num 20,3b – im Unterschied zur vorliegenden Textfassung von Num 20,1–13 (vgl. Num 17,27 f.)! – nur die Flutgeschichte mit Gen 6,17b und 7,21a* (ZENGER, Gottes Bogen, 176 Anm. 32) an.

Vor diesem Hintergrund gewinnt das Rätsel des Todes Aarons, das als erzählauslösendes Element hinter Num 20,22b–29* steht, eine durchaus überraschende Deutedimension. Zweifellos hat der (im Gegensatz zu den „Vätern") vorzeitige Tod Aarons etwas mit der in Num 20,1–12* erzählten „Sünde" des Mose und Aaron („mangelndes Vertrauen auf die Wundermacht und den Hilfswillen Jahwes"[26]) zu tun, ohne daß aber der Tod Aarons als solcher und damit das Nichthereinkommen ins Land – im Unterschied bezeichnenderweise zu dem erst einer nachpriesterschriftlichen Bearbeitung zuzuschreibenden redaktionellen Einschub V.24 (vgl. auch Num 27,13b+14)[27] – als göttliche Strafe für die Sünde bezeichnet werden könnte (vgl. in diesem Zusammenhang nur das Gerichtswort Num 20,12, das nicht das persönliche Herein*kommen* des Mose und Aaron ins Land, sondern das Herein*bringen* der Gemeinde ins Land thematisiert!).[28] Daß die Feststellung des Todes Aarons aus der Sicht der „ganzen Gemeinde" (V.29abα) bezeichnenderweise im Anschluß an deren Todeswunsch Num 20,3b erfolgt, unterstreicht nur den inneren Zusammenhang zwischen Aarons Tod und dem Schicksal Israels, insofern sich gerade an Aaron der Todeswunsch der Gemeinde erfüllt, durch den sich Mose und Aaron als Führer des Volkes zur Infragestellung des machtvollen und zukunftsgewissen Wortes Jahwes haben verleiten lassen (vgl. die kompositorische Korrespondenz der Aussagen von Num 20,2+3b und 10).[29]

Daß für den priesterschriftlichen Erzähler der Tod Aarons nicht vorrangig unter dem Aspekt der Strafe zu betrachten ist, wird schon durch seine Situierung auf dem „Gipfel des Berges" (V.28aβ) angedeutet, wodurch das Geschehen des Todes Aarons zugleich den Charakter einer Erhöhung trägt.[30] Bemerkenswert im Hinblick auf die Deutung des Todes Aarons ist sodann auch das gerade vor dem Horizont der Vätergeschichte auffällige Fehlen einer mit der Nachricht des Todes stereotyp (mit Ausnahme von Gen 25,17 [Ismael]) verbundenen Begräbnisnotiz, wofür statt dessen die außer bei Aaron (V.29abα) und Mose (Dtn 34,8*) sonst nicht belegte Vor-

---

[26] LOHFINK, Ursünden, 188.

[27] Vgl. K.D. SAKENFELD, Theological and Redactional Problems in Numeri 20,2–13, in: Understanding the Word (FS B.W. Anderson [JSOT.S 37]), hg. von J.T. Butler u.a., Sheffield 1985, 133–154 (149.154 Anm. 32).

[28] Vgl. SAKENFELD, Problems, 151.

[29] Die Beachtung der im Gegenüber der beiden Aussagen Num 20,2+3b und 10 zutage tretenden inneren Spannung ist von entscheidender Bedeutung für ein angemessenes Verständnis der priesterschriftlichen „Sündenfallerzählung" Num 20,1–12*; im Blick hierauf hat BLUM, Studien, 275 m.E. sachlich zutreffend von einem Wandel von einem „Fall Israel" zu einem „Fall Mose und Aaron" gesprochen.

[30] Vgl. nur die entsprechenden Beobachtungen bei HOUTMAN, Overwegingen, 191 f.

stellung einer dreißigtägigen Beweinung durch die Gemeinde tritt.[31] Angesichts des vorzeitigen Todes in der Fremde (vgl. demgegenüber die von Jakob unmittelbar vor seinem Tod gegebenen Anweisungen hinsichtlich seines Begräbnisses im Land der Verheißung Gen 49,29+30*) ist die kollektive Beweinung Aarons durch die „ganze Gemeinde" geradezu als ein Hoffnungszeichen zu werten, insofern Aaron dadurch im Gedächtnis Israels aufgehoben ist und bleibt.[32]

III. Einsetzung Eleasars als Nachfolger Aarons

Nicht minder schmucklos als der Tod Aarons ist auch die innerhalb dieses Rahmens erfolgende Darstellung der Investitur des Aaronsohnes Eleasar zu dessen Nachfolger gestaltet, wobei die wortwörtliche Entsprechung zwischen Beauftragung (V.26a) und Ausführung (V.28aα) dem Investiturgeschehen im Gegenüber zur Art der Einführung der Todesthematik eine ihm eigene Gewichtung verleiht. Der Vorgang der Investitur selbst ist in einer extrem ritualisierten und stilisierten Form mitgeteilt, der als solcher kaum Rückschlüsse auf eine bestimmte Form des Ritus der Amtsnachfolge erlaubt.[33] Der in V.26a‖28aα umrissene Vorgang eines Ausziehens der Kleider Aarons und einer Bekleidung Eleasars mit diesen durch Mose ist in seiner Allgemeinheit (vgl. nur das wenig spezifische $b^e g\bar{a}d\hat{i}m$),[34] aber auch in der Charakterisierung der beschriebenen Geschehensfolge alles andere als von eindeutiger Prägnanz.

Entgegen genauer Beschreibung des Investiturvorgangs durch Anlegung priesterlicher Bekleidung, vornehmlich des priesterlichen „Leibrockes" (*kuttonæt*), wie sie in den sekundär priesterlichen Texten Ex 28,41; 29,5.8;

---

[31] Die „absonderlichen 30 Tage" (PERLITT, Priesterschrift, 135) können als solche keineswegs eine priesterschriftliche Herkunft von V.29abα sowie der damit sich berührenden Aussage Dtn 34,8* mit Verweis auf eine normale Trauerzeit von sieben Tagen, wie sie auch in (sekundär) priesterlichen Gesetzen vorausgesetzt ist (vgl. B.D. EERDMANS, The Composition of Numbers, OTS 6 [1949] 101–216 [187]), in Frage stellen.

[32] Vgl. auch die entsprechenden Erwägungen von R. LUX, Der Tod des Mose als „besprochene und erzählte Welt". Überlegungen zu einer literaturwissenschaftlichen und theologischen Interpretation von Deuteronomium 32,48–52 und 34, ZThK 84 (1987) 395–425 (423) in bezug auf den Tod des Mose.

[33] J. DE VAULX, Les Nombres (SBi), Paris 1972, 231 erwägt, ob es sich hierbei um die älteste Form des Investiturritus handele; als angemessen, wenn auch nicht sicher, kennzeichnet K. JAGERSMA, Numeri II, 78 f. diese Position.

[34] Ob es sich bei den in V.26a und 28aα erwähnten „Kleidern" ($b^e g\bar{a}d\hat{i}m$) um die priesterliche Amtskleidung handelt, muß offenbleiben (vgl. A. NOORDTZIJ, Numbers, Michigan 1983, 183) und läßt sich allenfalls indirekt aus dem Erzählzusammenhang erschließen.

40,13.14; Lev 8,7.13 vorgenommen wird,[35] beläßt es die Priesterschrift bei der Darstellung der Investitur Eleasars bewußt bei einer allgemeinen Anspielung auf den Vorgang der „Amtsübertragung". Die dabei für die Geschehensschilderung in V.26a und 28aα charakteristische Gegenüberstellung des Ausziehens und Anlegens der (priesterlichen) Bekleidung durch Mose (vgl. als Hintergrund möglicherweise den alltäglichen Vorgang des Ab- und Anlegens von heiliger und gewöhnlicher Kleidung im Hinblick auf die durch den Priester zu vollziehenden Aufgaben, Lev 6,4; 16,23+24; Ez 44,17 und 19) hängt zweifellos mit der vorgestellten Situation der Einsetzung Eleasars zum Amtsnachfolger Aarons noch *vor* dessen Tode zusammen. Nicht ausschließen läßt es sich dabei, daß sich mit dem von Jahwe aufgetragenen Ausziehen der Kleider Aarons durch Mose angesichts von Ez 16,39 und 23,26, wo wie in V.26a und 28aα ebenfalls die Wortverbindung *pšṭ* H–Stamm + *ʾæt-bᵉgādîm* begegnet, eine zweite, von Ez her inspirierte Aussageebene verbindet.[36] Nicht der Tod Aarons als solcher, sondern vielmehr seine Amtsenthebung steht unter dem Vorzeichen des göttlichen Gerichts wegen der Sünde.

Vor diesem Hintergrund bekommt die mittels Weitergabe der Kleidung vorgenommene Amtsübertragung (vgl. 1 Kön 19,19 und 2 Kön 2,13f)[37] von Aaron auf dessen Sohn Eleasar (vgl. die nur in diesem Zusammenhang innerhalb der Priesterschrift sich findende Wortverbindung „sein Sohn Eleasar" V.25a.26aβ.28aα) ein ganz eigenes Gewicht, insofern sie von daher geradezu als Zeichen göttlicher Zuwendung, wodurch der Weiterbestand der Gemeinde gesichert ist, zu deuten sein wird. Trotz des tiefen Einschnittes, den der Tod Aarons bedeutet, bleibt die Kontinuität der Geschichte der „Söhne Israels" gewahrt. Ohne ausdrückliche Nennung des Handlungssubjektes wird in V.27b das Besteigen des Berges Hor durch Mose, Aaron und Eleasar berichtet; als nach dem Tod Aarons Mose und Eleasar allein wieder vom Berge herabsteigen, da heißt es wohl mit Bedacht (vgl. die sorgfältige literarische Konstruktion des „Ausführungsbe-

---

[35] Gleichwie im einzelnen auch das wechselseitige Verhältnis der hier genannten Texte zu beurteilen sein mag, so kann m.E. jedoch keiner der Texte, die von der Investitur Aarons und seiner Söhne handeln, als genuin priesterschriftlich angesehen werden (vgl. auch die Übersicht zum Umfang des priesterschriftlichen Werkes bei LOHFINK, Priesterschrift, 222 f. Anm. 29 und WEIMAR, Struktur I, 85 Anm. 18).

[36] Im Hinblick auf die hier erwogene Möglichkeit läßt sich Sicherheit zweifellos nicht gewinnen; zu bedenken bleibt jedoch, daß die Priesterschrift sich auch sonst zur Profilierung ihrer Aussage prophetischer und vor allem ezechielischer Formulierungshilfen bedient (hierzu zuletzt O.H. STECK, Aufbauprobleme in der Priesterschrift, in: Ernten, was man sät [FS K. Koch], hg. von D.R. Daniel u.a., Neukirchen-Vluyn 1991, 287–308 [300–305]; zum Zusammenhang Priesterschrift–Ezechiel generell vgl. die Literaturhinweise bei ZENGER, Gottes Bogen, 48 Anm. 50).

[37] Darauf weisen etwa KNOBEL, Numeri, 107 und JAGERSMA, Numeri II, 79 hin.

richtes" V.27+28!) ausdrücklich „Mose und Eleasar" (V.28b), wie es zuvor immer „Mose und Aaron" geheißen hat. Innerhalb des priesterschriftlichen Werkes (im Unterschied zu den jüngeren Erweiterungen) ist Eleasar einzig im Rahmen der vorliegenden Erzählung – hier aber mit ganzem Gewicht – genannt.[38] Von daher erscheint es auch nicht ausgeschlossen, daß die Priesterschrift in dem Namen Eleasar („Gott hat geholfen") dessen in ihm liegende programmatisch-zukunftsweisende Bedeutung im Hinblick auf das von Zweifeln an Jahwes Macht und Durchsetzungswillen zur Sicherung der eigenen Existenz bewegte Israel mit anklingen lassen will.[39]

IV. Die Gemeinde als Zeuge des Geschehens auf dem Berge

Daß es in dem in Num 20,22b–29* erzählten Geschehen um mehr als um die bloße Darstellung des Todes Aarons und die Bestellung Eleasars zu seinem Nachfolger geht, sichert die Priesterschrift schließlich noch durch den hierfür gewählten „Inszenierungsrahmen" ab. Einen nicht ungewichtigen Hinweis vermittelt der „mit dem sonderbaren Namen *hor hāhār*" bezeichnete Ort des Geschehens.[40] Mit Hilfe dieser Ortsangabe ist das Erzählgefüge geradezu leitmotivartig zusammengehalten (V.22b.25b.27b; absolutes *hāhār* V.28aβ und 28b; vgl. außerdem die darauf zurückverweisende Lokalpartikel *šām* in V.26b und 28aβ). Im Gegensatz zu dem durch den vorliegenden Erzählzusammenhang des Numeri*buches* vermittelten Bild, wonach die unbekannte Lage dieses Berges zwischen Kadesch (Num 20,22a) und dem Negeb (Num 21,1) gegen das Gebiet von Edom hin (Num 20,23b und 21,4) lokalisiert erscheint,[41] entbehrt das Darstellungsgefüge der Priesterschrift eigentlich aller ein konkretes Bild über die Lage des Hor vermittelnden Details. Kennzeichnend für die Wahl dieses Ortsnamens, bei dem es sich angesichts der Übereinstimmung der Konsonanten von *hor* und *har* durchaus um eine im Bereich des Wahrscheinlichen liegende

---

[38] Zu beachten ist nicht allein das viermalige Vorkommen des Namens Eleasar innerhalb der kurzen Erzähleinheit Num 20,22b–29*, sondern auch die vom Streben nach Symmetrie bestimmte Form der Einführung des Namens (V.25a und 26aβ||V.28aα und V.28b).

[39] Vor diesem Hintergrund wäre m.E. nochmals der Zusammenhang von Num 20,22b–29* mit Num 20,1–12* zu bedenken.

[40] PERLITT, Priesterschrift, 135; vgl. auch NOTH, Überlieferungsgeschichte, 195.

[41] Bei entsprechender Würdigung der entstehungsgeschichtlichen Problematik der hierbei zu berücksichtigenden Aussagen wird man kaum umhin können, in dem durch das Numeribuch vermittelten Lokalisierungsversuch ein Produkt einer nachpriesterschriftlichen Redaktion (wahrscheinlich R^P) zu sehen (vgl. WEIMAR, Struktur I, 99 f. Anm. 55). – Zum Problem einer Lokalisierung der unbekannten Ortslage „Berg Hor" vgl. nur VAULX, Nombres, 231.

künstliche Bildung aufgrund des Nomens *har* handeln könnte,⁴² scheint eher ein – auch sonst innerhalb der Priesterschrift zu beobachtender⁴³ – Zug zum Typischen hin, um auf diese Weise *den* Berg als Ort des Todes Aarons und der Einsetzung Eleasars zu seinem Nachfolger möglichst profiliert herausstellen zu können.⁴⁴

Im Rahmen des priesterschriftlichen Werkes ruft der in Num 20,22b–29* derart akzentuiert eingeführte „Berg" sogleich einen anderen literarischen Zusammenhang in Erinnerung, in dem der „Berg" eine wenn auch nicht erzählstrukturierende, aber dennoch bedeutsame Rolle spielt. Innerhalb der Ex 16,1–Lev 9,24* umgreifenden Sinaigeschichte als dem Höhepunkt des ganzen priesterschriftlichen Werkes⁴⁵ wird die deren Zentrum bildende Darstellung der Gottesoffenbarung am Sinai mit dem Erscheinen der „Herrlichkeit Jahwes" sowie der Schau des Urbildes der „Wohnung Jahwes" bezeichnenderweise mit einer „Berg Sinai" (Ex 24,16aα) oder generell „Berg" (Ex 24,15b und 26,30) genannten Lokalität in Verbindung gebracht. Angesichts einer solchen mit Hilfe der Bergmetapher hergestellten Querverbindung zwischen dem Tod Aarons auf dem Hor und der Offenbarung am Sinai, die im Sinne der von der Priesterschrift vorgenommenen Konstruktion der Geschichte keinesfalls als belanglos gewertet werden kann, erscheint das in Num 20,22b–29* erzählte Geschehen vom Tod Aarons und von der Investitur Eleasars als dessen Nachfolger geradezu in die Fluchtlinie der Gotteserscheinung am Sinai und der ihr in der theologischen Konzeption der Priesterschrift zukommenden Programmatik⁴⁶ gerückt. Von einer solchen Vorgabe her ist der Tod Aarons auf „dem" Berge zweifelsohne eine Auszeichnung; die gleichfalls auf dem Berge erfolgende Übertragung des Amtes von Aaron auf Eleasar beschwört die in der Errich-

---

⁴² Vgl. schon die Feststellung von H. BAUER, Die hebräischen Eigennamen als sprachliche Erkenntnisquelle, ZAW 48 (1930) 73–80 (74): „Es liegt doch sehr nahe, darin [sc. Hor] einfach *har* ‚Berg' zu sehen"; mit Bezug hierauf außerdem GISPEN, Numeri II, 14. – Zum Vorkommen künstlicher Ortsnamenbildungen im priesterschriftlichen Werk ist hier nur das Nebeneinander der beiden Ortsnamenvarianten „Wüste Sin" (Ex 16,1*) und „Wüste Sinai" (Ex 19,1) zu vergleichen (hierzu WEIMAR, Struktur I, 103 Anm. 62).

⁴³ Vgl. hierzu die Beobachtung einschlägiger Phänomene bei LOHFINK, Priesterschrift, 227 ff.

⁴⁴ Vgl. in diesem Zusammenhang auch, daß in Num 27,12 als Ort des Todes des Mose das „Abarimgebirge" (*har hāʿᵃbārîm*) genannt ist, worin – falls es nicht ebenfalls eine künstliche Bildung ein sollte – zumindest eine theologisch bedeutungsvolle Anspielung auf Num 13,32b und 14,7b (*hāʾāræṣ ᵃšær ʿābarnû bāh* ...) zu sehen ist.

⁴⁵ Vgl. hierzu nur WEIMAR, Struktur II, 148–161.

⁴⁶ Zu Umfang, Struktur und theologischer Konzeption der priesterschriftlichen Sinaigeschichte vgl. WEIMAR, Sinai, 337–385 und B. JANOWSKI, Tempel und Schöpfung. Schöpfungstheologische Aspekte der priesterschriftlichen Heiligtumskonzeption, JBTh 5 (1990) 37–69 = DERS., Gottes Gegenwart in Israel. Beiträge zur Theologie des Alten Testaments, Neukirchen-Vluyn 1993, 214–246 (223–244).

tung des Heiligtums am Sinai manifest gewordene Unverbrüchlichkeit der Beziehung Jahwes zu seinem Volk.

Die sich damit aufgrund der Lokalisierung des Todes Aarons auf dem Berg eröffnende Deuteperspektive gewinnt zusätzliche Beleuchtung durch die beiden „Rahmenaussagen" V.22b und 29abα sowie die in unmittelbarer Verbindung mit der Nennung des „Berges Hor" erfolgende Angabe „vor den Augen der ganzen Gemeinde" V.27bβ, wo jeweils die „ganze Gemeinde" als Forum des Geschehens von Tod und Nachfolge Aarons eingeführt ist, ohne aber selbst daran beteiligt zu sein.[47] In dieser an sich zwar entbehrlichen, dennoch aber keineswegs zufälligen, sondern mit vollem Bedacht erfolgenden Einbeziehung der „ganzen Gemeinde" in den dargestellten Vorgang wird nochmals auf andere Weise die von der Priesterschrift mit der Erzählung Num 20,22–29* beabsichtigte innere Aussagedimension erkennbar. Wie die nicht geläufigem priesterschriftlichem Sprachgebrauch (Konstruktusverbindung) entsprechende appositionelle Wortverbindung „die Söhne Israels, die ganze Gemeinde" in V.22b, die innerhalb der Priesterschrift nur noch in Num 20,1aα* eine Entsprechung hat, offenlegt, soll auf diese Weise ein Zusammenhang mit der vorangehenden „Sündenfallerzählung" Num 20,1–12* hergestellt werden. Doch erklärt sich von daher allein noch keineswegs die gewichtige Einführung der „ganzen Gemeinde" als Forum des in Num 20,22b–29* erzählten Geschehens. Maßgebend für die Wahl des Begriffs ʿedāh als Bezeichnung Israels durch die Priesterschrift dürfte seine aufgrund der Herleitung von der gleichen Verbalwurzel (jʿd) gegebene sprachliche Verbindung mit ʾohæl môʿed sein,[48] was auch durch die überaus sorgfältige Einführung von ʿedāh im kompositorischen Gefüge des priesterschriftlichen Werkes unterstrichen wird.[49]

---

[47] Die „Zuschauerfunktion" der Gemeinde beim Tod Aarons ist möglicherweise ebenfalls als Reflex des Geschehens am Sinai zu verstehen, insofern auch hier den „Söhnen Israels" nur die Rolle unbeteiligter Zuschauer gegenüber der ausschließlich an Mose gerichteten Gotteserscheinung auf dem Berg zugemessen wird.

[48] Vgl. hierzu nur den Hinweis bei W. GROSS, Israels Hoffnung auf die Erneuerung des Staates, in: Unterwegs zur Kirche. Alttestamentliche Konzeptionen (QD 110), hg. von J. Schreiner, Freiburg/Brsg. 1987, 87–122 (100 mit Anm. 43; dort weitere Literatur); zu ʿedāh und môʿed als nominale Ableitungen von jʿd vgl. M. GÖRG, Art. jʿd, ThWAT III (1982) 697–706 (698 f.).

[49] Einen knappen, die einzelnen Belege besprechenden Durchgang zum Vorkommen von ʿedāh in der Priesterschrift bietet F.-L. HOSSFELD, Gottes Volk als „Versammlung", in: Unterwegs zur Kirche. Alttestamentliche Konzeptionen (QD 110), hg. von J. Schreiner, Freiburg/Brsg. 1987, 123–142 (137–141). – Abgesehen von dem „Sonderfall" Ex 12,3aα und 6b (vgl. nur das Vorkommen von jiśrāʾel anstelle von bᵉnê jiśrāʾel), wobei m.E. mit Herkunft aus einer durch die Priesterschrift rezipierten Tradition zu rechnen ist (P. WEIMAR, Zum Problem der Entstehungsgeschichte von Ex 12,1–14, ZAW 107 [1995] 1–17 [12 ff.] und DERS., Ex 12,1–14 und die priesterschriftliche Geschichtsdarstellung, ZAW 107 [1995] 196–214), beschränkt sich das sonstige Vorkommen von ʿedāh im

Dient der Begriff ᶜedāh vorrangig der Kennzeichnung der aus der Begegnung mit Jahwe am „Zelt der Begegnung" resultierenden besonderen Qualität des „sinaitischen Israel",[50] dann deutet die Priesterschrift, indem sie die „ganze Gemeinde" zum Zeugen des Todes Aarons und der Einsetzung Eleasars als dessen Nachfolger macht, bezeichnenderweise dieses Geschehen als eine Begegnung mit Jahwe selbst, in der Israel zugleich an die es bestimmende und die für seine Existenz entscheidende Grundgegebenheit in der Errichtung des Heiligtums am Sinai gemahnt wird. Indem die Priesterschrift in Num 20,22b–29* den Tod Aarons und die Investitur seines Nachfolgers Eleasar eingebunden sein läßt in das Leben der „Gemeinde", macht sie zugleich deutlich, daß hierin nicht ein privates Schicksal Gestalt gewinnen, sondern die Bedeutung dieses Ereignisses für Israel selbst sichtbar gemacht werden soll. Mit dem Tod Aarons ist nicht auch die Geschichte Israels an ein Ende gekommen (vgl. die die Erzählung nach vorne hin öffnende Funktion von V.29abα); durch Eleasar als Amtsnachfolger Aarons ist die Führung des Jahwevolkes auch über dessen Tod hinaus gesichert; die Zusage für seinen Beistand bleibt unwiderrufen.

---

priesterschriftlichen Werk ganz auf die Rahmenteile der Sinaigeschichte (Ex 16,1–12* und Lev 9,5b) sowie den der Sinaigeschichte folgenden, durch das Thema Landgabe bestimmten abschließenden Kompositionsteil der Priesterschrift; hinsichtlich der Verwendung des Begriffs ist einerseits die durchaus auffällige Konzentration im Rahmen von „Murrerzählungen" sowie andererseits der enge thematische Zusammenhang mit dem Vorgang der Begegnung von Gemeinde und Jahwe am „Zelt der Begegnung" zu beachten.

[50] Vgl. die treffende Formulierung von STRUPPE, Herrlichkeit, 207: „Jahwe bindet sich selbst für Israel an das Zelt – ein Israel, das von daher lebt, ist wahrhaft ᶜedāh."

Nachweis der Erstveröffentlichungen

1. Einführung.
Unveröffentlicht.

2. Struktur und Komposition der priesterschriftlichen Geschichtsdarstellung.
Biblische Notizen 23, Bamberg 1984, S. 81–134 und Biblische Notizen 24, Bamberg 1984, S. 138–162

3. Struktur und Komposition der priesterschriftlichen Schöpfungserzählung (Gen 1,1–2,4a*).
In: Ex Mesopotamia et Syria Lux. Festschrift für Manfried Dietrich zu seinem 65. Geburtstag, hg. von Oswald Loretz, Kai A. Metzler und Hanspeter Schaudig, Alter Orient und Altes Testament 281, Ugarit-Verlag Münster 2002, S. 803–843.

4. Chaos und Kosmos. Gen 1,2 als Schlüssel einer älteren Fassung der priesterschriftlichen Schöpfungserzählung.
In: Mythos im Alten Testament und seiner Umwelt. Festschrift für Hans-Peter Müller zu seinem 65. Geburtstag, hg. von Armin Lange, Hermann Lichtenberger und Diethard Römheld, Beihefte zur Zeitschrift für die alttestamentliche Wissenschaft 278, Walter de Gruyter Berlin-New York 1999, S. 196–211.

5. Die Toledot-Formel in der priesterschriftlichen Geschichtsdarstellung.
Biblische Zeitschrift Neue Folge 18, Ferdinand Schöningh Paderborn 1974, S. 65–93.

6. Gen 17 und die priesterschriftliche Abrahamgeschichte.
Zeitschrift für die alttestamentliche Wissenschaft 100, Walter de Gruyter Berlin-New York 1988, S. 22–60.

7. Aufbau und Struktur der priesterschriftlichen Jakobsgeschichte.
Zeitschrift für die alttestamentliche Wissenschaft 86, Walter de Gruyter Berlin-New York 1974, S. 174–203.

8. Sinai und Schöpfung. Komposition und Theologie der priesterschriftlichen Sinaigeschichte.
Revue Biblique 95, J., Gabalda et Cie Paris 1988, S. 337–385.

9. „…inmitten der Söhne Israels" (Ex 29,45). Aspekte eines Verständnisses Israels im Rahmen der priesterschriftlichen Geschichtserzählung.
In: Garten des Lebens. Festschrift für Winfrid Cramer, hg. von Maria-Barbara von Stritzky und Christian Uhrig, Münsteraner Theologische Abhandlungen 60, Oros Verlag Altenberge 1999, S. 367–398.

10. Der Tod Aarons und das Schicksal Israels. Num 20,22–29* im Rahmen der Priesterschrift.
In: Biblische Theologie und gesellschaftlicher Wandel. Festschrift für Norbert Lohfink SJ, hg. von Georg Braulik, Walter Groß und Sean McEvenue, Verlag Herder Freiburg/Brsg.-Basel-Wien 1993, S. 345–358.

Stellenregister

Genesis

1,1–2,4a	3of., 43, 59f.,78–81, 88f., 91–134, 135f., 138–150, 160–163,169f., 302	2,1	94, 97ff., 103f.
		2,2f.	81, 98, 106f., 116, 118f., 123ff., 128, 131ff., 298–301
1,1–3	96, 137	2,2	13
1,1f.	123	2,4–7	96
1,1	59, 94, 96, 98, 122, 137f., 160f., 163	2,4a	27f., 31, 59, 93–99, 103, 122ff., 138, 160–163, 170
1,2	135–150, 161	5	29, 33, 170
1,3–5	112, 116, 124f., 128, 138ff.	5,1f.	165–171
		5,1	164f., 173f., 176f.
1,5	105f., 107f.	5,1a	8, 28f., 31
1,6–8	112–116, 129	5,1b+2	29, 31f.
16+7a	140, 142, 145f.	5,2	116f.
1,9–13	102–116, 129, 140	5,21–24	33
1,11+12a	142, 144–147	5,32	33, 44
1,14–19	60, 99, 109–112, 126, 128, 139f.	6,9–9,29*	30ff., 50f., 53, 60ff., 78, 82–85, 88f., 96f., 170
1,14–17	142, 145f.		
1,14b	99, 103	6,9–12	61, 158f., 258f.
1,20–23	116, 126f., 129	6,9–11	173
1,24–31	88f., 102, 116, 126f., 129	6,9	30, 33
		6,11+12a	149
1,24f.	130f.	6,13–20	62
1,24+25a	142f., 145ff.	6,13	260f.
1,26–28	101, 130	6,14–16	285
1,26f.	31, 143ff., 283ff.	6,17b	353
1,26b.30b	100	6,18f.	61
1,27f.	141	6,18	286
1,28–30	70f.	6,21a	353
1,28	13, 24f., 29, 31, 300, 321f.	6,22	44, 58, 304
		7,6	44, 58
1,29–31	130f.	7,11	51, 53,149
1,29+30a	100f.	7,16	53, 57
1,29	101, 143ff.	7,17	53
1,30b+31	141	7,18	149
1,31	97, 106ff., 116, 118, 131f., 298	7,24	51
		8,1b+2a	149

8,3	51	17,1	31, 44f., 62
8,5	51, 53	17,3–8	188f.
8,13	51, 53, 303	17,3–6	189f.
8,14	51	17,7f.	188ff., 190f., 200f., 207f., 211f., 289f. 332
8,15–17	57, 62		
8,16f.	61	17,7	286
8,18f.	57	17,9–14	191ff., 212ff.
9,1–17	11, 82ff., 222f.	17,9–12	208f.
9,1–15	304	17,11–14	193ff.
9,1–7	101, 160	17,12–14	21
9,1–3	70f., 84	17,15f.	195f.
9,1	24, 29, 31f., 321f.	17,17f.	196
9,2f.	84, 100f.	17,19–21	197f.
9,7	24, 29, 31f., 70f., 321f.	17,22–27	199f.
9,8–11	84, 88f.	17,22	62, 203ff.
9,8	62	17,24–26	45, 57
9,9	84, 260f., 286	17,24f.	43, 45
9,11	286	17,24a	62
9,12–15	84f.	18,13f.	214
9,12	62, 84	18,14	216
9,13f.	84	21,5	43, 217f.
9,28f.	61	23	220f.
9,28	31	23,1	46f.
9,29	46	25,7–10	47
10	29, 32f., 253ff.	25,10	229
10,1	29, 31, 159f., 173	25,12–17	154, 198, 231ff., 235f., 240
10,22	29		
10,32	31	25,12f.	247
11,10–26	29, 32f., 170	25,12	34, 46, 154, 172, 230, 247
11,10	29, 31f., 164f., 173f.		
11,26	33	25,13–16	247
11,27	33, 45, 52, 153, 158, 172, 180, 219f., 230, 232f.	25,13.16	54
		25,17	46, 352
		25,19–28,5*	240
11,28–30	219f.	25,19	34, 154f., 172, 230, 236, 238ff.
11,30	215		
11,31	219f., 252f., 260	25,20	45, 238f.
11,32f.	46f.	25,26	43, 239
12,4f.	220	26,34f.	267
12,4b	43, 45	26,34	44f., 239, 248
13,6.12	53	28,1–4	239
16,1–17,27	214f.	28,1–3	48, 265f.
16,1	53, 215	28,1	261
16,3	217	28,3	76, 261
16,15f.	217	28,5	34f., 154, 237
16,16	31, 43, 45	28,6–9	237
17	11, 62f., 67, 70, 185–225, 341	28,9	237
		31,18	241
17,1–22	57	35,9–13.15	34, 48, 57, 63, 70, 76, 243ff., 265f.
17,1–3	203ff.		

35,9	260	6,5	304
35,11	260f.	6,6–8	15
35,22b–26a	35, 57, 63, 243ff.	6,6	332
35,22b.26a	54	6,7	290f., 310, 329, 331f., 334
35,27–29	34		
35,27	242f.	6,7b+8	64
35,28f.	47, 236, 243	6,8	322
35,29	34, 352	6,9	16, 24, 323, 325
36,1–37,1	236, 245–256, 263	6,13–30	182
36,1–14	246–251	6,14–25	181f.
36,1–8	249ff., 252f.	6,26f.	28
36,1a.2a	172	6,28–30	28
36,1	34, 155ff., 246f., 249	7,1–5	64
36,6.8a	155	7,4	310, 331f.
36,8	260	7,5	64, 329
36,9–10	233	7,6f.	52, 55, 58, 72
36,9	27, 155ff., 160, 173, 178, 183, 246–249	7,7	46, 48f., 51f.
		7,10a.2oa	351
36,10–43*	253ff.	12,1–14	72
36,10	54	12,3.6	331.335
36,14	247f.	12,28+40	52, 55, 58, 72
36,15–43	245	12,40f.	31, 41, 72
37,2–Ex 1,7*	263	12,41	37f., 39–42, 49, 291, 314, 331, 333
37,2	34, 157, 173, 256–259, 262		
		14,2	38
41,46a	173	14,4	41, 65, 328f.
47,27b	259f., 321	14,17f.	41, 65, 328f.
47,28	47, 260	14,22	55, 64, 72
48,3f.	48, 76, 260, 265	14,23	65
48,4	268	14,28	65
49,1	261	14,29	8, 55, 64, 72
49,28f.	261	16	301, 306, 328
49,29f.	355, 366	16,1–12	41, 65, 306ff., 310f., 313, 328, 330, 333ff., 341, 344
49,33	47, 230, 260, 352f.		
50,12f.	230, 256		
		16,1	40f., 49, 306, 322, 358
Exodus		16,2f.	308ff., 333
1,1–5	30, 231, 261ff.	16,2	291, 313f., 330
1,1	35, 54, 321	16,3	65
1,5b	54	16,6f.	328
1,7	23f., 25, 30, 35f., 43, 54, 86, 205f., 230, 256, 320f., 322–325	16,7	41, 65, 306
		16,9f.	41, 65
		16,9	335
1,13f.	64, 86	16,10	55, 85, 281, 306, 328, 335
2,23–25	64, 86		
6,2–12+7,1–7	11, 55, 67, 72, 323, 341	16,11f.	310f., 330
6,2–8	64, 77f., 222ff., 330, 332	16,12	65, 329, 344
		19,1+2a	292
6,4–8	322		
6,4	286, 322		

19,1	37f., 40f., 49, 66, 292, 294f., 297, 305f., 322, 358	*Leviticus*	
		6,4	356
		8,7.13	356
19,2a	37f.	9,1–24	21, 133, 307f., 309f., 312f., 324, 333
24,15–18	133, 281, 292, 294f., 297		
		9,1	49, 306
24,15b+16a	66, 296	9,7	333
24,15b	294, 358	9,21	58
24,16	38, 41f., 280, 298	9,23f.	14, 309f., 313, 333f.
24,16b+18a	294, 297f.	9,23	42, 281, 302
25–31	272	9,24	322, 330, 334
25	272	16,23f.	356
25,1f.	273		
25,2–7	272f.	*Numeri*	
25,8f.	272f.	3,1–4	233ff.
25,8	273f., 280, 287f.	3,1f.	247
25,9	274, 282	3,1	27f., 32, 153, 173, 178, 181f., 183
25,10–40	272f.		
25,40	274	10,11f.	37f., 39ff., 49, 337, 340, 342, 344
26	21, 276		
26,1–29	274, 276, 286	10,12	337
26,1–6	276f.	13–14	41, 66ff., 73f., 315, 337, 339f., 341f., 344
26,1	273, 279		
26,2b–5	277	13,1+2a	38
26,6	279	13,2	38, 41, 75, 322, 324, 358
26,7–11	276		
26,12–14	277	13,32	67, 75, 315, 326, 345
26,12f.	277	14,2b	353
26,15–29	277	14,6	55
26,30	274f., 282, 285f., 358	14,7	65, 315, 326, 358
28,41	355f.	14,10	41, 55, 85
29,5.8	355f.	14,26–35	340f.
29,42b–46	275	14,26f.	344
29,45f.	274f., 280, 285–291, 329, 332	14,35	38, 344
		14,37	38
29,46	14, 332	14,38	55
31,1–11	273	20,1–12	68, 73f., 315, 337ff., 342ff., 353f.
31,12–17	301		
39,32	58, 292, 304, 325	20,1	37ff., 74, 322, 337, 343
39,43	58, 281, 292, 294ff., 301, 322, 351	20,2+3b	354
		20,6	41, 343
40,13f.	355f.	20,10	343, 354
40,16f.	336	20,12	15f., 74, 322, 324, 343, 345
40,17	49, 55, 58, 66, 294, 297, 302, 304		
		20,22–29	59, 73f., 315, 324, 337, 339, 347–360
40,33b	322		
40,34	41f., 58, 66, 133, 281, 294, 296f., 313	20,22	37, 41, 74, 322, 337, 349, 351, 353
		20,23f.	349
		20,24	333

Stellenregister

20,6a	355	34,8	323, 325f.
20,27f.	59	34,9	16, 23f., 55, 86, 320, 323, 325f.
20,26a	355		
20,23–26	350		
20,27f.	350f.	*Josua*	
21,1.4	357	18,1	13, 25f.
27,12–23	73, 75, 315, 323f., 337ff.	19,51	13, 25f.
27,12	42, 73, 75, 322, 324, 326, 337, 344, 358	*1 Könige*	
		6,2f.	285, 316
27,13b+14	354	7,2	285
27,14	338	19,19	356
27,20	59		
33,38f.	351	*2 Könige*	
		2,37f.	356
Deuteronomium			
4,24	292	*Ezechiel*	
34,7–9	14, 23f., 47, 73, 75, 315, 323f., 337ff.	16,39	356
		23,26	356
34,7	43, 45f., 48f., 52, 323, 325	37,24–28	216
		44,17+19	356
34,8f.	324f.		

Autorenregister

Abela, A. 186, 190, 193, 195ff., 199
Achenbach, R. 14f., 37, 66, 315, 322, 338, 340, 342, 347ff., 353
Albertz, R., 13, 25
Alfrink, B., 352
Anderson, B.W., 98, 122
Angerstorfer, A., 29, 32, 283
Assmann, J., 147f.
Auffret, P., 64
Auld, G., 25

Baentsch, B., 182, 234, 272f., 299
Bauer, H., 358
Bauks, M., 7, 94, 98, 123, 136ff., 146, 149, 191, 244, 319
Baumann, G., 146
Baumgart, N.C., 50, 80, 93, 95f., 101, 109, 120ff., 124, 126, 152, 161, 168, 270
Beauchamp, P., 91, 109, 123, 125
Becker, J., 35
Beer, G., 231, 272
Bergmann, J., ,167
Beyer, K., 161
Blenkinsopp, 24ff., 80, 297
Blum, E., 11, 34, 63, 132, 152, 170, 178, 180, 185, 188, 191, 194, 198, 200, 202f., 210, 215ff., 219f., 222f., 228, 230, 233, 236–239, 243, 247f., 270, 322, 353f.
Borchert, R., 37, 43f., 49f., 56, 80, 131, 157, 165, 176, 178, 238f., 245–248, 254, 257, 260, 293, 301, 303, 311
Bosshard-Nepustil, E., 62, 82, 85, 159, 255
Brandenstein, W., 253
Breukelman, F.H., 115, 174
Brinktrine, J., 163
Brinkman, J.T., 270, 330

Brown, W.P., 99, 113, 115, 121, 123
Brueggemann, W., 180
Budde, K., 151, 157, 159f., 170ff., 180, 245, 254f., 257

Carlson, R.A., 94
Carr, D., 93, 152
Cassuto, U., 94, 97, 106f., 113ff., 119, 123f., 126, 149, 162, 165ff., 171, 254f., 259, 273f., 282f., 297, 300f.
Cazelles, H., 216
Clamer, A., 165f., 236, 251, 261
Clements, R.E., 216, 290
Coats, G.W., 38, 123
Cortese, E., 20, 25, 186, 209, 305f., 348
Cramer, W., 319
Croatto, J.S., 299
Cryer, F.H., 303

Davies, G.I., 38
De Fraine, J., 162, 236, 259
De Pury, A., 10, 22f., 26, 34f., 154, 200, 227, 229, 235, 238, 241f., 244, 246, 257, 261f., 264
De Vaulx, J., 355, 357
De Vaux, R., 236
Delitzsch, F., 162, 165, 169, 236, 254f.
Dillmann, A., 156, 162, 165f., 169, 182, 194, 204, 233, 236, 239, 251, 254
Dohmen, C., 95, 283
Doukhan, J.B., 95f.

Eerdmans, B.D., 151, 169, 175, 180, 220, 230, 232, 235, 245, 248, 355
Ehrlich, A.B., 195, 199, 347
Eichrodt, W., 151, 156, 161, 171, 178f., 187, 195, 199, 232, 235, 239, 245f., 259

Eising, H., 241
Eißfeldt, O., 151f., 156, 161, 175f., 178, 181, 233f.
Eitz, A., 26
Elliger, K., 6f., 13, 20, 23, 89f., 154, 217. 241, 246, 254, 292, 349
Elnes, E.E., 270
Emerton, J.A., 220

Fischer, G., 10f., 206
Fischer, I, 180f.
Floss, J.P., 92
Fohrer, G., 178, 231
Fox, M.V., 202, 209
Frankel, D., 328
Fretheim, T.E., 316
Frevel, C., 13–16, 23ff., 37, 41, 49, 65, 80, 271, 307, 310, 315, 322, 328, 333, 338, 340, 348f., 351, 353
Fritz, V., 271f., 275ff., 292, 348

Galling, K., 8, 272f., 276
Gertz, J.C., 15, 78, 290
Gispen, W.H., 234, 352f., 358
Glessmer, V., 299
Görg, M., 41, 102, 136, 139, 144f., 147ff., 273, 276f., 280f., 283ff., 287, 292, 296f., 336, 359
Gooding, D.W., 274
Grelot, P., 195
Gressmann, H., 230, 347, 351
Groß, W., 8f., 21, 23, 32, 36, 60, 70, 82ff., 96, 130, 137f., 144, 177, 179, 181, 186, 188–192, 194, 198, 204, 206, 208, 210, 228ff., 243ff., 256f., 261, 266, 283f., 289f., 310, 319, 331, 335f., 339, 359
Grünwaldt, K., 100, 128, 129, 131, 133, 195, 328
Guillaume, P., 237, 241
Gunkel, H., 149, 163–166, 169, 175f., 192f., 204, 229, 232, 236, 239, 245, 248f., 251, 254, 260f.

Hahn, J., 205
Heinisch, P., 161, 166, 169, 230, 259
Hendrix, R.E., 280
Hieke, T., 27f., 31f., 61, 94f., 152, 156, 166, 168f., 171, 174, 178, 181, 232ff., 236, 238, 243f., 247f., 255

Hölscher, G., 231
Hoftijzer, J., 185f., 206
Holzinger, H., 2f., 19f., 161f., 165ff., 169ff., 175, 178, 181f., 193ff., 206, 220, 232ff., 237, 245, 248, 251, 254f., 260, 272, 275, 277, 299, 320, 351
Hornung, E., 90
Horst, F., 260
Hoßfeld, F.-L., 198, 310, 322, 331, 333–336, 340f., 343, 359
Houtman, C., 262, 273f., 347, 351, 354
Humbert, P., 106, 187, 189, 194
Hummelauer, F. von, 162, 165, 236, 238, 254
Hurvitz, A., 26

Illmann, K.-J., 352

Jacob, B., 17, 25, 79f., 93, 97, 101, 106, 114, 119, 145, 162, 165f., 171, 183, 186, 189f., 194f., 197, 204f., 208, 211, 213, 219, 232, 249, 259, 272, 279, 285f., 297, 299, 301, 321, 325, 331f., 335f., 352
Jagersma, K., 350, 355f.
Jaubert, A., 299
Janowski, B., 7, 36, 62, 65f., 80, 85, 90, 97, 118ff., 128, 130, 132f., 140f., 144f., 211, 224, 270, 275f., 279, 281, 283, 285, 287ff., 292, 295ff., 305, 307, 312, 316, 327–330, 334, 336, 358
Jenson, P.P., 7, 23, 271, 330
Jepsen, A., 186
Jeyaraj, B., 319
Johnson, D., 161, 165, 174, 176, 233
Jülicher, A., 182
Jüngling, H.W., 284
Junker, H., 162

Kaiser, O., 147, 163, 178, 200
Kearny, P.J., 271, 298
Keil, C.F., 162, 236, 259, 285
Kellermann, D., 233f., 270, 280
Kilian, R., 20
Kilwing, N., 53
Kindl, E.M., 343
Kline, M.G., 209
Klopfenstein, M.A., 108

Knauf, E.A., 25, 155, 157, 215, 217, 233, 245f., 250
Knipping, B.R., 66, 315, 340
Knobel, A., 182, 349, 356
Knohl, J., 270
Koch, K., 5, 9, 93, 99, 152, 178, 231, 236, 269f., 272. 276f., 280, 284, 289
Köckert, M., 5, 133, 186f., 190–193, 195, 213, 282, 329
Köhler, L., 53
König, E., 161f., 166, 254, 259
Körner, J., 161
Kohata, F., 15, 322, 332, 342
Kolakowski, L., 1
Kraetschmar, R., 208
Kratz, R.G., 12, 62, 348
Kselman, J.S., 144, 196, 206
Külling, S.R., 151, 174, 178, 186, 209
Kuhl, C., 195
Kuschke, A., 269
Kutsch, E., 187, 189–193, 195, 197, 199, 208, 213, 299

Lämmert, E., 172f., 236, 241, 258
Larsson, G., 200
Leibowitz, N., 297
Levin, C., 136, 138, 140
Levine, B.A., 274
Löhr, M., 151, 165, 192, 195, 199, 232, 245, 254
Löning, K., 137
Lohfink, N., 4, 9,12f., 19ff., 24–27, 34, 36f., 53, 64, 69f., 72f., 75, 84, 87f., 90, 158, 163, 167, 177, 180f., 185, 189, 272, 275, 281, 286, 290, 301, 315, 321, 338, 342, 348f., 353f., 356, 358
Loretz, O., 121, 143
Lussier, E., 166
Lux,R., 191, 256, 259ff., 268, 326, 355

Maag, V., 251
Macholz, G.C., 211, 290
Magonet, J., 64
Maiberger, P., 22, 133, 306, 328
Malina, B.J., 299
Margaliot, M., 315
Marsh, J., 234
McEvenue, S.E., 19, 25, 43, 55ff., 59, 61ff., 66f., 82f., 167, 186, 188f.,
191, 193, 195, 197, 199, 202, 204, 211, 214, 258, 276, 315, 340f.
McNeile, A.H., 272
Meier, S.A., 350
Mettinger, T.N.S., 283
Milgrom, J., 26
Mittmann, S., 292, 315, 352
Möhlenbrink, K., 234
Mölle, H., 42
Monsengwo Pasinya, L., 91, 114
Morawe, G., 148f.
Moritz, B., 251
Mosis, R., 101
Mowinckel, S., 24
Müller, H.-P., 150

Nauerth, T., 155, 237
Neff, R.W., 187, 195f., 198
Negretti, N., 65, 295, 297, 301
Nihan, C., 12, 14
Nöldeke, T., 5, 241, 243
Noordtzij, A., 355
Noth, M., 2, 6f., 13, 20, 23, 41, 151, 165, 176, 234f., 241, 245f., 248, 251, 254, 259, 269, 292, 306, 347, 349, 357

Oberforcher, R., 31, 34, 46, 61f., 91, 109, 121, 131f., 159, 258, 261
Oberhuber, K., 238, 258
Ockinga, B., 284
Oliva, M., 65, 70, 203f., 214, 270, 295, 312
Olson, D.T., 38
Otto, E., 14f., 78, 94ff., 134, 187, 270, 307, 315, 322f., 348
Owczarek, S., 270, 272, 329f.12
Pelzl, B., 272, 279
Perry, T.A., 94
Pesch, R., 56
Perlitt, L., 14f., 23, 48, 134, 323, 348f., 352, 355, 357
Pola, T., 8–11, 13, 20–24, 26, 37, 41, 56, 65, 134, 181, 200, 221, 272f., 275, 282f., 288, 302, 304, 307, 315, 321f., 328f., 331, 334
Polak, F.H., 149
Polzin, R., 26
Preuss, H.D., 125, 284

Procksch, O., 156, 160ff., 165f., 175, 194, 198f., 216, 237ff., 241f., 254f.
Propp, W.H.C., 21

Rabe, N., 66, 315, 340
Rabenau, K. von, 56
Rad, G. von, 3, 8, 19, 135, 151, 161, 163, 165ff., 169, 175f., 187, 189, 195, 197, 233, 236, 239, 246, 251, 254, 269, 348, 351
Rapp, H.A., 229, 242f.
Redford, B.D., 259
Renaud, B., 152, 176
Rendtorff, R., 11, 23, 34f., 43f., 46, 48, 63f., 185, 201, 217ff., 223, 228, 230, 233, 236, 239, 241, 290, 332
Richter, W., 155, 238
Ringgren, H., 352
Rösel, M., 113
Rost, L., 319
Rotzoll, D.U., 146
Rudolph, W., 349, 351
Rüterswörden, U., 119, 130, 140
Ruppert, L., 27, 95, 98f., 113, 137, 139, 154ff., 180, 186, 192, 195, 197, 199, 204, 221, 230f., 235, 243f., 246, 248ff., 256, 259ff.
Ruprecht, E., 306, 313f., 328
Ruwe, A., 270

Saebø, M., 269
Sakenfeld, K.D., 342, 354
Savasta, C., 253
Schäfer, P., 298
Schäfer-Lichtenberger, C., 24, 323
Scharbert, J., 152, 156f., 161ff., 174, 176, 178–182, 233f., 238, 245f.
Schart, A., 133, 328, 340–343, 353
Schenk, A., 180
Schildenberger, J., 123
Schmid, H.H., 260
Schmidt, H., 4, 269
Schmidt, L., 15, 37, 48f., 133, 256, 311, 322f., 328f., 337f., 340, 342f., 348f., 353
Schmitt, W.H., 9, 17, 30, 57, 91, 105, 108, 114, 138f., 161ff., 165ff., 176, 206, 262, 280, 297, 322, 325
Schmitt, H.C., 11, 348f., 352
Schmitt, R., 279

Schwarzbaum, H., 347
Schwartz, B.J., 270, 330
Schreiner, J., 174
Schüngel-Straumann, H., 137
Seebass, H., 15, 24, 27, 37, 99, 107, 109, 114, 117, 135, 139f., 142, 145f., 148f., 187, 197, 229, 243, 246, 248, 250, 254, 340, 348f., 353
Sellin, E., 178
Sievers, E., 190, 195
Simons, J., 253
Simpson, C.A., 157, 161, 245
Ska, J.-L., 21, 77, 230, 238
Skehan, P.W., 299
Skinner, J., 157, 161f., 165, 175, 180, 193, 236, 239, 245, 261
Smend, R., 151, 161, 167, 178, 187, 195, 199, 220, 245, 251, 259, 348
Smend, R., 2, 8f., 11f., 19, 26
Soggin, J.A., 236
Specht, H., 11, 53, 185, 217, 220, 222, 228
Speiser, E.A., 165, 176, 195, 236, 238
Staerk, W., 164, 241, 245
Steck, O.H., 24, 57, 61, 81, 85, 91f., 97f., 100, 103, 105, 107–114, 116–122, 124–129, 135f., 139–142, 146, 161f., 199, 297, 299f., 317, 320, 356
Steinmann, J., 245
Steins, G., 271
Stendebach, F.J., 286
Steuernagel, C., 2, 8, 187f., 194f., 197, 201
Stoellger, P., 48, 323
Stordalen, T., 93f., 152
Strack, H.L., 162, 165f., 236
Streibert, C., 92, 135
Struppe, U., 133, 305, 309, 322, 328f., 340–345, 349, 353, 360

Taschner, J., 155, 237, 243
Tengström, S., 21, 27ff., 31f., 34f., 49, 94, 152, 156, 159ff., 164–169, 233ff., 246, 253
Thiel, W., 206, 212

Utzschneider, H., 270

Valeton, P.P., 178, 207
VanDevelder, F.R., 192, 209

Autorenregister

Van Seters, J., 186, 211, 214, 219
Vink, J.F., 26, 195
Vogels, W., 109, 125

Walkenhorst, K.H., 270, 275, 287, 302
Wallace, H.N., 152, 165, 168, 170
Warning, W., 186
Wehmeier, G., 180
Weimar, P., 7–17, 21–24, 27–38, 40f., 44f., 47f., 50ff., 54–60, 63ff., 67, 70–73, 75ff., 80f., 86, 88f., 91f., 94–97, 101f., 110ff., 116–120, 123, 128f., 129f., 133f., 140f., 154, 156f., 160, 163, 167, 169, 177, 181, 183, 185–188, 190f., 194, 198, 201, 203–206, 208, 210ff., 215, 219–225, 227, 229f., 237, 240, 256f., 259, 261f., 272f., 275, 280f., 284, 286–294, 299–311, 313–317, 320–325, 327–334, 336–342, 349, 353, 356–359
Weinfeld, M., 65, 149, 297
Weippert, M., 245
Wellhausen, J., 2f., 6, 13f., 19f., 23, 91, 151, 171, 177f., 182, 241f., 245f., 248, 254, 269
Wenham, G.T., 94f., 99, 109, 113, 119, 122ff.

Westermann, C., 41, 47, 62, 82, 106f., 139, 149, 162ff., 170, 175f., 179f., 183, 186, 192f., 195f., 206, 209ff., 216, 219, 221, 232, 238, 249, 258, 281, 285, 295ff., 301, 305f., 352
Wifall, W., 119
Willi-Plein, I., 92, 105, 135
Witte, M., 93, 95f., 98, 119, 122, 165, 168
Wolff, H.-W., 317
Wood, W.P., 216, 309, 319
Woudstra, M.H., 174

Zenger, E., 5, 8f., 11, 13f., 21, 23f., 26, 32, 44, 49, 61f., 66, 75, 79f., 82, 93, 97f., 101, 104, 108, 112–115, 117, 121f., 125, 128, 134, 136f., 149, 167, 177, 209, 215, 271, 283–286, 295, 297, 299, 304f., 315ff., 320ff., 327, 330, 334, 337, 342, 349, 353, 356
Zevit, Z., 26
Zimmerli, W., 162, 165, 176, 212, 224, 289

Forschungen zum Alten Testament

Herausgegeben von Bernd Janowski, Mark S. Smith
und Hermann Spieckermann

Alphabetische Übersicht

Adam, Klaus-Peter: Saul und David in der judäischen Geschichtsschreibung. 2006. *Band 51.*
Barthel, Jörg: Prophetenwort und Geschichte. 1997. *Band 19.*
–: siehe *Hermisson, Hans-Jürgen.*
Basson, Alec: Divine Metaphors in Selected Hebrew Psalms of Lamentation. 2006. *Band II/15.*
Baumann, Gerlinde: Die Weisheitsgestalt in Proverbien 1–9. 1996. *Band 16.*
Bester, Dörte: Körperbilder in den Psalmen. 2007. *Band II/24.*
Blischke, Mareike Verena: Die Eschatologie in der Sapientia Salomonis. 2007. *Band II/26.*
Bodendorfer, Gerhard und *Matthias Millard* (Hrsg.): Bibel und Midrasch. Unter Mitarbeit von B. Kagerer. 1998. *Band 22.*
Chapman, Stephen B.: The Law and the Prophets. 2000. *Band 27.*
Diße, Andreas: siehe *Groß, Walter.*
Eberhardt, Gönke: JHWH und die Unterwelt. 2007. *Band II/23.*
Ego, Beate: siehe *Janowski, Bernd.*
Ehrlich, Carl S. / White, Marsha C. (Hrsg.): Saul in Story and Tradition. 2006. *Band 47.*
Emmendörffer, Michael: Der ferne Gott. 1997. *Band 21.*
Finlay, Timothy D.: The Birth Report Genre in the Hebrew Bible. 2005. *Band II/12.*
Finsterbusch, Karin: Weisung für Israel. 2005. *Band 44.*
Frevel, Christian (Hrsg.): Medien im antiken Palästina. 2005. *Band II/10.*
Grohmann, Marianne: Fruchtbarkeit und Geburt in den Psalmen. 2007. *Band 53.*
Groß, Walter: Die Satzteilfolge im Verbalsatz alttestamentlicher Prosa. Unter Mitarbeit von A. Diße und A. Michel. 1996. *Band 17.*
Gulde, Stefanie Ulrike: Der Tod als Herrscher in Ugarit und Israel. 2007. *Band II/22.*
Hanhart, Robert: Studien zur Septuaginta und zum hellenistischen Judentum. 1999. *Band 24.*
Hardmeier, Christof: Erzähldiskurs und Redepragmatik im Alten Testament. 2005. *Band 46.*
Hartenstein, Friedhelm: Das Angesicht JHWHs. 2008. *Band 55.*
Hausmann, Jutta: Studien zum Menschenbild der älteren Weisheit (Spr 10ff). 1995. *Band 7.*
Hermisson, Hans-Jürgen: Studien zu Prophetie und Weisheit. Hrsg. von J. Barthel, H. Jauss und K. Koenen 1998. *Band 23.*
Hibbard, J. Todd: Intertextuality in Isaiah 24–27. 2006. *Band II/16.*
Hjelde, Sigurd: Sigmund Mowinckel und seine Zeit. 2006. *Band 50.*
Huwyler, Beat: Jeremia und die Völker. 1997. *Band 20.*
Janowski, Bernd und *Ego, Beate* (Hrsg.): Das biblische Weltbild und seine altorientalischen Kontexte. 2001. *Band 32.*
Janowski, Bernd und *Stuhlmacher, Peter* (Hrsg.): Der Leidende Gottesknecht. 1996. *Band 14.*
Jauss, Hannelore: siehe *Hermisson, Hans-Jürgen.*
Jeremias, Jörg: Hosea und Amos. 1996. *Band 13.*
Kagerer, Bernhard: siehe *Bodendorfer, Gerhard.*
Kakkanattu, Joy Philip: God's Enduring Love in the Book of Hosea. 2006. *Band II/14.*
Kiuchi, Nobuyoshi: A Study of Hata' and Hatta't in Leviticus 4–5. 2003. *Band II/2.*
Knierim, Rolf P.: Text and Concept in Leviticus 1:1–9. 1992. *Band 2.*
Köckert, Matthias: Leben in Gottes Gegenwart. 2004. *Band 43.*

Forschungen zum Alten Testament

Köhlmoos, Melanie: Das Auge Gottes. 1999. *Band 25.*
–: Bet-El – Erinnerungen an eine Stadt. 2006. *Band 49.*
Koenen, Klaus: siehe *Hermisson, Hans-Jürgen.*
Körting, Corinna: Zion in den Psalmen. 2006. *Band 48.*
Kratz, Reinhard Gregor: Das Judentum im Zeitalter des Zweiten Tempels. 2004. *Band 42.*
–: Kyros im Deuterojesaja-Buch. 1991. *Band 1.*
– und *Spieckermann, Hermann* (Hrsg.): Götterbilder – Gottesbilder – Weltbilder.
 Bd. I: Ägypten, Mesopotamien, Kleinasien, Syrien, Palästina. 2006. *Band II/17.*
 Bd. II: Griechenland und Rom, Judentum, Christentum und Islam. 2006. *Band II/18.*
Lange, Armin: Vom prophetischen Wort zur prophetischen Tradition. 2002. *Band 34.*
Levinson, Bernard M.: „The Right Chorale": Studies in Biblical Law and Interpretation. 2008. *Band 54.*
Liess, Kathrin: Der Weg des Lebens. 2004. *Band II/5.*
Lund, Øystein: Way Metaphors and Way Topics in Isaiah 40–55. 2007. *Band II/28.*
MacDonald, Nathan: Deuteronomy and the Meaning of ‚Monotheism'. 2003. *Band II/1.*
Marttila, Marko: Collective Reinterpretation in the Psalms. 2006. *Band II/13.*
Michel, Andreas: Gott und Gewalt gegen Kinder im Alten Testament. 2003. *Band 37.*
–: siehe *Groß, Walter.*
Millard, Matthias: Die Komposition des Psalters. 1994. *Band 9.*
–: siehe *Bodendorfer, Gerhard.*
Miller, Patrick D.: The Way of the Lord. 2004. *Band 39.*
Müller, Reinhard: Königtum und Gottesherrschaft. 2004. *Band II/3.*
Niemann, Hermann Michael: Herrschaft, Königtum und Staat. 1993. *Band 6.*
Nihan, Christophe: From Priestly Torah to Pentateuch. 2007. *Band II/25.*
Otto, Eckart: Das Deuteronomium im Pentateuch und Hexateuch. 2001. *Band 30.*
Perlitt, Lothar: Deuteronomium-Studien. 1994. *Band 8.*
Petry, Sven: Die Entgrenzung JHWHs. 2007. *Band II/27.*
Podella, Thomas: Das Lichtkleid JHWHs. 1996. *Band 15.*
Pola, Thomas: Das Priestertum bei Sacharja. 2003. *Band 35.*
Rösel, Martin: Adonaj – Warum Gott „Herr" genannt wird. 2000. *Band 29.*
Ruwe, Andreas: „Heiligkeitsgesetz" und „Priesterschrift". 1999. *Band 26.*
Sager, Dirk: Polyphonie des Elends. 2006. *Band II/21.*
Sals, Ulrike: Die Biographie der „Hure Babylon". 2004. *Band II/6.*
Schaper, Joachim: Priester und Leviten im achämenidischen Juda. 2000. *Band 31.*
Schenker, Adrian (Hrsg.): Studien zu Opfer und Kult im Alten Testament. 1992. *Band 3.*
Schmidt, Brian B.: Israel's Beneficent Dead. 1994. *Band 11.*
Schöpflin, Karin: Theologie als Biographie im Ezechielbuch. 2002. *Band 36.*
Seeligmann, Isac Leo: The Septuagint Version of Isaiah and Cognate Studies. Edited by Robert Hanhart and Hermann Spieckermann. 2004. *Band 40.*
–: Gesammelte Studien zur Hebräischen Bibel. Herausgegeben von Erhard Blum mit einem Beitrag von Rudolf Smend. 2004. *Band 41.*
Spieckermann, Hermann: Gottes Liebe zu Israel. *Band 33.*
–: siehe *Kratz, Reinhard Gregor.*
Stackert, Jeffrey: Rewriting the Torah. 2007. *Band 52.*
Steck, Odil Hannes: Gottesknecht und Zion. 1992. *Band 4.*
Stuhlmacher, Peter: siehe *Janowski, Bernd.*
Süssenbach, Claudia: Der elohistische Psalter. 2005. *Band II/7.*
Sweeney, Marvin A.: Form and Intertextuality in Prophetic and Apocalyptic Literature. 2005. *Band 45.*
Tiemeyer, Lena-Sofia: Priestly Rites and Prophetic Rage. 2006. *Band II/19.*
Vos, Christiane de: Klage als Gotteslob aus der Tiefe. 2005. *Band II/11.*

Forschungen zum Alten Testament

Weber, Cornelia: Altes Testament und völkische Frage. 2000. *Band 28.*
Weimar, Peter: Studien zur Priesterschrift. 2008. *Band 56.*
Weippert, Manfred: Jahwe und die anderen Götter. 1997. *Band 18.*
Weyde, Karl William: The Appointed Festivals of YHWH. 2004. *Band II/4.*
White, Marsha C.: siehe *Ehrlich, Carl S.*
Widmer, Michael: Moses, God, and the Dynamics of Intercessory Prayer. 2004. *Band II/8.*
Wilke, Alexa F.: Kronerben der Weisheit. 2006. *Band II/20.*
Willi, Thomas: Juda – Jehud – Israel. 1995. *Band 12.*
Williamson, Hugh: Studies in Persian Period History and Historiography. 2004. *Band 38.*
Wilson, Kevin A.: The Campaign of Pharaoh Shoshenq I into Palestine. 2004. *Band II/9.*
Young, Ian: Diversity in Pre-Exilic Hebrew. 1993. *Band 5.*
Zwickel, Wolfgang: Der Tempelkult in Kanaan und Israel. 1994. *Band 10.*

Einen Gesamtkatalog erhalten Sie gerne vom Verlag
Mohr Siebeck • Postfach 2040 • D–72010 Tübingen.
Neueste Informationen im Internet unter www.mohr.de